Schriften zur Medienwirtschaft und zum
Medienmanagement

herausgegeben von
Prof. Dr. Mike Friedrichsen
Prof. Dr. Martin Gläser

Band 19

Guido Schröder

Positive Medienökonomik

Institutionenökonomischer Ansatz
für eine rationale Medienpolitik

Entwurf Coverbild: Guido Schröder
Realisation: Arnulf Schirmer

Die Deutsche Nationalbibliothek verzeichnet diese Publikation in
der Deutschen Nationalbibliografie; detaillierte bibliografische Daten
sind im Internet über http://www.d-nb.de abrufbar.

Zugl.: Bayreuth, Univ., Diss., 2007

ISBN 978-3-8329-3327-2

1. Auflage 2008
© Nomos Verlagsgesellschaft, Baden-Baden 2008. Printed in Germany. Alle
Rechte, auch die des Nachdrucks von Auszügen, der fotomechanischen Wiedergabe und der Übersetzung, vorbehalten. Gedruckt auf alterungsbeständigem
Papier.

Inhaltsüberblick

Abbildungsverzeichnis 7

Tabellenverzeichnis 7

Teil I   Einleitung und Grundlagen der Medienökonomik 9

Kapitel 1   Einleitung 11

    1.1   Gesellschaftlicher Stellenwert des Leitmediums Fernsehen 11
    1.2   Defizit der medienökonomischen Theoriebildung 12
    1.3   Ökonomische Analyse der Qualität, Finanzierung und Wirkung von Medien ... 15

Kapitel 2   Methodische Grundlagen des medienökonomischen
             Forschungsprogrammes 19

    2.1   Grundsätzliche Kritik an der Anwendbarkeit der Ökonomik 19
    2.2   Fundamentale Prinzipien des medienökonomischen Forschungsprogrammes ... 20
    2.3   Kritisch-rationales Forschungsprogramm der Medienökonomik 75

Teil II   Von der Ökonomik der Medien zur Medienökonomik 77

Kapitel 3   Defizite des Fernsehmarktes aus mikroökonomischer Sicht 79

    3.1   Knappheit als konstituierendes Gesellschaftsproblem der Medienökonomik ... 79
    3.2   Forschungsdimensionen einer wissenschaftlichen Medienökonomik 80
    3.3   Qualität, Finanzierung und Wirkung von Medien als Kerndefizite des
          Fernsehmarktes 82
    3.4   Defizite des Fernsehmarktes als Versagen des Wettbewerbs oder des Marktes ... 84
    3.5   Defizite des Fernsehmarktes statt der vor- oder nachgelagerten Märkte 85

Kapitel 4   Die Qualität medialer Güter als Grund von Marktversagen:
             Medien – (k)ein Vertrauensgut? 89

    4.1   Unsicherheiten über die Qualität von Medien als Frage der
          Informationsverteilung 89
    4.2   Fazit: Informationsasymmetrien als unzureichende Basis zur Legitimation
          aktiver staatlicher Marktinterventionen 109

Kapitel 5   Die Finanzierung medialer Güter als Grund von Marktversagen 117

    5.1   Medien – ein (Un)Natürliches Monopol? 117
    5.2   Medien – (k)ein Kollektivgut? 145
    5.3   Institutionenökonomische Analyse indirekter Finanzierungsregime als idealisierte Referenzmodelle 189

Kapitel 6   Die Wirkung medialer Güter als Grund von Marktversagen: Medien – ein gesellschaftlich (ohn)mächtiger Faktor? 273

    6.1   Medien und ihre gesellschaftliche Wirkung 273
    6.2   Medienwirkungen durch die Interdependenz von Märkten 282
    6.3   Meritorische Medienwirkungen als unmittelbare Begründung eines Markteingriffs 284
    6.4   Medienwirkungen als Ursache für ein Marktversagen 307
    6.5   Medienwirkungen als Problem gesellschaftlicher Institutionen 333
    6.6   Fazit: Theorie externer Effekte als zweifelhafte Legitimationsbasis für staatliche Marktinterventionen 366

Teil III   Fazit und Ausblick 371

Kapitel 7   Medienpolitische Relevanz der ökonomischen Analyse 373

    7.1   Intra- versus interdisziplinäre Analyse des Fernsehmarktes 373
    7.2   Versagen des Marktes statt des Wettbewerbs oder der Marktakteure 374
    7.3   Versagen der Institutionen statt des Marktes 377
    7.4   Institutionenökonomische Medienökonomik als Antwort auf das bestehende Theoriedefizit 380
    7.5   Ausblick: Analyse konkreter Probleme des Fernsehmarktes auf Basis des institutionenökonomischen Ansatzes 383

Danksagung 387

Über den Autor 388

Literaturverzeichnis 389

Sachregister 403

Abbildungsverzeichnis

Abb. 3-1: Dimensionen medienökonomischer Forschung.................................. 80
Abb. 5-1: Marktkonstellation in einem Natürlichen Monopol........................... 119
Abb. 5-2: Nachfrage nach einem Kollektivgut.. 161
Abb. 5-3: Grundstruktur der Werbefinanzierung... 196
Abb. 5-4: Nachfrage nach werbefinanzierten Fernsehprogrammen................ 206
Abb. 5-5: Grundstruktur der Steuerfinanzierung... 231
Abb. 5-6: Angebotsverhalten eines steuerfinanzierten Fernsehsenders........... 246
Abb. 5-7: Systematischer Zusammenhang indirekter Finanzierungsregime... 259
Abb. 6-1: Fernsehmarkt für Sendungen mit meritorischem Charakter........... 287
Abb. 6-2: Fernsehmarkt mit PIGOU-Steuerlösung.. 317
Abb. 6-3: Fernsehmarkt mit nach COASE verhandelbaren Externalitäten..... 335
Abb. 6-4: Soziale Externalitäten aus institutionenökonomischer Sicht........... 349

Tabellenverzeichnis

Tab. 5-1: Klassifizierung von privaten und kollektiven Gütern....................... 150
Tab. 6-1: Wohlfahrtseffekte eines meritorischen Markteingriffs..................... 291

Alle Abbildungen und Tabellen sind, ausgenommen Tab. 5-1, eigene Darstellungen.

Teil I

Einleitung und Grundlagen der Medienökonomik

Kapitel 1
Einleitung

1.1 Gesellschaftlicher Stellenwert des Leitmediums Fernsehen 11
1.2 Defizit der medienökonomischen Theoriebildung 12
1.3 Ökonomische Analyse der Qualität, Finanzierung und Wirkung von Medien ... 15

1 Einleitung

1.1 Gesellschaftlicher Stellenwert des Leitmediums Fernsehen

In der Geschichte der Menschheit markiert die Erfindung und breite Verwendung elektronischer Massenmedien einen epochalen Meilenstein. Beschränkte sich die Massenkommunikation im 19. Jahrhundert noch auf das gedruckte Wort, trat zu Beginn des 20. Jahrhunderts das per Radio übertragene Wort hinzu, bis schließlich die ersten Fernsehprogramme in der Lage waren, gleichzeitig Sprache und Bilder zu senden.

Zwar haben zahlreiche technische Erfindungen auf Empfänger- und Senderseite dem Fernsehen erst den Weg bereitet, historisch erstaunlich ist aber, mit welcher Geschwindigkeit sich dieses Massenmedium zunächst in den westlichen Industrieländern, dann weltweit durchgesetzt hat. Ein Land, in dem heute Fernsehprogramme unbekannt sind, dürfte deshalb ebenso schwierig zu finden sein wie jemand, der trotz moderner Lebensumstände vollkommen auf die Nutzung des Fernsehens verzichtet. Der Erfolg des Mediums Fernsehen ist daran ablesbar, wie stark es sich in wenigen Jahrzehnten nicht nur global, sondern nahezu ubiquitär verbreitet hat. Fernsehen ist heute weltweit das Leitmedium.

Über seine massenhafte Verbreitung hinaus wird der herausragende Stellenwert des Leitmediums Fernsehen an dessen Einfluss auf die Gesellschaft deutlich. Seit Aufkommen des Fernsehens hat es wohl kein bedeutendes gesellschaftliches Ereignis gegeben, das nicht Gegenstand der Fernsehberichterstattung geworden wäre. Weltweit werden die Erinnerungen, die die meisten Menschen an die Mondlandung haben, Fernsehbilder sein. Kaum anders verhält es sich mit den Revolutionen, Kriegen oder Katastrophen der jüngsten Vergangenheit, etwa dem Fall der Mauer, dem Golf- und Irakkrieg oder den Anschlägen auf das World Trade Center. Aufgrund des medialen Echos haben diese Ereignisse weltweit Beachtung erfahren, obwohl sie für die meisten Menschen ausschließlich in den Medien, also im Fernsehen, stattgefunden haben. In modernen Gesellschaften kommt Medien somit eine entscheidende Funktion nicht allein bei der schnellen und aktuellen Informationsvermittlung zu, sondern sie bestimmen auch das Verständnis einer Welt außerhalb der unmittelbaren eigenen Erfahrung. In der Moderne ist das Bild, das sich die meisten Menschen von der Welt machen, in der Regel ein Fernsehbild.

Zwei zentrale Gründe haben diesen Erfolg im Wesentlichen ermöglicht. Zum einen ist das Medium Fernsehen in nahezu idealerweise eingängig, indem es sich an der audiovisuellen Alltagswahrnehmung von Menschen orientiert und somit über eine vernachlässigbare Nutzungsschwelle verfügt. Anders als das gedruckte Wort lassen sich Fernsehprogramme unmittelbar verstehen, ohne dass Zuschauer die Verwendung lernen oder sich hierauf besonders konzentrieren müssten. Aufgrund dieser starken

Orientierung am Nutzer schließen Fernsehprogramme keinen potenziellen Zuschauer unabhängig von Alter, Bildung oder Herkunft aus. Obwohl bereits die Erfindung des Buchdrucks Büchern und Zeitungen zu einer höheren Verbreitung verholfen hat, offenbarte sich erst mit Ausbreitung des intuitiv nutzbaren Fernsehens die eigentliche Bedeutung des Wortes Massenmedium als Medium für die Massen.

Zum anderen darf die Übertragung bewegter Bilder als entscheidendes Merkmal des Fernsehens nicht darüber hinwegtäuschen, wie stark es sich seit den Zeiten verändert hat, „als die Bilder laufen lernten". In technischer Hinsicht wurde die anfangs noch schwarz-weiße „Flimmerkiste", deren Abmessungen im deutlichen Missverhältnis zur Größe des sichtbaren Bildes standen, inzwischen entweder durch großflächige Flachbildschirme oder durch kleine, portable Empfänger ersetzt. Statt der ausschließlich analogen Verbreitung über eine terrestrische Antenne gelangen Fernsehprogramme auf vielfältigsten Wegen – über Satellit, TV-Kabel oder das Internet – zum Nutzer, während die analoge durch eine digitale Programmausstrahlung ersetzt wird.

Den wenigen, auf die Abendstunden begrenzten Fernsehsendungen der ersten Jahre steht heute eine große Auswahl an Fernsehprogrammen gegenüber, die rund um die Uhr Sendungen mit vielfältigsten Themen in unterschiedlichen Programmformaten ausstrahlen. Mit ihrem differenzierten Programmangebot orientieren sich Fernsehsender immer stärker an den Bedürfnissen der Zuschauer. Fernsehzuschauer können heute aus einem ebenso abwechslungsreichen wie unüberschaubaren Programmangebot wählen. Technisch wird dieser Akt der Wahl dadurch erleichtert, dass elektronische Programmführer oder Videotext eine Orientierungshilfe geben.

Anders als früher müssen die Sendungen nicht mehr zum Zeitpunkt der Ausstrahlung gesehen werden. Durch vielfältige Möglichkeiten, Sendungen daheim zu speichern oder von einem zentralen Server abzurufen, hat sich die Nutzung von Programminhalten weitgehend von der eigentlichen Ausstrahlung losgelöst. War Fernsehen früher ein reines Livemedium, lassen sich heute Sendungen zu beliebigen Zeitpunkten nutzen. Die unveränderte Bezeichnung „Fernsehen" täuscht darüber hinweg, wie stark die Orientierung an den Bedürfnissen der Nutzer zu einer Veränderung der Programminhalte und Technik geführt hat. Ein Großteil des Erfolgs dieses Mediums gründet auf dessen Wandel im Zeitablauf.

1.2 Defizit der medienökonomischen Theoriebildung

Bereits in den 40er-Jahren haben Ökonomen wie RONALD H. COASE angefangen, zentrale ökonomische Fragen wie die Finanzierung von Medien zu diskutieren – einen Aspekt also, der auch ein Schwerpunkt in der weiteren Analyse sein wird.[1] In den

---
[1] Das Hauptaugenmerk von COASE gilt dabei in den ersten Jahren der grundsätzlichen Medienordnung im Hörfunk. Vgl. **Coase** (1947), **Coase** (1948), ausführlich **Coase** (1950).

1.2 Defizit der medienökonomischen Theoriebildung

folgenden Jahrzehnten haben sich neben COASE weitere Träger des Nobelgedächtnispreises in Ökonomik wie PAUL A. SAMUELSON oder A. MICHAEL SPENCE mit medienökonomischen Problemen beschäftigt.[2] Die Medienökonomik kann deshalb auf eine Forschungstradition zurückblicken, die nicht nur ebenso alt ist wie das Fernsehen selbst, sondern an deren Entwicklung sich einige unzweifelhaft renommierte Wissenschaftler beteiligt haben.

Angesichts dieser langen, sich über mehr als ein halbes Jahrhundert erstreckenden Beschäftigung mit medienökonomischen Problemen wäre erstens zu vermuten, zentrale medienökonomische Fragen seien inzwischen dadurch abschließend geklärt, dass Modelle der Ökonomik zu einem fundierten Instrumentarium für die Analyse von Medien weiterentwickelt worden sind. Zweitens sollte die Medienökonomik mittlerweile angesichts der Forschungstradition, des gesellschaftlichen Stellenwerts von Medien und der schier wirtschaftlichen Größe des Mediensektors ein innerhalb der Ökonomik etabliertes, erheblich ausgebautes Feld der Forschung darstellen.

Bei näherer Betrachtung erweisen sich beide Vermutungen als falsch. Auch heute noch werden in der Medienökonomik die bereits früh aufgeworfenen Grundsatzfragen zur Finanzierung von Fernsehprogrammen kontrovers diskutiert. Überdies sind im Zeitablauf weitere praktische Fragen der Medienpolitik hinzugekommen, die beispielsweise die Regulierung von Fernsehsendern oder die Wirkung von Medien betreffen. Die lange Forschungstradition der Medienökonomik hat weniger zu klärenden Antworten als zu einer ganzen Reihe offener Fragen geführt. Der konkrete Einfluss der Medienökonomik auf die Medienpolitik dürfte folglich – weltweit – gering sein.

Als eine wesentliche Ursache für diese fehlende Gestaltungswirkung kann ein nach wie vor bestehendes *Theoriedefizit* gesehen werden. Die ordnungspolitischen Arbeiten von COASE, die kollektivguttheoretischen Überlegungen von SAMUELSON oder der wohlfahrtsökonomische Ansatz von SPENCE und OWEN haben nicht dazu geführt, dass sich in der Medienökonomik ein geschlossener Theorierahmen etwa zur Diskussion von Finanzierungsregimen entwickelt hat. Bei praktischen Problemen der Medienpolitik ist es demnach nicht möglich, auf einen hinreichend leistungsfähigen und gleichzeitig einheitlichen medienökonomischen Ansatz zurückzugreifen. Kaum verwunderlich beklagen selbst Medienökonomen seit langem das Fehlen geeigneter Analysewerkzeuge zur Untersuchung von Strukturen im Mediensektor.[3]

Methodisch gibt es zwei grundsätzlich verschiedene Wege, auf die unzureichende Erklärungskraft der Medienökonomik bei praktischen Politikproblemen zu reagieren. Einerseits lässt sich dem Theoriedefizit durch eine stringente Weiterentwicklung des

---

[2] Vgl. **Samuelson** (1958), **Samuelson** (1967), **Spence/Owen** (1977), **Coase** (1959), **Coase** (1966), **Coase** (1979).
[3] Vgl. **Noam** (1991), S. 45, **Brown/Cave** (1992), S. 377.

ökonomischen Ansatzes begegnen. Dieser Weg einer stärkteren Theoriebildung soll im Folgenden beschritten werden.

Andererseits kann das Theoriedefizit der Medienökonomik als grundsätzliches Problem des ökonomischen Ansatzes interpretiert werden. Dementsprechend scheint die traditionelle Ökonomik grundsätzlich nicht geeignet oder leistungsfähig genug für die Auseinandersetzung mit konkreten medienökonomischen Problemen zu sein. Aufgrund der vermuteten Besonderheiten von Medien wäre dieser Ansatz dann erheblich zu relativieren oder als gänzlich ungeeignet zu verwerfen.

Beide Wege unterscheiden sich fundamental darin, für wie leistungsfähig die ökonomische Theorie zur Analyse von Medien gehalten wird. In der medienökonomischen Forschung wurde der zweite Weg vielfach beschritten, indem die Medienökonomik um vermeintlich übergeordnete Belange wie kulturelle oder gesellschaftliche Aspekte ergänzt wurde. Starken Einfluss auf die deutschsprachige und britische Medienökonomik hatte beispielsweise die Paternalistische Meritorik, die zwar der Finanzwissenschaft entstammt, aber bereits seit den 60er-Jahren in weiten Teilen der traditionellen Ökonomik als zweifelhaft abgelehnt wird.

Da ein Kernelement der Meritorik das Zurückweisen von Konsumentensouveränität ist, werden in der meritorisch geprägten Medienökonomik praktische Probleme des Fernsehmarktes – wie ein zu geringes Angebot an gesellschaftlich nützlichen Sendungen – dadurch rekonstruiert, dass Zuschauer bestimmte Programminhalte in falschem Umfang nachfragen. Die medienökonomische Erklärung beruht im Kern auf einem Versagen der Zuschauer. Im weiteren Verlauf wird auf eine Vielzahl methodischer Gründe einzugehen sein, warum dieser Weg nicht Erfolg versprechend sein konnte und zu einem Abschotten der Medienökonomik gegenüber der (neo)klassischen, nicht-paternalistischen Ökonomik und zu einem Hinwenden zu benachbarten Disziplinen wie der Publizistik oder der Soziologie geführt hat.

Eine langjährige Forschungstradition darf deshalb nicht darüber hinwegtäuschen, dass auch heute noch die Medienökonomik durch eine Reihe vereinzelter Theorieansätze und ökonomikfremder Modellelemente bestimmt ist. Mehr noch hat das Theoriedefizit dazu geführt, dass dem Erfolg des Mediums Fernsehen, ablesbar an dessen gesellschaftlichem und wirtschaftlichem Stellenwert, kein vergleichbarer Erfolg der Medienökonomik gegenübersteht.

Offenkundig wird die gegenwärtig geringe Bedeutung der Medienökonomik gegenüber der traditionellen Ökonomik an der Verleihung des Nobelgedächtnispreises an SAMUELSON im Jahre 1970, COASE im Jahre 1991 und SPENCE im Jahre 2001. Alle drei Autoren haben mit grundlegenden, für die jeweilige Zeit wegweisenden Überlegungen zur Medienökonomik beigetragen und werden deshalb in der folgenden Analyse eine Rolle spielen. Trotz ihrer Beiträge und der Zeitspanne zwischen den Preisen wurde keiner der Ökonomen für seine medienökonomische Forschung ausgezeichnet.

Medienökonomische Aspekte hielt weder das Nobelpreiskomitee in der Laudatio noch der Geehrte in der Nobelpreisrede auch nur für am Rande erwähnenswert.

Besonders auffällig ist diese fehlende Würdigung im Falle von RONALD COASE, der über mehr als drei Jahrzehnte zahlreiche Beiträge zur Medienökonomik geleistet hat, welche allesamt unerwähnt blieben. Zudem erhielt COASE den Nobelgedächtnispreis u. a. für das COASE-Theorem – eine Idee also, die er zunächst in einem seiner medienökonomischen Aufsätze entwickelt, die jedoch erst durch die allgemeiner gehaltene Folgepublikation Bekanntheit erlangt hat.[4]

1.3 Ökonomische Analyse der Qualität, Finanzierung und Wirkung von Medien

Angesichts des gegenwärtig in der Medienökonomik bestehenden Theoriedefizits ist es in der weiteren Analyse notwendig, die mikroökonomische Theorie zu einer geschlossenen Ökonomik der Medien weiterzuentwickeln. Die folgenden Überlegungen gliedern sich in drei Teile. Auf die Einleitung und Grundlagen der Medienökonomik folgten im zweiten Teil die Weiterentwicklung der Ökonomik der Medien hin zur Medienökonomik, um im letzten Teil mit einem Fazit und Ausblick zu schließen.

Im weiteren Verlauf dieses ersten Teils ist zunächst auf die methodischen Grundlagen des medienökonomischen Forschungsprogrammes näher einzugehen. Grundidee ist in Kapitel 2 eine enge Verzahnung der Medienökonomik mit den moralphilosophischen, (neo)klassischen und ordoliberalen Grundlagen der Ökonomik. Der Rückgriff auf diese Grundlagen ermöglicht es, Kritikpunkte an der Anwendbarkeit der Ökonomik auf Medien zu entkräften und ausführlicher die methodische Basis der Medienökonomik darzustellen. Wesentliches Ergebnis von Kapitel 2 wird eine Charakterisierung des medienökonomischen Forschungsprogrammes sein, das auf den drei fundamentalen Prinzipien der Zuschauersouveränität, Nicht-Paternalistik und Rationalität ruht.

Diesen Prinzipien folgend, gilt es im zweiten Teil der Analyse, die zunächst reine Übertragung der Ökonomik auf Medien zu einer originären Medienökonomik fortzuentwickeln. Nach der detaillierten Einführung in die Herangehensweise der weiteren Analyse in Kapitel 3 rücken die in den Kapiteln 4 bis 6 drei hier relevanten Aspekte der Qualität, Finanzierung und Wirkung in den Mittelpunkt der Betrachtung. Während

---

[4] Bemerkenswert sind darüber hinaus zwei Punkte. Zum einen verzichtet COASE in dem Aufsatz „The Problem of Social Cost" – vom Nobelpreiskomitee neben „The Nature of the Firm" als COASE' bahnbrechende Leistung hervorgehoben – auf jeglichen Hinweis, die zentrale Idee in einem medienökonomischen Kontext entwickelt und bereits im Jahr zuvor in einer entsprechenden Studie veröffentlicht zu haben. Dieser Verzicht bleibt zum anderen umso unverständlicher, als COASE eine Vielzahl an praktischen Beispielen zur Illustration anführt, ohne nur ansatzweise auf – die ihm ja bekannten – medienökonomischen Anwendungsmöglichkeiten und Implikationen einzugehen. Vgl. **Coase** (1959), S. 26 ff., **Coase** (1960).

das Hauptaugenmerk der medienökonomischen Diskussion lange Zeit ausschließlich der Finanzierung von Medien galt, treten hierzu in den letzten Jahren zunehmend die beiden Aspekte der Qualität und vor allem der Wirkung. Die Einteilung in die drei Aspekte Qualität, Finanzierung und Wirkung umfasst damit nicht nur einen Großteil der im Zusammenhang mit Medieninhalten relevanten Probleme, sondern erlaubt vor allem, die hierbei aufgeworfenen Fragen im sachlichen Zusammenhang zu diskutieren.

Der dritte Teil schließt die Analyse mit einem Fazit und Ausblick ab. Nachdem bereits jeder einzelne Teil eine Zusammenfassung lieferte, gilt das Augenmerk des Gesamtfazits der wissenschaftlichen Methodik. Auf die enge Verbindung zwischen dem einleitend dargestellten Forschungsprogramm der Medienökonomik und den zentralen Ergebnissen der medienökonomischen Analyse wird eingegangen. Im Ausblick wird die Relevanz dieser Ergebnisse für die praktische Medienpolitik verdeutlicht.

Kapitel 2
Methodische Grundlagen des medienökonomischen Forschungsprogrammes

2.1 Grundsätzliche Kritik an der Anwendbarkeit der Ökonomik 19
2.2 Fundamentale Prinzipien des medienökonomischen Forschungsprogrammes ... 20
    2.2.1 Das methodische Prinzip der Zuschauersouveränität 20
        2.2.1.1 Medien als Medium gesellschaftlicher Kommunikation 20
        2.2.1.2 Zuschauersouveränität als Souveränität der Medienkonsumenten 21
        2.2.1.3 Methodologischer Individualismus als Basis der Medienökonomik 22
        2.2.1.4 Normative Rechtfertigung der Zuschauersouveränität 26
    2.2.2 Das methodische Prinzip der Nicht-Paternalistik............................. 28
        2.2.2.1 Mediale Güter in ihrer gesellschaftlichen Bedeutung................ 28
        2.2.2.2 Paternalistik als der traditionell meritorische Ansatz 28
            a. Objektivität als Kernproblem der Paternalistischen Meritorik............. 29
            b. Bedeutung individueller Präferenzen in der Paternalistik.......... 30
            c. Ursprung und Eigenschaften höherwertiger paternalistischer Präferenzen.. 32
            d. Paternalistik als Gegenentwurf zur traditionellen (Mikro)Ökonomik 34
            e. Gefahren des Missbrauchs der Paternalistischen Meritorik 35
            f. Paternalistische Meritorik als institutionenloser Ansatz der Politikberatung... 36

2.2.2.3 Individualistische Meritorik als Weiterentwicklung der Paternalistik 37
 a. Interne Präferenzhierarchie statt externem Maßstab 37
 b. Probleme der Willensdurchsetzung im Fokus individualistischer Meritorik 39
 c. Individualistische Meritorik als Erweiterung der klassischen Mikroökonomik 42
2.2.2.4 Verhaltenserklärung statt Spekulation über Präferenzen 44
2.2.3 Das methodische Prinzip der Rationalität 46
 2.2.3.1 Rationalverhalten zur Belebung der (mikroökonomischen) Modellwelt 46
 2.2.3.2 Kritik an der Rationalität von Medienkonsumenten 47
 2.2.3.3 Traditionelle Definition von Rationalität in der Ökonomik 48
 2.2.3.4 Das Rationalitätsprinzip als Bild des Verhaltens realer Menschen 50
  a. Rationalität als nicht-affektuelles, nicht-gewohnheitsmäßiges Handeln 50
  b. Rationalität als Annahme vollständigen Wissens 51
  c. Rationalität als egoistisches Streben nach Geld 56
  d. Rationalität als Attribut menschlichen Verhaltens 61
 2.2.3.5 Stellenwert des Rationalitätsprinzips aus methodologischer Sicht 63
  a. Theoriebildung als Prozess der Abstraktion von der komplexen Wirklichkeit 63
  b. Realismus als unmittelbare Korrespondenz von Annahme und Wirklichkeit 65
  c. Abhängigkeit der Theoriebildung vom betrachteten Problem 68
  d. Wahrheit und Falsifizierbarkeit des Rationalitätsprinzips 69
  e. Rationalität als Instrument der institutionenökomischen (Medien)Ökonomik 73
2.3 Kritisch-rationales Forschungsprogramm der Medienökonomik 75

2 Methodische Grundlagen des medienökonomischen Forschungsprogrammes

2.1 Grundsätzliche Kritik an der Anwendbarkeit der Ökonomik

Die methodischen Grundlagen der Ökonomik sind nicht selten Gegenstand von Kritik. Im Wesentlichen bezieht sich diese Kritik auf die Sichtweise der Ökonomik, die Bewertung von gesellschaftlichen Problemen und die ökonomische Verhaltensannahme. Beispielsweise wird argumentiert, dass die Ökonomik ein Rationalverhalten unterstelle, das so in der Realität nicht zu beobachten sei. Überdies nehme der ökonomische Ansatz den Eigennutz des Einzelnen als Basis, um ein Urteil über gesellschaftliche Probleme zu fällen. Eigennutz, meist als Egoismus verstanden, sei aber kein adäquater Ausgangspunkt, um etwa die gesellschaftliche Rolle der Medien wissenschaftlich zu analysieren. Vielmehr erfüllten Medien eine Vielzahl wichtiger Funktionen für die Gesellschaft, die nicht den marktlichen Einzelinteressen von Anbietern und Nachfragern geopfert werden dürften.

Obwohl die grundsätzliche Kritik an der Ökonomik und ihrer Anwendbarkeit auf Medien häufig vorgebracht wird, bleibt sie in der medienökonomischen Literatur weitgehend ohne Beachtung. Ökonomen sehen offensichtlich keinen Anlass, zu den ihnen entgegengebrachten Argumenten Stellung zu nehmen, selbst wenn diese aufgrund ihrer Eingängigkeit, weiten Verbreitung und scheinbaren Orientierung am Gemeinwohl die Rezeption von Sachargumenten wie auch konkrete Politikreformen verhindern.

Aus diesem Grund ist es als Einführung in das Forschungsprogramm notwendig, die Prinzipien der (Medien)Ökonomik vorzustellen und zu erläutern, warum jeweils ihre methodische Funktion von fundamentaler Bedeutung ist. Die zentralen Prinzipien des medienökonomischen Forschungsprogrammes werden von der Zuschauersouveränität, der Nicht-Paternalistik und der Rationalität gebildet.

Auf den ersten Blick scheint es, als seien alle drei Prinzipien einem Alltagsverständnis zugänglich. Ausgehend von diesem Verständnis wird gegen die Ökonomik eingewandt, dass die Prinzipien wenig realistische Konstrukte darstellten oder dass die Ökonomik als Wissenschaft nicht auf die Analyse von Medien anwendbar sei, da die Annahme von Zuschauersouveränität, Rationalität oder Akzeptanz der bestehenden Präferenzen in der Realität nicht erfüllt sei. Diese beiden Argumente stellen Missverständnisse bezüglich der Ökonomik und sogar der Rolle einer Wissenschaft im Allgemeinen dar. Um mit diesen Missverständnissen aufzuräumen, wird die Frage in den folgenden drei Abschnitten sein, welche Gründe erstens für diese Prinzipien aus methodischer Sicht sprechen und warum zweitens die Ökonomik als Wissenschaft auf Medien in gehaltvoller Weise anwendbar ist.

2.2 Fundamentale Prinzipien des medienökonomischen Forschungsprogrammes

2.2.1 Das methodische Prinzip der Zuschauersouveränität

Ein Großteil der ökonomischen Theorie ist in dem Sinne mikrofundiert, dass die betrachteten Fragestellungen auf Grundlage des Verhaltens von Individuen betrachtet werden. Was zunächst wie eine nur schmale Basis erscheint, ist tragfähig genug, um eine weite Spanne von Fragen des menschlichen Verhaltens bis hin zu gesellschaftlichen Problemen zu untersuchen. Zur Erläuterung, warum der Individualismus einen zentralen Baustein in der Medienökonomik bildet, ist ein kurzer Blick auf die gesellschaftlichen Funktionen medialer Güter hilfreich.

2.2.1.1 Medien als Medium gesellschaftlicher Kommunikation

Medien stellen nicht nur eine von Konsumenten nachgefragte Dienstleistung dar, sondern sind auch für unterschiedlichste Gruppen der Gesellschaft ein Mittel der Kommunikation. Auf ganz unterschiedliche Weise haben viele Gruppen ein Interesse daran, Medien für eigene Zwecke zu nutzen.

Zu den gesellschaftlichen Gruppen zählen die an der Medienproduktion direkt Beteiligten wie Fernsehsender, zum Beispiel die öffentlich-rechtlichen Anstalten oder werbefinanzierte Programmanbieter, oder Journalisten, die innerhalb dieser Sender tätig sind. Gleichfalls ein Interesse an werbefinanzierten Programmen haben werbetreibende Produzenten von Gütern und Dienstleistungen.

Neben diesen unmittelbar Beteiligten können auch andere Gruppen ihre spezifischen Aufgaben nur mithilfe des Zugangs zu Medien wie dem Fernsehen erfüllen. Hierzu gehören u. a. Parteien, Gewerkschaften, Interessenverbände, Kirchen oder Sportvereine. In modernen Gesellschaften sind diese Gruppen darauf angewiesen, mit ihren Kunden, Wählern, Mitgliedern, Gläubigen oder Sympathisanten in Kontakt zu treten, da eine direkte Ansprache in der Praxis meist zu kostspielig oder in vielen Fällen gänzlich unmöglich wäre. Nur die vermittelte Kommunikation über Medien erlaubt, die jeweilige Zielgruppe zu erreichen. Damit ist Medienpolitik in modernen Gesellschaften eine Form praktizierter Gesellschaftspolitik. Ohne Massenmedien wären heutige Gesellschaften nicht mehr funktionsfähig.

Auf den ersten Blick fällt es schwer, diesen Gruppen die Berechtigung abzusprechen, auf Medien bei der Verfolgung eigener Ziele zurückzugreifen. Naheliegend scheint, aus der unbestrittenen Tatsache, dass diese Gruppen bei der Verfolgung ihrer Interessen mehr oder weniger stark auf die Nutzung von Medien angewiesen sind, einen legitimen Anspruch auf Verbreitung ihrer jeweiligen Botschaften oder ein Recht zur Mitgestaltung des Mediensystems abzuleiten.

Aus wissenschaftlicher Sicht greift dieser Schluss jedoch zu kurz, da zum einen sich mit der Notwendigkeit des Medienzugangs noch nicht die gesellschaftliche Legitimation der Forderung begründen lässt. Eine solche Legitimation setzt bessere Argumente als ein – vielleicht sogar hohes – Interesse an der Nutzung voraus. Zum anderen ist kaum davon auszugehen, dass all diese Gruppen mit der Mediennutzung gesellschaftliche Ziele verfolgen.

2.2.1.2 Zuschauersouveränität als Souveränität der Medienkonsumenten

In der Ökonomik ist die Frage nach der Legitimität von gesellschaftlichen Ansprüchen bereits von ADAM SMITH (1723–1790) im Jahre 1776 aufgeworfen worden.[5] SMITH hat das Verhältnis von Konsumenten zu Produzenten näher betrachtet und ist zu dem eindeutigen Ergebnis gekommen: „Consumption is the sole end and purpose of all production; and the interest of the producer ought to be attended to, only so far as it may be necessary for promoting that of the consumer. The maxim is so perfectly self-evident, that it would be absurd to attempt to prove it."[6]

Das hierin zum Ausdruck kommende hierarchische Verhältnis zwischen Konsumenten und Produzenten – speziell zwischen den Zuschauern und Anbietern eines Programmes – wird in der Ökonomik seit den 40er-Jahren nach WILLIAM H. HUTT (1899–1998) mit „Konsumentensouveränität" bezeichnet.[7] WALTER EUCKEN nennt dieses Prinzip die „Herrschaft der Konsumenten".[8] Während SMITH die Konsumentensouveränität als offensichtlich richtige Maxime darstellt, entspricht sie bei HUTT einer Doktrin oder einem Ideal.[9] Deutlich wird, dass weder HUTT noch SMITH behaupten, Konsumenten seien in der Realität souverän, sondern beide die normative Dimension des Prinzips betonen.

Beim Ziel der Konsumentensouveränität geht es also nicht um die wissenschaftlich aufgeladene Behauptung, Konsumenten verhielten sich stets souverän, sondern darum, Konsumenten bei gesellschaftspolitischen Fragen als Souverän zu behandeln. Diese übergeordnete Position gilt im Delegationsverhältnis zu den Anbietern von Gütern

---

[5] Zur Geschichte der Konsumentensouveränität vgl. **Binder** (1996), S. 141.
[6] **Smith** (1776/1981b), S. 515.
[7] **Hutt** (1943), S. 215. HUTT gesteht ein, unsicher zu sein, ob er den Begriff selbst geprägt oder nur übernommen habe. Ausgehend vom geflügelten Wort, der Kunde sei König, vermutet HUTT den Ursprung der Bezeichnung im deutsch-niederländischen Sprachraum, da vor ihm schon WILHELM RÖPKE und FRIEDRICH A. VON HAYEK sehr ähnliche Ausdrücke verwendeten. Vgl. **Hutt** (1940), S. 66.
[8] **Eucken** (1952/1975), S. 163.
[9] Vgl. **Hutt** (1940), S. 67.

und Dienstleistungen selbst oder gerade in Fällen, in denen – wie nachfolgend diskutiert – Konsumenten über ein nur unvollkommenes Wissen verfügen.

Dieses Prinzip der Konsumentensouveränität lässt sich unmittelbar auf den Fernsehmarkt übertragen. *Zuschauersouveränität* bedeutet demnach, dass jede Programmproduktion für den Zuschauer und nur für ihn stattfindet. Der Zuschauer ist nicht nur die letzte Instanz, die über den Nutzen von Programmen entscheidet, sein Urteil bildet auch die einzig legitime Basis für eine solche Bewertung. Da alle Programme allein zum Wohl der Zuschauer ausgestrahlt werden, muss das Interesse der Programmproduzenten oder anderer gesellschaftlicher Gruppen am Medium Fernsehen in den Hintergrund treten. Aus einer dienenden Position heraus sollen Fernsehsender den Wünschen von Zuschauern nachkommen.

Nur recht knappe Hinweise geben SMITH und HUTT, welche Gründe für Konsumentensouveränität sprechen. Für HUTT ist allein die Konsumentensouveränität sinnvoll, da andere Prinzipien gänzlich unmöglich wären. Das Ideal ist für HUTT damit selbsterklärend und bedarf nicht des Beweises. In gleicher Weise erübrigt sich für SMITH ein Beweis der Maxime.

In der folgenden Diskussion gilt es, zwischen zwei Aspekten zu unterscheiden, die beim Prinzip der Konsumentensouveränität ineinandergreifen. Einerseits ist methodologisch zu fragen, welche Perspektive eine Wissenschaft wie die Medienökonomik zur Analyse gesellschaftlicher Phänomene einnehmen soll. Die Antwort hierauf wird verdeutlichen, warum Konsumentensouveränität in der Ökonomik eine zentrale Stellung einnimmt und warum auch eine moderne Medienökonomik nicht ohne dieses Prinzip auskommen kann. Andererseits stellt sich normativ die Frage, welche Anspruchsgruppen in der praktischen Medienpolitik berücksichtigt werden sollen.

2.2.1.3 Methodologischer Individualismus als Basis der Medienökonomik

Die methodischen Überlegungen zur theoretischen Fundierung der Ökonomik von CARL MENGER (1840–1921) aus dem Jahre 1871 aufgreifend prägt JOSEPH SCHUMPETER (1883–1950) im Jahre 1908 in seinem Werk „Wesen und den Hauptinhalt der theoretischen Nationalökonomie" den Begriff „Methodologischer Individualismus".[10] SCHUMPETER geht der Frage nach, warum das gesamte Ideengebäude der Ökonomik auf dem Individualismus fußt, obwohl dieser von vielen Seiten wegen seiner beschränkten Perspektive kritisiert wird.

SCHUMPETERs Antwort hierauf hat an Klarheit und Aussagekraft bis heute nichts eingebüßt:[11] Es sei unbestreitbar richtig, dass eine Gesellschaft nicht nur aus isolierten Individuen bestehe. Vielmehr sei das Individuum ein Teil der Gesellschaft und ver-

---

[10] Vgl. **Menger** (1871), S. VI, **Schumpeter** (1908/1970), S. 90 ff.
[11] Vgl. **Schumpeter** (1908/1970), S. 90 ff.

danke ihr sogar seine Existenz und Entwicklung. Obwohl in einigen politischen Bereichen wie der Sozialpolitik – ebenso wie der Medienpolitik – gesamtgesellschaftliche Fragestellungen eine Rolle spielten, greifen diese Argumente laut SCHUMPETER nicht zur Kritik des Individualismus als methodologischem Instrument. Der Methodologische Individualismus sei in diesem Sinne

1. nicht eine wirklichkeitsgetreue Beschreibung der Gesellschaft. Es gehe in der Ökonomik nicht um eine positive Beschreibung, wie die gesellschaftliche Realität konkret aussehe oder was individuelles Handeln im Einzelfall ausmache. Vielmehr sei das Ziel dieser Wissenschaft die Beschreibung von „Massenerscheinungen", d. h. gesellschaftlichen Phänomenen, auf Basis von individuellen Vorgängen.[12]
2. keine Forderung, die Gesellschaft solle nur aus isolierten Individuen bestehen. Mehr noch als der positive Individualismus habe diese normative Deutung nichts mit Ökonomik als Wissenschaft zu tun. Es könne nicht darum gehen, dem „Atomismus" – als Vereinzelung – das Wort zu reden.

SCHUMPETER grenzt also klar den methodologischen von einem positiven oder normativen Individualismus ab. Es gehe nicht um eine „Spekulation philosophischer Natur, kein Zukunftsideal oder dergleichen mehr", sondern lediglich um eine wissenschaftliche Herangehensweise zur Beschreibung menschlichen Verhaltens.[13] Hiermit sei nicht die Behauptung verbunden, dass sich jegliche soziale Dimension menschlichen Verhaltens beschreiben lasse oder dass diese überhaupt nicht existiere. Menschen lebten nicht in Isolation, sondern hätten gemeinsame Werte und beeinflussten sich wechselseitig.[14]

Der hierin zum Ausdruck kommende Fehler resultiert aus einer Gleichsetzung der theoretischen Ebene mit der beobachteten Realität, ein Fehlschluss, der als „ontologische Reduktion" der Wirklichkeit bezeichnet wird und in analoger Weise auch im Zusammenhang mit dem Rationalitätsprinzip der Ökonomik auftritt.[15] Die normative Lesart des Individualismus führt zu einer unzulässigen Vermischung der theoretischen mit der realen Ebene und schließt fälschlicherweise hieraus, dass die Ökonomik als Wissenschaft dieses Prinzip einfordere und sämtliche kollektiven Elemente einer Gesellschaft zurückdränge.

Demgegenüber versucht der methodologische Individualismus als methodischer Ansatz lediglich in einer zweckmäßigen Art und Weise, menschliches Verhalten ausgehend von der Basis des Individuums zu beschreiben. Diese Herangehensweise ist auf der Modellebene der ökonomischen Wissenschaft angesiedelt und besitzt folglich aus sich heraus keinen Bezug zur beobachteten Wirklichkeit. Vielmehr ist sie eine von meh-

---
[12] **Schumpeter** (1908/1970), S. 96.
[13] **Schumpeter** (1908/1970), S. 95.
[14] Vgl. **Buchanan** (1991), S. 14.
[15] Vgl. **Schröder** (2004), S. 175.

reren Perspektiven, die zur Beschreibung der Realität gewählt werden kann.[16] Ebenso denkbar und valide sind damit nicht-individualistische Sichtweisen, auch wenn deren Zweckmäßigkeit mit dieser reduktionistischen Herangehensweise konkurrieren muss.

Demnach ist auch die Analyse gesellschaftlicher Probleme von der konträren Position eines ganzheitlichen Ansatzes möglich, beispielsweise auf Grundlage eines Methodologischen Holismus. Im Holismus besitzen kollektive Entitäten, die über die reine Summe ihrer einzelnen Mitglieder und deren Beziehungen hinausgehen, eine Handlungsfähigkeit als selbstständige Organe.[17] Auf den ersten Blick lassen sich mithilfe holistischer Argumente z. B. politische Maßnahmen dadurch organisch begründen, dass sie für Entitäten wie Organisationen, gesellschaftliche Schichten oder ganze Staaten rational sind, ohne zwingend für einzelne Individuen von Vorteil zu sein.

Ein zweiter Blick lässt fraglich erscheinen, ob eine kollektivistische Sichtweise konsequent durchzuhalten ist. Unmittelbar mit der Behauptung eines supraindividuellen Vorteils stellt sich die Frage, woher dieser stammen soll, wenn nicht aus einer individuell begründeten Wertschätzung. Realismusbasierte Einwände, nur Individuen könnten im traditionellen Sinne Handlungen vollziehen und kämen als Quelle von Werten in Betracht,[18] sind nur in einem streng holistischen Ansatz als unberechtigt von der Hand zu weisen, können hier doch Organisationshandeln und ein eigenständiger, unabhängiger Nutzen auf kollektiver Ebene entstehen. In allen anderen Fällen muss der Vorteil aus einer Handlung ganz oder teilweise aus dem Nutzen von Individuen resultieren, welche zudem als allein Handelnde in Betracht kommen.

Als gültige Argumente können folglich kommunitaristische Werturteile, naturrechtliche Überlegungen, die Staatsräson und eine göttliche Eingebung ebenso wenig genügen wie der Rückgriff auf eine allgemeine Vernunft oder eine irgendwie geartete „öffentliche Meinung".[19] Aus diesem Grund ist eine wissenschaftliche Fundierung des Methodologischen Holismus unweigerlich mit einem Verlassen der kollektivistischen Perspektive verbunden, um sie um individualistische Gesichtspunkte zu erweitern. Aus individualistischer Sicht können kollektivistische Argumente – unabhängig von ihrer empirischen Richtigkeit – nur den Anstoß für eine wissenschaftliche Erklärung geben, nie jedoch ein eigenständig gültiges Argument liefern. Zudem führt FRIEDRICH A. VON HAYEK (1899–1992) an, dass das Zurechnen auf soziale Entitäten häufig relevante Einsichten in die Problemstruktur verhindere.[20] Im Vergleich sind holistische Ansätze somit weniger gehaltvoll.

---

[16] Vgl. **Buchanan** (1991), S. 16.
[17] Vgl. **Popper** (1957/1974), S. 14.
[18] Vgl. **McKenzie/Tullock** (1978), S. 8, **Buchanan** (1987), S. 586.
[19] Selbst bei KARL POPPER findet sich der Fehler, erst die öffentliche Meinung als Mythos zu kritisieren, um anschließend die von ihr ausgehenden Gefahren zu diskutieren. Vgl. **Popper** (1954/1999), S. 168.
[20] Vgl. **von Hayek** (1952/1979), S. 67.

Diese Punkte werden für die positive Medienökonomik im Hinblick auf die Theoriebildung, für die normative Medienökonomik zur Auseinandersetzung mit der praktischen Medienpolitik eine wichtige Rolle spielen. Normativ werden politische Reformen des Fernsehmarktes in Diskussionen häufig damit begründet, dass auf Phänomene wie Kultur, gesellschaftliche Werte oder die öffentliche Meinung verwiesen wird. Solche Phänomene können aus Sicht des Individualismus nur dann überzeugen, wenn sie durch individualistische Argumente eine Fundierung erfahren.

Mit dieser methodischen Forderung ist nicht die Behauptung verbunden, dass holistische Phänomene nicht existieren, noch, dass sie keine gesellschaftlich wichtige Rolle spielen können. Vielmehr verlangt der Methodologische Individualismus, diese Phänomene individualistisch auf Ebene der Mikroperspektive zu begründen oder auf die Verwendung als Argument ganz zu verzichten. Um die Vagheit der Begründung zu kaschieren, ist die Flucht auf eine kollektive Betrachtungsebene nicht mehr zulässig. Individualismus bedeutet demnach, sich argumentativ von der Überzeugungskraft diffuser Gemeinschaftsbedürfnisse zu verabschieden.

In seiner Wissenschaftstheorie unterscheidet IMRE LAKATOS (1922–1974) zwischen dem harten, invariablen Theoriekern und einem Schutzgürtel von modifizierbaren Hilfsannahmen, die zusammengenommen ein wissenschaftliches Forschungsprogramm ausmachen.[21] Im Sinne dieses Verständnisses von Wissenschaft ist der Methodologische Individualismus eine im harten Kern der Wissenschaft angesiedelte Modellannahme, die sich als produktiv zur Beschreibung menschlichen Verhaltens erwiesen hat und deshalb nicht infrage gestellt wird.

Für JAMES BUCHANAN ist der Methodologische Individualismus sogar die Bedingung sine qua non für jede ernsthafte Untersuchung im ökonomischen Forschungsprogramm.[22] Trotz dieser grundlegenden Bedeutung orientieren sich auch Ökonomen nicht ausnahmslos am methodologischen Individualismus. So lassen sich Forschungsprogramme mit ökonomischer Ausrichtung finden, die – wie die anschließend diskutierte Meritorik – die individualistische Ebene verlassen, um auf kollektivistische Argumente zurückzugreifen.

Vom wissenschaftlichen Anspruch her ist der Methodologische Individualismus keine allgemeingültige, wahre Prämisse, sondern eine heuristische Vermutung über die Nützlichkeit der Herangehensweise. Aus wissenschaftstheoretischer Sicht ist es nicht sinnvoll, danach zu fragen, ob der Individualismus eine „richtige" Perspektive einnimmt oder eine „wahre" Modellannahme darstellt. In der Forschungspraxis hat sich der Methodologische Individualismus in zahlreichen Forschungsgebieten der Ökonomik als fruchtbar zur Analyse gesellschaftlicher Probleme erwiesen, was vermuten lässt, dass dies in der Medienökonomik ebenso sein wird. Schon SCHUMPETER

---
[21] Vgl. **Lakatos** (1974), S. 129.
[22] Vgl. **Buchanan** (1991), S. 14.

erkannte, dass rein die methodische Zweckmäßigkeit, nicht eine damit verbundene, irgendwie geartete epistomologische Wahrheit, für den Methodologischen Individualismus spricht.[23]

2.2.1.4 Normative Rechtfertigung der Zuschauersouveränität

Der Methodologische Individualismus allein erlaubt noch keine Antwort auf die anfangs aufgeworfene Frage, welche gesellschaftlichen Gruppen einen legitimen Anspruch auf die mediale Verbreitung ihrer Botschaft oder etwa ein Recht auf Mitsprache bei der Gestaltung des Mediensystems besitzen. Der Individualismus als reduktionistische Perspektive hat also nicht unmittelbar den Vorrang von Zuschauerinteressen zur Konsequenz. Vielmehr stehen die Bedürfnisse unterschiedlicher Individuen bzw. von Individuen in ganz unterschiedlichen Rollen einander gegenüber. Produzenten- und Konsumenteninteressen konkurrieren ebenso miteinander wie die Interessen von Politikern, Repräsentanten gesellschaftlicher Gruppen und expliziten Interessenvertretern, ohne dass auf Basis des Individualismus prinzipiell entschieden werden könnte, wessen Interessen ein stärkeres Gewicht einzuräumen wäre. Auf die politikwissenschaftliche Frage nach der Legitimität der Ansprüche dieser Gruppen kann eine wissenschaftstheoretische Auseinandersetzung mit dem Individualismus folglich keine Antwort geben.

Zunächst scheint Zuschauersouveränität eine logische, selbstverständliche Konsequenz des normalen Produktionsablaufs zu sein. Da Zuschauer quasi das letzte Glied der Verwertungskette des Programmes bilden, sollen sie entscheiden, welche Arten von Medien produziert und ausgestrahlt werden. Mit Bezug auf SMITH hält EUCKEN die Maxime der Konsumentensouveränität zwar für so vollkommen einleuchtend, dass es „abgeschmackt wäre, sie beweisen zu wollen", nennt dennoch aber einen ökonomischen Grund.[24] Konkurrenzpreise lenkten die Produktion in eine Richtung, Bedürfnisse optimal zu befriedigen und gleichzeitig allen Menschen eine ausreichende Freiheitssphäre zu gewähren. Im ökonomischen Sinne sorgt die Souveränität der Zuschauer somit dafür, dass knappe, wertvolle Ressourcen im Mediensektor für jene Sendungen verwendet werden, die sich aus Sicht der Zuschauer als nützlichste und wertvollste Produkte darstellen. Die Güte und der Erfolg jeder programmlichen Anstrengung der Anbieter kann und soll nur aus der Perspektive der Zuschauer bewertet werden.[25]

Als normatives Prinzip bezeichnet der Begriff „Konsumentensouveränität" zwar einen unmittelbaren Anspruch der Konsumenten, der sich aus dem hierarchischen Verhältnis zu den Anbietern ableitet.[26] Normativ richtet sich dieser Anspruch allerdings

---

[23] Vgl. **Schumpeter** (1908/1970), S. 533.
[24] **Eucken** (1952/1975), S. 30.
[25] Vgl. **Hutt** (1943), S. 215.
[26] Vgl. **Rothenberg** (1962).

nicht allein gegen Produzenten, sondern ebenso gegen die Gestalter der Marktordnung. Politiker etwa sollen sich bei Reformen der marktlichen Rahmenbedingungen am Prinzip der Zuschauersouveränität orientieren, um das Mediensystem im Sinne der Zuschauer weiterzuentwickeln. Auf Grundlage von Konsumentensouveränität lässt sich – beispielsweise nach EUCKEN – die Förderung von Wettbewerb auf dem Fernsehmarkt begründen. Da bei Konkurrenz die Konsumenten über Art und Umfang der Produktion bestimmen, handeln Unternehmer letztlich in ihrem Auftrag.[27]

HUTT sieht Konsumenten analog zu Wählern – dann als souverän an, wenn im hierarchischen Verhältnis von Produzenten zu Konsumenten Letztere den Ausschlag über das angebotene Programm an Gütern und Dienstleistungen geben.[28] Den gleichen Sachverhalt formuliert VON HAYEK als Frage der „Wissensteilung".[29] Demnach bedarf es individueller Freiheiten, da nur die Individuen ihre Präferenzen kennen und selbst am besten einschätzen können, welche Handlungen ihnen am meisten nützen.

Für Konsumentensouveränität spricht überdies ein liberales Argument, das JOHN STUART MILL (1806–1873) auf den Staat bezogen hat, analog aber für Produzenten gilt. Zur Begründung individueller Freiheit argumentiert MILL: „[P]eople understand their own business and their own interests better, and care for them more, than the government does, or can be expected to do."[30] Aus einer ähnlich liberalen Denktradition begründet HUTT Konsumentensouveränität, indem für ihn das Prinzip ein Ausdruck individueller Freiheit sei, die sich unter anderem im fehlenden Einfluss von Interessengruppen äußere.[31] Souveränität wird so zu einem Abwehrrecht gegen Partikularinteressen, letztlich auch gegen eine ungebührlich dominante Rolle des Staates.

Zuschauersouveränität als Ziel demokratischer Medienpolitik meint demnach sowohl Staatsferne als auch die Ferne von organisierten Gruppeninteressen – Wirtschaftsunternehmen ebenso wie politische, religiöse oder andere Anspruchsgruppen. Die Legitimität der Ansprüche verschiedener gesellschaftlicher Gruppen auf Beteiligung an den Medien und auf Berücksichtigung bei der Ausgestaltung des Mediensystems muss vor diesem Hintergrund bestritten, zumindest jedoch stark eingeschränkt werden. In demokratisch verfassten Marktwirtschaften werden lediglich Konsumenteninteressen als genuin legitim angesehen, denen die Interessen der Produzenten nachgelagert sind.[32] Für eine demokratische Medienpolitik lässt sich folgern, dass im Falle des Konflikts zwischen Konsumenten- und Produzenteninteressen Erstere eindeutig Vorrang haben.

---

[27] Vgl. **Eucken** (1952/1975), S. 163.
[28] Vgl. **Hutt** (1943), S. 215.
[29] **von Hayek** (1936/1952), S. 70.
[30] **Mill** (1848/1965), S. 942.
[31] Vgl. **Hutt** (1943), S. 215.
[32] Vgl. **Hartwig/Pies** (1995), S. 56 ff.

2.2.2 Das methodische Prinzip der Nicht-Paternalistik

2.2.2.1 Mediale Güter in ihrer gesellschaftlichen Bedeutung

Die bisherige Auseinandersetzung mit der Zuschauersouveränität als methodischem Prinzip hat eine Reihe von Argumenten geliefert, warum die moderne Ökonomik von den Bedürfnissen und Wünschen von Individuen ausgeht und die individualistische Sichtweise wählt. Gesellschaftliche Aspekte werden folglich abgelehnt, wenn sie nicht auf individualistischer Basis rekonstruiert werden können. Im Folgenden soll der Frage nachgegangen werden, ob im Individualismus systematisch die gesellschaftliche zugunsten der individuellen Perspektive ausgeblendet wird und es im hier relevanten Fall der Medien möglich ist, stärker deren gesellschaftlicher Bedeutung gerecht zu werden.

Schon diese Skizze deutet das zu untersuchende Spannungsverhältnis an: Kritiker einer ausschließlich individualistischen Sicht führen an, Medien seien – neben ihrem offensichtlichen, nicht zu leugnenden Charakter als Wirtschaftsgut – auch Kulturgüter. Ihnen komme somit eine gesellschaftlich wichtige Funktion zu, sie förderten das Gemeinwohl und seien deshalb verdienstvoll. Bezogen auf Marktprozesse könne beobachtet werden, dass beispielsweise Kultursendungen – ebenso wie Theater, Festspiele und Museen – zu wenig nachgefragt würden und folglich auch das Angebot hinter einer gesellschaftlich wünschenswerten Menge zurückbliebe.[33] Ihr dualer Charakter verbiete die ausschließliche Finanzierung dieser Güter über Märkte.

2.2.2.2 Paternalistik als der traditionell meritorische Ansatz

Auch Ökonomen beteiligten sich an dieser Diskussion und stritten lange Zeit kontrovers über die Existenz von Gütern, die trotz ihres gesellschaftlichen Nutzens auf eine unzureichende Marktnachfrage treffen. Ein wesentlicher, selbst über die Grenzen der Ökonomik hinaus bekannter Zweig dieser Diskussion entwickelte sich im Jahre 1957 aus einer Publikation des Finanzwissenschaftlers RICHARD MUSGRAVE (1910–2007).[34] Zurückgehend auf MUSGRAVES ursprünglichen Ausdruck werden auch in der

---

[33] Beispielsweise begründet GUNDLACH ein Marktversagen im Fernsehbereich u. a. damit, dass sich demokratische Ziele wie „Meinungsvielfalt", „Minderheitenschutz" oder „gegenseitige Achtung" wohl kaum in Nachfragerpräferenzen niederschlagen würden. Neben meritorischen Argumenten führt GUNDLACH die eingeschränkte Konsumsouveränität und systematische Informationsmängel als weitere Gründe für dieses Marktversagen an. Er wendet sich daher sehr weitgehend gegen den hier verfolgten ökonomischen Ansatz. Vgl. **Gundlach** (1998), S. 62 f., 67 f.

[34] Nach ANDEL arbeitet MUSGRAVE das Konzept der meritorischen Bedürfnisse zwar erst im Jahre 1959 aus, verwendet es aber schon zwei Jahre früher. Vgl. **Andel** (1984), S. 630, **Musgrave** (1959), S. 13 f.

Medienökonomik gesellschaftlich nützliche Güter mit dem Attribut „meritorisch" – also „verdienstvoll" – bezeichnet.³⁵

Im Kern seiner stark phänomenologisch gehaltenen Betrachtung fragte MUSGRAVE danach, ob es Fälle geben könne, in denen eine beobachtbare Marktnachfrage nicht mit einem aus gesellschaftlicher Sicht wünschenswerten Nachfragerverhalten übereinstimmt.³⁶ Durch die zu geringe Wertschätzung der Nachfrager wird im Fall „meritorischer" Güter zu wenig von dem Gut, durch die zu hohe Wertschätzung bei einem „demeritorischen" Gut zu viel hiervon nachgefragt. Es kommt zu einem Auseinanderfallen von realer und eigentlich wünschenswerter Nachfrage. Im Gegensatz zur später diskutierten „individualistischen" Meritorik, die die unterschiedlichen Präferenzen der Individuen selbst in den Mittelpunkt der Analyse rückt, argumentiert MUSGRAVE dabei stärker anhand der Denkfigur eines wohlwollenden Diktators oder eines väterlichen Ratgebers, weshalb diese Strömung innerhalb der Meritorik als „paternalistisch" bezeichnet wird.

Als Hauptursache für das Auseinanderfallen sieht MUSGRAVE Gemeinschaftsbedürfnisse – „community preferences"³⁷ –, denen auch im Zusammenhang mit dem Konsum von Medien die wesentliche Bedeutung von „Meritorik" zukommen dürfte. In diesem Sinne ließe sich beispielsweise das Medium Fernsehen als demeritorisches Gut klassifizieren, da möglicherweise Zuschauer insgesamt zu viel fernsehen. Hingegen auf einzelne Programme bezogen wären Kulturprogramme aufgrund ihrer geringen Zuschauerschaft eventuell meritorisch, Talkshows und Unterhaltungsserien mit hoher Einschaltquote demeritorisch.

a. Objektivität als Kernproblem der Paternalistischen Meritorik

Bereits der vage Charakter dieser Klassifizierungen macht das zentrale Abgrenzungsproblem der Theorie MUSGRAVEs deutlich:³⁸ Fernsehen *könnte* ein demeritorisches

---

³⁵ Eine allgemeine Kritik der Meritorik führen u. a. Head (1966), **McLure** (1968), **West/McKee** (1983), **Head** (1988), **Schmidt** (1988), **Erlei** (1992), **Gottschalk** (2001), **Müller/Tietzel** (2002).

³⁶ Aufgrund der Explizierung mithilfe von Einzelbeispielen ist es nicht ganz einfach festzumachen, worin der eigentliche Kern von MUSGRAVEs Überlegungen besteht. Nicht nur, dass MUSGRAVE schon zu Beginn der Diskussion mehrere Phänomene unter dem Sammelbegriff „Meritorik" zusammenfasst, er ändert auch die relative Bedeutung dieser Punkte im Zeitablauf, fügt neue Ideen hinzu oder lässt schwächere später weg. Die hier angeführten Aspekte sind somit als der invariante Teil der Theorie zu verstehen, der sich durch die gesamte Entwicklungsgeschichte der Meritorik zieht. Einen Überblick über diese Entwicklungsgeschichte gibt **Andel** (1984).

³⁷ Als weitere Gründe für das Auftreten meritorischer Güter nennt MUSGRAVE in späteren Jahren Paternalismus in der Distribution und die – nachstehend diskutierten – multiplen Präferenzen, weist jedoch Fälle pathologischer Irrationalitäten (bei Kranken oder Kindern) oder gesellschaftlicher Moden zurück. Vgl. **Musgrave** (1987), S. 452 f.

³⁸ Vgl. **Schmidt** (1988), S. 383.

Gut sein, ebenso wie Kulturprogramme meritorische Güter sein *könnten*. Die Möglichkeit, dass das Gegenteil zutrifft, schwingt in diesen Aussagen stets mit. Der Grund für diese fehlende (wissenschaftliche) Klarheit liegt in dem impliziten, aber aufgrund der Herangehensweise unausweichlichen Werturteil. Beurteilt wird in jedem Fall die beobachtete Wirklichkeit im Vergleich zu einer Idealvorstellung.

Von der Gültigkeit dieses Vergleichs hängt in fundamentaler Weise das Urteil über die meritorischen Gutseigenschaften ab. Wenn unklar ist, welche externe Referenz anzulegen ist und wie diese gebildet wird, muss das verwendete Maß willkürlich und spekulativ bleiben. Die Aussage, ein Gut sei meritorisch, beschreibt keineswegs eine objektive, unzweifelhafte Gutseigenschaft. Statt ein Objekt genauer zu kennzeichnen, charakterisiert die Feststellung die urteilende Person: Nicht das Gut ist in einer intersubjektiv zweifelsfreien Weise meritorisch, sondern verfügt in den Augen des Beobachters – und vielleicht sogar nur dort – über eine zu geringe oder zu hohe Nachfrage. Dementsprechend resultiert die Charakterisierung aus dem Abwägen verschiedener Vorstellungen der Wirklichkeit, von denen eine bestimmte präferiert wird.

Von MUSGRAVE nur am Rande beantwortet wird die Frage, welche Idealvorstellung als Referenzzustand in diesem Vergleich Verwendung finden soll. Dem Anspruch von Objektivität kann das Attribut „meritorisch" vom theoretischen Standpunkt aus nicht gerecht werden, sondern ist auf das Niveau einer – durchaus bestreitbaren – Meinungsäußerung degradiert.

b. Bedeutung individueller Präferenzen in der Paternalistik

Nicht nur die Unbestimmtheit und mangelnde Objektivierbarkeit des Theorieentwurfs von MUSGRAVE wurden von Ökonomen kritisiert. Vor allem stieß die methodische Herangehensweise der Theorie auf Widerspruch. So steht im Kern der Theorie meritorischer Güter ein Gegensatzpaar: Einer real beobachtbaren wird die wünschenswerte Nachfrage gegenübergestellt, wobei das reale zum erwünschten Konsumentenverhalten in einer hierarchischen Ordnung steht – nur wenn das Wunschverhalten als höherwertig eingestuft wird, ergibt sich die Notwendigkeit, korrigierend in das Realverhalten einzugreifen. Bei Abweichungen von Real- und Wunschverhalten wird stets das Realverhalten als fehlerhaft betrachtet, nicht das Wunschverhalten der Wirklichkeit angepasst. Das gewünschte Verhalten ist nicht nur anders als die Realität, sondern vor allem – in den Augen des Urteilenden – besser als diese. In diesem Sinne stellt die Theorie meritorischer Güter einen Versuch dar, eine externe, subjektive Verhaltensreferenz dem realen Verhalten überzuordnen, das auf Basis individueller Kosten-Nutzen-Kalküle abläuft.

Beispielsweise beschränkt sich die Aussage, Kulturprogramme seien meritorisch, nicht lediglich auf die Feststellung, dass relativ wenige Zuschauer diese Programme sehen, sondern, dass es wünschenswert wäre, hieran etwas im Sinne einer Vergrößerung der Zuschauerschaft zu ändern. Die Meritorik kommt nach dem Vergleich von Real- und Wunschverhalten stets zu dem Schluss, dass eine Veränderung des beobachtbaren Verhaltens notwendig sei: Bei meritorischen Gütern muss es gefördert, bei demeritorischen Gütern zurückgedrängt werden. Zu dieser Folgerung muss der Theorieentwurf zwangsläufig kommen, da ihm aufgrund der einfachen Modelllogik eine weitere Perspektive verschlossen bleibt.

Die meritorische Logik wird in der Gegenüberstellung mit der traditionellen Mikroökonomik, vor allem dem Ansatz von GARY S. BECKER deutlich, auf den in weiteren Verlauf ausführlicher einzugehen sein wird.[39] Üblicherweise wird in der Ökonomik real beobachtbares Verhalten als Ergebnis des Zusammenspiels von „Präferenzen" und „Restriktionen" gesehen, wobei letztere leichter einer externen, intersubjektiv nachvollziehbaren Beobachtung zugänglich sind. Als theoretische Konstrukte beanspruchen weder „Präferenzen" noch „Restriktionen", ausschlaggebend für das Verhalten konkreter Individuen zu sein, sondern dienen lediglich zu dessen Erklärung.

Innerhalb des Modellrahmens, in dem auf theoretischer Ebene individuelles Handeln durch Wollen und Können determiniert wird, lässt sich reales Verhalten durch gewandelte Präferenzen, veränderte Restriktionen oder eine Mischung aus Präferenzen und Restriktionen erklären. An MUSGRAVEs Theorieentwurf zeigt sich, dass es nicht beliebig ist, ob Verhalten über Präferenzen oder Restriktionen erklärt wird, wird hierin doch vom falschen Verhalten auf fehlerhafte oder mangelhaft ausgeprägte Präferenzen geschlossen.[40] Die Frage, warum sich ein bestimmtes Verhalten zeigt, wird stets mit dem Verweis beantwortet, dass Individuen das Falsche wollen. Verhaltensprobleme resultieren also aus Willensdefekten.

Da sich in der Realität Präferenzen nicht beeinflussen lassen (oder zumindest die Mittel hierzu auf breiter Basis abgelehnt werden), bleibt die Verhaltenskorrektur als einzige Möglichkeit, die Ergebnisse der falschen Präferenzen zumindest zu mildern. Statt über eine Beeinflussung der Präferenzen lässt sich das Verhalten nur durch eine Veränderung der Restriktionen korrigieren.

Die Restriktionen können von außen so gestaltet werden, dass sich im Ergebnis ein Verhalten zeigt, „als ob" die Präferenzen ursprünglich anderer, „besserer" Art gewesen wären. Da die internen Verhaltensanreize sich nicht geändert haben, dürfte die Wiederherstellung der ursprünglichen Restriktionen auch zu einer Rückkehr zum Ausgangsverhalten führen. Die Verhaltensänderung über Restriktionen wäre dann nicht dauerhaft. Deutlich wird, dass meritorisch motivierte Maßnahmen am Können ansetzen, um eine Beeinflussung des Wollens zu erreichen.

---

[39] Zum Gegensatz zwischen den Forschungsprogrammen von MUSGRAVE und BECKER vgl. Kap. 2.2.2.4, S. 44, auch **West/McKee** (1983), S. 1112.
[40] Vgl. **Head** (1966), S. 2.

c. Ursprung und Eigenschaften höherwertiger paternalistischer Präferenzen

Selbst im für die Meritorik günstigsten Fall, dass die maßgeblichen, höheren Präferenzen tatsächlich objektiv besser sind – wie immer hergeleitet oder begründet –, ergibt sich ein unlösbares Problem: Das Ernstnehmen der Paternalistik führt zur Ablehnung der Konsumentensouveränität, da diese sich gerade in der Akzeptanz des real beobachtbaren Verhaltens etwa auf Märkten als präferenzkonform manifestiert. Ein striktes Festhalten an der individuellen Souveränität würde der Meritorik den Boden entziehen, da hier externe, paternalistische Wertmaßstäbe keine Rolle spielen dürfen. Obwohl MUSGRAVE dieses Problem bereits im Jahre 1959 erkannte, verwarf er ohne weitere Begründung die konsequente Anwendung des individualistischen Prinzips als unvernünftige Sichtweise: „The satisfaction of merit wants, by its very nature, involves interference with consumer preferences. [...] A position of extreme individualism could demand that all merit wants be disallowed, but this is not a sensible view."[41]

Obwohl statt der individuellen nun höherwertige Präferenzen zur Beurteilung eines vermeintlich meritorischen Guts herangezogen werden, ist aus wissenschaftlicher Sicht weitgehend offen, was meritorische Präferenzen auszeichnet, wie sie bestimmt werden und welche meritorischen Nutzengrößen hierfür ausschlaggebend sein sollen.[42] Erstens ist unklar, welche besonderen Vorzüge höherwertige Präferenzen aufweisen müssen, um sie als besser im Sinne der Meritorik zu qualifizieren. Sollen die Präferenzen auf gegenwärtigen Konsum oder eher auf zukünftige Erträge einer Investition gerichtet sein? Sollen sie altruistischer oder egoistischer sein als die Präferenzen der Nachfrager?

Zweitens bleibt in der traditionellen Meritorik offen, wie die als höherwertig geltenden Präferenzen bestimmt werden sollen. Präferenzen bilden sich nicht abstrakt und losgelöst von Personen, sondern erfassen modelltheoretisch die Wünsche und Bedürfnisse konkreter Individuen. Sie stehen folglich für die Ziele, die Nachfrager z. B. durch den Konsum von Gütern und Dienstleistungen verfolgen. Als persönliche Ziele fallen Präferenzen damit höchst subjektiv aus und dürften sich in einer wertpluralen Moderne erheblich unterscheiden. In gleicher Weise gilt diese Subjektivität und Differenziertheit für meritorische Präferenzen, die als Ziele ebenfalls Wünsche und Bedürfnisse konkreter Individuen beschreiben.

Dabei ist wesentlich, dass aus individualistischer Perspektive nur die Präferenzen von Individuen, keine weiteren, übergeordneten Interessen Gültigkeit besitzen können. Dementsprechend ist MUSGRAVEs Abstellen auf „community preferences" inhaltsleer,

---

[41] Musgrave (1959), S. 13.
[42] In Anlehnung an die Charakterisierung des wünschenswerten Guts sollen im Folgenden die zu einem meritorischen Gut gehörigen Präferenzen wie auch die Nachfragefunktion vereinfachend als „meritorische" Präferenzen bzw. Nachfrage bezeichnet werden, obwohl im engsten Wortsinn weder den Präferenzen noch der Nachfrage ein Verdienst zukommt.

2.2 Fundamentale Prinzipien des medienökonomischen Forschungsprogrammes

falls es nicht gelingt, diese individualistisch zu rekonstruieren. Dass Präferenzen sich nicht abstrakt-theoretisch herleiten lassen und ohne Bezug zu einem Individuum nicht denkbar sind, gilt analog für meritorische Präferenzen. Auch diese Präferenzen können nicht abstrakt mithilfe eines Modells der Aggregation individueller zu gesellschaftlichen Präferenzen gebildet werden.

Drittens stellt sich die Frage, wessen Nutzen als meritorischer Nutzen relevant sein soll, um vor dem extern angelegten Maßstab der Meritorik als wert- und „verdienstvoll", im konkreten (Einzel)Fall aber unterbewertet betrachtet zu werden. Bei wem sollen die externen, als wichtig erkannten Nutzenbestandteile anfallen? Wer soll vom „Verdienst" der meritorischen Güter profitieren? Gravierende Unterschiede ergeben sich, falls die Meritorik auf eine Besserstellung des Individuums, einer bestimmten Gruppe oder der Gesellschaft als Gemeinschaft ihrer Mitglieder abzielt.

Trotz der grundlegenden Natur wurden diese Fragen in der Meritorik nur ansatzweise aufgegriffen und geklärt. MUSGRAVE selbst ging in seinem Theorieentwurf von einer wohlinformierten, herrschenden Gruppe aus, der es gestattet sein soll, anderen Personen ihre Entscheidungen aufzuzwingen.[43] Hinter dieser Vorstellung steht recht unverschleiert die Idee eines „wohlwollenden Diktators", eines gütigen und gut informierten Herrschers, der die Geschicke des Staates in einer Weise lenkt, das Wohl seiner Untertanen durch seine uneigennützigen Entscheidungen zu mehren. Deutlich wird dabei das Bild eines väterlichen Ratgebers, also einer Denkfigur, die eine sehr lange Geschichte in den Sozialwissenschaften besitzt und schon von JOHN ST. MILL im 19. Jahrhundert verwendet wurde.[44] Da auch MUSGRAVEs Entwurf in dieser langen Tradition steht, wird er als „Paternalistische Meritorik" bezeichnet.

Weniger Herrscher als Vormund oder väterlicher Freund setzt der Diktator die ihm zur Verfügung stehenden (Zwangs)Maßnahmen stets zum Wohle der Untergebenen ein. Folglich lassen sich meritorische Präferenzen zumindest grob skizzieren: Sie werden zwar von außen an das Individuum herangetragen, sollen sich *letztlich* aber an des-

---

[43] Vgl. **Musgrave** (1959), S. 14.
[44] In Bezug auf den Paternalismus vertritt JOHN ST. MILL konträre Standpunkte. Seine „Considerations on Representative Government" sind stark paternalistisch geprägt: „The national institutions should place all things that they are concerned with, before the mind of the citizen in the light in which it is for his good that he should regard them: and as it is for his good that he should think that every one is entitled to some influence, but the *better and wiser to more than others* (H. v. V.), it is important that this conviction should be professed by the State, and embodied in the national institutions." Dieser Sicht widerspricht MILL an früherer Stelle im gleichen Werk: „In an affair which concerns only one of two persons, that one is entitled to follow his own opinion, however much wiser the other may be than himself. But we are speaking of things which equally concern them both; where, if the more ignorant does not yield his share of the matter to the guidance of the wiser man, the wiser man must resign his to that of the more ignorant." Auch MILLs „On Liberty" liefert liberale Gründe gegen den Paternalismus. **Mill** (1861/1963), S. 478/473, **Arneson** (1987), S. 95.

sen Nutzen und dem der Gesellschaft orientieren. Paradoxerweise richten sich meritorische Präferenzen immer gegen die individuellen Präferenzen und damit gegen den Willen des Individuums, obwohl paternalistisch gerade für dessen Wohl gesorgt werden soll. Die paternalistische Vorstellung eines „wohlwollenden Diktators" steht damit im Widerspruch, die individuelle Sichtweise zurückzuweisen, um eigentlich Sorge für das Individuum zu tragen.

d. Paternalistik als Gegenentwurf zur traditionellen (Mikro)Ökonomik

Ein Vergleich mit dem traditionellen Ansatz der Ökonomik macht deutlich, dass sich dieser Widerspruch nicht zwangsläufig ergeben muss. So lässt sich die Argumentationsfigur eines gütigen und wohlinformierten Herrschers wissenschaftlich fruchtbar nutzen, um auf eine stark vereinfachte, aber individualistische Weise marktliche Ineffizienzen außerhalb des Staates zu untersuchen. In der klassischen Wohlfahrtsökonomik etwa wird nach Ansatzpunkten gesucht, um ausgehend von der Fiktion eines Treuhänders des Gemeinwohls zu wissenschaftlich untermauerten Handlungsempfehlungen zu kommen. Die Abstraktion von realen Institutionen der Politik und des Staates dient dazu, Probleme staatlicher Anreize, Willensbildung und Durchsetzung auszublenden.

Demgegenüber dient die Vorstellung eines paternalistischen Herrschers in der klassischen Meritorik als Vergleichsmaßstab, werden doch die individuellen Präferenzen als inferior abgelehnt. Wenn damit aber die Basis des Individualismus zur Disposition gestellt wird, ist fraglich, in welchen Fällen sie Gültigkeit besitzen soll. Somit wächst die Gefahr, so lange vom Individualismus auszugehen, wie dagegen keine vermeintlich gesellschaftlichen Einwände vorgebracht werden.

Für eine mikroökonomische Theorie auf Grundlage des Individualismus hätte ein beliebiges, fallweises Befolgen oder Zurückweisen weitreichende Konsequenzen: Eine auf diesem Prinzip basierende Ökonomik wäre nur auf Probleme anwendbar, in denen paternalistische Aspekte keine wesentliche Rolle spielen. In den übrigen Fällen gälte es, vermeintlich höherwertigen Gesichtspunkten als etwa der Souveränität von Konsumenten Ausdruck zu verleihen. Mithilfe meritorischer Argumente ließe sich folglich die Anwendbarkeit der ökonomischen Theorie nahezu beliebig zurückdrängen.

Im Gegensatz zur ursprünglichen Intention MUSGRAVEs stellt damit der meritorische Theorieentwurf keine Erweiterung der mikroökonomischen Theorie, sondern ein Freibrief zu deren Aushebelung und Begrenzung auf ein beschränktes Anwendungsgebiet dar. In letzter Konsequenz werden reale Phänomene in der Paternalistischen Meritorik nicht mit, sondern gegen den ökonomischen Ansatz erklärt. Die Paternalistik nimmt deshalb eine klare Frontstellung zur klassischen (Mikro)Ökonomik ein.

e. Gefahren des Missbrauchs der Paternalistischen Meritorik

Weniger von wissenschaftstheoretischer als von praktischer Relevanz ist dieser Gegensatz zur traditionellen Ökonomik aufgrund des Anspruchs der Meritorik, einen Beitrag zur praktischen Politikberatung zu leisten. Diesem Anspruch wird die Meritorik nicht gerecht – die Paternalistik liefert im Kern keine Beratungsleistung, da sie die grundsätzlichen, bereits theoretisch erkennbaren Probleme der Ableitung und Rechtfertigung eines externen Maßstabs unangetastet lässt. Statt das Problem wissenschaftlich, d. h. objektiv nachvollziehbar anzugehen und zu lösen, delegiert MUSGRAVE die Bestimmung von meritorischen Präferenzen zurück an die Politik.[45] Eine externe, politikunabhängige Beratung findet also gar nicht statt.

Überdies lassen sich im Namen einer damit frei definierbaren Paternalistik politische Maßnahmen legitimieren, in denen Politiker nicht als Treuhänder des Gemeinwohls agieren, sondern aufbauend der paternalistisch erlangten Macht ihr eigenes Wohl mehren, um schließlich als echte Diktatoren aufzutreten. Neben den genannten methodischen sprechen damit auch politisch-liberale Gründe für die Akzeptanz individueller Präferenzen in der Ökonomik.

Diese Gründe knüpfen an den Argumenten für einen methodologischen Individualismus an und konstituieren den Zwang, theoretisch wie praktisch zu legitimieren, warum in der Meritorik mit dem Individualismus gebrochen wird und dem Individuum als eigentlich letzter Instanz eine zusätzliche, wertende Ebene übergeordnet wird. Angesichts der dargestellten wissenschaftlichen Defizite sowie der politischen Gefahren müssen die Anforderungen an die Legitimation eines Theorieentwurfs mit praktischem Gestaltungsanspruch umso strenger sein.

Dieser Aspekt ist für die wissenschaftliche Auseinandersetzung mit Medien von besonderer Bedeutung, dient die Freiheit der Medien doch in vielen Fällen gerade der Kontrolle herrschender Politiker. Eine solche Kontrolle lässt sich mit vermeintlich paternalistischen Argumenten aushebeln. Keineswegs zu den geringsten Gefahren der Paternalistik zählt daher die „Geschmacksdiktatur"[46]. Selbst MUSGRAVE erkannte früh die von der Meritorik ausgehenden „erschreckende[n] Implikationen diktatorischen Mißbrauchs", die mit demokratischen Gesellschaften nicht zu vereinbaren seien.[47]

Weder die Idee des Paternalismus, noch die Kritik hieran und die Unvereinbarkeit mit der Demokratie sind moderne Erkenntnisse. Bereits im Leviathan, im Jahre 1651 erschienen, verneint THOMAS HOBBES (1588–1679) paternalistische Ansprüche mit

---

[45] Vgl. **Schmidt** (1988), S. 384.
[46] **Engels** et al. (1989), S. 5.
[47] **Musgrave/Musgrave/Kullmer** (1973/1994), S. 88.

Verweis auf die grundsätzliche Gleichheit der Menschen.[48] Im Jahre 1793 warnt IMMANUEL KANT (1724–1804) vor den Gefahren der Paternalistik, gefährde sie doch nicht nur die Mündigkeit der Bürger, sondern führe zwangsläufig zum Despotismus.[49] Obwohl sich MUSGRAVE gegen die autoritäre Auslegung seiner Theorie wendet, macht das von ihr ausgehende Gefährdungspotenzial die Paternalistik als Basis einer Medienökonomik unbrauchbar.

f. Paternalistische Meritorik als institutionenloser Ansatz der Politikberatung

Schon dieses flüchtige Eingehen auf real bestehende politische Institutionen verdeutlicht die Begrenztheit der klassischen, institutionenlosen Paternalistik. Von der Mutmaßung, den Individuen mangele es an Urteilsvermögen, wird ohne Rücksicht auf institutionelle Gegebenheiten unmittelbar auf die Notwendigkeit eines staatlichen Eingriffs geschlossen. Zwei wesentliche Argumente müssen erfüllt sein, damit dieser Schluss Gültigkeit besitzt:[50]

1. Das erste Argument geht von der *Anmaßung individueller Unwissenheit* aus: Individuen seien nicht perfekte Juroren ihrer eigenen Bedürfnisse, da beispielsweise meritorische Nutzenkomponenten von ihnen übersehen würden. Wie schwierig dieser Beweis praktisch zu führen ist, haben die Probleme der Herleitung meritorischer Präferenzen deutlich gemacht. Über diese Theoriedefizite hinaus schwingen in dem Argument zwei Aspekte mit, auf die in der weiteren, stärker medienökonomischen Diskussion zurückzukommen sein wird. Zum einen wird die angenommene individuelle Unwissenheit in ähnlicher Form erneut bei der Frage relevant werden, inwieweit Zuschauer die Qualität von Fernsehsendungen beurteilen können und ob es aufgrund von Informationsasymmetrien zu einer adversen Selektion kommen kann.[51]

---

[48] „Nature hath made men so equal in the faculties of body and mind as that, though there be found one man sometimes manifestly stronger in body or of quicker mind than another, yet when all is reckoned together the difference between man and man is not so considerable as that one man can thereupon claim to himself any benefit to which another may not pretend as well as he." **Hobbes** (1651), S. 76.

[49] Dennoch argumentiert KANT explizit gegen HOBBES: „Eine Regierung, die auf dem Prinzip des Wohlwollens gegen das Volk als eines *Vaters* gegen seine Kinder errichtet wäre, d. i. eine *väterliche Regierung* (imperium paternale), wo also die Untertanen als unmündige Kinder, die nicht unterscheiden können, was ihnen wahrhaftig nützlich oder schädlich ist, sich bloß passiv zu verhalten genötigt sind, um, wie sie glücklich sein *sollen*, bloß von dem Urteile des Staatsoberhaupts und, daß dieser es auch wolle, bloß von seiner Gütigkeit zu erwarten: ist der größte denkbare *Despotismus* [...]." (H. i. O.) Kant (1793/1968), S. 41.

[50] Vgl. **Brennan/Lomasky** (1983), S. 183 f.

[51] Zu einem Marktversagen durch die Unwissenheit der Nachfrager und der Rolle eines meritorisierenden oder informierenden Staatseingriffs vgl. Kap. 4.1.7, S. 107.

Zum anderen wirft die vermeintlich unterbewertete gesellschaftliche Rolle von Medien die später untersuchte Frage auf, inwieweit Medienwirkungen im Sinne ökonomischer Externalitäten zu einem Marktversagen führen können.[52] Für die Diskussion der Qualität sowie der Wirkung von Medien bildet die Auseinandersetzung mit meritorischen Argumenten folglich die Basis – trotz ihrer schon hier aufgezeigten wissenschaftlichen Defizite.

2. Allein mit der vermuteten individuellen Unwissenheit lässt sich noch kein Staatseingriff begründen, da Individuen zwar nicht perfekte, aber faktisch doch die besten verfügbaren Juroren sein können. An dieser Stelle setzt das zweite Argument an, das deutlich über den ersten Schritt hinausgeht, da nun die Überlegenheit eines real bestehenden Staates – in Gestalt seiner Politiker und Bürokraten – gegenüber dem Individuum behauptet wird. Zum einen weiß dieser Staat nicht nur, was gut für seine Bürger ist, sondern er weiß es vor allem *besser* als sie. Zum anderen sind die konkreten staatlichen Institutionen stets willens und in der Lage, das diagnostizierte Problem effektiv, im besten Fall sogar effizient zu lösen. Angenommen wird folglich, dass der Informationsvorsprung des Staates entsprechende Handlungen zur Korrektur des individuellen Verhaltens auslöst.

Die Gefahren des Missbrauchs der Paternalistik führen vor Augen, dass vor allem im zweiten Argumentationsschritt erheblich von bestehenden Informationsdefiziten und abweichenden Handlungsanreizen konkreter staatlicher Institutionen abstrahiert wird. Ausgeblendet wird in der Paternalistik folglich, dass real die Akteure im Dienste des Staates sich möglicherweise nicht als Treuhänder des Gemeinwohls verhalten. Ein Denken in – vor allem politisch – *relevanten* Alternativen findet nicht statt. Aufgrund der Fiktion, das Treuhänderproblem des Staates sei gelöst, ist die Paternalistik als Beitrag zur praktischen Politikberatung ebenso defizitär wie als Ansatz zur Erweiterung der klassischen (Mikro)Ökonomik. Sowohl positiv wie normativ ist der Theorieentwurf der Meritorik leer.[53]

2.2.2.3 Individualistische Meritorik als Weiterentwicklung der Paternalistik

a. Interne Präferenzhierarchie statt externem Maßstab

Die Kritik am ursprünglichen Theorieentwurf von MUSGRAVE wurde in der Ökonomik über Jahrzehnte kontrovers, oft harsch geführt. In einem scheinbar ausweglosen Gegensatz standen sich auf der einen Seite Argumente wie das Vertrauen in ein gemeinwohlorientiertes Staatshandeln und die Ablehnung von Konsumentensouveräni-

---

[52] Zu den Wirkungen medialer Güter als meritorisches Argument vgl. Kap. 6.3, S. 284.
[53] Differenziert zur normativen Leere vgl. **McLure** (1968).

tät, auf der anderen Seite das Bekenntnis zur Konsumentensouveränität und ein Misstrauen in die Staatstätigkeit unüberbrückbar gegenüber.

Eine Idee von JOHN C. HARSANYI (1920–2000) aus dem Jahr 1955, die von AMARTYA SEN knapp 20 Jahre später entscheidend weiterentwickelt wurde, und ein philosophischer Aufsatz zur Willensfreiheit des Menschen von HARRY G. FRANKFURT aus dem Jahr 1971 lieferten entscheidende Impulse zu dieser Kontroverse.[54] In ihren jeweiligen Disziplinen unternahmen die Wissenschaftler den Versuch, menschliches Verhalten durch die Annahme von Präferenzen über Präferenzen, also spezifisch individuellen Metapräferenzen, zu erklären.[55] Mithilfe von Metapräferenzen lassen sich Situationen konstruieren, in denen Individuen die von ihnen ausgeführten Handlungen eigentlich, d. h. von einem stärker reflexiven Standpunkt aus betrachtet, bereuen. Welche Vorteile die Einführung von Metapräferenzen für die seinerzeit festgefahrene Paternalismus-Debatte hat, erkannten als vermutlich Erste die beiden Ökonomen GEOFFREY BRENNAN und LOREN LOMASKY, später auch JOHN HEAD, der zwei Jahrzehnte zuvor noch entschiedener Verfechter der Meritorik war.[56]

Statt von einer möglichen Hierarchie multipler Präferenzen gingen BRENNAN/LOMASKY bei ihren Überlegungen zunächst von nur zwei Präferenzordnungen aus, die zur Erklärung individuellen Verhaltens eine Rolle spielen. In Situationen, in denen Individuen voll die Kosten und Nutzen der Entscheidung zu tragen haben, wird die als „m-Präferenzen" bezeichnete Präferenzordnung relevant, welche real am Verhalten der Individuen auf Märkten erkennbar ist. Diese m-Präferenzen entsprechen den in der bisherigen Diskussion verwendeten individuellen Präferenzen, die in der Paternalistischen Meritorik mit externen, meritorischen Präferenzen verglichen wurden.

Anders als in der Paternalistik besteht zusätzlich zu den m-Präferenzen noch eine weitere Präferenzordnung, welche sich in einem rein rationalen, von der eigentlichen Handlung losgelösten Wollen des Individuums ausdrückt. Da nicht mehr die konkreten Konsequenzen der Entscheidung betrachtet werden, abstrahieren diese Präferenzen, hier „r-Präferenzen" genannt, weitgehend von den jeweiligen Kosten und Nutzen als Konsequenz der Entscheidung.[57] Ihre Bedeutung erhalten r-Präferenzen daraus, dass sie den eigentlichen Willen des Individuums beschreiben.[58] Obwohl r-Präferenzen der

---

[54] Vgl. **Harsanyi** (1955), S. 315, **Sen** (1972/1983), S. 80 f., **Sen** (1977/1983), S. 99 ff., **Frankfurt** (1971/1988).

[55] In seiner geschlossenen Theorie multipler Präferenzen versucht HOWARD MARGOLIS, Phänomene wie das Wahlparadoxon oder Spendenverhalten zu erklären. Vgl. **Margolis** (1982).

[56] Vgl. **Brennan/Lomasky** (1983), **Head** (1988).

[57] Vgl. **Brennan/Lomasky** (1983), S. 196.

[58] BRENNAN/LOMASKY schreiben den r-Präferenzen zudem ein höheres Maß an Moral und Ethik zu, da das losgelöste Räsonieren für das Individuum zu keinerlei Kosten durch die Konsequenzen der Entscheidung führe. Vgl. **Brennan/Lomasky** (1983), S. 198 f.

konsequenzlosen Selbstreflexion entspringen, können auch sie wie die m-Präferenzen letztlich – aus meritorischer Sicht – zu einem falschen Urteil führen.[59]

Zunächst nur durch die Entscheidungssituation definiert, in der die jeweilige Präferenzordnung Gültigkeit besitzt, ist für die weitere Analyse vor allem die Relation der beiden Ordnungen zueinander wesentlich. Im Sinne einer Metapräferenz-Struktur stehen beide Präferenzordnungen in einem hierarchischen Verhältnis. Als übergeordnete Instanz dienen r-Präferenzen dazu, das aus m-Präferenzen resultierende (Markt)Verhalten von einem höheren, stärker rationalen Standpunkt zu beurteilen.

In konkreten Situationen können die Präferenzordnungen zueinander in Harmonie oder Konflikt stehen, wenn das betrachtete Individuum sein von m-Präferenzen geleitetes Verhalten aus abstrakt rationaler Perspektive als richtig oder falsch empfindet. Weichen die Präferenzordnungen nicht nur vorübergehend voneinander ab und findet keine Konvergenz der m-Präferenzen hin zu den r-Präferenzen statt, verstößt das Individuum andauernd gegen seinen eigentlichen Willen. Das reale Verhalten ist dann nur noch bedingt ein Ausdruck des reflektierten Willens, denn das individuelle Wollen und Können divergieren schon auf der Ebene der Präferenzordnungen.[60]

b. Probleme der Willensdurchsetzung im Fokus individualistischer Meritorik

Während bei Gleichheit der Präferenzordnungen kein Unterschied zur traditionellen Meritorik besteht, stellt sich eine Reihe wissenschaftlich produktiver Fragen bei einer Divergenz von m- und r-Präferenzen. Die Einführung von r-Präferenzen macht es dann möglich, bestimmte Probleme individuellen Verhaltens auf eine im Vergleich zur Paternalistik erheblich veränderte, weil individualistische Weise zu analysieren. Wurde in der traditionellen Meritorik das Verhaltensproblem im Bereich des individuellen Wollens verortet und entsprechend eine Korrektur dieses Willens angestrebt, stellt es sich aus Sicht der „individualistischen Meritorik" dergestalt, dass Konsumenten in der konkreten Situation entgegen ihrem eigenen Willen nicht anders können, als sich wie beobachtbar zu verhalten.

Am Beispiel von Fernsehprogrammen lässt sich verdeutlichen, für welche Klasse von Problemen die Einführung einer weiteren Präferenzebene eine neue Perspektive eröffnet. Wie in der klassischen Meritorik ist Ausgangspunkt der Argumentation er-

---

[59] Vgl. **Brennan/Lomasky** (1983), S. 194.
[60] Diese Aussage ist nur für MUSGRAVEs frühe Fassung der Meritorik gültig. Da MUSGRAVE seinen Ansatz häufig verändert und an einige Kritikpunkte angepasst hat, übernimmt er spätestens ab dem Jahre 1987 Argumente der individualistischen Meritorik, um die ausweglose Frontstellung mit der Konsumentensouveränität aufzubrechen. Allerdings sieht MUSGRAVE in der individualistischen Meritorik keine Alternative zu seiner Konzeption, sondern eine ihrer weiteren Ausprägungen. Die individualistische Meritorik dient folglich dazu, in dem verwendeten Begründungskanon zusätzliche Argumente zur Stützung zu generieren. Vgl. **Musgrave** (1987), S. 453.

neut eine real beobachtete Nachfrage, die – bei Kultursendungen etwa – zu gering ausfällt. Während in der Paternalistischen Meritorik dieses Phänomen auf mangelhaft ausgeprägte Präferenzen, letztlich also das Wollen der Individuen zurückgeführt wird, lässt es sich mithilfe multipler Präferenzen differenzierter untersuchen. So kann von einer zu geringen Nachfrage zwar auf mangelhafte m-Präferenzen, nicht jedoch auf die r-Präferenzen geschlossen werden.

Erst auf Basis der r-Präferenzen ist ein Urteil über den rationalen, nicht nur den handlungsrelevanten Willen der Nachfrager möglich. In diesem Sinne ließe sich die fehlende Resonanz von Kultursendungen als Willensschwäche der Zuschauer erklären: Obwohl sich die Rezipienten rational wünschen, Angebote in diesem Bereich in einem größeren Umfang wahrzunehmen, bleibt es in der konkreten Konsumsituation beim abstrakten Wunsch, falls stattdessen unterhaltsamere Sendungen gesehen werden.

Die in diesem Fall bestehende Diskrepanz zwischen m-Präferenzen und r-Präferenzen, also abstraktem und konkretem Wollen, führt zu einer scheinbar schizophrenen Abweichung von realem und individuell gewünschtem Verhalten. Eine solche Willensschwäche kann einerseits zu einem bestimmten Moment bestehen. Bleibt andererseits der zuvor gefasste Plan, sich in bestimmter Weise zu verhalten, ohne Folgen, äußert sich die Willensschwäche als zeitliche Inkonsistenz. Dass der ursprüngliche Vorsatz nicht handlungsrelevant wird, kann also sowohl bezogen auf einen Zeitpunkt als auch auf einen Zeitraum als Problem auftreten.

Da das Problem der Willensschwäche auf individueller Ebene angesiedelt ist, liegt es nahe, auch hier nach Möglichkeiten der Willensdurchsetzung zu suchen, bevor institutionelle oder gar staatliche Maßnahmen in Betracht gezogen werden. Für Kulturprogramme bedeutet das, Defiziten der individuellen Willensdurchsetzung durch Maßnahmen der individuellen Verhaltensbindung zu begegnen. Diese Maßnahmen können zum einen darin bestehen, das eigene Handeln durch das Einführen von Schranken oder das Delegieren der Entscheidung zu lenken. Individuelle Schranken lassen sich in der jeweiligen Situation auf ebenso einfache wie vielfältige Weise setzen, z. B. durch das Weglegen der Fernbedienung, um ein Um- oder Ausschalten bei der Ausstrahlung von Kulturprogrammen zu verhindern. Die Delegation der Entscheidung kann darin bestehen, eine weitere Person zu bitten, in der jeweiligen Situation im Sinne des zuvor artikulierten Willens zu entscheiden – beispielsweise zu intervenieren beim Versuch, das Programm zu wechseln oder abzuschalten. Zum anderen lässt sich die Attraktivität der r-präferierten zulasten der m-präferierten Wahloption erhöhen, um so einen Verstoß gegen den eigentlichen Willen weniger verlockend erscheinen zu lassen. Kulturelle Sendungen lassen sich etwa aufgezeichnet und zu Zeiten sehen, zu denen kein attraktives Konkurrenzangebot zum Umschalten reizt.

Diese einfachen Beispiele verdeutlichen erstens, dass schon auf Ebene des Individuums zahlreiche Ansatzpunkte bestehen, mögliche Willensdefekte dadurch zu über-

2.2 Fundamentale Prinzipien des medienökonomischen Forschungsprogrammes

winden, dass sie als intrapersonale Probleme zwischen dem eigentlichen, durch r-Präferenzen bestimmten Prinzipal und dem durch m-Präferenzen geleiteten Agenten reformuliert werden. Anhand einer Vielzahl von Beispielen untersuchen etwa THOMAS SCHELLING oder JON ELSTER, wie und unter welchen Bedingungen diese Techniken und Taktiken erfolgreiche Maßnahmen des Selbstmanagements sein können.[61] Obwohl auch SCHELLING den Fall anführt, dass ein Zuschauer bedauert, nicht rechtzeitig den Fernseher ausgeschaltet zu haben, dürften Willensprobleme keineswegs spezifisch für den Medienkonsum sein, sondern lediglich eine Facette alltäglicher Probleme der Selbstkontrolle ausmachen.

Wenn zweitens bereits einfache Maßnahmen des Selbstmanagements ausreichen, ist aus medienökonomischer Sicht fraglich, inwieweit sich weitergehende Maßnahmen von staatlicher Seite rechtfertigen lassen, gehen doch mit diesen Maßnahmen stets Gefahren des Missbrauches der meritorisch legitimierten Macht einher.

Aufgrund beobachtbarer Probleme der Willensdurchsetzung halten einige Medienökonomen die Anwendung der individualistischen Meritorik im Bereich der Medien für begründet. Dementsprechend ließe sich beispielsweise die staatliche Bereitstellung von kulturellen Sendungen legitimieren.[62] Ein solches Angebot folge den r-Präferenzen der Zuschauer, da diese zwar beim Fernsehkonsum stärker unterhaltenden Sendungen zusprächen, ihr eigentlicher Wille jedoch im kulturellen Bereich liege. Rational entscheidende Zuschauer würden deshalb die Entscheidung, zu der sie selbst aufgrund der inhärenten Willensschwäche nicht fähig wären, quasi an den Staat bzw. an staatsferne Institutionen delegieren. Da der Entscheider in diesem Delegationsverhältnis eigentlich die r-Präferenzen des Individuums ausführe, wäre nicht nur die Delegation, sondern auch jede einzelne Entscheidung aus individueller Sicht zustimmungsfähig.

Einer kritischen Überprüfung hält diese meritorische Begründung staatlichen Handelns im Medienbereich nicht stand. Bereits ELSTER argumentiert, dass sich ein paternalistischer Staat kaum wohlfahrtsstaatlich rechtfertigen lässt.[63] Kaum zu begründen sei beispielsweise der staatliche Eingriff in dem zu Kulturprogrammen konträren Fall, dass der Staat in paternalistischer Weise seine Bürger vor Fernsehprogrammen schützt.

Überdies wird die individuelle Willensschwäche durch das öffentliche Angebot keineswegs abgeschwächt oder gar behoben. Trotz der staatlich gesicherten Bereitstellung orientiert sich der individuelle Konsum unverändert an den m-Präferenzen, verstößt also gegen den vermeintlichen Willen des Zuschauers. Zudem bieten sich auf individueller Ebene die aufgezeigten und vergleichbare Maßnahmen an, um das hier entscheidende Willensproblem zu lösen.

---

[61] Vgl. **Elster** (1977), **Schelling** (1980), S. 95 f, kritisch hierzu **Schröder** (2008), **Schröder** (2007).
[62] Vgl. **Kops** (1997), S. 164, **Doyle** (2002), S. 66, **Messmer** (2002), S. 210, analog **Lobigs** (2004), S. 62.
[63] Vgl. **Elster** (1977), S. 501.

Gravierender noch ist das grundlegende Defizit dieses gedanklichen Delegationsverhältnisses zum Staat: Der Staat bzw. die von ihm mit der Herstellung des jeweiligen Programmangebots beauftragte Institution müsste den eigentlichen, r-präferierten Willen der Zuschauer erkunden, um entsprechende Sendungen anzubieten. Zum einen zeigt sich hier erneut das ursprüngliche Theoriedefizit der Paternalistischen Meritorik, meritorische Präferenzen überhaupt wissenschaftlich diagnostizieren und herleiten zu können. Zum anderen bleibt in der konkreten Praxis völlig unklar, wie der Staat oder die jeweilige Institution die genannten Informations- und Anreizprobleme eines meritorischen Angebots überwinden soll. Lediglich durch die erweiterte Argumentation der individualistischen Meritorik kaschiert, lebt die klassische Paternalistik wieder auf. Von einer „neuen Meritorik"[64] kann daher keine Rede sein.

Zusammenfassend dürfte ein fiktives Delegationsverhältnis vom Individuum zum Staat, welches aus einem vermuteten Willensdefekt der beteiligten Individuen konstruiert wird, weder ein notwendiges noch ein geeignetes Mittel sein, um individuelle Probleme der Willensdurchsetzung zu lösen. In besonderem Maße gilt dies für den Medienkonsum, da hier ein staatliches Angebot wohl kaum als Maßnahme der individuellen Selbstbindung gesehen werden kann.

c. Individualistische Meritorik als Erweiterung der klassischen Mikroökonomik

Durch die Einführung einer zusätzlichen individuellen Bewertungsebene vermeidet die individualistische Meritorik zwei zentrale methodische Probleme der Paternalistik, wirft aber unverändert einige Fragen auf. Erstens ergibt sich durch die individualistische Erweiterung der Meritorik eine grundlegend veränderte Sichtweise. Das mögliche Problem eines defizitären Wollens wird nicht mehr aus der Perspektive einer externen Verhaltensreferenz, sondern aus der des Individuums gesehen. Die Notwendigkeit zur Konstruktion einer besseren, meritorischen Präferenzordnung mit den dabei unvermeidlichen Unzulänglichkeiten entfällt durch das Abstellen auf eine interne Verhaltensreferenz. Defizite im individuellen Verhalten müssen folglich nicht mehr durch ein Außerkraftsetzen der Konsumentensouveränität erklärt werden.

Neben der traditionellen Definition von Konsumentensouveränität als dem in Realsituationen wie auf Märkten beobachtbaren Verhalten von Individuen tritt in der individualistischen Meritorik die Vorstellung einer erweiterten Souveränität des Individuums, dessen eigentlicher Wille sich in dessen r-Präferenzen manifestiert. Fälle, in denen diese Souveränität nicht mit Konsumentensouveränität zusammenfällt, rücken ins Zentrum des Erkenntnisinteresses.

---

[64] **Lobigs** (2004), S. 50.

2.2 Fundamentale Prinzipien des medienökonomischen Forschungsprogrammes 43

Zweitens vermeidet die individualistische Meritorik durch die originär individualistische Perspektive eine Frontstellung zur klassischen (Mikro)Ökonomik. Hierdurch werden die beiden Theorieansätze methodisch kompatibel, womit sich zum einen das mikroökonomische Standardinstrumentarium auf meritorische Fragestellungen anwenden lässt. Zum anderen kann die traditionellen Mikroökonomik mithilfe der individualistischen Meritorik um die Analyse von Willensdefiziten als intrapersonale Prinzipal-Agent-Probleme erweitert werden. Die individualistische Meritorik wird so zu einer funktionsfähigen Erweiterung der Mikroökonomik, nicht wie die Paternalistik zu einem Instrument ihrer Aushebelung. Die individualistische Meritorik greift damit wesentliche Kritikpunkte am ursprünglichen Theorieentwurf von MUSGRAVE auf und entwickelt den meritorischen Ansatz wissenschaftlich produktiv fort.

Trotz dieser Fortschritte weist auch diese Weiterentwicklung zwei erhebliche methodische Schwachpunkte auf. Erstens hat der wissenschaftliche Fortschritt der individualistischen gegenüber der Paternalistischen Meritorik zur Einengung der Theorie auf Probleme geführt, die sich auf individuelle Willensschwäche zurückführen lassen. Bei vielen alltäglichen Verhaltensweisen und Konsumentscheidungen können Probleme dieser Art auftreten, die demnach keineswegs spezifisch für den Medienkonsum sind.

Zur Legitimation eines Staatseingriffs lässt sich die individualistische Meritorik jedoch ebenso wenig heranziehen wie zur Rechtfertigung vermeintlich meritorischer Angebote, die zwar nicht vom Individuum selbst, jedoch von anderen Gesellschaftsmitgliedern genutzt werden sollen. Die Idee, höherwertige Programmangebote aus gesellschaftlichen Gründen auszustrahlen, entspringt folglich nicht einer individualistischen, sondern einer rein paternalistischen Denkweise.

Für die weitere Analyse der Qualität und Finanzierung von Medien sind Probleme, die aus der Willensschwäche der Beteiligten resultieren, somit von nachrangiger Bedeutung und werden keine Rolle mehr spielen.[65] Lediglich die gesellschaftlichen Wirkungen von Medien werden in medienpolitischen Diskussionen regelmäßig meritorisch begründet, weshalb in diesem Zusammenhang auf die Unzulänglichkeiten der Meritorik zur praktischen Politikgestaltung einzugehen sein wird, nachdem an dieser Stelle die methodischen Defizite des Theorieentwurfs im Vordergrund standen.

Zweitens liefert die Deutung von individuellen Präferenzen in der individualistischen Meritorik den wesentlichen Erklärungsbeitrag für das Auftreten realer Probleme. Wie in der Paternalistik rücken Präferenzen folglich in das Zentrum des wissenschaftlichen Interesses. Fraglich ist dann, wie valide empirische Belege für die als präferenzbedingt angenommene Willensschwäche von Individuen zu erbringen sind.

---

[65] Zur Qualität, Finanzierung und Wirkung von Medien vgl. Kap. 4, 5 und 6.

2.2.2.4 Verhaltenserklärung statt Spekulation über Präferenzen

Die Entscheidung, stärker auf Präferenzen – wie in der Paternalistischen und individualistischen Meritorik – oder auf Restriktionen zuzurechnen, ist eine methodologische Frage, die sich nicht mit Blick darauf beantworten lässt, wie die Welt vielleicht in Wirklichkeit aussieht. Ein eindeutige Antwort hierauf liefert JOSEPH SCHUMPETER in seiner Methodologie der Ökonomik, die im Jahr 1908 – also knapp 50 Jahre vor MUSGRAVEs Meritorik – erschienen ist. SCHUMPETER argumentiert, dass es wissenschaftlich wenig fruchtbar sei, vom beobachtbaren Verhalten auf die Präferenzen („Motivationen") der Individuen zuzurechnen.[66] Einerseits seien Präferenzen nicht direkt beobachtbar, andererseits verfüge die Ökonomik als Wissenschaft über keine Theorie der Präferenzentwicklung oder -veränderung. Die Erforschung von Präferenzen müsse dementsprechend für die in dieser Wissenschaft untersuchten Probleme unergiebig sein. Die zentrale Aussage von SCHUMPETER „Die Lehre von den Motivationen, das Reich der Wertungen geht uns nichts an" kann demnach als Hinweis verstanden werden, wie ein wissenschaftlich produktives Forschungsprogramm zu gestalten ist.[67]

Die methodische Kritik an der Meritorik hat vor Augen geführt, dass SCHUMPETERs negative Heuristik nichts von ihrer forschungsleitenden Relevanz eingebüßt hat. Wie produktiv sich umgekehrt diese Heuristik nutzen lässt, demonstriert das Forschungsprogramm von GARY BECKER. Indem BECKER gerade die „Wollungen" (SCHUMPETER) systematisch aus seinem Analyserahmen ausblendet, schafft er es, den ökonomischen Ansatz auf eine Vielzahl von Anwendungsfällen zu übertragen, die vorher der ökonomischen Analyse unzugänglich waren, etwa die Theorie der Kriminalität, Fruchtbarkeit, Ehe oder des Drogenkonsums.[68]

Als 70 Jahre nach dem Erscheinen von SCHUMPETERs Methodologie BECKER, zusammen mit GEORGE STIGLER (1911–1991), sein eigenes Forschungsprogramm beschreibt, liest sich BECKERs forschungsleitende Maxime wie eine Übersetzung von SCHUMPETERs Anweisung: „De gustibus non est disputandum"[69]. Auch BECKER begründet diese Aussage damit, dass es wissenschaftlich unergiebig sei, Verhaltensänderungen mit gewandelten Präferenzen zu erklären. Des Weiteren argumentiert er, die Ökonomik verfüge über keine brauchbare Theorie der Präferenzbildung.[70] An anderer Stelle führt BECKER aus, eine präferenzbasierte Theorie könne a priori keine empirischen Indikatoren für Präferenzen angeben und die eigentliche Wirkung von Präferenzen auf das Verhalten sei unklar.[71] Um gar nicht erst in die Versuchung zu gelangen, die

---

[66] Vgl. **Schumpeter** (1908/1970), S. 78.
[67] **Schumpeter** (1908/1970), S. 78.
[68] Vgl. **Becker** (1976/1993).
[69] **Stigler/Becker** (1977/1996).
[70] Vgl. **Becker** (1976/1993), S. 161, **Stigler/Becker** (1977/1996), S. 51.
[71] Vgl. **Becker** (1976/1993), S. 147.

2.2 Fundamentale Prinzipien des medienökonomischen Forschungsprogrammes

Veränderung von Präferenzen in den Erklärungsansatz einzubringen, spitzt BECKER den traditionellen mikroökonomischen Ansatz zu, indem er für das einzelne Individuum nicht nur absolut unveränderliche Präferenzen setzt,[72] sondern zusätzlich unterstellt, dass alle Menschen über gleiche Präferenzen verfügten.[73]

Bemerkenswert an den Urteilen von SCHUMPETER und STIGLER/BECKER ist nicht nur das Maß, in dem sie sich ähneln, sondern der geringe methodische Stellenwert, den sie Präferenzen einräumen. Ihr wesentliche Argument ist wissenschaftstheoretischer Art: Produktives wissenschaftliches Arbeiten vermeidet die Erklärung von beobachtbarem Verhalten durch das Zuschreiben auf nicht beobachtbare Phänomene.

Dieses Arguments wird verständlich vor dem Hintergrund, dass die Bezeichnung „Präferenzen" und „Restriktionen" Analyseinstrumente beschreiben, die auf Ebene der Theorie eine bestimmte Funktion erfüllen. Als wesentliche Bestandteile des Verhaltensmodell stehen einerseits die Präferenzen für die Ziele – auch Bedürfnisse und Wünsche genannt – des theoretischen Akteurs, die Restriktionen andererseits für jene Gründe, die einer Verwirklichung dieser Ziele ganz oder teilweise entgegenstehen. Beide Bestandteile – Präferenzen wie Restriktionen – stecken den theoretischen Modellrahmen in den Dimensionen Wollen und Können ab, mit dem durch Anwendung der Theorie versucht wird, real beobachtbares Verhalten zu erklären.

Nicht übersehen werden darf hierbei, dass schon in der klassischen Mikroökonomik Präferenzen und Restriktionen zunächst über keinen anderen Stellenwert verfügen, als wissenschaftliche Analysehilfsmittel zu sein. Durch diese instrumentelle Funktion auf Theorieebene kommt ihnen a priori außerhalb der Theorie keine andere Wirklichkeit zu. Mit der Verwendung dieser Konstrukte wird also nicht behauptet, dass Präferenzen oder Restriktionen wirklich existierten, dass reales Verhalten von Präferenzen abhängig sei oder dass Verhaltensänderungen in Wirklichkeit auf veränderte Präferenzen zurückzuführen wäre. Angenommen wird lediglich, dass sich menschliches Verhalten wissenschaftlich fruchtbar durch das Zusammenspiel von Präferenzen und Restriktionen erklären lässt – unabhängig davon, welche soziologischen, psychologischen oder neurologischen Faktoren andere Theorien zur Erklärung heranziehen.

Während der Unterscheidung in Präferenzen und Restriktionen zunächst dem unmittelbaren Zweck dient, Wollen von Können zu trennen, tritt hierzu die Frage der wissenschaftlichen fruchtbaren Theoriebildung, auf die SCHUMPETER und STIGLER/ BECKER abstellen. Schon in der klassischen Mikroökonomik stehen hinter den „Präferenzen" die Ziele des Individuums, also das Wollen. Dadurch dass eine wissenschaftlich

---

[72] Dagegen bemängelt HEAD die unkritische Akzeptanz individueller Präferenzen in Wohlfahrtsökonomik und die im PARETO-Optimum konkretisierte, eher vage Vorstellung von Konsumentensouveränität. Vgl. Head (1966), S. 3.
[73] Die Identität menschlicher Präferenzen hält BECKER angesichts der gemeinsamen Evolutionsgeschichte für plausibel. Vgl. **Becker** (1976/1993), S. 162, **Stigler/Becker** (1977/1996) S. 50 ff., analog **Schumpeter** (1908/1970), S. 85, kritisch hierzu **Schröder** (2007).

objektive – also intersubjektiv nachvollziehbar und weitgehend wertfrei – Analyse dieses Wollens (wie etwa die Sinnhaftigkeit oder Berechtigung der Wünsche) mit erheblichen Schwierigkeiten verbunden ist, konzentriert sich die Ökonomik üblicherweise auf das individuelle Können, das als Restriktion der Erfüllung der Bedürfnissen entgegensteht. Die Ableitung des optimalen Konsumplans und der Nachfrage eines Haushalts auf der Basis von Indifferenzkurven (Wollen) und Budgetgraden (Können) ist hierfür ein Beispiel.

Darüber hinaus betrachtet BECKER zur Analyse der Einflüsse auf menschliches Verhalten nur Faktoren, die sich wissenschaftlich von einem externen Standpunkt aus beobachten und beschreiben lassen. Da Restriktionen diese Bedingungen erfüllen, gilt es, Verhaltensänderungen auf sie zurückzuführen. Restriktionen wie Preise oder Einkommen sind zudem vergleichsweise leicht der ökonomischen Analyse zugänglich. Die Verhaltenserklärung wird also innerhalb des ökonomischen Ansatzes gesucht. Methodisch wird der Gefahr begegnet, den Ansatz durch theoriefremde Elemente etwa aus der Soziologie oder Psychologie aufzuweichen und – wie in der Paternalistik – in seiner Anwendbarkeit einzuschränken.

Die Bedeutung von Restriktionen gegenüber Präferenzen ist folglich keine empirische Behauptung über die Natur des Menschen, sondern dient allein der wissenschaftlich gehaltvollen Erklärung menschlichen Verhaltens. Als Prinzip verfügt die Nicht-Paternalistik über einen methodischen Stellenwert, der mit den Prinzipien der Zuschauersouveränität und der nachfolgend diskutierten Rationalität vergleichbar ist.

2.2.3 Das methodische Prinzip der Rationalität

2.2.3.1 Rationalverhalten zur Belebung der (mikroökonomischen) Modellwelt

In der vorangegangenen Diskussion sind bereits zwei wesentliche Prinzipien des medienökonomischen Forschungsprogrammes näher betrachtet worden. Erstens wurde beim Prinzip der Zuschauersouveränität auf die wichtigsten Argumente eingegangen, warum die Mikroökonomik bei der Analyse auf den Zuschauer als Bewertungsinstanz und auf das Individuum als Betrachtungseinheit abstellt. Zweitens ist beim Prinzip der Nicht-Paternalistik deutlich geworden, warum die Präferenzen von Individuen zwar ein methodisch zentrales Theorieelement darstellen, auf dessen Nutzung jedoch zur Erklärung von menschlichem Verhalten zugunsten von Restriktionen verzichtet werden soll. Beide Prinzipien haben sich nicht nur für die ökonomische Theoriebildung, sondern auch für die hierauf aufbauende Politikberatung als relevant erwiesen.

Nachdem im Individualismus das Individuum in den Fokus der Betrachtung gestellt wird, bedarf es auf modelltheoretischer Ebene einer Annahme über das Verhalten der betrachteten Akteure. Eine solche Annahme legt – im Sinne KARL POPPERS (1902–

1994) – gleichsam fest, wie die Modellwelt zu „beleben" ist.[74] Das Rationalitätsprinzip erfüllt in der Ökonomik diese Funktion einer Verhaltensannahme. Als methodisches Prinzip stellt Rationalität ein Pendant zu den Prinzipien der Zuschauersouveränität und der Nicht-Paternalistik dar. Alle drei Prinzipien sind von fundamentaler Bedeutung für das Forschungsprogramm der Medienökonomik.

2.2.3.2 Kritik an der Rationalität von Medienkonsumenten

Trotz seines methodisch zentralen Platzes ist das Rationalprinzip keineswegs unumstritten, sondern seit langem Auslöser vehementer Kritik an der Ökonomik und ihrer Anwendbarkeit auf gesellschaftliche Fragestellungen. Bereits ADAM SMITH hatte sich mit diesen Argumenten auseinanderzusetzen, die mit Aufkommen der Neoklassik expliziter wurden. Dabei werden Kritikpunkte an den wissenschaftlichen Grundlagen nicht nur von außen an die Ökonomik herangetragen, sondern auch von Ökonomen selbst geäußert.[75] Im Wesentlichen lässt sich für die Kritik eine Reihe von (Selbst)Missverständnissen und Fehlinterpretationen verantwortlich machen, wie das Rationalitätsprinzip zu verstehen ist, warum die Ökonomik rationales Verhalten unterstellt und warum auch die Medienökonomik nicht ohne diese Annahme auskommt.[76]

Gegen die Anwendung der Ökonomik auf mediale Inhalte wird häufig eingewandt, dass das Verhalten von Medienkonsumenten nicht in dem Sinne rational sei, wie in der ökonomischen Theorie unterstellt. Zum einen unterscheide sich Medienkonsum in grundlegender Weise vom Konsum anderer Güter und Dienste, da ein Rezipient in den seltensten Fällen völlig rational aus dem sich ihm bietenden Angebot das optimale, also nutzenmaximale Programm auswähle. Zudem seien Medien gerade dadurch gekennzeichnet, dass viele Programme an Stimmungen und Gefühle appellierten, womit eine Theorie, die Rationalverhalten unterstellt, für diese Programmangebote grundsätzlich nicht anwendbar sei. In Wirklichkeit sei das zu beobachtende Verhalten von Medienkonsumenten viel zu komplex und widersprüchlich, um durch ein einfaches Rationalitätskonstrukt beschreibbar zu sein.

Zum anderen würde übersehen, dass Medien häufig zur Entspannung und Zerstreuung, nicht aber zum bewussten, rationalen Konsum genutzt würden. Mediennutzung laufe häufig gewohnheitsmäßig ab, beispielsweise beim allabendlichen Schauen von

---

[74] Für POPPER steht die Mikroökonomik durch den Rückgriff auf das Rationalitätsprinzip in der Tradition des einheitlichen sozialwissenschaftlichen Forschungsansatzes. Vgl. **Popper** (1969/1995), S. 352.
[75] Vgl. **Pies** (1993), S. 94, **Kirchgässner** (1991), S. 39 f., 46 f.
[76] Leider finden sich in der medienökonomischen Literatur nur sehr vereinzelt Ausführungen zu diesen wissenschaftlich wie praktisch relevanten Fragen. Eine Ausnahme stellt das medienökonomische Lehrbuch von HEINRICH dar, das auf Rationalität zumindest schlaglichtartig eingeht, ohne allerdings dessen methodische Bedeutung zu beleuchten. Vgl. **Heinrich** (1999), S. 597 ff.

Nachrichten oder dem regelmäßigen Sehen einer Serie. Eine Form von Rationalität ließe sich hier überhaupt nicht mehr erkennen.

Zusammengenommen laufen diese Argumente darauf hinaus, dass die Annahme von Rationalität beim Konsum von Medien nicht haltbar sei. Mediennutzer seien weniger Konsumenten als Rezipienten, also Empfänger medialer Botschaften. Da die ökonomische Perspektive ein real nicht beobachtbares Verhalten unterstelle, könnten die Schlussfolgerungen der Ökonomik nicht korrekt und wirklichkeitsnah sein. „Aus der mangelnden Übereinstimmung zwischen Modell und Realität folgern viele Kritiker, daß derartige Modellkonstruktionen über Bord geworfen werden müßten."[77]

Sollten diese Argumente sich als richtig erweisen, wäre es schwierig, mit ökonomischen Instrumenten das Verhalten von Mediennutzern zu analysieren. Schon die im weiteren Verlauf verwendeten Nachfragekurven besäßen keine Gültigkeit mehr, würde Medienkonsum nach grundsätzlich anderen Mustern ablaufen als der Konsum gewöhnlicher Güter und Dienstleistungen. Bevor auf diese Missverständnisse eingegangen werden kann, ist es notwendig zu betrachten, wie Rationalität in der Ökonomik üblicherweise definiert wird.

2.2.3.3 Traditionelle Definition von Rationalität in der Ökonomik

Umgangssprachlich wird eine Handlung meist rational genannt, wenn sie dem verstandesmäßigen Abwägen der Vor- und Nachteile durch ein Individuum entspringt. Eine rationale unterscheidet sich dadurch von einer irrationalen Wahl, dass ihr eine bewusste, vernünftige und klug getroffene Entscheidung zugrunde liegt. Meist treten emotionale Faktoren bei einer solchen Wahl in den Hintergrund oder bleiben völlig außen vor. Deutlich wird, dass Rationalität eine beschreibende Eigenschaft der Entscheidung ist, die entweder die Art des Entscheidungsprozesses oder die maßgeblichen Einflussfaktoren charakterisiert. Eine rationale Entscheidung kann also sowohl eine bewusste als auch eine unemotionale Wahl sein. Dabei dient das Abwägen stets dem Erreichen eines bestimmten Ziels, d. h. die Wahl erfolgt zielgerichtet.

Auf den ersten Blick scheint das Rationalitätsprinzip, das in weiten Teilen der Ökonomik und angrenzenden Wissenschaften wie der Soziologie Verwendung findet, an dieses Alltagsverständnis anzuknüpfen. Auch in der Ökonomik bedeutet eine rationale Wahl das Ergreifen der besten unter konkurrierenden Alternativen. Die betrachteten Alternativen werden dabei im Hinblick auf die Erreichung eines bestimmten Ziels bewertet, weshalb sie im Sinne dieser Mittel-Ziel-Beziehung rein instrumentellen Charakter haben. Dabei sind Rationalitätsüberlegungen nicht auf konkrete Handlungsop-

---

[77] **Sohmen** (1976/1992), S. 8.

2.2 Fundamentale Prinzipien des medienökonomischen Forschungsprogrammes

tionen beschränkt, sondern lassen sich analog auf die Ebene der Ziele übertragen, um deren Eignung für das Erreichen höherer, abstrakterer Oberziele zu hinterfragen.

Um sowohl die Wahl zwischen Mitteln als auch zwischen Zielen untersuchen zu können, wird Rationalität in der Ökonomik seit dem 19. Jahrhundert weiter gefasst.[78] Rationales Verhalten wird als Wahl zwischen bestehenden Opportunitäten definiert, die im Hinblick auf feste individuelle Präferenzen bewertet werden. Dabei stellt die Notwendigkeit zu wählen eine Restriktion dar, die Opportunitätskosten in Form nicht ergriffener, aber vorteilhafter Möglichkeiten verursacht. Die theoretische Auseinandersetzung mit diesem Wahlproblem wurde spätestens mit Beginn des 20. Jahrhunderts als wesentliches Merkmal der Ökonomik gesehen. Nach der Definition von LIONEL C. ROBBINS (1898–1984) aus dem Jahr 1932 ist Ökonomik eine Wissenschaft des menschlichen Verhaltens, die sich mit der Verwendung knapper Ressourcen für divergierende Ziele beschäftigt.[79] Neben der Beschränktheit der Mittel ist das Vorhandensein konkurrierender und unterschiedlich wichtiger Ziele entscheidend für die betrachteten, originär ökonomischen Probleme. Der Definition von ROBBINS folgend, wird demnach Knappheit zum konstituierenden Gesellschaftsproblem der Ökonomik.

Schon ROBBINS erkennt die Bedeutung von *Anreizen* als das fundamentale Konzept hinter diesem maximierenden Verhalten. In der Ökonomik werde unterstellt, dass verschiedene Möglichkeiten mit unterschiedlichen Anreizen einhergingen und dass diese Anreize nach ihrer Intensität geordnet werden könnten.[80] Die Bedeutung von Anreizen, vermuteten Vorteilserwartungen also, deutet sich damit bereits bei ROBBINS an und tritt später neben die primäre Betrachtung von Knappheiten. Ausgehend von knappen Ressourcen ist damit ein erster Schritt in Richtung der moderneren Sicht getan, das Augenmerk – etwa in der Spieltheorie – auch auf Interaktionen zwischen Individuen, nicht ausschließlich auf beschränkte Ressourcen zu richten.

Sobald die individuellen Präferenzen grundlegende Bedingungen an Konsistenz und Kontinuität erfüllen, lässt sich rationales Verhalten als Maximierung einer wohldefinierten Nutzenfunktion beschreiben.[81] Der funktionale Zusammenhang ist dabei durch die individuellen Präferenzen gegeben, während die zur Verfügung stehenden Handlungsalternativen – in der Ökonomik meist Güter und Dienstleistungen – als Argumente in die Funktion eingehen. Der unbeschränkten Maximierung dieser Nutzenfunktion stehen Restriktionen wie herrschende ökonomische Knappheiten in Form von Preisen oder Einkommen entgegen. Das erreichte Maximum ist also stets ein relatives Optimum unter den gegebenen Handlungsbeschränkungen.

---

[78] Vgl. **Harsanyi** (1977/1980), S. 93.
[79] Vgl. **Robbins** (1932/1945), S. 12 ff.
[80] Vgl. **Robbins** (1932/1945), S. 86.
[81] Vgl. **Harsanyi** (1977/1980), S. 94.

Ergebnis der Nutzenfunktion ist der *Eigennutz*, d. h. der unmittelbar beim Handelnden entstehende Nutzen. Folglich wird Rationalität in der Ökonomik meist als ein Verhalten definiert, bei dem ein Akteur – bereits ab der Neoklassik „Homo Oeconomicus" genannt[82] – seinen Eigennutz dadurch maximiert, dass er die vorteilhafteste Alternative bei vollständiger Kenntnis der sicheren Opportunitäten und bekannten Restriktionen wählt. Vor allem der methodische Stellenwert der verwendeten Nutzenfunktion wird in der weiteren Auseinandersetzung mit dem Rationalitätsprinzip von entscheidender Bedeutung sein.

Schon anhand dieser einfachen Definition lassen sich vier zentrale Missverständnisse verdeutlichen, die in den genannten Kritikpunkten zum Ausdruck kommen und auf die im Folgenden eingegangen wird. Kritisiert wird am Rationalitätsprinzip, dass es
1. im offensichtlichen Gegensatz zu affektuellem, gewohnheitsmäßigem oder traditionellem Verhalten stehe.
2. vollständige Kenntnis der Alternativen, eine unbegrenzte Suche und eine unbeschränkte Verarbeitungskapazität unterstelle.
3. allein das egoistische Streben nach materiellen Vorteilen wie Geld sehe.
4. als unrealistische Annahme zur Beschreibung von menschlichem Verhalten ungeeignet und wenig fruchtbar sei.

2.2.3.4 Das Rationalitätsprinzip als Bild des Verhaltens realer Menschen

a. Rationalität als nicht-affektuelles, nicht-gewohnheitsmäßiges Handeln

Im Alltagsverständnis stellt eine rationale Wahl eine zielgerichtete Handlung dar, die entweder durch die Art des Entscheidungsprozesses oder die maßgeblichen Einflussfaktoren geprägt ist, weshalb sich sowohl eine verstandesbasierte Entscheidung als auch eine Wahl ohne Berücksichtigung von Emotionen als rational bezeichnen lässt. Wird der Entscheidungsprozess näher betrachtet, können nach MAX WEBER vier Arten sozialen Handelns unterschieden werden. WEBER klassifiziert Handlungen danach, ob sie zweck-, wertrational, affektuell oder traditionell erfolgen. Bei *Zweckrationalität* ist die richtige Wahl von Mitteln für angestrebte und abgewogene Zwecke entscheidend.[83] Deutlich wird, dass Zweckorientierung dem eigentlichen Prozess des Entscheidens keinen großen Wert beimisst, während das „Sichverhalten" bei *Wertrationalität* einen „unbedingten Eigenwert" in ethischer, ästhetischer oder religiöser Weise besitzt.[84] Demgegenüber entspringen *affektuelle* Handlungen „aktuellen Affekten und Gefühlslagen", *traditionelle* Handlungen orientieren sich an „eingelebter Gewohnheit".

---
[82] Vgl. **Söllner** (2001), S. 53.
[83] Vgl. **Weber** (1921/1968), S. 565.
[84] **Weber** (1921/1968), S. 565.

Auf den ersten Blick scheint das Rationalitätsprinzip der Ökonomik WEBERs Definition von Zweckrationalität zu folgen. Wie beim Rationalitätsprinzip ist für Zweckrationalität sowohl das Verhältnis der eingesetzten Mittel zu den erreichten Zielen wie das Verhältnis der Ziele untereinander wesentlich. Bei näherer Betrachtung zeigt sich allerdings, dass das Rationalitätsprinzip zwar eine Form zweckgerichteter Rationalität kennzeichnet, jedoch von der Zweckrationalität nach WEBERs Verständnis abweicht. Für WEBER steht eine zweckrationale Handlung ebenso in einem antagonistischen Verhältnis zu einer affektuellen, insbesondere emotionalen Handlung wie zu einer rein traditionellen Handlung. Bezogen auf die Art der Entscheidungsfindung schließen sich Zweckrationalität und Affekt/Emotion ebenso aus wie Tradition.

Demgegenüber wird in der Ökonomik keine Annahme über die Art der Entscheidungsfindung getroffen. Da lediglich das Ergebnis der Entscheidung betrachtet wird, bleibt außen vor, ob die Wahl aus einer bewusst abwägenden, rein emotionalen oder traditionellen Handlung resultiert. Der Prozess des Entscheidens wird folglich zugunsten der primär relevanten Ergebnisse ausgeblendet.

Darüber hinaus ist auch bei WEBER unklar, worin sich die dargestellten Arten sozialen Handelns im Kern unterscheiden und inwiefern diese Arten Bestimmungsgründe für soziales Handeln liefern. Sowohl traditionelles als auch affektuelles Verhalten stehen für WEBER an der Grenze dessen, was als „sinnhaft orientiertes Handeln" bezeichnet werden kann.[85] Obwohl er zweckrationales Verhalten hierzu im klaren Kontrast sieht, kann – wie später deutlich werden wird – auch affektuelles und traditionelles Verhalten in Abhängigkeit von den betrachteten Mitteln und Zielen zweckrational, also sinnhaft orientiert sein. Da in der Ökonomik der Prozess der Entscheidung meist ausgeklammert wird, steht das betrachtete Rationalverhalten von Akteuren nicht notwendigerweise im Gegensatz zu affektuellem oder traditionellem Verhalten.

Außerdem erlauben die vier Arten zwar eine Klassifikation von Handlungen entsprechend der Entscheidungsfindung, liefern aber keinen Aufschluss über die dabei zugrunde gelegten Entscheidungsfaktoren. Eine zweckrationale Wahl kann ebenso auf rein sachlichen oder emotionalen Faktoren beruhen wie eine traditionelle Handlung. Die Bestimmungsgründe sozialen Handelns – von WEBER als Unterscheidungskriterium für Handlungen angeführt – bleiben folglich im Dunkeln.

b. Rationalität als Annahme vollständigen Wissens

Als einer der schärfsten Kritiker der Vorstellung eines Homo Oeconomicus hat der Psychologe HERBERT A. SIMON (1916–2001) Bekanntheit über die Ökonomik hinaus erlangt. SIMON sieht keinerlei Nutzen in diesem Konstrukt und verurteilt es

---
[85] Weber (1921/1968), S. 565.

als „Göttlichkeitsmodell". Nach SIMON sei Ziel seiner Forschungsarbeit, mithilfe des von ihm entwickelten Konzepts der „Begrenzten Rationalität" das klassische Rationalitätsprinzip einzuschränken und so zu einer realistischeren Entscheidungstheorie zu gelangen.[86] Im Streben nach mehr Realismus betrachtet SIMON zwei Aspekte der Entscheidungsfindung näher – die vollständige Kenntnis aller Alternativen und die unbegrenzte Verarbeitungskapazität des Entscheiders.

Kennt der Entscheider nicht alle Alternativen vollständig und sicher, wandelt sich das bisher skizzierte Entscheidungsproblem grundlegend. Zur Bestimmung der Alternativen und ihrer möglichen Wirkungen auf das Ziel ist es sinnvoll, den reinen Planungsprozess durch Suchaktivitäten zu ergänzen. Suchen ist folglich eine produktive Tätigkeit, eine Investition in die Qualität des anschließenden Auswahlprozesses.[87] Da Suchen lohnt, stellt sich unmittelbar die Frage, in welchem Umfang die Suche durchgeführt werden soll. Hierauf gibt SIMON eine Antwort, die den optimalen Umfang an Suchaktivität als Optimierungskalkül beschreibt. Lohnt die Suche überhaupt, wird zu Beginn der Grenznutzen weiteren Suchens die hier entstehenden Grenzkosten überwiegen. Entsprechen diese Größen einander – so SIMON –, findet die Suche in einem optimalen Umfang statt und sollte abgebrochen werden.[88] Deutlich wird, dass SIMON zur Beschreibung des Suchproblems einen originär (informations)ökonomischen Ansatz heranzieht, in dem der Nutzen weiteren Suchens den entstehenden Kosten gegenübergestellt wird. Dieser Ansatz entspricht dem von STIGLER bereits im Jahre 1961 beschriebenen Modell einer rationalen Suche,[89] auf das überwiegend in der Theorie des Marktversagens zurückgegriffen wird.[90]

Erschwert wird die Lösung des Suchproblems dadurch, dass die Grenzkosten der Suchaktivität zwar zu jedem Zeitpunkt vergleichsweise leicht abschätzbar sind, der Nutzen jedoch unmittelbar von der Qualität der gefundenen Alternativen abhängt. Ob lohnende Alternativen entdeckt werden, ist vor ihrem Finden unsicher. Dementsprechend kann der optimale Umfang der Suche nicht gänzlich im Voraus, sondern lediglich im Sinne einer Heuristik bestimmt werden. Die Suche wird dann abgebrochen, wenn vermutet werden kann, dass mit guten Treffern nicht mehr zu rechnen ist.

Die Vermutung über den Sucherfolg lässt sich auch als Variation des Anspruchsniveaus des Entscheiders im Suchprozess beschreiben. Vor Suchbeginn ist offen, wie die noch unbekannten Alternativen die Zielgröße beeinflussen, weshalb das Anspruchsniveau bei null liegt. Werden beim Suchen vorteilhafte Alternativen gefunden, erhöht

---

[86] **Simon** (1993), S. 29.
[87] Vgl. **Simon** (1978), S. 10.
[88] Vgl. **Simon** (1978), S. 10.
[89] Vgl. **Stigler** (1961), S. 216.
[90] Der Ansatz von STIGLER wird im weiteren Verlauf eine Rolle im Zusammenhang mit Informationsasymmetrien und den dabei auftretenden „Screening"-Aktivitäten spielen, vgl. Kap. 4.1.4, S. 97.

2.2 Fundamentale Prinzipien des medienökonomischen Forschungsprogrammes 53

sich das Anspruchsniveau.[91] Die Suche wird eingestellt, wenn von den verbliebenen, aber unbekannten Alternativen keine weitere Niveausteigerung erwartet wird.

Da diese Alternativen aufgrund der rationalen Abbruchentscheidung ignoriert werden, kommt es zu einer *rationalen Ignoranz*, die durch das informationsökonomische Kalkül bedingt ist.[92] Die rationale Ignoranz beschreibt demnach Situationen, in denen Nicht-Wissen für den Entscheider aufgrund des Vergleichs von Kosten und Nutzen der Suche vorteilhaft wird. Umfassendere oder gar vollständige Information wäre hier gerade ein Indiz für nicht rationales Verhalten.

In seiner Kritik am Rationalitätsprinzip argumentiert SIMON, dass ein Prozess wohl kaum rational zu nennen sei, in dem simultan die relevanten Alternativen und das Anspruchsniveau bestimmt würden. Von Rationalität, die sich gerade im Ergebnis der Wahl ausdrücke, könne folglich nicht mehr die Rede sein, wenn dem Suchprozess eine entscheidende Bedeutung zukomme. Treffender für diese Form der Rationalität sei die Bezeichnung „prozedurale Rationalität", die als Suchheuristik im Wesentlichen die Suchreihenfolge und das verwendete Abbruchkriterium spezifiziert.[93]

Um die Vorgehensweise dieser prozeduralen Rationalität zu skizzieren, greift SIMON auf das deterministische Suchverfahren „branch and bound" zurück, das zuerst von LAND/DOIG im Jahre 1960 im Rahmen der betriebswirtschaftlichen Unternehmensforschung beschrieben worden ist und heute zu einem Standardalgorithmus der Informatik gehört.[94] In Anlehnung an dieses Suchverfahren, das dynamisch nicht Erfolg versprechende Pfade abschneidet, also die Suchtiefe rational begrenzt, charakterisiert SIMON auch die hierdurch implementierte Form von Rationalität als „bounded". Das Setzen von Grenzen dient folglich der Rationalität des Verfahrens, nicht dem Beschränken der Rationalität selbst.

Mit dem zweiten Aspekt einer unbegrenzten Verarbeitungskapazität des Entscheiders verfährt SIMON in methodisch ähnlicher Weise. Wiederum wird die Kritik am Realitätsgehalt des Rationalitätsprinzips zum Ausgangspunkt einer Weiterentwicklung der Theorie. Entgegen einer einfachen Vorstellung von Rationalität verfügen reale Menschen nur über eine begrenzte Kapazität zur Speicherung und Verarbeitung von Informationen und können nur eine begrenzte Anzahl von Alternativen sinnvoll miteinander vergleichen.[95] Da jeder Mensch nur eine enge Spanne an Aufmerksamkeit und

---

[91] Vgl. **Simon** (1978), S. 11.
[92] Diese rationale Ignoranz wird im Zusammenhang mit der Steuerfinanzierung von Fernsehprogrammen von Relevanz sein, um die fehlende Kostenkontrolle steuerfinanzierter Fernsehsender zu erklären. Vgl. Kap. 5.3.2.2, S. 238.
[93] Vgl. **Simon** (1978), S. 9.
[94] Vgl. **Land/Doig** (1960), **Simon** (1978), S. 11.
[95] Eigentlich trennt SIMON in Verarbeitungskapazität und Aufmerksamkeitsspanne, jedoch gehen beide Aspekte nahtlos ineinander über und lassen sich unter „Das Gehirn als knappe Ressource" subsumieren.

Merkfähigkeit besitzt, kann der Entscheidungsprozess nicht beliebig rational ausfallen. Durch diese mentalen Grenzen ist es nicht möglich, jede beliebige Entscheidung vollständig rational zu fällen, da bei der Vielzahl von Alltagsentscheidungen die Kapazitätsgrenze schnell überschritten würde.

Analog dem Aspekt der rationalen Suche nutzt SIMON diesen psychologisch begründeten Einwand gegen das Rationalitätsprinzip, um dem ökonomischen Ansatz vermeintlich mehr Realismus zu geben. Der menschliche Geist sei eine Ressource, die zwar bei jedem bewussten Entscheidungsprozess benötigt werde, jedoch in ihrer Verarbeitungs- und Speicherkapazität begrenzt, im ökonomischen Sinne also knapp sei. Rationales Verhalten erfordere, auch diese Ressource möglichst effizient zu nutzen.[96]

Die Ressource „Geist" sinnvoll zu verwenden, führt zu einer Konzentration auf bedeutende Entscheidungen und vielversprechende Alternativen. Vor allem in einer Welt, die durch hohe Komplexität geprägt ist, wird eine Heuristik wichtig, um die Relevanz von Entscheidungen und den Erfolg von Alternativen abzuschätzen. Diese Heuristik führt wiederum zu einer Form rationaler Ignoranz gegenüber unwichtigen Entscheidungen und Alternativen, um die begrenzte Ressource „Geist" zu schonen und für wichtigere Zwecke zu nutzen. In diesem Sinne kann auch gewohnheitsmäßiges oder traditionelles Verhalten rational sein.

Im Zusammenhang gesehen wird die methodische Parallele zwischen beiden von SIMON diskutierten Aspekten deutlich. SIMON kritisiert die fehlende Realitätsnähe einer traditionell definierten Rationalität und fordert eine realistischere Weiterentwicklung der ökonomischen Theorie. Beginnend mit der Diagnose, dass in der Realität Probleme der Informationsgewinnung und -verarbeitung auftreten können, sucht er nach Ansatzpunkten, um mit diesen Problemen umzugehen. Der Lösungsweg, der letztlich zu einer Fortentwicklung der Theorie führt, besteht bemerkenswerterweise in der Übertragung des ökonomischen Ansatzes auf die beiden analysierten Aspekte.

Offensichtlich ist SIMONs Vorgehen im Fall der begrenzten Verarbeitungskapazität des Entscheiders. Hier besteht Rationalverhalten darin, eine weitere Restriktion – den Geist als knappe Ressource – bei der Entscheidung zu berücksichtigen. Dazu ist es notwendig, nicht ausschließlich die Rationalität der Ergebnisse zu betrachten, sondern den Entscheidungsprozess mit in die Modellbildung einzubeziehen. Indem SIMON das Augenmerk stärker auf den Prozess statt allein auf das Ergebnis der Entscheidung richtet, analysiert er Aspekte, die traditionell sowohl in der mikroökonomischen Theorie als auch der dargestellten Definition von Rationalität außen vor bleiben.

Analog erweitert SIMON die ökonomische Theorie in dem Fall, dass ein begrenztes Wissen über vorhandene Alternativen vorliegt. Auch hier ist der beschriebene Suchprozess unverändert zweckrational, da der Suche selbst kein Nutzen zukommt, son-

---

[96] Vgl. **Simon** (1978), S. 9.

2.2 Fundamentale Prinzipien des medienökonomischen Forschungsprogrammes 55

dern sie allein der Entdeckung von vielleicht lohnenswerten Alternativen dient. Der Suchprozess wirft deshalb ein ökonomisches Problem auf, das durch die Kosten der Suche und den Nutzen der unbekannten Alternativen definiert wird. Konstituierend für die Ökonomie der Informationsgewinnung und des Geistes ist damit die gemeinsame Restriktion einer „finiteness of human computational capabilities".[97]

Zur Entwicklung dieser Ökonomie öffnet SIMON den Entscheidungsprozess für die Analyse und greift dabei auf das Rationalitätsprinzip als entscheidendes Instrument zurück. Durch die Wahl dieses methodischen Weges überrascht es wenig, dass SIMON zur Formulierung seiner „Begrenzten Rationalität" eine Anleihe bei der algorithmischen Informatik macht, die für bestimmte Problemklassen vollkommen rationale, weil optimale Lösungsverfahren entwickelt hat. Der gewählte „branch and bound"-Algorithmus ist folglich für die Klasse deterministischer Probleme ein Modell der *Optimierung*.[98]

Problematisch an dieser Anleihe ist, dass sie nicht vor der Benennung des veränderten Rationalitätsprinzips haltmacht. Der Bezeichnung aus der Algorithmik folgend, nennt SIMON das hierauf aufbauende Prinzip „bounded rationality". Diese Bezeichnung mag ideengeschichtlich richtig sein, gewinnt jedoch eine zweite zusätzliche Bedeutung, wird sie auf das Rationalitätsprinzip der Ökonomik übertragen. Vor dem Hintergrund seiner realismusbasierten Kritik suggeriert SIMON mit der Bezeichnung „Beschränkte Rationalität" eine Annäherung an das für beschränkt vernünftig gehaltene Verhalten realer Menschen. Gegenüber dem traditionell einfach definierten Rationalitätsprinzip würde die Begrenzte Rationalität als gemäßigte Rationalitätsform somit der Ökonomik zu mehr Realismus verhelfen.[99] Modelle auf Grundlage Beschränkter Rationalität seien also generell besser geeignet, menschliches Verhalten zu beschreiben.

Einer genauen Prüfung hält diese weiterreichende Interpretation nicht stand. Logisch stellt Beschränkte Rationalität keine Einschränkung des Rationalitätsprinzips, sondern dessen Übertragung auf zwei bisher als nachrangig betrachtete Aspekte des Entscheidungsprozesses dar.[100] Die Konnotation von Irrationalität ist somit missverständlich: Beschränktes Rationalverhalten ist keineswegs weniger rational oder gar irrational, sondern gerade in höherem Maße rational.[101]

Trotz seiner Abgrenzung gegenüber dem als defizitär empfundenen klassischen Rationalitätsprinzip beschreibt SIMON folglich mit dem Konzept der Beschränkten Ra-

---

[97] **Simon** (1992), S. 26.
[98] Zu einer ausführlichen Beschreibung des „branch and bound"-Algorithmus' als Verfahren der Unternehmensforschung vgl. **Murty** (1995), S. 362.
[99] Vgl. **Simon** (1992), S. 41.
[100] In diesem Sinne ist auch SIMONs Beschreibung des Verhaltens als Streben nach einem befriedigenden Niveau statt nach einem absolut erreichbaren Maximum und die sprachliche Unterscheidung zwischen befriedigendem und maximierendem Verhalten kaum aufrechtzuerhalten. Unter den gegebenen Umständen ist das angestrebte Niveau ein Maximum. Vgl. **Meckling** (1976), S. 549.
[101] Vgl. **Kirchgässner** (1991), S. 33.

tionalität zwei Wege zur Erweiterung eben dieses Prinzips. Da in SIMONs Ansatz auch beschränktes Wissen oder begrenzte Verarbeitungskapazität berücksichtigt werden, wäre es richtiger, von „Erweiterter Rationalität" zu sprechen.

c. Rationalität als egoistisches Streben nach Geld

Ein weiterer Kritikpunkt am Rationalitätsprinzip wird seit Jahrzehnten regelmäßig geäußert: Indem die Ökonomik von Eigennutz ausgeht, modelliere sie einen Menschentyp, dem als rücksichtslosen Egoisten das Wohlergehen seiner Mitmenschen egal und gesellschaftliche Werte fremd seien. Überdies wird Rationalverhalten häufig mit dem egoistischen Streben nach finanziellen, zumindest rational erkennbaren Vorteilen gleichgesetzt.[102] In beiden Aspekten schwingt der Vorwurf mit, die Ökonomik würde die Wirklichkeit nur verzerrt abbilden. Erstens sei schon in einfachen mikroökonomischen Modellen erkennbar, wie stark sich die Ökonomik an geldwerten Größen orientiere. Diese Orientierung führe dazu, dass andere, nicht unmittelbar monetarisierbare Werte als untergeordnet behandelt würden oder vollständig außen vor blieben. Da sie sich primär auf die wirtschaftlichen Bereiche menschlichen Handelns beschränke, stelle die Ökonomik im Grunde genommen eine Geldwissenschaft dar.

Zweitens konzentriere sich die Ökonomik als Wissenschaft auf rein egoistische Verhaltensweisen. Indem eine Vielzahl an altruistisch motivierten Handlungen aufgrund des einseitigen Rationalitätskonstrukts übersehen werde, sei die Ökonomik keine Wissenschaft des allgemeinen menschlichen Verhaltens, sondern des reinen Egoismus.

Bereits hier gilt es sprachlich zu differenzieren: Obwohl der Begriff „Egoismus" mit Konnotationen des rücksichtslosen Verhaltens und der Vorteilsnahme auf Kosten Anderer einhergeht, wird beim Rationalverhalten die Fokussierung auf den eigenen Nutzen und gerade die Indifferenz gegenüber negativen wie positiven Nutzenkomponenten anderer Personen kritisiert. Dieser Egoismus entspricht einem weitgehenden Desinteresse an anderen Personen, nicht deren Zurücksetzung oder Schädigung.

Zudem erweisen sich beide Kritikpunkte bei genauer Betrachtung als wenig stichhaltig. Vergleichsweise leicht ist der Vorwurf einer reinen Geldorientierung der Ökonomik zu entkräften. Zwar betrachten viele mikroökonomische Modelle augenscheinlich primär die monetären Wirkungen menschlichen Verhaltens. Dass sowohl der Nutzen als auch die Kosten mikroökonomischer Entscheidungen in monetären Größen gemessen werden, dient jedoch allein dem methodischen Zweck, diese Größen auf eine einfache Weise konkretisieren, vergleichen und in einem modellmäßigen Zusammenhang darstellen zu können. In der ökonomischen Theorie stehen monetäre Größen so-

---

[102] Vgl. u. v. **Albert** (1998), S. 241.

2.2 Fundamentale Prinzipien des medienökonomischen Forschungsprogrammes 57

mit als leicht handhabbare Kurzformel für Größen, die sich in der Realität nur schwer quantifizieren und in Geldeinheiten bewerten lassen.

In der Ökonomik wird damit weder behauptet, dass monetären gegenüber nicht-monetären Größen eine besondere Bedeutung zukommt, noch, dass reale Menschen sich vornehmlich bzw. ausschließlich an monetären Größen orientieren würden oder sollten. Überdies veranschaulichen die Arbeiten von BECKER zur Ökonomik der Familie, der Fruchtbarkeit und des Verbrechens, dass in der Ökonomik nicht-monetäre gleichberechtigt neben monetären Größen betrachtet werden, obwohl der Modellansatz klar erkennbar auf Preise und Kosten abstellt.[103] Spätestens seit den 60er-Jahren, wahrscheinlich allerdings schon mit dem Aufkommen des Marginalismus zur Mitte des 19. Jahrhunderts, ist demnach der Vorwurf verfehlt, die Ökonomik würde „von allen möglichen sozialen Beziehungen nicht-kommerziellen Charakters" abstrahieren und lediglich auf die geldwerte Dimension menschlichen Handelns abstellen.[104]

Vermutlich ebenso alt dürften die Versuche von Ökonomen sein, dem zweiten Aspekt des Egoismus in der ökonomischen Theorie entgegenzutreten. Scharf verurteilt bereits in den 50er-Jahren WALTER EUCKEN (1891–1950) die Gleichsetzung des Rationalitätsprinzips – von ihm „wirtschaftliches Prinzip" genannt – mit dem Egoismus oder Altruismus realer Menschen.[105] Nach EUCKEN habe das Rationalitätsprinzip nichts mit Egoismus zu tun, da es sich auf die Auswahl der richtigen Mittel beziehe, nicht aber bestimmte Ziele vorgeben würde.[106] Selbst eine Person, die rein altruistische Zwecke verfolge, sei gezwungen, nach dem wirtschaftlichen Prinzip zu verfahren.

Ähnlich argumentiert BECKER in seiner wettbewerblichen Theorie der Demokratie.[107] Von Konsumenten bzw. Wählern gewählt zu werden, sei sowohl das Ziel von Unternehmen wie das von Politikern. Jedoch sei dieses unmittelbare Ziel mit einer großen Zahl letzter Ziele vereinbar, die etwa darin bestehen könnten, in altruistischer Weise Konsumenten zu helfen oder nach wirtschaftlicher Macht zu streben. Folglich befinden sich das Rationalitätsprinzip und die Frage, ob egoistische oder altruistische Ziele, monetär-materielle oder nicht-monetäre Ziele hiermit verfolgt werden, auf unterschiedlichen Ebenen des Entscheidungsmodells.

Zwei Jahrzehnte vor EUCKEN wendet sich ROBBINS mit ähnlichen Überlegungen gegen die Kritik, die Ökonomik sei eine geld- und egoismusorientierte Wissenschaft.

---

[103] Eine wesentliche Leistung BECKERs kann nach PIES darin gesehen werden, den primär auf monetäre Restriktionen beschränkten ökonomischen Ansatz konsequent auf nicht-monetäre Größen übertragen zu haben. Vgl. **Pies** (1993), S. 108 f.
[104] **Albert** (1998), S. 242.
[105] Nach EUCKEN sei „[d]ie dauernde Vermischung von ‚Egoismus' und ‚wirtschaftlichem Prinzip' [...] der Krebsschaden der ganzen Diskussion über diesen wichtigen Problemkomplex". **Eucken** (1952/1975), S. 352.
[106] Vgl. **Eucken** (1952/1975), S. 353.
[107] Vgl. **Becker** (1958), S. 106.

In seiner Darstellung des ökonomischen Ansatzes hält ROBBINS diesbezügliche Vorwürfe für völlig absurd, da das fundamentale Konzept der ökonomischen Analyse die *relative Wertschätzung* sei.[108] Zwar besäßen verschiedene Güter unterschiedliche Werte, woher im Einzelfall die eigentliche Wertschätzung dieser Güter rühre, werde in der Ökonomik aber nicht näher untersucht. Die Subjekte der Ökonomik könnten ebenso reine Egoisten oder Altruisten, sinnliche Menschen oder Asketen wie eine Mischung – dem wahrscheinlichsten Fall – dieser Eigenschaften sein.

Alle drei Autoren führen vor Augen, wie unzureichend die Interpretation ist, rationales Verhalten sei mit Egoismus oder einer besonderen Bedeutung bestimmter Zielgrößen gleichzusetzen. Entscheidungstheoretisch dient das Rationalitätsprinzip der Wahl der optimalen unter konkurrierenden Alternativen, also der Maximierung einer als relevant erachteten Zielgröße. Keine allgemeine Aussage lässt sich darüber fällen, welches Ziel im Rahmen dieses Entscheidungsprozesses in Betracht gezogen wird. Für diese Zweckrationalität kann folglich das Ziel der Entscheidung sowohl das eigene wie das Wohlergehen anderer Personen sein.

In diesem Sinne stellt der zur Erläuterung des Rationalitätsprinzips eingeführte Begriff „Eigennutz" keine euphemistische Bezeichnung für das ausschließliche Verfolgen egoistischer Ziele dar. Obwohl in den Eigennutz Nutzenkomponenten einfließen, die beim betrachteten Individuum selbst entstehen, ist damit nicht zwangsläufig die ausschließliche Fokussierung auf die eigene Wohlfahrt verbunden. Die Nutzenfunktion des Individuums lässt sich demnach auf Güter und Dienstleistungen beziehen, die entweder von ihm selbst oder von anderen Personen konsumiert werden. Bei altruistischen Motiven erreicht der Eigennutz gerade dann ein Maximum, wenn der Altruist die für andere Individuen vorteilhafteste Alternative wählt. Rationalität führt in diesem Fall dazu, dass auch der Altruist sich für den rationalen Mitteleinsatz entscheidet.

Wenn sich demnach das Rationalitätsprinzip ebenso auf die Suche nach Glück wie auf altruistisches Verhalten anwenden lässt, ist es falsch, die Ökonomik als eine Wissenschaft des Strebens nach geldwerten oder egoistischen Vorteilen zu bezeichnen. Das Rationalitätsprinzip trifft keine wertende Aussage über die individuell angestrebten Ziele, sondern nur über die Art und Weise der Zielverfolgung. Die Orientierung am Eigennutz ist keine wissenschaftlich kaschierte Form des Egoismus.

Beide Kritikpunkte sind umso zweifelhafter, als die ideengeschichtlichen Wurzeln der modernen Ökonomik in der Moralphilosophie der Aufklärung liegen.[109] Vor al-

---

[108] Vgl. **Robbins** (1932/1945), S. 94 f.
[109] Zu den Ursprüngen der Ökonomik als moralische Wissenschaft vgl. **Boulding** (1969). Die enge Verbindung zur Moralphilosophie wird vor allem an der Entwicklung der Ökonomik zu einer eigenständigen Wissenschaft deutlich. Noch bis zur Mitte des 19. Jahrhunderts wurde Ökonomik an angloamerikanischen Universitäten als Teil der Ethikausbildung im Rahmen der „moral sciences" unterrichtet. Seit seiner Rückkehr nach Cambridge im Jahre 1885 setzte sich ALFRED MARSHALL für eine eigenständige ökonomische Wissenschaft ein, die von naturwissen-

lem für die Medienökonomik, in der vielfach die gesellschaftliche Bedeutung unternehmerischen Handelns angesichts der Wirkungen von Massenmedien diskutiert wird, sind diese moralphilosophischen Grundlagen von entscheidender Relevanz. Unmittelbar in Verbindung mit der Frage, ob rationales stets egoistisches Verhalten bedeutet, steht somit die Bewertung von egoistischem Verhalten aus gesellschaftlicher Sicht.

Das Verhältnis von Egoismus und Gemeinwohl war eine der zentralen Fragen der Moralphilosophie in der zweiten Hälfte des 18. Jahrhunderts. Ausgehend vom stark religiös geprägten Leitbild, laster- und sündhaftes Verhalten durch Tugenden zu domestizieren, um eine Schädigung der Gesellschaft zu verhindern, führte die Aufklärung zu einer erheblichen Relativierung dieser Vorstellung. Die vormals zentrale Bedeutung der richtigen Handlungsmotive – wie Tugenden – trat nun deutlich in den Hintergrund zugunsten einer differenzierten Bewertung der Handlungsergebnisse.

In der Ökonomik liefert SMITH im Jahre 1776 das wohl bekannteste Beispiel für diese Sichtweise. Er argumentiert, dass Metzger, Brauer oder Bäcker nicht aufgrund ihres Wohlwollens für die abendliche Mahlzeit sorgten, sondern weil sie egoistische Motive – etwa die Absicht der Gewinnerzielung – verfolgten: „It is not from the benevolence of the butcher, the brewer, or the baker, that we expect our dinner, but from their regard to their own interest. We address ourselves, not to their humanity but to their self-love, and never talk to them of our own necessities but of their advantages."[110]

Während in SMITHs Beispielen egoistische Handlungen zusätzlich einen gesellschaftlichen Nutzen haben, geht BERNARD MANDEVILLE (1670–1733) in seiner, im Jahre 1703 zunächst anonym veröffentlichten Bienenfabel „The Grumbling Hive" hierüber hinaus. MANDEVILLE schildert, wie allein egoistisches Streben nach Reichtum, Luxus und Ruhm dem Gemeinwohl dient.[111] Anders als bei SMITH, der die Herausbildung und Formung menschlicher Tugenden keineswegs für vernachlässigbar hielt, besteht MANDEVILLEs Kernaussage in der zugespitzten Botschaft, dass nur eine schlechte Gesinnung etwas Positives für die Gesellschaft hervorbringen könne.[112] Obwohl später vom Autor erheblich entschärft, illustriert er, dass egoistisches Verhalten nicht in jedem Fall zu Nachteilen für andere Gesellschaftsmitglieder führen muss.[113]

Die Beispiele von SMITH und MANDEVILLE machen eine zentrale Erkenntnis der Moralphilosophie seit der Aufklärung deutlich, die bis heute von Relevanz ist. Zum

---

schaftlichem Anspruch und Standard geprägt sein sollte. Seine Bemühungen waren erst im Jahre 1903 von Erfolg gekrönt, als in Cambridge die erste ökonomische Fakultät eröffnet wurde. Vgl. **Pressman** (1999), S. 68.

[110] **Smith** (1776/1981a), S. 22.
[111] Vgl. **Mandeville** (1705/1924).
[112] Zur Moral bei SMITH vgl. **Rothschild** (2001), bei MANDEVILLE vgl. **Häufle** (1978), S. 50.
[113] Unter dem Druck der Öffentlichkeit und drohender Gerichtsklagen schreibt MANDEVILLE dem klugen Gesetzgeber die Verwandlung privater Laster zu gesellschaftlichem Nutzen zu. Vgl. **Häufle** (1978), S. 50.

einen sind Handlungsmotive nicht der unmittelbaren Beobachtung und Überprüfung zugänglich. Die bereits dargestellten Einwände, Verhalten durch unbeobachtbare Präferenzen zu erklären, gelten analog für die eng verwandten Handlungsmotive. Egoistische Handlungen lassen sich deshalb häufig als altruistisch motiviert deklarieren.

Zum anderen können in einem gesellschaftlichen Umfeld auch egoistische Handlungen anderen nützen – oder altruistisch motiviert schaden. Die Frage nach den eigentlichen Motiven einer Handlung ist somit nicht nur kaum wissenschaftlich zu beantworten, sie verliert auch an Relevanz angesichts der Bedeutung der Handlungsfolgen zur Bewertung der Handlung. Entsprechend verläuft die Demarkationslinie von sittlichem zu unsittlichem Handeln nicht entlang der Unterscheidung von Egoismus zu Altruismus oder von Eigennutz zu Gemeinwohl.[114]

Die gängige Vorstellung, Egoismus müsse in der Gesellschaft zurückgedrängt werden, um auch rein egoistische Gesellschaftsmitglieder auf gesellschaftliche Ziele einzuschwören, ist in dieser schlichten Form also verfehlt. Ebenso wenig haltbar ist die durchweg positive Konnotation der Begriffe „Gemeinwohl" und „Altruismus", die nicht nur zur Kaschierung rein egoistischer Handlungen, sondern vor allem der negativen Handlungsfolgen dienen kann. Somit gilt es, die Unterscheidung nach Motiven zu überwinden und die Folgen von Verhalten zu betrachten, das anderen Individuen zum Vorteil gereichen oder von Nachteil sein kann. Möglich ist, dass die Handlungsfolgen nicht unmittelbar intendiert, sondern Ergebnis intentionalen Verhaltens sind.

Abschließend hat die Auseinandersetzung mit der Kritik am Rationalitätsprinzip zwei zentrale Aspekte deutlich gemacht. Erstens ist es moralphilosophisch falsch, von den Handlungsmotiven eines Individuums auf den gesellschaftlichen Wert der Handlung zu schließen. Werden statt der Handlungsmotive die Handlungsfolgen betrachtet, zeigt sich, dass ebenso egoistisches Handeln mit gesellschaftlichen Vorteilen verbunden sein wie altruistisches Handeln die Gesellschaft schädigen kann.[115]

Diese Erkenntnis ist nicht nur für die Ökonomik allgemein, sondern vor allem für die praktische Medienökonomik von Bedeutung. Werden beispielsweise die Werbe- und Steuerfinanzierung von Fernsehprogrammen miteinander verglichen, gilt es – wie im Weiteren –, die Effekte durch das jeweilige Finanzierungsregime zu betrachten. Gegenüber diesen Effekten sind die Motive der jeweiligen Programmbetreiber – bei privatwirtschaftlichen Sendern die egoistische Gewinnmaximierung, bei steuerfinanzierten Sendern die mögliche Gemeinwohlorientierung – von nur nachrangiger Rele-

---

[114] Vgl. **Homann/Pies** (2000), S. 339.
[115] MILTON FRIEDMANs Beitrag zur Unternehmensethik geht über diese Trennung in Handlungsmotive und -folgen deutlich hinaus. Nach FRIEDMAN bestehe die soziale Verpflichtung von Unternehmen in der Gewinnmaximierung. Auch bei privatwirtschaftlichen Fernsehsendern würde sich demnach die gesellschaftliche Verantwortung auf die Maximierung der Unternehmensgewinne beschränken. Vgl. **Friedman** (1970), kritisch hierzu **Suchanek** (2004).

vanz. Ebenso wie gewinn- haben sich auch gemeinwohlorientierte Sender an ihrer Programmleistung, nicht ihrer altruistischen Gesinnung messen zu lassen.

In gleicher Weise wird im Folgenden das Verhalten der betrachteten Akteure – Politiker, Unternehmer oder Zuschauer – nicht danach beurteilt, ob es bestimmten egoistischen oder altruistischen Handlungsmotiven folgt, sondern danach, ob es anderen Individuen, die Teil der Gesellschaft sind, nützt oder schadet. Beispielsweise gilt der politische Einfluss, über den Politikern aufgrund ihrer Budgetkompetenz gegenüber steuerfinanzierten Fernsehsendern verfügen, unabhängig von egoistischen oder altruistischen Motiven als gemeinwohlschädlich. Analog lassen sich die gesellschaftlichen Effekte durch Medienwirkungen wissenschaftlich beschreiben, werden statt der Handlungsmotive der Zuschauer die Konsequenzen ihrer Handlungen analysiert.

Zweitens hat die Diskussion des Rationalitätsprinzips gezeigt, dass Kritik verfehlt ist, die ein Abstellen der Ökonomik auf egoistische oder materielle Vorteile bemängelt. Anders als von Kritikern behauptet, besteht ebenso wenig eine Kopplung von Rationalität an Egoismus wie an Altruismus. Mit dem Rationalitätsprinzip ist noch keine Annahme bezüglich des Grades an Altruismus verbunden. Extreme Ausprägungen von Egoismus oder Altruismus lassen sich hierunter ebenso subsumieren wie beliebige Zwischenformen. Da alle denkbaren menschlichen Handlungsziele möglich sind,[116] erübrigt sich die gelegentlich gestellte Forderung, das Konzept des egoistischen „Homo Oeconomicus" durch Mitgefühl – also Nutzeninterdependenzen – zu ergänzen.[117]

Gegenüber Angriffen dieser Art erweist sich das Rationalitätsprinzip als robust. Beide Kritikpunkte stellen keine originären Eigenschaften des Rationalitätsprinzips, sondern lediglich Zerrbilder dar.[118]

d. Rationalität als Attribut menschlichen Verhaltens

Schon diese grundlegenden methodischen Überlegungen verdeutlichen, wie stark sich das Rationalitätsprinzip der Ökonomik von dem Alltagsverständnis rationalen Verhaltens unterscheidet. Im Alltag wird eine rationale Wahl meist als eine zielgerichtete Handlung gesehen, die entweder – wie bei WEBER – als verstandesbasierte Entscheidung durch die Art des Entscheidungsprozesses oder als unemotionale Wahl durch die maßgeblichen Einflussfaktoren geprägt ist.

Demgegenüber liegt dem Rationalitätsprinzip der Ökonomik nicht eine bewusstrationale, emotionslose Entscheidungsfindung zugrunde, sondern eine zweckrationale Wahl der besten Alternative angesichts eines gegebenen Ziels. Weitgehend offen bleibt dabei zunächst, wie der Prozess der Entscheidung konkret abläuft oder welche Faktoren

---
[116] Vgl. **Kerber** (1991), S. 60.
[117] Zu dieser Forderung beispielsweise vgl. **Held** (1991), S. 23.
[118] Vgl. **Kerber** (1991), S. 51.

Einfluss auf die Entscheidung nehmen. Abhängig vom betrachteten Entscheidungsprozess und den berücksichtigten Entscheidungsfaktoren fallen das Alltagsverständnis von Rationalität und das Rationalitätsprinzip mehr oder minder weit auseinander.

Ökonomische Ansätze, in denen das Rationalitätsprinzip nicht dem allgemeinen Verständnis von Rationalität entspricht, laufen zwar der spontanen Intuition entgegen, können aber zweifelsohne eine zweckrationale Erklärung für beobachtbares Verhalten liefern. Anhand des Konzepts der Beschränkten Rationalität ist deutlich geworden, dass gewohnheitsmäßiges und traditionelles Verhalten ebenso rational im Sinne der ökonomischen Theorie sein können wie das Auftreten „rationaler Ignoranz".

Da beim Rationalitätsprinzip zunächst der Entscheidungsprozess und die relevanten Faktoren weitgehend unbestimmt sind, bestehen verschiedene Optionen, im betrachteten Fall eine rationale Wahl zu konkretisieren. Ausgehend von einem begrenzten, eng an die Entscheidungstheorie angelehnten Verständnis von Rationalität lässt sich das Rationalitätsprinzip etwa durch Berücksichtigung des Entscheidungsprozesses, vielfältiger Entscheidungsfaktoren oder -restriktionen erweitern. Davon abhängig, wie konkrete Wahlentscheidung ausgestaltet werden, ergeben sich mannigfaltige Ansatzpunkte, ein ökonomisches Modell auf Basis von Zweckrationalität aufzubauen. Angesichts dieser Vielfalt erweist sich jede Kritik als unzureichend, die Ökonomik ginge von einer einzigen, zu schlichten Vorstellung von Rationalität aus. Weder existiert in der Ökonomik eine einheitliche, feststehende Definition von Rationalität noch muss sich das Rationalitätsprinzip auf rein fiktive Wahlentscheidungen beschränken.

Modelltheoretisch steigen Gehalt und Komplexität des Analysemodells mit zunehmender Vielschichtigkeit des zugrunde gelegten Rationalitätsprinzips. Während das Modell schwieriger anwendbar und interpretierbar wird, lässt sich mit seiner Hilfe eine größere Anzahl real beobachtbarer Verhaltensweisen erklären. Komplexere Erklärungsansätze stehen dabei häufig nicht nur im Widerspruch zu einfacheren Modellen, sondern ebenso zum Alltagsverständnis von Rationalität.

Dieser Zusammenhang auf Ebene der Theoriebildung gilt auch für medienökonomische Ansätze. Mag das Verhalten realer Zuschauer in vielen Fällen auf Grundlage eines einfachen Verhaltensmodells nicht beschreibbar sein, bieten komplexere Modelle sehr wohl rationale Erklärungen für gewohnheitsmäßiges, emotionales oder traditionelles Verhalten, etwa beim täglichen Verfolgen bestimmter Vorabendserien, dem Schauen von Romanzen oder bei der Nutzung des Programms zur reinen Entspannung. Viele Verhaltensweisen, die zunächst irrational, weil nicht erklärlich erschienen, erweisen sich also im Lichte eines differenzierten Rationalitätskonstrukts als rational.

Die steigende Erklärungskraft schränkt demnach erheblich den Bereich menschlicher Verhaltensweisen ein, die zweifelsfrei als nicht rational gelten können. Diesem Prozess ist zunächst keine Grenze gesetzt – stets lassen sich Gründe finden, warum selbst widersprüchlichste Verhaltensweisen rational erklärt werden können. Im Span-

2.2 Fundamentale Prinzipien des medienökonomischen Forschungsprogrammes

nungsfeld von Präferenzen und Restriktionen, den in der Ökonomik üblicherweise betrachteten Einflussfaktoren, können die persönlichen Ziele bzw. individuellen Beschränkungen – im Informationsstand oder in der Ressource Geist – zur Stützung einer rationalen Verhaltenserklärung herangezogen werden. Da Präferenzen gar nicht, Restriktionen in diesem Fall kaum objektiv beobachtbar sind, hat der verwendete Ansatz offensichtlich nicht an Erklärungskraft gewonnen, sondern verloren. Rationalität lässt sich dann nicht mehr intersubjektiv eindeutig analysieren, sondern ist nur noch in der Innenschau, also der Beurteilung durch das Individuum selbst, zugänglich.[119] Wenn sich jegliches Verhalten rational deuten lässt, ist das Rationalitätsprinzip – so Kritiker – eine reine Leerformel.

Diese augenscheinlich berechtigte Kritik fußt auf einem weitverbreiteten Missverständnis bezüglich des Rationalitätsprinzips. Die Verwendung von Rationalität in der Ökonomik dient nicht dazu, menschliches Verhalten danach zu klassifizieren, ob es das Attribut der (Ir)Rationalität erfüllt. Zweck von Theorien auf Grundlage des Rationalitätsprinzips ist die rationale Rekonstruktion menschlichen Verhaltens, nicht ein Urteil darüber, ob dieses Verhalten in Wirklichkeit rational abläuft. Nur ein Scheinwiderspruch liegt darin, dass sich beliebiges Verhalten als rational ausweisen lässt, wird die Theorie um Bestandteile wie individuelle Präferenzen und Restriktionen erweitert. In der Ökonomik geht es nicht darum, beliebiges menschliches Verhalten attributiv als rational zu charakterisieren, sondern theoriegestützt Modellansätze zu liefern, mit deren Hilfe sich möglichst viele reale Verhaltensweisen rational erklären lassen. Auch für die im weiteren Verlauf genutzten medienökonomischen Modelle gilt, dass Zweck der Theoriebildung nicht die Beantwortung der Frage ist, ob reale Zuschauer sich beim Fernsehkonsum rational, nach SIMON „beschränkt rational" oder irrational verhalten.

2.2.3.5 Stellenwert des Rationalitätsprinzips aus methodologischer Sicht

Nach Klarstellung der ersten drei Einwände, die gegen das Rationalitätsprinzip erhoben werden, ist die Basis gelegt, um abschließend auf den letzten Aspekt der Theoriebildung in der Ökonomik eingehen zu können. Dazu ist es notwendig, den Stellenwert des Rationalitätsprinzips aus methodologischer Sicht näher zu untersuchen.

a. Theoriebildung als Prozess der Abstraktion von der komplexen Wirklichkeit

Das zentrale Merkmal wissenschaftlicher Theoriebildung ist die Abstraktion. Ziel der Theoriebildung ist die Beschreibung der komplexen Wirklichkeit durch ein theoretisches Konstrukt wie ein Modell. Im Prozess der Abstraktion wird die Wirklichkeit auf

---
[119] Vgl. **Kerber** (1991), S. 62.

eine geringe Zahl von Charakterzügen reduziert, die als wesentlich zur Formulierung des betrachteten Problems empfunden werden. Mithilfe dieser Züge und den Konsequenzen, die sich aus ihrem Modellzusammenhang ergeben, lassen sich dann Rückschlüsse auf die Realität ziehen.

Schon diese einfache Skizze der Modellbildung lässt zwei Schlüsse zu: Der Zwang zur Abstraktion führt dazu, dass ein theoretisches Modell stets nur bestimmte, als relevant erachtete Teile der beobachteten Wirklichkeit abbildet. Weder kann noch soll ein Modell ein vollständiges Bild der Wirklichkeit liefern, da gerade die Reduktion von Komplexität intendiert ist. POSNER folgert, dass eine wissenschaftliche Theorie aus dem Gewirr der zu erklärenden Erfahrungen auswählen muss und deshalb zwangsläufig „unrealistisch" sei, wenn sie unmittelbar mit der Realität verglichen werde.[120] Durch die Notwendigkeit zur Abstraktion muss jedes Modell immer unvollständig und damit angreifbar bleiben. Die Kritik, ein Modell vernachlässige Teile der Realität, ist folglich stets berechtigt, aber in dieser einfachen, undifferenzierten Form ebenso müßig.

Nicht übersehen werden darf, dass Theoriebildung selbst kein Abbildungsprozess ist, der quasi automatisch wie die Aufnahme eines Fotos ablaufen kann und schlicht bestimmte, weniger relevante Elemente der Wirklichkeit ausblendet. Einem solch simplen Weglassen steht erstens entgegen, dass es die eine, intersubjektiv eindeutige Wirklichkeit nicht gibt, sondern „Wirklichkeit" ein Konstrukt ist, das im Laufe des höchst individuell geprägten Wahrnehmungsprozesses entsteht.

Zweitens erfolgt die Abstraktion nicht in beliebiger oder stets gleicher Weise. Abstraktion bedeutet eine Trennung in für das Modell wesentliche und unwesentliche Elemente. Welche Eigenschaften der Wirklichkeit in die eine oder andere Kategorie fallen, ist Ergebnis eines Abwägungsprozesses, der sich nicht rein mechanisch durchführen lässt. Theoriebildung beinhaltet zwangsläufig den kreativen Prozess der Abstraktion.

Drittens kann angesichts der Notwendigkeit zur Abstraktion nur die relevante Frage sein, ob das Rationalitätsprinzip übermäßig von realem menschlichen Verhalten abstrahiert. Dies wäre dann der Fall, wenn eine gehaltvollere, nützlichere Theorie auf Grundlage „realistischerer" Verhaltensannahmen möglich wäre. Neben der Relevanz der betrachteten Eigenschaft für den Modellzweck gilt es zu berücksichtigen, dass die Komplexität des Modells mit zunehmender Zahl und Ausdifferenzierung der Modellelemente steigt. Schon die unterschiedlichen Ansatzmöglichkeiten, das Rationalitätsprinzip weiter in Hinblick auf den Prozess oder die Faktoren der Entscheidung zu konkretisieren, haben deutlich gemacht, dass komplexere Modelle schwerer zu handhaben und zu interpretieren sind.[121] Gleichzeitig erwächst die Gefahr, die analytische Leistung des Modells durch Aufnahme weniger relevanter oder gänzlich irrelevanter Elemente

---

[120] Vgl. **Posner** (1972/1978), S. 102.
[121] FRIEDMAN hat darauf aufmerksam gemacht, dass ein undifferenziertes Streben nach Realismus eine Theorie gänzlich unbrauchbar machen kann. Das Problem der Theoriebildung kann dem-

zu verschlechtern. Eine Theorie, die eine Vielzahl menschlicher Verhaltensweisen in realistischer Weise erfasst, wäre keine Theorie, sondern allein eine mehr oder weniger komplexe Beschreibung der Wirklichkeit.[122] Trotz des hohen Grads an Realismus wäre der wissenschaftliche Anspruch dieser rein deskriptiven Theorie eher gering.

b. **Realismus als unmittelbare Korrespondenz von Annahme und Wirklichkeit**

Bereits diese knappen wissenschaftstheoretischen Überlegungen lassen den Schluss zu, dass eine Kritik am fehlenden Realismus der Ökonomik meist die wesentliche Funktion von Abstraktion übersieht. Das Argument, menschliches Verhalten sei wesentlich facettenreicher als von der ökonomischen Theorie erfasst, ist unstrittig. Wie in anderen Wissenschaften kann es aber auch in der Ökonomik nicht darum gehen, den ganzen Reichtum menschlichen Verhaltens zu beschreiben oder die „Wesensnatur" des Menschen einzufangen.[123]

Um menschliches Verhalten in einem theoretischen Modell abzubilden, ist es im Prozess der Abstraktion notwendig, die als wesentlich erachteten Eigenschaften menschlichen Verhaltens aus einer komplexen, oft unüberschaubaren Wirklichkeit herauszuarbeiten und diese in die Form eines theoretischen Konstrukts zu kleiden. Im Umkehrschluss bedeutet das: Ausgehend vom Rationalitätsprinzip kann nicht abgeleitet werden, dass reale Menschen ausschließlich das Verhalten zeigen, das dem theoretischen Modell zugrunde liegt. Sich auf POPPER berufend, nennt SUCHANEK diesen Fehler den fatalen Irrtum des ontologischen Reduktionismus.[124]

In ökonomischen Modellen dient das Rationalitätsprinzip – um POPPERs Ausdruck aufzugreifen – der „Belebung" der Theoriewelt, wobei – wie zur Begründung des methodologischen Individualismus – strikt in zwei Ebenen unterschieden werden muss. Die beobachtbare Wirklichkeit in ihrem unüberschaubaren Facettenreichtum ist auf „realer" Ebene angesiedelt, während die Theorieebene Einsichten in reale Probleme vermitteln soll. Mit Rationalität wird dann das maximierende Entscheidungsverhalten von Akteuren auf modelltheoretischer Ebene beschrieben.

Jede Kritik am fehlenden Realismus des Rationalitätsprinzips entspringt der Vorstellung einer unmittelbaren *Korrespondenz* zwischen der empirischen und der theoretischen Ebene: Dem Rationalitätsprinzip als einer theoretischen Annahme wird das reale Verhalten von Menschen gegenübergestellt. Fehlende Realitätsnähe ist damit ein Ergebnis der mangelnden Übereinstimmung zwischen Modellannahme und

---

nach als ökonomischer Kosten-Nutzen-Vergleich rekonstruiert werden. Vgl. **Friedman** (1953), S. 32, ausführlich dazu **Schröder** (2004).
[122] Vgl. **Posner** (1972/1978), S. 102.
[123] **Kerber** (1991), S. 61.
[124] Vgl. **Suchanek** (1994), S. 58.

Realverhalten. Vermutet wird somit, dass eine realistische Annahme richtig oder zumindest annäherungsweise richtig sein müsse, um durch sie zu gültigen Modellüberlegungen zu kommen. Das Streben nach mehr Realismus im Modell lässt sich als Forderung verstehen, der Rationalitätsannahme mehr Realitätsnähe zu geben. Die Vielfalt menschlicher Verhaltensweisen würde sich somit in dieser Annahme widerspiegeln.

Aus methodischer Sicht greift eine solch einfache Korrespondenzvorstellung zu kurz. Die Rationalitätsannahme modelliert lediglich das „Verhalten" von „Akteuren" in einer Modellwelt, also Modellelemente, die nicht unmittelbar mit dem Verhalten realer Personen wie Menschen gleichgesetzt werden können. Hierbei handelt es sich um im Rahmen des Abstraktionsprozesses notwendige Konstrukte, um etwa in mikroökonomischen Modellen das „Verhalten" einzelner Analyseobjekte zu untersuchen.

Da „Akteur" lediglich für die „im Modell handelnde Einheit" steht, lässt sich dieses Theorieelement im jeweiligen Modellansatz auf sehr vielfältige Weise konkretisieren. Obwohl der in der ökonomischen Theorie genutzte Akteur meist menschliches Verhalten erklären soll, ist es missverständlich, ihn – wie häufig – als „Homo Oeconomicus", also als rational abwägenden Menschen zu bezeichnen.

Gemäß dieser simplen Vorstellung eines „Homo Oeconomicus" wäre die Ökonomik in ihrer Anwendbarkeit auf einen kleinen Bereich menschlichen Lebens beschränkt, ohne dass es möglich wäre, mit ihrer Hilfe zu Aussagen über emotionales oder zufälliges Verhalten zu gelangen. Da wohl nicht davon ausgegangen werden kann, dass im menschlichen Alltag bewusste Auswahlprozesse die Hauptrolle spielen, dürfte die Ökonomik für die Alltagswirklichkeit nur eine sehr begrenzte Aussagekraft besitzen. Konsequenz wäre, dass die Ökonomik nur ein schwaches Licht auf die vielfältigen Spielarten menschlichen Handelns wirft – ein Großteil realer Verhaltensweisen, falls sie diesem Prinzip der Rationalität nicht oder nur teilweise gehorchen, blieben somit im Dunkeln verborgen. Auch Mediennutzungsverhalten von Zuschauern ließe sich kaum mithilfe der Ökonomik analysieren.

Problematisch an der Bezeichnung „Homo Oeconomicus" ist, dass sie die klare Grenze zwischen theoretischer und empirischer Modellebene verwischt. Suggeriert wird eine unmittelbare Korrespondenz des „Homo Oeconomicus" mit dem „Homo Sapiens", d. h. Ersterer wäre Abbild von Letzterem. Da schon begrifflich reale Menschen mit dem „Homo Oeconomicus" gleichgesetzt werden, liegt zum einen eine Kritik am Menschenbild der Ökonomik, zum anderen an ihrer Anwendbarkeit auf Alltagsprobleme nah. Im Gegensatz dazu gilt es methodisch, klar zwischen realen Menschen und theoretischen Akteuren zu unterscheiden. Weder sollen noch können die Akteure die Vielzahl menschlicher Verhaltensweisen im Sinne deskriptiven Realismus widerspiegeln. Akteure sind demnach Theorieelemente, die nicht dem Zweck dienen, reale Menschen in adäquater oder vollständiger Weise zu repräsentieren. Auch beschreiben diese Akteure nicht realen Einzelpersonen, ein repräsentatives Individuum oder einen

2.2 Fundamentale Prinzipien des medienökonomischen Forschungsprogrammes

Durchschnittsmenschen. Die „Belebung" der Modellwelt darf nicht dazu führen, die benutzte Verhaltensannahme mit einer Annahme über reales Verhalten und rationale Akteure mit sich vernünftig verhaltenden Menschen zu verwechseln.[125]

Wenn dementsprechend das Rationalitätsprinzip keine ontologische Beschreibung der Wirklichkeit darstellt, ist es irreführend, von dem einen „Menschenbild der ökonomischen Theorie" zu sprechen und so Aufschluss über die „Natur des Menschen" erhalten zu wollen.[126] Zwar versucht die Ökonomik, menschliches Verhalten zu analysieren, verfügt dabei aber über kein wirklichkeitsgetreues, vollständiges oder realistisches Bild des Menschen. Die Ökonomik beschäftigt sich mit Aspekten menschlichen Verhaltens, ohne den Anspruch zu erheben, eine umfassende Beschreibung des Menschen, wie er wirklich ist, zu liefern. Eine Kritik an dem „Menschenbild" der Ökonomik aufzuhängen, ist daher unsinnig und letztlich vergeblich.[127]

Den ökonomischen Ansatz ausgehend von einem vermeintlich falschen Menschenbild zu kritisieren, ist vergleichbar mit dem Versuch, das karge „Weltbild" der Physik zu bemängeln und die in den Fallgesetzen enthaltenen punktförmigen Massen durch realistischere Körperbeschreibungen mit Ausdehnung, Farbe, Geruch oder Geschmack ersetzen zu wollen. In ähnlicher Weise ließen sich beliebige andere Wissenschaftsdisziplinen – etwa die Biologie oder die Soziologie – angesichts ihrer Konzentration auf die jeweiligen Teilaspekte der beobachteten Systeme kritisieren.

Neben dem irreführenden Gleichsetzen von realen Menschen mit theoretischen Akteuren erweckt die Bezeichnung „Homo Oeconomicus" die falsche Assoziation, dass ausschließlich menschliches oder zumindest bewusst ablaufendes Verhalten mithilfe der Theorie analysierbar ist.[128] Zwei Aspekte sind hier entscheidend. Zum einen führt Rationalität als Verhaltensannahme auf Theorieebene nicht dazu, dass diese Theorie auf bestimmte reale Analyseobjekte beschränkt ist. Zum anderen ist mit der Notwendigkeit zur Abstraktion noch keine Entscheidung bezüglich der Art und Weise des Verhaltens der Akteure als Theorieelemente getroffen. Da die ökonomische Theorie keineswegs auf die Analyse des Handelns von Menschen festgelegt ist, sind auch andere Objekte der Analyse durch die Ökonomik zugänglich, selbst wenn es sich dabei nicht um bewusst und willentlich agierende Lebewesen handelt, die eines vollständigen oder nur eingeschränkten Rationalverhaltens fähig sind.

Wie unberechtigt eine Kritik am fehlenden Realismus des Rationalitätsprinzips ist, zeigt sich an verschiedenen Anwendungsbeispielen. Unter Rückgriff auf die Öko-

---
[125] Vgl. **Homann/Suchanek** (2005), S. 369 f.
[126] Dieses fundamentale Missverständnis findet sich schon im Titel des Sammelbands „Das Menschenbild der ökonomischen Theorie – Zur Natur des Menschen". Vgl. **Biervert/Held** (1991), analog die Ausführungen von **Held** (1991), S. 28.
[127] Vgl. **Boland** (1981), S. 1031.
[128] Um die problematischen Konnotationen der Bezeichnung „Homo Oeconomicus" zu vermeiden, wird im Folgenden allein auf das Rationalitätsprinzip verwiesen.

nomik lässt sich das Verhalten von Tieren trotz der Tatsache analysieren, dass diese weitaus weniger als Menschen zu vernunftbegabtem Verhalten fähig sind. Offensichtlich wählen auch Gene und Pflanzen nicht willentlich aus den ihnen zur Verfügung stehenden Alternativen aus.[129] Obwohl beide kein Verhalten im eigentlichen Wortsinn aufweisen, ist es auf Grundlage des Rationalitätsprinzips möglich, ihre beobachtbare „Verhaltensweise" in einer Weise zu untersuchen, „als ob" sie rational ablaufen würde.

Verständlich wird, warum auch eine Kritik an der Anwendbarkeit der Ökonomik auf Fälle emotionalen, gewohnheitsmäßigen oder schlicht zufälligen Verhaltens unbegründet ist. Da die Ökonomik nicht auf dem realen Verhalten von Menschen basiert, ist sie nicht auf Fälle beschränkt, in denen dies Verhalten konkret von Rationalität bestimmt sein mag. Selbst vermeintlich nicht-rationales Verhalten kann somit rational analysiert werden. Im Rahmen der Medienökonomik lässt sich damit das Verhalten von Zuschauern untersuchen, unabhängig davon, ob es tatsächlich – gemäß traditioneller Unterscheidung – rational, affektuell oder gewohnheitsmäßig abläuft.

c. Abhängigkeit der Theoriebildung vom betrachteten Problem

Mit der Notwendigkeit zur Abstraktion ist noch unbestimmt, auf welche Weise sich Akteure auf theoretischer Ebene verhalten sollen. Da diese Akteure nicht ein Ebenbild des Menschen gemäß der Vorstellung eines „Homo Oeconomicus" darstellen, bestehen modelltheoretisch unterschiedliche Möglichkeiten, das Rationalitätsprinzip durch Berücksichtigung des Entscheidungsprozesses, vielfältiger Entscheidungsfaktoren oder -restriktionen zu konkretisieren. Neben SIMONs Ansatz „Beschränkter Rationalität", der das Augenmerk auf die Kosten der Informationsgewinnung und Verarbeitung legt, lassen sich Modelle konzipieren, die explizit eine Verlust-Aversion[130] oder einen Besitzstandseffekt[131] der Beteiligten berücksichtigen. Zwar mögen diese Formen der Rationalität gegenüber einem einfachen entscheidungstheoretischen Rationalitätsprinzip beanspruchen, menschliches Verhalten in einer vollständigeren oder sogar realistischeren Weise abzubilden, jedoch ist es ihnen verwehrt geblieben, sich in der allgemeinen Mikroökonomik oder gar der Medienökonomik durchzusetzen. Selbst wenn Ansätze dieser Art über einen höheren Realitätsgrad verfügen, scheint die Leistung des Modells nicht generell gestiegen zu sein.

Zur Beurteilung eines Modells ist somit weniger der Realismus als der Erklärungsbeitrag entscheidend, den das Modell im Hinblick auf das jeweils betrachtete Problem

---

[129] Ein Beispiel für die Anwendung des Rationalitätsprinzips auf Pflanzen gibt FRIEDMAN. Die forschungsprägende Analyse des „Verhaltens" von Genen geht auf DAWKINS zurück. Vgl. **Dawkins** (1976/1998), **Friedman** (1953), S. 23.
[130] Vgl. **Tversky/Kahneman** (1991).
[131] Vgl. **Kahneman/Tversky** (1979).

2.2 Fundamentale Prinzipien des medienökonomischen Forschungsprogrammes

erbringt. Diese Problembezogenheit beschränkt sich nicht allein auf die Beurteilung des Modells, sondern betrifft jeden Teil des Theoriebildungsprozesses, werden bei der Abstraktion doch jene Aspekte der beobachteten Wirklichkeit herausgegriffen, die für das zu analysierende und lösende Problem von Relevanz sind. Für POPPER beginnt und endet jede Wissenschaft mit Problemen.[132] Der Versuch, eine wissenschaftliche Theorie losgelöst vom eigentlichen Problem zu verstehen, sei sinnlos.[133] Noch stärker bringt MILTON FRIEDMAN (1912–2006) die Problembezogenheit von Theorien auf den Punkt: „Everything depends on the problem."[134]

Angesichts der Problembezogenheit jeglicher Theoriebildung verwundert es nicht, dass ökonomische Theorien, die den Versuch zur Lösung praktischer Probleme unternehmen, unterschiedliche Varianten von Rationalität nutzen. Die Ökonomik verfügt deshalb über ein Repertoire an Rationalitätsannahmen. Jede Kritik, die – wie bei SIMON – die einheitliche Rationalitätsannahme der Ökonomik bemängelt, vernachlässigt demnach, wie stark die Theoriebildung in dieser Gesellschaftswissenschaft vom betrachteten Problem abhängt.

d. Wahrheit und Falsifizierbarkeit des Rationalitätsprinzips

Aus methodologischer Sicht erweist sich die Annahme von Rationalität weder als Beschreibung realer Menschen noch als Charakterisierung der Voraussetzungen für die Anwendbarkeit ökonomischer Modelle. Welchen wissenschaftstheoretischen Stellenwert das Rationalitätsprinzip zwischen allzeit oder nie wahrer Annahme einnimmt, ist lange Zeit Gegenstand wissenschaftlicher Debatte gewesen. Schon ROBBINS und LUDWIG VON MISES (1881–1973) haben sich mit dem Wahrheitsstatus der Rationalitätsannahme beschäftigt und sind zu dem Ergebnis gekommen, dass offensichtlich das Rationalitätsprinzip a priori – nach KANT also synthetisch – wahr sein müsse.[135]

Für diese Position lassen sich einige realismusbasierte Argumente anführen, die im Wesentlichen die Unwahrscheinlichkeit von Irrationalität betonen. Handeln Menschen gegen ihre Interessen, bestehen unmittelbar Anreize, das eigene Verhalten zu korrigieren. Anreizbedingt setzen Lernprozesse ein, die helfen, selbstschädigendes Verhalten zu verhindern. Realistischerweise kann daher vermutet werden, dass Menschen langfristig versuchen, Selbstschädigung zu vermeiden und die eigenen Ziele in optimaler Weise durchzusetzen.

Ein zusätzliches evolutorisches Argument stützt die These, Menschen verhielten sich im Alltag notwendigerweise rational. Tag für Tag sind Menschen gezwungen, ihr

---

[132] Vgl. **Popper** (1963/1994), S. 155, **Suchanek** (1999).
[133] Vgl. **Popper** (1963/1994), S. 157.
[134] **Friedman** (1953), S. 36.
[135] Vgl. **Blaug** (1997), S. 230.

eigenes Überleben sicherzustellen. Verstößt jemand systematisch gegen seine eigenen Interessen, riskiert er durch die fortgesetzte Selbstschädigung ein vorzeitiges Ableben. Da das Überleben somit unsicherer wird, nimmt die Wahrscheinlichkeit ab, die eigene Erbinformation an die nächste Generation weiterzugeben. Irrationale Selbstschädigung dürfte daher evolutorisch rezessiv sein.

Trotz dieser Gründe gegen die Irrationalität menschlichen Verhaltens stößt die direkte empirische Überprüfung des Rationalitätsprinzips schnell an methodische Grenzen. Wie dargestellt, lässt sich jedes beliebige Verhalten auf Grundlage eines weit gefassten Rationalitätsprinzips – etwa der Beschränkten Rationalität – als situationsgerecht rational ausweisen. Sowohl das Testen als auch eine Falsifikation der Rationalitätsannahme ist daher weitaus schwieriger, als es zunächst scheint.

Mit gleichem Ergebnis beweist BOLAND aussagenlogisch, dass das Rationalitätsprinzip nicht eine stets wahre Tautologie sei.[136] Keine dementsprechende Kritik könne jemals von Erfolg gekrönt sein. Nach BOLAND müssten sich alle Kritiker des Rationalitätsprinzips irren – unabhängig von ihrem veritalistischen oder instrumentalistischen Wissenschaftsverständnis.[137]

Schwerer noch wiegt ein weiteres methodologisches Argument. Selbst wenn es gelänge, empirisch eine Theorie, die auf dem Rationalitätsprinzip aufbaut, zu falsifizieren, lassen die falschen Theorieergebnisse noch keinen Rückschluss auf jene Annahme zu, die sich als unzulänglich erwiesen hat. Neben den Rahmenbedingungen und zahlreichen Hilfsannahmen ist das unterstellte Rationalverhalten nur eine mögliche Quelle für das Versagen der Theorie. Formallogisch lässt sich somit die Ursache dieses Versagens nicht lokalisieren, da hierfür jede einzelne Annahme allein oder im Verbund mit anderen infrage kommt. Der Schluss von einem fehlerhaften Theorieergebnis auf die Falschheit einer bestimmten Annahme – wissenschaftstheoretisch als modus tollens bezeichnet – ist daher nicht nur schwierig, sondern gänzlich unmöglich.

Die Erkenntnisse von PIERRE DUHEM (1861–1916) machen deutlich, dass sich dieses Problem der Isolierbarkeit von Annahmen nicht auf die Ökonomik beschränkt, sondern grundsätzlich jede Wissenschaft betrifft. Nach DUHEM lassen sich Annahmen oft nicht von der sie umgebenden Theorie loslösen und einzeln falsifizieren.[138] DUHEMS These wird häufig in Verbindung zur Sprachphilosophie von WILLARD VAN

---

[136] So stellt die empirische Rationalitätsannahme logisch betrachtet in ihrer weiten Fassung eine unentscheidbare All-Etwas-Aussage dar: „Alle Menschen verhalten sich auf irgendeine Weise rational." Diese Aussage ist weder verifizier- noch falsifizierbar, da selbst ein empirisches Gegenbeispiel – so es existiert und eigentlich wahr ist – aufgrund der Unbestimmtheit der „irgendwie"-Komponente nicht be- oder widerlegbar ist. Vgl. **Boland** (1981), S. 1034.
[137] Vgl. **Boland** (1981), S. 1031 ff.
[138] Vgl. **Duhem** (1906/1998), eine Würdigung in Bezug auf die Ökonomik geben **Boylan/O'Gorman** (1998), **Soberg** (2002).

2.2 Fundamentale Prinzipien des medienökonomischen Forschungsprogrammes 71

ORMAN QUINE (1908–2000) gesehen, nach denen sich Annahmen aufgrund einer Kontextabhängigkeit kaum von einer Theorie separieren und testen lassen.[139]

Im Rahmen seiner Wissenschaftsphilosophie des Kritischen Rationalismus, der stark von dem häufig vergeblichen Streben nach Wahrheit beeinflusst ist,[140] geht auch POPPER dem Wahrheitsstatus des Rationalitätsprinzips nach.[141] Er führt aus, dass die Rationalitätsannahme keine A-priori-Wahrheit sein könne, sonst müssten alle denkbaren empirischen Fälle – selbst ein Autofahrer bei der Parkplatzsuche – eingeschlossen sein. Obwohl jede Erklärung, die auf dem Rationalitätsprinzip fußt, in veritalistischer Denktradition falsch sein muss, spricht sich POPPER bemerkenswerterweise gerade hierfür aus. Sein zentrales Argument zugunsten des Rationalitätsprinzips ist, dass das resultierende „Modell viel interessanter und informativer und auch viel besser überprüfbar" wird.[142] Das Scheitern beim Versuch, dem Rationalitätsprinzip einen eindeutigen Wahrheitswert zuzuordnen, und die Schwierigkeiten, für dieses Prinzip eine aus veritalistischer Sicht treffende Bezeichnung zwischen Tautologie, Axiom und Kontradiktion zu finden, führt POPPER zu einer weiteren Interpretation: Das Rationalitätsprinzip besteht, weil es ein methodisch *nützliches* Analyseinstrument darstellt.[143] Ähnlich führt SIMON zur Begründung des Rationalitätsprinzips Nützlichkeitserwägungen an, obwohl er an anderer Stelle – zur Begründung „Beschränkter Rationalität" – undifferenziert für die Realitätsnähe von Annahmen argumentiert.[144]

Neben dem methodischen Urteil über das Rationalitätsprinzip wird aus POPPERS Überlegungen ebenfalls deutlich, dass nicht alle Bestandteile einer Theorie gleichermaßen einer empirischen Überprüfung unterzogen werden können und sollen. Im Sinne des von LAKATOS geprägten Wissenschaftsverständnisses dient das Rationalitätsprinzip dazu, als Bestandteil des harten Theoriekerns beobachtbare Verhaltensweisen auf Rationalität zuzuschreiben. Stets soll also der Versuch unternommen werden, Verhalten auf rationale Weise zu rekonstruieren, statt auf alternative Erklärungsmuster wie Irrationalität zurückzugreifen. Sinn dieses Ansatzes ist es, Aussagen über die Folgen von Rationalverhalten zu treffen.

---

[139] Vgl. Quine (1953/1980).
[140] Besonders gilt dies für POPPERS methodologisches Zentralwerk „Die Logik der Forschung". Vgl. **Popper** (1934/2002).
[141] Der 1963 in Harvard gehaltene Vortrag erschien in gekürzter Form 1967 auf Französisch, worauf die deutsche Übersetzung aus dem Jahr 1969 aufbaut. In voller Länge wurde der Vortrag erst 1994 auf Englisch veröffentlicht. Vgl. **Popper** (1969/1995), **Popper** (1963/1994).
[142] **Popper** (1969/1995), S. 355.
[143] Das Argument, die Rationalitätsannahme sei methodisch nützlich, ist auch für POPPER keineswegs neu. Als „Nullmethode" und später als „Situationslogik" finden sich Nützlichkeitserwägungen zum Rationalitätsprinzip schon im Jahre 1957 in POPPERS Überlegungen zum „Elend des Historizismus". Vgl. **Popper** (1957/1974), S. 110 f., **Blaug** (1997), S. 231.
[144] Zudem könne – so SIMON – eine andere Theorie zu ebenso guten oder gar besseren Ergebnissen führen, wenn die theoretische Ebene nicht Wahrheit einfinge. Vgl. **Simon** (1993), S. 26.

Damit wird eine Parallele zwischen dem Rationalitätsprinzip und den beiden Prinzipien der Zuschauersouveränität und der Nicht-Paternalistik erkennbar. Wie das Rationalitätsprinzip stellt etwa der Individualismus keine Aussage über die beobachtbare Wirklichkeit, sondern einen Erklärungsansatz dar. Zwar konkurriert das Rationalitätsprinzip methodisch ebenso mit anderen Prinzipien wie der Individualismus mit stärker kollektivistischen Sichtweisen. Innerhalb des Erklärungsansatzes werden beide jedoch als Teil des harten Theoriekerns nicht hinterfragt.

So diente in den genannten Beispielen, in denen das Rationalitätsprinzip auf das „Verhalten" von Pflanzen und Genen angewendet wurde, das Zuschreiben auf Rationalität dazu, die Folgen, nicht die Bedingungen von Rationalverhalten zu untersuchen. Mithilfe eines solchen Ansatzes lässt sich analysieren, wie Menschen handeln würden, wären sie Agenten ihrer Gene, oder wie die Blattstruktur eines Baumes aussähe, der rational den Standort jedes Blattes wählen kann. Damit zeigt sich nicht nur, dass ein empirischer Test der Rationalitätsannahme mit vielfältigen Problemen verbunden und als direkter Test unmöglich wäre.[145] Überdies wäre ein solcher Test sinnlos, da das Rationalitätsprinzip keine testbare Hypothese über reales menschliches Verhalten darstellt. Als Modellannahme erlaubt das Rationalitätsprinzip nur indirekt – über die Modellergebnisse – einen Rückschluss auf die beobachtbare Wirklichkeit.

Das Zuschreiben auf Rationalität ist folglich eine methodische Heuristik, d.h. eine wissenschaftstheoretisch fundierte Empfehlung, die unabhängig von der ontologischen Diagnose gilt, dass tatsächlich Rationalverhalten empirisch vorliegt. Mit diesem Vorgehen ist die Hoffnung verbunden, über die Zuschreibung zu einer gehaltvollen Erklärung zu gelangen. Die eigentliche Bedeutung des Rationalitätsprinzips offenbart sich demnach erst, wird die *ontologische Bindung* zwischen Annahme und beobachtbarer Wirklichkeit gelöst. Anders als in Vorstellungen einer unmittelbaren Korrespondenz werden die theoretische und empirische Ebene nicht direkt einander gegenübergestellt. Versuche der Falsifikation richten sich dann nicht mehr unmittelbar gegen die Annahmen, sondern gegen die Aussagen der Theorie. Nach FRIEDMAN sollte die Kritik von Theorien und Modellen als eine Auseinandersetzung mit den Ergebnissen der Theorie, nicht dem Realitätsgrad ihrer Annahmen geführt werden.[146] Eine „realitätsnähere" Modellierung der Annahmen, die keine positiven Konsequenzen für die Modellergebnisse – insbesondere für das betrachtete Problem – hat, schränkt nur unnötig die Allgemeingültigkeit der Theorie ein und ist daher methodisch nicht sinnvoll.[147]

---

[145] Vgl. **Boland** (1981), S. 1033.
[146] Methodologisch lässt sich dieses Argument als Anwendung der Ökonomik auf die Wissenschaftstheorie rekonstruieren – zwar erfasst die Realitätsannahme u.U. nur unvollständig die Wirklichkeit, im Vergleich zu den alternativen Annahmen stellt sie modelltheoretisch aber immer noch das beste Substitut für menschliches Verhalten dar. Vgl. **Friedman** (1953), S. 14, **Schröder** (2004), S. 192 ff.
[147] Vgl. **Suchanek** (1994), S. 57.

2.2 Fundamentale Prinzipien des medienökonomischen Forschungsprogrammes 73

Wiederum anhand von SIMONs Kritik des neoklassischen Rationalitätsprinzips lässt sich der wesentliche Unterschied zwischen diesen Herangehensweisen verdeutlichen.[148] SIMON geht erstens davon aus, die Neoklassik verfüge über eine einzige Rationalitätsannahme, welche zweitens unrealistisch sei. Da real in Fällen, in denen begrenzte Informationen und geistige Grenzen eine Rolle spielen, Entscheidungen anders getroffen würden, als von dem klassischen Rationalitätsprinzip beschrieben, bedürfe es der realistischeren Annahme einer Beschränkter Rationalität.[149]

Methodisch fruchtbar ist weniger diese Annahmenkritik als die Ergiebigkeit von SIMONs Ansatz, der – wie dargestellt – in der konsequenten Übertragung des Rationalitätsprinzips auf Probleme des Wissenserwerbs und beschränkter Verarbeitungskapazität besteht. Die von SIMON intendierte Einschränkung des ökonomischen Forschungsprogrammes hat somit zu einer produktiven Weiterentwicklung geführt. Ausgehend von ursprünglich dem Rationalitätsprinzip nicht zugänglichen Fragestellungen lässt sich das Prinzip nun auf neue Probleme übertragen. Diese Fortentwicklung der Ökonomik wird dadurch möglich, dass SIMON das bestehende Repertoire an Möglichkeiten, Rationalität zu modellieren, um zwei entscheidende Varianten ergänzt.

Das Forschungsprogramm von SIMON ist damit nicht nur originär ökonomisch, sondern weist im Sinne von LAKATOS' Methodologie der Forschungsprogramme eine Parallele zu dem Ansatz von BECKER auf.[150] SIMON gelingt wie BECKER nicht nur eine fruchtbare Anwendung bereits bestehender Theorie, sondern eine gehaltvolle Weiterentwicklung des ökonomischen Forschungsprogrammes und somit eine erhebliche Ausweitung der Mikroökonomik auf neue Problembereiche. Während BECKER sich allerdings mit einem Verweis auf die Nützlichkeit der Theorie bewusst vermeintlichen Realismusargumenten entgegenstellt, sieht SIMON die Begrenzte Rationalität weniger als Bestätigung, denn als Infragestellen des harten Theoriekerns der Ökonomik.

e. Rationalität als Instrument der institutionenökomischen (Medien)Ökonomik

Zusammenfassend wird deutlich, dass das Rationalitätsprinzip weder eine positive Beschreibung der Realität noch ein normatives Ideal darstellt, dem reale Menschen ihr Verhalten unterzuordnen haben. Bezogen auf die Medienökonomik bedeutet die Verwendung des Rationalitätsprinzips nicht, dass sich etwa Zuschauer rational verhalten oder sich an diesem Prinzip orientieren sollten. Vorbehalte gegen die Anwendbarkeit der Ökonomik auf mediale Güter entbehren daher weitgehend der Grundlage und gehen meist auf Missverständnisse bezüglich des Rationalitätsprinzips zurück.

---
[148] Vgl. **Simon** (1992), S. 25 ff.
[149] Vgl. **Simon** (1993), S. 27.
[150] Demgegenüber argumentiert SUCHANEK, dass der Ansatz von SIMON keine Alternative zum ökonomischen Forschungsprogramm darstelle. Vgl. **Suchanek** (1994), S. 103.

Erst aus methodologischer Sicht zeigen sich jene Gründe, die für die Verwendung des Rationalitätsprinzips in der (Medien)Ökonomik sprechen. Kernargument ist dabei weniger der Realismus als die Nützlichkeit von Theorien auf dieser Basis zur Lösung relevanter gesellschaftlicher Probleme. Im Wesentlichen ist Rationalität also eine methodisch begründete Heuristik.[151] Verglichen mit anderen, vermeintlich realistischeren Verhaltensannahmen erfüllt schon das einfache, entscheidungstheoretisch geprägte Rationalitätsprinzip in hohem Maße Kriterien der Einfachheit, Allgemeingültigkeit und Systematisierungsleistung. Angesichts der Problemabhängigkeit jeglicher Theoriebildung leistet das Rationalitätsprinzip folglich eine „pragmatische Reduktion".[152]

Trotz des engen Fokus einer entscheidungstheoretisch definierten Rationalität geht es in der ökonomischen Theoriebildung meist nicht darum, konkrete Entscheidungssituationen zu betrachten oder zu einer singulären Einzelfall-Vorhersage menschlichen Verhaltens zu gelangen. Als Gesellschaftswissenschaft stellt die Ökonomik in der Regel auf aggregiertes Verhalten ab und erlaubt damit, zur Aufdeckung potenzieller und zur Lösung real bestehender gesellschaftlicher Probleme beizutragen.[153] Bereits die Auseinandersetzung mit dem methodologischen Individualismus hat deutlich gemacht, dass auch die hier verwendete Medienökonomik im Sinne einer „Situationslogik"[154] mikrofundiert sein und ausgehend von dem Verhalten Einzelner Rückschlüsse auf die stärker aggregierte Ebene der praktischen Medienpolitik erlauben soll.[155]

Aus dieser aggregierten Sicht wird die Frage gestellt, ob individuelles Verhalten zu negativen gesellschaftlichen Konsequenzen führt, weil es möglicherweise zwar aus individueller, nicht jedoch aus gesellschaftlicher Sicht rational ist. Schon die klassische, von ROBBINS geprägte Sichtweise auf handlungsleitende Restriktionen kann hier wesentliche Einsichten liefern. Hinzu tritt neuerdings – etwa in ökonomischen Ansätze, die auf der Spieltheorie fußen – eine stärker anreiztheoretische Sicht, die ROBBINS bereits andeutet.

Spieltheoretisch können Fälle, in denen die individuelle und die kollektive Rationalität auseinanderfallen, als *Soziale Dilemmata* verstanden werden. Ein Soziales Dilemma beschreibt eine Situation, in der das intentionale Verhalten der Akteure zu nicht-

---

[151] Vgl. **Pies** (1993), S. 114.
[152] **Suchanek** (1994), S. 59.
[153] An dieser Stelle greift POPPERs Charakterisierung des Rationalitätsprinzips in den Sozialwissenschaften zu kurz. Vgl. **Blaug** (1997), S. 232.
[154] Vgl. **Popper** (1957/1974), S. 110 f.
[155] Wird nicht diese Mikroebene gewählt, sind ökonomische Theorien denkbar, die aufgrund ihrer andersartigen Perspektive womöglich nicht des Rationalitätsprinzips bedürfen. Hierunter fallen beispielsweise alle makroökonomischen Theorien, die auf Quantitätsgleichungen abstellen und deshalb nicht ohne Weiteres über eine strikte Mikrofundierung verfügen. Als Beispiele für ökonomische Theorien, die auf das Rationalitätsprinzip verzichten, führt BLAUG den Amerikanischen Institutionalismus, die Ökonomik nach MARX und die KEYNESianische Makroökonomik an. Vgl. **Blaug** (1997), S. 230.

intendierten Wirkungen führt und sich die Spieler gegenseitig schädigen.[156] Im methodischen Sinne verbindet das Rationalitätsprinzip die von bestehenden Institutionen ausgehenden Anreize mit dem daraus rational zu erwartenden Verhalten.[157]

Kollektiv vermeiden lässt sich die Selbstschädigung nur durch eine Umgestaltung der Anreize in der Spielsituation, d. h. andere Spielzüge der Akteure ergeben sich durch die Veränderung der Spielregeln. Logische Konsequenz der Analyse gesellschaftlicher Probleme als Soziale Dilemmata ist daher eine intensivere Betrachtung der regelgebundenen Rahmenordnung. Ausgehend von dem Rationalitätsprinzip als Prüfstein gesellschaftlicher Institutionen bietet sich somit normativ deren Gestaltung an.

Zudem öffnet die Verlagerung des wissenschaftlichen Augenmerks von einem einfachen, als Nutzenmaximierung formulierten Rationalitätsprinzip hin zu komplexen Suchprozessen, die von vielschichtigen Restriktionen und Regelsystemen geleitet werden, ein weites Forschungsfeld in der Ökonomik. Ideengeschichtlich war die sich dabei zeigende Relevanz von Regeln und Institutionen ein Schritt auf dem Weg zur Herausbildung einer eigenständigen Neuen Institutionenökonomik.

Aus institutionenökonomischer Sicht ist demnach das Rationalitätsprinzip nützlich, um nach Fällen zu suchen, in denen gesellschaftliche Institutionen aufgrund des realen Verhaltens von Individuen zu Problemen führen können und es einer institutionellen Reform bedarf. Mithilfe des Rationalitätsprinzips lassen sich gesellschaftliche Institutionen auf ihre Funktionsfähigkeit hin untersuchen. Wie sich zeigen wird, ist diese Sichtweise auf den Stellenwert von Institutionen entscheidend, um beispielsweise in der Medienökonomik die Funktionsfähigkeit indirekter Finanzierungsregime zu analysieren.

2.3 Kritisch-rationales Forschungsprogramm der Medienökonomik

Ziel der bisherigen Darstellung der methodischen Grundlagen der (Medien)Ökonomik ist gewesen, die drei fundamentalen Prinzipien der Zuschauersouveränität, Nicht-Paternalistik und Rationalität näher zu erläutern, auf berechtigte diesbezügliche Kritik einzugehen und Missverständnis zu identifizieren. Ein Ergebnis der Auseinandersetzung war, dass neben anderen Aspekten vor allem wissenschaftstheoretische Gründe dafür sprechen, ein Forschungsprogramm auf den drei Prinzipien zu begründen.

---

[156] Im Zwei-Personen-Fall ist es für jeden Akteur bei Rationalverhalten sinnvoll, nicht zu kooperieren, obwohl für beide die gegenseitige Nicht-Kooperation zum schlechtesten Ergebnis führt. Die Lösung des strategischen Spiels, wenn bei vollständiger Information und Rationalverhalten beide Akteure simultan und unabhängig voneinander ihre Strategie festlegen, führt zu einem einzigen Nash-Gleichgewicht, das gemeinwohlschädlich ist.

[157] Die Auseinandersetzung mit Institutionen als Verbindung der Spieltheorie zur Ökonomik analysiert Myerson. Vgl. **Myerson** (1999), S. 1071 f.

Nicht nur Ökonomen wie SCHUMPETER, FRIEDMAN und BECKER, sondern auch Wissenschaftstheoretiker wie POPPER sind bei ihrer Beschäftigung mit den methodischen Grundlagen der Ökonomik zum Schluss gelangt, dass das Hauptaugenmerk der Theoriebildung weniger dem vermeintlichen Realismus als dem Gehalt der Theorie zur Erklärung und zum Verstehen der Welt zu gelten hat. Sowohl für die Entwicklung der Ökonomik zu einer eigenständigen Sozialwissenschaft als auch für die wissenschaftstheoretische Sicht auf ihre Methodik ist dieser Schluss entscheidend.

Im Sinne des Wissenschaftsverständnisses von LAKATOS ist es methodisch ratsam, weil wissenschaftlich produktiv, die drei Prinzipien in den harten Theoriekern zu nehmen und damit gegen eine unmittelbare Kritik zu immunisieren. Gegenüber anderen Annahmen der Theorie erfahren die fundamentalen Prinzipien einen besonderen Schutz, der damit gerechtfertigt wird, dass eine Modifikation der Annahmen wissenschaftlich ergiebiger als der Prinzipien ist. Das Verhalten von Menschen, etwa von Zuschauern oder Produzenten von Fernsehprogrammen, soll also nicht mehr durch ein Infragestellen der drei Prinzipien und damit außerhalb des Forschungsprogrammes, sondern stets innerhalb erklärt werden. Die Konstruktion des Forschungsprogrammes soll demnach eine bestimmte, produktive Sichtweise auf konkrete Probleme erlauben.

Die negative Heuristik, jede Theoriekritik angesichts zunächst unerklärbarer Verhaltensanomalien nicht auf den harten Kern, sondern die Peripherie der Theorie zu richten, dient der Weiterentwicklung des Forschungsprogrammes, die durch ein vorschnelles Aufgeben gefährdet wäre. Nicht übersehen werden darf dabei, dass der Schutz der Prinzipien stets nur relativ, nie absolut sein kann. Die Kritik der Prinzipien soll weiterhin möglich sein, hat jedoch auf eine konstruktive Weise zu erfolgen. Statt lediglich auf Defizite des bestehenden Forschungsprogrammes zu verweisen, ist ein alternatives Programm aufzuzeigen, das die kritisierten Punkte vermeiden kann. Trotz des Schutzes der grundlegenden Prinzipien genügt die Theorie POPPERs Bedingungen an Wissenschaftlichkeit.

POPPER unterscheidet Wissenschaft von unwissenschaftlicher Metaphysik, indem er danach fragte, ob die theoretisch abgeleiteten Aussagen an der „Erfahrung scheitern" können, d. h. falsifizierbar sind.[158] Generiert eine wissenschaftliche Theorie nur Aussagen, die sich nicht überprüfen und empirisch widerlegen lassen, kann sie nicht als wissenschaftlich bezeichnet werden. Der Zweck von POPPERs Falsifizierbarkeitskriterium ist nicht nur die Abgrenzung zwischen Wissenschaft und Metaphysik unwissenschaftlicher Spekulation. Wie LAKATOS geht es POPPER darum, durch Wahl einer geeigneten Methodologie ein System zu etablieren, das fruchtbare Kritik als Mittel zur Förderung von Lernprozessen etabliert. Die Ökonomik der Medien kann wie die allgemeine Ökonomik auf diesen kritisch-rationalen Überlegungen aufbauen.[159]

---

[158] Vgl. **Popper** (1934/2002), S. 15.
[159] Zur Methodologie des kritischen Rationalismus in der Ökonomik vgl. **Hartwig** (1977).

Teil II

Von der Ökonomik der Medien zur Medienökonomik

Kapitel 3
Defizite des Fernsehmarktes aus mikroökonomischer Sicht

3.1 Knappheit als konstituierendes Gesellschaftsproblem der Medienökonomik 79
3.2 Forschungsdimensionen einer wissenschaftlichen Medienökonomik 80
3.3 Qualität, Finanzierung und Wirkung von Medien als Kerndefizite des Fernsehmarktes 82
3.4 Defizite des Fernsehmarktes als Versagen des Wettbewerbs oder des Marktes 84
3.5 Defizite des Fernsehmarktes statt der vor- oder nachgelagerten Märkte 85

3 Defizite des Fernsehmarktes aus mikroökonomischer Sicht

3.1 Knappheit als konstituierendes Gesellschaftsproblem der Medienökonomik

In allen Gesellschaften besteht zu jedem Zeitpunkt ein Knappheitsproblem, dergestalt dass den Wünschen und Bedürfnissen der Gesellschaftsmitglieder nur Ressourcen in beschränktem Umfang gegenüberstehen. Die Knappheit der Ressourcen wird so zu einem omnipräsenten gesellschaftlichen Problem, das sich zwar niemals vollständig lösen, jedoch zumindest teilweise überwinden lässt. Der bereits erörterten Definition von ROBBINS folgend, ist Knappheit lange Zeit als konstituierendes Gesellschaftsproblem der Ökonomik verstanden worden.[160]

Diese Beschränktheit gesellschaftlicher Ressourcen stellt auch für die Medienökonomik – als einem Teilgebiet der Ökonomik – ein zentrales Problem dar, das beispielsweise ein beliebig umfangreiches und breites Angebot an Fernsehprogrammen verhindert. Selbst wenn diese Programme noch einen Nutzen hätten, würden gesellschaftliche Opportunitäten einem solchen Angebot entgegenstehen.

Ein Instrument, um mit Knappheiten aus gesellschaftlicher Sicht möglichst effizient umzugehen, sind wettbewerblich organisierte, dezentral ablaufende Märkte. Da auf funktionsfähigen Märkten ein Wettbewerb der Marktteilnehmer – sowohl zwischen den Marktseiten als auch innerhalb dieser – um die jeweils bestmögliche Verwendung des angebotenen Guts oder der Dienstleistung besteht, sichern Märkte eine effiziente Nutzung der Ressource bezogen auf die individuelle Wertschätzung.

Als gesellschaftliches Koordinationsinstrument helfen Märkte, die ubiquitäre Knappheit partiell zu überwinden, indem sie die gehandelte Ressource im Rahmen des Marktprozesses ihrer besten Verwendung zuführen. Nahezu einmütig werden in der Ökonomik daher Märkte nicht als Selbstzweck oder letztes Ziel, sondern als *ein* mögliches, allerdings in vielen Fällen sehr wirksames Instrument zum Umgang mit gesellschaftlichen Knappheitsproblemen gesehen.

In dieser Funktion unterliegen Märkte selbst der Konkurrenz mit anderen Instrumenten, über die sich ebenfalls die Versorgung mit Gütern und Dienstleistungen sicherstellen lässt. Eine Alternative zu Märkten kann etwa die Allokation über zentrale Planung sein, wozu beispielsweise die staatliche Produktion oder die im Medienbereich relevante staatliche Sicherung der Bereitstellung zählt.

---

[160] Vgl. **Robbins** (1932/1945), S. 12 ff.

3.2 Forschungsdimensionen einer wissenschaftlichen Medienökonomik

Mit der knappheitsorientierten Definition von Medienökonomik ist dieses Teilgebiet der Ökonomik nur grob umrissen.[161] Die verschiedenen Möglichkeiten, den Begriff „Medienökonomik" weiter zu konkretisieren, verdeutlicht Abb. 3-1, die die jeweiligen Forschungsdimensionen der Medienökonomik im Zusammenhang darstellt. Unterschieden wird dabei zwischen den Dimensionen Analyseobjekt (x-Achse), Bezugsebene (y-Achse) und wissenschaftliche Stoßrichtung (z-Achse).

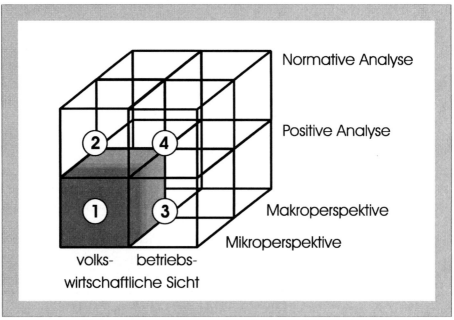

Abb. 3-1: Dimensionen medienökonomischer Forschung

Bezüglich des Analyseobjekts besteht grundsätzlich die Wahl zwischen einer volks- und einer betriebswirtschaftlichen Sichtweise, die jeweils eine Mikro- oder Makroperspektive einnehmen und positiv oder normativ ausgerichtet sein können. Während normative Überlegungen in der Regel wie Bausteine auf einer positiven Analyse aufbauen, stellt die Mikro- zur Makroperspektive ebenso eine alternative Säule der Forschung dar wie die volks- zur betriebswirtschaftlichen Sicht.

---

[161] Einige Medienökonomen mit kommunikationswissenschaftlichem Hintergrund sehen die Medienökonomik als ein Teilgebiet der Publizistik. Vgl. etwa **Schenk/Donnerstag** (1989), S. 3.

Aus Mikroperspektive gilt das Augenmerk einer volkswirtschaftlichen Sicht dem modellhaften Verhalten von Akteuren auf Märkten. Bezogen auf den Fernsehmarkt werden etwa die Reaktionen von Anbietern und Nachfragern des medialen Guts untersucht. Demgegenüber rückt die betriebswirtschaftliche Sicht das einzelne, konkret bekannte Unternehmen in den Mittelpunkt der Analyse. Zwar betrachtet die betriebswirtschaftliche „Medienwirtschaft" ebenfalls das Verhalten von Anbietern, verfolgt im Gegensatz zur volkswirtschaftlichen Medienökonomik dabei aber ein anderes wissenschaftliches Ziel.

Medienwirtschaft aus mikroökonomischer, also einzelwirtschaftlicher Perspektive versucht, unternehmerische Entscheidungen und Abläufe abzubilden und in Modelle zu fassen (Punkt 3 in Abb. 3-1). Ziel der Theoriebildung kann beispielsweise eine Antwort auf die Frage sein, welche Prozesse in einem Medienunternehmen ablaufen oder ob sich auf dem Fernsehmarkt Chancen für neue Produkte ergeben.[162] Diese positive Analyse dient als Basis für Entscheidungen, betriebswirtschaftliche Einflussgrößen bezüglich unternehmerischer Ziele in einer möglichst optimalen Weise zu gestalten (Punkt 4 in Abb. 3-1). In dem normativen Schritt sollen etwa die untersuchten Prozesse so geformt werden, dass sie zufriedenstellende Ergebnisse liefern. Versteht man unter dieser zielorientierten Unternehmensführung eine Kernaufgabe des Controllings, kommt eine normativ ausgerichtete Medienwirtschaft dem Begriff „Mediencontrolling" nahe.

Neben dem ursprünglich einzelwirtschaftlichen Fokus gewinnt in den letzten Jahren die makroökonomische Medienwirtschaft im Hinblick auf nationale wie internationale Kooperationen und Fusionen an Bedeutung. Fragestellungen der Einzelunternehmen treten hier in den Hintergrund angesichts der Analyse von Kooperationen, die Unternehmensgrenzen überschreiten. Wie die mikro- kann die makroökonomische Medienwirtschaft im Sinne einer reinen Beschreibung von Realität eine positive Ausrichtung oder als Konzerncontrolling etwa bei der Gestaltung von Allianzen eine normative Stoßrichtung haben.

Demgegenüber steht im Mittelpunkt der volkswirtschaftlich geprägten Medienökonomik – wie im Folgenden – nicht ein Einzelunternehmen oder allein die Angebotsseite des Marktes, sondern das Verhalten der auf Medienmärkten wie dem Fernsehmarkt tätigen Akteure. Waren Nachfrager mit ihrem Verhalten aus Sicht der Medienwirtschaft nur als reale oder potenzielle Kunden von Bedeutung, wird in der Medienökonomik die Nachfrageseite eines Marktes im gleichrangigen Zusammenspiel mit dem Anbieterverhalten betrachtet.

Zusätzlich zum Verhalten der unmittelbar Marktbeteiligten können weitere Akteure bei der Analyse des Fernsehmarktes relevant sein. Hierzu lassen sich beispielsweise

---

[162] Vgl. z. B. **Bauder** (2002).

Politiker zählen, die bei der Steuerfinanzierung von Fernsehprogrammen über einen direkten Einfluss auf den Fernsehmarkt verfügen. Bei werbefinanzierten Programmen kann demgegenüber der Einfluss zu berücksichtigen sein, der von werbetreibenden Produzenten ausgeht.

Die makroökonomische Medienökonomik löst sich von der engen Perspektive des Einzelmarktes und betrachtet auf höherem Aggregationsniveau etwa volkswirtschaftliche Effekte der Medienindustrie. Typisch sind hier Analysen zu Beschäftigungswirkungen der Medienindustrie oder zur Bedeutung verschiedener Medienstandorte. Auch diese Untersuchungen können eine positive oder normative Stoßrichtung verfolgen.

Die folgende Diskussion nimmt eine volkswirtschaftliche und mikroökonomische Sichtweise ein. Zwar bildet eine positive Herangehensweise, wie sie mit Punkt 1 in Abb. 3-1 hervorgehoben ist, den Schwerpunkt der weiteren Analyse des Fernsehmarktes. Aufgrund der häufig unmittelbaren Handlungsrelevanz dieser Analyse ist es allerdings unabdingbar, auch die normative Dimension der jeweiligen Theorie für die Politikberatung zu betrachten (Punkt 2 in Abb. 3-1). Die – hier nur knappe – normative Betrachtung baut also auf der positiven Analyse auf.

3.3 Qualität, Finanzierung und Wirkung von Medien als Kerndefizite des Fernsehmarktes

Vor dem Hintergrund der gesellschaftlichen Bedeutung von Märkten werden vielfältige Gründe vorgebracht, warum bei medialen Gütern – den traditionellen Massenmedien in gedruckter oder elektronischer Form ebenso wie dem Internet – eine dezentrale Koordination über Märkte nicht funktionieren kann.[163] Um die Vielfalt der genannten Argumente gedanklich zu strukturieren, gliedert sich die anschließende Diskussion in die drei zentralen Aspekte der Qualität, Finanzierung und Wirkung medialer Güter. Getrennt nach den Ursachen des zu behandelnden Problems soll damit im Einzelnen untersucht werden, ob

1. die **Qualität** der angebotenen Leistungen dadurch bedroht ist, dass Nachfrager diese nur unzureichend beurteilen können und in der Folge nur noch mediale Güter mit schlechter Qualität angeboten werden.
2. die **Finanzierung** medialer Güter aufgrund der hohen Fixkosten des Sendebetriebs oder aufgrund der Nicht-Ausschließbarkeit von Nichtzahlern nicht sichergestellt werden kann.

---
[163] Zahlreiche Autoren nennen Gründe für ein Marktversagen, worauf in den Kapiteln 4 bis 6 einzugehen sein wird. Alle hierbei diskutierten Gründe eines Marktversagens führen beispielsweise HEINRICH, KIEFER, CHUNG und DOYLE an. CHUNG mutmaßt sogar, dass durch „vollkommen kommerzialisierte" Veranstalter ein vollständiges Marktversagen geradezu impliziert sei. Vgl. **Chung** (2001), S. 116, **Heinrich** (1999), **Kiefer** (2001), **Doyle** (2002), kritisch hierzu **Schröder** (1997a), **Hartwig/Schröder** (1999), **Knorr/Winkler** (2000), **Wacker** (2007), S. 41 ff.

3.3 Qualität, Finanzierung und Wirkung von Medien als Kerndefizite des Fernsehmarktes

3. die positive oder negative **Wirkung** medialer Güter auf Mitglieder der Gesellschaft – z. B. durch Beiträge zur politischen Information einerseits oder durch Gewaltsendungen andererseits – dazu führt, dass aus gesellschaftlicher Sicht der Konsum des Guts ausgeweitet oder eingeschränkt werden sollte.

Bei jedem einzelnen dieser Aspekte kann es sich um ein mögliches Marktversagen handeln. In diesem Fall versagt der Markt als dezentraler Koordinationsmechanismus aufgrund der Art des gehandelten Guts, der strukturellen und ordnungspolitischen Rahmenbedingungen oder der relevanten Institutionen.

Eine gesellschaftliche Folge eines solchen Marktversagens wären Wohlfahrtsverluste, da entweder Qualitäts- und Finanzierungsprobleme gesellschaftlich vorteilhafte Tauschakte zwischen Anbietern und Nachfragern verhindern oder Individuen durch Medienwirkungen direkt geschädigt würden. In der folgenden Diskussion soll danach gefragt werden, wie stichhaltig die häufig angeführten Gründe für ein Marktversagen im Kern sind.

Nur auf den ersten Blick beschränkt sich die Diagnose eines Marktversagens auf eine positive Analyse des entsprechenden Marktes. Falls Wohlfahrtsverluste durch ein Marktversagen in der Praxis auftreten, stellt sich unmittelbar die Frage nach deren Vermeidung. Aufbauend auf der positiven Analyse lassen sich – wie in Abb. 3-1 dargestellt – normative Handlungsempfehlungen zur Vermeidung dieser Wohlfahrtsverluste untersuchen. Diese Empfehlungen können etwa darin bestehen, dass ein Eingriff in den Markt geboten ist, um mithilfe des Staates das diagnostizierte Marktversagen zu lindern oder zu beseitigen.

Die Theorie des Marktversagens – im deutschsprachigen Raum u. a. von SOHMEN und FRITSCH/WEIN/EWERS vertreten – ist aus der von ALFRED MARSHALL (1842–1924) und später ARTHUR C. PIGOU (1877–1959) entscheidend geprägten, älteren Wohlfahrtsökonomik hervorgegangen.[164] Beide Ansätze verbindet die zugrunde liegende Logik, über eine positiv angelegte Theorie zu normativen Handlungsempfehlungen zu kommen. Dieser Logik folgt auch die Struktur der anschließenden drei Kapitel zur Qualität, Finanzierung und Wirkung medialer Güter.

Bei der Diskussion der drei Aspekte stehen jeweils zwei Fragen im Vordergrund. Erstens werden die zur Begründung eines Marktversagens angeführten Argumente ausführlich dargestellt und auf den Fernsehmarkt übertragen. Im Rahmen einer kritischen Würdigung wird danach gefragt, wie wissenschaftlich solide die Argumente sind. Grundlage der Kritik wird dabei eine streng ökonomische Herangehensweise auf Basis der Prinzipien des beschriebenen medienökonomischen Forschungsprogrammes sein.[165] Ausgehend von Zuschauersouveränität, Rationalität und Nicht-Paternalistik

---
[164] Vgl. **Sohmen** (1976/1992), **Fritsch/Wein/Ewers** (1993/2005).
[165] Zum Forschungsprogramm der Medienökonomik und den Prinzipien Zuschauersouveränität, Rationalität und Nicht-Paternalistik vgl. Kap. 2, S. 19.

wird also der Versuch unternommen, die Aspekte der Qualität, Finanzierung und Wirkung von Medien innerhalb, nicht durch Aufgabe des ökonomischen Ansatzes zu analysieren. Die resultierende Medienökonomik bleibt durch diesen *einheitlichen, geschlossenen Theorierahmen* kompatibel zur traditionellen Theorie des Marktversagens.

Zweitens wirft die Diskussion um die Stichhaltigkeit der Marktversagensgründe unmittelbar die Frage auf, ob die Theorie zur politischen Beratung dienlich sein kann, d. h. ob sich konkrete Politikempfehlungen auf ihrer Grundlage entwickeln lassen. In ihrer normativen Stoßrichtung geht diese zweite Frage nach der Praktikabilität der Theorie des Marktversagens über die rein positive Analyse hinaus, die sich auf die wissenschaftliche Solidität der herangezogenen Argumente konzentrierte.

Für die genannten drei Aspekte soll somit jeweils nach der praktischen Eignung zur Politikberatung gefragt werden. Die positive Analyse unternimmt damit einen Schritt in Richtung normative Medienökonomik, in der über die nachfolgend diskutierten Einzelaspekten hinaus Fragen der praktischen Eignung und politischen Umsetzbarkeit medienökonomischer Theorien im Mittelpunkt stehen.

3.4 Defizite des Fernsehmarktes als Versagen des Wettbewerbs oder des Marktes

Einige Parallelen bestehen zwischen der Theorie des Marktversagens und der Wettbewerbstheorie. Beide Theorien haben als positive Ansätze häufig das normative Ziel, die Funktionsfähigkeit eines Marktes sicher- oder wiederherzustellen. Schon der theoretische Ausgangspunkt der Wettbewerbstheorie – Aussagen zur Funktionsfähigkeit des Wettbewerbs über Indikatoren der Struktur, des Verhaltens und der Ergebnisse des Marktes abzuleiten – macht allerdings die stärkere Fokussierung auf konkrete Wettbewerbsprozesse deutlich. Im Zentrum der Wettbewerbstheorie steht die Frage, ob auf dem betrachteten Markt Wettbewerb herrscht und wie sich die Intensität des Wettbewerbs fördern lässt. Demgegenüber zielt die Theorie des Marktversagens stärker auf die für den Wettbewerb notwendige Rahmenordnung – die Angemessenheit der Spielregeln statt der Fairness der Spielzüge.

Obwohl die Rahmenordnung nur mittelbar auf den Wettbewerbsprozess wirkt, ist sie zweifellos von grundsätzlicher Bedeutung für die Funktionsfähigkeit des Wettbewerbs. Jede Wettbewerbspolitik auf Grundlage einer fehlenden oder grundsätzlich falschen Rahmenordnung ist zum Scheitern verurteilt, da der Markt als Koordinationsmechanismus per se versagen wird.

Aus diesem Grund sollen die Defizite des Fernsehmarktes im Folgenden als Versagen des Marktes, nicht primär des Wettbewerbs untersucht werden. Diese Herangehensweise folgt der Einschätzung, dass die Probleme des deutschen Fernsehmarktes in erster Linie auf eine unzureichende Rahmenordnung und nur nachrangig auf einen

Mangel an Wettbewerb zurückzuführen sind. Um im Bild zu bleiben: Gegenwärtig sind die durch die Medienpolitik gesetzten Spielregeln problematischer als das wettbewerbliche Verhalten von Anbietern (oder Nachfragern).

Die Relativität dieser Aussage macht deutlich, dass es zwischen ordnungs- und prozesspolitischer Perspektive nicht nur keinen Gegensatz gibt, sondern die praktische Medienpolitik beider Ansätze bedarf. Mit dem Setzen der richtigen Rahmenordnung erübrigt sich die stärker prozessorientierte Wettbewerbstheorie keineswegs, sondern tritt zu der ordnungspolitischen Analyse hinzu, ohne diese zu ersetzen.

Beiden Theorien liegt die Überzeugung zugrunde, dass Wettbewerb als dezentrales Koordinationsverfahren nicht nur hilft, die Knappheit von Ressourcen teilweise zu überwinden, sondern dass hierüber auch andere gesellschaftliche Ziele wie Gerechtigkeit und Freiheit erreicht werden.[166] Selbst nur Mittel, nicht letztes Ziel der Wirtschaftspolitik, fördert Wettbewerb u. a. eine leistungsgerechte Verteilung von Einkommen und die Erosion von Übermacht.

Gerade letztgenannter Funktion der Machterosion kommt im Medienbereich eine erhebliche Bedeutung zu, würde doch beispielsweise ein monopolistisches Angebot auf dem Fernsehmarkt dazu führen, dass die freie Meinungsbildung jedes Mitglieds der Gesellschaft erheblich behindert wird und ein freier Wettbewerb konkurrierender Meinungen nur noch unter erschwerten Bedingungen stattfinden kann. Um diese Meinungsmacht ebenso wie die Dominanz wirtschaftlicher Macht zu begrenzen, setzt die (Medien)Ökonomik auf Wettbewerb als *Entmachtungsinstrument*.[167]

3.5 Defizite des Fernsehmarktes statt der vor- oder nachgelagerten Märkte

Zahlreiche Märkte können Einfluss auf den Fernsehmarkt nehmen, da sie diesem Markt vor- oder nachgelagert sind. Für den Fernsehmarkt von Relevanz ist beispielsweise der vorgelagerte Markt für Spielfilm- oder für Übertragungsrechte von Sportereignissen wie etwa den Olympischen Spielen, der Tour de France oder Tennisübertragungen. Fehlen Anbietern von Fernsehprogrammen beispielsweise die entsprechenden Sende- und Übertragungsrechte, müssen sie auf andere Programminhalte ausweichen. Ebenso können nachgelagerte Märkte wie der Markt der technischen Distribution – etwa die traditionelle Ausstrahlung über terrestrische Frequenzen, das Kabel-TV-Netz oder über Fernsehsatelliten – eine Bedeutung für den Fernsehmarkt erlangen. Trotz möglicher

---

[166] Vgl. **Schmidt** (2005), S. 28 ff.
[167] „Dies alles aus dem einzigen Grunde, weil der Wettbewerb bei höchstmöglicher Leistung die weitestgehende Entmachtung der Wirtschaft, sowohl von privater als auch von staatlicher Wirtschaftsmacht, verbürgt. [...] Weil der Wettbewerb diesem Ziel dienstbar gemacht werden kann, das ohne ihn sogar unerreichbar bleibt, deshalb fordern wir ihn." **Eucken/Böhm** (1948), S. X f.

Relevanz werden vor- und nachgelagerte Märkte an dieser Stelle aus der Betrachtung ausgeblendet. Der hier verfolgte Ansatz positiver Medienökonomik ist damit eine reine Ökonomik der Medieninhalte.

Diese ausschließliche Konzentration auf Medieninhalte des Fernsehmarktes stellt eine Notwendigkeit dar, um die Kernprobleme dieses Mediums in stringenter und einheitlicher Form untersuchen zu können. Die sachliche Eingrenzung des Betrachtungsobjekts ist damit in erster Linie eine Frage der Praktikabilität als der inhaltlichen Gewichtung, da eine – sicherlich aufschlussreiche – Analyse des Zusammenspiels aller drei Märkte mit der gebotenen Tiefe kaum zu leisten ist.[168]

Gleichwohl lässt sich zeigen, dass das ökonomische Instrumentarium auch auf vor- oder nachgelagerte Märkte fruchtbar angewendet werden kann. Mit diesen Märkten befasst sich inzwischen eine ganze Reihe von ökonomischen Analysen. Als Beispiele einer erfolgreichen Anwendung ökonomischer Instrumente seien Studien zu Fernsehübertragungsrechten im Bereich des Sports[169] oder zur Vergabe von Rundfunklizenzen[170] genannt. Bereits frühe Untersuchungen von COASE brachten die Erkenntnis, dass ein stärker an ökonomischen Kriterien ausgerichtetes Allokationsverfahren der begehrten Übertragungskanäle – beispielsweise mithilfe von Auktionen – auch auf dem Distributionsmarkt zu mehr Effizienz und Wettbewerb führen wird.[171]

Empirisch dürfte überdies auf mittlere Sicht die Vervielfältigung und Digitalisierung der Kanäle gegenwärtig noch bestehende Engpässe im Distributionssystem beseitigen. Da damit der bisher bestehende Einfluss des Distributionsmarktes auf den Fernsehmarkt zurückgeht und langfristig verschwindet, wird die eingehende Auseinandersetzung mit jenen Fragen entscheidender, die originär von Medieninhalten aufgeworfen werden.

---

[168] Ein anderes Vorgehen wählen NEVER, CZYGAN und WACKER, indem sie neben dem Fernsehmarkt auch die Märkte für Programmdistribution und -rechte in die Analyse des deutschen Fernseh- bzw. Hörfunkmarktes einbeziehen. Vgl. **Never** (2002), **Czygan** (2003), **Wacker** (2007).

[169] Vgl. im Überblick **Enderle** (2000) und zur wettbewerbspolitischen Perspektive **Wolf** (2000).

[170] Vgl. ausführlich **Levin** (1968), **Minasian** (1975), **Hazlett** (1990).

[171] Vgl. **Coase** (1959), S. 21, **Brennan** (1983), **Kruse** (1995), **Schröder** (1997a), S. 37 ff.

Kapitel 4
Die Qualität medialer Güter als Grund von Marktversagen: Medien – (k)ein Vertrauensgut?

4.1 Unsicherheiten über die Qualität von Medien als Frage der Informationsverteilung 89
    4.1.1 Der Markt für Fernsehsendungen als Markt für Zitronen 90
    4.1.2 Mediale Güter als Inspektions-, Erfahrungs- oder Vertrauensgut 93
    4.1.3 Grade der Qualitätsunkenntnis bei Informations- und Unterhaltungssendungen 95
    4.1.4 Informationsasymmetrien und Handlungsanreize infolge mehrstufiger Prinzipal-Agent-Hierarchie 97
        4.1.4.1 Medienproduktion als Delegation vom Zuschauer zum Anbieter 97
        4.1.4.2 Abbau des Informationsdefizits durch „Screening" 99
        4.1.4.3 Verringerung des Informationsvorsprungs durch „Signaling" 99
        4.1.4.4 Reputation als informelle Institution zur Sicherung der Programmqualität 103
    4.1.5 Gesellschaftliches Optimum an Falschinformationen 106
    4.1.6 Adverse Selektion aus Sicht des methodologischen Individualismus 106
    4.1.7 Qualitätsdefizite als Versagen des Marktes oder der Nachfrager 107
4.2 Fazit: Informationsasymmetrien als unzureichende Basis zur Legitimation aktiver staatlicher Marktinterventionen 109

4 Die Qualität medialer Güter als Grund von Marktversagen: Medien – (k)ein Vertrauensgut?

4.1 Unsicherheiten über die Qualität von Medien als Frage der Informationsverteilung

Der erste Grund, der für ein Marktversagen auf Medienmärkten genannt wird, betrifft die eingeschränkte oder fehlende Möglichkeit von Nachfragern, sich über die relevanten Qualitätseigenschaften des gehandelten Guts zu informieren.[172] Die entsprechende Begründung eines Markteingriffs lässt sich knapp skizzieren.

Die auf Medienmärkten gehandelten Güter sind bezogen auf ihre Art und Qualität hochgradig heterogen. Zu befürchten ist, dass der Markt für qualitativ hochwertige Sendungen versagt, da Konsumenten vielfach nicht in der Lage sind, die Qualität der Sendungen zu erkennen. Mit dem drohenden Marktversagen lässt sich theoretisch möglicherweise ein regulierender Staatseingriff oder sogar die staatlich garantierte Produktion hochwertiger Programme legitimieren.

Beispielsweise können die Zuschauer eines politischen Magazins nur recht schwer und in vielen Fällen gar nicht beurteilen, ob den gesendeten Berichten eine solide Recherche zugrunde liegt, die verwendeten Quellen zuverlässig sind und die beteiligten Journalisten nicht in betrügerischer Absicht Informationen ver- oder gefälscht haben. Obwohl es für Zuschauer auf die Zuverlässigkeit der vermittelten Nachrichten ankommt, ist es für Einzelne nahezu unmöglich, deren Verlässlichkeit zu überprüfen.

In der Ökonomik werden Probleme des Erkennens von Qualitätseigenschaften als Frage der Informationsverteilung zwischen verschiedenen Seiten des Marktes diskutiert. Gewöhnlich sind Marktteilnehmer unterschiedlich gut über die Beschaffenheit des Guts oder der Dienstleistung informiert. Es herrscht eine *Informationsasymmetrie* zwischen ihnen.

Zentral ist, dass hierbei nicht lediglich die neoklassische Annahme vollständiger Information durch eine scheinbar realistischere Fassung ersetzt wird, bei der alle Marktteilnehmer in gleichem Maße uninformiert sind und sich für sie die Beschaffung von Information und deren Verarbeitung lohnt. Statt um eine größere Realitätsnähe durch die Annahme fehlenden Wissens geht es bei Informationsasymmetrien um ein Koordinationsproblem, das zwischen Anbietern und Nachfragern auftritt: Bestimmte Marktteilnehmer – meist die Seite der Anbieter[173] – besitzen gegenüber der jeweiligen

---

[172] Beispielsweise sieht GUNDLACH bei der Medienproduktion gravierende, systematische Informationsmängel bzw. -asymmetrien aufgrund beschränkter Qualitäts- und Markttransparenz. Vgl. **Gundlach** (1998), S. 61.
[173] Obwohl in der Praxis üblicherweise Anbieter einer Ware oder Leistung besser über deren Beschaffenheit informiert sein werden, ist es ebenso möglich, dass Nachfrager über diesen Informationsvorsprung verfügen.

Marktgegenseite – in der Regel den Nachfragern – einen Informationsvorsprung, den sie möglicherweise zum eigenen Vorteil nutzen können.

4.1.1 Der Markt für Fernsehsendungen als Markt für Zitronen

Am Beispiel eines Gebrauchtwagenmarktes hat GEORGE A. AKERLOF im Jahre 1970 gezeigt, dass der Informationsvorsprung von Anbietern auch praktisch relevant sein kann.[174] AKERLOFs inzwischen klassisches Beispiel unterscheidet sich in wesentlichen Punkten von dem Markt für Fernsehprogramme, da diese in den meisten Ländern ausschließlich oder zumindest überwiegend indirekt, also nicht über unmittelbare Zuschauerzahlungen finanziert werden. Deshalb ist es notwendig, zuerst das Kernproblem von Informationsasymmetrien an dem medienfernen Fall eines Gebrauchtwagenmarktes zu verdeutlichen, um anschließend die gewonnenen Ergebnisse auf den Fernsehmarkt zu übertragen.

In dem einfach konstruierten Marktbeispiel geht AKERLOF davon aus, dass Fahrzeuge unterschiedlicher Qualität angeboten werden. Zwar kennen die Anbieter die Qualität ihrer Wagen, Nachfragern ist es jedoch nicht möglich zu beurteilen, ob ihnen ein hochwertiges Fahrzeug oder eine „Zitrone" angeboten wird. Von jedem Kauf geht daher für die Nachfrager das Risiko aus, statt der bezahlten guten eine schlechte Qualität zu erhalten.

Als Reaktion auf dieses Risiko werden Nachfrager ihre Zahlungsbereitschaft an die im Markt erwartete Qualität anpassen. Von der Zahlungsbereitschaft für ein gutes Fahrzeug werden risikoneutrale Nachfrager die Differenz zur Zahlungsbereitschaft für die schlechtere Qualität, gewichtet um die ihnen bekannte Wahrscheinlichkeit für deren Auftreten, abziehen.[175] Bei dieser mittleren Zahlungsbereitschaft legen die Nachfrager zwar eine erwartete mittlere Qualität zugrunde, im konkreten Fall werden diese Erwartungen jedoch meist von der Qualität des Wagens, den sie erhalten, übertroffen oder unterboten. Auf der anderen Marktseite müssen Anbieter abwägen, ob die von Nachfragern geäußerte mittlere Zahlungsbereitschaft ausreicht, mindestens die Kosten des Angebots zu decken. Liegt der erzielbare Preis unter der Kostenschwelle, werden diese Anbieter aus dem Markt aussteigen.

Falls beide Marktseiten – Nachfrager und Anbieter – rational agieren, passen sie sich wechselseitig den Marktgegebenheiten wie dem Verhältnis von Wagen guter zu minderer Qualität an. Ausgehend von der zu untersuchenden Informationsasymmetrie zwischen den Marktteilnehmern und der Reaktion hierauf ergibt sich bei AKERLOF

---

[174] Vgl. **Akerlof** (1970).
[175] Alternativ werden sie die einzelnen Zahlungsbereitschaften mit der Wahrscheinlichkeit für die entsprechende Qualitätsstufe gewichten und anschließend aufsummieren, um so eine mittlere Zahlungsbereitschaft zu bestimmen.

ein Prozess der schrittweisen Anpassung. Da zunächst sowohl Anbieter guter wie schlechter Qualitäten in verschiedenen Abstufungen im Markt präsent sind, werden Nachfrager aus den Wahrscheinlichkeiten für die einzelnen Qualitätsstufen eine mittlere Zahlungsbereitschaft bestimmen. In AKERLOFs Marktbeispiel werden bei dieser Zahlungsbereitschaft die ersten Anbieter qualitativ hochwertiger Fahrzeuge aus dem Markt ausscheiden, da es ihnen nicht mehr möglich ist, ihre Kosten zu decken.

Im nächsten Schritt werden Nachfrager auf dieses Ausscheiden reagieren, da für sie das Risiko gestiegen ist, einen qualitativ schlechten Wagen zu erstehen. Infolge des höheren Risikos korrigieren Nachfrager ihre am Markt geäußerte, mittlere Zahlungsbereitschaft nach unten. Aufgrund der gesenkten Zahlungsbereitschaft werden abermals Anbieter ausscheiden. Da ein qualitativ hochwertiges Angebot in der Regel mit höheren Kosten einhergeht, werden hiervon die Anbieter im oberen Qualitätssegment betroffen sein.

Damit zeichnet sich AKERLOFs zentrales Ergebnis ab, dass bei asymmetrisch verteilten Informationen ein Prozess der schrittweisen Anpassung von Angebot und Nachfrage zu einer abnehmenden Durchschnittsqualität im Markt führen kann. Informationsasymmetrien machen folglich Transaktionen im hochwertigen Marktsegment unmöglich, obwohl ursprünglich eine Nachfrage nach hochwertigen Gütern bestand, die von einem entsprechenden Angebot hätte befriedigt werden können.

Werden nur die gehandelten Qualitäten betrachtet, findet eine Anpassung nach unten statt, d.h. das Vorhandensein schlechter Qualitäten sorgt dafür, dass gute Qualitäten aus dem Markt gedrängt werden. Somit wird die Qualitätsselektion des Marktes außer Kraft gesetzt, die gewöhnlich sicherstellt, dass bei gleichen Preisen eine schlechte von einer guten Qualität verdrängt wird bzw. dass bei Preisungleichheit Nachfrager über die Preiswürdigkeit der höheren Qualität entscheiden. Informationsasymmetrien verhindern diese Qualitätsselektion, nur ein einheitlicher Preis für die erwartete Einheitsqualität kann sich herausbilden statt differenzierter Preise für unterschiedliche Qualitäten. Es kommt zu einer umgekehrten, *adversen Selektion* schlechter zulasten guter Qualitäten.[176] Da bei adverser Selektion vorteilhafte Tauschakte zwischen Anbietern und Nachfragern höherer Qualitäten ausbleiben, ist der Prozess der Negativauslese unweigerlich mit Wohlfahrtsverlusten verbunden. Versagt der Markt für qualitativ hochwertige Güter, werden beide Marktseiten – Anbieter wie Nachfrager – geschädigt.[177]

Obgleich das Informationsdefizit in der Regel auf Seiten der Nachfrage besteht, ist es zu kurz gegriffen, das resultierende Marktversagen als einen reinen Nachfragemangel zu klassifizieren. Erstens kann die adverse Selektion ebenso das Ergebnis eines Informationsdefizits der Anbieter sein. Zweitens wird die Informationsasymmetrie von

---

[176] Vgl. **Akerlof** (1970), S. 491.
[177] Grundlegend zu den Anreizen bei Informationsasymmetrien vgl. **Campbell** (2006).

beiden Marktseiten – den besser wie den schlechter informierten Beteiligten – gemeinsam verursacht, da jede Seite auf das Rationalverhalten der jeweils anderen reagiert. Deshalb lassen sich – wie deutlich werden wird – auf beiden Marktseiten Instrumente ansetzen, um das Koordinationsproblem zwischen den Marktteilnehmern zu lösen.

Obwohl in AKERLOFs Beispiel der Preismechanismus zwischen Anbietern und Nachfragern von zentraler Bedeutung für die wechselseitige Anpassung der beiden Marktseiten ist, beschränken sich Phänomene der adversen Selektion keineswegs auf Märkte, auf denen Konsumenten – wie auf einem durch direkte Nutzerzahlungen finanzierten Fernsehmarkt – unmittelbar für die nachgefragten Güter und Dienstleistungen zahlen. Am Beispiel des Automarktes lässt sich verdeutlichen, dass Probleme durch Negativauslese auch bei einem fehlenden Preismechanismus auftreten können.

AKERLOF nimmt im betrachteten Fall an, dass Nachfrager die einzelnen Qualitätsstufen zwar nicht erkennen können, jedoch vollständig über deren Verteilung im Gesamtmarkt informiert sind. Wird diese Annahme der Marktkenntnis fallen gelassen, besteht kein Grund für die Nachfrager anzunehmen, dass überhaupt Fahrzeuge höherer Qualität angeboten werden. Da Nachfrager nun die Qualität vor dem Kauf nicht erkennen können, ist es für sie rational, die schlechteste noch handelbare Qualität zu erwarten.

Besteht ein direkter Preismechanismus, würden Nachfrager eine entsprechend geringe Zahlungsbereitschaft nur für diese niedrige Qualität äußern. Doch auch ohne monetäre Marktbeziehung ist eine Negativselektion der Anbieter zu erwarten. Jeder Anbieter, der versuchen würde, die gehandelte niedrige Qualität zu überbieten, müsste feststellen, dass Nachfrager seine Anstrengungen zwar vielleicht wertschätzen, aber vor dem Kauf nicht erkennen können. Die höhere Qualität bleibt vor der Nutzung für sie gewissermaßen unsichtbar hinter einem Schleier verborgen.[178]

Da die Nachfrage nach dieser guten Qualität sich nicht von der nach einer schlechteren Qualität unterscheidet, ist es für die Anbieter rational, die kostengünstigere, also üblicherweise schlechtere der beiden Qualitäten anzubieten. Durch die Informationsasymmetrie wird der Qualitätswettbewerb zugunsten eines reinen Kostenwettbewerbs ausgehebelt und es kommt zu einer adversen Selektion der Qualitäten, ohne dass es einer unmittelbaren Preisbeziehung zwischen Anbietern und Nachfragern bedarf. Folglich lassen sich AKERLOFs Überlegungen auf den Fernsehmarkt übertragen, obwohl hier die direkte Finanzierung von Sendungen durch Zuschauerzahlungen nicht die Regel, sondern eine Ausnahme ist.

---

[178] Vgl. **Fritsch/Wein/Ewers** (1993/2005), S. 283.

4.1 Unsicherheiten über die Qualität von Medien als Frage der Informationsverteilung 93

4.1.2 Mediale Güter als Inspektions-, Erfahrungs- oder Vertrauensgut

Bezogen auf das einleitende Beispiel eines Marktes für politische Berichterstattung ist demnach ein Marktversagen durch adverse Selektion denkbar, sofern es Nachfragern unmöglich ist, die Qualität der Berichterstattung zu beurteilen. Bei vollständiger Qualitätsunkenntnis besteht für Anbieter von Fernsehsendungen keinerlei Anreiz, in kostspielige Qualitätsverbesserungen zu investieren, da Zuschauer die gesteigerte Qualität erst bei der Nutzung, nicht jedoch schon im Markt zur Kenntnis nehmen würden. Zudem ist zu erwarten, dass auch die bereits angebotene Qualität weiter zu erodieren droht, da eine geringere Qualität meist niedrigere Kosten verspricht.

Obwohl aufgrund der bisherigen Diskussion ein Versagen des Fernsehmarktes durch Informationsasymmetrien theoretisch nicht auszuschließen ist, kann hiermit noch kein Marktversagen in der Praxis stichhaltig begründet werden. Hierzu bedarf es vielmehr der differenzierten Analyse, wie gravierend die konkret zu erwartenden Informationsasymmetrien bei medialen Gütern ausfallen.

Schon AKERLOF unterscheidet in seinem Gebrauchtwagenbeispiel zwischen Gutseigenschaften, die sich dem Konsumenten bereits vor Beginn der Nutzung – meist vor dem Kaufakt – oder erst mit der Ingebrauchnahme erschließen.[179] In ähnlicher Weise differenziert NELSON zwischen Inspektions- und Erfahrungsgütern, Gütern also, bei denen die relevanten Gutseigenschaften vor oder nach dem Kauf für den Konsumenten erkennbar sind.[180]

Diese Einteilung lässt sich auf Informationen als Güter, die auf einem Markt gehandelt werden, übertragen. Generell stellen Informationen mindestens ein Erfahrungsgut dar, denn es ist unmöglich, den Inhalt und die Qualität einer Information zu beurteilen, noch bevor diese bekannt ist und genutzt werden kann. Der Schluss liegt nahe, ausnahmslos alle medialen Güter – unabhängig vom konkreten Inhalt – als Informationen und folglich als Erfahrungsgüter zu klassifizieren. Der einzige Weg, eine Fernsehsendung zu beurteilen, bestünde dann darin, sie zu sehen.[181] Mediale Güter wären somit von ARROWs Informationsparadoxon betroffen, bei dem die Information zur korrekten Bewertung vor dem Kauf bekannt sein muss, dann aber ihren Wert verliert.[182]

Einer praktischen Überprüfung hält dieser Schluss jedoch kaum stand. Mediale Güter setzen sich aus einer Vielzahl an Informationsbestandteilen zusammen und bilden nicht lediglich eine geschlossene Informationseinheit, die bekannt oder unbekannt ist.

Zwar mögen einzelne Gutseigenschaften medialer Inhalte einem Erfahrungsgut gleichkommen. Das bedeutet jedoch nicht, dass damit das Gesamtgut gleichfalls als

---
[179] Vgl. **Akerlof** (1970), S. 491.
[180] Vgl. **Nelson** (1970), S. 311 ff.
[181] Vgl. **Doyle** (2002), S. 65.
[182] Vgl. **Arrow** (1959), S. 10.

Erfahrungsgut zu klassifizieren ist. Vielmehr können bestimmte Gutseigenschaften einem Erfahrungsgut, andere wiederum einem Inspektionsgut entsprechen.

Verdeutlichen lässt sich dies an den Eigenschaften von Fernsehsendungen, wenn grob zwischen dem Thema, der handwerklichen und der inhaltlichen Qualität unterschieden wird. Für Zuschauer ist es meist sehr einfach, vor dem Sehen das Thema der Sendung in Erfahrung zu bringen, welchen Titel sie trägt oder zu welchem Programmformat sie zu rechnen ist. Hierfür stehen vielfältige Möglichkeiten wie Programmzeitschriften, Videotext, Elektronische Programmführer (EPG) oder Vorankündigungen zur Verfügung. Damit müssen Zuschauer im konkreten Fall nicht erst eine Sendung sehen, um ein politisches von einem Kulturmagazin, einen Spielfilm von einer Musiksendung zu unterscheiden. Das Thema – hierzu lassen sich Titel, Gegenstand, Programmformat und Genre zählen – stellt damit *im Regelfall* keine Erfahrungsguteigenschaft dar, von der der Zuschauer erst durch den Konsum Kenntnis erlangen kann. Auch kann in einem direkt finanzierten Medienangebot der Preis einer Sendung Rückschlüsse auf die Qualität erlauben. Bei funktionsfähigem Wettbewerb geht ein hoher Preis meist mit der Hochwertigkeit des Angebots einher. In der Summe verfügen Zuschauer über zahlreiche Möglichkeiten, sich über die genannten Eigenschaften zu informieren und so die bestehende Informationsasymmetrie teilweise zu überwinden.

Überdies löst sich das von vielen Autoren vermutete Informationsparadoxon meist dadurch auf, dass es in der Praxis zahlreiche Wege zum „Probekonsum" der Sendung gibt. Hierzu zählen die von den Sendern ausgestrahlten Teaser und Trailer ebenso wie gratis im Internet angebotene Programmausschnitte und Anspielmöglichkeiten. Auch Werbung für das eigene Programm und bestimmte Sendungen reduziert mögliche Informationsasymmetrien.[183] Offen bleibt dabei, ob Zuschauer diese Möglichkeit ergreifen, sich also auch faktisch vor ihrem Programmkonsum informieren.

Schwieriger als das Thema können die handwerkliche, erst recht die inhaltliche Qualität der Sendung beurteilt werden. Ob eine Sendung gut gemacht ist, etwa Ton und Bild klar sind, Kameraeinstellungen stimmen oder der Sendungsaufbau logisch ist, lässt sich in der Regel erst durch ein wirkliches Sehen feststellen. Der Probekonsum vermittelt hier nur einen begrenzten Eindruck. Aus Zuschauersicht entspricht die handwerkliche Qualität damit viel eher einem Erfahrungsgut als etwa das Thema.

In noch stärkerer Weise gilt diese Einschätzung für die inhaltliche Qualität, ob also die behaupteten Informationen richtig sind, nicht einseitig oder ähnlich unzulässig verkürzt und in einem korrekten Zusammenhang wiedergegeben sind. Für Zuschauer lässt sich diese Qualität erst mit oder sogar nach dem Programmkonsum, in vielen Fällen allerdings gar nicht zweifelsfrei beurteilen.

---

[183] Ausgehend von den Überlegungen von NELSON haben sich MILGROM/ROBERTS ausführlich mit der Funktion von Werbung zur Reduktion von Informationsasymmetrien auseinandergesetzt. Vgl. **Milgrom/Roberts** (1986).

Qualitätseigenschaften, die im Prozess des normalen Konsums nicht von Nachfragern zu beurteilen sind, gehen über die bisher behandelten Erfahrungsguteigenschaften hinaus. Als Bezeichnung für Güter mit diesen Eigenschaften schlagen DARBY und KARNI den Begriff „Vertrauensgut" vor, da Konsumenten hierbei den Zusicherungen des Anbieters vertrauen müssen.[184] Beispiele für Vertrauensguteigenschaften, auch „Glaubensguteigenschaften" genannt, lassen sich auch im Fernsehmarkt finden. Hierunter fallen die inhaltliche Qualität von politischer Berichterstattung und Nachrichten ebenso wie die faire Anwendung von Spielregeln bei Spielshows.

4.1.3 Grade der Qualitätsunkenntnis bei Informations- und Unterhaltungssendungen

Schon diese Beispiele aus verschiedenen Programmformaten deuten an, dass Qualitätsunkenntnis für Zuschauer unterschiedlich gravierend ist. Um die Bedeutung von Qualitätsunkenntnis bei unterschiedlichen Formaten zu beurteilen, lassen sich Sendungen in ein gedankliches Spektrum von reiner Information und purer Unterhaltung einteilen. Anders als bei reiner Information ist bei Unterhaltung nicht die alleinige Kenntnis der Sendeinhalte, sondern der Programmkonsum von Nutzen.

Reale Sendungen werden nicht an den Endpunkten dieses Spektrums angesiedelt sein, sondern stellen eine Mischung aus Information und Unterhaltung dar. Zur Beurteilung eines Marktversagens ist allerdings wesentlich, wo die Sendung in diesem Spektrum zu verorten ist und welche Funktion sie dementsprechend erfüllt, da Informationssendungen im Kern der Vermittlung von Fakten, Nachrichten, Informationen dienen, Unterhaltungssendungen hingegen Vergnügen und Zerstreuung bieten sollen. Während Informationsvermittlung nur möglich ist, wenn Nachfrager der Information des Anbieters Glauben schenken, besteht eine solche Voraussetzung für Unterhaltungssendungen in weitaus geringerem Maße.

Eine wichtige Konsequenz der Informationsasymmetrie bei den hier relevanten Gutseigenschaften ist, dass mit der Annäherung an polare Information Sendungen stärker von adverser Selektion betroffen sind. Bei Unterhaltungssendungen können Nachfrager spätestens mit dem Sehen der Sendung beurteilen, ob diese ihre Funktion der Anregung oder der Zerstreuung erfüllt hat. Dies betrifft Unterhaltungssendungen wie Spielshows, Seifenopern und Spielfilme ebenso wie Musik- und Theatersendungen oder Sportübertragungen. Demgegenüber ist bei einer Informationssendung die Verlässlichkeit der vermittelten Informationen auch nach dem Konsum ungewiss und für den Zuschauer oft schlecht und nur teilweise überprüfbar. Der unterhaltende Inhalt

---

[184] Vgl. **Darby/Karni** (1973), S. 69.

einer Sendung weist somit höchstens Erfahrungsguteigenschaft, der informierende hingegen meist Vertrauensguteigenschaft auf.

Die Gefahren und Konsequenzen von adverser Selektion sind damit gravierender, je mehr die Sendung informierenden Charakter hat. Da aus ökonomischer Sicht ein Marktversagen durch adverse Selektion nur bei Informationssendungen zu erwarten ist, können Unterhaltungssendungen – genauer der unterhaltende Inhalt bei der meist vorherrschenden Mischung aus Information und Unterhaltung – aus der weiteren Betrachtung ausgeklammert werden. Im Umkehrschluss bedeutet das: Die Qualität von Unterhaltungsprogrammen kann von Zuschauern hinreichend gut eingeschätzt werden, um das Verdrängen einer guten durch eine schlechte Qualität zu verhindern. Sollten trotzdem Sendungen minderer Qualität angeboten werden oder sollte der Gesamtmarkt gar in Richtung dieses Angebots tendieren, ist eine solche Entwicklung nur schwer als Folge von Informationsasymmetrien erklärlich.

Folglich lässt sich die Diagnose eines Marktversagens, das möglicherweise im Fernsehmarkt durch Informationsasymmetrien verursacht wird, auf reine Informationssendungen bzw. die informationsvermittelnden Inhalte einer Sendung beschränken. Nur hier ist ein Versagen des Marktes denkbar und wäre sowohl aus Sicht der Marktbeteiligten als auch aus gesellschaftlicher Sicht folgenschwer, würde doch der Informationsmarkt seine Funktionsfähigkeit einbüßen. Könnten Zuschauer sich nicht auf die vermittelten Informationen verlassen, wären Informationssendungen für sie lediglich eine weitere Form von Unterhaltung, der Markt für Informationssendungen würde verschwinden.

Für die These, dass ein gesellschaftlich relevantes Marktversagen in erster Linie bei Sendungen mit hohem Informationsanteil auftreten kann, spricht die öffentliche Resonanz, die bekannt gewordene Betrugsfälle in den letzten Jahren erfahren haben. So sorgte der Fall des New-York-Times-Reporters JAYSON BLAIR (2003 publik geworden; wenigstens 36 Fälle von abgeschriebenen, frei erfundenen oder gefälschten Artikeln) ebenso für einen Skandal wie die Fernsehbeiträge von MICHAEL BORN (1996 aufgedeckt; angeklagt wegen 36 erfundener Beiträge für SPIEGEL TV (RTL), STERN-TV (SAT.1), den WDR und andere), KONRAD KUJAUs Hitler-Tagebücher (1983 im STERN veröffentlicht) oder der Einsatz des Nervengases Sarin durch US-Special Forces (TIME und CNN berichteten).[185] Auch das preisgekrönte Exklusiv-Fernsehinterview von FIDEL CASTRO, das CARLTON TV und ITV im Jahre 1998 ausstrahlten, und die im Mai 2004 vom DAILY MIRROR gedruckten Bilder angeblicher Folterungen irakischer Gefangener durch britische Soldaten erwiesen sich kurze Zeit später als gefälscht.[186]

Auch wenn in der überwältigenden Mehrzahl dieser Fälle Journalisten Nachrichten inszenierten, fälschten oder erfanden, kann eine mangelhafte Nachrichtenqualität real

---

[185] Vgl. o.V. (1998).
[186] Vgl. Ulfkotte (2001), S. 21 ff., 366.

höchst unterschiedliche Ursachen haben. Qualitätsprobleme können Folge einer bewussten Fälschung sein, von den Beteiligten billigend in Kauf genommen werden oder schlicht als Pannen der möglicherweise intensiven Qualitätssicherung auftreten.

Auf ähnliche Ursachen lassen sich Betrugsfälle im Unterhaltungsbereich zurückführen, wenn die Gewinner in Spielshows entweder durch bewusste Fälschung schon vor dem Spiel oder aufgrund eines nicht entdeckten Schwindels siegen.[187] Verglichen mit der Tragweite und Beachtung von Falschnachrichten dürften diese Fälle über eine deutlich geringere gesellschaftliche Bedeutung verfügen, selbst wenn sie ein öffentliches Zeugnis für Unehrlichkeit und fehlende Integrität darstellen.

4.1.4 Informationsasymmetrien und Handlungsanreize infolge mehrstufiger Prinzipal-Agent-Hierarchie

4.1.4.1 Medienproduktion als Delegation vom Zuschauer zum Anbieter

Die bisherige Auseinandersetzung mit dem Marktversagen durch adverse Selektion hat verdeutlicht, dass sich Medien nur grob vereinfachend an einem einzigen Punkt im Spektrum von Inspektions- und Erfahrungsgütern bis hin zu Vertrauensgütern verorten lassen. In der Auseinandersetzung mit medialen Gütern kann es nicht darum gehen, diese generell und in toto zu klassifizieren, sondern es bedarf der differenzierten Betrachtung einzelner *Eigenschaften* des Guts.[188] Schon die knappe Skizze der Analyse von Fernsehsendungen ist zu dem Ergebnis gekommen, dass mediale Güter in der Praxis Eigenschaften sowohl mit Inspektions- wie mit Erfahrungs- und Vertrauensgutcharakter aufweisen. Die bisherige Argumentation stützt sich an vielen Stellen auf Plausibilitätsüberlegungen und bleibt so entsprechend vage, da die Kalküle und das hierauf aufbauende Verhalten der Marktteilnehmer bei der zunächst notwendigen Fokussierung auf das Gut ausgeblendet wurden.

Um die Analyse von Informationsasymmetrien als Grund eines Marktversagens zu vertiefen, werden im Folgenden zunächst die Anreize der beteiligten Akteure mit in die Betrachtung einbezogen, bevor anschließend auf eine gesellschaftliche Perspektive eingegangen wird. Für beide Sichtweisen soll weitgehend von dem Problem der Informationsgewinnung abstrahiert werden, mit dem alle Marktteilnehmer in gleicher Weise konfrontiert sind. Zwar lohnt es für Anbieter wie Nachfrager, Suchaktivitäten auf dem Markt zu entfalten und so Informationen über Güter, Preise und potenzielle Tauschpartner zu erhalten. Rational handelnde Akteure werden nur so lange suchen,

---

[187] Im Jahre 1988 bekannt geworden ist das Beispiel eines Wettsiegers bei „WETTEN, DASS..?" (ZDF), der angeblich die Farbe von Buntstiften am Geschmack erkennen konnte.

[188] Demgegenüber seien nach HEINRICH Rundfunkprogramme generell Vertrauensgüter, für die es keine Tests wie bei anderen Waren gebe. Vgl. Heinrich (1999), S. 40.

wie informationsökonomisch der Grenznutzen der zusätzlich gewonnenen Information über den entstehenden Grenzkosten liegt. Jenseits dieses Punkts werden alle Akteure – Anbieter wie Nachfrager – „rational ignorant" bleiben.

Obwohl bei Rationalverhalten die Aktivität jedes Nachfragers dem Informationskalkül entspricht, wird sich das beobachtbare Verhalten jedes Einzelnen aufgrund der zugrunde liegenden, individuellen Einflussgrößen – Kosten- ebenso wie Nutzenerwartungen – stark unterscheiden. Dementsprechend kann eine bestimmte Gutseigenschaft für einen Nachfrager Inspektions-, für einen anderen hingegen Erfahrungsgutcharakter besitzen. Aus diesem Grund lassen sich bestimmte Eigenschaften einer Fernsehsendung nur vage als „meist" Erfahrungs- oder „üblicherweise" Vertrauensguteigenschaft beschreiben. Unvermeidbar ist dabei, dass die eigentlich individuelle Charakterisierung zum Regelfall verallgemeinert wird.

Die Anreize der Marktteilnehmer, der Gefahr adverser Selektion entgegenzutreten, gehen über die generellen Suchaktivitäten hinaus, die auf jedem realen Markt aufgrund fehlenden Wissens notwendig sind. Diese Anreize lassen sich differenzierter mithilfe der Prinzipal-Agent-Theorie analysieren, der die Vorstellung zugrunde liegt, dass ein Zuschauer als Prinzipal einen Agenten wie den Sender beauftragt, ihm Informationen mittels der Fernsehsendung zu liefern. Für den Prinzipal ist diese Delegation sinnvoll, da so einerseits eigene Restriktionen wie Zeit und Wissen überwunden, andererseits die komparativen Kostenvorteile der Arbeitsteilung genutzt werden können.[189]

Das Delegationsverhältnis führt zu einer veränderten Informationsverteilung zwischen den Akteuren und zu divergierenden Handlungsanreizen. Durch die faktische Ausführung des Auftrags erhält der Agent einen Informationsvorsprung gegenüber dem Prinzipal. Er verfügt somit über dezentrales Wissen, das dem Prinzipal in dieser Form nicht zugänglich ist. Dieses Wissen eröffnet die Möglichkeit, es entweder vorteilhaft für die Ziele des Prinzipals oder für eigene Ziele einzusetzen. Divergieren die Ziele von Agent und Prinzipal – real wohl der häufigste Fall –, geht mit den Vorteilen der Delegation unausweichlich der Nachteil einher, dass der Agent seinen Informationsvorsprung zum eigenen statt zum Wohle des Prinzipals nutzt.

Für die weitere Diskussion entscheidend ist, dass das theoretische Vorhandensein von Informationsasymmetrien nicht ausreicht, um ein praktisches Marktversagen durch adverse Selektion zu begründen. Handeln Anbieter nämlich trotz bestehender Informationsasymmetrie stets im Sinne der Nachfrager, werden sie den bestehenden

---

[189] Generell sind mit dieser wie mit den später folgenden Arten von Prinzipal-Agent-Strukturen drei Kostenwirkungen verbunden: Zu den Kosten der Überwachung des Agenten durch den Prinzipal kommen Kosten der Bindung, um den Agenten an für den Prinzipal schädlichen Handlungen zu hindern oder ihn für Schäden hieraus haftbar zu machen. Daneben können die residualen Wohlfahrtsverluste des Prinzipals als Kosten angesehen werden, da die Entscheidungen des Agenten von denen des Prinzipals abweichen, die dieser zur Maximierung seiner Wohlfahrt treffen würde. Vgl. **Jensen/Meckling** (1976), S. 308.

Informationsvorsprung nicht ausnutzen und in ihrer Rolle als Agenten die Ziele der Nachfrager statt ihres eigenen Vorteils verfolgen. Zusätzlich zur Analyse von Informationsasymmetrien ist damit nach den Anreizen der jeweiligen Agenten zu fragen, einen Informationsvorsprung auszunutzen.

4.1.4.2 Abbau des Informationsdefizits durch „Screening"

In der Prinzipal-Agent-Struktur haben schlechter informierte Marktteilnehmer – also meist Nachfrager – einen Anreiz, „Screening" zu betreiben, d. h. selbst ihr Defizit durch Informationsbeschaffung zu vermindern, um so das Verhalten des Agenten besser kontrollieren zu können. Dieser Anreiz besteht nicht für alle Nachfrager gleichermaßen. Vor allem Nachfrager, die eine Wertschätzung für Produkte höherer Qualität haben, sind negativ von dem drohenden Marktversagen durch adverse Selektion betroffen, da der unabsichtliche Kauf einer schlechteren Qualität für sie mit einem Risiko verbunden ist. Für diese Nachfrager bestehen höhere Anreize, das Qualitätsrisiko durch Screening-Aktivitäten abzubauen.[190]

Hierzu können vielfältige Aktivitäten der Selbstinformation oder das Einschalten neutraler Berater dienen. Beispielsweise vermittelt bereits das wiederholte Sehen einer regelmäßig ausgestrahlten Sendung grundlegende Informationen über deren inhaltliche und handwerkliche Gestaltung. Verhältnismäßig leicht ist es für Zuschauer zudem, den Wahrheitsgehalt von Informationssendungen dadurch zu überprüfen, dass sie zu anderen, thematisch ähnlichen Sendungen desselben oder eines konkurrierenden Programms wechseln. Andere Medien wie Zeitungen oder das Internet bieten überdies umfangreiche Möglichkeiten der Selbstinformation.

Die Screening-Aktivitäten werden so lange durchgeführt, wie informationsökonomisch weitere Informationen auf Basis des angelegten Kalküls als vorteilhaft angesehen werden.[191] Im Optimum wird das Informationsdefizit durch das Screening zwar abgebaut, jedoch in der Regel nicht vollständig beseitigt.[192]

4.1.4.3 Verringerung des Informationsvorsprungs durch „Signaling"

Neben den Anreizen der unmittelbar von einem Informationsdefizit betroffenen Marktseite bestehen Möglichkeiten für die besser informierte Seite, Informationen im

---

[190] Während das Qualitätsrisiko mit den Irreversibilitäten des Kaufs – üblicherweise dem Preis des Guts, der Langfristigkeit der Kundenbindung und der Nutzungsdauer des Guts – steigt, spielen diese Faktoren auf Medienmärkten nur eine untergeordnete Rolle.
[191] Dieses Kalkül entspricht dem Suchkalkül, das bei begrenzter Rationalität verwendet wird, vgl. Kap. 2.2.3.4 b., S. 51.
[192] Eine detailliertere und stärker formale Darstellung findet sich – zurückgehend auf STIGLERs Theorie einer rationalen Suche – bei NELSON. Vgl. **Nelson** (1970), S. 312 ff., **Stigler** (1961).

Rahmen von „Signaling"[193] bereitzustellen. Hierzu können zum einen Informationen zur Verfügung gestellt werden, über die die Akteure aufgrund ihrer Produktkenntnisse selbst verfügen. Zum anderen lässt sich von dieser Marktseite die Bereitstellung von Informationen durch Dritte fördern, d. h. die Erzeugung und Vermittlung der Informationen wird beispielsweise an Berater delegiert. In diesem Sinne signalisieren etwa Auszeichnungen und Preise wie der von den deutschen Fernsehsendern gemeinsam vergebene Deutsche Fernsehpreis oder der Preis des unabhängigen Grimme-Instituts, dass die prämierte Sendung von hoher Qualität ist. Zum Signaling lässt sich auch die später ausführlicher zu diskutierende Werbung für ein Produkt zählen.[194]

Analog den qualitätsbewussten Nachfragern sind primär die Anbieter qualitativ höherwertiger Produkte – die qualitätsorientierten Agenten im Prinzipal-Agent-Verhältnis – negativ von einer drohenden adversen Selektion betroffen und somit stärker bereit, Informationsvermittlung durch Signaling zu betreiben.

Ebenso wie bei den Nachfragern folgt die Informationsaktivität der Anbieter einem informationsökonomischen Kalkül, d. h. der schlechter informierten Marktseite werden so lange Informationen vermittelt, wie der Grenznutzen der letzten Informationseinheit die dabei entstehenden Grenzkosten überkompensiert. Obwohl sich somit das Kalkül der Nachfrager beim Screening und das der Anbieter beim Signaling gleichen, kommen beide aufgrund der zugrunde liegenden, individuellen Kosten und Nutzen der jeweiligen Aktivität zu unterschiedlichen Ergebnissen. So versuchen Nachfrager durch Screening das Qualitätsrisiko zu senken, Anbieter hingegen die entsprechenden Qualitätsnachfrager als Kunden zu gewinnen und langfristig an sich zu binden.

Die Tatsache, dass Anbieter besser als potenzielle Konsumenten von Informationssendungen deren Qualität einschätzen können, resultiert aus der Prinzipal-Agent-Struktur des Produktionsprozesses. Hierbei macht das Verhältnis des Senders zum Zuschauer nur die erste Stufe einer mehrstufigen Prinzipal-Agent-Hierarchie aus. In der Regel sind Informationssendungen bis zur Ausstrahlung durch einen wiederholten Selektionsprozess von Journalisten, Redaktionen und Programmplanung gegangen. Neben einerseits divergierenden Handlungsanreizen verfügen diese Akteure andererseits über ein unterschiedliches dezentrales Wissen, da in jeder Stufe des Prozesses Informationen neu bewertet und gefiltert werden, aber auch zusätzliche Informationen hinzukommen können. Bei der Analyse von Prinzipal-Agent-Strukturen ist demnach neben den bestehenden Anreizen auch auf das verfügbare Wissen näher einzugehen.

Ein – neben den individuellen Motiven – wesentlicher Einflussfaktor auf die Anreize der Akteure stellt deren Entlohnung dar. Bei der Finanzierung von Medien als Grund für ein Marktversagen wird darauf zurückzukommen sein, dass direkt und indi-

---

[193] Der Begriff „Signaling" geht auf SPENCE' Analyse des Arbeitsmarktes zurück. Vgl. **Spence** (1973).
[194] Vgl. **Milgrom/Roberts** (1986).

4.1 Unsicherheiten über die Qualität von Medien als Frage der Informationsverteilung

rekt finanzierte Programmangebote sich grundlegend darin unterscheiden, welche Anreize für den Sender als Organisation und für die jeweils Programmverantwortlichen bei der Programmplanung und der Gestaltung von Sendungen bestehen.[195]

Während in einem Regime der direkten Finanzierung Zuschauer die alleinigen Prinzipale der Programmproduktion sind, führt die Werbe- oder Gebührenfinanzierung zum Auftreten weiterer Prinzipale. Da bei werbefinanzierten Programmen die Finanzierung der Sender von diesen Prinzipalen getragen, bei gebührenfinanzierten Programmen zumindest beeinflusst wird, verändert sich das den Zuschauern angebotene Programm erheblich. Zudem verstärken sich in dieser Konstellation die Anreize des Senders, bestehende Informationsasymmetrien zum eigenen Vorteil auszunutzen, den Zuschauer als Prinzipal also gegen andere Prinzipale auszuspielen. Die Sendung dient dann nicht mehr der Information oder Unterhaltung des Zuschauers, sondern den wirtschaftlichen oder politischen Zwecken jener weiteren Prinzipale. Das Auftreten von versteckter oder Schleichwerbung wird hiermit ebenso erklärbar wie die politische Einflussnahme auf das Programm.

Vielschichtige Informationsasymmetrien auf Anbieterseite resultieren zudem aus dem mehrstufigen Selektionsprozess der Programmproduktion. Neben dem Risiko von Falschmeldungen erwächst dabei auch die Gefahr einer zu stark eingeengten Perspektive, die nur ein einseitiges, verzerrtes Bild der beobachteten Wirklichkeit liefert. Obwohl die Informationsselektion Teil der Nachrichtenübermittlung ist, kann sie zu einer zwar wahren, jedoch unvollständigen, weil verkürzten Berichterstattung führen. Wird eine solche Berichterstattung nicht explizit als einseitige Stellungnahme – etwa als Kommentar oder Glosse – gekennzeichnet, halten Zuschauer die vermittelte Einzelsicht fälschlich für die „ganze Wahrheit".

Zwar wäre es Zuschauern theoretisch möglich, die wiederholt auftretenden „Gatekeeper" zu umgehen und sich Zugang zu den ursprünglichen, ungefilterten Informationsquellen zu verschaffen, um dann selbst Wichtiges von Unwichtigem zu trennen. Doch dem bei einer solchen Nachrecherche gewonnenen Vorteil, anhand der ermittelten „Rohdaten" zu einem verlässlichen und vollständigen Bild zu kommen, stünden die dabei entstehenden, meist prohibitiv hohen Kosten der Gewinnung, Selektion und Bewertung dieser Information gegenüber. Der Rückgriff auf Fernsehsendungen als bereits aufbereitete Informationsquellen stellt demgegenüber eine wirtschaftlichere Weise der Informationsbeschaffung dar. Sinkende Beschaffungskosten überkompensieren dabei in der Regel die abnehmende Verlässlichkeit der Information. Zum zentralen Problem für Zuschauer wird dann das Urteil darüber, in welchem Umfang mit der Unzuverlässigkeit der Information zu rechnen ist.

---

[195] Vgl. Kap. 5.3, S. 189.

Ein einfacher Indikator für die Qualität von Informationssendungen im Fernsehen stellen Bildbelege wie Einspielungen vorbereiteter Filmbeiträge oder Live-Übertragungen vom Ort des Geschehens dar. Da Zuschauer Bilder als Indiz für die Glaubwürdigkeit der Information werten, kommt heute faktisch keine Nachrichtenmeldung mehr ohne die entsprechenden Einspielungen oder Schaltungen aus. Das Bestreben der Anbieter, dem Zuschauer Qualität zu signalisieren, führte zum Zwang, jede Nachricht durch Bilder belegen zu müssen. Nachrichten, zu denen gar keine oder keine aktuellen Bilder verfügbar sind, gelten für Zuschauer als weniger glaubwürdig und werden daher diskriminiert.

Dabei hat sich die Verlässlichkeit von Bildern als Indikator für Glaubwürdigkeit der vermittelten Information im Zeitablauf gewandelt. Bis zur Einführung und Verbreitung digitaler Bildbearbeitungssysteme konnten Bilder als Ausdruck der Authentizität gelten, da jede hochwertige Fälschung aufwendig und somit erwartungsgemäß selten war. Demgegenüber stellt heute der reine Bildbeleg kaum noch einen verlässlichen Schutz vor Manipulationen dar. Umfangreichere, meist technische Sicherungsmaßnahmen werden notwendig, um die Beweiskraft von Bildern zu erhalten.

Mit der nachlassenden Bedeutung von Bildern als Signaling-Instrument werden andere Maßnahmen zur Vermeidung adverser Selektion wichtiger. Anbieter können beispielsweise durch die Offenlegung der eigenen Arbeitsweise und der verwendeten Quellen dem Zuschauer zumindest die Möglichkeit einräumen, die Zuverlässigkeit der angebotenen Informationssendung zu überprüfen, um so von der Prozessqualität des Anbieters auf die Qualität des Produkts zu schließen. Als Sicherung der Prozessqualität kann auch die Bindung an Verfahrensregeln wie den Pressekodex oder an Qualitätsstandards – wie z. B. eine stichprobenartige Überprüfung der Quellen, eine Aufgabenrotation oder ein produktionsinternes Vier-Augen-Prinzip – nicht nur die Wahrscheinlichkeit von Fälschungen und Betrugsfällen verringern, sondern auch dem Kunden die eigene Verlässlichkeit signalisieren.

Klassische Signaling-Instrumente setzen an der asymmetrischen Informationsverteilung an, um durch Informationsvermittlung den Informationsvorsprung von Anbietern zu verringern. Da Informationsasymmetrien erst im Sinne eines Marktversagens relevant werden, wenn sich das Ausnutzen des Informationsvorsprungs für den Anbieter lohnt, besteht in der Reduzierung dieser Anreize eine zweite Möglichkeit zur Vermeidung adverser Selektion. Versucht wird dabei, die Ziele von Prinzipal und Agenten in Einklang zu bringen.

Ein Beitrag hierzu können ethische Standards wie Unternehmensleitbilder und Ethikrichtlinien sein, die organisationsweite Relevanz für das Verhalten der Beschäftigten besitzen sollen. Die Einhaltung dieser Standards lässt sich von anbieterunabhängigen Stellen begutachten und durch die Zertifizierung der Programmanbieter öffentlich dokumentieren.

4.1 Unsicherheiten über die Qualität von Medien als Frage der Informationsverteilung 103

Auch die Gemeinwohlorientierung von Fernsehsendern – wie den öffentlich-rechtlichen Anstalten in Deutschland – zählt im weiteren Sinne zu diesen Unternehmensleitbildern, wird doch dem Zuschauer signalisiert, dass die Programmproduktion nicht der Erzielung von Gewinnen, sondern unmittelbar gesellschaftlichen Zielen dienen soll. Schon innerhalb der Sender ist fraglich, ob und inwieweit diese ethischen Standards Verhaltensrelevanz besitzen. Angesichts umfangreicher Auslagerungen durch die öffentlich-rechtlichen Anstalten bei der Produktion von Beiträgen und ganzen Sendungen an gewinnorientierte Produktionsgesellschaften ist darüber hinaus zweifelhaft, dass dort vermeintliche Standards der Gemeinwohlorientierung unvermindert Gültigkeit besitzen.

Zusätzlich zu Verhaltensstandards wird in der Prinzipal-Agent-Theorie nach Möglichkeiten gesucht, über die vertragliche Gestaltung von Entlohnungssystemen die Ziele von Agenten an denen des Prinzipals auszurichten.[196] Diese Entlohnungssysteme können bei der Produktion medialer Güter darin bestehen, dass sich Bonuszahlungen für Journalisten an dem Ergebnis einer unabhängigen Fachbegutachtung der produzierten, aber noch nicht ausgestrahlten Sendebeiträge orientieren oder ex post publik gewordene Fehler finanzielle Konsequenzen bei der Gratifikation nach sich ziehen.

4.1.4.4 Reputation als informelle Institution zur Sicherung der Programmqualität

Aus Zuschauersicht mögen die beim Signaling vermittelten Informationen zwar geeignet sein, den Informationsvorsprung des Anbieters zu verringern. Dies setzt jedoch voraus, dass diese Informationen wiederum als verlässlich bewertet werden und der Anbieter zu Recht auf dieser Informationsebene Glaubwürdigkeit signalisiert.[197] In gleicher Weise besteht das Problem der Verlässlichkeit von Informationen beim Einschalten von Beratern, das ebenfalls der Glaubwürdigkeit des Beraters bedarf. In jedem der beiden Fälle bedingt die Wirksamkeit von Signaling, dass das (Meta)Problem einer Informationsasymmetrie auf Ebene der vermittelten Information überwunden ist, dort also keine adverse Selektion droht. Ein wichtiger Weg hierzu besteht in der Berücksichtigung des Ansehens, Images oder der Reputation des Anbieters als Indikator für dessen Verlässlichkeit.

Implizit schließen Nachfrager, die sich zur Beurteilung der Glaubwürdigkeit der Information auf die Reputation verlassen, von einer in der Vergangenheit erwiesenen Verlässlichkeit der Produktqualität auf deren Zuverlässigkeit in der Gegenwart. Dabei kann die Reputation auf konkrete eigene Erfahrungen mit dem Anbieter, bei Fernseh-

---

[196] Zur formalen Vertragstheorie im Rahmen des Prinzipal-Agent-Ansatzes vgl. **Richter/Furubotn** (2003), S. 208 ff.

[197] Zur Verdeutlichung dieses Problems unterscheidet SPENCE zwischen vom Einzelnen nicht zu manipulierenden Indizes und manipulierbaren Signalen. Vgl. **Spence** (1973), S. 357.

programmen etwa dem langjährigen, wiederholten Konsum der jeweiligen Sendungen, oder auf vermeintlich positive Erfahrungen anderer Nachfrager zurückgehen.

Als Heuristik schützt dieser Schluss zwar nicht vor Fehlurteilen, wenn beispielsweise ein konkursbedrohter Anbieter bewusst seine Reputation aufs Spiel setzt. Die vergangenheitsbezogene Verlässlichkeit lässt sich aber von einem Anbieter kaum vortäuschen oder bewusst fälschen, sondern mit der Zeit nur durch positive Urteile des oder der Nachfrager aufbauen. Reputation stellt somit eine spezifische Marktinvestition dar, deren Entwicklung im Zeitablauf von den Urteilen der Nachfrager bestimmt wird. Jedes Fehlverhalten des Anbieters droht dementsprechend den Wert dieser Marktinvestition herabzusetzen oder ganz auf null zu senken.

Neben der Funktion als Indikator für signalisierte Verlässlichkeit kann der Reputation des Anbieters eine weitere Bedeutung für Nachfrager zukommen. Bei einer guten Reputation hat der Anbieter in der Vergangenheit eventuell bestehende Informationsasymmetrien gar nicht oder nicht entscheidend zum eigenen Vorteil ausgenutzt. Im Prinzipal-Agent-Verhältnis deutet eine positive Reputation darauf hin, dass der Anbieter sich nach den Zielen des Prinzipals, nicht primär den eigenen Zielen richtet. In einem Markt, der von adverser Selektion bedroht ist, schützt die Reputation der Anbieter als *informelle Institution* gegen das Verdrängen einer guten durch eine schlechte Qualität. Allerdings ist die Nutzung dieser Institutionen nach STIGLER für Nachfrager keineswegs kostenlos.[198] Da Reputation ein weiteres Suchen, also umfangreichere Screening-Aktivitäten, von Nachfragern unnötig macht, kostet sie einen Preis.

Im Fernsehmarkt kann sich die Reputation eines Anbieters auf eine Sendereihe unter gleichem Namen, auf die bei der Produktion einer Sendung beteiligten Journalisten oder auf den ausstrahlenden Fernsehsender beziehen. Beispielsweise nutzen Magazinsendungen wie MONITOR (ARD) oder WISO (ARD) ihren eigenen Namen, SPIEGEL TV (RTL), FOCUS TV (PROSIEBEN) oder NZZ FORMAT (VOX) hingegen den Namen des gedruckten Magazins, um eine Reputation im Markt aufzubauen. Nachrichtensendungen setzen auf die Seriosität des Nachrichtensprechers als „anchorman" oder namentlich genannter Journalisten am Ort des Geschehens, die quasi persönlich für Zuverlässigkeit und Vollständigkeit der Informationen bürgen. Auf ganze Sender(familien) bezieht sich die Reputation der öffentlich-rechtlichen Sender, werden diese vom Zuschauer mit einer verlässlichen Berichterstattung in Verbindung gebracht.[199]

Entscheidend für die Funktionsfähigkeit von Reputation als informeller Marktinstitution ist neben dem Urteil der Nachfrager auch der Wettbewerb zwischen den Anbietern. Trotz positiver Reputation lässt sich nicht ausschließen, dass ein Anbieter in

---

[198] Vgl. **Stigler** (1961), S. 224.
[199] KOPS sieht gar generell das Programmangebot der öffentlich-rechtlichen Anstalten durch deren höhere Reputation und die fehlende Eigennutzorientierung gerechtfertigt. Vgl. **Kops** (1997), S. 161 f.

4.1 Unsicherheiten über die Qualität von Medien als Frage der Informationsverteilung

verzerrter, einseitiger oder inkorrekter Weise über die Eigenschaften seiner Produkte und Leistungen informiert. Die Konkurrenten dieses Anbieters haben jedoch einen Anreiz, Nachfrager über diese Fehlinformationen und eine damit zu Unrecht vorhandene Reputation aufzuklären.

Gerade im Medienbereich ist zu vermuten, dass dem Wettbewerb als Korrekturmechanismus eine große Bedeutung zukommt. Zum einen stehen hier mit dem jeweiligen Medium die Mittel zur Verfügung, Informationen einer Vielzahl von Nachfragern zugänglich zu machen. Zum anderen konkurrieren im Medienbereich nicht nur Anbieter in einem einzigen Medium wie dem Fernsehen miteinander, sondern neben dem intramedialen herrscht auch ein intermedialer Wettbewerb zwischen elektronischen Massenmedien, der Presse und dem Internet. Durch diesen mehrdimensionalen Wettbewerb treten die Wettbewerber in doppelter Weise dem Informationsdefizit der Nachfrager entgegen, indem sie über die Richtigkeit und Vollständigkeit der Berichterstattung und gleichzeitig über die Verlässlichkeit des Anbieters informieren.

Vor allem in Verbindung mit einer kritischen Öffentlichkeit wird der Wettbewerb der Anbieter zu einem wirkungsvollen Instrument, um einer adversen Selektion durch ein mangelhaftes Informationsangebot entgegenzuwirken. Anders als Gebrauchtwagen, deren Nutzung und Qualitätseigenschaften meist auf den privaten Bereich begrenzt sind, verfügen Medien über einen erheblich höheren *Öffentlichkeitsgrad*. Sogar wenn Wettbewerber nicht in der Lage sind, durch eigene Recherchen Qualitätsmängel im Angebot eines Konkurrenten zu erkennen und aufzudecken, können sie doch über eine kritische öffentliche Diskussion berichten und so dieser Kritik ein Sprachrohr bieten.

Als Indiz für die Funktionsfähigkeit des Wettbewerbs kann gesehen werden, dass die in den letzten Jahren aufgetretenen Betrugsfälle durch Wettbewerber publik gemacht wurden. Im genannten Fall von JAYSON BLAIR führte die Kritik der Konkurrenz – neben Protesten von Lesern und Zweifeln in der eigenen Redaktion – zur Aufdeckung. Die Bedeutung von Konkurrenz als wirksames Mittel gegen adverse Selektion beschränkt sich also nicht auf Fälle, in denen Wettbewerber selbst maßgeblich an der Aufdeckung beteiligt waren. Vielmehr kann eine kritische Öffentlichkeit über den Wettbewerb der Anbieter dem Auftreten von Falschinformationen effektiv entgegenwirken.

Ein Beispiel hierfür aus dem Jahre 2000 stellt der Tod des Jungen JOSEPH ABDULLA dar, der einer Meldung der **BILD**-Zeitung zufolge von Neonazis im örtlichen Schwimmbad von Sebnitz ertränkt wurde. Der öffentliche Druck, die kritische Berichterstattung konkurrierender Medien und sich daran anschließende Ermittlungen offenbarten den spekulativen Charakter der ursprünglichen Meldung und bestätigten später den ohne Fremdeinwirkung verursachten Unfalltod des Jungen.

4.1.5 Gesellschaftliches Optimum an Falschinformationen

Bisher wurden mögliche Maßnahmen gegen adverse Selektion stets aus Sicht der beteiligten Marktakteure diskutiert. Nicht übersehen werden darf dabei die gesellschaftliche Dimension von adverser Selektion.

Zwar können Informationsasymmetrien zu adverser Selektion führen, die deshalb mit Wohlfahrtsverlusten verbunden ist, da gesellschaftlich vorteilhafte Markttransaktionen unmöglich werden und Märkte sich nicht entwickeln. Maßnahmen wie Signaling oder Screening dämmen diese Gefahr ein und sind daher auch gesellschaftlich vorteilhaft.

In der Regel dürften diese Maßnahmen jedoch mit gesellschaftlichen Kosten verbunden sein, da sie weder für die Marktakteure selbst noch für Dritte – auch nicht den Staat – kostenlos sind. Den verminderten gesellschaftlichen Kosten durch adverse Selektion stehen meist also Kosten für den Abbau des Informationsdefizits gegenüber. Signaling und Screening sind folglich aus gesellschaftlicher Sicht nicht in beliebigem Umfang sinnvoll.

Anzunehmen ist, dass die Wohlfahrtsverluste sinken, wenn der Informationsvorsprung der besser informierten Marktseite schwindet. Gleichzeitig dürften die Kosten für Signaling oder Screening mit Abnahme der Informationsasymmetrie steigen. Eine vollständige Symmetrie der Informationsverteilung anzustreben, dürfte damit aus gesellschaftlicher Sicht nicht sinnvoll sein, würden hier doch die Informationskosten maximiert, die Wohlfahrtsverluste minimiert werden.

Ebenso wie für die Marktakteure lässt sich aus gesellschaftlicher Sicht ein Kalkül aufstellen, inwieweit die Verhinderung adverser Selektion durch ein Angleichen der Informationsverteilung gesellschaftlich vorteilhaft ist. Das Optimum ist dort erreicht, wo der Grenznutzen einer weiteren Nivellierung des Informationsvorsprungs den Grenzkosten dieser Maßnahme entspricht. Die an diesem Punkt durch eine mangelhafte Qualität immer noch auftretenden Wohlfahrtsverluste ließen sich nur zu Kosten vermeiden, die über dem Nutzen der Informationsverbesserung liegen. Aus gesellschaftlicher Sicht existiert damit auf dem Fernsehmarkt – wie auf anderen Märkten auch – ein optimales Niveau an Falschinformation.[200] Gegen Falschinformationen über dieses Niveau hinaus vorzugehen, würde volkswirtschaftliche Ressourcen verschwenden.

4.1.6 Adverse Selektion aus Sicht des methodologischen Individualismus

In jedem der genannten Praxisbeispiele hat der Begriff der „Öffentlichkeit" eine zentrale Rolle in der Erklärung gespielt. Dabei darf nicht übersehen werden, dass aus indi-

---

[200] DARBY/KARNI beziehen dieses Optimalkriterium auf Güter- und Dienstleistungsmärkte. Vgl. **Darby/Karni** (1973), S. 83.

vidualistischer Sicht Konstrukte wie „Öffentlichkeit" oder „Gesellschaft" zunächst einmal inhaltsleer sind, verweisen sie doch auf Aggregate, deren Bedeutung und Verhältnis zur individuellen Ebene völlig unbestimmt und offen sind. Modelle, die auf diese Konstrukte zurückgreifen, verstoßen letztlich gegen den sich aus dem Prinzip der Zuschauersouveränität ergebenden methodischen Individualismus.

Im Sinne einer individualistischen Erklärung werden diese Begriffe erst als Verweis auf die dahinter stehenden Individuen wie Journalisten, Rezipienten, Politiker oder ermittelnde Polizisten annehmbar. Eine Erklärung in dieser Weise gewinnt zudem an Konkretheit, wurden doch in den genannten Betrugsfällen nicht die „Öffentlichkeit" oder die „Gesellschaft", sondern die jeweils beteiligten Individuen geschädigt. Deren Handlungsweisen, Motive und Restriktionen bleiben aufgrund der aggregierten Sichtweise jedoch verschlossen, statt konkreter beleuchtet zu werden. Ein stärker individualistischer Ansatz erhöht dementsprechend die Anforderungen an eine valide Erklärung des beobachteten Problems.

Aus dieser individualistischen Sicht lassen sich die genannten Fälle, in denen Medienprodukte minderer Qualität angeboten wurden, auf zweierlei Weise mit jeweils unterschiedlichen Ansatzpunkten für einen notwendigen Staatseingriff deuten. In der medienökonomischen Forschung werden Qualitätsprobleme einerseits mithilfe der Paternalistischen Meritorik, andererseits auf Grundlage der traditionellen Mikroökonomik – und des hier verwendeten medienökonomischen Ansatzes – erklärt.[201] Wie dargestellt, unterscheiden sich beide Forschungsprogramme deshalb grundlegend, da entweder die individuellen Präferenzen oder die handlungsleitenden Restriktionen zur Erklärung herangezogen werden.[202]

4.1.7 Qualitätsdefizite als Versagen des Marktes oder der Nachfrager

Entsprechend dem ersten, paternalistischen Erklärungsansatz ließen sich die Zuschauerpräferenzen für beobachtbare Qualitätsprobleme verantwortlich machen. Im Sinne eines externen (meritorischen) Maßstabs schätzen Zuschauer den Nutzen bestimmter, qualitativ hochwertiger Sendungen nicht richtig ein, da bei ihnen Unkenntnis über den individuellen Nutzen, mindestens jedoch eine Nutzenunsicherheit besteht.

Unabhängig von den vielfältigen Schwierigkeiten, mit denen dieser Ansatz theoretisch wie praktisch behaftet ist, wird das zentrale Defizit der Paternalistischen Meritorik deutlich: Im Kern besteht die Paternalistik aus der Anmaßung, die betrachteten Individuen seien unwissend. Im Sinne dieser Nutzenunsicherheit führt die Unwissenheit der Zuschauer im betrachteten Fall zu einer Präferenz von Sendungen niederer Qualität. Wenn Zuschauer ausschließlich oder zunehmend diese Sendungen nachfragen

---
[201] Zur Paternalistischen Meritorik vgl. Kap. 2.2.2, S. 28.
[202] Vgl. **West/McKee** (1983), S. 1111 f.

wollen, folgen Programmproduzenten diesen Präferenzen und bieten vermehrt Programme im niedrigen Qualitätssegment an. Nicht die asymmetrische Informationsverteilung zwischen Zuschauern und Sendern sorgt dafür, dass die Nachfrage nach höherwertigen Programmen unbefriedigt bleibt. Statt eines Marktversagens durch adverse Selektion ist für die angebotene Programmqualität vielmehr das Fehlen dieser Nachfrage ursächlich verantwortlich.

Die defizitären Präferenzen ließen sich durch ein verändertes Angebot korrigieren, d. h. ein qualitativ besseres Angebot würde beispielsweise durch einen staatlichen Eingriff bereitgestellt.[203] Zur Begründung dieses Eingriffs scheidet ein aus individualistischer Sicht bestehendes Marktversagen aus, da gerade nicht auf die individuellen Wohlfahrtsverluste durch adverse Selektion abgestellt wird. Ein Vordringen zu den zentralen, ökonomischen Ursachen für Betrugsfälle in den Medien wird durch die kollektivistische Perspektive also behindert oder vollständig unmöglich gemacht. Die Legitimation des Staatseingriffs erfordert dementsprechend Argumente, die in paternalistischer Weise über die individuelle Sicht hinausgehen.

Der zweite, traditionell mikroökonomische Erklärungsansatz für das Auftreten minderer Qualität stellt im Sinne der Neoklassik auf ein Fehlen von Informationen statt auf Nutzenunkenntnis ab. Bei dieser Erklärung wird danach gefragt, ob Informationsdefizite verhindern, dass Zuschauer ihre Nachfrage nach qualitativ hochwertigen Sendungen effektiv zur Geltung bringen können.

Durch den erläuterten Prozess der adversen Selektion können Informationsdefizite zu einem Marktversagen durch Informationsasymmetrien führen. Anders als zuvor die Nutzenunsicherheit und das Wollen der Konsumenten zu problematisieren, wird hier das faktische Können genauer betrachtet. Dieses Können – genauer die Informationsrestriktion der Nachfrager – ist der empirischen Beobachtung und Überprüfung zugänglich, genügt daher in stärkerem Maße wissenschaftlichen Kriterien.

Daneben eröffnet die Erklärung über Informationsmängel eine Reihe von Möglichkeiten, diesen Mängeln und nicht dem als mangelhaft empfundenen Verhalten entgegenzuwirken. Ein staatlicher Markteingriff auf dieser Basis – als direkte Intervention oder als Gestaltung von Marktrahmenbedingungen – wird versuchen, Nachfrager zu informieren statt deren Verhalten zu meritorisieren. Qualitätsprobleme werden folglich als Versagen des Marktes, nicht der Nachfrager erklärt. Gegenüber einer meritorischen, präferenzbasierten Erklärung verfügt eine meritorikfreie (Medien)Ökonomik damit über entscheidende Vorzüge: Das Problem wird nicht nur auf eine wissenschaftliche, intersubjektiv nachvollziehbare Weise rekonstruiert, sondern zudem ergeben sich mit Screening, Signaling und dem Reputationsmechanismus verschiedene Ansatzpunkte zur produktiven Überwindung des drohenden Marktversagens.

---

[203] Zu den Problemen dieser Lösung durch einen meritorischen Markteingriff vgl. Kap. 6.3, S. 284.

Machte Unwissenheit noch einen von zwei wesentlichen Aspekten der Paternalistischen Meritorik aus,[204] so zeigt sich im direkten Vergleich der Ansätze, dass das hier zugrunde gelegte Forschungsprogramm der klassischen Ökonomik besser geeignet ist, Qualitätsprobleme medialer Güter zu analysieren und praktische Reformvorschläge zu entwickeln. Zusätzliche meritorische Argumente, die im Kern auf eine Unwissenheit der Zuschauer hinauslaufen, scheinen demgegenüber wissenschaftlich weniger objektiv und nur bedingt tragfähig, letztlich also weniger gehaltvoll. Als zentraler Aspekt der Meritorik dürfte Unwissenheit damit kaum geeignet sein, einen eigenständigen, von der Ökonomik unabhängigen meritorischen Ansatz zu begründen.

Die Forderung „Informieren statt Meritorisieren" gilt dabei nicht nur für die Bewertung praktischer Politikoptionen, sondern ebenso für die genutzte Methodik: Da ein Ansatz, der in der Tradition der klassischen Mikroökonomik steht, eine gehaltvolle Analyse des Problems erlaubt, ist fraglich, warum diese Basis zugunsten eines meritorischen Theorieentwurfs, der – wie dargestellt – mit erheblichen wissenschaftlichen Schwächen einhergeht, aufgegeben werden soll. Inwieweit der zweite Kernaspekt der Meritorik – die Bedeutung von Gesellschaftsbedürfnissen – hierfür als Begründung geeignet ist, wird im Zusammenhang mit der Wirkung medialer Güter zu erörtern sein.[205]

4.2 Fazit: Informationsasymmetrien als unzureichende Basis zur Legitimation aktiver staatlicher Marktinterventionen

Zusammenfassend stellen sich Qualitätsprobleme auf dem Fernsehmarkt erheblich differenzierter dar, werden sie mithilfe der Theorie des Marktversagens und der Prinzipal-Agent-Theorie rekonstruiert. Ein Ergebnis der Diskussion auf dieser Basis war, dass aus theoretischer Sicht ein Marktversagen durch adverse Selektion im Fernsehmarkt nicht vollständig auszuschließen ist, eine Reihe von Argumenten jedoch gegen ein Marktversagen spricht.

Ausgangspunkt der Diskussion war die Frage, ob die Verteilung von Informationen zwischen den Marktteilnehmern dazu führen kann, dass eine gute durch eine schlechte Qualität verdrängt wird. Informationsasymmetrien können zu einer adversen Selektion führen, falls die Anreize der besser informierten Agenten und die der übergeordneten Prinzipale voneinander abweichen. Da adverse Selektion jedoch zu Wohlfahrtseinbußen bei Anbietern und Nachfragern höherer Qualitäten führt, haben die hiervon betroffenen Marktteilnehmer starke Anreize, etwaige Informationsmängel abzubauen, um einem möglichen, sie selbst schädigenden Marktversagen entgegenzu-

---

[204] Zu den beiden grundlegenden Aspekten der Paternalistischen Meritorik vgl. Kap. 2.2.2.2 f., S. 36.
[205] Zur Wirkung medialer Güter als Grund für ein Marktversagen vgl. Kap. 6, S. 273.

treten. Praktisch bedeutsam ist damit nicht die Feststellung, dass Informationsdefizite auf einer Marktseite bestehen, sondern lediglich die Frage, inwieweit die Anreize der Marktteilnehmer zur Vermeidung eines Marktversagens ausreichen.

An dieser Frage hat eine konkrete wirtschaftspolitische Diagnose anzusetzen, um Therapiemöglichkeiten wie politischen Handlungsbedarf abzuleiten. Unabhängig von den entstehenden Kosten lässt sich ein staatlicher Eingriff erst legitimieren, wenn es aufgrund unzureichender Handlungsanreize der Beteiligten zu einem gravierenden praktischen Marktversagen aus gesellschaftlicher Sicht kommt. Vor allem die mögliche Schwere eines Marktversagens kann im Fernsehmarkt nur durch die differenzierte Beurteilung einzelner Sendeformate – in erster Linie Informationssendungen – auf Basis der bestehenden, für das Marktergebnis relevanten Institutionen beurteilt werden.

Diese institutionenökonomische Herangehensweise muss die Vielzahl an real bestehenden Institutionen einbeziehen, die Einfluss auf den Markt für Fernsehprogramme nehmen. Ausgehend von der Funktionsfähigkeit des Wettbewerbs auf dem Fernsehmarkt und zwischen Fernsehprogrammen und anderen Medien bedarf es folglich einer Analyse der relevanten gesetzlichen Regelungen sowie der weiteren Organisationen, die entscheidungsrelevante Informationen anbieten.

Ist Ergebnis der institutionenökonomischen Analyse, dass der Markt für Informationsformate in gravierender Weise versagt, bieten sich über einen staatlichen Eingriff verschiedene Ansatzpunkte zur Therapie eines Marktversagens. Diese Interventionsmöglichkeiten unterscheiden sich grundsätzlich darin, ob entweder der Marktprozess aktiv durch die Bereitstellung von Informationen beeinflusst oder der adversen Selektion lediglich durch die Gestaltung des Marktrahmens begegnet wird. Der staatliche Eingriff kann damit als prozess- oder ordnungspolitische Maßnahme ausgestaltet sein.

Einer aktiven Generierung und Verbreitung von Informationen durch den Staat sind im Fernsehmarkt enge Grenzen gesetzt. Verglichen mit den unmittelbar Marktbeteiligten dürfte der Staat als Akteur hier – wie auf den meisten Märkten für Güter und Dienstleistungen – prinzipiell schlecht informiert sein. Die gegenwärtig von staatlicher Seite bereitgestellten Informationen beschränken sich dementsprechend auf eher grundlegende Beiträge zur politischen Bildung und zur Verbraucherinformation, klammern also die Verlässlichkeit bestimmter Sendungen oder einzelner Anbieter von Informationen aus.

Darüber hinaus ist fraglich, ob im politischen Prozess sichergestellt werden kann, dass eine aktive, aber inhaltlich neutrale Informationsgenerierung und -vermittlung bei jenen Sendeformaten erfolgt, die von einem Versagen des Fernsehmarktes durch adverse Selektion bedroht sind. Mehr noch als auf anderen Güter- und Dienstleistungsmärkten ist diese Frage für den Fernsehmarkt bedeutsam, da hier die politischen Akteure des Staates erhebliche Anreize zur Intervention haben. Die Gefahr erwächst, dass die Diagnose eines Marktversagens nicht unabhängig von der beabsichtigten Therapie er-

4.2 Informationsasymmetrien als unzureichende Basis zur Legitimation von Interventionen 111

folgt, sondern Letztere Ersterer vorangeht und zweckgeleitet erfolgt. Grundsätzlich ist zudem völlig offen, inwieweit sich staatliche Maßnahmen an gesellschaftlicher Vorteilhaftigkeit orientieren, d. h. vom dargestellten gesellschaftlichen Kalkül ausgehen.

Beide Probleme – sowohl interessengeleitete als auch gesellschaftlich nicht vorteilhafte Maßnahmen – können gleichfalls auftreten, falls der Staat sich auf die ordnungspolitische Gestaltung des Marktrahmens beschränkt. Beispielsweise ließen sich von politischer Seite Informationspflichten verhängen, um die Marktseite mit Informationsvorsprung zur Bereitstellung von Informationen – etwa über den konkreten Weg der Nachricht vom Journalisten bis zum Zuschauer – zu verpflichten. Eine obligatorische Medienbildung auf schulischer Ebene könnte dem Informationsdefizit der schlechter informierten Marktseite durch Medienkompetenz entgegenwirken.

Ein weiterer politischer Ansatzpunkt besteht etwa in einem Informationsangebot durch unabhängige, dritte Berater. Die schon seit dem Bericht der WEIZSÄCKER-Kommission im Jahre 1994 diskutierte Einrichtung eines „Rates zur Begutachtung der elektronischen Medien" („Medienrat") kann eine Möglichkeit zur objektiven und professionellen Beurteilung von Sendungen sein, die von einem markt- und staatsfernen Standpunkt erfolgt.[206] Eine unabhängige „Stiftung Medientest" ginge in die gleiche Richtung.[207]

Neben dieser neu zu schaffenden Institution regeln zahlreiche gesetzliche Vorschriften das Verhalten der Akteure auf dem Fernsehmarkt. Hierzu zählen vor allem das Recht auf Gegendarstellung und der Schutz von Persönlichkeitsrechten. Das Gegendarstellungsrecht ist in der Bundesrepublik in den jeweiligen Presse- und Mediengesetzen der Bundesländer in Verbindung mit dem Mediendienste-Staatsvertrag und der EU-Richtlinie „Fernsehen ohne Grenzen" geregelt.[208] Ergänzt werden diese Gesetze durch die Vorschriften des Bürgerlichen Gesetzbuches, das einen Schadenersatz und Unterlassungsanspruch bei der Verletzung von Persönlichkeitsrechten begründet.

Auf dieser rechtlichen Basis haben die von Falschmeldungen negativ Betroffenen die Möglichkeit, die Richtigstellung der Information und den Ersatz des ihnen entstandenen Schadens zu fordern. Aus ökonomischer Sicht sollen der durch die Gegendarstellung verursachte Reputationsverlust und die Haftung für verletzte Persönlichkeitsrechte einem mangelhaften Informationsangebot entgegenwirken. Darüber hinaus sind Garantie- und Haftungspflichten – wie in anderen Märkten – denkbar, falls Nachfrager durch die mangelhafte Qualität einer Informationssendung einen Schaden erleiden.

Als Fazit bleibt allerdings festzuhalten, dass sich gegenwärtig die Maßnahmen des Staates überwiegend auf die Gestaltung des ordnungspolitischen Rahmens des Fern-

---
[206] Vgl. **Vesting** (1997), S. 356 ff.
[207] Vgl. **Schröder** (1997a), S. 22.
[208] Vgl. **Europäische Kommission** (2006).

sehmarktes beschränken, etwa beim Gegendarstellungs- oder Persönlichkeitsrecht. Ob ein darüber hinausgehender staatlicher Eingriff legitimiert werden kann, ist fraglich angesichts der Anreize von Anbietern und Nachfragern, den Informationsmängeln selbst entgegenzuwirken. Zumindest die angeführten Praxisbeispiele sprechen vor dem Hintergrund der gegenwärtig bestehenden Rahmenordnung gegen die Notwendigkeit einer weiteren oder aktiveren Intervention des Staates.

Einerseits ist damit ein Versagen des Fernsehmarktes aufgrund von Informationsasymmetrien keineswegs zwangsläufig, sondern eher unwahrscheinlich. Andererseits wäre jeder aktive staatliche Eingriff stets mit erheblichen Gefahren für die Funktionsfähigkeit dieses Marktes verbunden. Zur Legitimation einer solchen Intervention oder gar eines staatlichen Rundfunkangebots bedarf es mehr als eines allgemeinen Verweises auf die informierende Funktionen von Medien.[209]

---

[209] Vgl. **von Hayek** (1981), S. 90.

Kapitel 5
Die Finanzierung medialer Güter als Grund von Marktversagen

5.1 Medien – ein (Un)Natürliches Monopol? 117
   5.1.1 Subadditive Kosten als Ursache für Natürliche Monopole 117
      5.1.1.1 Der Markt für isolierte Fernsehsendungen als Natürliches Monopol ... 117
         a. Subadditivitäten der Medienproduktion als Ursache eines Natürlichen Monopols 117
         b. Natürliches Monopol als Marktkonstellation von Angebot und Nachfrage 121
         c. Ineffizienzen und Wohlfahrtsverluste im Natürlichen Monopol 122
         d. Bestreitbarkeit des Natürlichen Monopols aus Sicht von Anbietern und Nachfragern 127
           1) Marktbarrieren für Konkurrenten und die Gefahr ruinöser Konkurrenz 127
           2) Monopolistische Substitutionskonkurrenz und das Fehlen direkter Preise 131
         e. Bestreitbares Natürliches Monopol beim Angebot von Fernsehsendungen 134
      5.1.1.2 Der Markt für vollständige Fernsehprogramme als Natürliches Monopol 135

a. Subadditivitäten bei der Produktion von Fernsehprogrammen 135
b. Bestreitbarkeit des Marktes für Fernsehprogramme aus Sicht von
   Anbietern und Nachfragern 136
   1) Anbieterseitige Marktbarrieren des Fernsehmarktes 136
   2) Substitutionskonkurrenz zwischen Fernsehprogrammen 138
c. Subadditive Kostenstrukturen keine Besonderheit der
   Medienproduktion 139
5.1.2 Fazit: Theorie Natürlicher Monopole als unzureichende
   Legitimationsbasis für staatliche Marktinterventionen 141
5.2 Medien – (k)ein Kollektivgut? 145
5.2.1 Kollektivgut-Eigenschaften medialer Güter als Ursache für ein
   Marktversagen 145
5.2.1.1 Auseinanderfallen der effektiven und potenziellen Nachfrage nach
   einem Kollektivgut 145
5.2.1.2 Divergierende Erklärungen des Nachfragedefizits in der
   Kollektivgut-Theorie und Meritorik 146
5.2.1.3 Nicht-Exkludierbarkeit und Nicht-Rivalität von Kollektivgütern 149
5.2.1.4 Fernsehprogramme als nicht-exkludierbare, nicht-rivale
   Kollektivgüter 151
   a. Institutionenökonomische Sicht auf das Kriterium der
      Exkludierbarkeit 152
   b. Institutionenökonomische Sicht auf das Kriterium der Rivalität 156
   c. Institutionenökonomische Klassifizierung von Kollektivgütern 157
5.2.1.5 Wohlfahrtsoptimale Finanzierung von Fernsehprogrammen 158
   a. Fernsehprogramme als homogenes Kollektivgut 158
   b. Fernsehprogramme als horizontal oder vertikal differenzierte Güter 165
5.2.1.6 Isomorphie zwischen der Theorie Natürlicher Monopole und der
   Kollektivgut-Theorie 167
   a. Ökonomische Rivalität als Bindeglied zwischen den Theorien 167
   b. Bedeutung der Marktkonstellation für die ökonomische Nicht-
      Rivalität 173
   c. Samuelson-Minasian-Kontroverse als Neuauflage der Grenzkosten-
      Debatte 174
   d. Methodische Überwindung der Grenzkosten-Paradoxie in beiden
      Theorien 175
   e. Wohlfahrtsoptimale Preise bei Kollektivgütern und Natürlichen
      Monopolen 179
5.2.1.7 Eignung der Kollektivgut-Theorie zum Vergleich alternativer
   Finanzierungsregime 182

5.2.1.8 Marktpreise als Referenz zur Beurteilung indirekter
Finanzierungsregime 184
5.2.2 Fazit: Kollektivgut-Theorie als unzureichende Legitimationsbasis für
staatliche Marktinterventionen 187
5.3 Institutionenökonomische Analyse indirekter Finanzierungsregime als
idealisierte Referenzmodelle 189
5.3.1 Effekte der Werbefinanzierung von Fernsehprogrammen 192
5.3.1.1 Ökonomische Sicht auf Werbung und ihre Wirkungen 192
    a. Werbung zwischen Information und Verführung der Verbraucher 192
    b. Werbung in Medien als Form öffentlicher „Verschmutzung"? 195
5.3.1.2 Konstellation der Märkte zwischen Zuschauern, Sendern und
werbenden Produzenten 196
    a. Werbefinanzierung von Fernsehprogrammen als marktlicher
Austausch 196
    b. Doppelte Adressierung werbefinanzierter Fernsehprogramme 198
    c. Werbefinanzierung als gesellschaftliche Schädigung 200
    d. Regulierungsbedarf eines freien Marktes werbefinanzierter
Programme 200
5.3.1.3 Theoretische Effekte der Werbefinanzierung auf den Fernsehmarkt 202
    a. Distributiver Effekt der Werbefinanzierung von
Fernsehprogrammen 202
    b. Werbung als Ursache steigender Güterpreise? 203
    c. Allokative Effekte der Werbefinanzierung von Fernsehprogrammen 205
        1) Über- oder Unternachfrage nach werbefinanzierten
Programmen 207
        2) Über- oder Unterangebot an werbefinanzierten Programmen 209
        3) Ineffiziente Programmselektion durch Werbefinanzierung 211
5.3.1.4 Empirische Effekte der Werbefinanzierung von Fernsehprogrammen 215
    a. Werbefinanzierte Programme aus Zuschauersicht 216
        1) Zahlungsbereitschaft der Zuschauer für Programminhalte 216
        2) Einschaltquoten als reiner Mengenindikator 218
        3) Zahlungsbereitschaft der Zuschauer für Werbeinhalte 219
    b. Werbefinanzierte Programme aus Produzentensicht 222
        1) Werbung im Kanon verkaufsfördernder Maßnahmen 223
        2) Der Werbepreis als Preis auf dem Werbemarkt 223
        3) Der Werbepreis als Wert eines Zuschauerkontakts 223
        4) Selektion von Medien und Werbeformen zur Adressierung von
Zuschauergruppen 224
        5) Beeinflussung des Programmes durch Werbefinanzierung 226

   c. Divergenz der Zahlungsbereitschaft von Zuschauern und
    Werbetreibenden als Ursache eines veränderten Programmangebots 227
  5.3.1.5 Fazit: Institutionen- statt Marktversagen bei der Werbefinanzierung
    als Ansatzpunkt für Politikberatung...227
 5.3.2 Effekte der Steuerfinanzierung von Fernsehprogrammen 229
  5.3.2.1 Konstellation der Märkte zwischen Zuschauern, Sendern und Politik 230
   a. Marktliche Sicht auf den medienpolitischen Prozess der
    Steuerfinanzierung...230
   b. Steuerfinanzierung von Fernsehprogrammen als marktlicher
    Austausch 233
   c. Inhärenter Regulierungsbedarf eines unregulierten Marktes für
    steuerfinanzierte Fernsehprogramme 236
  5.3.2.2 Ökonomische Effekte der Steuerfinanzierung auf den Fernsehmarkt... 238
   a. Distributiver Effekt der Steuerfinanzierung von
    Fernsehprogrammen 238
   b. Allokative Effekte der Steuerfinanzierung von Fernsehprogrammen.. 238
    1) Übernachfrage nach steuerfinanzierten Programmen....................239
    2) Mangelnde Kosteneffizienz infolge geringer Kontrollanreize 239
    3) Politische Einflussnahme auf das steuerfinanzierte Programm......242
    4) Ineffiziente Programmselektion aufgrund politischer
     Nachfrage 243
    5) Über- oder Unterangebot steuerfinanzierter Programme
     infolge staatlicher Budgetierung..246
    6) Autonomie und Wachstum des steuerfinanzierten
     Programmangebots 252
  5.3.2.3 Fazit: Institutionen- statt Marktversagen bei der Steuerfinanzierung
    als Ansatzpunkt für Politikberatung...256
 5.3.3 Indirekte Finanzierungsregime im Vergleich...259
  5.3.3.1 Zweistufiges Prinzipal-Agent-Verhältnis als Gemeinsamkeit
    indirekter Finanzierungsregime 259
  5.3.3.2 Allokative und distributive Effekte indirekter Finanzierungsregime –
    vom Überblick zum medienpolitisch relevanten Prüfschema 260
  5.3.3.3 Medienökonomisches Forschungsprogramm als einheitlicher
    Theorieansatz zur Analyse indirekter Finanzierungsregime...................263
  5.3.3.4 Konkretisierung des institutionenökonomischen Ansatzes zur
    Analyse des deutschen Fernsehmarktes..267

5 Die Finanzierung medialer Güter als Grund von Marktversagen

Neben der Qualität medialer Güter werden häufig unterschiedliche Aspekte ihrer Finanzierung als Ursache eines Marktversagens angeführt. Auf den ersten Blick scheinen diese Aspekte mit Subadditivitäten in der Medienproduktion – als angebotsbedingtes Marktversagen – und mit dem Kollektivgutcharakter medialer Güter – als nachfragebedingtes Marktversagen – wenig Gemeinsamkeiten aufzuweisen.

Im folgenden Teil wird in einem ersten Schritt der Frage nachzugehen sein, ob sich mit den Besonderheiten der Finanzierung medialer Güter wissenschaftlich valide ein Marktversagen begründen lässt. Bei der Diskussion dieser scheinbar unterschiedlichen Ursachen für ein Marktversagen wird eine weitreichende Strukturgleichheit zwischen den Theorien deutlich werden. Ausgehend von Überlegungen zur wohlfahrtsökonomisch optimalen Preissetzung in den isomorphen Einzeltheorien sollen in einem zweiten Schritt die Werbe- und die Steuerfinanzierung als Regime der indirekten Finanzierung von Fernsehprogrammen miteinander verglichen werden.

5.1 Medien – ein (Un)Natürliches Monopol?

5.1.1 Subadditive Kosten als Ursache für Natürliche Monopole

5.1.1.1 Der Markt für isolierte Fernsehsendungen als Natürliches Monopol

a. Subadditivitäten der Medienproduktion als Ursache eines Natürlichen Monopols

Subadditivitäten bei der Finanzierung medialer Güter werden regelmäßig als erster Grund für ein Marktversagen genannt, von einzelnen Autoren sogar als das Kernproblem von Medien bezeichnet.[210] Vielfach wird argumentiert, dass im Gegensatz zu gewöhnlichen Gütern und Dienstleistungen bei medialen Gütern wesentliche Teile der Produktionskosten sehr früh anfallen. Bereits in der Erstellungsphase des medialen Guts entsteht ein im Verhältnis zu den variablen Kosten relativ großer, unteilbarer Block an Fixkosten, die in hohem Maße spezifisch für das jeweilige Gut sind.

Dieser Fixkostenblock, der einzelnen Nachfragern nicht verursachungsgerecht zugerechnet werden kann, führt dazu, dass ein Großteil der Kosten vor der zweiten, der

---

[210] LUDWIG spricht in seiner ausführlichen Darstellung der Fixkostendegression bei medialen Gütern von dem „Kernproblem der ökonomischen Organisation von Medien auf freien Märkten". **Ludwig** (1998), S. 15, analog **Messmer** (2002), S. 85 ff., **Doyle** (2002), S. 13, **Kops** (2005), S. 346 f., **Kruse** (2004a), S. 119 f.

Vertriebsphase bereits entstanden und im betriebswirtschaftlichen Sinne „versunken"[211] ist. So wurde eine Fernsehsendung vor Ausstrahlung bereits vollständig produziert, ein Spielfilm abgedreht, geschnitten und fertiggestellt. Die Kosten, die schließlich für Ausstrahlung bzw. Vertrieb des Guts anfallen, sind als Sende- oder Kopierkosten regelmäßig erheblich geringer als die bereits versunkenen Produktionskosten.

Damit zeichnet sich der theoretische Grund für ein Marktversagen ab: Infolge der Kostenstruktur können im betreffenden Markt Konzentrationstendenzen auftreten, die bis zu dem Alleinangebot eines Anbieters, einem „Natürlichen" Monopol führen. Versagt der Markt bei einem Natürlichen Monopol auch praktisch, bedarf es eventuell eines Eingriffs durch den Staat beginnend mit der Regulierung des Marktes über eine staatlich gesicherte Bereitstellung[212] bis hin zur vollständig staatlichen Produktion des Guts. Diese Argumentationslogik lässt sich im Einzelnen anhand von Abb. 5-1 verdeutlichen, die die Marktkonstellation in einem Natürlichen Monopol zeigt.

Die Abbildung stellt den Verlauf der Durchschnitts- (DK) und der Grenzkosten (GK) auf dem Markt für ein mediales Gut, etwa eine Radio- oder Fernsehsendung, dar. Dabei wird angenommen, dass bei der Produktion ein Fixkostenblock in Höhe K_F anfällt, noch bevor Nachfrager zu den niedrigen Grenzkosten der Nutzung GK bedient werden können. Durch die Degression der Fixkosten entlang der Marktmenge x, hier die Zahl der Zuschauer der Sendung, sinken die Durchschnittskosten DK des Medienproduzenten, des Anbieters der Sendung, über den gesamten Bereich seiner Ausbringungsmenge x.[213] Da das Gut bei der Ausstrahlung oder im Prozess des Kopierens nicht erneut produziert werden muss, ist theoretisch keine Nachfrage denkbar, die der Anbieter nach der eigentlichen Produktionsphase nicht befriedigen kann.

Diese – wie sich zeigen wird – vermeintliche Besonderheit der Produktion medialer Güter veranschaulicht Abb. 5-1. Die Durchschnittskosten fallen nicht nur bis zu jenem Punkt, ab dem durch das Ausschöpfen aller Fixkostenvorteile erneut weitere (fixe) Kosten entstehen, sondern sie sinken mit jeder Mengensteigerung.[214] Damit nä-

---

[211] Unter „versunkenen Kosten" werden in der Betriebswirtschaftslehre Kosten verstanden, die in der Vergangenheit angefallen sind und für die Gegenwart keine Relevanz mehr besitzen. Im Gegensatz zu anderen, nur in einer bestimmten Entscheidungssituation irrelevanten Kosten lassen sich „sunk costs" nach der Entstehung vernachlässigen. Aufgrund ihrer Vergangenheitsbezogenheit stellen versunkene Kosten im Grunde genommen gar keine (notwendig zukunftsbezogenen, beeinflussbaren) Kosten, sondern lediglich historische Ausgaben dar.

[212] In der Theorie Natürlicher Monopole wie in der – anschließend diskutierten – Kollektivgut-Theorie wird zwischen der Bereitstellung und der Produktion des Guts unterschieden. Als Problem wird sich in der Regel nur die Bereitstellung erweisen, da private Anbieter meist die eigentliche Produktion des Guts übernehmen können.

[213] Auf die Gründe für diese Gleichsetzung von Mengeneinheiten mit Nutzern wird im Rahmen der Gegenüberstellung der Theorie Natürlicher Monopole mit der Kollektivgut-Theorie einzugehen sein. Vgl. Kap. 5.2.1.6, S. 167.

[214] Diese Degressionsvorteile bei den Kosten einer Fernsehsendung bestehen nicht nur theoretisch, sondern lassen sich auch empirisch nachweisen. Vgl. **Rott** (2003), S. 27.

5.1 Medien – ein (Un)Natürliches Monopol?

hern sich die Durchschnittskosten asymptotisch den konstant niedrigen Grenzkosten GK an, die für das Senden oder die Vervielfältigung pro zusätzliche Mengeneinheit entstehen. Der Anbieter verfügt demnach über Größenvorteile, die nicht mit weiteren Nachfragern oder mit einer wachsenden Ausbringungsmenge zurückgehen.

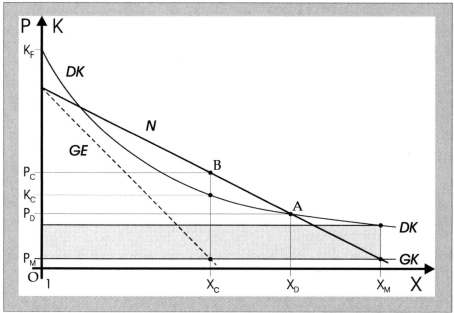

Abb. 5-1: Marktkonstellation in einem Natürlichen Monopol

Anhand der Kurvenverläufe werden zwei zentrale Phänomene der Medienproduktion deutlich: Erstens ist es dem Anbieter – zumindest theoretisch – möglich, seine Einnahmen durch die Versorgung jedes potenziellen Nachfragers zu steigern. Zweitens führt der Vorleistungscharakter der Kosten zu dem Risiko, die fixen Kosten in der sich anschließenden Vertriebsphase nicht decken zu können. Bei fehlender Publikumsresonanz wird eine kritische Masse an Zuschauern nicht erreicht und die Medienproduktion insgesamt defizitär. Um betriebswirtschaftlich mit diesem Risiko umzugehen, werden auf Unternehmensebene möglicherweise Maßnahmen wie Risikodiversifizierung (z. B. Risikopooling der sich dann querfinanzierenden Produkte) oder die Risikobeteiligung durch Kapitalgeber notwendig.

Hat ein Anbieter bereits die Produktion und den Vertrieb aufgenommen, sind also bereits Fixkosten in Höhe von K_F angefallen, ist es aus kurzfristig-statischer Sicht ebenso betriebswirtschaftlich unrentabel wie volkswirtschaftlich unsinnig, dass ein zweiter Wettbewerber in den Markt eintritt und Teile der bestehenden Nachfrage auf sich zieht.

Verfügt der potenzielle Anbieter nicht über eine grundlegend andere, kostengünstigere Technologie, müsste er vor Markteintritt Fixkosten in gleicher oder ähnlicher Höhe aufbringen.

Ob diesen Kosten jedoch nach Markteintritt Erlöse in gleichem Umfang gegenüberstehen, ist zweifelhaft. Beide Anbieter können bei einer symmetrischen Marktaufteilung ihren jeweiligen Fixkostenblock nur auf die Hälfte der Nachfrager verteilen, also weitaus geringere Degressionsvorteile realisieren. Setzen die Anbieter sowohl im Duo- wie Monopol (durchschnitts)kostendeckende Preise, würde die Konkurrenzsituation zu einer Verdopplung dieser Preise führen. Da die Grenzkosten GK stets unterhalb der Durchschnittskosten DK verlaufen, die somit monoton fallen, ist keine Mengenkombination denkbar, bei der sich die von einem Monopolisten produzierte Menge effizient auf zwei oder mehrere Wettbewerber aufteilen lässt.[215]

Damit wird deutlich, warum dieses Phänomen in der Ökonomik als „Unteilbarkeit" bezeichnet wird: Die Art der Produktion – meist die bei der Produktion eingesetzten Faktoren oder das verwendete Verfahren – erlaubt es nicht, wirtschaftlich den Markt in beliebiger Weise zu segmentieren. Es existiert keine Produktionsmenge, die am Markt weder betriebs- noch volkswirtschaftlich effizient auf unterschiedliche Anbieter aufgeteilt werden kann. Ein „Natürliches" Monopol des Anbieters ist die Folge dieser Unteilbarkeit. Alle Kostenstrukturen, bei denen ein Monopolist einen Kostenvorteil gegenüber mehreren Anbietern bei der Produktion einer bestimmten Ausbringungsmenge besitzt, werden generell in der Theorie „subadditiv" genannt.[216]

In der Praxis müssen sich Subadditivitäten weder auf einzelne noch auf gleiche Güter beschränken, sondern können ebenso aus Größen- oder Verbundvorteilen beim Angebot unterschiedlicher Produkte resultieren. Beispielsweise entstehen intermediale Synergieeffekte aus der gemeinsamen Produktion eines einzigen Inhalts für unterschiedliche mediale Verbreitungsformen. Auch kann im Medienbereich eine subadditive Kostenstruktur durch Marketingkosten bedingt sein, wenn das Angebot eines medialen Guts (wie eines Spielfilms) durch eine Reihe von Zusatzprodukten (z. B. Bücher, Spiele oder Merchandising-Artikel) begleitet wird. Vermutlich bestehen ebenso Synergieeffekte bei der gemeinsamen Finanzierung, dem Vertrieb oder dem Rechteeinkauf von medialen Gütern.

Alle Formen von Subadditivitäten – neben den beschriebenen Einprodukt-Unteilbarkeiten und den Verbund- und Synergieeffekten bei mehreren Produkten oder bei Kuppelprodukten – können zu Konzentrationstendenzen bis hin zu einem Natürli-

---

[215] Die subadditive Kostenfunktion ist dadurch definiert, dass die Summe der Kosten K_n jedes Anbieters n, der über einen Anteil σ_n an der Gesamtproduktion verfügt, die Kosten des Alleinanbieters K dieser Produktionsmenge überschreitet, $K(x) < \sum_{n}^{N} K_n(\sigma_n x)$ mit $\sum_{n}^{N} \sigma_n = 1; \sigma_n > 0$.

[216] Vgl. **Fritsch/Wein/Ewers** (1993/2005), S. 184.

chen Monopol führen und damit theoretisch Ursache für ein Marktversagen sein.[217] Reine Fixkostendegressionsvorteile stellen also eine hinreichende, aber keine notwendige Bedingung für ein Natürliches Monopol dar.[218] In einem Natürlichen Monopol ist die Tendenz zur Konzentration wettbewerbsendogen, d. h. verursacht durch die unternehmensinterne Kostenstruktur, nicht durch externes Wachstum mittels Unternehmenskäufe oder -fusionen.

Bei der Interpretation des Marktmodells darf nicht ignoriert werden, dass die betrachteten Anbieter lediglich über den Preis miteinander konkurrieren, denn von Unterschieden in der Art und Qualität des jeweiligen Guts wurde ansatzbedingt abstrahiert. Streng genommen nur für in dieser Weise homogene Güter ist der Schluss gültig, dass mit zunehmenden Subadditivitäten die Zahl der Wettbewerber im Markt sinkt und sich schließlich ein Alleinangebot herausbildet. Da durch die methodische Herangehensweise ein möglicherweise bestehender Qualitätswettbewerb aus dem Modell ausgeklammert wird, lässt sich auf dieser Grundlage nicht – wie HEINRICH – schließen, dass mit der abnehmenden Wettbewerberzahl eine sinkende Produktvielfalt im Markt und das Fehlen von Sendungen für Minderheiten einhergehen.[219] Um den Qualitätswettbewerb zwischen Sendungen zu beurteilen, bedarf es folglich eines erweiterten Modells, das die Qualität der Produkte als einen möglichen Wettbewerbsparameter der Anbieter zumindest abbildet. Das später skizzierte Modell von HOTELLING, das auf eine intuitive Weise den Qualitätswettbewerb zwischen Anbietern räumlich abbildet, bietet eine solche Modellerweiterung.

b. Natürliches Monopol als Marktkonstellation von Angebot und Nachfrage

Ein zentraler Aspekt zur wirtschaftspolitischen Beurteilung Natürlicher Monopole wird häufig übersehen: Anders als die Bezeichnung „Natürliches Monopol" suggeriert, ist damit nicht das rein angebotsseitige Phänomen der Alleinstellung des Anbieters gemeint.[220] „Natürliches Monopol" kennzeichnet vielmehr eine *Marktkonstellation*, in der der Wettbewerb zwischen unterschiedlichen Anbietern als Ergebnis des Zusammenspiels von Angebot *und* Nachfrage unmöglich ist. Im Natürlichen Monopol kann die relevante Nachfrage nicht effizient auf verschiedene Wettbewerber aufgeteilt werden. Das Monopol des Anbieters herrscht damit nicht unbedingt für jede beliebi-

---

[217] Dabei betonen FRITSCH/WEIN/EWERS, dass Verbundvorteile allein kein Natürliches Monopol begründen, können doch Wettbewerber die gleichen Kostenvorteile durch eine ähnliche Produktionsstruktur realisieren. Vgl. **Fritsch/Wein/Ewers** (1993/2005), S. 189.
[218] Vgl. **Fritsch/Wein/Ewers** (1993/2005), S. 187.
[219] Vgl. **Heinrich** (1999), S. 122 ff.
[220] Hierin liegt wahrscheinlich der Grund, warum es LUDWIG trotz einer extensiven Analyse der Fixkostendegression nicht gelingt, das postulierte potenzielle Marktversagen zu konkretisieren. Vgl. **Ludwig** (1998).

ge Produktionsmenge, eine Begründung des Natürlichen Monopols nur mit Blick auf die Angebotsseite – die Kostensituation des Monopolisten – greift zu kurz. Wird das Natürliche Monopol ausschließlich als durch Subadditivitäten verursachtes Angebotsproblem gesehen, bleibt die Bedeutung der Nachfrage für die bestehende Monopolsituation im Dunkeln.

In diesem Sinne kann es durch ein Wachstum der relevanten Nachfrage zu einer Entwicklung aus dem Natürlichen Monopol kommen, falls die Grenz- und Durchschnittskosten von der Nachfragekurve nicht mehr im fallenden, sondern im steigenden Bereich geschnitten werden. Wächst die Nachfrage über den Punkt hinaus, an dem sich die nachgefragten Mengen zu gleichen Kosten aufteilen lassen, ist der Markt tragfähig genug für zwei, nicht nur einen Anbieter.

Anders als auf anderen Märkten – beispielsweise der Telekommunikation[221] – ist bei medialen Gütern wie Fernsehsendungen eine Evolution aus dem Natürlichen Monopol ausgeschlossen, da sich quasi jede auch nur denkbare Nachfrage durch einen einzigen Anbieter befriedigen lässt und Kostenvorteile sich nicht erschöpfen.[222] Statt das Natürliche Monopol zu überwinden, würden die entstehenden Fixkosten mit weiteren Marktzutritten lediglich dupliziert. Werden nur einzelne Fernsehsendungen betrachtet, resultiert die Unmöglichkeit des Herauswachsens aus dem Natürlichen Monopol direkt aus den Subadditivitäten der Produktion des medialen Guts, möglicherweise begleitet durch Unteilbarkeiten im Distributionsprozess.

c. Ineffizienzen und Wohlfahrtsverluste im Natürlichen Monopol

Die negativen gesellschaftlichen Wirkungen eines Natürlichen Monopols lassen sich anhand der Marktkonstellation von Angebot und Nachfrage verdeutlichen. In Abb. 5-1 wird also – neben der bereits diskutierten Kostensituation des Anbieters – die Nachfrage N nach dem medialen Gut auf Basis der individuellen Zahlungsbereitschaften, die die Nachfrager besitzen, in die Betrachtung einbezogen.

Die Nachfragekurve schneidet den Verlauf der Grenzkosten bei dem Preis p_M und der Menge x_M, welche sich auf einem normalen Wettbewerbsmarkt als Gleichgewicht zwischen der Vielzahl an Anbietern und Nachfragern einstellen würde. Falls der Alleinanbieter im Natürlichen Monopol seinen Preis auf dieses Niveau senkt, wäre ein Defizit pro Stück von DK – GK über die gesamte Menge x_M die Folge (grau unterlegte Fläche). Einem unregulierten Monopolisten wird dieses Defizit nicht entstehen, kann er doch durch die Gestaltung von Preisen und Mengen die bestehenden Zahlungsbereitschaften der Nachfrager auf verschiedene Weise abschöpfen. Die Alleinstellung

---

[221] Beispielsweise wird es in den kommenden Jahren zu einer Evolution aus dem gegenwärtigen Monopol der deutschen Telekom für Ortsnetztelefonie kommen. Vgl. **Schröder** (1999).

[222] Vgl. **Owen/Beebe/Manning** (1974), S. 16.

5.1 Medien – ein (Un)Natürliches Monopol?

des Anbieters muss sich also nicht im Setzen eines einzigen Monopolpreises manifestieren. Unterschiedliche Arten der Preisdifferenzierung stehen hierfür ebenso zur Verfügung wie ein einheitlicher, für alle Nachfrager gleichermaßen gültiger Preis.

Der Vorteil, über einen Preissetzungsspielraum zu verfügen, resultiert für den etablierten Anbieter aus der Kostenstruktur, die – annahmengemäß – für ihn wie für andere Anbieter gilt. Durch die hohen fixen Kosten, die nach dem Markteintritt versunken, also nicht mehr entscheidungsrelevant sind, kann der alteingesessene Anbieter beim Zutritt von neuen Wettbewerbern damit drohen, den Preis auf das Niveau der – sehr niedrigen – Grenzkosten zu senken. Bei diesem Preis entsteht jedem neuen Anbieter unweigerlich ein Defizit, das einen möglichen Marktzutritt bestraft. Kann die Preisdrohung des Altanbieters erfolgreich jeden, auch potenziellen Wettbewerb verhindern, verfügt er über Marktmacht und wird sich als faktischer Monopolist verhalten. Ohne Sanktion durch mögliche Wettbewerber ist der Monopolist nun in der für ihn günstigen Lage, ungehindert den oder die gewinnmaximalen Preise durchsetzen zu können.

Im einfachsten Fall verzichtet der Monopolist auf differenzierte Preise und wird einen einheitlichen Preis gemäß der COURNOT-Preisregel – Grenzerlös GE gleich Grenzkosten GK – auf dem Markt setzen, um seinen Gewinn zu maximieren. Das *effektive Angebot* des Monopolisten wird folglich nicht in einer Angebotskurve, sondern lediglich in einem Angebotspunkt bestehen. Dementsprechend kann beispielsweise ein direkt von Zuschauern finanzierter Fernsehsender, falls er ein zutrittsgeschütztes Natürliches Monopol besitzt, durch Reduzierung der Marktmenge den am Markt erzielbaren Preis und den Grenzerlös steigern. Die COURNOT-Menge x_C führt damit zu einem Angebotspreis von p_C. Bei Durchschnittskosten von $K_C = DK_C$ ergibt sich ein Monopolgewinn pro Stück in Höhe von $p_C - DK_C$ über die Menge x_C. Diese Preis-Mengen-Kombination ist wohlfahrtsökonomisch ungünstig. Durch den Monopolisten wird das Angebot künstlich verknappt, um den hier undifferenzierten Monopolpreis durchzusetzen. Es kommt zu einer preislichen und einer quantitativen Ineffizienz gegenüber der Wettbewerbssituation.

Bei einem Preis p_C könnten weitere Nachfrager zu jenen geringen Grenzkosten GK bedient werden, die ihr zusätzlicher Konsum volks- und betriebswirtschaftlich verursacht. Durch das Setzen des COURNOT-Preises werden folglich alle Nachfrager ausgeschlossen, deren Zahlungsbereitschaft zwischen dem Marktpreis und den Grenzkosten liegt. Würde der Anbieter – hier der Fernsehsender – durch den Staat verpflichtet, mittels eines Einheitspreises auch diese Nachfrager zu bedienen, wäre wiederum ein Defizit bei diesem Grenzkostenpreis unvermeidbar. Damit ist eine Paradoxie entstanden: Der vermeintlich wohlfahrtsoptimale Preis führt dazu, dass das Produkt gar nicht angeboten wird. Ein Preis, der die Bereitstellung sichert, schließt hingegen Nachfrager aus, deren Zahlungsbereitschaft über den volkswirtschaftlichen Grenzkosten des

Konsums liegt. In den 40er-Jahren hat diese Paradoxie zu einer intensiven Debatte zwischen namhaften Ökonomen wie HAROLD HOTELLING, ABBA P. LERNER, RAGNAR FRISCH und RONALD COASE geführt.[223] Hierauf wird im Zusammenhang mit der wohlfahrtsoptimalen Preissetzung für ein Kollektivgut zurückzukommen sein.[224]

Wie stark die Konsumenten durch die Marktmacht des Anbieters benachteiligt werden, lässt sich anhand des beschriebenen Marktschemas quantifizieren. Ein einfaches Maß für den Nutzen der Nachfrager, das in der weiteren medienökonomischen Analyse des Fernsehmarktes wesentlich sein wird, stellt die „Rente" der Konsumenten dar – die auch als MARSHALL-DUPUIT-Fläche bezeichnete Differenz zwischen der maximalen Zahlungsbereitschaft und dem Marktpreis über alle Nachfrager.[225] Anhand der Zu- oder Abnahme der Konsumentenrente lassen sich die Wirkungen marktlicher Veränderungen als Besser- oder Schlechterstellung der Nachfrager ablesen.[226]

Im betrachteten Markt wäre ein Preis in Höhe der Grenzkosten für die Nachfrager optimal, da ihnen die gesamte Fläche über den Grenzkosten bis zur Nachfragekurve als Konsumentenrente zukommen würde. Diese Konsumentenrente ist allerdings rein fiktiv, da das Angebot des Guts bei Grenzkostenpreisen ein Defizit verursacht, also vom Anbieter unterbleiben wird. Die Bereitstellung des Guts wird dem Anbieter erst möglich, wenn er einen kostendeckenden (Durchschnittskosten)Preis erzielen kann. Dieser Preis p_D ist mit einer Menge x_D verbunden, bei der immer noch, hingegen weit weniger Nachfrager ausgeschlossen werden, deren Zahlungsbereitschaft über den Grenzkosten des Konsums liegt. Gegenüber der COURNOT-Preislösung verbessert sich die Konsumentenrente bei diesem Preis um die Fläche $p_C BA p_D$. Im Vergleich zum Monopolpreis würden also nicht nur die zusätzlich bedienten, sondern alle Nachfrager eine Besserstellung erfahren.

Problematisch an der Stellung des Natürlichen Monopolisten sind nicht nur die starke Wettbewerbsposition und die daraus resultierende Monopolrente, sondern die unvermeidlichen Ineffizienzen infolge der Nicht-Bestreitbarkeit des Marktes durch

---

[223] Eine Zusammenfassung dieser Debatte liefert **Coase** (1946/1990).
[224] Zur wohlfahrtsoptimalen Preissetzung für ein Kollektivgut vgl. Kap. 5.2.1.6 e., S. 179.
[225] Dieses Instrument zur Beurteilung unterschiedlicher Marktsituationen wurde erstmals von ALFRED MARSHALL als Konsumentenrente („consumer's surplus") bezeichnet, geht aber auf JULES DUPUITs Ansatz aus dem Jahre 1844 zurück, den MARSHALL aufgreift. Deutlich vor MARSHALL verwendet DUPUIT den „Nutzen, der bei den Nachfragern verbleibt", um die Wohlfahrtswirkungen von öffentlichen Projekten und staatlicher Monopolaufsicht zu beurteilen, allerdings noch in Diagrammen, die die Menge, nicht wie in der MARSHALL-Tradition den Preis, auf der Abszisse zeigen. Anhand dieser Darstellungen leitet schon DUPUIT Aussagen über die Regulierung Natürlicher Monopole ab. MARSHALLs Leistung war es, DUPUITs Ansatz auszubauen und die damit verbundenen methodischen Probleme offenzulegen. Vgl. **Dupuit** (1844/1952), S. 106, **Dupuit** (1849/1962), S. 22, **Marshall** (1890/1920), S. 103 f.
[226] Eine kritische Würdigung der Konsumentenrente als gesellschaftliches Wohlfahrtsmaß gibt **Sohmen** (1976/1992), S. 404 ff.

5.1 Medien – ein (Un)Natürliches Monopol?

faktische oder potenzielle Wettbewerber. Diese Ineffizienzen sind keineswegs spezifisch für Natürliche Monopole, sondern ergeben sich generell als Konsequenz einer nachlassenden Wettbewerbsintensität.

Schon das Setzen eines undifferenzierten Monopolpreises über die Rationierung der Angebotsmenge ist offensichtlich ineffizient, da es Nachfrager unnötig vom Konsum ausschließt. Zu dieser Verknappung des Angebots kommt es zwar in jedem Monopol, sofern der Alleinanbieter von den Nachfragern einen Einheitspreis verlangt. Im Natürlichen Monopol ist die Mengenreduktion bzw. die Zahl der ausgeschlossenen Nachfrager jedoch aufgrund des Verlaufs der Grenzkosten vergleichsweise hoch.

Neben der preislichen und der quantitativen Ineffizienz wird der fehlende Wettbewerbsdruck auch in anderen Angebotsdimensionen zu einem veränderten Verhalten des Alleinanbieters führen. Zu rechnen ist damit, dass die Art und Qualität des Angebots weniger den Präferenzen der Nachfrager entspricht (qualitative Ineffizienz). Ebenso sinken die Anreize, die Produktionskosten gering zu halten oder Kosteneinsparungspotenziale zu realisieren. Das Angebot wird also im Vergleich zum Marktwettbewerb zu teuer erstellt. In dieser Form kostenmäßiger Ineffizienz sieht LEIBENSTEIN empirisch die wesentlichste Quelle von Wohlfahrtsverlusten durch Monopole, weshalb er sie in Abgrenzung zu preislichen und quantitativen Ineffizienzen als „X-Ineffizienz" bezeichnet.[227]

Wohlfahrtsökonomisch dürfte damit ein Monopolanbieter auf dem Fernsehmarkt preisliche, quantitative, qualitative und kostenmäßige Ineffizienzen verursachen. Erwartbar dürften sich die letzten beiden Ineffizienzen im Zeitablauf noch verschärfen, da zusätzlich zu den statischen weitere dynamische Ineffizienzen auftreten. Die Analyse dieser statischen, erst recht der dynamischen Ineffizienzen bedingt hingegen einen erweiterten Ansatz gegenüber der bisher komparativ-statischen Analyse, wie sie das dargestellte Modell eines Natürlichen Monopols liefert.

Wird Konsumentensouveränität – wie einleitend erläutert – als funktionsfähiges Prinzipal-Agent-Verhältnis zwischen den Konsumenten und dem Anbieter verstanden, bedeuten Ineffizienzen eine weitreichende Störung dieses Verhältnisses. Der Anbieter als Agent verfolgt dann nicht mehr uneingeschränkt die Interessen der Prinzipale, sondern weicht bei der angebotenen Menge, der Qualität, dem Preis und den verursachten Kosten hiervon ab.

Im beschriebenen Modell lässt sich zumindest das Problem der quantitativen Ineffizienz, also der Exklusion potenzieller Konsumenten, leicht lösen. Da diese Nachfrager eine Zahlungsbereitschaft über den Grenzkosten ihres Konsums haben, bestehen für den Monopolisten erhebliche Anreize, auch sie zu bedienen. Diese Konsumenten werden lediglich bei der bisherigen COURNOT-Preissetzung ausgeschlossen, um über die

---

[227] Vgl. **Leibenstein** (1966), S. 392 ff., **Leibenstein** (1973), S. 765, kritisch hierzu **Stigler** (1976).

künstliche Rationierung der Menge den einheitlichen, undifferenzierten Preis durchzusetzen. Bei differenzierten Preisen ist diese Rationierung nur noch in geringerem Umfang, bei vollständiger Preisdifferenzierung gar nicht mehr notwendig, weshalb quantitative Ineffizienzen nicht mehr auftreten.[228] Statt eines Einheitspreises für alle Nachfrager zahlt bei vollständiger Preisdifferenzierung jeder Nachfrager einen individuellen Preis. Das effektive Angebot des Monopolisten entspricht nun nicht mehr einem Punkt, sondern wieder einer Kurve, fällt allerdings mit der Nachfragekurve zusammen. Da der jeweilige Preis dann der Zahlungsbereitschaft der Konsumenten entspricht, werden nicht mehr jene Nachfrager ausgeschlossen, deren Zahlungsbereitschaft die Grenzkosten überschreitet. Bei vollständig differenzierten Preisen werden also alle Nachfrager bis zur Menge x_M bedient, d. h. durch die Vermeidung quantitativer Ineffizienzen wird scheinbar ein wohlfahrtsökonomisches Optimum erreicht.

Bei näherem Hinsehen erweist sich diese Lösung als wenig vorteilhaft für die Konsumenten, obwohl jeder potenzielle Nachfrager bedient wird. Hierauf deuten schon die Anreize des Monopolisten hin, selbst Preisdifferenzierung zu betreiben, um durch *Preisdiskriminierung* einen höheren Gewinn zu erzielen. Statt als Treuhänder der Prinzipale aufzutreten und ausschließlich zur Deckung der Fixkosten Preise zu differenzieren, nutzt der Alleinanbieter seine Marktmacht zur Realisierung des eigenen Ziels einer Monopolrente. Diese Rente wird bei vollständiger Preisdiskriminierung maximal, da hier der von jedem Nachfrager zu entrichtende Preis seiner individuellen Zahlungsbereitschaft entspricht und die gesamte Konsumentenrente zugunsten der Produzentenrente verschwindet.[229]

Obwohl die Bereitstellung des Guts durch die vollständig differenzierten Preise sichergestellt wird, sind die Konsumenten nun indifferent zwischen Konsum und Nicht-Konsum. Wird die Wohlfahrt auf Basis der Konsumentenrente beurteilt, ist mit dem Angebot des Guts keine Besserstellung der Konsumenten verbunden. Die erzielte Lösung des Problems quantitativer Ineffizienzen kann nicht PARETO-optimal sein, da jeder einzelne Nachfrager statt in Höhe seiner Zahlungsbereitschaft zu den Grenzkosten seines Konsums bedient werden könnte. Hierauf wird ausführlicher bei der Finanzierung von Medien als Kollektivgüter einzugehen sein.

Im Gegensatz zur perfekten Preisdifferenzierung fördern andere Preissetzungsregeln stärker die Wohlfahrt aus Konsumentensicht. Vor allem gilt dies für Preise gemäß

---

[228] In der Vermeidung quantitativer Ineffizienzen sieht SEUFERT den wesentlichen Vorteil nicht-gewinnorientierter, öffentlich-rechtlicher Anbieter, da deren gesellschaftliche Zielsetzung eine Versorgung bislang ausgeschlossener Nachfrager sicherstellen würde. Angesichts der Anreize eines privatwirtschaftlichen Monopolisten, durch Preisdifferenzierung weitere, bei einem COURNOT-Preis ausgeschlossene Nachfrager zu bedienen, dürfte dieses Argument hinfällig sein. Vgl. **Seufert** (2005), S. 372.

[229] Zurückgehend auf PIGOU wird die Einteilung der Nachfrager entsprechend ihrer Zahlungsbereitschaft die erste Art der Preisdiskriminierung genannt. Vgl. **Pigou** (1920/1952), S. 278 f.

5.1 Medien – ein (Un)Natürliches Monopol? 127

der RAMSEY-Regel, dem oder den wohlfahrtsoptimalen Preis unter der Restriktion der kostendeckenden Bereitstellung des Guts.[230] RAMSEY-Preise stellen ein wohlfahrtsoptimales Angebot im Natürlichen Monopol sicher.[231] Anhand von RAMSEY-Preisen lassen sich verschiedene Preissetzungsregeln wohlfahrtsökonomisch analysieren, weshalb sie ebenfalls im Zusammenhang mit den Kollektivgut-Eigenschaften von Medien relevant sein werden, die als weiterer Grund für ein Marktversagen im engen Zusammenhang zur Theorie Natürlicher Monopole stehen.[232]

d. Bestreitbarkeit des Natürlichen Monopols aus Sicht von Anbietern und Nachfragern

1) Marktbarrieren für Konkurrenten und die Gefahr ruinöser Konkurrenz

Setzt der Alleinanbieter einen einheitlichen Monopolpreis und gar differenzierte Preise, lässt die dabei entstehende Monopolrente den Marktzutritt für potenzielle Wettbewerber attraktiv erscheinen. Dass dieser Preissetzungsspielraum besteht, wurde bisher mit der Kostensituation im Natürlichen Monopol begründet. Zumindest theoretisch kann der Monopolist zu jedem Zeitpunkt signalisieren, dass er bei Bedrohung seiner Monopolstellung aufgrund der Versunkenheit der fixen Kosten mit einer Preissenkung bis auf Niveau der Grenzkosten reagieren kann. Als Preisuntergrenze ist für ihn nur der niedrige Grenzkostenpreis maßgeblich; jeder Preis darüber trägt als Stückgewinn zur Deckung seiner nicht mehr entscheidungsrelevanten Fixkosten bei.

Je stärker potenzielle Wettbewerber damit rechnen müssen, dass der alteingesessene Anbieter den Preis schnell bis auf Grenzkostenniveau senkt, desto unattraktiver wird für sie der Markteintritt. Sinkt der Preis im Wettbewerb tatsächlich bis auf Höhe der Grenzkosten, entsteht jedem neuen Anbieter ein Defizit, da für ihn die fixen Kosten vor Markteintritt noch Relevanz besitzen. Die hohen Monopolpreise und -renten des etablierten Alleinanbieters sind für neue Wettbewerber damit unerreichbar, weshalb theoretisch von ihnen keine disziplinierende Wirkung auf den Monopolisten ausgeht.

Ob der Markt auch praktisch zutrittsgeschützt ist, also der Alleinanbieter auch faktisch nicht mit dem Marktzutritt durch Wettbewerber rechnen muss, lässt sich auf Basis der kurzfristigen Kostensituation nur unzureichend beantworten. Hierzu ist zum einen danach zu fragen, wie glaubwürdig die Preisdrohung des Monopolisten gegenüber neuen Wettbewerbern ist. Durch die Kostensituation im Natürlichen Monopol ist jeder Anbieter im Vorteil, der mehr Nachfrager an sich binden kann. Gelingt es

---
[230] Vgl. **Ramsey** (1927).
[231] Eine Anwendung der RAMSEY-Preisregel auf Natürliche Monopole findet sich bei **Rodi** (1996), S. 93 ff.
[232] Vgl. Kap. 5.2.1.6 e., S. 179.

dem neuen Wettbewerber, durch eine aggressive Preispolitik schnell Marktanteile zu gewinnen, kann er u. U. den etablierten Monopolisten verdrängen und selbst zum Alleinanbieter werden.

Zum anderen bedarf es einer Analyse der mittel- bis langfristig bestehenden Markteintrittsbarrieren, die allerdings nicht aus der Subadditivität, sondern der Irreversibilität der Kosten resultieren. Im Unterschied zu fixen Kosten, deren Niveau nicht mit der Ausbringungsmenge oder Nachfragerzahl variiert, beschreibt die Reversibilität von Kosten, inwieweit sich diese durch einen Marktaustritt „abbauen" lassen. Für neue Wettbewerber stellen Irreversibilitäten Barrieren beim Marktaustritt dar, die sie beim Markteintritt berücksichtigen müssen.[233]

Signifikante Irreversibilitäten scheinen in dem Fall zu bestehen, dass Ressourcen *spezifisch* für die jeweilige Nutzung sind und ihr gegenwärtiger Wert $I^A_{t=1}$ in einer alternativen Nutzung wie etwa dem Marktaustritt stark sinkt. Nach WILLIAMSON ist eine spezifische Ressource dadurch gekennzeichnet, dass ihr Wert zu großen Teilen aus einer für die jeweilige Nutzung spezifischen *Quasi-Rente* bestehe, deren Verlust in der nächstbesten Verwendung $I^O_{t=1}$ zu erwarten sei.[234] Somit weise die Spezifität einer Investition eine Verbindung zum Konzept der versunkenen Kosten auf.[235] Ideengeschichtlich übernimmt WILLIAMSON mit dem Renten-Begriff einen Ansatz von KLEIN/CRAWFORD/ALCHIAN, die wiederum MARSHALLS Konzept der Quasi-Rente aufgreifen.[236]

WILLIAMSONS Verwendung der Quasi-Rente zur Beurteilung des Risikos einer Investition kritisiert PIES als zu vage und entscheidungstheoretisch falsch.[237] Demnach kann eine Investition, in diesem Fall ein Markteintritt, selbst dann vorteilhaft sein, wenn ein später notwendiges Ausscheiden aus dem Markt den Verlust einer hohen Quasi-Rente bedeutet ($I^A_{t=1} >> I^O_{t=1}$). Entscheidungstheoretisch sei nach PIES nicht der drohende Verlust der Quasi-Rente ausschlaggebend, sondern die Entwicklung der Opportunität, also des Investitionswerts nach Marktaustritt $I^O_{t=1}$. Hat sich dieser Wert

---

[233] Streng genommen sind die Kosten des Markteintritts im betriebswirtschaftlichen Sinne versunken, also eigentlich historische Ausgaben ohne Entscheidungsrelevanz. In der Theorie bestreitbarer Märkte sehen BAUMOL/PANZAR/WILLIG versunkene Kosten als irreversible Kosten, die auch durch eine völlige Einstellung der Produktion nicht „eliminiert" werden können. Vor Markteintritt sind diese in Zukunft versinkenden Kosten nicht zur entscheidungsrelevant, da sie später eine Bindungswirkung an die aktuelle Verwendung entfalten. Da die erwartbar versinkenden Kosten schon vor Markteintritt mit den fiktiven Erlösen bei Marktaustritt verrechnet werden, dienen sie als Indikator für die faktisch zu erwartende Bindung. Abhängig von möglichen Opportunitäten beim Marktaustritt ist die Höhe dieser irreversiblen Kosten unterschiedlich hoch. In diesem Sinne geht die Verwendung des Konzepts der Versunkenheit von Kosten in der volkswirtschaftlichen Wettbewerbstheorie über den Begriff der sunk costs in der betriebswirtschaftlichen Kostenrechnung hinaus. Vgl. **Baumol/Panzar/Willig** (1988), S. 280.
[234] Vgl. **Williamson** (1985/1987), S. 55 f.
[235] Vgl. **Williamson** (1989/1996), S. 59.
[236] Vgl. **Klein/Crawford/Alchian** (1978), S. 298 ff.
[237] Vgl. **Pies** (1993), S. 234 f., **Pies** (2001), S. 106 f.

5.1 Medien – ein (Un)Natürliches Monopol? 129

gegenüber dem Status quo $I^S_{t=0}$ verbessert, mag die Investition nach WILLIAMSON aufgrund ihrer hohen Quasi-Rente zwar spezifisch sein, sie ist aber in jedem Fall vorteilhaft ($I^O_{t=1} > I^S_{t=0}$). Gegenüber der Spezifität nach WILLIAMSON, dem zeitpunktbezogenen Ex-post-Vergleich von erst- und zweitbester Verwendung ($I^A_{t=1}$ vs. $I^O_{t=1}$), sieht PIES in der *Brisanz*, dem zeitraumbezogenen Vergleich von Status quo und zweitbester Verwendung ($I^O_{t=1}$ vs. $I^S_{t=0}$), das richtige Maß für die Gefährlichkeit einer Investition.[238] Demnach kann beispielsweise ein Markteintritt brisant sein, da hierdurch der Wert einer Ressource in der alternativen Verwendung, also dem späteren Ausscheiden aus dem Markt, gegenüber dem Status quo sinkt, obwohl nur eine geringe oder gar keine Quasi-Rente entsteht ($I^O_{t=1} = I^A_{t=1} < I^S_{t=0}$).

Entscheidungstheoretisch lassen sich jedoch zwei Größen nicht direkt miteinander vergleichen, die zu unterschiedlichen Zeitpunkten Gültigkeit besitzen. Um als Maß für das Risiko einer Markteintrittsentscheidung zu dienen, gilt es also, die mit dem Konzept der Brisanz zeitraumbezogene Sicht zugunsten einer Zeitpunktbetrachtung aufzugeben. Zum Zeitpunkt des Marktaustritts ist die mögliche Opportunität $I^O_{t=1}$ zur Marktinvestition mit der Entwicklung des Status quo oder einer sicheren Investition $I^S_{t=1}$ zu vergleichen. Der Markteintritt ist dann risikoreich, wenn die Opportunität im Zeitablauf hinter den fortgeschriebenen Wert des Status quo zurückfällt ($I^O_{t=1} < I^S_{t=1}$). In diesem Sinne risikoreiche, nicht allein spezifische oder brisante Investitionen zeichnen sich durch einen Wert im Markt aus, der nicht nur bei Marktaustritt verloren geht, sondern auch eine Verschlechterung gegenüber dem Status quo bedeutet.

Bezogen auf die Marktmacht des etablierten Alleinanbieters stellt sich die Situation damit differenzierter dar: Allein bei einer risikoreichen Marktinvestition ist die Zutrittsdrohung des neuen Anbieters nicht glaubhaft und entfaltet keine disziplinierende Wirkung. Dann verfügt der Monopolist über den Spielraum, den Preis nicht nur über den Grenzkosten, sondern über den langfristigen Durchschnittskosten zu halten und so dauerhaft Monopolgewinne zu erzielen. Lassen sich hingegen die Markteintrittsbarrieren durch neue Wettbewerber überwinden, hängt es von der Schnelligkeit der Preisreaktion durch den bisherigen Monopolisten ab, ob die irreversiblen Kosten des Markteintritts gedeckt werden können.[239]

Umgekehrt ist zu erwarten, dass bei fehlenden oder niedrigen Marktbarrieren jede Monopolrente von neuen Wettbewerbern abgeschöpft wird. Da der alteingesessene Anbieter dann jederzeit mit dem Markteintritt von Konkurrenten rechnen muss, entfaltet schon deren Zutrittsdrohung eine preissenkende Wirkung. Trotz seiner Alleinstellung im Markt kann der Anbieter nicht uneingeschränkt als Preissetzer agieren und durch Mengenreduktion den Preis auf COURNOT-Niveau heben. Auf perfekt be-

---

[238] Vgl. **Pies** (1993), S. 234 f., **Pies** (2001), S. 106 f.
[239] Vgl. **Fritsch/Wein/Ewers** (1993/2005), S. 205.

streitbaren Märkten disziplinieren folglich potenzielle Wettbewerber den etablierten Anbieter wie faktische Konkurrenten.

Die Bestreitbarkeit des Marktes hat weitreichende Konsequenzen für die Nachfrager. Zum einen sind bei vollständiger Bestreitbarkeit die genannten preislichen, quantitativen, qualitativen und kostenmäßigen Ineffizienzen weder in statischer noch dynamischer Form zu erwarten. Zum anderen kann der disziplinierte Natürliche Monopolist die Kostenvorteile aus Subadditivitäten realisieren und an Nachfrager weitergeben, ohne dass es durch einen weiteren Wettbewerber zu einer ineffizienten Duplizierung von Kosten käme. Von der faktischen Alleinstellung eines Anbieters auf die Notwendigkeit eines staatlichen Eingriffs zur Eindämmung der entstehenden Ineffizienzen zu schließen, ist damit wissenschaftlich kaum haltbar. Vielmehr ist ein staatlicher Eingriff bei einem marktzutrittsgefährdeten Natürlichen Monopol bestenfalls unnötig,[240] möglicherweise sogar wohlfahrtsschädlich.

Bei der Analyse der Bestreitbarkeit von Märkten darf nicht der Fehler gemacht werden, fixe mit irreversiblen Kosten gleichzusetzen. Dies lässt sich wiederum an der Produktion und Ausstrahlung einer einzelnen Fernsehsendung verdeutlichen: Zwar sind die Kosten des Produktionsprozesses fix und bei der späteren Ausstrahlung bereits versunken, weshalb theoretisch eine beliebig große Zahl von Zuschauern ohne zusätzliche Kosten mit dem Programm versorgt werden kann. Zu kurz gegriffen ist aber, von dieser Kostenstruktur zu schließen, der Markt für Fernsehsendungen sei zutrittsgeschützt und jede Fernsehsendung bedeute ein Natürliches Monopol: Üblicherweise stellen die Fixkosten der Programmproduktion *keine Irreversibilitäten* dar. So ist zu erwarten, dass ein aus dem Markt ausscheidender Anbieter stets den Versuch unternehmen wird, einen Verwerter für bereits produzierte Sendungen zu finden, um so bei Ausscheiden aus dem Markt die Kosten der Produktion zumindest teilweise noch zu amortisieren.

Existiert ein solcher Markt für produzierte Fernsehsendungen, werden andere Sender ihren Bedarf an Sendeinhalten nicht ausschließlich durch Eigenproduktionen, sondern auch durch Einkäufe von Sendungen befriedigen. Zwar wird das Volumen auf diesem Markt von der nach einzelnen Sendeinhalten differenzierten Nachfrage abhängen, sich also zwischen tendenziell schwerer verwertbaren Sendungen mit zeitlich gebundenen oder eng fokussierten Themen und massentauglichen Shows und Spielfilmen unterscheiden. Generell jedoch davon auszugehen, dass produzierte Sendungen bei einem Ausscheiden aus dem Markt wertlos sind und folglich Irreversibilitäten in jedem Fall in Höhe der fixen Kosten anfallen, dürfte zu einem erheblichen Überschätzen bestehender Marktbarrieren führen.

---

[240] BAUMOL/PANZAR/WILLIG betonen in ihrer Theorie der „contestable markets", dass dieser Schluss nur für perfekt bestreitbare Märkte gilt. Angewendet auf reale Märkte dürfe deshalb die Theorie nicht als Laissez-faire-Plädoyer verstanden werden, sondern müsse die faktische Bestreitbarkeit konkret untersucht werden. Vgl. **Baumol/Panzar/Willig** (1988), S. 485 ff.

5.1 Medien – ein (Un)Natürliches Monopol? 131

Kaum zu erwarten ist demnach, dass die aus der Produktionstechnologie resultierenden Kostenvorteile des Monopolisten den Markteintritt eines zweiten Wettbewerbers quasi „natürlich" verhindern. Selbst wenn potenzielle Wettbewerber zu Kosten in gleicher Höhe und Struktur gezwungen sind, stellt nicht der Vorleistungscharakter der fixen Kosten, sondern deren Irreversibilität die entscheidende Markteintrittsbarriere dar. Nachdem das Vorliegen subadditiver Kostenstrukturen eine Ursache für Konzentrationstendenzen in dem Markt sein kann, gestattet erst die Nicht-Bestreitbarkeit des Marktes dem Alleinanbieter, sein Natürliches Monopol zum Setzen von Monopolpreisen und zur Erzielung von Monopolrenten zu nutzen. Aus wirtschaftspolitischer Sicht ist deshalb weniger das Vorhandensein eines Natürlichen Monopols als dessen Bestreitbarkeit von Bedeutung.

Bestehen Barrieren, die den Marktaustritt von Wettbewerbern faktisch unmöglich machen, kann es bei subadditiven Kostenstrukturen theoretisch zu einer *ruinösen Konkurrenz* der Marktteilnehmer kommen. Bei ruinöser Konkurrenz ist es jedem im Markt aktiven Wettbewerber möglich, den Preis bis auf das Niveau der kurzfristigen Grenzkosten zu senken und so seinen Marktanteil zulasten von Konkurrenten auszudehnen. Obwohl die Wettbewerber dann ebenfalls zu Preissenkung gezwungen wären, ist bei diesem Preisniveau kein Anbieter überlebensfähig, da die mittel- bis langfristig entstehenden Fixkosten nicht mehr gedeckt werden.

Zweifelhaft ist, inwieweit ruinöse Konkurrenz eine Relevanz für die Wirtschaftspolitik besitzt. Zwar wurden in vielen Wirtschaftsbereichen – etwa der Stahlproduktion oder dem Bergbau – staatliche Regulierungen damit gerechtfertigt, dass es ohne die Eingriffe zu einer ruinösen Konkurrenz der Anbieter und zu Wohlfahrtsverlusten aufgrund ineffizienter Doppelinvestitionen käme. In der Ökonomik werden aber die Gefahren ruinöser Konkurrenz und ineffizienter Doppelinvestitionen seit Langem mit erheblicher Skepsis gesehen.[241]

2) Monopolistische Substitutionskonkurrenz und das Fehlen direkter Preise

In der bisherigen Diskussion wurde die Bestreitbarkeit des Natürlichen Monopols vornehmlich daran festgemacht, ob auf der Angebotsseite Marktbarrieren im Sinne von Irreversibilitäten bestehen. Durch den Fokus auf die Kostensituation und das effektive Angebot des Alleinanbieters galt das Augenmerk bislang stets der Nachfrage nach einem einzigen, damit homogenen Gut. Die Substitutionskonkurrenz zu anderen Angeboten war nicht vollständig ausgeklammert, trat jedoch in den Hintergrund. Dabei darf nicht ausgeblendet werden, dass aus Sicht der Nachfrager das Monopol bestreitbar sein kann, wenn Substitutionsmöglichkeiten zu anderen, verwandten Produkten bestehen und

---
[241] Vgl. u. v. **Fritsch/Wein/Ewers** (1993/2005), S. 210.

verfügbar sind. Zur Beurteilung der Marktmacht des Monopolisten und hieraus erwachsenden Ineffizienzen ist die Bestreitbarkeit des Marktes für die Nachfrager, nicht nur für potenzielle Wettbewerber von entscheidender Bedeutung. Korrespondierend mit der Darstellung im Marktdiagramm ist es damit sinnvoll, zwischen den beiden Arten einer nachfrager- und einer anbieterseitigen Bestreitbarkeit zu unterscheiden.

Diese beiden Arten von Bestreitbarkeit wirken sich auf den Verlauf der Angebots- und Nachfragekurve aus. Bestand die effektive Angebotskurve des Monopolisten bei COURNOT-Preisbildung aus einem einzigen Punkt und wurde bei perfekter Preisdifferenzierung zu einer Geraden, die deckungsgleich mit der Nachfragekurve ist, kann sich ein Natürlicher Monopolist in einem vollständig bestreitbaren Markt nicht als Preissetzer verhalten. Aufgrund des Wettbewerbsdrucks wird seine effektive Angebotskurve hier vollständig preiselastisch, also horizontal verlaufen.

Auf der anderen Marktseite wird der Verlauf der Nachfragekurve entscheidend von einer bestehenden Substitutionskonkurrenz beeinflusst. In diesem Sinne deutet eine preisunelastische, also steile Nachfragekurve darauf hin, dass sich Nachfragern nur geringe Substitutionsmöglichkeiten bieten, der Alleinanbieter c. p. folglich über mehr Marktmacht verfügt. Demgegenüber wird die Nachfragekurve mit zunehmendem Substitutionswettbewerb preiselastischer, der Preissetzungsspielraum des Monopolisten schwindet. Bei einer vollkommen preiselastischen Nachfrage führt dementsprechend die COURNOT-Preisbildung und jede Art der Preisdifferenzierung zu dem gleichen, einheitlichen Preis, der auch bei Mengenanpassung herrschen würde. Dies gilt auch für die in Abb. 5-1 beschriebene Nachfrage nach einem medialen Gut wie einer Fernsehsendung. Da die nachfrageseitige Bestreitbarkeit des Marktes den Natürlichen Monopolisten diszipliniert, besteht wiederum keine Notwendigkeit für eine staatliche Intervention in den Markt.

Die in Abb. 5-1 wiedergegebenen Verläufe von Angebot und Nachfrage spiegeln bereits implizit diese beiden Arten von Bestreitbarkeit wider. Ein erheblich verändertes Marktmodell ergibt sich, werden die Gutseigenschaften und bestehende Substitutionsbeziehungen explizit als räumliche Dimensionen dargestellt. Ein solches Modell eines unmittelbar abgebildeten Qualitätswettbewerbs wurde erstmals von HAROLD HOTELLING (1895–1973) im Jahre 1929 anhand eines einfachen linearen Marktes beschrieben.[242] In dem Modell von HOTELLING lässt sich der Fernsehmarkt als abgestuft intensive Substitutionskonkurrenz zahlreicher Anbieter entlang der relevanten Eigenschaften der Sendung – beispielsweise Thema, Qualität und Sendetermin – sehen. Werden etwa die beiden ersten Kriterien in diesem zweidimensionalen Marktmodell abgetragen, kann – wie im weiteren Verlauf – zwischen der horizontalen Qualität

---

[242] Vgl. **Hotelling** (1929). Zur ausführlichen Darstellung des Modells von HOTELLING vgl. **Schröder** (1997a), S. 50 ff.

5.1 Medien – ein (Un)Natürliches Monopol?

(als Art, Format, Inhalt) und der vertikalen Qualität (als Güte des Programmes) unterschieden werden.[243]

Aufgrund der expliziten Darstellung verschiedener Gutseigenschaften als räumliche Koordinaten stellt sich ein Natürliches Monopol für eine Fernsehsendung nun lediglich als Ausschnitt des Gesamtmarktes dar.[244] Abhängig vom Abstand zu Konkurrenzangeboten ist jedes Angebot eines Senders wettbewerblich bestreitbar, da den einzelnen Anbieter nicht absolut unüberwindliche Marktbarrieren oder eine fehlende Substitutionskonkurrenz schützen. Die Sender treten also nicht als zutrittsgeschützte Monopolisten, sondern als – wie von CHAMBERLIN allgemein beschrieben – *Monopolistische Konkurrenten* mit einem nur begrenzten Preissetzungsspielraum auf, die die ebenfalls räumlich differenzierte Nachfrage nach den Sendungen zu befriedigen suchen.[245]

Verhältnismäßig leicht lässt sich ein zweidimensionales HOTELLING-Modell des Qualitätswettbewerbs um dynamische Aspekte – wie Wanderungsbewegungen von Zuschauern – erweitern. In der bisherigen Diskussion wurde davon abstrahiert, dass Zuschauer die gleiche Sendung nicht beliebig häufig sehen. Wird in der Praxis eine Sendung wiederholt, bestehen die Kostenvorteile, die möglicherweise ein Monopol bedingen würde, für jede weitere Ausstrahlung fort. Obwohl sich die einzelne Sendung nicht technisch abnutzt oder verbraucht, wird die Nachfrage im Zeitablauf schrittweise versiegen, da zu erwarten ist, dass Zuschauer bei erneuter Ausstrahlung zu anderen, bislang von ihnen ungesehenen Sendungen abwandern. Zwar würde sich ein Natürliches Monopol eventuell durch den Nachfrageschwund kurzfristig verschärfen, anschließend jedoch der Bedeutungslosigkeit anheimfallen. Werden diese dynamischen Aspekte berücksichtigt, zeigt sich, dass das Natürliche Monopol für eine Fernsehsendung nur temporär Gültigkeit besitzt.

Von einem weiteren Aspekt wurde ebenfalls im Marktmodell der Abb. 5-1 abgesehen, obwohl er real eine Rolle spielt. Gegenwärtig zahlen nur wenige Konsumenten sowohl direkt als auch einzeln für die von ihnen konsumierten Fernsehsendungen. Die überwiegende Mehrheit an Sendungen etwa auf dem deutschen Fernsehmarkt wird über Rundfunkgebühren oder Werbung finanziert. Direkt finanzierten Angeboten, meist auf Basis nutzungsunabhängiger Abonnementverträge, kommt demgegenüber nur ein geringer Marktanteil zu.

Angesichts der Dominanz dieser indirekten Finanzierungsformen kann ein Anbieter – selbst bei bestehenden Subadditivitäten – keinen Wettbewerbsvorteil gegenüber

---

[243] NOAM übernimmt das lineare Modell von HOTELLING und überträgt es auf den Fernsehmarkt. NOAMs zweidimensionales Spektrum der Programmformate wird zwischen einer kulturellen Höhe und der Intensität dieses Inhalts aufgespannt. Vgl. **Noam** (1988).
[244] Das bereits diskutierte Marktversagen durch Informationsasymmetrien lässt sich dann als Problem ungewisser vertikaler Programmgüte verstehen, der stärker eine Erfahrungs- oder Vertrauensguteigenschaft zukommt als der horizontalen Qualität in Form von Art, Format oder Inhalt.
[245] Vgl. **Chamberlin** (1933/1969), insbesondere S. 56 ff.

Nachfragern in Form höherer Preise realisieren.[246] Stattdessen treten Konkurrenten bei einem attraktiven Nachfragepotenzial in den Partialmarkt ein und versuchen, Zuschauer mit gleichartigen Sendungen von dem etablierten Anbieter abzuwerben. Bestünde ein Natürliches Monopol, wäre dieses Abschneiden von Marktanteilen aus den genannten Gründen wenig rational und real entsprechend selten zu beobachten.

e. Bestreitbares Natürliches Monopol beim Angebot von Fernsehsendungen

Die Auseinandersetzung mit Subadditivitäten bei der Produktion einzelner Fernsehsendungen führt zu vier später relevanten Ergebnissen:

1. Die Produktion von medialen Gütern wie Fernsehsendungen mag theoretisch mit Subadditivitäten verbunden sein, die sich nicht mit zunehmender Nachfragerzahl erschöpfen. Bezogen auf die Kostensituation des Anbieters dürfte damit ein persistentes Natürliches Monopols gegeben sein, das sich selbst bei Berücksichtigung der relevanten Nachfrage nicht erschöpft.
2. Trotz dieses subadditiven Kostenverlaufs dürfte das Natürliche Monopol in hohem Maße bestreitbar sein. Aus Anbietersicht sprechen hierfür geringe irreversible Kosten der Produktion, welche auch einer ruinösen Konkurrenz zwischen verschiedenen Anbietern von Sendungen entgegenstehen.
3. Aus Nachfragersicht begrenzt die vermutlich hohe Substitutionskonkurrenz zwischen einzelnen Sendungen die Marktmacht des oder der Anbieter. Im Modell des räumlichen Qualitätswettbewerbs beschränkt sich jedes Natürliche Monopol auf einen verhältnismäßig kleinen Marktausschnitt entlang des Spektrums der nachgefragten Sendeformate. Aufgrund der sich dynamisch verändernden Nachfrage nach Sendungen hält jeder Alleinanbieter nur ein temporäres Monopol.
4. Auf einem überwiegend indirekt finanzierten Markt wie dem deutschen Fernsehmarkt verfügt ein Natürlicher Monopolist über keinen unmittelbaren Wettbewerbsvorteil beim Zuschauer, da hier keine direkte Preisbeziehung zwischen Anbietern und Nachfragern besteht.

Wird also neben dem Natürlichen Monopol als Marktkonstellation, dem Zusammenspiel aus anbieterseitigen Subadditivitäten und relevanter Nachfrage, auch die Bestreitbarkeit aus Anbieter- und Nachfragersicht betrachtet, relativieren sich die Gefahren eines Marktversagens auf dem zunächst isoliert betrachteten Markt für einzelne Fernsehsendungen erheblich.

---

[246] Welchen Einfluss diese indirekten Finanzierungsregime auf das ausgestrahlte Programmangebot haben, wird in Kap. 5.3, S. 189, untersucht.

5.1.1.2 Der Markt für vollständige Fernsehprogramme als Natürliches Monopol

Nach der Auseinandersetzung mit der Produktion und der Ausstrahlung einzelner Sendungen stellt sich die Frage, inwieweit der Fernsehmarkt als Ganzes ein Natürliches Monopol darstellt und von einem Marktversagen bedroht ist.

a. Subadditivitäten bei der Produktion von Fernsehprogrammen

Der Schritt vom engen Fokus auf eine einzelne Sendung hin zu einer erweiterten Sicht auf den Markt für Fernsehprogramme lässt sich wiederum anhand von Abb. 5-1 verdeutlichen. Unter der Menge x wird nicht mehr die Zahl der Nachfrager einer isolierten Sendung, sondern die des gesamten Programmes verstanden. Statt der fixen Produktionskosten der Sendung entspricht der Fixkostenblock K_F der Mindestbetriebsausstattung des Senders, als technische Unteilbarkeit also den fixen Kosten des Sendebetriebs. Diese Kosten bestehen in der Praxis überwiegend aus den Kosten für Personal, Gebäude, Aufnahme- und Übertragungstechnik, Ausstrahlungsrechte einzelner Sendeinhalte und zur Erlangung der Sendelizenz.

Mit der so veränderten Herangehensweise lässt sich das im Jahre 1961 ergangene Urteil des Bundesverfassungsgerichts zur Regulierung des deutschen Fernsehmarktes ökonomisch interpretieren. Die Nicht-Zulassung privater Wettbewerber und die Existenz der öffentlich-rechtlichen Anstalten wurden in dem Urteil u. a. mit einem im Vergleich zur Presse „außerordentlich großen finanziellen Aufwand" begründet.[247] Im Sinne der Theorie Natürlicher Monopole stand der Zulassung weiterer, vor allem privater Wettbewerber entgegen, dass die Produktion von Fernsehprogrammen im Vergleich zu anderen medialen Gütern mit wesentlich höheren fixen Kosten verbunden war.

Diese Einschätzung des Verfassungsgerichts scheint die Analyse von MÜLLER aus dem Jahre 1979 zu stützen.[248] Anhand konkreter Kosteninformationen hat MÜLLER versucht, die Existenz von Subadditivitäten auf dem deutschen Fernsehmarkt empirisch nachzuweisen. Für den von ihm untersuchten Zeitraum ist er zu dem Ergebnis gekommen, dass das Angebot des ZDF mit hohen Skalenerträgen verbunden sei, die bei der damals gegebenen Nachfrage zu einem Drittel oder sogar nur einem Viertel ausgeschöpft würden.[249]

Nicht übersehen werden darf dabei, dass bereits aus theoretischer Sicht das vermeintliche Natürliche Monopol auf Senderebene eine andere als die bisher für einzelne Sendungen diskutierte Kostensituation beschreibt. Auf Ebene des Senders können sich die Fixkostenvorteile des Sendebetriebs sehr wohl mit zunehmender Zuschauerzahl

---
[247] BVerfG (1961), S. 261.
[248] Vgl. **Müller** (1979).
[249] Vgl. **Müller** (1979), S. 489.

z. B. aufgrund steigender Distributions- und Personalkosten erschöpfen. Zu erwarten ist, dass mit zunehmender Größe die Organisationskosten innerhalb des Senders steigen, also die Kosten der Administration überproportional zunehmen, während die Kosten für die eigentlichen medialen Inhalte in den Hintergrund treten. Die Durchschnittskosten DK in Abb. 5-1 dürften somit nicht unbegrenzt fallen, sondern nach Erreichen eines Minimums wieder ansteigen. Anders als in der engen Sichtweise eines mengenmäßig unbegrenzten Angebots an einer Einzelsendung ist in der erweiterten Perspektive ein Herauswachsen aus dem Natürlichen Monopol durch ein Nachfragewachstum nicht nur möglich, sondern sogar wahrscheinlich, sofern die relevante Nachfrage die Durchschnittskosten im Bereich der Kostenprogression schneidet. Wie erläutert, könnten dann zwei oder mehrere Anbieter am Markt bestehen.

b. Bestreitbarkeit des Marktes für Fernsehprogramme aus Sicht von Anbietern und Nachfragern

Wie bei einzelnen Fernsehsendungen erweist sich für ganze Fernsehprogramme die Frage, wie bestreitbar der Markt ist, als weitaus relevanter als jene danach, in welchem Umfang Subadditivitäten vorliegen. Zwar würde ein Programmanbieter über Größen- und Verbundvorteile verfügen, falls die relevante Nachfrage die Durchschnittskosten im degressiven oder schwach progressiven Bereich schneidet. Ungewiss ist aber, ob diese Kostenvorteile zur Herausbildung von Markt- und Monopolmacht ausreichen. Wie bei einzelnen Sendungen hängt die Bestreitbarkeit des Fernsehmarktes davon ab, in welcher Höhe Marktbarrieren für andere Wettbewerber bestehen und wie stark die Substitutionsmöglichkeiten für Nachfrager ausfallen.

1) Anbieterseitige Marktbarrieren des Fernsehmarktes

Die vormals als Ursache eines Natürlichen Monopols ausgemachten Kosten für mediale Inhalte stellen mit Blick auf den Sendebetrieb nur eine Kostenart unter anderen dar, die – bezogen auf die jeweilige Sendung – in unterschiedlicher Höhe und Reversibilität auftritt. Zudem dürften die Kosten für Inhalte ebenso wie weitere Kosten zwar fix für den Sender sein, sich bei Marktein- oder -austritt aber teilweise oder ganz abbauen lassen. In diesem Sinne sind die Personalkosten des Senders wohl unmittelbar abbaufähig. Die Kosten zur Erlangung der Sendegenehmigung dürften dagegen zu hohen Irreversibilitäten führen, da die Lizenz im Allgemeinen weder handel- noch übertragbar ist. Während erstere Kosten somit mit Verlassen des Marktes reversibel sind, stellen letztere echte Marktaus- und damit Markteintrittsbarrieren dar. Zwischen diesen beiden Extremen liegen in der Regel die Kosten für Gebäude und für technische Anlagen des Senders.

Bei dieser Einschätzung ist nicht zu vernachlässigen, dass sich nicht nur die Höhe, sondern auch die Reversibilität der Kosten im Zeitablauf ändern kann. Dies gilt sowohl für den vom Verfassungsgericht diagnostizierten „außerordentlich großen finanziellen Aufwand" als auch für die empirische Analyse des deutschen Fernsehmarktes von MÜLLER, dürften doch die insgesamt zur Programmproduktion notwendigen Kosten in den vergangenen Jahrzehnten erheblich gesunken sein. Waren noch in den 60er- oder 70er-Jahren umfangreiche Investitionen in die technische Infrastruktur des Senders notwendig, erlauben heute wesentlich günstigere digitale Bildaufnahme- und -bearbeitungssysteme – teilweise sogar Geräte für Endverbraucher – eine quasiprofessionelle Programmproduktion. So plausibel wie frühere Einschätzungen angesichts der damals notwendigen hohen Fertigungstiefe scheinen, wurden sie mittlerweile von der Marktentwicklung (ebenso wie von der aktuellen Rechtsprechung) überholt.

In gleicher Weise gilt dieses Ergebnis, wird der genannte „Aufwand" nicht ausschließlich im Sinne von Fixkosten, sondern als irreversible Kosten verstanden. Mit dem Sinken der Kosten für die Mindestbetriebsausstattung dürfte auch die Bedeutung von Irreversibilitäten als Marktbarrieren zurückgegangen sein. Dies gilt in besonderem Maße für Irreversibilität durch früher notwendige Sendenetze und die Sendelizenz. War bis in die 80er-Jahre die terrestrische Ausstrahlung die ebenso übliche wie beschränkte Distributionsform, bestehen heute mit direkt strahlenden Satelliten und den Breitbandnetzen der Kabelfernseh- und Telekommunikationsanbieter vielfältige Wege zur Verbreitung von Fernsehprogrammen. Auch der Erwerb einer Sendelizenz für diese neuen Distributionswege hat sich für potenzielle Fernsehanbieter erheblich vereinfacht oder ist, wie im Fall des Internetfernsehens, gar nicht notwendig.

Darüber hinaus ist die Höhe der Fixkosten abhängig von der Fertigungstiefe des Senders. Die Fertigungstiefe wiederum wird entscheidend von der Funktionsfähigkeit vor- und nachgelagerter Märkte bestimmt, kann somit in sich erst entwickelnden Volkswirtschaften oder bei neuen Technologien wie dem in den 50er- und 60er-Jahren erst aufkommenden Fernsehen hohe Werte annehmen. Mit fortschreitender wirtschaftlicher Entwicklung ist allerdings zu erwarten, dass der produktionsnotwendige Fixkostenblock sinkt, da Teile der ursprünglichen Produktion von vor- oder nachgelagerten Anbietern übernommen werden können.

Analog gilt für die Irreversibilität der Kosten, dass es einem Anbieter mit zunehmender Arbeitsteilung über Märkte erheblich leichter fällt, getätigte, vormals spezifische Investitionen an Wettbewerber oder Branchenfremde zu veräußern. Die Verfügbarkeit und Funktionsfähigkeit von Märkten senkt also die Höhe von Marktbarrieren. Da bestehende Marktbarrieren umgekehrt die Funktionsfähigkeit von Märkten beeinflussen, wirken irreversible Kosten in der Praxis auf das Ausmaß, in dem fixe Kosten durch Anbieter aufgebaut werden. Hierfür liefert wiederum der deutsche Fernsehmarkt ein Beispiel, waren doch bis zum Jahre 1984 die öffentlich-rechtlichen

Anstalten durch das herrschende Medienrecht vor privaten Wettbewerbern geschützt. Folge dieser Regulierung waren u. a. kostenmäßige Ineffizienzen in der Produktion. Der bei den Monopolisten entstandene Block an fixen Kosten dürfte damit weitaus größer als eigentlich produktionsnotwendig gewesen sein.

Selbst wenn das Ergebnis von MÜLLER als empirisch gültiger Nachweis für subadditive Kostenstrukturen gelten kann, wie sie zum damaligen Zeitpunkt bestanden, lässt sich hiermit die Frage nach deren natürlichen oder unnatürlichen Ursachen nicht beantworten. Angesichts der intensiven Regulierung, wie sie in den 70er-Jahren auf dem deutschen Fernsehmarkt bestand, wäre es notwendig (gewesen), die fiktive, unter Wettbewerbsbedingungen gültige Kostenstruktur, nicht die faktischen Kosten der Anbieter im regulierten Markt zu untersuchen. Die Vermutung liegt folglich nahe, dass die von MÜLLER nachgewiesenen Subadditivitäten erst Ergebnis der Abschottung des Marktes durch das geltende Medienrecht waren. Wie sich später zeigte, hätte ein funktionsfähiger Wettbewerb auf dem Fernsehmarkt zum einen die *produktionsnotwendigen Fixkosten* der dann gewinnorientierten privaten Anbieter gesenkt, zum anderen die Nachfrage nach den angebotenen Fernsehprogrammen vergrößert.

2) Substitutionskonkurrenz zwischen Fernsehprogrammen

Aus Nachfragersicht hängt die Bestreitbarkeit des Fernsehmarktes entscheidend von verfügbaren Substitutionsmöglichkeiten ab. Unterschiedlich intensiv bestehen vielfältige qualitative und zeitliche Substitutionsbeziehungen zwischen Fernsehprogrammen. Qualitativ konkurrieren Informationsprogramme nicht nur mit ähnlichen Programmformaten, sondern ebenso mit informierenden Unterhaltungsprogrammen und – dann abgeschwächt – mit reinen Unterhaltungsangeboten. Eine zeitliche Konkurrenz besteht sowohl zwischen den zeitgleich gesendeten Programmen als auch zu früher oder später ausgestrahlten Sendungen. Zusätzlich zu diesem intramedialen Wettbewerb herrschen Konkurrenzbeziehungen zu anderen Medien, die sowohl Informationen als auch Unterhaltung anbieten, sowie zu vielfältigen Unterhaltungsangeboten anderer Bereiche wie Filmen, Musik und Theaterspielen.

Angesichts dieser meist intensiven Substitutionskonkurrenz schon zwischen Fernsehprogrammen unterschiedlichster Art hängt real die Marktmacht eines Natürlichen Monopolisten weniger von seiner Kostenüberlegenheit als von dem Vorhandensein von Substitutionskonkurrenz beim jeweiligen Programmangebot ab.[250] Nur wenn die qualitative oder zeitliche Konkurrenz schwach ausfällt – beispielsweise bei der Live-Übertragung des Finales einer Fußballweltmeisterschaft –, ist davon auszugehen, dass

---

[250] Vgl. **Kruse** (1996), S. 36.

5.1 Medien – ein (Un)Natürliches Monopol?

die fehlende Bestreitbarkeit des Marktes einen Anbieter zu einem marktmächtigen Monopolisten macht.

Das bedeutet im Umkehrschluss, dass in der Regel kaum von einem nicht-bestreitbaren Natürlichen Monopol beim Angebot von Fernsehprogrammen auszugehen ist. Ein solches Monopol würde voraussetzen, dass erstens nennenswerte Kostenvorteile des Anbieters im Bereich der relevanten Nachfrage bestehen, das Monopol zweitens weder anbieter- noch nachfragerseitig bestreitbar ist und drittens mit einer relevanten Dauer, nicht nur zu einem bestimmten Zeitpunkt besteht. Selbst wenn die Produktion – der Einzelsendung oder des Gesamtprogrammes – mit signifikanten Subadditivitäten verbunden sein sollte, dürften die heutzutage meist niedrigen Marktbarrieren der eigentlichen Programmproduktion und eine überwiegend hohe Substitutionskonkurrenz zwischen den Programmen untereinander und zu anderen Medien den Markt bestreitbar machen. Im Sinne des beschriebenen mehrdimensionalen Modells monopolistischer Konkurrenz stellen die vermeintlichen Natürlichen Monopole damit höchstens abgestuft bestreitbare Partialmonopole dar, zwischen denen ein Wettbewerb nicht nur möglich, sondern auch real beobachtbar ist.

c. Subadditive Kostenstrukturen keine Besonderheit der Medienproduktion

Der Versuch, die Theorie Natürlicher Monopole auf den Fernsehmarkt anzuwenden, relativiert die Gefahr von Ineffizienzen und die – oft genannte – Besonderheit medialer Güter erheblich.[251] Der hohe Fixkostenanteil bei der Erstellung einer einzelnen Sendung oder eines Fernsehprogrammes ist kaum geeignet, eine Besonderheit der Medienproduktion auszumachen. Dies gilt für Subadditivitäten beim Angebot eines Mediums, einer Fernsehsendung ebenso wie eines Fernsehprogrammes, und analog für Synergien bei medienübergreifender Produktion.

Wie bei jedem Einzelmedium bedingt schon heute die Produktion einer Vielzahl von Gütern und Dienstleistungen einen hohen Anteil fixer gegenüber variabler Kosten. Neben Beispielen wie Stahl- oder Kernkraftwerken, Krankenhäusern oder Hotels fallen etwa die Produktion von Computerchips oder der Aufbau von Telekommunikationsnetzen ins Auge. Der Schluss liegt nahe, dass in modernen Volkswirtschaften eine fixkostenintensive Produktion keineswegs eine Besonderheit darstellt.

Wenn zudem in zahllosen Wirtschaftsbereichen durch stärkere Spezialisierung der Umfang an notwendigen Investitionen wächst, kann damit gerechnet werden, dass sich – trotz des bereits diskutierten technischen Fortschritts – auch der Fixkostenanteil der Produktion vergrößert, um etwa höhere Ausbringungsmengen zu ermöglichen. Außerdem verlängert sich in vielen Bereichen die Zeit bis zur Marktreife der Produkte,

---
[251] Zu den Besonderheiten der Medienproduktion vgl. u. v. **Kiefer** (2002), S. 496, **Messmer** (2002), S. 297 f., S. 315 f.

wodurch die ausbringungsfixen Kosten für Konzeption, Forschung und Entwicklung steigen. Hiervon sind mediale Güter wie Fernsehprogramme und Kinofilme ebenso betroffen wie die Entwicklung von Software oder Arzneimitteln. Der Gegensatz zwischen der Produktion „normaler" und medialer Güter, der eingangs zur Verdeutlichung von Unteilbarkeiten in der Medienproduktion diente, mag auf den ersten Blick einleuchtend erscheinen, hält einer empirischen Prüfung aber kaum stand.

Synergieeffekte in der Produktion und Vermarktung verwandter medialer Güter, die über eine vertikale oder horizontale Integration zu einem Natürlichen Monopol führen könnten, werden darüber hinaus in den letzten Jahren zunehmend kritisch beurteilt. Zwar lassen sich auch diese Effekte aus theoretischer Sicht plausibel vermuten, der Misserfolg von hierauf aufbauenden Geschäftsstrategien macht jedoch deutlich, dass empirisch entweder die Synergien überschätzt oder die gleichzeitig entstehenden Größen- und Verbundnachteile durch den steigenden Koordinationsaufwand und die sinkende Flexibilität unterschätzt wurden.

In diesem Sinne musste das in der Gründungsphase privater Fernsehprogramme initiierte „Verlegerfernsehen" – die Beteiligung von Verlagen an privaten Fernsehsendern – wenige Jahre später als gescheitert betrachtet werden, da sich mutmaßliche Synergieeffekte als zu gering, die einzelnen Medien hingegen als zu verschieden erwiesen hatten.[252] Die fälschliche Vision eines vertikal integrierten Konzerns macht KIEFER darüber hinaus verantwortlich für wirtschaftliche Schwierigkeiten bis hin zu Turbulenzen von Unternehmen wie BERTELSMANN, VIVENDI-Universal und AOL-TIME WARNER.[253] Letztlich sei selbst die Insolvenz des Konzerns von LEO KIRCH, der neben dem Handel mit Senderechten auch den Besitz von werbe- und direkt finanzierten Fernsehsendern umfasste, hierauf zurückzuführen. Scheinbar beschränken sich realisierbare Synergieeffekte darauf, dass erworbene Senderechte innerhalb von Senderfamilien für die jeweils senderspezifische Zielgruppe genutzt werden können.[254]

Das in den letzten Jahren bei allen Fernsehsendern beobachtbare Outsourcing belegt zudem, dass verstärkt die Vorteile schlanker, flexibler Produktionsstrukturen vor vermeintlichen Synergieeffekten gesehen werden. Die Idee des „Lean TV" beginnt das Leitbild eines stark vertikal integrierten Medienkonzerns abzulösen.[255]

---

[252] Vgl. **Röper** (2005), S. 403 f.
[253] Vgl. **Kiefer** (2002), S. 491.
[254] Zu den Vorteilen strategischer Senderfamilien in den Bereichen Zielgruppenansprache und Werbezeitvermarktung vgl. **Berg/Rott** (2000), S. 325.
[255] Vgl. **Schröder** (1997a), S. 85.

5.1.2 Fazit: Theorie Natürlicher Monopole als unzureichende Legitimationsbasis für staatliche Marktinterventionen

Die bisherige Diskussion war geprägt von der methodisch positiven Frage, inwieweit die Übertragung der Theorie Natürlicher Monopol auf mediale Güter Anhaltspunkte für ein Marktversagen liefern kann. Neben den eigentlichen Subadditivitäten, die sich wohl für einzelne Fernsehsendungen, nur schwach jedoch für ganze Fernsehprogramme begründen lassen, stellt sich die Bestreitbarkeit des Marktes aus Anbieter- und Nachfragersicht als entscheidendes Kriterium zur stärker normativen Begründung eines wirtschaftspolitischen Handlungsbedarfs heraus. Zahlreiche Gründe sprechen dafür, dass der Fernsehmarkt auf vielfältige Weise bestreitbar ist, also ein eventuell bestehendes Natürliches Monopol von potenziellen Wettbewerbern und abwanderungswilligen Nachfragern sanktioniert wird. Zudem wird deutlich, dass ein Monopolanbieter für Fernsehprogramme ebenso wie für einzelne Sendungen auf einem überwiegend indirekt finanzierten Markt wie dem deutschen Fernsehmarkt über keinerlei Wettbewerbsvorteile gegenüber den unmittelbaren Nachfragern verfügt.

Wird die Theorie Natürlicher Monopole konsequent auf mediale Güter angewendet, zeigt sich, dass volkswirtschaftlich die vermeintliche Besonderheit der Medienproduktion keineswegs ungewöhnlich und ein staatlicher Handlungsbedarf auf dieser Grundlage kaum begründbar ist. Obwohl die Theorie unverändert in der Medienökonomik als Grund für ein Marktversagen genannt wird,[256] dürfte dieses Urteil angesichts der genannten Argumente – vor allem der Bestreitbarkeit des Marktes aus Anbieter- und Nachfragersicht – schon theoretisch kaum haltbar sein.

Dabei erweist sich auf methodischer Ebene die Theorie Natürlicher Monopole als leistungsfähig genug, das Problem von Subadditivitäten bei der Medienproduktion auf eine strukturierte, präzise und objektivierbare Weise zu analysieren. Hinsichtlich ihrer theoretischen Basis, welche auf der neoklassischen Mikroökonomik aufbaut, kann die Theorie Natürlicher Monopole folglich als wissenschaftlich fundiert gelten.

Neben den Möglichkeiten, die die Theorie zur Analyse wirtschaftspolitischer Fragen besitzt, hat die bisherige Diskussion auch bestehende methodische Schwachpunkte und Grenzen des Ansatzes aufgezeigt. Diese bestehen vor allem in drei wesentlichen Punkte – der primären Angebotsorientierung, der Verwendung von objektiven, verursachungsgerechten Kosten und den Anreizwirkungen, die von der Theorie als Grundlage einer möglichen Regulierung ausgehen.

Erstens liegt der Fokus der Theorie im Gegensatz zur anschließend diskutierten Kollektivgut-Theorie originär auf der Angebotsseite des Marktes. Ausgehend von der Kostensituation der Programmproduktion wird untersucht, ob sich das Fehlen einer

---
[256] Vgl. **Heinrich** (1999), S. 120.

Konkurrenz zwischen Sendern als Natürliches Monopol begründen lässt. Da das Natürliche Monopol eine Marktkonstellation von Angebot und Nachfrage beschreibt, ist die Beurteilung des Natürlichen Monopols nur möglich, wird hierfür die gleichsam bedeutsame Rolle der Nachfrage betrachtet. Darüber hinaus lässt sich die Frage nach der Bestreitbarkeit des Marktes nur durch eine Diskussion der Höhe der Marktbarrieren für potenzielle Wettbewerber und der Substitutionskonkurrenz aus Nachfragesicht beantworten. Hierfür bietet die Theorie Natürlicher Monopole – anders als etwa die Wettbewerbstheorie – nur wenig Ansatzpunkte.

Methodisch ist zudem bezogen auf den Fernsehmarkt offen, inwiefern das Abstellen auf ein homogenes Gut besser als ein Modell des mehrdimensionalen Qualitätswettbewerbes geeignet ist, die Substitutionskonkurrenz zwischen einzelnen Programmangeboten abzubilden. Für einen veränderten Ansatz spricht zudem, dass die Theorie Natürlicher Monopole explizit auf den in der Regel bestehenden Preiswettbewerb zwischen Anbietern abstellt, der auf dem deutschen Fernsehmarkt aufgrund der vorherrschenden indirekten Finanzierungsregime gerade die Ausnahme bildet.

Zweitens erweist sich als Schwachpunkt der Theorie, dass zur Beurteilung von Subadditivitäten auf Kosteninformationen zugegriffen wird, die – wenn überhaupt – nur auf der betriebswirtschaftlichen Ebene des jeweiligen Einzelunternehmens zur Verfügung stehen. Aus volkswirtschaftlicher Sicht ist nicht nur die Ermittlung dieser Kosten mit erheblichen praktischen Schwierigkeiten verbunden, vor allem die Trennung in zur Leistungserstellung notwendige und nicht notwendige Kosten dürfte eine betriebswirtschaftliche Analyse voraussetzen, die ebenfalls über die Ansätze der Theorie Natürlicher Monopole deutlich hinausgeht. Zu diesen Schwierigkeiten treten in der Praxis Unsicherheiten und Beurteilungsspielräume bezüglich konkreter Kostenhöhen.

Wie wichtig eine Trennung gemäß der Notwendigkeit der Kosten ist, wurde bereits deutlich. Da in der Analyse von MÜLLER die faktischen Produktionskosten im öffentlich-rechtlichen Monopol, nicht jedoch die im Wettbewerb notwendigen Kosten betrachtet wurden, ergibt sich eine klare Überschätzung der mutmaßlichen Subadditivitäten.[257] Selbst ein gültiger empirischer Nachweis subadditiver Kostenstrukturen kann somit nicht als ein sicheres Indiz für ein Natürliches Monopol gelten, da im Falle eines regulierenden Eingriffs durch den Staat die veränderten Rahmenbedingungen die Diagnosebasis erheblich beeinflussen.[258] Im Fernsehmarkt liegt die Vermutung nahe, dass wahrscheinlich erst die Regulierung den Markt durch vorgeschriebene, aber nicht erteilte Sendelizenzen abgeschottet hat und das vermeintliche Natürliche Monopol Ergebnis des künstlichen Eingriffs war.

Drittens gilt es, die Anreizwirkungen zu berücksichtigen, falls die Theorie Natürlicher Monopole zur praktischen Politikgestaltung genutzt wird. Um zu validen Politik-

---

[257] Vgl. **Müller** (1979).
[258] Vgl. **Wenders** (1992), S. 13.

5.1 Medien – ein (Un)Natürliches Monopol?

empfehlungen zu kommen, muss die Diagnose eines Marktversagens nicht nur der Therapie logisch und zeitlich vorangehen, sie muss auch von der Therapie unabhängig sein. Ist diese Unabhängigkeit nicht gegeben, lässt sich die Diagnose im Hinblick auf die zu ergreifenden Maßnahmen beeinflussen. Es besteht die Gefahr, dass die angeblichen nicht den eigentlichen Gründen für die Maßnahme entsprechen.

Ein Beispiel für einen Theorieentwurf, der sich leicht aufgrund fehlender objektiver Diagnosebasis für eine interessengeleitete Politik instrumentalisieren lässt, ist – wie bereits erläutert – die Meritorik.[259] Bei einer in diesem Sinne anfälligen Theorie kann der Wunsch nach einem Markteingriff dem Diagnoseschritt vorausgehen.

Trotz der weitaus besseren wissenschaftlichen Fundierung kann auch die Theorie Natürlicher Monopole *politisch instrumentalisiert* werden. Diese Gefahr der Instrumentalisierung besteht, falls ein bereits im Markt tätiger Anbieter vermuten kann, die Diagnose von Subadditivitäten werde bewirken, dass der Staat in den betreffenden Markt regulierend eingreift, um etwa vermeintlich ineffiziente Doppelinvestitionen oder eine ruinöse Konkurrenz der Anbieter zu verhindern. In der politischen Praxis kann also der Schluss von einer fixkostenintensiven Produktion über ein Natürliches Monopol zur Schaffung eines wettbewerblichen Ausnahmebereichs führen. In schlichter Umkehrung der bisherigen Argumentation wird die Bestreitbarkeit des Marktes nicht als ein Mittel gegen die Ineffizienzen eines Monopolangebots gesehen, sondern in eine Ursache für weitere Ineffizienzen umgedeutet.

Eine auf diese Weise gewendete Theorie Natürlicher Monopole bietet einem bereits im Markt tätigen Anbieter hohe Anreize, die Diagnose von Subadditivitäten zu beeinflussen, um eine Regulierung des Marktes durchzusetzen. Der Eingriff des Staates erhöht die – für den etablierten Anbieter nicht mehr relevanten – Markteintrittsbarrieren und schließt so potenzielle Wettbewerber aus, die eine disziplinierende Wirkung ausüben könnten. Der Anbieter versucht, durch staatlichen Wettbewerbsschutz seine Monopolrente zu vergrößern und Marktmacht zu erlangen, also individuelle Vorteilsnahme im Sinne von „rent seeking"[260] zu betreiben.

Nach STIGLER lässt sich die Regulierung eines Marktes selbst als ein ökonomisches Gut betrachten, das vom Staat auf Nachfrage des regulierten Unternehmens angeboten wird.[261] Um Monopolist zu werden, hat der Anbieter ein starkes Interesse an der Beeinflussung der bestehenden Marktordnung. Die Regulierung erfolgt damit weniger aus Gemeinwohl- als aus Partikularinteresse. Anders als intuitiv zu erwarten, verfügt das regulierte Unternehmen häufig nicht über eine Zahlungsbereitschaft für die Vermeidung der staatlichen Regulierung, sondern gerade für deren Bereitstellung.

---

[259] Zum Prinzip der Nicht-Paternalistik vgl. Kap. 2.2.2, S. 28.
[260] Eine erste systematische Diskussion von „rent seeking" liefert TULLOCK, während der Ausdruck selbst auf KRUEGER zurückgeht. Vgl. **Tullock** (1967), **Krueger** (1974).
[261] Vgl. **Stigler** (1971).

Treffen Angebot und Nachfrage aufeinander, entsteht im Sinne dieser ökonomischen Regulierungstheorie ein Markt für Regulierung.[262] Als ein Hauptgrund für die Existenz „unnatürlicher" Monopole kann also die staatliche Befriedigung der *Nachfrage nach Regulierung* gesehen werden.

Da die Theorie Natürlicher Monopole auf betriebswirtschaftlichen Kosteninformationen aufbaut, bestehen für den Anbieter zahlreiche Möglichkeiten, die notwendige Diagnose durch den Ausweis subadditiver Kostenstrukturen in seinem Sinne zu beeinflussen. Im Fall eines staatlichen Eingriffs lassen sich die Kosteninformationen, so sie dem einzelnen Unternehmen überhaupt bekannt sind, geheim halten, in ihrer Höhe verzerren oder als verursachungsgerecht darstellen. In vielen Fällen wird das zu regulierende Unternehmen über einen Informationsvorsprung verfügen und diesen versuchen zu nutzen. Die produktionsnotwendigen Kosten als scheinbar objektive Beurteilungsbasis dürften damit in der Praxis nur bedingt verlässlich sein.

Neben einer veränderten Darstellung bestehender Kosten ist es dem Anbieter möglich, eine staatliche Regulierung des Marktes auf Basis von Subadditivitäten dadurch wahrscheinlicher zu machen, dass er selbst strategisch Fixkosten aufbaut. Eine hohe, nicht produktionsnotwendige Fertigungstiefe ist hierfür ebenso geeignet wie Investitionen in Großtechnologien.

Zu diesen Problemen der Darstellung und Beeinflussbarkeit der Kostenbasis treten überraschenderweise erhebliche Schwierigkeiten bei der zweifelsfreien Interpretation der empirischen Daten. Am Beispiel der Ortsnetztelefonie zeigt sich, dass selbst objektiv unstrittige Kosteninformationen als Analysebasis zu widersprüchlichen Schlussfolgerungen bei der Existenz oder Nicht-Existenz eines Natürlichen Monopols führen können.[263] Ist schon die Diagnose mit erheblichen Unsicherheiten behaftet, wird es unwahrscheinlicher, dass die Therapie mögliche Ineffizienzen beseitigt, sondern durch die Schaffung „unnatürlicher" Monopole selbst erst zur Quelle von Wohlfahrtsverlusten wird.

Zusammenfassend zeigt sich, dass die Theorie Natürlicher Monopole trotz ihrer mikroökonomischen Basis zur praktischen Politikberatung nur sehr bedingt geeignet ist.[264] Vor allem Schwächen in der empirischen Fundierung der Theorie und die Gefah-

---

[262] POSNER unterscheidet zwischen STIGLERs ökonomischer Theorie und nicht-ökonomischen Theorien der Regulierung wie etwa der einfachen gemeinwohlorientierten Regulierungstheorie, der Interessengruppentheorie oder der „Capture"-Theorie. Vgl. **Posner** (1974), S. 343.

[263] Die selbst heute noch kontroversen Urteile in der Ökonomik über die Zerschlagung des amerikanischen Telekommunikationsanbieters AT&T stellen hierfür ein Beispiel dar. Vgl. **Berg/Tschirhart** (1995), S. 104 ff.

[264] Zu einem harschen Urteil kommt GARY BECKER, der der Theorie Natürlicher Monopole eine Relevanz für die praktische Wirtschaftpolitik weitgehend abspricht, was insbesondere für moderne, dynamische Volkswirtschaften gelte. Die Theorie ist für BECKER ein Konzept, das sich zum Nutzen von Konsumenten wie Produzenten überlebt hat. Vgl. **Becker** (1997), S. 26.

5.2 Medien – (k)ein Kollektivgut?

ren einer Instrumentalisierung schränken die praktische Anwendbarkeit ein. Anders als es auf den ersten Blick scheint, kann die Theorie Natürlicher Monopole zur Lösung praktischer Probleme in der Medienökonomik nur einen geringen Beitrag leisten.

5.2 Medien – (k)ein Kollektivgut?

5.2.1 Kollektivgut-Eigenschaften medialer Güter als Ursache für ein Marktversagen

5.2.1.1 Auseinanderfallen der effektiven und potenziellen Nachfrage nach einem Kollektivgut

Als zweiter, aus der Finanzierung medialer Güter herrührender Grund für ein Marktversagen werden regelmäßig deren besondere Eigenschaften als öffentliches, kollektives Gut genannt,[265] vereinzelt sogar als Hauptgrund für ein Marktversagens gesehen.[266] Bereits die Bezeichnung „öffentliches Gut" ist dabei häufig Quelle von Missverständnissen. In vielen, auch medienpolitischen Debatten wird das Attribut „öffentlich" mit „für die Gesellschaft" gleichgesetzt.[267] Öffentliche Güter wären damit Gemeinschaftsgüter, die aufgrund ihres gesellschaftlichen Nutzens öffentlich, d.h. in der Regel vom Staat bereitgestellt werden und kostenlos konsumierbar sein sollen. Kaum verschleiert tritt die Vorstellung eines frei verfügbaren Angebots hinter dem Attribut „öffentlich" zutage – öffentliche Güter wären nach diesem Verständnis lediglich eine Spielart meritorischer Güter.

Wenn demgegenüber in der Ökonomik Fernsehprogramme als typisches Beispiel für Kollektivgüter angeführt werden, liegt dieser Verwendung eine enger gefasste Definition für ein öffentliches Gut zugrunde.[268] Ein Fernsehprogramm, das auf traditionellem Wege über terrestrische Sendeanlagen ausgestrahlt wird, ist demnach ein öffentliches Gut, da es für jeden potenziellen Zuschauer nutzbar ist, ohne dass nichtzahlungsbereite Konsumenten ausgeschlossen werden können. Wie bereits das Marktversagen durch Natürliche Monopole stellen bei Medien auch deren Eigenschaften als Kollektivgut technische, dem Gut scheinbar inhärente Attribute dar.[269]

---

[265] DOYLE geht sogar so weit, dass er das für die Ökonomik grundlegende Gesetz der Knappheit bei der Medienproduktion außer Kraft gesetzt sieht, da diese Güter sich bei der Nutzung nicht verbrauchen. Unerwähnt bleiben dabei die zahllosen Beispiele anderer Kollektivgüter, die ebenso über eine geringe Rivalität im Konsum verfügen. Vgl. **Doyle** (2002), S. 10.
[266] Aufgrund der Kollektivgut-Eigenschaften medialer Güter sei nach OSPEL ein Marktversagen „praktisch vorprogrammiert". **Ospel** (1988), S. 34, ähnlich **Brown/Cave** (1992), S. 379 ff.
[267] Vgl. **Holcombe** (1997), S. 3.
[268] Vgl. **Sohmen** (1976/1992), S. 286, **Minasian** (1967), S. 205.
[269] Vgl. **Musgrave/Musgrave/Kullmer** (1973/1994).

Der Schluss von den technischen Eigenschaften des Guts hin zu einem Marktversagen lässt sich knapp skizzieren: Die Charakteristika des Kollektivguts führen dazu, dass zwar der Konsum eines weiteren Nachfragers die Konsummöglichkeiten der übrigen Nutzer nicht einschränkt, Nichtzahler aber auch nicht vom Konsum ausgeschlossen werden können. Kein Nachfrager hat somit einen Anreiz, zur Finanzierung des Guts beizutragen. Können mögliche Anbieter nicht unmittelbar durch den Verkauf des Kollektivguts Einnahmen erzielen, wird bei ausschließlich direkter Finanzierung kein Marktaustausch stattfinden, der Markt versagt.

Anders als mögliche Subadditivitäten bei der Produktion des Guts resultieren dessen Kollektivgut-Eigenschaften stärker aus dem nachfrageseitigen Mangel, dass eine Divergenz zwischen der effektiven und der potenziellen Nachfrage besteht. Obwohl eine Nachfrage nach dem Kollektivgut vorhanden ist, wird diese auf dem Markt nicht effektiv, da Konsumenten des Guts nicht zur Bezahlung gezwungen werden können. Das Auseinanderfallen von effektiver und potenzieller Nachfrage führt zu Wohlfahrtsverlusten, da vorteilhafte Tauschakte zwischen Anbietern und Nachfragern aufgrund der fehlenden Exkludierbarkeit von Nichtzahlern ausbleiben. Beide Marktseiten – Anbieter wie Nachfrager – werden somit von dem Marktversagen geschädigt.

Eine Lösung für das theoretisch mögliche Marktversagen wird häufig in einem Staatseingriff gesehen. Durch staatlichen Zwang könnten Konsumenten zur Finanzierung verpflichtet werden, oder das Kollektivgut wird vom Staat steuerfinanziert bereitgestellt. Deutlich gegenüber der ersten Definition von „öffentlich" wird, dass aus ökonomischer Sicht der Staatseingriff nicht unmittelbar gefordert wird, sondern erst Ergebnis der Diskussion der technischen Gutseigenschaften ist. Diese Eigenschaften werden allerdings vielfach als hinreichende Begründung für den Eingriff gesehen.[270]

Schon diese knappe Skizze deutet an, dass eine Reihe von Voraussetzungen erfüllt sein muss, damit der Schluss von den Kollektivgut-Eigenschaften eines Guts über ein Marktversagen hin zu einem Staatseingriff gültig ist. Erstens muss die Klassifizierung medialer Güter als Kollektivgüter korrekt sein. Zweitens müssen konkrete Anhaltspunkte für ein Marktversagen vorliegen. Drittens schließlich muss sich der Staatseingriff theoretisch wie praktisch rechtfertigen lassen, etwa dadurch, dass der Staatseingriff nicht mit höheren gesellschaftlichen Nachteilen als das Marktversagen verbunden ist.

5.2.1.2 Divergierende Erklärungen des Nachfragedefizits in der Kollektivgut-Theorie und Meritorik

Die Diagnose, dass es in einem dezentralen Allokationssystem wie dem Markt zu einer Unterversorgung mit öffentlichen Gütern kommen kann, ist keineswegs neu. Schon

---

[270] Vgl. z. B. **Musgrave** (1959), S. 43.

5.2 Medien – (k)ein Kollektivgut? 147

im Jahre 1739 erkannte DAVID HUME (1711–1776) in seinem „Treatise of Human Nature", dass es zwei Personen möglich ist, gemeinsam ein Projekt zu finanzieren, das bei einer größeren Zahl von Beteiligten nicht zustande käme.[271] Auch ADAM SMITH nennt Beispiele, in denen die marktliche Vorsorgung mit einem Kollektivgut scheitert.[272] Vermutlich lassen sich ohne Schwierigkeiten Autoren finden, die das Problem der fehlenden Exkludierbarkeit von Nichtzahlern bei Kollektivgütern bereits lange vor HUME und SMITH erkannt haben.

Während die historischen Anfänge der Kollektivgut-Theorie damit weit zurückliegen, brachte die wissenschaftliche Auseinandersetzung der 50er- und 60er-Jahre entscheidende Fortschritte. Ausgehend von ARTHUR C. PIGOUS zu Beginn des 20. Jahrhunderts entwickeltem wohlfahrtsökonomischen Ansatz, der im weiteren Verlauf zur Analyse der gesellschaftlichen Wirkungen individuellen Medienkonsums relevant werden wird,[273] lieferte PAUL A. SAMUELSON im Jahre 1954 einen wesentlichen Beitrag zur Kollektivgut-Theorie.[274] SAMUELSON unterscheidet zwischen privat und „kollektiv konsumierten Gütern", wobei letztere dadurch gekennzeichnet sind, dass der Konsum jedes Einzelnen die Konsummöglichkeiten aller übrigen Nachfrager nicht einschränkt. Im Gegensatz zu privaten Gütern rivalisieren die Konsumenten nicht um das Kollektivgut, sondern fragen gemeinsam ein und dasselbe Gut nach.

Zur Ableitung einer Nachfragefunktion nach kollektiv konsumierten Gütern bedarf es somit – nach SAMUELSON – der Vertikaladdition der individuellen Zahlungsbereitschaften statt der bei privaten Gütern üblichen Horizontaladdition.[275] Zusätzlich zur seit Langem bekannten Exkludierbarkeit von Nichtzahlern wird der Grad der Nutzungsrivalität – z.B. bei MUSGRAVE/MUSGRAVE/KULLMER – zum zweiten Kriterium, um Kollektivgüter von privaten Gütern zu unterscheiden.[276]

Im direkten Vergleich der Kollektivgut-Theorie mit der Meritorik zeigt sich eine enge Parallele zwischen den Ansätzen. Beide Theorien sind nicht nur stark von RICHARD A. MUSGRAVES Arbeit beeinflusst, welche wiederum Überlegungen von KNUT WICKSELL (1851–1926) aufgreift, sondern führen das betrachtete Problem jeweils auf ein Defizit der effektiven Nachfrage zurück. Der geschilderte Fall eines fehlenden Marktes für ein Kollektivgut ließe sich im Sinne der traditionellen Meritorik dadurch erklären, dass die reale hinter der wünschenswerten Nachfrage zurückbleibt. Als Lösung für dieses – nunmehr meritorische – Problem wäre denkbar, dass der Staat die Konsumenten

---
[271] Vgl. **Hume** (1739/1896), S. 345.
[272] Vgl. **Smith** (1776/1981b), S. 42. Zu einer historischen Darstellung der Kollektivgut-Theorie vgl. **Cornes/Sandler** (1986/1996), S. 4.
[273] Vgl. Kap. 6, S. 273.
[274] Vgl. **Samuelson** (1954), **Samuelson** (1958), S. 335.
[275] Vgl. **Samuelson** (1969), S. 28.
[276] Vgl. **Musgrave/Musgrave/Kullmer** (1973/1994), S. 71.

verpflichtet, das Programm zu sehen und für diese Nutzung zu zahlen (Konsumzwang), oder selbst die Finanzierung sicherstellt (Subventionslösung).

Ausgehend von dieser augenscheinlichen Parallele sind die Unterschiede zwischen der Theorie kollektiver und der meritorischer Güter aufschlussreich, da im Rückblick besonders die wissenschaftliche Auseinandersetzung mit der klassischen, Paternalistischen Meritorik das Verständnis von Kollektivgut-Problemen vertieft hat. So begründet die Paternalistische Meritorik den Bruch mit dem Prinzip der Konsumentensouveränität im Wesentlichen mit den Defiziten einer realen Nachfrage etwa bei Gemeinschaftsbedürfnissen und führt das gesellschaftlich nicht wünschenswerte Verhalten auf ein mangelhaftes Wollen der Individuen zurück.[277]

Eine erheblich veränderte Perspektive eröffnet sich, wird im Rahmen des beschriebenen (medien)ökonomischen Forschungsprogrammes nicht nach dem Wollen, sondern nach dem Können der Individuen gefragt. Erst mithilfe der negativen Heuristik, nicht auf Präferenzen, sondern auf Restriktionen zuzurechnen, ist eine Analyse der Ursachen des Kollektivgutproblems möglich. Methodisch lenkt erst die veränderte Perspektive vom Wollen zum Können der Beteiligten den Blick auf den Bedingungsrahmen der Handlungen, etwa die geltenden Institutionen wie herrschende Rechts- oder Eigentumsverhältnisse.

Aus methodischer Sicht ist der Kernaspekt des angeführten Beispiels, dass die Nachfrager das Gut kostenlos nutzen *können*. Nicht die Handlungsmotive, sondern die Handlungsrestriktionen sorgen dafür, dass die effektive – zahlende – hinter der potenziellen Nachfrage zurückbleibt. Anders als aus klassisch paternalistischer Perspektive geht es im angeführten Beispiel also nicht darum, dass Zuschauer das angebotene Programm generell nicht oder nicht zu einem angemessenen Preis nachfragen wollen. Die Ursache für das Nachfragedefizit liegt vielmehr in der fehlenden Möglichkeit, Nichtzahler kostengünstig vom Konsum des Guts auszuschließen.

Die abweichende Problemdiagnose der Theorien entspringt einer veränderten wissenschaftlichen Herangehensweise. Nicht das paternalistische, sondern das dargelegte Forschungsprogramm der (Medien)Ökonomik erweist sich dabei als wissenschaftlich produktiv. Nur dieses Forschungsprogramm richtet das Augenmerk auf die Analyse objektiv beobachtbarer und falsifizierbarer Restriktionen statt die Wissenschaftlichkeit der ökonomischen Theorie durch das Anlegen externer, subjektiver Wertmaßstäbe einzuschränken und ihre umfassende Anwendbarkeit durch ein Außerkraftsetzen der Konsumentensouveränität auszuhebeln.

Zur Unterscheidung der beiden divergierenden Forschungsprogramme haben sich innerhalb der Ökonomik unterschiedliche Bezeichnungen durchgesetzt. Die gesellschaftliche Dimension des Angebots von Kollektivgütern betont die im englischen

---

[277] Zur Rolle von Gemeinschaftsbedürfnissen und intransitiven Präferenzen vgl. Kap. 2.2.2.2, S. 28.

5.2 Medien – (k)ein Kollektivgut?   149

Sprachraum verbreitete Bezeichnung „social wants", die – anders als die kontinentaleuropäische Bezeichnung „public good" – unnötigerweise ihre begriffliche Nähe zu den gesellschaftlich wünschenswerten „merit wants" nie abgelegt hat.[278] Deutlicher trennen im deutschen Sprachraum die Begriffe „öffentliche Güter"/„Kollektivgüter" und „meritorische Güter" die beiden höchst unterschiedlichen Ansätze und Forschungsprogramme.[279] Auch in der folgenden Diskussion gilt es, klar zwischen Problemen durch die meritorischen und die Kollektivgut-Eigenschaften medialer Güter zu unterscheiden,[280] da diesen ein unterschiedliches Verständnis des zugrunde liegenden Problems und der notwendigen wissenschaftlichen Herangehensweise vorausgeht.

Zudem macht bereits MUSGRAVE in seiner Definition von Meritorik aus dem Jahre 1959 deutlich, dass meritorischen Eigenschaften nicht daran gekoppelt sind, ob es sich um ein privates oder ein kollektives Gut handelt.[281] Charakteristisch für meritorische Güter sind im Wesentlichen zwei Aspekte, das angenommene Informationsdefizit und die Bedeutung gesellschaftlicher Bedürfnisse.[282] Das Argument, Zuschauer seien unwissend bezogen auf die Eigenschaften medialer Güter, wurde bereits diskutiert.[283] Auf die gesellschaftlichen Wirkungen von Medien und damit einhergehende Gemeinschaftsbedürfnisse wird später zurückzukommen sein.[284] In der anschließenden Analyse der Finanzierung stehen die Kollektivgut-Eigenschaften von Medien im Vordergrund, für die vermeintlich meritorische Argumente keine Rolle spielen.

5.2.1.3 Nicht-Exkludierbarkeit und Nicht-Rivalität von Kollektivgütern

Wird das ideengeschichtlich lange bekannte Kriterium der Exkludierbarkeit von Nichtzahlern mit dem Kriterium der Rivalität im Konsum nach SAMUELSON kombiniert, stellen sich die von rein privaten und von vollständig kollektiven Gütern markierten Pole als Eckpunkte eines zweidimensionalen Kontinuums dar.[285] Zur Beschreibung dieses Kontinuums hat sich in der Kollektivgut-Theorie das Vier-Quadranten-Schema nach MUSGRAVE/MUSGRAVE/KULLMER etabliert (vgl. Tab. 5-1 auf folgender Seite), welches die Handlungsbedingungen des Konsums beschreibt.[286] Sind die Kriterien

---
[278] Vgl. **Head** (1966), S. 1.
[279] Diese Unterschiede nivellierend, fasst MUSGRAVE „social wants" und „merit wants" zu „public wants" zusammen, die begrifflich dem „public service" – einem gemeinwohlorientierten Angebot – nahestehen, sich inhaltlich aber hiervon unterscheiden. Vgl. **Musgrave** (1959), S. 13.
[280] Vgl. **Head** (1988), S. 4.
[281] Vgl. **Musgrave** (1959), S. 13.
[282] Zu den beiden Aspekte meritorischer Güter vgl. Kap. 2.2.2.2 f., S. 36.
[283] Zu Informationsasymmetrien als Aspekt meritorischer Güter vgl. Kap. 4.1.7, S. 107.
[284] Zu den gesellschaftlichen Wirkungen medialer Güter vgl. Kap. 6, S. 273.
[285] Vgl. **Buchanan** (1965), **Musgrave/Musgrave/Kullmer** (1973/1994).
[286] Eine ausführliche Darstellung des Schemas und der daraus folgenden Finanzierungsregeln findet sich bei GROSSEKETTLER. Vgl. **Musgrave/Musgrave/Kullmer** (1973/1994), S. 71, Grossekett-

der Nicht-Rivalität im Konsum und/oder der Nicht-Exkludierbarkeit erfüllt, liegt ein Kollektivgut in einer von drei Arten vor, für die sich im deutschsprachigen Raum die Bezeichnung „Clubkollektivgut", „Quasikollektivgut" und „Zwangskollektivgut" durchgesetzt hat. Neben den Eigenschaften eines privaten Guts schlüsselt das Vier-Quadranten-Schema also den Oberbegriff „Kollektivgut" weiter auf.

		Exklusion von Nichtzahlern	
		exkludierbar	nicht-exkludierbar
Rivalität im Konsum	rival	privates Gut/ Individualgut	Quasikollektivgut
	nicht-rival	Club(kollektiv)gut	Zwangskollektivgut

Tab. 5-1: Klassifizierung von privaten und kollektiven Gütern

Gewöhnliche Individualgüter, auch private Güter genannt, sind dementsprechend rival im Konsum und nur Zahler gelangen in den Nutzen des Guts. Beispiele für private Güter sind Autos, Computer und das tägliche Brot. Bei Clubkollektivgütern – beispielsweise Tennisplätzen – besteht keine Rivalität im Konsum, solange es nicht zu Verdrängungs- oder Überfüllungseffekten kommt, d. h. Nutzer sich nicht gegenseitig behindern und keine weiteren Kapazitäten aufgebaut werden müssen.[287] Mit dem Auftreten von Überfüllungseffekten wird die Nutzung von Kollektivgütern rival, d. h. einzelne Nutzer verdrängen sich ähnlich wie im Fall eines privaten Guts.

Herrscht hingegen Konkurrenz um die Nutzung, von der Nichtzahler nicht ausgeschlossen werden können, handelt es sich um ein Quasikollektivgut, etwa eine öffentliche Straße mit stockendem oder stauendem Verkehr. Hierunter fallen auch die von GARRETT HARDIN beschriebenen natürlichen Ressourcen,[288] die von Übernutzung bedroht sind – also jener „Tragik der Allmende", die bereits im Titel von HARDINs Aufsatz zum Ausdruck kommt.[289]

---

ler (1985), **Grossekettler** (1991).
[287] Vgl. **Buchanan** (1965).
[288] Auf HARDINs Schlussfolgerungen bezüglich der gesellschaftlichen Wirkungen von werbefinanzierten Medien wird später einzugehen sein, vgl. Kap. 5.3.1.2 c., S. 200.
[289] HARDIN betont die Verwendung des Wortes „Tragik" nicht im Sinne einer dramatischen Tragödie, sondern – nach WHITEHEAD – als unbarmherziger Ablauf der Dinge, als Unausweichlichkeit des Schicksals. Vgl. **Hardin** (1968), S. 1244.

5.2 Medien – (k)ein Kollektivgut?   151

Lässt die Überfüllung nach – löst sich die Übernutzung oder der Stau auf –, vermindert sich die Nutzungsrivalität und das Quasi- wird zum Zwangskollektivgut. Dieses stellt mit den Eigenschaften der Nicht-Rivalität und Nicht-Exkludierbarkeit gewissermaßen ein Kollektivgut in Reinform dar. Als Standardbeispiel für Zwangskollektivgüter werden Straßen, Leuchttürme, Deiche und die innere und äußere Sicherheit ebenso genannt wie mediale Güter, beispielsweise Fernsehprogramme.

Der methodische Zweck des Vier-Quadranten-Schemas ist die Klassifizierung des einzelnen Guts, um auf die jeweils zur Bereitstellung optimale Form der Finanzierung schließen zu können. So sollen alle exkludierbaren Güter – private und Clubkollektivgüter – von dem jeweiligen Nutzer oder Nutzerkreis finanziert werden. Diese direkte Finanzierung lässt sich nur aufrechterhalten, wenn Nichtzahlern die Nutzung verwehrt werden kann. Bei fehlender Exklusion ist ein direktes Finanzierungssystem nicht möglich, da Nichtzahler sich als „Trittbrettfahrer" verhalten können und meist auch werden. Quasi- und Zwangskollektivgut lassen sich folglich nur durch eine indirekte Form der Finanzierung – etwa durch Steuern – bereitstellen.[290] Je nach Größe des Nutzerkreises, „Extensionsniveau" genannt, können für diese indirekte Finanzierung wiederum unterschiedliche Gruppen von Steuerzahlern herangezogen werden.

In den genannten Beispielen folgt die Finanzierung der Güter diesen Regeln. Private Güter werden ebenso direkt finanziert wie Tennisplätze, die von einem Betreiberclub bereitgestellt werden, der hierfür einen gespaltenen Tarif in Form von Nutzungsgebühren und monatlichen Beiträgen erhebt. Innere und äußere Sicherheit genau wie Straßen – ob überfüllt oder nicht – werden traditionell steuerfinanziert.

5.2.1.4 Fernsehprogramme als nicht-exkludierbare, nicht-rivale Kollektivgüter

Aus dem Vier-Quadranten-Schema lassen sich ebenfalls Empfehlungen für die Finanzierung medialer Güter wie Fernsehprogramme ableiten. Ein ausgestrahltes Fernsehprogramm ist von beliebig vielen Konsumenten im Empfangsgebiet nutzbar, ohne dass sich einzelne Zuschauer gegenseitig behindern oder in ihrer Nutzung einschränken.[291] Im traditionellen System der terrestrischen Ausstrahlung lassen sich zahlungsunwillige Konsumenten nur schwer von der Nutzung ausschließen. Augenscheinlich sind mit der Nicht-Exkludierbarkeit und der Nicht-Rivalität bei einem solchen Fernsehprogramm beide Eigenschaften eines Kollektivguts in idealer Weise erfüllt. Mehr noch scheinen

---

[290] Wie in der Theorie Natürlicher Monopole wird in der Kollektivgut-Theorie zwischen der Bereitstellung und der eigentlichen Produktion des Guts unterschieden.

[291] Neben der eigentlichen Nutzung – dem Sehen auf bestimmten Endgeräten – können höchst unterschiedliche Verfügungsrechte mit einer Fernsehsendung verbunden sein. Hierzu gehören das Recht auf Speicherung, Veränderung, Weiterverwendung, Vervielfältigung, Tausch, Leihe, Verkauf oder Ausstrahlung. In der Praxis stellen mediale Güter damit – ähnlich wie Software – ein Bündel aus Verfügungsrechten dar.

beide Kriterien sogar für alle medialen Güter – also für vom eigentlichen Trägermedium losgelöste „mediale Inhalte" – zu gelten. Da somit Medien Zwangskollektivgüter sind, scheint der Schluss nahe, aus wohlfahrtsökonomischen Gründen sei eine Finanzierung durch Steuern geboten.

Aus zwei Gründen ist dieser Schluss problematisch. Das dargestellte Schema suggeriert, dass es sich erstens bei medialen Inhalten grundsätzlich um ein einzelnes, in unterschiedlichen Verwendungsformen gleiches Gut handelt, das zweitens über primär gutinhärente Eigenschaften verfügt, die es entweder zu einem privaten oder zu einem kollektiven Gut machen.

Beide Annahmen treffen vor allem bei medialen Güter nur sehr bedingt zu, da sowohl die Rivalität als auch die Exkludierbarkeit weniger das Gut selbst als vielmehr die höchst unterschiedlichen Bedingungen beschreiben, unter denen der Konsum im Einzelfall stattfindet. Schon die angeführten Beispiele für Zwangskollektivgüter – etwa Straßen und Leuchttürme – machen einerseits deutlich, dass die Exkludierbarkeit von Nichtzahlern nicht eine grundsätzliche Eigenschaft des Guts selbst ist, sondern u. a. von den zum Zeitpunkt des Konsums bestehenden Gesetzen abhängt. So stellt eine Vignettenpflicht die kostenlose Nutzung einer Straße unter Strafe, und Hafengebühren ermöglichen die Finanzierung von Seezeichen und Leuchttürmen.[292]

Andererseits beeinflussen Verdrängungs- oder Überfüllungseffekte, in welchem Maße Nutzer um das Gut rivalisieren. Diese Effekte resultieren aus dem Verhältnis der verfügbaren Kollektivgutkapazität zur Zahl der Nachfrager, also dem *Nutzungsgrad*. In den genannten Fällen nicht-rivaler Güter werden Straßen und Clubs demnach zu rivalen Gütern, falls die – nicht gutinhärente – Nachfrage die bestehende Kapazität überschreitet. In ähnlicher Weise wirft die Klassifizierung von medialen Gütern erhebliche Schwierigkeiten auf, wenn nicht allein abstrakte Gutseigenschaften, sondern die konkreten Bedingungen des Konsums betrachtet werden. Sowohl die Frage der Exkludierbarkeit von Nichtzahlern als auch die Rivalität im Konsum bedürfen demnach einer differenzierteren Herangehensweise.

a. Institutionenökonomische Sicht auf das Kriterium der Exkludierbarkeit

Um überhaupt konsumierbar zu sein, müssen abstrakte mediale Inhalte in einer für Menschen nutzbaren Form vorliegen. Bereits diese einfache Erkenntnis hat weitreichende Konsequenzen für die Frage der Exkludierbarkeit von Nicht-Zahlern.

---

[292] RONALD COASE ist der Frage nachgegangen, welche Einsichten die Kollektivgut-Theorie in die Finanzierung von Leuchttürmen liefern kann – neben Fernsehprogrammen einem Musterbeispiel für ein staatlich zu finanzierendes Zwangskollektivgut. Anhand der historischen Entwicklung des Leuchtturmsystems in Großbritannien weist er nach, dass die Kollektivgut-Theorie aufgrund ihrer institutionenlosen Herangehensweise zu falschen Schlussfolgerungen bezüglich der Notwendigkeit staatlichen Handelns kommt. Vgl. **Coase** (1974).

5.2 Medien – (k)ein Kollektivgut? 153

Erstens ist bei elektronischen Medien wie Radio- und Fernsehprogrammen ein Zugangsgerät notwendig, um die Ton- und Bildinhalte wiedergeben zu können. Verfügen Nicht-Zahler nicht über dieses technische Hilfsmittel, ist die Exkludierbarkeit schon aufgrund der Form der Übertragung gegeben. Historisches Beispiel hierfür sind die 20er- und 30er-Jahre, in denen Radio- und Fernsehgeräte nicht zur Grundausstattung fast jedes Haushalts gehörten und privatwirtschaftliche Programme über den Verkauf der Geräte finanziert werden konnten bzw. umgekehrt die Programmproduktion zu dem Zweck erfolgte, den Geräteabsatz zu fördern.[293] Erst mit zunehmender Verbreitung von Empfangsmöglichkeiten kann Exkludierbarkeit zu einem – wie sich zeigen wird transitorischen – Problem der Finanzierung von Programmangeboten werden.

Zweitens macht eine konkrete, materielle Form die zunächst reinen Inhalte meist nicht nur physisch greifbar, sondern bindet diese als reale Medienprodukte auch an ein privates Gut, welches den Ausschluss von Nichtzahlern erlaubt und im Konsum (zumindest partiell) rival ist.[294] Bei Zahlungsverweigerung lassen sich Konsumenten von Zeitungen, Büchern oder Sendungen auf DVD oder Videokassette aufgrund des physischen Medienträgers von der Nutzung ausschließen. Liegen mediale Inhalte so gebunden vor, ist es falsch, sie als Zwangskollektivgut zu charakterisieren.

Dabei muss das private Gut, das letztlich die Exklusion sicherstellt, nicht unbedingt als Träger des medialen Inhalts fungieren. Zur Finanzierung des Kollektivguts können ebenso private Güter herangezogen werden, deren Konsum mit dem des medialen Inhalts verbunden ist oder hiermit korreliert. Historische und ausländische Beispiele zeigen, dass sich Fernsehprogramme über einen Aufschlag auf die Nutzungsgebühren eines Breitbandkabels oder auf die Stromkosten des Haushalts finanzieren lassen.[295]

Obwohl die Kopplung an ein Individualgut hilfreich ist, um Nichtzahler wirksam physisch auszuschließen und Diebstahl zu ahnden, gewährleistet sie allein die Exklusion nicht. Erst der rechtliche Rahmen sorgt dafür, dass die Zahlungspflicht an den Konsum geknüpft und jede Zahlungsverweigerung verfolgt werden kann.

---

[293] Zwischen den in **Coase** (1974) analysierten Leuchttürmen und terrestischem Rundfunk bestehen weitreichende Parallelen. Erstens waren die Gründerjahre von Radio und Fernsehen durch private Unternehmertätigkeit geprägt. Zweitens führten erst später verschiedene, in Deutschland vor allem machtpolitische Gründe zu einem Eingreifen des Staates. Kollektivguttheoretische Überlegungen spielten hierbei allenfalls eine untergeordnete Rolle. Werden konventionelle Sendemasten als Leuchttürme verstanden, die elektromagnetische Strahlung lediglich in einem anderen Teil des Frequenzspektrums aussenden, lässt sich Coase' Kritik an der Kollektivgut-Theorie auf Fernsehprogramme als zweites Musterbeispiel für Zwangskollektivgüter übertragen – ein Aspekt, der Coase trotz einiger medienökonomischer Publikationen entgangen zu sein scheint.

[294] Vgl. **Schröder** (1997a), S. 32.

[295] In den letzten zehn Jahren wurde beispielsweise das nationale Rundfunksystem in Serbien und Montenegro durch eine Steuer auf Elektrizität finanziert, da dies die einzige Möglichkeit war, Rundfunkgebühren in der politischen und wirtschaftlichen Krise des Landes einzutreiben. Die reine Steuerfinanzierung dient in diesen Ländern als Zwischenlösung für eine neue Form der Finanzierung. Vgl. **Radojković** (2004), S. 615.

Sofern die Zahlungspflicht nicht rein an der materiellen Form ansetzt, lassen sich auch bei medialen Inhalten, die nicht über ein Trägermedium verfügen, zahlungsunwillige Nutzer vom Konsum ausschließen. Existiert – wie in Deutschland – ein entsprechender, sanktionsbewehrter Rechtsrahmen aus Eigentums-, Urheber- oder Rundfunkrecht, ist es unzulänglich, mediale Inhalte wie Fernsehprogramme unabhängig von ihrer Form schlicht als Zwangskollektivgüter zu klassifizieren.[296]

Ein zusätzlicher, ökonomischer Aspekt kommt hinzu: In vielen Fällen bestehen neben juristischen auch technische Möglichkeiten, Nichtzahler vom Konsum auszuschließen. So wie öffentliche Straßen in Mautstrecken umgewandelt oder öffentliche Tennisplätze eingezäunt werden können, lassen sich mediale Güter gegen unberechtigte Nutzung schützen, beispielsweise durch eine exklusive Verbreitung im Breitbandkabel, durch die Verschlüsselung von Fernsehprogrammen oder durch Kopierschutzverfahren bei DVD und Videokassette.

Im Kern dieser Fälle geht es um die Wirtschaftlichkeit des Ausschlusses,[297] also ein ökonomisches Kalkül, nicht die abstrakte Analyse der Eigenschaften des Guts.[298] Allein die Wirtschaftlichkeit – nicht die technische Möglichkeit – der Exklusion ist aus ökonomischer Sicht relevant. Hierzu bedarf es eines Kosten-Nutzen-Vergleichs, der eine Antwort auf die Frage gibt, ob der Einsatz von Exklusionstechniken wirtschaftlich sinnvoll ist, d.h. ob die Kosten des Exklusionsverfahrens von den Mehrerlösen durch zusätzliche Zahler aufgewogen werden.[299] Werden durch die Exklusion keine weiteren Zahler gewonnen, da deren Zahlungsbereitschaft für die Nutzung gering ist, muss selbst der Einsatz eines kostengünstigen Exklusionsverfahren aufgrund fehlender zusätzlicher Nachfrage unwirtschaftlich sein.[300] Medien grundsätzlich als Zwangskollektivgut einzustufen, hieße angesichts dieses Kalküls, jede Möglichkeit zur Exklusion per se als unwirtschaftlich abzutun.

Damit zeigt sich, dass ein isoliertes Abstellen auf die technischen Charakteristika öffentlicher Güter – wie bei MUSGRAVE/MUSGRAVE/KULLMER – regelmäßig zu kurz

---

[296] Ähnlich argumentiert BUCHANAN am Beispiel von Leuchttürmen, dass veränderte Verfügungsrechte aus einem Zwangs- ein Clubkollektivgut machen könnten. Vgl. **Buchanan** (1965), S. 13.
[297] Vgl. **McKean/Minasian** (1966), S. 20.
[298] Das Kalkül, Programminhalte aus wirtschaftlichen Gründen zu verschlüsseln, entspricht weitgehend dem Kalkül der Nachrichtenverschlüsselung als Schutz vor unberechtigtem Zugriff. Vgl. **Schröder** (1997b).
[299] Vgl. **Minasian** (1964), S. 78.
[300] Bei einem abgelegenen Tennisplatz würde zwar ein Zaun Nichtzahler exkludieren, fraglich ist aber, ob damit weitere zahlende Nutzer gewonnen würde. Nach MUELLER kann real die räumliche Entfernung – genauer die Kosten der Raumüberwindung – als Exklusionsverfahren wirken. Dieses Argument gilt in gleicher Weise für terrestrisch ausgestrahlte Fernsehprogramme, von deren Empfang Zuschauer ausgeschlossen sind, die sich außerhalb der Reichweite befinden. Deshalb stellen terrestrische Fernsehprogramme bestenfalls lokale Zwangskollektivgüter dar. Vgl. **Mueller** (2003), S. 187.

5.2 Medien – (k)ein Kollektivgut? 155

greift, um auf Basis des Kollektivgut-Schemas zu Finanzierungsempfehlungen zu kommen.[301] Der mögliche Ausschluss von Nichtzahlern ist kein dichotomes Merkmal, das erfüllt ist oder nicht, sondern beschreibt ein Kontinuum unterschiedlich aufwendiger Grade von Exkludierbarkeit.[302] Nicht das Ausblenden, sondern die Berücksichtigung aller real wirksamen Institutionen erlaubt also erst, die konkreten Möglichkeiten zur direkten oder indirekten Finanzierung des Kollektivguts zu beurteilen. Nur mithilfe der (Neuen) Institutionenökonomik lässt sich die Frage beantworten, ob sich die Bereitstellung eines Guts aufgrund mangelhafter Exklusion nicht finanzieren lässt und deshalb – bei einem Zwangskollektivgut – eine Steuerfinanzierung notwendig ist.[303] Um dementsprechend zu einer validen Aussage über die Exkludierbarkeit medialer Güter zu kommen, bedarf es einer umfassenden institutionenökonomischen Analyse statt der vornehmlichen Betrachtung abstrakter Gutseigenschaften.

Auch empirisch ist es zudem grob vereinfachend, Fernsehprogramme als Zwangskollektivgut zu klassifizieren und hieraus die zwangsläufige Finanzierung über Steuern zu folgern.[304] Beispielsweise existieren auf den deutschen Fernsehmarkt Rundfunkgesetze zur Finanzierung des öffentlich-rechtlichen Fernsehangebots, die potenzielle Zuschauer zur Zahlung der Rundfunkgebühr verpflichten und gleichzeitig versuchen, „Schwarzseher" durch Sanktionen zu disziplinieren. Aus Sicht der Kollektivgut-Theorie unterscheiden sich die Finanzierung der öffentlich-rechtlichen Sendeanstalten und der direkt finanzierten privaten Sender nur durch die jeweils gewählte Form der Exklusion.[305] Unabhängig vom konkreten Exklusionsverfahren stellen beide letztlich ähnliche Arten des Bezahlfernsehens dar, wird doch ein Club-, nicht ein Zwangskollektivgut bereitgestellt.[306] Auch bei gebührenfinanzierten Fernsehprogrammen handelt es sich also keineswegs um „Free TV", also – im ursprünglichen Wortsinne – ein Gratisangebot.

Der Bezeichnung „Free TV" stärker gerecht wird das Angebot der überwiegenden Mehrheit der privaten Hörfunk- und Fernsehanbieter in Deutschland, die sich durch die Ausstrahlung von Werbung finanzieren und damit bewusst auf jede Form

---

[301] Vgl. **Musgrave/Musgrave/Kullmer** (1973/1994), S. 87.
[302] Vgl. **Grossekettler** (1985), S. 213.
[303] Das Problem der Bereitstellung eines Kollektivguts über Werbefinanzierung untersuchen **Luski/Wettstein** (1994).
[304] Demgegenüber klassifiziert SCHMITZ Rundfunk und Fernsehen unabhängig von der Übertragungsform als öffentliche Güter. Vgl. **Schmitz** (1990), S. 110.
[305] Vgl. **Schröder** (1997a), S. 33.
[306] KRUSE geht bei der Klassifikation der deutschen Rundfunkgebühren noch einen Schritt weiter. Aus ökonomischer Sicht stellten die Gebühren nur bis zur Deregulierung des Fernsehmarktes im Jahre 1984 den Beitrag zum Clubkollektivgut Fernsehen dar, da nur bis zu diesem Zeitpunkt eine Äquivalenz der Zahler und Nutzer gegeben sei. Mit Zulassung privater Anbieter entspräche die Rundfunkgebühr mehr einer Fernsehsteuer, da auch Nutzer, die ausschließlich private Fernsehprogramme konsumieren, zur Finanzierung der öffentlich-rechtlichen Anstalten herangezogen werden. Vgl. **Kruse** (2004a), S. 126.

der Eklusion verzichten, um eine möglichst große Zuschauerschaft zu erreichen. Dementsprechend sehen sich nur Anbieter dem Problem der Exklusion von Nichtzahlern gegenüber, deren primäre Einnahmequelle Zuschauerzahlungen sind. Für diese direkt finanzierten Anbieter löst z. B. die Verschlüsselung der Programme das Problem der Exklusion, ein zivilrechtlicher Kaufvertrag zwischen Sender und Zuschauer über die monatliche und/oder leistungsbezogene Nutzung wird möglich.

Zusammenfassend zeigt sich damit auch in der Praxis, dass gegenwärtig Fernsehprogramme in Deutschland keineswegs generell durch die fehlende Exkludierbarkeit von Nichtzahlern gekennzeichnet sind und es aufgrund der prinzipiellen Unmöglichkeit einer direkten Finanzierung einer Steuerfinanzierung der Programme bedarf. Darüber hinaus wird sich die Wirtschaftlichkeit der Exklusion von Nichtzahlern in naher Zukunft weiter erhöhen, was aus Anbietersicht die direkte Finanzierung von Fernsehprogrammen erleichtert und zu einer stärkeren Verbreitung im Markt führen wird. So lässt die Digitalisierung der Übertragungswege erwarten, dass die Kosten einer sicheren Verschlüsselung der Programme weiter sinken. Gleichzeitig können Anbieter von direkt finanzierten Programmen verstärkt auf vorhandene Standards in Empfangsgeräten – z. B. dem Common Interface in Satellitenreceivern – zurückgreifen, die eine benutzerfreundliche Anwendung der Verschlüsselungstechnologie erlauben.

b. Institutionenökonomische Sicht auf das Kriterium der Rivalität

Wie beim Kriterium der Exkludierbarkeit darf bei der Betrachtung von Rivalität der Ausdruck „medialer Inhalt" nicht dazu verleiten, von den konkreten Formen der Distribution und Nutzung zu abstrahieren. Vielmehr ist der Nutzungsgrad als Verhältnis von Kollektivgutkapazität zur Zahl der Nachfrager entscheidend dafür, ob diese um die Nutzung des Guts rivalisieren. Zwar mag der rein mediale Inhalt ebenso nicht-rival im Konsum sein wie ein terrestrisch ausgestrahltes Fernsehprogramm, bei dem eine Übernutzung kaum vorstellbar ist. Von Menschen ist dieser Inhalt jedoch weder in abstrakter Form noch als ausgestrahltes Programm nutzbar. Liegt der Inhalt allerdings in aufgezeichneter Form vor, konkurrieren Nachfrager ebenso um die DVD oder Videokassette wie um das Fernsehgerät.[307]

Ausgehend von SAMUELSONs Verständnis von Rivalität im Konsum betrachtet GROSSEKETTLER in seiner Definition neben der Mengen- auch die Kostenwirkung weiterer Nachfrager.[308] Übertragen auf Medien ist ein so definierter Rivalitätsgrad ρ

---

[307] Andernfalls würde eine Kopie bzw. ein Gerät für alle Nutzer gemeinsam ausreichen.
[308] Formal ergibt sich der Rivalitätsgrad ρ demnach als das Produkt der Nutzungselastizität γ der Bereitstellungsmenge q mit der Mengenelastizität δ der Bereitstellungskosten K,

$$\rho = \gamma \cdot \delta = \left(\frac{\partial q}{\partial n}\frac{n}{q}\right)\left(\frac{\partial K}{\partial q}\frac{q}{K}\right) = \frac{\partial K}{\partial n}\frac{n}{K}.$$

5.2 Medien – (k)ein Kollektivgut? 157

keine isoliert vorhandene Eigenschaft des Guts „medialer Inhalt", sondern hängt stark von der gewählten Distributions- und Nutzungsform ab. Wie die Exkludierbarkeit ist die Rivalität im Konsum nicht durch zwei polare Ausprägungen, sondern durch ein Kontinuum gekennzeichnet.[309]

Ein Rivalitätsgrad nahe null wie im Fall eines öffentlich gezeigten Fernsehprogrammes ist also ebenso möglich wie ein mittlerer Grad – ein von mehreren Zuschauern genutztes, nicht-öffentliches Fernsehgerät oder ein Programmserver – oder ein Grad nahe eins, wenn Programminhalte auf DVD oder Kassette vorliegen. Da in diesen Fällen die Nutzungselastizität der Bereitstellungsmenge γ und die Mengenelastizität der Bereitstellungskosten δ verschiedene Werte annehmen, fällt auch der Rivalitätsgrad als Produkt dieser Elastizitäten unterschiedlich aus.[310] Eine niedrige Rivalität im Konsum ist bei einem Fernsehprogramm also nur gegeben, wenn es terrestrisch ausgestrahlt wird und der eigentliche Nutzungsakt vor dem Fernsehgerät unberücksichtigt bleibt. Die Nutzungselastizität γ des Programmes liegt dann nahe null.

Aufgrund der Abhängigkeit der Mengen- und Kostenelastizität von der konkreten Distributions- und Nutzungsform ist es nicht möglich, rein abstrakt den Rivalitätsgrad eines medialen Guts zu beurteilen. Im weiteren Verlauf der Diskussion wird überdies der weiter gefassten, originär ökonomischen Sicht auf Rivalität eine entscheidende Bedeutung in der Kollektivgut-Theorie zukommen.

c. Institutionenökonomische Klassifizierung von Kollektivgütern

Angesichts dieser institutionenökonomischen Unzulänglichkeiten bei der Klassifizierung von Kollektivgütern ist auch das dargestellte Vier-Quadranten-Schema nur von ambivalentem Wert. Einerseits blendet es den institutionellen Rahmen aus, da dieser bei vielen Kollektivgütern oft gegeben und nicht beeinflussbar ist. Die aus der Klassifizierung abgeleitete Finanzierungsregel deutet deshalb häufig in die richtige Richtung. Von Vorteil kann die dem Schema inhärente Abstraktion etwa dann sein, wenn wesentliche Entscheidungen bezüglich der relevanten institutionellen Rahmenbedingungen bereits getroffen oder unveränderlich sind.

Andererseits lässt gerade diese Abstraktion die Anwendung des Schemas in vielen Gebieten wie etwa der Medienökonomik fragwürdig erscheinen. Erstens verleitet die Herangehensweise dazu, mediale Güter auf eine idealisierte Weise zu betrachten und nach ihren grundsätzlichen technischen Eigenschaften zu fragen. Der Schluss liegt

---
[309] Vgl. **Grossekettler** (1985), S. 217 ff., **Grossekettler** (1991), S. 74.
[309] Vgl. **Grossekettler** (1985), S. 213.
[310] Später wird von Relevanz sein, dass der Faktor Mengenelastizität der Bereitstellungskosten als Ausdruck für Unteilbarkeiten das Verbindungsglied zur Theorie Natürlicher Monopole bildet. Ist dieser Faktor sehr niedrig oder gleich null, lassen sich viele Nachfrager bei langsam steigenden oder konstanten Kosten versorgen.

dann nahe, – wie SAMUELSON – von einem niedrigen Rivalitätsgrad auszugehen, da Fernsehen „von Natur aus" die Möglichkeit biete, weitere Zuschauer am Programm teilhaben zu lassen.[311] Wie gesehen, bergen Überlegungen auf Grundlage der prinzipiellen Beschaffenheit des Guts die Gefahr eines Fehlurteils in sich.[312]

Zweitens ist eine idealisierte Sichtweise zur Gestaltung praktischer Politik kaum geeignet, da der institutionelle Status quo ausgeblendet statt beleuchtet wird. Die Kollektivgut-Eigenschaften werden vor allem dem Gut selbst, weniger dem institutionellen Rahmen zugeschrieben. Eine Analyse der Rahmenbedingungen ist im vorliegenden Fall aber nicht nur aufschlussreich, sondern zwingend notwendig, da der Institutionenrahmen einen entscheidenden Einfluss auf das Angebot und die Nachfrage nach dem Kollektivgut ausübt. Über die Veränderung der Rahmenbedingungen lassen sich Medien folglich zu öffentlichen oder privaten Gütern machen. Damit ist weniger die Frage relevant, wie das Gut bei gegebenen Institutionen bereitgestellt werden soll, als die, wie der institutionelle Rahmen beschaffen sein sollte, um eine wohlfahrtsoptimale Bereitstellung medialer Güter zu gewährleisten.

5.2.1.5 Wohlfahrtsoptimale Finanzierung von Fernsehprogrammen

a. Fernsehprogramme als homogenes Kollektivgut

In der bisherigen Diskussion galt das Hauptaugenmerk der Anwendbarkeit des Kollektivgut-Schemas auf mediale Güter. Der Zweck des Schemas ist jedoch letztendlich nicht die Einteilung kollektiver und privater Güter in unterschiedliche Klassen, sondern vor allem die Ableitung einer wohlfahrtsökonomisch optimalen Finanzierung für diese Güter. Damit stellt sich die Frage, ob für mediale Güter die empfohlene Finanzierungsregel einer genaueren Prüfung standhält, d. h. wie aus Sicht der Kollektivgut-Theorie verschiedene Finanzierungsregime wie die Finanzierung über direkte Zahlungen oder über Steuern zu bewerten sind. In ähnlicher Form wurde diese Frage von der für Fernsehsender zuständigen amerikanischen Regulierungsbehörde FCC bereits im Jahre 1958 aufgeworfen.[313] Neben den von RONALD H. COASE untersuchten Frequenzauktionen[314] wurde zu jener Zeit die Einführung von Pay-TV durch technische Exklusionsverfahren und somit die Zulassung direkt finanzierter Programme möglich.

---

[311] Vgl. **Samuelson** (1958), S. 335.
[312] Dies hat nicht nur die Betrachtung des deutschen Fernsehmarktes, sondern auch COASE' Analyse von Leuchttürmen als Zwangskollektivgut ergeben. Vgl. FN 292, S. 152.
[313] Vgl. u. a. **Samuelson** (1958), S. 335.
[314] COASE' Auseinandersetzung mit der Ausgestaltung von Verfügungsrechten für Rundfunkfrequenzen bringt ihn zur Anspruchskonkurrenz der Frequenznutzung und der Zweiseitigkeit des Allokationsproblems, der zentralen Idee des COASE-Theorems, auf das im Rahmen der Wirkungen medialer Güter (Kap. 6.5.1, S. 333) einzugehen sein wird. Vgl. **Coase** (1959), S. 26.

5.2 Medien – (k)ein Kollektivgut?

Zu konträren Antworten auf die Frage der Finanzierung sind in den 60er-Jahren die beiden Ökonomen PAUL A. SAMUELSON und JORA R. MINASIAN gekommen.[315] Die SAMUELSON-MINASIAN-Kontroverse vermittelt zentrale Einsichten in die Problemstruktur und ist deshalb gegenwärtig noch von grundlegende Bedeutung für die Medienökonomik.

Zwischen den Ökonomen herrschte Einigkeit darüber, dass die Finanzierung von Kollektivgütern aufgrund des bei Zwangskollektivgütern fehlenden Ausschlusses von Nichtzahlern nicht direkt möglich ist. Erwartbar ist dementsprechend, dass jeder einzelne Nutzer sich bei einem reinen Kollektivgut rational als Trittbrettfahrer verhält, obwohl er von dem Gut profitiert und somit eine Zahlungsbereitschaft für dessen Nutzung hat. Da bei polaren Kollektivgütern keine Rivalität im Konsum gegeben ist, führt das taktische Defektieren jedes Einzelnen zwar nicht dazu, dass anderen Nutzern – wie bei dem Diebstahl eines Individualguts – eine geringere Menge des Guts zur Verfügung steht. Jedoch kommt dadurch, dass kein Nutzer sich an der Finanzierung beteiligt, die Bereitstellung des Kollektivguts nicht mehr zustande. Folglich kann das individuell rationale Verhalten jedes Einzelnen zu einer kollektiven Selbstschädigung führen. Spieltheoretisch lässt sich diese Situation als Gefangenendilemma beschreiben, bei dem aufgrund der nicht-kooperativen Spielstruktur für jeden Spieler die dominante Strategie darin besteht, zu defektieren und sich nicht an der Finanzierung des Guts zu beteiligen. Ein Soziales Dilemma steht also hinter dem beobachtbaren Auseinanderfallen von effektiver und potenzieller Nachfrage.

Überdies werden potenzielle Konsumenten versuchen, sich ebenfalls taktisch zu verhalten, wenn sie nach der Höhe ihrer Zahlungsbereitschaft gefragt werden. Können sie davon ausgehen, dass ihre Zahlungsbereitschaft nur zur Bestimmung des allgemeinen Bedarfs an dem Kollektivgut dient, werden sie für das gewünschte Gut eine übertrieben hohe Zahlungsbereitschaft äußern. Ist umgekehrt mit der Nennung des Preises unweigerlich eine Zahlung verbunden, werden Konsumenten zu untertreiben versuchen, d. h. nur eine geringe Zahlungsbereitschaft äußern.

Um die einzelnen Finanzierungsregime auf ihre Praktikabilität und Wohlfahrtswirkung zu untersuchen, soll im Folgenden von einem terrestrisch ausgestrahlten Fernsehprogramm ausgegangen werden, das zur Versorgung von beliebig vielen Zuschauern in einem bestimmten Sendegebiet dienen kann. Bleiben die bereits diskutierten Unzulänglichkeiten bei der Klassifizierung des Guts der Einfachheit halber außen vor, lässt sich das Fernsehprogramm in Abhängigkeit von bestehenden Exklusionsmöglichkeiten klassifizieren. Falls einerseits Möglichkeiten zur Exklusion von zahlungsunwilligen Zuschauern gänzlich fehlen oder in ihrer praktischen Anwendung zu teuer sind, stellt das Fernsehprogramm ein Zwangskollektivgut dar. Eine Finanzierung über andere Quel-

---

[315] Vgl. u. a. **Samuelson** (1958), **Minasian** (1964), **Samuelson** (1964), **Samuelson** (1967), **Minasian** (1967).

len als direkte Preise ist dann der einzige Weg, die Bereitstellung des Guts zu sichern. Andererseits ändert sich das Finanzierungsproblem grundlegend, wenn kostengünstige Verfahren zur Exklusion von Nichtzahlern verfügbar sind. Analog einem privaten Gut wird dann die Finanzierung über direkte Marktpreise möglich. Da der Rivalitätsgrad von der eventuellen Exklusion unbeeinflusst bleibt, wird das Fernsehprogramm hierdurch jedoch nicht zu einem rein privaten Gut, sondern zu einem Clubkollektivgut.[316]

Die ursprüngliche Frage, wie aus Sicht der Kollektivgut-Theorie verschiedene Finanzierungsregime zu bewerten sind, stellt sich damit in veränderter Form. Angesichts der Nicht-Rivalität im Konsum ist nun maßgeblich, wie die zur Durchsetzung des Nutzungspreises notwendige Exklusion aus gesellschaftlicher Sicht zu bewerten ist.[317] Ob bei einem Fernsehprogramm die Exklusion von Nichtzahlern – z. B. durch technische Verfahren – wohlfahrtsökonomisch wünschenswert ist, um das Bereitstellungsproblem zu lösen, war zentraler Gegenstand der SAMUELSON-MINASIAN-Kontroverse.

Um in der Allokation effizient zu sein, muss grundsätzlich jede Lösung des Finanzierungsproblems zwei wohlfahrtsökonomische Bedingungen erfüllen. Erstens muss sich der von Nutzern verlangte Preis am gesellschaftlichen Ressourcenverbrauch, den Grenzkosten der Nutzung, orientieren. Zweitens darf keine Finanzierungslösung noch Möglichkeiten zur PARETO-Verbesserung beinhalten – relevant wäre dann die PARETO-superiore Lösung auf Basis dieser Verbesserung.

Bei privaten Gütern erfüllt ein wettbewerblicher Marktpreis diese beiden Effizienzbedingungen. Wird ein einheitlicher Marktpreis hingegen bei einem nicht rein privaten Gut wie einem Fernsehprogramm erhoben, ergibt sich eine paradoxe Situation. Aufgrund der niedrigen Konsumrivalität ρ sind die Grenzkosten der Nutzung sehr gering, hier vereinfachend null. Einerseits könnten bei diesen Grenznutzungskosten weitere Nutzer kostenlos von der Ausstrahlung profitieren. Eine Exklusion von Nichtzahlern ist folglich nicht PARETO-optimal und ein Preis von null korrespondiert mit den Grenzkosten des gesellschaftlichen Ressourcenverzehrs.[318] Anders ausgedrückt: Das Erheben eines Preises oberhalb der Grenzkosten muss ineffizient sein, da sich Nutzer durch eine Preissenkung auf Grenzkostenniveau besserstellen ließen, ohne andere Nutzer schlechter zu stellen. Jede Preissenkung wäre dann PARETO-superior.

Andererseits lässt sich bei einem Preis von null das (Club)Kollektivgut nicht mehr aus Nutzerzahlungen finanzieren. Stehen keine anderen Finanzierungsquellen zur Verfügung, wird das Kollektivgut nicht angeboten. Die vermeintlich wohlfahrtsoptimale

---

[316] Vgl. **Samuelson** (1958), S. 335.
[317] Die von einer Nicht-Rivalität aufgeworfene Frage der wohlfahrtsoptimalen Finanzierung von medialen Gütern diskutiert ausführlich **Detering** (2001).
[318] In seiner Anwendung auf den Fernsehmarkt kommt auch RUNKEL zu dem Ergebnis, dass das Programm aufgrund der Kollektivgut-Eigenschaften den Zuschauern gratis angeboten werden sollte, wenn die Summe der Zahlungsbereitschaften die Kosten des Programmes überschreitet. Vgl. **Runkel** (1998), S. 47.

5.2 Medien – (k)ein Kollektivgut?

Lösung gilt also nur auf den ersten Blick: Auch eine Bereitstellung ohne Preise kann nicht PARETO-optimal sein, da durch die kostenlose Vergabe zwar nicht die Nachfrager, jedoch die Marktgegenseite oder andere, marktexterne Personen eine Schlechterstellung erfahren.[319] Muss der Anbieter allein die Finanzierungslast tragen, droht nun ihm diese Verschlechterung, weshalb das Angebot – ohne äußeren Zwang – ausbleiben wird. Kommt hingegen der Staat für die Finanzierung des Guts auf, werden die Steuerzahler durch die dann notwendige Steuererhöhung oder andere marktexterne Personen durch Einsparungen in für sie relevanten Bereichen schlechter gestellt. Obwohl SAMUELSON und MINASIAN ihre Überlegungen nie grafisch veranschaulicht haben, werden die einzelnen Aspekte der wohlfahrtsökonomischen Debatte an einem Marktdiagramm besonders deutlich (Abb. 5-2).

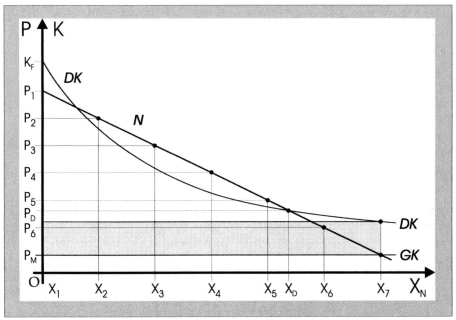

Abb. 5-2: Nachfrage nach einem Kollektivgut

Dargestellt ist in Abb. 5-2 die Nachfrage nach einem Kollektivgut, das über Grenzkosten der Nutzung verfügt, die zwar – wie bei medialen Gütern – nicht vollständig vernachlässigbar sind, aber weit unter den durchschnittlichen Kosten pro Nutzer liegen.

---

[319] Es ist deshalb falsch, den fehlenden Preis – wie SCHMITZ – als nicht erreichbares „optimum optimorum" („first best optimum") zu klassifizieren, da eine schon theoretisch unmögliche Lösung überhaupt kein Optimum – weder „first" noch „second best" – darstellt. Das vermeintliche „second best" ist daher das einzige, das „single best" Optimum. Vgl. **Schmitz** (1990), S. 137.

Der Verlauf der Nachfragekurve ergibt sich aus der nach Höhe geordneten Zahlungsbereitschaft der Nachfrager, die entlang der Abszisse abgetragen sind. Der erste Nutzer hat folglich eine Zahlungsbereitschaft von p_1, der zweite Nutzer von p_2 bis hin zum siebten Nutzer, dessen Zahlungsbereitschaft gerade den Grenzkosten entspricht. Da alle Nutzer dasselbe Kollektivgut konsumieren, unterscheiden sie sich nur in ihren Zahlungsbereitschaften, nicht in Art, Qualität oder Menge des nachgefragten Guts.

Die Nachfragekurve ergibt sich damit unmittelbar aus der Höhe der individuellen Zahlungsbereitschaften, nicht wie bei einem privaten Gut aus der Summe der beim jeweiligen Preis nachgefragten Mengen. Obwohl es sich beim betrachteten Gut um ein Kollektivgut handelt, folgt Abb. 5-2 also nicht der – ebenfalls auf SAMUELSON – zurückgehenden Tradition der Vertikalaggregation von Zahlungsbereitschaften, sondern stellt diese unaggregiert, aber geordnet nebeneinander dar.[320]

Die Paradoxie, die SAMUELSON und MINASIAN beschäftigt hat, dreht sich im Kern um die Suche nach dem einen, wohlfahrtsoptimalen Preis zur Bereitstellung des Kollektivguts. Dieser Preis muss einerseits über dem Preis p_D liegen oder ihm zumindest gleichen, um die Durchschnittskosten der Produktion DK zu decken. Andererseits ist jeder Preis oberhalb der Grenzkosten GK vermeintlich PARETO-ineffizient, da weitere Nutzer zu den geringen Grenzkosten bedient werden könnten. Bei einem Preis p_D gilt dies für alle Nutzer rechts von x_D bis x_7, die zur Durchsetzung des einheitlichen Preises ausgeschlossen werden.

In diesem Spannungsfeld von Notwendigkeit und scheinbarer Ineffizienz der Exklusion hat sich SAMUELSON gegen direkte Marktpreise und für eine Finanzierung über Steuern ausgesprochen.[321] MINASIAN hat diesen Schluss vor allem aufgrund der praktischen Unzulänglichkeiten einer Steuerfinanzierung kritisiert.[322]

Als Ausweg aus diesem Spannungsfeld wurden in der Ökonomik einige Preissetzungsregeln entwickelt, die eine wohlfahrtsökonomisch effiziente Bereitstellung des Guts gewährleisten sollen. Hierzu zählen differenzierte Preise und gespaltene Tarife, die die Grundidee verbindet, dass die Ursache der genannten Paradoxie im erhobenen Einheitspreis zu suchen sei. In diesem Sinne argumentiert JAMES BUCHANAN, eine perfekte Preisdifferenzierung sei PARETO-optimal, da es hier nicht einer Exklusion bedürfe und jeder Nachfrager seinen Präferenzen entsprechend bedient würde.[323] Obwohl sich dieser Schluss zumindest in der Medienökonomik[324] weitgehend durchge-

---

[320] Vgl. **Samuelson** (1954), **Samuelson** (1969), S. 28.
[321] Die marktinterventionistische Stoßrichtung seiner Überlegungen ist SAMUELSON dabei so wichtig, dass er sie bereits im Titel des Aufsatzes „Aspects of Public Expenditure Theories" deutlich macht. Vgl. **Samuelson** (1958), S. 335, kritisch hingegen **Samuelson** (1964).
[322] Vgl. **Minasian** (1964), S. 78.
[323] Vgl. **Buchanan** (1967), S. 195, kritisch hierzu **Ng** (1973), S. 294.
[324] Vgl. u.a. **Owen/Beebe/Manning** (1974), S. 80, **Müller** (1979), S. 563, **Ospel** (1988), S. 33, **Schmitz** (1990), S. 137, **Messmer** (2002), S. 80 f., S. 308 f.

5.2 Medien – (k)ein Kollektivgut?

setzt hat, ist er – unabhängig von der fehlenden Praktikabilität vollständiger Preisdifferenzierung – nicht haltbar.

Die von BUCHANAN bemängelten PARETO-Ineffizienzen der normalen Exklusion treten bei differenzierten Preisen in unveränderter Weise auf, da vollkommene Preisdifferenzierung bereits jene Exklusion voraussetzt, deren negative Wohlfahrtswirkungen sie eindämmen soll. So erfordert das Durchsetzen differenzierter Preise die Segmentierung der einzelnen Nachfrager(gruppen), der Ausschluss von Nichtzahlern bei einem Einheitspreis wird daher durch den Ausschluss gemäß der individuellen Zahlungsbereitschaft ersetzt.

Bei Preisdifferenzierung entspricht der gezahlte Preis nur im Ausnahmefall den volkswirtschaftlichen Grenzkosten, womit eine PARETO-superiore Wohlfahrtssteigerung möglich wäre. Nachfrager könnten durch den Wechsel der Gruppe und die damit verbundene Preissenkung bessergestellt werden.[325] Beidseitig vorteilhafte Arbitrage zwischen zwei Nachfragern wäre möglich. Aufgrund dieser Wechselmöglichkeit und des gänzlichen Verlusts der Konsumentenrente markiert die vollständige Preisdifferenzierung nicht ein Maximum, sondern Minimum an Wohlfahrt aus Nachfragersicht.[326]

In der traditionellen Kollektivgut-Theorie wird zur Finanzierung von Clubkollektivgütern ein gespaltener Tarif vorgeschlagen.[327] Als zeitlich differenzierter Preis wird in diesem Tarif zwischen den variablen Kosten der Nutzung und den fixen Kosten für die Vorhaltung der Kollektivgutkapazität unterschieden. Während Erstere beim eigentlichen Nutzungsakt anfallen, sich an den Grenzkosten der Nutzung orientieren und durch Gebührenzahlungen der Nutzer abgedeckt werden, finanzieren sich Letztere durch feste Beiträge jedes Clubmitglieds unabhängig von dessen Nutzungsintensität.

Der Versuch der Anwendung des gespaltenen Tarifs auf Fernsehprogramme führt zu der Schwierigkeit, dass beim betrachteten Gut die Nutzungselastizität der Bereitstellungsmenge γ gegen null geht. Zur Befriedigung weiterer Nachfrager bedarf es keiner Mengenausweitung, die Bereitstellungskosten des Kollektivguts bleiben konstant. Nutzungsgebühren im Club, die sich an diesen Kosten orientieren, müssten ebenfalls nahe null sein, würden hier also annahmengemäß entfallen. Die Finanzierung des Programmes würde damit vollständig von den Clubbeiträgen der Nutzer getragen, die

---

[325] In der Logik der traditionellen Wohlfahrtsökonomik weichen die Grenzraten der Substitution einzelner Konsumenten voneinander ab, da die herrschenden Preise bei Preisdifferenzierung nicht mehr einheitlich für alle Nachfrager gelten. Die vermeintlich optimale Bereitstellung des Kollektivguts verletzt folglich die Bedingung für ein Optimum im Konsumbereich („Tauschoptimum"). Lediglich die Ursache für Wohlfahrtsverluste hat sich damit vom Produktions- in den Konsumbereich verlagert, ohne dass theoretisch zu beantworten wäre, welche empirisch mit gravierenderen Folgen verbunden ist. Vgl. **Sohmen** (1976/1992), S. 73 f., S. 116 f.
[326] Vollständige Preisdifferenzierung stellt somit nicht ein Paretianisches Tauschoptimum, sondern die stärkste Abweichung hiervon dar. Vgl. **Sohmen** (1976/1992), S. 410.
[327] Vgl. **Grossekettler** (1985), S. 238.

eigentliche Nutzung wäre gratis.[328] Statt einer Äquivalenz auf der Ebene des Nutzungsaktes oder der Nutzungsintensität bestünde nun eine gruppenmäßige Äquivalenz zwischen Nutzern und Zahlern, da jeder Nutzer Zahler, jeder Zahler Nutzer wäre. Der feste Beitrag der Nutzer wäre der Optionspreis zur Nutzung des Kollektivguts, zu dessen Durchsetzung Nichtzahler ausgeschlossen werden müssten. Unabhängig von der Höhe dieses Preises würden also jene Nutzer ausgeschlossen, deren Zahlungsbereitschaft unterhalb des Beitrags liegt. Für den Beitrag als Preis lebt damit die Paradoxie wieder auf, dass Nutzer ausgeschlossen werden, die aufgrund der geringen Grenzkosten der Nutzung am bereitgestellten Gut partizipieren könnten.

Überdies erwächst bei einem Nutzerclub ein weiteres Problem aus der Äquivalenz der Nutzergruppe statt der des Nutzungsaktes. Ein Beitrag, der sich an den entstehenden Bereitstellungskosten orientiert, müsste vom Durchschnittskonsum der Clubmitglieder über einen gewissen Zeitraum ausgehen. Dieser Beitrag würde folglich über der Gebühr eines einzelnen Nutzungsaktes liegen, in der Konsequenz dann aber jene Nachfrager ausschließen, die bei einer einmaligen Nutzungsgebühr – etwa als Preis auf dem Fernsehmarkt – nicht ausgeschlossen werden müssten.

Ebenso wie differenzierte Preise kann auch ein gespaltener Tarif folglich keine Antwort auf die Frage nach dem wohlfahrtsoptimalen Preis für ein Fernsehprogramm als Kollektivgut liefern. Der Kern der Paradoxie zeigt sich nicht darin, dass bei einem positiven Preis Nachfrager mit einer Zahlungsbereitschaft unterhalb dieses Preises ausgeschlossen werden, sondern darin, dass jeder positive Preis über den volkswirtschaftlichen Grenzkosten von null liegt.

Zur Vermeidung der Ineffizienzen durch die Exklusion potenzieller Nutzer scheint eine nicht-äquivalente Finanzierung wünschenswert – exemplarisch in Form der Steuer- oder Werbefinanzierung des Programmes. Da bei Steuerfinanzierung die Kosten der Programmproduktion marktextern von Steuerzahlern oder anderen Personen getragen werden, bleibt auch diese Lösung nicht ohne Wirkung auf andere Märkte.[329] Mit Ausnahme einer reinen Kopfsteuer nach PIGOU – der wohl einzigen unausweichlichen Steuer – führen alle Formen der Steuererhebung zu Verzerrungen des Marktes für das jeweils besteuerte Gut.[330] SAMUELSONs Plädoyer für eine Steuerfinanzierung von Fernsehprogrammen lässt diese – für den Fernsehmarkt externe – Verzerrungen außen vor.

Bei werbefinanzierten Fernsehprogrammen wird kein potenzieller Zuschauer selbst bei einer nur marginalen Zahlungsbereitschaft vom Konsum ausgeschlossen. Damit sind bei Werbefinanzierung die genannten Effizienzbedingungen nicht verletzt, vermeintlich ist ein gesellschaftliches Optimum erreicht. Obwohl Zuschauer von einem Angebot profitieren, dessen Bereitstellungskosten sie nicht direkt, sondern höchstens

---

[328] Vgl. **Grossekettler** (1985), S. 239 f.
[329] Zu den Wirkungen der Steuerfinanzierung vgl. Kap. 5.3.2, S. 229.
[330] Vgl. **Baumol/Bradford** (1970), S. 265.

5.2 Medien – (k)ein Kollektivgut?

als Konsument von Gütern und Dienstleistungen tragen, kommen schnell Zweifel an diesem Schluss auf.[331] Ein staatlich kontrollierter Propaganda-Sender erfüllt das PARETO-Kriterium ebenso gut wie ein Programm zur Missionierung von Gläubigen. Neben diesen Formen politisch und religiös motivierter Werbung wäre selbst ein Programm wohlfahrtsökonomisch optimal, das lediglich aus Programmtafeln, Testbildern oder Rauschen bestünde.[332] Die Beispiele machen auf einen bisher vernachlässigten Aspekt aufmerksam: Da Fernsehprogramme stets in einer abstrakten Form betrachtet wurden, waren scheinbar alle ausgestrahlten Programme gesellschaftlich gleich wünschenswert.

b. Fernsehprogramme als horizontal oder vertikal differenzierte Güter

Verschiedene Autoren führen an, dass Fernsehprogramme als Kollektivgüter weitaus heterogener seien, als in der Kollektivgut-Theorie angenommen.[333] Die Ergebnisse der Kollektivgut-Theorie scheinen angesichts der unterstellten Homogenität des Guts wenig realistisch. Fernsehsendungen unterscheiden sich dementsprechend nicht nur grundlegend in einer Vielzahl von Qualitätsdimensionen, sondern aus gesellschaftlicher Sicht vor allem in der Wertschätzung der Zuschauer.

Wären Fernsehprogramme im bisher angenommenen Sinne homogen, würde sich zudem die Auseinandersetzung mit den horizontalen und vertikalen Qualitätseigenschaften medialer Güter weitestgehend erübrigen. Die erörterten Probleme von Informationsasymmetrien oder Fälle adverser Selektion wären dann ausgeschlossen. Die Homogenität des Guts würde der Gefahr adverser Selektion stets entgegenwirken.

Bei der wissenschaftstheoretischen Kritik der Kollektivgut-Theorie ist zwischen den Annahmen und den Ergebnissen der Theorie zu unterscheiden. Die Homogenität des betrachteten Guts ist eine Annahme, die sich im Fall von Fernsehprogrammen als wenig realistisch erweist, sollte sie überhaupt für irgendein Gut uneingeschränkte Gültigkeit besitzen. So naheliegend eine realismusbasierte Kritik dieser Homogenitätsannahme ist, bildet methodologisch doch nicht eine Realismuskritik der Annahmen, sondern allein die Diskussion der Ergebnisse einen Ansatzpunkt zur Verbesserung von Theorie oder Modell.[334] Die relevante Frage hier darf also nicht sein, ob die Kollektivgut-Theorie auf Basis realistischer Annahmen zu richtigen Ergebnissen kommt, sondern, ob die Schlussfolgerungen auf Grundlage des Modells reale Probleme in adäquater Weise einfangen. In diesem Sinne kann es zur Analyse der Bereitstellung eines Kollektivguts wissenschaftlich sinnvoll sein, zunächst in einem begrenzt komplexen Ansatz

---

[331] Zur Frage, ob die Werbefinanzierung von Programmen zu steigenden Preisen auf dem Markt für Güter und Dienstleistungen führt, vgl. Kap. 5.3.1.3 b., S. 203.
[332] Vgl. **Minasian** (1964), S. 73.
[333] Vgl. u. a. **Schmitz** (1990), S. 127, **Heinrich** (1999), S. 122.
[334] Vgl. **Friedman** (1953), ausführlich dazu **Schröder** (2004).

von einem homogenen Gut auszugehen, wenn sich mit diesem Ansatz weitreichende Einsichten in die normative Struktur des Finanzierungsproblems gewinnen lassen. Die Ergebnisse des Ansatzes dürfen dann allerdings nicht dazu verleiten, relevante Aspekte des konkreten Ausgangsproblems zu vernachlässigen.

Folglich darf aus der Übertragung der Kollektivgut-Theorie auf mediale Güter nicht ein falscher Schluss gezogen werden: Von einem vermeintlichen PARETO-Optimum bei der Allokation darf nicht gefolgert werden, dass das Programm die Präferenzen der Zuschauer in optimaler Weise erfüllt. Das – beispielsweise bei Werbefinanzierung – erreichte Optimum gilt lediglich für die Allokation dieses einen Programmes, bei dem ein wohlfahrtsschädlicher Ausschluss von Nichtzahlern unterbleibt. Eine solche Optimalität ergibt sich aber gerade, weil explizit im Modell von allen Eigenschaften des Guts mit Ausnahme der Rivalität und Exkludierbarkeit abstrahiert wurde.

Die quantitative Effizienz, die dem wohlfahrtsökonomischen Urteil zugrunde liegt, darf nicht mit einer qualitativen Effizienz gleichgesetzt werden. Dass Zuschauer das gratis angebotene Programm nutzen, lässt lediglich darauf schließen, dass dieses Angebot für sie einen Mindestnutzen erfüllt, nicht, dass sie in der gleichen Situation nicht ein anderes, aus ihrer Sicht besseres Programm bevorzugen würden.[335] Die quantitative korrespondiert also nicht zwangsläufig mit qualitativer Effizienz. Ein vermeintlich quantitativ effizientes, weil exklusionsfreies Programm verletzt u. U. das Kriterium der qualitativen Effizienz, da die Programminhalte von den Zuschauern nicht geschätzt werden. Im Umkehrschluss ist zu erwarten, dass Zuschauer eine Zahlungsbereitschaft für qualitativ effizientere Programme hätten, welche stärker ihren Präferenzen entsprächen, selbst wenn sie für die Programmnutzung zahlen müssten.[336]

Angesichts der Heterogenität der angebotenen Programminhalte wird damit zum einen jedes Finanzierungsregime Rückwirkungen auf beide Arten von Effizienz haben. Zum anderen darf die – hier diskutierte – Frage, wie die zur Durchsetzung des Nutzungspreises notwendige Exklusion aus gesellschaftlicher Sicht zu bewerten ist, nicht mit der Frage verwechselt werden, in welchem Finanzierungsregime Programme entsprechend der Präferenzen von Zuschauern angeboten werden. Die Beantwortung dieser zweiten Frage macht einen Ansatz notwendig, der verschiedene Finanzierungsregime einander auf institutionenökonomische Weise gegenüberstellt und der damit deutlich über das Instrumentarium der Kollektivgut-Theorie hinausgeht.

Bevor im weiteren Verlauf ein solcher institutionenökonomischer Ansatz zum Vergleich der Werbe- und Steuerfinanzierung mit der direkten Finanzierung von Fernsehprogrammen entwickelt wird, soll hier die Ausgangsfrage der gesellschaftlichen Bewertung einer Exklusion beantwortet werden. Zur Auseinandersetzung mit der quantitativen Effizienz reicht es aus, ein homogenes Fernsehprogramm zu betrachten.

---

[335] Vgl. **Minasian** (1964), S. 78.
[336] Vgl. **Minasian** (1964), S. 73.

5.2 Medien – (k)ein Kollektivgut?

Ausgehend von dieser eng fokussierten Diskussion lässt sich die Finanzierung heterogener Fernsehprogramme untersuchen, kann doch das vereinfachend unterstellte homogene Gut als ein schmaler Ausschnitt aus dem Spektrum möglicher Programmangebote verstanden werden. Falls sich das angebotene Gesamtprogramm aus weitgehend homogenen Einzelsegmenten – etwa den Segmenten politische Berichterstattung oder fiktionale Unterhaltung – zusammensetzt, erlaubt die Analyse eines einzelnen homogenen Kollektivguts normative Rückschlüsse darauf, wie das heterogene Gesamtangebot im Sinne quantitativer Effizienz finanziert werden soll.

5.2.1.6 Isomorphie zwischen der Theorie Natürlicher Monopole und der Kollektivgut-Theorie

a. Ökonomische Rivalität als Bindeglied zwischen den Theorien

Der Sicht von SAMUELSON folgend, sind terrestrisch ausgestrahlte Fernsehprogramme deshalb ein Beispiel für nicht-rivale Güter gewesen, da das gesendete Programm in Art und Menge unverändert bleiben kann, falls sich weitere Zuschauer zum Konsum entschließen. Die notwendige Bereitstellungsmenge des Kollektivguts variiert nicht mit dem höheren Konsum einzelner Nutzer oder einer größeren Nutzerzahl. Formal ausgedrückt ist die Elastizität der Bereitstellungsmenge bezüglich der Nutzerzahl bei einem terrestrisch ausgestrahlten Fernsehprogramm null.

Diese traditionelle Definition auf Rivalität scheint unnötig restriktiv und wenig allgemeingültig, wird hierbei doch lediglich der Mengeneffekt, nicht die – in der Ökonomik meist relevantere – Kostenwirkung einer vergrößerten Nachfrage betrachtet. Außen vor bleiben deshalb Fälle, in denen zusätzliche Nachfrager zwar eine Vergrößerung der Bereitstellungsmenge erforderlich machen, dieses Mengenwachstum jedoch nur zu einem geringen oder gar keinem Anstieg der Produktionskosten führt. Aus ökonomischer Sicht ist deshalb nicht ausschließlich der Mengeneffekt, sondern vor allem die Kostenwirkung zusätzlicher Nutzer relevant.

Einen Ansatz, neben dem Mengeneffekt auch diese Kostenwirkung zu berücksichtigen, liefert GROSSEKETTLER Mitte der 80er-Jahre mit dem bereits beschriebenen Rivalitätsgrad.[337] Ausgehend von einer traditionell rein konsumptiv definierten Vorstellung von Rivalität entwickelt GROSSEKETTLER den Rivalitätsbegriff dadurch weiter, dass Rivalität nun als Produkt der Elastizität der Bereitstellungsmenge bezüglich weiterer Nutzer mit der Elastizität der Produktionskosten bezüglich einer erhöhten Bereitstellungsmenge definiert wird. GROSSEKETTLER begründet dieses Vorgehen zunächst mit Skalenvorteilen, später mit eventuellen Unteilbarkeiten bei der Produktion

---

[337] Vgl. **Grossekettler** (1985).

von Kollektivgütern.[338] Bei näherer Betrachtung beschreibt die Elastizität der Produktionskosten nicht ausschließlich die Produktion von Kollektivgütern, sondern auch klassische Fälle von Subadditivitäten bei privaten Gütern.

Wird Rivalität in diesem nicht nur umfassenden, sondern vor allem ökonomischen Sinne verstanden, stellen sich rein kostenbezogene Subadditivitäten und rein mengenbezogene Nicht-Rivalitäten als Kehrseiten derselben Medaille dar. Ausgehend von dieser ökonomischen Sicht auf Rivalität lässt sich die Mengenelastizität als Ausdruck für die Konkurrenz von Nutzern um einzelne Einheiten der zu produzierenden Menge, die Kostenelastizität hingegen als Ausdruck für die Konkurrenz um die in Geldeinheiten bewerteten Produktionsfaktoren interpretieren. Der *ökonomische Rivalitätsgrad* setzt sich folglich aus den beiden Graden einer *produktiven* und einer *konsumptiven Rivalität* zusammen und geht klar über SAMUELSONs traditionelle Definition von Rivalität im Konsum hinaus. Damit wird der ökonomische Rivalitätsgrad zum Bindeglied zwischen der Kollektivgut-Theorie und der zuvor diskutierten Theorie Natürlicher Monopole. Eine Isomorphie zwischen den Theorien tritt deutlich zu Tage.

Am Beispiel verschiedener medialer Güter lässt sich der Unterschied zwischen beiden Arten ökonomischer Nicht-Rivalität verdeutlichen. Üblicherweise führt die Produktion von Büchern zu Unteilbarkeiten, da die Kosten zur Erstellung der Inhalte und die fixen Kosten des Druckprozesses sich über die gesamte Auflage verteilen. Sind diese Degressionsvorteile nicht ausgeschöpft, kann eine zusätzliche Nachfrage bedient werden, ohne dass notwendigerweise die Bereitstellungskosten steigen. Obwohl einzelne Nachfrager um die Bücher konkurrieren, also konsumptive Rivalität herrscht, besteht ein hohes Maß an Nicht-Rivalität in der Produktion. Die verminderte ökonomische Rivalität ist in diesem Fall ausschließlich das Ergebnis produktiver Nicht-Rivalität.

Auch bei der Produktion von Fernsehprogrammen kann typischerweise von einer geringen produktiven Rivalität bis zu einer bestimmten Ausbringungsmenge ausgegangen werden. Wird – wie dargestellt – eine bestimmte Faktorausstattung zum Betrieb des Fernsehsenders zwingend benötigt, ist eine Nicht-Rivalität der Nachfrager die Folge. Besteht die Sendeausstattung, kann der Programmanbieter den Sendebetrieb aufnehmen und Zuschauer zumindest mit einem Minimalangebot bedienen. Wie in vielen anderen Wirtschaftsbereichen, in denen Unteilbarkeiten beobachtbar sind, führt auch in der Medienproduktion eine Mindestbetriebsausstattung zu einer produktiven Nicht-Rivalität, bis anfänglich vorhandene Degressionsvorteile ausgeschöpft wurden.

Neben der Produktion unterscheiden sich Fernsehprogramme und Bücher wesentlich im Konsum. Entscheidend hierfür ist wiederum das Verhältnis zwischen der Nutzungskapazität des Guts und der Zahl der Nutzer, also dem Nutzungsgrad. Ein Buch lässt sich von verschiedenen Nachfragern zu unterschiedlichen Zeitpunkten

---

[338] Vgl. **Grossekettler** (1985), S. 218, **Grossekettler** (1991), S. 74.

5.2 Medien – (k)ein Kollektivgut?

nutzen, wird aber in der Regel nur von einer Person gleichzeitig gelesen. Zu einem bestimmten Zeitpunkt konkurrieren Nutzer um das Buch, hingegen können simultan mehrere Zuschauer vor dem Fernsehgerät ein terrestrisch ausgestrahltes Fernsehprogramm sehen, ohne dass es zu Verdrängungs- oder Überfüllungseffekten kommt und die zu produzierende Menge erhöht werden muss.[339]

Erneut zeigt sich der Einfluss des Nutzungsgrads auf die konsumptive Rivalität des Guts. Während bei Fernsehprogrammen jederzeit eine geringe konsumptive Nicht-Rivalität herrscht, liegt bei Büchern eine Rivalität im Konsum vor, die der von normalen privaten Gütern entspricht und sich nur bei zeitlich gestaffelter Nutzung vermindert. Entscheidend ist hierbei, dass die konsumptive Nicht-Rivalität bei Fernsehprogrammen unabhängig von der produktiven Nicht-Rivalität auftritt, aber ebenfalls das Maß an ökonomischer Rivalität vermindert.

Diese Beispiele machen zum einen deutlich, dass produktive und konsumptive Nicht-Rivalitäten isoliert voneinander ebenso wie im Verbund auftreten können. Zum anderen kann die Nicht-Rivalität eines Guts aus produktiven Nicht-Rivalitäten – Subadditivitäten in der Produktion – oder aus rein konsumptiven Nicht-Rivalitäten – Subadditivitäten beim Konsum – herrühren. Dieses Ergebnis hat wichtige Konsequenzen sowohl für die Kollektivgut-Theorie wie für die Theorie Natürlicher Monopole.

In der Kollektivgut-Theorie wirft die umfassende, ökonomische Sicht auf Rivalität ein verändertes Licht auf die genannten Standardbeispiele für private Güter. Autos und Computer werden deshalb ebenso wie Brot als Fälle privater Güter genannt, weil bei ihnen eine Rivalität im Konsum besteht. Allerdings wird bei dieser Klassifizierung die Produktion der Güter ausgeblendet, statt der ökonomischen also lediglich die konsumptive Rivalität betrachtet. Per se nicht ausgeschlossen werden kann dabei, dass bei der Produktion dieser Güter angebotsbedingte Subadditivitäten im Bereich der relevanten Nachfrage vorliegen. Bestehen diese produktiven Nicht-Rivalitäten, handelt es sich nicht um rein private, sondern um kollektive Güter, falls die Klassifizierung auf Grundlage der ökonomischen Rivalität erfolgen soll.

In ähnlicher Weise lässt sich die Kuppelproduktion von Gütern mithilfe des aus produktiver und konsumptiver Rivalität zusammengesetzten Rivalitätsgrads strukturiert erklären. Kuppelproduktion bedeutet, dass verschiedene Endprodukte technisch oder wirtschaftlich bedingt aus einem Ausgangsfaktor entstehen. Das in der Kollektivgut-Theorie traditionelle Beispiel für Kuppelproduktion ist die Produktion von Leder und Rindfleisch. Bei der Kuppelproduktion werden meist beide Produkte in einem festen Verhältnis zueinander gewonnen, lassen sich also nicht durcheinander substituieren. Hierbei bestimmen die Nachfrage nach Leder und die nach Fleisch gemeinsam die Gesamtnachfrage nach Rindern. Gegenüber der Ein-Produkt-Produktion weist die

---

[339] Die beschriebene Konkurrenz der Zuschauer um den Platz vor dem Fernsehgerät bleibt dabei außen vor.

Kuppelproduktion jedoch eine Besonderheit auf, die sich in den konsumptiven Rivalitäten der Endprodukte niederschlägt. Diese Besonderheit ist nicht unmittelbar ersichtlich, konkurrieren doch im vorliegenden Fall Nachfrager um die Nutzung der Endprodukte. Wird nur die Rivalität der Nutzer um das Gut betrachtet, stellen Rindfleisch und Leder normale, private Güter dar.

Ausschlaggebend für den Grad konsumptiver Rivalität ist allerdings, ob ein Mehrkonsum die zu produzierende Menge erhöht, welche von der konsumierten Menge abweichen kann. Dieses Auseinanderfallen von produzierter und nachgefragter Menge kann bei Kuppelproduktion aufgrund des festen Verhältnisses der Endprodukte auftreten.[340] Im Beispiel bestimmt dann entweder die Nachfrage nach Fleisch oder die nach Leder, wie viele Rinder benötigt werden. Das jeweils andere Produkt entsteht als ein nicht unbedingt in vollem Umfang nachgefragtes Kuppelprodukt. Obwohl Nachfrager um dieses Produkt konkurrieren, stellt es ein privates, aber nicht-rivales Gut dar, das eine verminderte Rivalität bezüglich der zu produzierenden Menge aufweist.

Angesichts der höchst unterschiedlich gearteten Beispiele ergibt sich die erste Konsequenz aus der Isomorphie zwischen den beiden betrachteten Theorien. In der Kollektivgut-Theorie reicht es nicht aus, zur Trennung von privaten und kollektiven Gütern danach zu fragen, ob ein einzelner Nutzungsakt die weitere Nutzung des Guts unmöglich macht. Selbst wenn Nachfrager um die Nutzung des Guts konkurrieren, kann – wie bei Kuppelproduktion – eine konsumptive Nicht-Rivalität oder – wie bei produktionsbedingten Subadditivitäten – eine produktive Nicht-Rivalität vorliegen. Allein die umfassende Betrachtung ökonomischer Rivalität erlaubt somit ein in jedem Fall zweifelsfreies Urteil zu möglichen Nicht-Rivalitäten in Produktion oder Konsum.

In der Kollektivgut-Theorie erweist sich damit die Klassifizierung von Gütern, für die Computer, Autos oder Fleisch nur Standardbeispiele sind, als revisionsbedürftig. Im Sinne des herkömmlichen Definition von Rivalität nach SAMUELSON handelt es sich bei diesen Gütern um Individualgüter, obwohl eine Nicht-Rivalität in der Produktion vorliegt. Erst die Klassifizierung dieser Güter mithilfe des ökonomischen Rivalitätsgrads weist sie korrekt als Kollektivgüter aus. Auch Güter, bei denen Rivalität im Konsum oder in der Produktion vorliegt, können zu Kollektivgütern werden, falls der zweite Faktor einen Wert nahe null annimmt und so den ökonomischen Rivalitätsgrad senkt.

Die analytisch bestehende Isomorphie zwischen der Theorie Natürlicher Monopole und der Kollektivgut-Theorie zeigt sich ebenfalls grafisch. Zur Erläuterung von Subadditivitäten bei der Produktion von Fernsehprogrammen wurde Abb. 5-1 genutzt, die die traditionelle Darstellung der Marktkonstellation im Natürlichen Monopol scheinbar unverändert übernimmt. Begründet wurde der degressive Verlauf der Produk-

---

[340] Der Einfachheit halber wird in dem Beispiel von Preisvariationen auf den jeweiligen Märkten abgesehen und von der Finanzierungsrestriktion des Produzenten abstrahiert.

5.2 Medien – (k)ein Kollektivgut?

tionskosten mit einer vermutlich plausiblen Mindestbetriebsausstattung des Senders und mit der fehlenden Konkurrenz der Zuschauer um die Nutzung des Programmes. Die geringe ökonomische Rivalität geht also auf produktive und konsumptive Nicht-Rivalitäten zurück.

In analoger Weise zeichnen sich traditionell definierte Kollektivgüter durch eine verminderte Rivalität im Konsum aus. Unabhängig von produktiver Rivalität folgt schon aus der konsumptiven Nicht-Rivalität eine verminderte ökonomische Rivalität, solange keine Verdrängungs- oder Überfüllungseffekte auftreten. Da die Bereitstellungsmenge nicht steigen muss, sind die Grenzkosten des Konsums bezüglich weiterer Nutzer gering oder gleich null.

Obwohl die ökonomische Nicht-Rivalität bei Subadditivitäten primär der produktiven Nicht-Rivalität, bei Kollektivgütern der konsumptiven Nicht-Rivalität entspringt, ist die Kostenwirkung in jedem Fall gleich. Bei klassischen Unteilbarkeiten liegen die Grenzkosten einer weiteren Mengeneinheit, bei Kollektivgütern die Grenzkosten eines weiteren Nutzers unter den Durchschnittskosten. Da die Grenzkosten die Durchschnittskosten unterschreiten, kommt es in beiden Fällen zu einer Kostendegression. Diesen Kostenverlauf stellt sowohl Abb. 5-1 wie auch Abb. 5-2 dar.

Als zweite Konsequenz aus der Isomorphie zwischen den Theorien reicht es in der Theorie Natürlicher Monopol nicht aus, zur Analyse von Subadditivitäten lediglich klassische Ursachen für produktive Nicht-Rivalitäten – wie eine Mindestbetriebsausstattung, Degressionsvorteile oder andere Economies of Scale und Scope[341] – zu betrachten. Ebenso kommen konsumptive Nicht-Rivalitäten als konsumbedingte Ursachen für Subadditivitäten in Betracht – auch das Angebot eines homogenen Kollektivguts kann zu einem Natürlichen Monopol führen. Wiederum erlaubt erst die umfassende Betrachtung der ökonomischen Rivalität ein in jedem Fall zweifelsfreies Urteil über mögliche Subadditivitäten in Produktion oder Konsum. Wie bei der Ergänzung konsumptiver Nicht-Rivalitäten um produktive Nicht-Rivalitäten in der Kollektivgut-Theorie bedarf es in der Theorie Natürlicher Monopole der Erweiterung der traditionell produktiven um konsumbedingte Subadditivitäten.

Entscheidend für das Verständnis von Abb. 5-1 und Abb. 5-2 ist die Bedeutung der Abszisse. Bei privaten Gütern entspricht die Abszisse einer reinen Mengenachse, da die Bereitstellungsmenge aufgrund konsumptiver Rivalität mit wachsender Nutzerzahl steigen muss. Dagegen fragen Nachfrager bei konsumptiver Nicht-Rivalität eine bestimmte Menge des Guts gemeinsam nach, die Nachfragekurve reduziert sich also auf einen einzigen Punkt, falls nicht – wie etwa von DEMSETZ – zusätzlich die Qualität oder Ausstattung des Kollektivguts betrachtet wird.[342] Da eine Variation von Qualität oder Ausstattung bei der Analyse eines konkreten, damit vielfach homogenen

---
[341] Vgl. **Fritsch/Wein/Ewers** (1993/2005), S. 180 f.
[342] Vgl. **Samuelson** (1954), **Demsetz** (1970), S. 300.

Kollektivguts – eines Fernsehprogrammes, Deichs oder Leuchtturms – nicht relevant ist, folgen beide Abbildungen nicht der auf SAMUELSON zurückgehenden Tradition, die Zahlungsbereitschaften der Nachfrager für das Gut vertikal zu aggregieren.[343]

Während bei privaten Gütern der Durchgriff von Mengeneinheiten auf Nutzer aufgrund konsumptiver Rivalität unnötig ist, wird bei einem Gut mit konsumptiver Nicht-Rivalität eine andere Darstellungsform erforderlich. Diese Form stellt nicht unterschiedliche Mengen wie bei einem privaten Gut oder die eine, bereitgestellte Menge wie in der SAMUELSON-Tradition dar, sondern bildet die Zahl der Nutzer entlang der Abszisse ab. Eine so definierte Abszisse führt dazu, dass die Nachfragekurve nicht horizontal oder vertikal aggregierte Zahlungsbereitschaften, sondern die jeweilige Zahlungsbereitschaft einzelner Nutzer in absteigender Höhe wiedergibt.

Durch die Neudefinition der Abszisse ergibt sich zum einen eine Nachfragekurve mit normal fallendem Verlauf, zum anderen wird auch grafisch die Degression der Kosten deutlich, die mit weiteren Nutzern des nicht-rival konsumierten Guts einsetzt. Diese Form der Darstellung ist deswegen vorteilhaft, da sie – im Gegensatz zur traditionellen Vertikalaggregation – unmittelbar der gewohnten ökonomischen Interpretation zugänglich ist. Anhand einer so veränderten Darstellung lassen sich folglich jene Fragen für ein Kollektivgut beantworten, die üblicherweise die Bereitstellung eines privaten Guts aufwirft. Hierzu zählt die Höhe des Prohibitivpreises und der Sättigungsmenge, die Zahl der Nutzer und der Marktumsatz bei einem bestimmten Preis, wie viele und welche Nutzer bei einem Einheitspreis oder bei differenzierten Preisen vom Konsum ausgeschlossen werden, welcher Preis die durchschnittlichen Produktionskosten in Abhängigkeit der Nutzerzahl deckt oder wie gesellschaftlich vorteilhaft die Bereitstellung des Guts im Sinne der Konsumentenrente oder des Unternehmensgewinns ist.

Keineswegs unintendiert sind die Parallelen, die Abb. 5-2 beispielsweise mit üblichen Darstellungen eines Natürlichen Monopols wie in Abb. 5-1 aufweist. Diese Ähnlichkeiten dürfen jedoch nicht darüber hinwegtäuschen, dass hier eine grundsätzlich andere, weil erweiterte Sichtweise eingenommen wird. So lässt sich ein sehr ähnlicher, degressiver Kostenverlauf sowohl mit konsumptiven als auch mit produktiven Nicht-Rivalitäten begründen. Trotz ähnlicher Wirkung können real also verschiedenartige Phänomene diese Nicht-Rivalität begründen, weshalb nicht übersehen werden darf, dass im Kern der Betrachtung keineswegs die Nachfrage nach Mengeneinheiten eines privaten Guts, sondern die Zahlungsbereitschaft einzelner Nutzer nach einem öffentlichen Gut steht. Die Definition der Abszisse ist folglich von zentraler Bedeutung, um ein öffentliches von einem privaten Gut, Zahlungsbereitschaften von Nutzern von denen für Mengeneinheiten zu unterscheiden.

---

[343] Vgl. **Samuelson** (1954), **Samuelson** (1969), S. 28.

b. Bedeutung der Marktkonstellation für die ökonomische Nicht-Rivalität

Aufgrund der Isomorphie lassen sich die Ergebnisse, die sich aus der Diskussion der Theorie Natürlicher Monopole ergeben haben, auf die Kollektivgut-Theorie übertragen. Abbildung 5-1 beschreibt die produktive Nicht-Rivalität aus einer angebotsorientierten Perspektive, Abbildung 5-2 die konsumptive Nicht-Rivalität aus nachfrageorientierter Sicht. Letztlich stellen beide aber nur Spielarten ökonomischer Nicht-Rivalität dar, betrachten das gleiche Grundproblem aus unterschiedlichen Blickwinkeln. Spiegelbildlich entspricht die Theorie Natürlicher Monopol der Kollektivgut-Theorie – sowohl bei den jeweils betrachteten wie bei den ausgeblendeten Aspekten.

Bezogen auf die Kollektivgut-Theorie wird deutlich, dass erstens ein Marktversagen aufgrund der Kollektivgut-Eigenschaften eines Guts nicht allein einen Nachfragemangel darstellt. Abb. 5-2 verdeutlicht ebenso wie Abb. 5-1, dass das Versagen des Marktes vielmehr das Ergebnis der jeweiligen *Marktkonstellation* ist, also als gesellschaftlich unerwünschtes Koordinationsproblem aus dem Zusammenspiel von Angebot *und* Nachfrage erwächst. Eine Fixierung nur auf den Nachfragemangel bei der Auseinandersetzung mit diesem Koordinationsproblem würde zu der Gefahr führen, bedeutsame Aspekte des Angebots ebenso systematisch auszublenden wie relevante Nachfrageaspekte in der Theorie Natürlicher Monopole.

Aus der Notwendigkeit, in jedem Fall die Marktkonstellation zu betrachten, ergeben sich zwei wichtige Konsequenzen: Zum einen besteht die Möglichkeit, dass das vormals Natürliche Monopol in einen Wettbewerb zwischen unterschiedlichen Anbietern übergeht, falls sich die Nachfrage durch Wachstum wandelt. In der Kollektivgut-Theorie wird dieses Phänomen „Überfüllung" genannt – mit zunehmender Nutzerzahl wird die ursprüngliche konsumptive Nicht-Rivalität zu einer Konkurrenz der Nutzer um das Gut. Ab einer kritischen Zahl von Nutzern ist es vorteilhaft, das Gut nicht von einem, sondern von zwei oder mehr Anbietern bereitstellen zu lassen.

Obwohl eine „Überfüllung" bei terrestrisch ausgestrahlten Fernsehprogrammen wohl unwahrscheinlich ist, lässt sich auch ein Herauswachsen aus dem Angebot nur eines einzigen Clubs hin zur Konkurrenz zahlreicher Anbieter dadurch begründen, dass es immer kostspieliger wird, weiter entfernte und schlechter erreichbare Zuschauer mit dem Programm zu versorgen. Ähnliche Überlegungen dürften für die Programmproduktion gelten, werden unterschiedliche Zuschauerregionen, eine zeitliche Programmausweitung über den ganzen Tagesablauf oder das Angebot verschiedener Programmformate betrachtet. Die in diesen Fällen erneut ansteigenden Programmkosten beenden die wirtschaftliche Vormachtstellung des Alleinanbieters.

Zum anderen zeigt sich, dass die Frage der Bestreitbarkeit des Marktes in der Kollektivgut-Theorie von ebenso zentraler Bedeutung ist wie zur Beurteilung eines Natürlichen Monopols. Hing die Bestreitbarkeit eines Natürlichen Monopols aus angebotsorientierter Sicht im Wesentlichen von der Höhe der Marktbarrieren – den irreversiblen Kosten des Marktein- und -austritts – ab, wird die Bestreitbarkeit des Marktes in der Kollektivgut-Theorie stärker nachfrageseitig gesehen.

Aus Sicht der Nachfrager ist der Markt für ein Kollektivgut bestreitbar, falls beispielsweise qualitative, zeitliche oder räumliche Substitutionsmöglichkeiten bestehen. Die Substituierbarkeit des Guts beeinflusst die Gestalt und Lage der Nachfragekurve, wird diese – wie in Abb. 5-2 – durch die individuellen Zahlungsbereitschaften der Nachfrager gebildet. Hier würde ein vollkommen substituierbares Angebot zu einer perfekt preiselastischen, d.h. horizontal verlaufenden Nachfragekurve für das Kollektivgut führen. Anders als bei privaten Gütern hätten Nachfrager hier nicht in der Summe die gleiche Zahlungsbereitschaft für unterschiedliche Mengeneinheiten, sondern die Zahlungsbereitschaften der jeweiligen Nachfrager für eben das eine Kollektivgut entsprächen einander.

Damit wird deutlich, dass in beiden Theorien zunächst durch die Annahme eines homogenen Guts von bestehenden Substitutionsbeziehungen abstrahiert wird. In der Theorie Natürlicher Monopole ergibt sich die Homogenität des Guts aus der Alleinstellung eines Anbieters, die möglicherweise aufgrund von Subadditivitäten bei der Produktion des betrachteten Guts besteht. In der Kollektivgut-Theorie ist die Homogenität eine Folge dessen, dass das Nicht-Angebot eines konkreten Kollektivguts aufgrund eines Nachfragemangels, dem Auseinanderfallen der effektiven und potenziellen Nachfrage, betrachtet wird. Trotz des Fokus auf ein bestimmtes Gut stellen die Abbildungen 5-1 und 5-2 bestehende Substitutionsbeziehungen dar, da diese den Verlauf der effektiven Angebots- und Nachfragekurve entscheidend beeinflussen.

c. Samuelson-Minasian-Kontroverse als Neuauflage der Grenzkosten-Debatte

Die Isomorphie zwischen der Kollektivgut-Theorie und der Theorie Natürlicher Monopole eröffnet auch eine veränderte ideengeschichtliche Sichtweise auf vormals geführte Kontroversen. Wie in der Grenzkosten-Paradoxie bei Kollektivgütern führt ein undifferenziertes Abstellen auf Grenzkostenpreise in einem Natürlichen Monopol zu dem Problem, dass die Fixkosten des Anbieters nicht mehr gedeckt werden können und ein Defizit entsteht. Bemerkenswerterweise hat SAMUELSON diese Parallele bereits im Jahre 1958 erkannt, sie aber zunächst wohl für nicht weiter relevant gehalten, um sich später sogar explizit gegen diese „Konfusion" zu wenden.[344] Nicht weiter

---

[344] SAMUELSON macht auf die Verbindung zwischen Kollektivgütern und Unteilbarkeiten aufmerksam, indem er das Argument von HOTELLING zugunsten der staatlichen Subvention eines Natürlichen Monopolisten auf ein nicht-rivales Gut überträgt. Im Jahre 1969 unternimmt SAMUELSON dann den Versuch, die Kollektivgut-Theorie gegen die Theorie der Kuppelproduktion – als Form der Unteilbarkeit – abzugrenzen: „The theory of public goods is sometimes confused with

verwunderlich, haben die längst bekannten Argumente der HOTELLING/LERNER-COASE-Debatte in der SAMUELSON-MINASIAN-Kontroverse keine Rolle gespielt.[345] In den 60er-Jahren hat sich so jene Diskussion in der Kollektivgut-Theorie wiederholt, die bereits 20 Jahre früher in der Theorie Natürlicher Monopole geführt worden war. Die Diskussion um die Finanzierung von Fernsehprogrammen im Rahmen der Kollektivgut-Theorie ist im Kern eine Neuauflage der Grenzkosten-Debatte.

Als einer der entschiedensten Befürworter von Grenzkostenpreisen stützt HOTELLING sich auf DUPUITs erste wohlfahrtsökonomische Überlegungen und dessen Instrument der Konsumentenrente.[346] Zwar demonstriert HOTELLING am Beispiel und mit dem Instrumentarium DUPUITs,[347] dass bei einer Brücke die Konsumentenrente maximal wird, wenn Nachfrager einen Preis in Höhe der Grenzkosten zu zahlen haben, überträgt diesen Ansatz im nächsten Schritt aber auf alle Arten fixkostenbehafteter Produktion.[348] Das entstehende Defizit soll nach HOTELLING vom Staat getragen werden. Damit zeigt sich zum einen, dass SAMUELSON das sehr weit gefasste Argument von HOTELLING aufgreift und auf Kollektivgüter wie Fernsehprogramme überträgt, während HOTELLINGs ursprünglicher Ansatz noch keine Unterscheidung zwischen privaten und öffentlichen Gütern kennt.

Zum anderen ist bemerkenswert, wie weit sich der Vorschlag von BUCHANAN, das vermeintliche Allokationsproblem durch perfekte Preisdifferenzierung zu lösen, von HOTELLINGs ursprünglicher Idee entfernt hat. Diente bei HOTELLING die staatliche Übernahme der Fixkosten dem Ziel, die entstehende Konsumentenrente zu vergrößern, wird bei BUCHANAN diese Rente gänzlich zugunsten der Produzentenrente geopfert. Statt der Maximierung der Konsumentenrente gilt bei BUCHANAN das Hauptaugenmerk der Vermeidung quantitativer Ineffizienzen.

d. Methodische Überwindung der Grenzkosten-Paradoxie in beiden Theorien

Der Kern der Grenzkosten-Paradoxie besteht darin, dass nur ein positiver Preis die Finanzierung des Fernsehprogrammes sicherstellen kann, es zur Durchsetzung dieses Preises jedoch der Exklusion jener Zuschauer bedarf, deren Zahlungsbereitschaft zwar über den Grenzkosten des Konsums, aber unterhalb des geforderten Preises liegt. Da bei diesem Ausschluss Nutzungsmöglichkeiten des Guts unausgeschöpft bleiben, gilt

---

the theory of joint production." Wie dargestellt, lässt sich Kuppelproduktion jedoch als konsumptiver Nicht-Rivalität sehen. Vgl. **Samuelson** (1958), S. 335 f., **Samuelson** (1969), S. 26.

[345] Zur Grenzkosten-Debatte vgl. **Coase** (1946/1990).
[346] Nach EKELUND bestehen Zweifel, ob DUPUIT für oder gegen Grenzkostenpreise eintrat. Vgl. **Hotelling** (1938), **Hotelling** (1939), **Laffont** (1998), S. 319 f., **Ekelund** (1968).
[347] Zur Konsumentenrente nach DUPUIT vgl. FN 225, S. 124.
[348] Vgl. **Hotelling** (1938), S. 261.

scheinbar SAMUELSONs Diktum, dass diese Preislösung ineffizient und mit Wohlfahrtsverlusten verbunden sei.[349]

Die Schwierigkeiten, auf Grundlage der Wohlfahrtsökonomik korrekte, unzweifelhafte Finanzierungsregeln für Güter mit produktiven oder konsumptiven Nicht-Rivalitäten/Subadditivitäten herzuleiten, rühren her vom grundsätzlichen Aufbau der Theorie. Die Wohlfahrtsökonomik geht deswegen von beliebig teilbaren Gütern, Produktionsfaktoren und -verfahren aus, um mithilfe der Marginalanalyse zu Aussagen über die Optimalität allokativer Zustände zu kommen.[350] Mit den so abgeleiteten Marginalbedingungen ist allerdings kaum ein Vergleich der Vorteilhaftigkeit von Lösungen für diskrete Problemstrukturen möglich, wie sie bei den beiden Arten ökonomischer Nicht-Rivalität bestehen. Liegen konsumptive Nicht-Rivalitäten in Form von Kollektivgütern oder produktive Nicht-Rivalitäten durch Subadditivitäten vor, bedarf es eines anderen Ansatzes – etwa eines enumerativen Vergleichs multipler Lösungen – als der Analyse stetiger Partiallösungen. Ein simples Übertragen der wohlfahrtsökonomischen Marginalbedingungen führt bei ökonomischen Nicht-Rivalitäten folglich zu falschen Politikempfehlungen.

Überwinden lässt sich die Grenzkosten-Paradoxie durch eine differenzierte Betrachtung der Bereitstellungssituation. Dabei muss klar zwischen zwei Bereitstellungsszenarien unterschieden werden – einem Ex-post-Szenario, in dem die Bereitstellung des Guts schon sichergestellt ist, und einem Ex-ante-Szenario, in dem sie noch zur Disposition steht.[351]

SAMUELSONs Urteil zur Ineffizienz der Exklusion besitzt nur dann uneingeschränkt Gültigkeit, wenn ein bereits produziertes Programm betrachtet wird, dessen Ausstrahlung streng genommen schon begonnen hat. Erst die Fixierung auf die Sendephase des Programmes lässt die Paradoxie einer vermeintlichen Ineffizienz jedes positiven Preises entstehen. Nur in diesem Ex-post-Szenario sind die Produktionskosten versunken, womit die Festsetzung des Preises die einzig relevante, noch zu treffende Entscheidung ist.[352] Besteht das Kollektivgut bereits, ist es wohlfahrtsökonomisch korrekt, einen Preis in Höhe der Grenzkosten, also gleich null, zu fordern, da volkswirtschaftlich weitere Konsumenten kostenlos versorgt werden könnten.[353] Ein Preis über null würde

---

[349] Vgl. **Samuelson** (1967), S. 203. Das gleiche Argument überträgt SAMUELSON auf den Fall der Finanzierung von Leuchttürmen. COASE kritisiert hieran die unausweichliche Paradoxie, dass eine private Bereitstellung von Leuchttürmen unmöglich sei und – falls doch die Möglichkeit bestünde – gesellschaftlich nicht wünschenswert wäre. Vgl. **Coase** (1974), S. 190.

[350] Um die Theorie überschaubar und mit Gleichungs-, nicht Ungleichungssystemen lösbar zu machen, wird in der Wohlfahrtsökonomik ebenso von der Analyse von Endmaxima abgesehen. Vgl. **Sohmen** (1976/1992), S. 56 f.

[351] Vgl. **Schröder** (1997a), S. 34.

[352] Diese Situation wird besonders deutlich in dem von BUCHANAN angeführten Beispiel der Wiederausstrahlung eines Programmes über eine Relaisstation. Vgl. **Buchanan** (1967), S. 193.

[353] Vgl. **Minasian** (1964), S. 73 f., S. 78 f.

5.2 Medien – (k)ein Kollektivgut?

demgegenüber die Nachfrage nur unnötig einschränken.[354] Der in diesem Fall wohlfahrtsökonomisch richtige Preis soll – aufgrund der bereits erfolgten Bereitstellung des Kollektivguts – als Ex-post-PARETO-Optimum bezeichnet werden.[355]

Hiervon kategorisch zu unterscheiden ist das Ex-ante-Szenario, in welchem die Bereitstellung des Kollektivguts noch ungeklärt ist. Fraglich ist in diesem Szenario, ob die Produktion des Kollektivguts gesellschaftlich wünschenswert ist. Neben der Festsetzung des Preises ist relevant, ob die erzielten Erlöse die Bereitstellung des Guts sicherstellen können. Die Finanzierungsrestriktion wird zu einer weiteren Bedingung im wohlfahrtsökonomischen Optimierungskalkül. Die Präsenz dieser Restriktion ist zu beachten, da jeder Nutzer neben den Grenzkosten der eigentlichen Nutzung einen Teil der nutzungsunabhängigen Finanzierungslast trägt. Diese Last entfällt, wird ihm für die Nutzung nur ein Preis in Höhe der Grenzkosten berechnet.

Abhängig vom betrachteten Szenario sind mit einer Senkung des Einheitspreises auf Grenzkosten-Niveau höchst unterschiedliche Wohlfahrtswirkungen verbunden. Gilt dieser Preis im Ex-post-Szenario, werden die Nachfrager durch die Preissenkung zwar bessergestellt, da ihnen die Finanzierungslast vollständig abgenommen wird. Anders als im Ex-ante-Szenario erfährt auch der Anbieter keine Schlechterstellung im gleichen Umfang, da annahmegemäß die Finanzierung des Guts sichergestellt ist. Bei der Beurteilung einzelner Preissetzungsregeln ist, in Abhängigkeit vom diskutierten Szenario, klar zwischen Ex-ante- und Ex-post-PARETO-Optimalität zu unterscheiden.

Damit wird deutlich, dass trotz der Allgemeingültigkeit, die HOTELLING für seine wirtschaftspolitischen Überlegungen reklamiert, diese allein in der Situation gelten, in der die fixen Produktionskosten bereits vom Staat oder anderweitig gedeckt sind. Dann ist es wohlfahrtsökonomisch korrekt, den Preis auf Höhe der Grenzkosten festzulegen. Ist die Frage der Bereitstellung des Guts noch offen, muss der erhobene Preis von den Grenzkosten der Nutzung abweichen, um die Finanzierung sicherzustellen. Im Gegensatz zur Ex-post- berücksichtigt die Ex-ante-PARETO-Optimalität, dass bei der Preisfestsetzung die entstehenden Fixkosten gedeckt werden müssen, auch wenn sich diese Kosten nicht verursachungsgerecht auf Nutzer umlegen lassen.[356] Nur ein Preis oberhalb der Grenzkosten kann PARETO-optimal sein,[357] der die Bereitstellung des Guts sicherstellt.[358]

---

[354] Vgl. **Demsetz** (1970), S. 296.
[355] Die dann möglichen Erlöse können als Quasi-Rente der in der Vergangenheit gebundenen Faktoren betrachtet werden. Vgl. **Coase** (1946/1990), S. 77.
[356] Die gleiche Bedingung gilt bei der Kuppelproduktion mehrerer Güter, deren horizontal aggregierte Einzelzahlungsbereitschaften gemeinsam die Kosten der Produktion tragen müssen.
[357] Vgl. **Baumol/Ordover** (1977), S. 5 ff.
[358] Bisher wurden nur die Wirkungen von Grenzkostenpreisen auf das Programmangebot betrachtet. Für Nachfrager entstehen Anreize in ähnlicher Weise, allerdings mit umgekehrten Vorzei-

Wesentlich für das Ex-ante-Szenario ist die faktische, nicht nur eine hypothetische Bereitstellung des Guts. Dies gilt auch für die Zahlungen der Nutzer. Nur wenn die faktisch realisierbaren, nicht allein die hypothetischen Zahlungen der Nutzer ausreichen, die Finanzierung zu tragen, soll das Gut bereitgestellt werden. Demgegenüber argumentiert DEMSETZ – in der Tradition der Kollektivgut-Theorie –, die Bereitstellungsentscheidung auf Basis der Summe der Zahlungsbereitschaften zu treffen, da allen Nachfragern das Gut in gleicher Menge und Qualität zur Verfügung stehe.[359] Deckt oder übersteigt demnach diese hypothetische Summe die Kosten der Produktion, sei aus gesellschaftlicher Sicht die Bereitstellung des Guts gerechtfertigt.

Hingegen kann das Abstellen auf Zahlungsbereitschaften statt auf konkret realisierbare Zahlungen zu einer neuen Variante der Grenzkosten-Paradoxie führen: Zwar mag aufgrund der Zahlungsbereitschaften die Bereitstellung des Guts gesellschaftlich sinnvoll sein, doch ist es unmöglich, die Finanzierung mithilfe eines Einheitspreises sicherzustellen. Steht eine Preisdifferenzierung dann nicht zur Verfügung, wäre erneut eine marktexterne Zusatzfinanzierung notwendig. Deutlich wird, dass nicht die Summe der Zahlungsbereitschaften, sondern allein die Höhe der faktisch realisierbaren Nutzerzahlungen bei einem einheitlichen oder bei differenzierten Preisen eine Antwort auf die Frage erlaubt, ob im Ex-ante-Szenario die Bereitstellung des Guts erfolgen soll.

Im Vergleich erweisen sich das Ex-post- und das Ex-ante-Szenario als fundamental verschieden, stellen sie doch auf höchst unterschiedliche Probleme ab. In der Regel dürfte für die meisten Kollektivgutprobleme die noch ungeklärte Bereitstellung des Guts, nicht dessen rein verteilende Allokation bei schon sichergestellter Bereitstellung relevant sein. Aufgrund der Unterschiedlichkeit der analysierten Probleme wird der zunächst effiziente Preis bei einem Wechsel des Szenarios ineffizient. War ein Grenzkostenpreis im Ex-post-Szenario noch wohlfahrtsoptimal, ist ein undifferenziertes Abstellen hierauf im – üblicherweise vorherrschenden – Ex-ante-Szenario verfehlt. Auch deshalb ist zwischen Ex-ante- und Ex-post-PARETO-Optimalität zu unterscheiden.

Der von Fernsehzuschauern verlangte Preis muss im Ex-ante-Szenario aufgrund der anfallenden Fixkosten signifikant über den Grenzkosten von null liegen, da die Bereitstellung des Programmes volkswirtschaftlich keineswegs kostenlos ist.[360] Wie genau im

---

chen. So wird ein kostenloses Fernsehangebot zu einem volkswirtschaftlich überhöhten Fernsehkonsum führen.

[359] Vgl. **Demsetz** (1970), S. 297.
[360] Der Fehler, dass ein Preis von null als wohlfahrtsökonomisch richtig anzusehen sei, hat eine lange Tradition in der Medienökonomik und findet sich bis in die Gegenwart. Zahlreiche Autoren kommen – ohne zwischen einer Ex-ante- und einer Ex-post-Perspektive zu unterscheiden – zu dem Ergebnis, dass ein – bei Verzicht auf Preisdifferenzierung einheitlicher – positiver Preis nicht wohlfahrtsoptimal sein könne. Vgl. u. a. **Owen/Beebe/Manning** (1974), S. 15 f., S. 79 f., **Owen** (1977), S. 315, **Spence/Owen** (1977), S. 103 f., S. 122 f., **Owen/Wildman** (1992), S. 114, **Brown/Cave** (1992), S. 379, **Runkel** (1998), S. 48, **Heinrich** (1999), S. 289, **Messmer** (2002), S. 298, **Czygan** (2003), S. 72, **Rott** (2003), S. 84 f., **Kruse** (2004b), S. 74.

5.2 Medien – (k)ein Kollektivgut? 179

konkreten Einzelfall die Verteilung dieser Kosten auf einzelne Nachfrager aussieht, lässt sich rein theoretisch nicht beantworten. Zahlreiche Verteilungen – Gleichverteilung in Form eines Einheitspreises oder verschieden differenzierte Preise – sind nicht nur möglich, sondern können auch (ex ante) PARETO-optimal sein.[361]

e. Wohlfahrtsoptimale Preise bei Kollektivgütern und Natürlichen Monopolen

Wie weit der Preis im Ex-ante-Szenario von den Grenzkosten abweichen muss, lässt sich sowohl für einen Einheitspreis als auch für differenzierte Preise beantworten. Selbst von COASE übersehen,[362] hat FRANK P. RAMSEY (1903–1930) die dazu notwendigen formalen Grundlagen bereits im Jahre 1927 gelegt.[363] RAMSEYs Beitrag zur optimalen Besteuerung kann als Ansatz verstanden werden, den oder die Preise zu finden, die die Bereitstellung des Guts sicherstellen, eine vorhandene Nachfrage aber trotz des Überschreitens der (ex post) Grenzkosten in höchstmöglicher Weise befriedigen.[364]

Beim Zurückdrängen der Nachfrage geht es in der Wohlfahrtsökonomik – wie in der Theorie der Besteuerung – um ein optimales Abweichen vom Grenzkostenpreis. Die Frage nach der optimalen, allokative Verzerrungen minimierenden Steuerstruktur erweist sich als spiegelbildlich zur Frage nach der optimalen Preisstruktur bei der Finanzierung eines Kollektivguts. Der oder die resultierenden Preise sind ex-ante-PARETO-optimal, d. h. erlauben unter der Finanzierungsrestriktion keine PARETO-Verbesserungen mehr.[365] Um negative Wohlfahrtswirkungen durch die Exklusion von Nachfragern zu vermeiden, wird ein hoher Preis bei einer geringen Nachfrageelastizität gesetzt. Der RAMSEY-Preis verhält sich also invers zu den Elastizitäten der Nachfrage.[366] Wird ein Einheitspreis aus den zahlreichen Möglichkeiten zur Finanzierung von Fernsehprogrammen gewählt, ist die logische Konsequenz ein durchschnittskostendeckender RAMSEY-Preis, nicht die Finanzierung über Werbung oder Steuern.[367]

---

[361] Vgl. **Samuelson** (1967), S. 200.
[362] COASE erkennt das Dilemma zwischen Durchschnitts- und Grenzkostenpreisen, gleichzeitig aber auch die Vorteile der Preisdifferenzierung. Vgl. **Coase** (1946/1990), S. 91 f.
[363] Vgl. **Ramsey** (1927). Weniger formale Lösungen für das gleiche Finanzierungsproblem gehen sogar bis in die 70er-Jahre des 19. Jahrhunderts zurück. Vgl. **Baumol/Bradford** (1970), S. 276 f., **Baumol/Ordover** (1977), S. 20.
[364] Vgl. **Ramsey** (1927), S. 59.
[365] Der oder die RAMSEY-Preise sind als „first best"-Lösung ein Optimum, nicht – wie BAUMOL/BRADFORD zunächst annehmen und später revidieren – nur „second best" oder „quasi-optimal". Vgl. **Baumol/Bradford** (1970), S. 266 f., S. 280 f.
[366] Zumindest theoretisch kann sich damit ein RAMSEY-Preis ergeben, der bei einer vollkommen preiselastischen Nachfrage und fehlender Preisdifferenzierung in Höhe der Grenzkosten liegt. Dass das Gut in diesem Fall nicht bereitgestellt wird, stellt wohlfahrtsökonomisch eine vorteilhafte Lösung dar, da alle Nachfrager nur zu dem einzigen Grenzkostenpreis konsumieren würden, der aber die Bereitstellung des Guts nicht sicherstellen kann.
[367] Vgl. **Baumol/Ordover** (1977), S. 7.

Neben der Parallele von Kollektivgut-Theorie und Theorie der Besteuerung macht RAMSEYs Ansatz noch einen weiteren Aspekt deutlich, der Folge der verzerrenden Wirkung jeder Steuererhebung ist. Selbst gratis angebotene, weil steuerfinanzierte Fernsehprogramme müssen das von SAMUELSON angelegte Grenzkosten-Kriterium verletzen, sofern sie nicht über eine, in der Praxis kaum realisierbare Kopfsteuer finanziert werden. Bei Steuerfinanzierung führt die scheinbar optimale Preissetzung auf dem Fernsehmarkt folglich zu einer verzerrten Preisstruktur auf anderen Märkten – und Ineffizienzen durch die dann dort auftretende Exklusion möglicher Nachfrager. SAMUELSONs Forderung nach einer Steuerfinanzierung von Fernsehprogrammen steht nur deshalb im Einklang mit dem angelegten Kriterium einer vermeintlich wohlfahrtsökonomischen Effizienz, weil die schädlichen Wirkungen der Steuerfinanzierung in der engen Einzelmarktperspektive ausgeklammert werden. Demzufolge wäre nur die Werbefinanzierung von Fernsehprogrammen als PARETO-effizient zu rechtfertigen, falls von den Wirkungen dieses Finanzierungsregimes auf die Nachfrager und auf die Programminhalte – also der Frage qualitativer Effizienz – abstrahiert wird.

In analoger Weise gilt dieser Schluss für die Optimalität eines in Gebühren und Beiträge gespaltenen Tarifs, welcher die Finanzierung der Fixkosten durch Beiträge, die der Grenzkosten durch Gebühren vorsieht. Wie bereits skizziert, ist auch dieser gespaltene Tarif wohlfahrtsökonomisch einem Einheitspreis nur dann überlegen, wenn die Wohlfahrtsverluste durch den Beitrag nicht von den Wohlfahrtsgewinnen der Gebühr überkompensiert werden. Da Beiträge üblicherweise die Höhe der Gebühren überschreiten, ist fraglich, ob die Tarifspaltung faktisch nicht zu einer Verschlechterung der Wohlfahrt führt.

Besonders schwer wiegt dieses Problem im Medienbereich, da eine Gebühr auf Basis der Grenzkosten meist eine Höhe gleich oder nahe null hätte und Beiträge die gesamte Finanzierungslast zu tragen hätten. Diese auf einen längeren Zeitraum bezogenen – und dann entsprechend hohen – Beiträge würden weitaus mehr Nachfrager ausschließen als kurzfristige Nutzungsgebühren in Höhe des RAMSEY-Preises.[368] Von dem gespaltenen Tarif sind differenzierte Preise klar zu unterscheiden: Bereits die Logik des RAMSEY-Preises macht deutlich, dass real neben einem Einheitspreis vielfältige, ebenso optimale Möglichkeiten zur Preisdifferenzierung bestehen.

Offensichtlich wird damit auch, warum das von vielen Autoren[369] angeführte Argument unhaltbar ist, das Angebot eines Fernsehprogrammes durch einen einzelnen

---

[368] HEINRICH argumentiert, dass ein System der Finanzierung über Zwangsentgelte wohlfahrtsoptimal sei. Dieser Schluss ist wohlfahrtsökonomisch nicht haltbar: Zwar ist in diesem System der einzelne Konsumakt gratis, jedoch werden die Nichtzahler von Zwangsentgelten ebenso wie bei direkter Finanzierung ausgeschlossen. Wohlfahrtsverluste durch Exklusion treten hier analog für die erhobenen Beiträge auf. Vgl. **Heinrich** (1999), S. 275.

[369] Anscheinend geht der Fehler einer Gleichsetzung eines direkt finanzierten mit einem Monopolanbieter auf SPENCE/OWEN zurück, findet sich aber bis in die Gegenwart bei zahlreichen Auto-

5.2 Medien – (k)ein Kollektivgut? 181

Sender müsse generell als wohlfahrtsökonomisch inferior beurteilt werden. Fälschlicherweise wird nicht nur davon ausgegangen, dass – nach SAMUELSON – der wohlfahrtsoptimale Preis bei null liegen müsse. Vor allem wird für das angebotene Programm oder die einzelne Sendung ein wohlfahrtsschädliches, weil nicht-bestreitbares Monopol unterstellt. Der Fernsehanbieter verfügt also über eine erhebliche Marktmacht.

Der Schluss, dass unter diesen Annahmen das Marktergebnis aus Konsumentensicht unbefriedigend sein muss, verwundert wenig und weist nicht auf eine Besonderheit medialer Güter hin. Schon die für das Monopol angenommene COURNOT-Preisbildung führt zu den kritisierten Wohlfahrtseinbußen: Bei einer linearen Nachfragefunktion und Grenzkosten von null werden nur halb so viele Nachfrager mit dem Gut versorgt, als wenn ihnen das Gut kostenlos angeboten würde. Ebenso wie die monopolbedingte Preissteigerung ist dieser Mengeneffekt allerdings in jedem Markt beobachtbar, in dem ein einzelner Anbieter einen Einheitspreis mittels Rationierung der Angebotsmenge durchsetzt und seine effektive Angebotskurve auf einen einzigen Punkt verkürzt. Diese „Ausbeutung" der Nachfrager wird bei einem unregulierten Clubanbieter ebenso auftreten wie bei einem gewöhnlichen Unternehmen.[370] Bereits die Auseinandersetzung mit der Regulierung eines Natürlichen Monopols hat ergeben, dass sich zumindest diese Art der Ineffizienz in eine PARETO-optimale Lösung verwandeln lässt, wird dem Monopolisten eine aus seiner Sicht vorteilhafte Preisdifferenzierung gestattet. Bei ausschließlich fixen Kosten wäre für ihn ein Übergang vom Einheitspreis zu differenzierten Preisen immer vorteilhaft, würde doch die Konsumentenrente teilweise – bei perfekter Preisdiskriminierung sogar vollständig – zu Produzentenrente. In analoger Weise argumentiert DEMSETZ, Preisdifferenzierung sei in dem Markt für ein Kollektivgut nicht – im Gegensatz zu einem privaten Gut – ein Zeichen für fehlenden, sondern für funktionsfähigen Wettbewerb zwischen den Anbietern.[371]

Ob generell ein Natürliches Monopol bei medialen Gütern besteht, ist – wie bereits erörtert – allerdings zweifelhaft und nicht aufgrund von Per-se-Überlegungen anhand eines homogenen Guts zu beantworten. Erst die Berücksichtigung der Substitutionskonkurrenz zu potenziellen Wettbewerbern liefert Aufschluss über den konkreten Verlauf der effektiven Angebotskurve des Monopolisten. Erst wenn eine solche Konkurrenz faktisch nicht besteht, führt das dann bestehende Monopol – wie auf anderen Märkten – zu einer Ausbeutung der Nachfrager durch den Anbieter. Von einem

---

ren. Vgl. **Spence/Owen** (1977), S. 104, **Lence** (1978), S. 12 f., **Wildman/Owen** (1985), S. 267, **Blind** (1997), S. 55, **Runkel** (1998), S. 48 f., **Heinrich** (1999), S. 285, **Rott** (2003), S. 74, **Lobigs** (2004), S. 57.

[370] Hiervon zu unterscheiden ist die Form eines Nachfragerclubs, d. h. die Konsumenten organisieren selbst die Bereitstellung/Herstellung des Guts. Unter diesen Bedingungen wird ein Monopolanbieter wohl kaum sich selbst als Nachfrager ausbeuten.

[371] Vgl. **Demsetz** (1970), S. 304.

per se bestehenden Monopol bei direkt finanzierten Fernsehprogrammen auszugehen, impliziert bereits die später kritisierten Wohlfahrtseinbußen.

Aus wohlfahrtsökonomischer Sicht wird der Schluss deutlich, dass die direkte Finanzierung von Fernsehprogrammen nicht generell zu Wohlfahrtsverlusten führt. Dieses Ergebnis hat weitreichende Konsequenzen über die Bereitstellung eines homogenen Kollektivguts hinaus für horizontal und vertikal differenzierte Fernsehprogramme. Umgekehrt ist die wohlfahrtsökonomisch begründete Forderung nach einem werbe- oder steuerfinanzierten Gratisangebot von Programmen ebenso falsch wie die danach, dem Natürlichen Monopolisten schlicht Grenzkostenpreise vorzuschreiben.

5.2.1.7 Eignung der Kollektivgut-Theorie zum Vergleich alternativer Finanzierungsregime

Im Vordergrund der bisherigen Diskussion stand die Stichhaltigkeit der Preissetzungsregeln, die in der Kollektivgut-Theorie zur Finanzierung von Gütern mit verminderter Rivalität entwickelt wurden. Nun soll untersucht werden, ob auf Basis dieser Theorie ein verlässliches Urteil über die Vorteilhaftigkeit real bestehender Finanzierungsformen – Werbe- oder Gebührenfinanzierung und direkte Zahlungen – möglich ist.

Dabei ist zunächst bemerkenswert, dass dieser Aspekt in der wissenschaftlichen Diskussion – mit wenigen Ausnahmen[372] – kaum eine Rolle spielt. Stattdessen werden reale Finanzierungsformen meist an ihrer Übereinstimmung mit den als ideal angesehenen Finanzierungsregeln für Kollektivgüter gemessen. Dieser Weg wird bereits von SAMUELSON beschritten: Anhand des PARETO-Kriteriums ist SAMUELSON zu dem Schluss gekommen, dass alle Formen der äquivalenten Finanzierung – ob Einheitspreise, in Gebühr und Beitrag gespaltene Tarife oder differenzierte Preise – aufgrund der notwendigen Exklusionstechnik wohlfahrtsökonomisch inferior seien. Trotz der Vehemenz, mit der SAMUELSON gegen Marktpreise antritt, wird dieser Schluss – wie gesehen – nicht von der Wohlfahrtsökonomik gedeckt.

Gültig ist SAMUELSONs Argument nur für ein homogenes Gut, bei dem das Finanzierungsproblem bereits gelöst ist. Nur in dieser Ex-post-Betrachtung ist die logische Konsequenz, dass das Gut allen potenziellen Nutzern gratis zu Verfügung gestellt werden sollte. Ist hingegen die Bereitstellungsfrage noch offen, lässt sich aus der Kollektivgut-Theorie kein valides Argument gegen Marktpreise generieren. Schon aus theoretischer Sicht ist ein Marktversagen aufgrund der Kollektivgut-Eigenschaften medialer Güter keineswegs vorprogrammiert. Ein Einheitspreis auf Grundlage der RAMSEY-Preisregel wäre als Marktpreis nicht nur möglich, sondern ebenso PARETO-optimal wie eine Vielzahl unterschiedlicher Formen der Preisdifferenzierung auf gleicher Basis. Vermutet

---

[372] Vgl. **Minasian** (1967).

5.2 Medien – (k)ein Kollektivgut?

werden kann, dass das Angebot privater Programmanbieter effizient sein wird, falls es möglich ist, Nichtzahler zu exkludieren.[373]

Die zentrale Schwäche der Kollektivgut-Theorie zeigt sich, wird – wie bei der Homogenitätsannahme – nicht die Realitätsnähe der Annahmen betrachtet, sondern die Validität der Modellergebnisse hinterfragt. Dabei wird deutlich, dass die Kollektivgut-Theorie im Medienbereich die Antwort auf eine Frage liefert, die sich so nur in seltenen Fällen stellt. In der wirtschaftspolitischen Praxis lautet die relevante, forschungsleitende Frage meist nicht, wie das eine, homogene und bereits produzierte Fernsehprogramm alloziert werden soll, sondern wie sichergestellt werden kann, dass von allen denkbaren Programmangeboten nur jene realisiert werden, die mit den Präferenzen der Zuschauer möglichst weitgehend korrespondieren.

Von den untersuchten indirekten Finanzierungsregimen mag zwar für ein werbe- oder steuerfinanziertes Fernsehsystem sprechen, dass kein potenzieller Nutzer ausgeschlossen wird, doch inwieweit ein solches Programm Zuschauerpräferenzen berücksichtigt, kann auf Basis der Kollektivgut-Theorie nicht beantwortet werden. Die Theorie ist nicht nur deswegen problematisch, da die abgeleiteten Resultate auf logischen Inkonsistenzen beruhen, sondern da sie aufgrund ihres inhärenten „institutionellen Vakuum[s]" eine unzureichende Grundlage zur Bewertung realer Finanzierungsformen bietet.[374] Als nicht legitimer normativer Schluss resultiert SAMUELSONs Argument gegen Marktpreise schlicht aus einer unzulässigen Interpretation der Theorie.

Unbestritten stellt die Sicherung der Bereitstellung im Falle eines einzigen, homogenen Guts ein relevantes Problem dar. Zu diesem tritt im Fall zahlreicher heterogener Güter die Frage, welches der vielfältigen Programmangebote finanziert werden soll. Mit zunehmender Heterogenität gewinnt dieses zweite Problem gegenüber dem ersten an Bedeutung. Da das zweite Problem für ein einziges, homogenes Gut per Definition ausgeschlossen ist, bleibt hier die Finanzierung über Steuern oder Werbeeinnahmen ohne inhaltlichen Einfluss auf das Programm. Hat aber die Wahl des Finanzierungsregimes – wie bei heterogenen Gütern – einen entscheidenden Einfluss auf die Art und den Umfang der angebotenen Programme, ist nach der Rolle der Finanzierung für das Programmangebot zu fragen.

Zur Beantwortung dieser Frage bietet die Kollektivgut-Theorie kaum tragfähige Ansatzpunkte, da sie den Einfluss der Finanzierung auf die Wahl des Kollektivguts nur unzureichend abbildet.[375] Innerhalb dieses Theorierahmens ist es unmöglich, die Vorteilhaftigkeit alternativer Finanzierungsregime zu untersuchen.[376] Auch darüber hinausgehende wohlfahrtsökonomische Ansätze können nur ein schwaches Licht auf

---

[373] Vgl. **Demsetz** (1970), **Demsetz** (1973).
[374] **Wentzel** (2002), S. 54.
[375] Vgl. **Minasian** (1967), S. 205.
[376] Vgl. **Buchanan** (1967), S. 195.

das zweite, meist gravierendere Problem werfen, wenn sie einerseits – wie WILDMAN/ OWEN[377] – von einem gegebenen Programm ausgehen, andererseits die Wirkungen der Werbe- oder Steuerfinanzierung dadurch ausklammern, dass sie explizit – wie KOFORD[378] – ein homogenes Programmangebot betrachten oder implizit – wie SPENCE/ OWEN[379] – von einer Veränderung der Programminhalte abstrahieren.

5.2.1.8 Marktpreise als Referenz zur Beurteilung indirekter Finanzierungsregime

Theoretisch wie empirisch unstrittig ist, dass die Form der Finanzierung Einfluss auf das Programmangebot hat und dass sich die drei diskutierten Regime in unterschiedlicher Weise an den Präferenzen der Zuschauer orientieren. So fallen bei jedem System der indirekten Finanzierung – also Werbe- wie Steuerfinanzierung – der Konsum des Programmes, dessen Finanzierung und die Entscheidung über die Bereitstellung auseinander. Während mit der Divergenz von Konsum und Zahlung eine Umverteilung von Nicht-Konsumenten zu Konsumenten verbunden ist, kann die Trennung von Konsum- und Bereitstellungsentscheidung zu einer qualitativen Ineffizienz führen. Da Dritte anstelle von Konsumenten entscheiden, kann ein falsches Programmangebot die Folge sein. Strittig ist, wie diese beiden Wirkungen theoretisch zu beurteilen sind, d. h. wie stark eine Störung des Prinzipal-Agent-Verhältnisses zwischen Anbietern und Nachfragern negativ die Konsumentensouveränität beeinflusst.

Allen Regimen gemeinsam ist, dass die Programme aus Zuschauersicht ein Mindestnutzenniveau erreichen müssen, um überhaupt – zwangsfrei – konsumiert zu werden. Doch während bei direkten Zahlungen die Präferenzen der Zuschauer einen unmittelbaren Einfluss auf das Programmangebot haben, berücksichtigen werbe- und steuerfinanzierte Fernsehsysteme Zuschauerpräferenzen nur indirekt – entweder über einen administrativen Prozess oder über die Werbeausgaben für konsumierte Güter und Dienstleistungen. Verglichen mit direkten Zahlungen sind bei den beiden letztgenannten Finanzierungsregimen Verzerrungen im Programmangebot, also qualitative Ineffizienzen zu erwarten, sofern Anbieter nur noch in vermindertem Maße als Agenten der Konsumenten-Prinzipale auftreten.[380]

In einem System der Werbefinanzierung wird sich das Programmangebot also von einem steuerfinanzierten Fernsehprogramm und dieses wiederum von einem System der direkten Zuschauerzahlungen unterscheiden. Unmittelbar einsichtig ist dies für Informationsprogramme, die – wie im Zusammenhang mit Informationsasymme-

---
[377] Vgl. **Wildman/Owen** (1985), **Owen/Wildman** (1992), S. 125.
[378] Vgl. **Koford** (1984), S. 67.
[379] Vgl. **Spence/Owen** (1977), **Schmitz** (1990), S. 261 f.
[380] Bei der Steuerfinanzierung von Programmen kommt zudem hinzu, dass in der Praxis kaum eine Form der Steuererhebung verzerrungsfrei und nicht negativ auf die Allokation anderer Güter und Dienstleistungen wirkt.

5.2 Medien – (k)ein Kollektivgut?

trien gesehen – wesentlich anfälliger für Qualitätsmängel sind und bei denen die gesellschaftlichen Folgen adverser Selektion gravierender sind. Doch selbst Unterhaltungsprogramme dürften nicht davon ausgenommen sein, dass das Finanzierungsregime maßgeblichen Einfluss auf die angebotenen Programmformate hat.

Aus theoretischer Sicht sind direkte Zuschauerzahlungen deshalb ökonomisch von Vorteil, da sie auf direkte Weise den Programmanbietern zum einen Informationen darüber liefern, welche (Mindest)Wertschätzung Zuschauer aus dem Konsum der Programme ziehen. Zum anderen geben direkte Zahlungen einen Anreiz, sich nach der Wertschätzung der Zuschauer zu richten. Die sich auf dem Fernsehmarkt bildenden Preise erfüllen damit eine Informations- und eine Anreizfunktion.

Durch die Aufdeckung von Präferenzen[381] signalisiert die Zahlungsbereitschaft der Nachfrager den Anbietern, welche Programme mit welcher Intensität von wie vielen Zuschauern gewünscht werden. Dieses Signal kann beispielsweise darin bestehen, dass zahlreiche Nachfrager ein Programm mit einer nur geringen Zahlungsbereitschaft wünschen oder dass wenige Zuschauer hierfür eine hohe Zahlungsbereitschaft besitzen. Über den Ausgleich von Angebot und Nachfrage stellen Preise sicher, dass die aus dem Konsum resultierende Wertschätzung mit den gesellschaftlichen Kosten der Produktion korrespondiert, d.h. der Schattenpreis einem Knappheitsindikator entspricht.[382] Nachfrager und Anbieter werden so mit den gesellschaftlichen Folgen ihres individuellen Handelns konfrontiert. In gesellschaftlich wünschenswerter Weise rationieren Preise den Konsum.[383] Mithilfe von Marktpreisen werden knappe Ressourcen in die produktivste Verwendung gelenkt, ihre Verschwendung wird vermieden.

Mit einem Sinken der Marktpreise ist zu erwarten, dass deren Anreizwirkung abnimmt. Nicht nur bei einem Preis von null besteht für Anbieter kein Anreiz mehr, das Programm zu produzieren. Diese Anreize gehen schon mit der Annäherung des Preises an die Grenzkosten der Produktion stark zurück. In einem normalen Marktdiagramm, in dem die Angebotskurve von der Schar der einzelnen Grenzkostenkurven gebildet wird, kann die Produzentenrente als ein Maß für die Anreize interpretiert werden, die Anbieter zur Produktion haben. Sinken oder verschwinden diese Anreize mit abnehmender Rente, werden Anbieter zunehmend indifferenter zwischen Produktion und Nicht-Produktion. Zwar führt die Abnahme der Produzentenrente aus Konsumentensicht zu einer Zunahme an Konsumentenrente, die allerdings zusammen mit der Produzentenrente verschwindet, falls das niedrige Preisniveau keine rentable, d.h. die mittelfristigen Fixkosten deckende Produktion mehr erlaubt.

Mit abnehmender Anreizwirkung verliert der Preis überdies seine Funktion, den Konsum der Zuschauer zu rationieren und ihre Wertschätzung zu signalisieren. Wenn

---

[381] Vgl. **Coase** (1946/1990), S. 79.
[382] Vgl. **Coase** (1946/1990), S. 80.
[383] Vgl. **McKean/Minasian** (1966), S. 16.

nicht mehr die Präferenzen der Zuschauer über die Art und Menge des Angebots entscheiden, ist fraglich, welche Indikatoren ausschlaggebend für die Produktion sein sollen. Die Gefahr qualitativer Ineffizienzen erwächst aus der Möglichkeit, dass die für das ausgestrahlte Programm verantwortlichen Entscheider dieses im Hinblick auf ihre eigenen Ziele verändern.

Fehlen Marktpreise, sind verschiedene Verfahren verfügbar, um die Bereitstellungsentscheidung in der Praxis zu treffen. Ist die Bereitstellungsentscheidung in einen administrativen Prozess eingebunden, der die Basis für das Verwaltungshandeln bildet, gilt es in gleicher Weise, Informationen über Zuschauerpräferenzen zu generieren. Dieser Aufgabe sehen sich beispielsweise die öffentlich-rechtlichen Anstalten in Deutschland gegenüber. Allen Verfahren ist gemeinsam, dass sie sich nicht an einer marktanalogen Zahlungsbereitschaft der Zuschauer orientieren, sondern die Entscheidung für ein bestimmtes Programmangebot auf Grundlage anderer Faktoren treffen. Im Vergleich zum unmittelbar wirksamen Preismechanismus beeinflussen diese Faktoren die Bereitstellung des Kollektivguts weitaus indirekter und üben dabei unterschiedliche Anreize auf das Angebotsverhalten der Sender aus. So richten sich etwa werbefinanzierte Programme nach der Zahl der Zuschauer und deren demografischer Qualität bezogen auf die intendierte Werbewirkung. Auf die theoretischen Wirkungen, die ein solches quotenorientiertes System haben kann, wird nachfolgend detaillierter einzugehen sein.[384]

Zusätzlich zu einem Programmangebot mit ineffizienter horizontaler und vertikaler Qualität wächst mit zunehmender Marktferne des Programmangebots die Gefahr von kostenmäßigen Ineffizienzen, d. h. die Produktion erfolgt teurer als unter Wettbewerbsbedingungen. Zur Beurteilung der Ineffizienzen bestimmter Entscheidungsverfahren genügt es allerdings nicht, im Rahmen einer rein wohlfahrtsökonomisch geprägten Auseinandersetzung die Vor- und Nachteile mit verschiedenen Preissetzungsregeln zu erörtern. Vielmehr bedarf es eines Vergleichs der Vor- und Nachteile konkreter Institutionen zur Bereitstellung des Guts.

Aus dem gleichen Grund genügt der einfache Schluss von der Nicht-Exklusion möglicher Nutzer auf die Optimalität eines Preises von null nicht. Das Fazit der Auseinandersetzung mit vermeintlich wohlfahrtsoptimalen Grenzkostenpreisen war, dass die einzig richtige Referenz, um das Programm direkt finanzierter Anbieter mit einem indirekt finanzierten Angebot – werbefinanzierter Sender ebenso wie staatlicher oder staatlich garantierter Behörden oder gemeinwohlorientierter Organisationen – zu vergleichen, ein direkter, positiver Marktpreis ist.

Das Resultat, Marktpreise können entgegen dem Augenschein sehr wohl wohlfahrtsoptimal sein, ist der Grund, warum die SAMUELSON-MINASIAN-Kontroverse auch heute noch von hoher Relevanz für die praktische Medienpolitik ist und nicht nur

---

[384] Zu den Wirkungen der Quotenorientierung vgl. Kap. 5.3.1.3 c., S. 205.

5.2 Medien – (k)ein Kollektivgut?

eine Marginalie der ökonomischen Ideengeschichte ausmacht. Trotz der ungebrochenen Popularität, mit der das Argument seit SAMUELSONs Kollektivgutbeitrag in der medienökonomischen Literatur[385] vorgebracht wird, besteht der dort diagnostizierte Zielkonflikt zwischen den Vorteilen von Preisen zur Ressourcenlenkung und Präferenzaufdeckung und deren Nachteilen durch die PARETO-ineffiziente Exklusion von Nichtzahlern nicht. Nichts spricht theoretisch für die Bereitstellung des Guts über Clubs statt über gewinnorientierte Unternehmen. Nach BERGLAS macht es nicht nur keinen Unterschied, ob ein Clubkollektivgut von einem Club oder einem gewöhnlichen, gewinnorientierten Unternehmen bereitgestellt wird.[386] Da kein Marktversagen zu erwarten sei, würde ein über Beiträge oder einen gespaltenen Tarif finanzierter Club sogar zu einer gegenüber Marktpreisen ineffizienten Lösung bei unterschiedlichen Nutzungsintensitäten der Konsumenten – etwa bei Fernsehprogrammen – führen.[387]

Erst wenn eine direkte Finanzierung des Guts nicht realisierbar ist, kann demgemäß der Rückgriff auf alternative Finanzierungsregime wie Steuer- oder Werbefinanzierung erforderlich werden. Um dessen Wirkungen im Vergleich zu Marktpreisen analysieren zu können, bedarf es allerdings einer erweiterten, institutionenökonomischen Sichtweise, die im konkreten Einzelfall untersucht, wie etwa das Bereitstellungsverfahren von den Entscheidungsträgern angelegt ist und in die Praxis umgesetzt wird.

5.2.2 Fazit: Kollektivgut-Theorie als unzureichende Legitimationsbasis für staatliche Marktinterventionen

Nachdem zahlreiche Probleme mit der Anwendung der Kollektivgut-Theorie auf mediale Güter verbunden waren, ist fraglich, welchen Erklärungsbeitrag diese Theorie zur Regulierung des Fernsehmarktes liefern kann. Aufbauend auf der bisherigen, positiven Analyse gilt daher das Augenmerk der normativen Richtung, die mit der Kollektivgut-Theorie eingeschlagen wird.

Bei dem Versuch, Fernsehprogramme zu klassifizieren, hat sich gezeigt, dass es zur korrekten Charakterisierung eines medialen Guts der Berücksichtigung aller relevanten Institutionen, nicht wie in der Kollektivgut-Theorie einer Abstraktion hiervon bedarf. Werden die Institutionen – beispielsweise der Rechtsrahmen – konsequent in die Betrachtung einbezogen, werden mediale Güter zu Clubkollektivgütern, u. U. sogar zu privaten Gütern, und sind nicht ausschließlich Zwangskollektivgüter.

---

[385] Vgl. u. a. **Noll/Peck/McGowan** (1973), S. 33, **Owen/Beebe/Manning** (1974), S. 79 f., **Lence** (1978), S. 11, **Ospel** (1988), S. 83, **Schmitz** (1990), S. 115, S. 358, **Wiechers** (1992), S. 114, **Krattenmaker/Powe** (1994), S. 41 f., **Blind** (1997), S. 58, **Messmer** (2002), S. 299, **Kruse** (2004b), S. 75.
[386] Vgl. **Berglas** (1976), **Berglas/Helpman/Pines** (1982).
[387] Vgl. **Berglas** (1976), S. 119.

Die Klassifizierung von öffentlichen Gütern ist in der Kollektivgut-Theorie deshalb von Bedeutung, da auf ihrer Grundlage Finanzierungsregeln für eine wohlfahrtsoptimale Bereitstellung abgeleitet werden. Wenn das Klassifizierungsschema Schwächen aufweist, bestehen Zweifel an der Optimalität der empfohlenen Finanzierungsregel.

Unabhängig von der Frage der Einordnung des Guts wurde untersucht, ob sich mithilfe der Finanzierungsregeln der Kollektivgut-Theorie valide Vorschläge zur Finanzierung von medialen Inhalten ableiten lassen. Ausgehend von der Vorstellung eines terrestrisch ausgestrahlten Programms, also eines Zwangs- bzw. Clubkollektivguts, offenbarte der Versuch, die Finanzierungsregeln auf dieses Gut anzuwenden, eine Reihe logischer Inkonsistenzen, auf die bereits MINASIAN hingewiesen hat.[388] Schon rein theoretisch sind perfekt differenzierte Preise oder ein gespaltener Tarif weder realisierbar noch wohlfahrtsökonomisch einem regulären Marktpreis überlegen.

Auch der oft gezogene Schluss von meist vernachlässigbaren Grenznutzungskosten zu einem vermeintlich optimalen Preises von null und einer deshalb notwendigen Steuerfinanzierung ist modelltheoretisch nicht haltbar. Ebenso wenig ist die Finanzierung von Programmen über Werbeeinnahmen per se PARETO-optimal. Selbst auf Basis dieser rein theoretischen Überlegungen ist kein indirektes Finanzierungsregime einem System direkter Nutzerzahlungen überlegen.

Sinn der Auseinandersetzung mit der Kollektivgut-Theorie war nicht primär das Aufdecken von Unzulänglichkeiten und logischen Defiziten, sondern die Frage, ob sich aus ihr Schlussfolgerungen für die praktische Finanzierung von Fernsehprogrammen ziehen lassen. Die Frage nach der Relevanz der Theorie schließt unmittelbar an der Konsistenz an. Hier zeigt sich, dass aufgrund der theoretischen Schwächen in den Bereichen der Klassifizierung und der Finanzierungsregeln von medialen Gütern die Kollektivgut-Theorie ihre Bedeutung für die Medienpolitik weitgehend eingebüßt hat. Praktisch relevante Schlüsse für die Finanzierung von Fernsehprogrammen lassen sich aus der Kollektivgut-Theorie nicht ziehen. Zwar vermeiden auf den ersten Blick steuer-, gebühren- und werbefinanzierte Programme eine wohlfahrtsschädliche Exklusion potenzieller Zuschauer. Ob sich diese Programme damit aber in stärkerem Maße einem wohlfahrtsökonomischen Optimum annähern als direkt finanzierte Programme, ist völlig unklar, da eine direkte Preisbeziehung mit entsprechenden Informations- und Anreizwirkungen nicht besteht. Trotz Zuschauerbefragungen – z. B. persönlich oder telefonisch über Abstimmungssysteme – ist zu vermuten, dass ausgestrahlte Programme sich stärker an den Präferenzen der Nachfrager orientieren, wenn Zuschauer in einem Regime direkt finanzierter Fernsehprogramme unmittelbar und nicht in ihrer Rolle als Steuerzahler oder Konsument von Gütern und Dienstleistungen zur Zahlung herangezogen werden. Erst wenn direkte Nutzerzahlungen und eine unmittelbare

---

[388] Vgl. **Minasian** (1967), S. 205.

Preislenkung nicht realisierbar sind, stellt sich die Frage, wie eine Bereitstellung von Fernsehprogrammen alternativ ausgestaltet werden kann.

Diese Frage lässt sich nicht losgelöst vom Verhalten der finanzierenden Institutionen rein auf Basis theoretisch-mikroökonomischer Überlegungen beantworten, sondern bedarf der differenzierten Betrachtung,

1. inwieweit Wohlfahrtsverluste durch Exklusion in einem direkt finanzierten Fernsehsystem durch Preisdifferenzierung – als Folge des Gewinnstrebens privater Anbieter – ebenso wie in alternativen Finanzierungsregimen vermieden werden.
2. welche Zahlungsbereitschaft Zuschauer für Programme haben, die bei direkter Finanzierung stärker ihren Präferenzen entsprechen, wenn die impliziten Zahlungen für steuer- oder werbefinanzierte Programme zurückgehen.
3. welche Effekte die einzelnen Finanzierungsregime auf Angebot und Nachfrage von Fernsehprogrammen sowie die dabei entstehenden Kosten haben.

Während sich die beiden ersten Aspekte unmittelbar mit empirischen Instrumenten untersuchen lassen, stößt ein solches Vorgehen bei der Diskussion des dritten Aspekts schnell an konzeptionelle Grenzen, da ein geeigneter Theorierahmen zur Analyse der zu erwartenden Effekte durch Werbe- oder Steuerfinanzierung nicht existiert, sondern erst entwickelt werden muss. Nachdem die bisherige Diskussion in einer Übertragung und Anwendung der Ökonomik auf mediale Inhalte bestand, nehmen die folgenden Überlegungen zunehmend einen originär medienökonomischen Charakter an.

5.3 Institutionenökonomische Analyse indirekter Finanzierungsregime als idealisierte Referenzmodelle

Ergebnis der Diskussion möglicher Kollektivguteigenschaften medialer Güter ist erstens, dass aus wohlfahrtsökonomischer Sicht direkte Marktpreise die gesellschaftlichen Wirkungen des Konsums korrekt abbilden. Dennoch spielen weltweit Marktpreise auf den meisten Fernsehmärkten nur eine untergeordnete Rolle. Faktisch dominieren dort Werbung und – staatlich garantierte – Gebühren als Hauptfinanzierungsquellen für Rundfunk- und Fernsehprogramme.

Zweitens sind beide bisher betrachteten Theorien der Finanzierung medialer Güter – sowohl die Kollektivgut-Theorie wie die hiermit strukturgleiche Theorie Natürlicher Monopole – ungeeignet, die Effekte durch die indirekte Finanzierung von Fernsehprogrammen zu analysieren, da es nicht einer Abstraktion von finanzierungsrelevanten Institutionen, sondern gerade deren Berücksichtigung bedarf. In diesem Sinne vermutet etwa MINASIAN, dass das Gewinnstreben privater Unternehmer zu einem stärker konsumentenorientierten Angebot von Fernsehprogrammen als das Handeln staatlicher Organisationen führen werde,³⁸⁹ d. h. von privaten Unternehmern kostenmäßige und horizontal wie vertikal auftretende qualitative Ineffizienzen vermieden werden. Zudem kann angenommen werden, dass ein gewinnorientierter Anbieter bestrebt sein wird, die unnötige Exklusion zahlungsbereiter Nachfrager zu vermeiden, sofern deren Zahlungsbereitschaft die Grenzkosten überschreitet, sein Gewinn sich also durch Preisdifferenzierung steigern lässt.³⁹⁰ Jeder weitere Nachfrager, der zu einem Preis über den Grenzkosten bedient werden kann, trägt deshalb zu den fixen Bereitstellungskosten bei oder vergrößert den Gewinn.³⁹¹ Somit können differenzierte Preise statt eines Einheitspreises real die Wohlfahrt von Produzenten und Konsumenten verbessern.

Bereits MINASIAN deutet Mitte der 60er-Jahre den methodischen Weg an, der es ermöglicht, zu einem wissenschaftlich fundierten Urteil über die Wirkungen einzelner Finanzierungsregime zu kommen: Im Rahmen eines Vergleichs unterschiedlicher institutioneller Arrangements³⁹² müssen nicht nur die theoretisch zu erwartenden Einflüsse der Finanzierung auf das Programmangebot diskutiert, sondern auch die sich real zeigenden Vor- und Nachteile der einzelnen Regime einander gegenübergestellt werden. Deutlich geworden ist, dass ein solch institutionenökonomischer Ansatz klar über die Kollektivgut-Theorie hinausgehen muss, die bestenfalls den Ausgangspunkt zum Vergleich verschiedener Finanzierungsregime markieren kann.³⁹³ Bemerkenswert ist nicht nur, dass dieser institutionenökonomische Weg seit den 60er-Jahren nicht konsequent beschritten wurde, sondern vielmehr, dass er zunehmend in Vergessenheit geraten ist.³⁹⁴

---

³⁸⁹ Vgl. **Minasian** (1967), S. 206.
³⁹⁰ In extremer Weise besteht der Anreiz zur Preisdifferenzierung bei einem Angebot, das sich durch einen Einheitspreis nicht finanzieren ließe, da die Durchschnittskosten stets oberhalb der Zahlungsbereitschaft der Nachfrager liegen. Vgl. **Sohmen** (1976/1992), S. 402.
³⁹¹ Vgl. **Demsetz** (1973), S. 400.
³⁹² Vgl. **Minasian** (1964), S. 77, **Minasian** (1967), S. 206, analog auch **Samuelson** (1964), S. 83.
³⁹³ Vgl. **Baumol/Ordover** (1977), S. 19.
³⁹⁴ Dabei ist die institutionenökonomische Herangehensweise grundsätzlich in der Medienökonomik nicht unbekannt. Zahlreiche Autoren haben den Einfluss der Programmdistribution als nachgelagertem Markt auf den Fernsehmarkt untersucht. Viele dieser Programmwahltheorien fußen auf dem linearen Modell eines Qualitätswettbewerbs nach HOTELLING und der Monopolistischen Konkurrenz nach CHAMBERLAIN. Auf dieser Grundlage analysiert beispielsweise STEINER, welche Wohlfahrtswirkungen auf den Fernsehmarkt von einem monopolistischen im Vergleich zu einem wettbewerblichen Angebot bei einer Variation der Kanalzahl und der Zuschauerpräferenzen ausgehen. Er kommt zu dem Ergebnis, dass ein wettbewerbliches Angebot bei einer geringen Kanalzahl und homogenen Präferenzen der Zuschauer aufgrund der einsetzenden Programmduplizierung qualitativ inferior und kostenintensiv sei. OWEN/BEEBE/MANNING relativieren in ihrer Erweiterung des Modells von STEINER dieses Ergebnis erheblich, indem sie zeigen, dass ein inferiores Programmangebot stark von der Verteilung der Zuschauer, deren Präferenzen und dem Verhalten der Anbieter abhängt. Vgl. **Steiner** (1952), **Owen/Beebe/Manning** (1974), S. 65 ff., S. 72.

5.3 Institutionenökonomische Analyse indirekter Finanzierungsregime

Aufbauend auf dem bisherigen wohlfahrtsökonomischen Ansatz wird der Frage nachzugehen sein, ob gegenwärtig auf den Fernsehmärkten schon eine optimale Form der Finanzierung vorherrscht oder ob – im Gegensatz dazu – sich aus ökonomischer Sicht signifikante Effekte der indirekten Finanzierung zeigen. Wäre das bestehende Angebot gesellschaftlich optimal, würden NOLL/PECK/MCGOWAN mit ihrer Anfang der 70er-Jahre geäußerten Vermutung Recht behalten, dass ein Übergang von der indirekten zur direkten Programmfinanzierung lediglich zur Folge hätte, dass Zuschauer für die gleichen, bislang gratis angebotenen Programme zu zahlen hätten.[395]

Von den vielfältigen Formen und Ausgestaltungsmöglichkeiten der indirekten Finanzierung von Fernsehprogrammen werden die Werbefinanzierung und die Steuerfinanzierung herausgegriffen, da ihnen – anders als beispielsweise der Finanzierung über Spenden oder eine unabhängige Stiftung – eine erhebliche Bedeutung in der Praxis zukommt. Isoliert voneinander werden im unmittelbar anschließenden Teil zunächst die Effekte der Werbefinanzierung, im nachfolgenden zweiten Teil die Effekte der Steuerfinanzierung betrachtet. Von nachrangiger Bedeutung ist dabei das antagonistische Verhältnis zwischen den beiden Finanzierungregimen, entspringen doch die Effekte der Werbefinanzierung einem unregulierten marktlichen Angebot, die der Steuerfinanzierung einem unregulierten staatlichen Angebot. Auf die Antinomie der Finanzierungsregime – dem Markt auf der einen und dem Staat auf der anderen Seite – wird in der abschließenden Gegenüberstellung der Effekte einzugehen sein.

Wesentliches Ziel der beiden Teile ist, einen einheitlichen, geschlossenen Theorierahmen zur Analyse der beiden betrachteten Finanzierungsregime zu entwickeln. Innerhalb dieses Rahmens wird zum einen möglich sein, den theoretischen Effekten indirekter Finanzierungsregime systematisch nachzugehen und diese miteinander zu vergleichen. Zum anderen lassen sich die so abgeleiteten Effekte als Prüfschema zur Analyse realer Fernsehmärkte nutzen, um die empirischen Wirkungen der Werbe- und Gebührenfinanzierung – nun als konkrete Finanzierungsformen – zu untersuchen.

Schon begrifflich wird damit eine Unterscheidung deutlich, die für die weitere Diskussion zentral ist. Die folgende Analyse erweitert die Betrachtung um die Institutionen der Finanzierung des medialen Guts wie etwa den Einfluss von Werbetreibenden oder des Staats.[396] Um die Effekte indirekter Finanzierung in Reinform betrachten zu können, bleiben in diesem institutionenökonomischen Ansatz weitere Institutionen wie herrschende Gesetze oder bestehende private und staatliche Organisationen außen vor.

Diese Programmwahltheorien sind ebenso zeitbedingt wie zeitgebunden. Ihr Erklärungsgehalt hat sich heute angesichts konkurrierender Distributionsverfahren und -kanäle weitgehend erschöpft. Mit in Zukunft abnehmender Knappheit der Distributionskanäle bedarf es eines erheblich veränderten institutionenökonomischen Ansatzes – wie bei SPENCE/OWEN – zur Ableitung konkreter Finanzierungsempfehlungen. Vgl. **Spence/Owen** (1977).

[395] Vgl. **Noll/Peck/McGowan** (1973), S. 135.
[396] Eine Einführung in die Neue Institutionenökonomik geben **Erlei/Leschke/Sauerland** (2007).

Zur Entwicklung einer allgemeinen Theorie indirekter Finanzierung ist es demnach notwendig, zwar die Institutionen der Finanzierung zu berücksichtigen, von einer Vielzahl real bestehender Institutionen aber zu abstrahieren.

Ziel der weiteren Analyse ist nicht die Beschreibung realer Finanzierungsformen, sondern die Diskussion der Effekte indirekter Finanzierung anhand idealisierter Referenzmodelle. In der nachfolgenden Diskussion gilt es also, klar zwischen den theoretischen Regimen und real bestehenden Formen der Finanzierung zu trennen. Gegenüber der konkreten Auseinandersetzung mit einem Einzelmarkt dienen diese Referenzmodelle der Allgemeingültigkeit, Übertrag- und Überschaubarkeit des Ansatzes.

Da bei Steuerfinanzierung die Bereitstellung der Programme direkt aus dem Staatshaushalt erfolgt, verfügt dieses Finanzierungsregime über eine weniger komplexe Struktur als die meisten in der Praxis bestehenden Formen der Gebührenfinanzierung. Auch die in Deutschland erhobenen Rundfunkgebühren gehen in ihrer Komplexität deutlich über die hier betrachtete Steuerfinanzierung hinaus und erschließen sich erst der theoretischen Analyse, wenn zunächst von einem idealisierenden Modell ausgegangen wird. Aufbauend auf dieses Referenzmodell lassen sich die Einflüsse realer Institutionen untersuchen.

5.3.1 Effekte der Werbefinanzierung von Fernsehprogrammen

5.3.1.1 Ökonomische Sicht auf Werbung und ihre Wirkungen

a. Werbung zwischen Information und Verführung der Verbraucher

Seit über 100 Jahren beschäftigt sich die Ökonomik mit Werbung als Forschungsgegenstand. Beginnend mit den neoklassisch geprägten Arbeiten von ALRED MARSHALL und ARTHUR C. PIGOU sehen Ökonomen Werbung auf eine höchst differenzierte Weise, heben ihre Bedeutung für das Marktgeschehen hervor oder verurteilen ihre ressourcenverschwendende Wirkung.[397] Dabei lassen sich die divergierenden Perspektiven anhand der beiden Fragen charakterisieren, was in der Ökonomik unter Werbung verstanden wird und welche Wirkungen Werbung aus gesellschaftlicher Sicht – etwa auf den Wettbewerbsprozess – hat.

Schon die erste Frage wird in der Ökonomik konträr beantwortet: Einerseits kann Werbung ein Mittel sein, um Nachfrager u. a. über Produkte, Innovationen, Produkteigenschaften und Anwendungsmöglichkeiten zu informieren. Nach STIGLER senkt Werbung die Kosten der Suche nach Produkten drastisch.[398] Andererseits kann Wer-

---

[397] Eine ausführliche Darstellung der ökonomischen Auseinandersetzung liefert **Haucap** (1998), S. 39 ff.
[398] Vgl. **Stigler** (1961), S. 216.

bung auch der Verhaltensbeeinflussung dienen, wenn Nachfrager nach dem Willen der Anbieter mehr von dem beworbenen Gut oder der Dienstleistung kaufen sollen. Dies gilt in besonderer Weise für Fernsehwerbung, die im Vergleich zu gedruckten Medien unmittelbarer die Sinne der Rezipienten anspricht und somit eine hohe Suggestivkraft aufweist. Werbung kann demnach eine Form der Information der Verbraucher oder deren Manipulation (gegen ihren eigentlichen Willen) sein.[399]

Die Antworten auf die Frage nach den Wirkungen der Werbung sind ähnlich gegensätzlich. Auf der einen Seite gehen Ökonomen davon aus, dass Werbung die Funktionsfähigkeit des Marktes verbessert. Betreiben Anbieter Werbung, investieren sie nicht nur in ihre eigene Marktstellung, sondern ebenso in die Leistungsfähigkeit des Marktes.[400] Da Informationen, die für das Markthandeln notwendig sind, etwa über Preise, Produkteigenschaften, -nutzung oder -innovationen gratis bereitgestellt werden, vergrößert Werbung die Transparenz auf Märkten und fördert den Leistungswettbewerb.

Auf der anderen Seite kann Werbung negative Effekte auf den Wettbewerb haben. Noch vergleichsweise begrenzt sind diese, sofern Werbung den Anbietern allein dazu dient, Marktanteile zwischen eigentlich homogenen Gütern umzuverteilen. In diesem Fall werden Produkte künstlich differenziert und nicht-natürliche Markteintrittsbarrieren aufgebaut, sodass die Nachfrage(kurve) unelastischer wird.[401] Für die Anbieter nehmen die Anreize zu, lediglich auf mehr Werbung statt auf Produktentwicklung zu setzen, ohne dass mit der Werbeausweitung ein Nutzen für die Konsumenten verbunden wäre. Schon durch diese künstliche Differenzierung der Güter weichen Anbieter dem Leistungswettbewerb aus und betreiben im Extremfall ausschließlich Werbewettbewerb. Aus gesellschaftlicher Sicht wird der Wettbewerb dann zu einem reinen Nullsummenspiel. Eine erhebliche Schädigung des Leistungswettbewerbs dürfte – u. a. durch adverse Selektion – die Folge sein, wenn es Anbietern auf Dauer gelingt, Nachfrager bewusst durch Werbung falsch zu informieren, zu täuschen oder gegen ihren Willen zu verführen.

In beiden Fällen ist das eigennützige Betreiben von Werbung nicht mehr eine Investition in die Funktionsfähigkeit des Marktes. Neben den eigentlichen Kosten der Werbung, in diesen Fällen eine Verschwendung von Ressourcen, führt das Ausweichen vom bzw. die Schädigung des Leistungswettbewerbs zu gesellschaftlichen Kosten.

Welche Antwort auf die beiden Fragen als angemessen, realistisch oder wissenschaftlich nützlich gelten kann, ist in der Ökonomik umstritten.[402] Nicht eindeutig beantwortet ist, ob Werbung eher als Form der Informationsvermittlung oder der Präferenz-

---

[399] Der vermeintliche Verstoß gegen den eigentlichen Willen des Individuums kann aus Sicht der traditionellen Meritorik als Rechtfertigung dienen, paternalistisch motivierte staatliche Maßnahmen zu ergreifen.
[400] PIGOU sieht hierin den „social purpose" von Werbung. **Pigou** (1920/1952), S. 196.
[401] Vgl. **Schmidt** (2005), S. 62 f.
[402] Vgl. **Haucap** (1998), **Becker/Murphy** (1993), S. 943 f.

beeinflussung gesehen werden muss, ob sie im Allgemeinen die Funktionsfähigkeit von Märkten verbessert oder verschlechtert und die Wohlfahrt erhöht oder senkt.

Nicht nur aufgrund seiner klaren Stellungnahme zu diesen konträren Positionen ist RICHARD A. MUSGRAVEs Urteil bemerkenswert, das eine in den 60er-Jahren traditionelle Sicht von Werbung prägnant zusammenfasst: „In the modern economy, the consumer is subject to advertising, screaming at him through the media of mass communication and designed to sway his choice rather than to give complete information. Thus, there may arise a distortion in the preference structure that needs to be counteracted."[403] An dem Zitat lässt sich vielmehr verdeutlichen, wie heutzutage Werbung in der modernen Ökonomik gesehen wird und welche Rolle Werbung auf medialen Märkten spielt. Seit den 60er-Jahren hat sich nämlich die in der Ökonomik überwiegende Vorstellung von Werbung erheblich gewandelt. Das ursprünglich negative Urteil, zu dem neoklassisch geprägte Ökonomen anhand der Ergebnisse ihrer auf vollständiger Information aufbauenden Gleichgewichtsanalyse kamen, wurde im Zeitablauf durch die Analyse von Marktprozessen und durch ein besseres Verständnis des Zusammenhangs von Information und Marktergebnis stark relativiert.[404] Die moderne Ökonomik steht deshalb den Wirkungen von Werbung auf Wettbewerbsprozesse weit weniger skeptisch gegenüber.[405] Aus institutionenökonomischer Sicht ist Werbung ein marktliches Koordinationsinstrument, das weniger zur Gefahr adverser Selektion beiträgt als hilft, ihr zu begegnen.[406]

Bedingt ist diese Entwicklung durch ein verändertes ökonomisches Forschungsprogramm, das sich seit MUSGRAVEs Äußerung weg von paternalistischen Urteilen hin zu produktiveren Fragestellungen verlagert und damit stärker fokussiert hat.[407] Selbst wenn die Aussage von MUSGRAVE, Werbung bewirke eine Veränderung individueller Präferenzen, gehaltvoll und empirisch richtig wäre, bliebe sie – wie ausführlich dargestellt – methodisch fragwürdig. Im Gegensatz zur Paternalistischen Meritorik versucht die moderne Mikroökonomik, empirische Phänomene nicht einem Wandel von Präferenzen zuzuschreiben, sondern wissenschaftlich produktiver und empirisch validierbarer als Veränderung beobachtbarer Restriktionen zu erklären. Entsprechend ist die von MUSGRAVE geforderte Korrektur der werbeverzerrten Präferenzen im Rahmen einer wissenschaftlichen Ökonomik kaum zu leisten. Aus diesem Grund hat sich

---

[403] **Musgrave** (1959), S. 14.
[404] Grundsätzlich zum empirischen Zusammenhang von Monopolmacht und Konzentrationsgraden vgl. **Nelson** (1975).
[405] Einen Überblick über den Forschungsstand zum Thema Werbung und Marktprozess geben **Ekelund/Saurman** (1988), **Haucap** (1998).
[406] Vgl. **Haucap** (1998), S. 237.
[407] Nach WEST/MCKEE lassen sich die Unterschiede zwischen den Forschungsprogrammen von RICHARD A. MUSGRAVE und GARY S. BECKER besonders deutlich am Beispiel der Werbung veranschaulichen. Vgl. **West/McKee** (1983), S. 1113.

die moderne Ökonomik in den vergangenen Jahrzehnten von der traditionellen Sichtweise der 60er-Jahre verabschiedet.

Darüber hinaus deutet MUSGRAVEs Zitat die Funktion von Medien als Verbindungsglied zwischen Produzenten und Konsumenten nur an. Diese Funktion, vor allem ihre Bedeutung für die Finanzierung medialer Inhalte, wird aber im Zentrum der weiteren Diskussion stehen. So theoretisch wichtig wie praktisch relevant dabei die Frage sein kann, ob und wie Werbung die Funktionsfähigkeit von Märkten für Güter und Dienstleistungen beeinflusst, kommt ihr im Folgenden nur eine nachrangige Bedeutung zu. Im Vordergrund steht an dieser Stelle die eigentlich zu untersuchende Fragestellung, welche Effekte von der Werbefinanzierung medialer Inhalte ausgehen. Betrachtet werden soll also die Funktionsfähigkeit des Medienmarktes, nicht die des Gütermarktes, auf dem die beworbenen Güter und Dienstleistungen gehandelt werden.

b. Werbung in Medien als Form öffentlicher „Verschmutzung"?

Mit dem beschriebenen Instrumentarium der Kollektivgut-Theorie lässt sich ein erster Versuch unternehmen, die Auswirkungen von Werbefinanzierung auf mediale Inhalte zu charakterisieren. Für HARDIN folgt das gesellschaftliche Problem der Ausstrahlung von Werbung der genannten „Tragik der Allmende": „Advertisers muddy the airwaves of radio and television [...]."[408] Ähnlich wie die Luftqualität durch Rauchemissionen oder Lärm belastet wird, sei Werbung eine Form der „Verschmutzung" von Medien.

In der Terminologie der Kollektivgut-Theorie stellt eine solche Verschmutzung ein öffentliches Ungut dar. Anhand eines anderen Unguts – der Überbevölkerung – zeigt HARDIN, dass es nicht reicht, auf moralische Appelle und die Verantwortung des Einzelnen zu setzen, sondern dass es eines Verbots bedarf. In ähnlicher Weise argumentiert bereits PIGOU im Jahre 1920: Falls es den Marktteilnehmern nicht gelinge, die Produktion einer rein auf den Wettbewerber gerichteten Werbung durch Selbstverpflichtung einzuschränken, müsse der Staat dieses „Übel" besteuern oder gänzlich verbieten.[409] Übertragen auf die nicht explizit genannten Massenmedien würde ein staatliches Einschreiten gegen Werbung zu Radio- und Fernsehprogrammen führen, die weitaus weniger oder gar nicht mit Werbung – im Sinne HARDINs – „verschmutzt" wären.

---

[408] **Hardin** (1968), S. 1248.
[409] Vgl. **Pigou** (1920/1952), S. 200.

5.3.1.2 Konstellation der Märkte zwischen Zuschauern, Sendern und werbenden Produzenten

a. Werbefinanzierung von Fernsehprogrammen als marktlicher Austausch

Erste Zweifel an der Sicht, Werbung sei ein staatlich einzuschränkendes Übel, kommen auf, wenn danach gefragt wird, wer in der Gesellschaft durch die Werbeaktivität geschädigt wird. Dass diese Frage nicht einfach zu beantworten ist, lässt sich anhand des Dreiecksverhältnisses verdeutlichen, in dem Zuschauer, Sender und Werbetreibende stehen (Abb. 5-3).

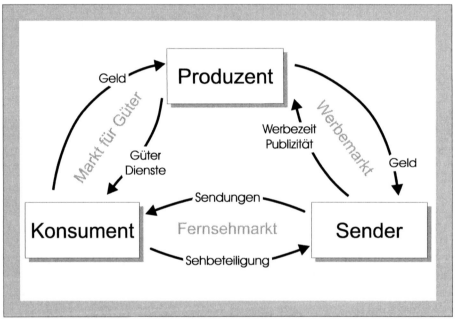

Abb. 5-3: Grundstruktur der Werbefinanzierung

Das Diagramm veranschaulicht sowohl die relevanten Akteure – werbetreibende Produzenten, Fernsehsender und Konsumenten – als auch die sie verbindenden Austauschbeziehungen in Form von Märkten. Jeder Akteur ist als Marktteilnehmer auf jeweils zwei Märkten tätig und tritt über diese mit den anderen beiden Akteuren in Beziehung. Werbetreibende Produzenten bieten Güter und Dienstleistungen auf gewöhnlichen Gütermärkten an und fragen Programmplätze für Werbung nach. Diese Programmplätze – eigentlich die Sendezeit bzw. Aufmerksamkeit des erreichten Publi-

5.3 Institutionenökonomische Analyse indirekter Finanzierungsregime   197

kums – werden von Fernsehsendern auf dem Werbemarkt angeboten. Die Werbeplätze sind hierbei Teil des auf dem Fernsehmarkt ausgestrahlten Fernsehprogrammes.[410]
Während das Fehlen von Preisen auf dem Fernsehmarkt den Programmanbietern nur einen Qualitätswettbewerb erlaubt, ist auf dem Werbemarkt ein Preis- wie Qualitätswettbewerb möglich. Zuschauer sehen das gratis angebotene Gesamtprogramm, das sich aus den eigentlichen Sendeinhalten und den Werbebestandteilen zusammensetzt. Der Kreis schließt sich bei den Zuschauern, die nicht nur Programme rezipieren, sondern in ihrer Rolle als Konsument auch andere Güter und Dienstleistungen der werbenden Produzenten nachfragen.

Implizit „bezahlen" Zuschauer zwar im übertragenen Sinne mit ihre Aufmerksamkeit die von ihnen gesehenen werbefinanzierten Programme. Falsch wäre aber hieraus zu schließen, ein bei direkter Finanzierung bestehender Marktaustausch werde bei Werbefinanzierung schlicht durch eine nicht-monetäre Marktbeziehung ersetzt. Bereits die Grundstruktur der Werbefinanzierung in Abb. 5-3 macht vielmehr deutlich, dass die Werbefinanzierung von Fernsehprogrammen grundlegend die Struktur jenes Marktaustauschs verändert, wie er bei direkt finanzierten Programmen unmittelbar zwischen Sender und Zuschauer stattfindet.

Verschiedene Autoren bezweifeln, dass das Austauschverhältnis zwischen Zuschauern und Anbietern werbefinanzierter Programme als ein Markt verstanden werden könne, da es hier an einem Preismechanismus fehle.[411] Zudem seien nicht die drei Einzelmärkte, sondern lediglich der faktisch stattfindende Dreieckstausch relevant.[412]

Drei wesentliche Gründe sprechen jedoch dafür, das Austauschverhältnis zwischen Zuschauern und Programmanbietern als Markt zu sehen. Erstens werden in der modernen Ökonomik nicht nur Interaktionen als Marktaustausch verstanden, die mit direkten Zahlungen einhergehen.[413] Zweitens ergibt sich ein konsistenter Analyserahmen, wird das Austauschverhältnis zwischen Zuschauer und Fernsehsender einheitlich als Markt begriffen. Dieser Rahmen kann beibehalten werden unabhängig davon, ob direkt oder indirekt finanzierte Fernsehprogramme im Mittelpunkt der Betrachtung stehen. Drittens erzielen werbefinanzierte Programmanbieter zwar keine direkten Einnahmen von Zuschauern. Deren Aufmerksamkeit für Werbeinhalte stellt jedoch

---

[410] Zur Medienkonkurrenz auf dem Werbemarkt vgl. **Korff-Sage** (1999).
[411] Vgl. u. a. **Kruse** (2004a), S. 113.
[412] HEINRICH geht sogar so weit, die Werbefinanzierung von Fernsehprogrammen mit dem kolonialen Tauschhandel zu vergleichen. Demnach seien werbefinanzierte Sender „moderne Sklavenhändler", die Rezipienten gegen „billigen Tand" kauften und sie für „gutes Geld" verkauften. **Heinrich** (1999), S. 278.
[413] Vgl. **Homann/Suchanek** (2005), S. 4 ff.

einen Vorteil mit monetärem Wert dar, über dessen Verkauf sich Fernsehprogramme finanzieren lassen.[414]

Die einzelnen Akteure handeln in einer Konstellation von drei Märkten, wobei jeder Akteur gleichzeitig auf zwei Märkten aktiv ist, zu denen der verbleibende Markt in enger Relation steht. Dieser Ansatz geht über neuere Modelle – wie etwa von ANDERSON/COATE – hinaus, in denen Werbefinanzierung als rein zweiseitige Marktbeziehung analysiert wird.[415] In der dreiseitigen Konstellation agieren nicht nur die Fernsehsender, sondern ebenso Werbetreibende und Zuschauer auf jeweils zwei Märkten.

b. Doppelte Adressierung werbefinanzierter Fernsehprogramme

Zwar erzielen Produzenten Einnahmen auf dem Gütermarkt, doch um Werbung in Massenmedien wie Radio und Fernsehen zu treiben, sind sie auf den Kauf von Werbezeit auf dem Werbemarkt, also auf Werbeeinblendungen mit entsprechender Zuschauerreichweite auf dem Fernsehmarkt angewiesen. Über den Weg des Werbemarktes versuchen Produzenten also, jene Konsumenten zu erreichen, die als Zuschauer Programme auf dem Fernsehmarkt nachfragen. Fernsehprogramme stellen dann ein Medium im ursprünglichen Wortsinn dar – indirekt dienen sie dem Zweck, den Güter- und Dienstleistungsmarkt positiv im Sinne der Produzenten zu beeinflussen.

In analoger Weise sind werbefinanzierte Fernsehsender simultan auf zwei Märkten tätig, um ihre Produkte abzusetzen und zu finanzieren.[416] Obwohl Zuschauer die Programme der Sender konsumieren, erfolgt deren Finanzierung durch die Werbezahlungen der Güterproduzenten. Werbefinanzierung führt damit zu einer „doppelte[n] Adressierung" der Programme.[417] Während Zuschauer als primäre und im Sinne der Konsumentensouveränität gesellschaftlich legitimierte Nachfrager auftreten, zahlen werbetreibende Produzenten zwar für die Ausstrahlung von Werbebotschaften im Programm, verfügen dabei aber nur über eine nachrangige, von den Güter- und Dienstleistungsmärkten abgeleitete Legitimation.

Die doppelte Adressierung bedeutet ein Auseinanderfallen von zwei üblicherweise gekoppelten Aspekten der Nachfrage – der Entscheidung zum Konsum und dessen

---

[414] Demgegenüber beschreibt die Einschätzung von OWEN/WILDMAN, das Geschäftsfeld von werbefinanzierten Anbietern sei nicht die Produktion und Ausstrahlung von Fernsehprogrammen, sondern die in Personen und Zeit gemessene Produktion von Publikum, dieses simultane Agieren auf zwei Märkten nur unzureichend. Vgl. **Owen/Wildman** (1992), S. 3.

[415] Vgl. **Anderson/Coate** (2005).

[416] Wie die meisten anderen Unternehmen sind Fernsehsender in der Regel auf einer Vielzahl von Märkten tätig, auf denen Produktionsfaktoren beschafft und weitere Produkte vertrieben werden. Diese Märkte sind allerdings für die folgende Analyse von nachrangiger Bedeutung, da hier das Augenmerk dem Markt für Fernsehprogramme gilt.

[417] **Pethig** (1998), S. 96.

5.3 Institutionenökonomische Analyse indirekter Finanzierungsregime

Finanzierung. Entscheidet sich ein Nachfrager auf einem traditionellen Markt für Güter oder Dienstleistungen zum Konsum, zieht diese Entscheidung gewöhnlich eine Zahlung und damit einen Beitrag zur Finanzierung des Guts nach sich. Bei werbefinanzierten Massenmedien ist diese Konsumentscheidung nicht an eine Zahlung durch Konsumenten gekoppelt, die Programme werden durch die in ihnen enthaltene Werbung finanziert.

In dieser Konstellation sind Konsumenten auf zwei Märkten tätig, als Nachfrager auf dem Markt für Güter und Dienstleistungen und als Rezipient medialer Angebote. Für sie hat die Werbefinanzierung von Fernsehprogrammen zwei wichtige Konsequenzen, die sich direkt aus der Trennung von Konsumentscheidung und Finanzierung ergeben. Zum einen kann die Entscheidung zum Konsum ohne Rücksicht auf die Kosten erfolgen. Daher sind die pekuniären Kosten des Medienkonsums – genauer die Kosten für mediale Inhalte – null, weshalb bei einer normal verlaufenden Nachfragekurve der Konsum zunehmen dürfte.

Zum anderen setzt die Zahlung der Nachfrager, die bei gewöhnlichen Kaufprozessen an die Kaufentscheidung gekoppelt ist, Anreize für die Anbieter, sich an den in Zahlungsbereitschaften ausgedrückten Präferenzen der Nachfrager zu orientieren. Der Preismechanismus als direkte Form der Rückkopplung zwischen Nachfragern und Anbietern wird bei werbefinanzierten Fernsehprogrammen durch einen indirekten Mechanismus ersetzt.

Damit wandelt sich die zunächst allgemein gestellte Ausgangsfrage nach den Effekten der Werbefinanzierung. Konkret ist im Folgenden zu analysieren, welche gesellschaftlich unerwünschten Effekte aus der Divergenz der von Konsumenten und von werbetreibenden Produzenten nachgefragten Programminhalte entstehen. Unabhängig von den bereits angerissenen gesellschaftlichen Vor- und Nachteilen von Werbung auf Gütermärkten gilt das Augenmerk den Effekten der Werbefinanzierung auf dem Fernsehmarkt.[418] Abb. 5-3 verdeutlicht noch einmal diese strikte Trennung zwischen den Wirkungen von Werbung auf dem Markt für Güter und Dienstleistungen einerseits und den hier relevanten Effekten der Werbefinanzierung auf dem Fernsehmarkt andererseits. Obwohl sich die nachfolgende Diskussion auf den Fernsehmarkt beschränkt, sind die sich hier zeigenden Effekte in gleicher Weise auf anderen medialen Märkten mit Werbefinanzierung – Radioprogramme, Internetangebote ebenso wie rein werbefinanzierte Zeitungen – beobachtbar.

---

[418] Demgegenüber zieht SCHMITZ die gesellschaftlichen Vor- und Nachteile der Werbung auf Gütermärkten zur Beurteilung heran. Vgl. **Schmitz** (1990), S. 170 ff., S. 207 f.

c. Werbefinanzierung als gesellschaftliche Schädigung

Bereits diese knappe Skizze des Angebots, der Nachfrage und der Finanzierung von werbefinanzierten Fernsehprogrammen macht deutlich, dass HARDINs Überlegungen, die Wirkungen von Werbung auf Massenmedien zu beschreiben und aus gesellschaftlicher Sicht zu bewerten, die real bestehenden Marktzusammenhänge nur unzureichend erfassen.

In der beschriebenen Marktkonstellation entscheiden Produzenten im Rahmen des Wettbewerbs auf dem Gütermarkt, in welchem Umfang Werbung ihnen nützt. Die hieraus resultierende Nachfrage nach Werbebotschaften in Massenmedien trifft im Werbemarkt auf ein entsprechendes Angebot der Programmproduzenten. Die Sender setzen die Einnahmen aus dem Verkauf von Werbezeit ein, um ein Gesamtprogramm zu produzieren, das Zuschauern gratis angeboten wird. Da Zuschauer in der Regel nicht zum Konsum der Programme gezwungen werden, ist kaum davon auszugehen, dass sie die Finanzierung von Programmen durch Werbung schädigt.

Damit wird deutlich, dass durch die Werbefinanzierung von medialen Inhalten keiner der beteiligten Akteure einen Nachteil erleidet, sofern das Handeln in jedem der drei genannten Märkte auf Freiwilligkeit beruht. Auch aus gesellschaftlicher Sicht lässt sich ein Schaden durch die Werbefinanzierung von Medien nur schwerlich begründen, stellen doch die betrachteten Akteure bereits im Wesentlichen die von diesem Finanzierungsregime betroffenen Gruppen dar.

Umgekehrt ist es bei fehlendem Wettbewerb in einem der drei Märkte nicht notwendig, auf die negativen Wirkungen von Werbung zu verweisen, um durch Marktmacht die mögliche Ausbeutung einer Marktseite zu begründen. Die Einschätzung von HARDIN, Werbung sei im Sinne eines kollektiven Unguts als „Verschmutzung" zu sehen, vereinfacht zu stark die aus ökonomischer Sicht relevante Frage, zu welchen Effekten die Finanzierung von Fernsehprogrammen über Werbung führt.

d. Regulierungsbedarf eines freien Marktes werbefinanzierter Programme

Da Zweck der Werbung die positive Beeinflussung von Konsumentscheidungen auf dem Gütermarkt ist, werden sich die Zahlungsbereitschaften der Produzenten für Werbung im Programm maßgeblich hierauf richten. Bei werbefinanzierten Programmen sind diese Zahlungsbereitschaften ausschlaggebend für die Finanzierung. Die Zahlungsbereitschaft der Zuschauer für ein Programm – bei dessen direkter Finanzierung das entscheidende Kriterium – tritt demgegenüber in den Hintergrund.

Nachdem sich das Argument, Werbung sei eine Form gesellschaftlicher Schädigung, als wenig tragfähig erwiesen hat, ist fraglich, inwieweit sich ein Bedarf an Regulierung werbefinanzierter Programme dadurch begründen lässt, dass deren Anbieter sich pri-

5.3 Institutionenökonomische Analyse indirekter Finanzierungsregime

mär an den Zahlungsbereitschaften werbetreibender Produzenten orientieren. Das fiktive Szenario, dass weder eine Regulierung des Werbe- noch des Fernsehmarktes besteht, ermöglicht die genauere Betrachtung der Anreize, die hierbei für die beteiligten Akteure bestehen, um so Aufschluss über den inhärenten Regulierungsbedarf eines freien Marktes für werbefinanzierte Fernsehprogramme zu erhalten.

Damit Programme von Zuschauern ohne Zwang gesehen werden, müssen diese sich an den Präferenzen der Zuschauer orientieren. Auch werbefinanzierte Programmanbieter kommen nicht umhin, die Präferenzen von Zuschauern zu berücksichtigen. So unterschiedlich die Präferenzen von werbetreibenden Produzenten und Zuschauern für ein Fernsehprogramm erwartungsgemäß sein werden, das Handeln von Ersteren wird durch die Präferenzen Letzterer beschränkt. Da der Konsum freiwillig erfolgt, stellt die Konsumentscheidung die für Produzenten relevante Bedingung dar, d. h. die ausgestrahlten Programme müssen attraktiv genug sein oder bleiben, damit Zuschauer sich für sie entscheiden. Diese Bedingung geht als Restriktion in die Werbenachfrage von Produzenten ein und sorgt dafür, dass das Programmangebot nicht den Präferenzen der Zuschauer konträr läuft. Herrscht Wettbewerb auf den Märkten für Werbung und für Fernsehprogramme, nähern sich die Zahlungsbereitschaften von Zuschauern und Produzenten für das Programm an, ohne letztlich deckungsgleich zu werden.

Zahlreiche Faktoren bestimmen, welche *implizite Zahlungsbereitschaft* Zuschauer für ein werbefinanziertes Fernsehprogramm im Vergleich zu konkurrierenden Angeboten hätten. An den Faktoren der impliziten Zahlungsbereitschaft werden werbetreibende Produzenten ihre eigene, explizite Zahlungsbereitschaft für die Ausstrahlung von Werbung orientieren. Neben den eigentlichen, horizontal und vertikal differenzierten Programminhalten zählen hierzu unter anderem
- die Qualität der Werbung im Programm,
- der Werbeumfang als Menge pro Tag und Stunde,
- die Werbeart (z. B. Spotwerbung, Sponsoring oder integrierte Werbung),
- die konkrete Form der Werbung (z. B. bei Spotwerbung die Länge, Häufigkeit der Spots und deren Lage).

Angesichts dieser Faktoren, die die Programmattraktivität stark beeinflussen, lässt sich vermuten, dass der theoretisch denkbare Umfang an Werbung in werbefinanzierten Programmen nach oben begrenzt ist.[419] Falls Zuschauer bei einem Zuviel an Werbung auf andere Programme ausweichen, gäbe es für den Werbeumfang ebenso eine Grenze wie für andere als störend empfundene Faktoren.

Diese Obergrenzen haben allerdings nur bei Konstanz aller übrigen Einflussgrößen auf die Programmattraktivität Gültigkeit. Bei einer Variation von zwei oder mehr Größen sind verschiedene Kombinationen aus Programm- und Werbeattraktivität,

---
[419] Vgl. etwa **Müller** (1998), S. 47.

Werbeumfang, Art und konkreter Form der Werbung am Fernsehmarkt durchsetzbar. Wird etwa die Attraktivität der Werbung zusammen mit dem Werbeumfang gesteigert, rücken die eigentlichen Programminhalte Schritt für Schritt in den Hintergrund, bis schließlich – bei reinen Einkaufskanälen – die Werbung das Programm ausmacht. In analoger Weise dürfte mit zunehmender Attraktivität des eigentlichen Programmes der Werbeumfang steigen, d. h. die ausgestrahlte Werbemenge folgt über den Tag hinweg systematisch der Attraktivität des Werberahmenprogrammes. Der maximale Werbeumfang stellt dann eine im Zeitablauf schwankende Größe dar.

Statt die Werbemenge anzupassen, ist es dem werbefinanzierten Sender auch möglich, die Attraktivität des Programmes teilweise durch die Häufigkeit und Lage von isoliert ausgestrahlten Werbespots zu kompensieren. Bei einem gleichbleibenden Werbeumfang wird dann etwa die Erstausstrahlung exklusiver Spielfilme an entscheidenden Stellen der Handlung durch zahlreiche Einzelspots unterbrochen. Im Gegensatz zu attraktiver Werbung hätten Zuschauer bei dieser hohen Unterbrechungsfrequenz einen starken Anreiz, das eigentliche Programm von der Werbung zu trennen, um nicht zwangsweise die Werbung konsumieren zu müssen. Dieser Anreiz findet Ausdruck in der Zahlungsbereitschaft der Zuschauer, unerwünschte Werbung zu vermeiden.

Damit wird deutlich, dass die Interaktion von Fernsehsendern, werbetreibenden Produzenten und Konsumenten über die drei sie verbindenden Märkte real zu vielschichtigen, vor allem im Zeitablauf komplexen Anreizstrukturen führt. Bereits die kurze Auseinandersetzung mit diesen Anreizen hat gezeigt, dass sich nicht unmittelbar aus der Werbefinanzierung ein inhärenter Regulierungsbedarf werbefinanzierter Anbieter oder des Fernsehmarktes begründen lässt.

5.3.1.3 Theoretische Effekte der Werbefinanzierung auf den Fernsehmarkt

Zwar müsste die Begründung einer Marktregulierung zwangsläufig von den Effekte der Werbefinanzierung auf dem Fernsehmarkt ausgehen. Ökonomische Modelle, die beispielsweise auf Basis bestehender Anreizstrukturen die bei Werbefinanzierung angebotene Programmqualität untersuchen, fehlen jedoch weitgehend.[420]

a. Distributiver Effekt der Werbefinanzierung von Fernsehprogrammen

Infolge der Werbefinanzierung fallen die Entscheidung zur Finanzierung und zum Konsum des Programmes auseinander. War bei Kollektivgütern neben der Nicht-Rivalität die Nicht-Excludierbarkeit eine Ursache dafür, dass eine normale marktliche Austauschbeziehung zwischen Anbietern und Nachfragern nicht zustande kam, wird bei

---
[420] Vgl. **Wright** (1994), S. 362.

5.3 Institutionenökonomische Analyse indirekter Finanzierungsregime

werbefinanzierten Massenmedien gerade die Nicht-Exklusion intendiert, um einen möglichst großen Kreis potenzieller Konsumenten als Zuschauer zu erreichen.

Die sich aufgrund der Trennung von Finanzierungs- und Konsumentscheidung ergebenden Zahlungsströme lassen sich ebenfalls anhand von Abb. 5-3 konkretisieren. Da Fernsehzuschauer keinen Beitrag zur Finanzierung werbefinanzierter Programme leisten, müssen die Kosten der Programmproduktion vollständig über den Werbemarkt und damit letztlich über den Gütermarkt gedeckt werden. Die Zahlungen der Konsumenten an die Produzenten auf dem Gütermarkt tragen also nicht nur die Kosten der eigentlichen Produktion, sondern beinhalten auch die Kosten für auf den Werbemarkt gekaufte Werbemaßnahmen. In ihrer Rolle als Nachfrager auf Gütermärkten finanzieren Konsumenten folglich das Angebot werbefinanzierter Programme.

In diesem Verhältnis des Gütermarktes zum Fernsehmarkt fallen die als Konsument geleisteten Zahlungen und die als Zuschauer erhaltenen Programmleistungen nicht nur in den Extremfällen auseinander, in denen Zuschauer keine der beworbenen Güter kaufen oder Konsumenten keine werbefinanzierten Programme sehen. Selbst bei einer gruppenmäßigen Äquivalenz ist unwahrscheinlich, dass die implizit getragenen Werbekosten der konsumierten Güter mit den Kosten der gesehenen Sendungen auf Ebene der Einzelsendung oder nur für das Gesamtprogramm näherungsweise übereinstimmen.[421] Auf Basis einer empirischen Schätzung gehen LEES/YANG in den 60er-Jahren davon aus, dass durch Werbefinanzierung eine erhebliche Umverteilung von reichen hin zu armen Haushalten stattfindet.[422]

Folge der Werbefinanzierung von Fernsehprogrammen ist dementsprechend eine erhebliche Mittelumverteilung von Güter- zu Programmkonsumenten. Von dieser Umverteilung profitieren vor allem häufige oder intensive Nutzer werbefinanzierter Programme, in der Regel meist Zuschauer mit Zeitkosten, die aufgrund fehlender Opportunitäten gering ausfallen. Dabei tritt der distributive Effekt von Werbefinanzierung unabhängig davon ein, ob Werbung auf dem Gütermarkt sinnvoll ist oder ob sich die beteiligten Akteure rational verhalten.

b. Werbung als Ursache steigender Güterpreise?

Ausgehend von diesem distributiven Effekt wird häufig in der medienökonomischen Literatur argumentiert, Werbefinanzierung führe zu negativen Wirkungen auf dem Markt für Güter und Dienstleistungen. Da Konsumenten dieser Produkte neben den eigentlichen Kosten der Produktion auch die für Werbung zu tragen hätten, müsse

---

[421] Dabei besteht die Nicht-Äquivalenz zwischen Zahlung und Nutzung zwar unabhängig von der Funktionsfähigkeit des Werbemarktes oder herrschenden Ineffizienzen bei Angebot oder Nachfrage nach Werbung, kann hierdurch aber verstärkt werden.
[422] Vgl. **Lees/Yang** (1966), S. 333 ff.

Werbefinanzierung – so einige Medienökonomen – zu steigenden Preisen auf dem Güter- und Dienstleistungsmarkt führen.[423] Die Wirkung der Werbefinanzierung von Fernsehprogrammen sei somit einer indirekten Steuer auf die angebotenen Güter und Dienstleistungen vergleichbar.[424] Der distributive Effekt der Werbefinanzierung gehe demnach mit einer allokativen Verzerrung des Gütermarktes einher. Der Schluss liegt nahe, dass Güter und Dienstleistungen ohne die Existenz werbefinanzierter Fernsehprogramme günstiger angeboten werden könnten.

Aus zwei Gründen greift dieser Schluss von den Kosten werbefinanzierter Programme auf den Preis für die beworbenen Güter und Dienstleistungen zu kurz. Zum einen resultieren Marktpreise aus dem komplexen Zusammenspiel von Angebot und Nachfrage und stellen damit mehr als die über Produktions- und Werbeaktivitäten aufsummierten Kosten dar. Dementsprechend sind Marktstrukturen denkbar, in denen Anbieter die Kosten für Werbung aufgrund der hohen Wettbewerbsintensität nicht auf Nachfrager abwälzen können oder in denen der oder die Preise eines Alleinanbieters ohnehin die Kosten deutlich überschreiten. In beiden Fällen hätten beispielsweise staatliche Werbebeschränkungen oder ein vollständiges Werbeverbot auf dem Fernsehmarkt keinerlei Auswirkungen auf die Preise von Gütern und Dienstleistungen.

Wird Werbung ausschließlich als Kostenfaktor gesehen, bleibt zum anderen außen vor, dass Unternehmen mit der Werbung unternehmerische Zwecke verfolgen. Werbung als Form der Verkaufsförderung dient der Vermittlung von Informationen, wirkt einerseits durch das beschriebene Signaling einer adversen Selektion auf dem Gütermarkt entgegen und versucht andererseits, durch eine Erhöhung des Bekanntheitsgrads der beworbenen Produkte deren Markt zu vergrößern. Die werbevermittelten Informationen werden so zu einem Komplementärgut des eigentlichen Basisprodukts, dessen Konsum die Werbung deshalb entscheidend beeinflusst, da Konsumenten die in der Realität bestehenden Informationsasymmetrien leichter überwinden können.[425]

Während Signaling die Entstehung von Marktsegmenten mit qualitativ hochwertigen Produkten fördert, ermöglicht beim Vorliegen von Subadditivitäten erst ein Marktwachstum die Produktion fixkostenintensiver Güter durch das Realisieren von Kostendegressionsvorteilen. Das Zusammenspiel von Werbeaufwand und Marktpreisen ist deshalb höchst komplex und beschränkt sich nicht – in Umkehrung des Kostenarguments – darauf, Werbung diene schlicht der Durchsetzung höherer Preise.

Aus einem Wegfall der impliziten Zahlungen von Konsumenten für Werbung darf deshalb keineswegs geschlossen werden, dass die entsprechenden Güter und Dienstleis-

---

[423] Das Argument geht wohl auf **Lees/Yang** zurück, findet sich aber bis in die Gegenwart in medienökonomischen Studien. Vgl. **Lees/Yang** (1966), S. 328, u. a. **Noll/Peck/McGowan** (1973), S. 43.
[424] Vgl. **Kleinsteuber** (1973), S. 60 ff.
[425] Vgl. **Becker/Murphy** (1993), S. 942.

5.3 Institutionenökonomische Analyse indirekter Finanzierungsregime   205

tungen schließlich günstiger angeboten würden. Vielmehr hätten Werbebeschränkungen oder ein Werbeverbot angesichts dieser *preissenkenden Wirkung* zur Folge, dass die Produktion der vormals beworbenen Güter und Dienstleistungen gar nicht mehr oder nur noch zu erheblich höheren Preisen rentabel wäre. Durch die Werbefinanzierung von Fernsehprogrammen werden Konsumenten von Gütern und Dienstleistungen also nicht per se geschädigt, obwohl sie implizit die Finanzierung tragen.

Aus ökonomischer Sicht ist das Argument, Werbefinanzierung führe zu steigenden Güter- und Dienstleistungspreisen, in dieser generellen Form unhaltbar, wird doch von werbenden Unternehmen gerade die gegenteilige Wirkung bezweckt. Werbung führt nur dann zu einer Preissteigerung, wenn ihr aufgrund fehlender Wirksamkeit keine Signalfunktion zukommt und sie nicht über ein Mengenwachstum zur Degression der Fixkosten der Produktion beiträgt. Diese Fälle – selbst im Verdrängungswettbewerb eines engen Oligopols – versuchen die beteiligten Unternehmen allerdings durch Wahl innovativer Werbeformen zu vermeiden. Ein staatliches Vorgehen gegen die allokativen Ineffizienzen, die vermeintlich durch die Werbefinanzierung von Fernsehprogrammen auf dem Markt für Güter und Dienstleistungen verursacht werden, dürfte damit selbst Ursache erheblicher Ineffizienzen auf diesen Märkten sein.

Überdies beträfen Einschränkungen im Werbeumfang auch die durch Werbung vermittelten Informationen. Findet das Signaling der Anbieter nur noch in einem verminderten Ausmaß statt, müssten Konsumenten sich im Sinne eines Screening stärker selbst informieren. Steigende Informationskosten wären für sie die Folge.

c. Allokative Effekte der Werbefinanzierung von Fernsehprogrammen

Neben dem distributiven Effekt führt wohlfahrtsökonomisch die Nicht-Äquivalenz von Nutzungsakt und Zahlung bzw. Nutzer- und Zahlergruppe zu drei allokativen Effekten auf dem Fernsehmarkt – einer Über- oder Unternachfrage nach werbefinanzierten Programmen, einem Über- oder Unterangebot dieser Programme und einer ineffizienten Programmselektion. Diese drei Effekte lassen sich anhand von Abb. 5-4 (auf folgender Seite) veranschaulichen, in der die Nachfrage nach zwei werbefinanzierten Fernsehprogrammen bzw. zwei einzelnen Sendungen dargestellt ist.

Die Zuschauer jedes der beiden Fernsehprogramme rivalisieren nicht um dessen Nutzung, aus ihrer Sicht stellt es ein Kollektivgut dar. Abb. 5-4 baut deshalb unmittelbar auf dem anhand von Abb. 5-2 erläuterten Ansatz zur Ableitung der Nachfrage nach einem Kollektivgut auf, als welches sowohl ein Fernsehprogramm wie auch eine einzelne Sendung aufgrund von Nicht-Rivalität gesehen werden kann.[426] Entsprechend dieses Ansatzes lässt sich in Abb. 5-4 der in Geldeinheiten bewertete Nutzen ablesen,

---
[426] Zur Nachfrage nach einem Kollektivgut vgl. Kap. 5.2.1.5 a., S. 158.

den Zuschauer aus dem Konsum zweier unterschiedlicher Fernsehprogramme – Programm 1 und 2 – jeweils ziehen. Die Zahlungsbereitschaft ZB_1 bzw. ZB_2 der Nachfrager für den Konsum der Programmalternativen fällt entlang der Abszisse, da die Zahlungsbereitschaft weiterer Nutzer abnimmt.

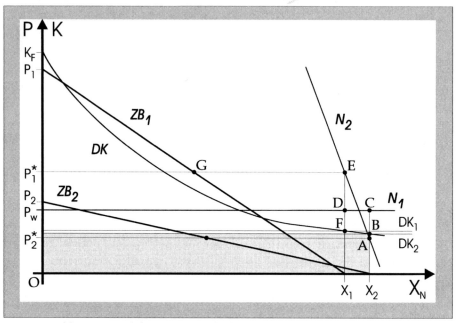

Abb. 5-4: Nachfrage nach werbefinanzierten Fernsehprogrammen

Obwohl beide Programme nur über eine knapp unterschiedliche Maximalzahl an Zuschauern verfügen, lässt sich nicht von der größeren Reichweite des zweiten Programmes auf dessen gegenüber Programm 1 höheren Nutzen schließen.[427] Zwar werden weniger Zuschauer von Programm 1 angezogen, dieses genießt erstens aber eine intensivere Wertschätzung. Zweitens ist die Nachfrage nach Programm 1 preisunelastischer, d. h. im Vergleich zu Programm 2 fällt es den Zuschauern des Programmes 1 schwerer, die-

---

[427] Anders als in den Ansätzen der älteren Medienökonomik – den auf das Modell von STEINER aufbauenden Theorien – soll der Nutzen der Nachfrager hier also nicht dadurch bestimmt werden, dass nach der Zahl der Zuschauer gefragt wird, deren erste, zweite oder dritte Programmpräferenz durch das ausgestrahlte Programmangebot befriedigt wird. Anhand der so ermittelten Nutzerzahlen ist nur ein vager Schluss auf den Nutzen der Zuschauer möglich.
Eine bessere Schätzung dieses Nutzens erlaubt die Zahlungsbereitschaft der Zuschauer für das Programm. Im Gegensatz zu Gruppengrößen stellt diese Zahlungsbereitschaft zudem einen Indikator dar, dessen Möglichkeiten und Grenzen aufgrund seiner breiten Verwendung in der traditionellen Ökonomik bekannt sind. Vgl. **Steiner** (1952), S. 206 f.

5.3 Institutionenökonomische Analyse indirekter Finanzierungsregime

ses zu substituieren. Die hieraus resultierende höhere Zahlungsbereitschaft der Nachfrager liegt für Programm 1 maximal bei dem Preis p_1, die höchste Zuschauerzahl bei x_1. Analog wäre der Zuschauer mit der höchsten Zahlungsbereitschaft bei Programm 2 bereit, den Preis p_2 zu entrichten, während insgesamt x_2 Zuschauer dieses Programm sehen würden. Bei Gratisvergabe entspricht der (Brutto)Gesamtnutzen jedes Programmes der aggregierten Zahlungsbereitschaft der Nachfrager, also den Flächen $0P_1x_1$ und $0P_2x_2$ unter den Kurven ZB_1 und ZB_2.

Angenommen wird, dass sich beide Programme zwar in ihren Inhalten, nicht aber in den überwiegend fixen Produktionskosten unterscheiden. Inhaltlich sind die Programme im Hinblick auf Art und Format bzw. Güte an unterschiedlichen Punkten im zweidimensionalen Spektrum von horizontaler und vertikaler Qualität positioniert, weshalb verschieden große Zuschauerkreise mit ihnen erreicht werden können.

Ein Großteil der Programmkosten fällt – wie beschrieben – in der Produktionsphase an und ist damit in der anschließenden Phase der Distribution als unveränderlich gegeben. Aufgrund der hier angenommenen kostenlosen Programmdistribution, etwa bei terrestrischer Ausstrahlung, können weitere potenzielle Zuschauer zu Grenzkosten von null versorgt werden. Folglich ist der Verlauf der Durchschnittskosten DK subadditiv und entspricht – wie in Abb. 5-1 – jenem Verlauf im Natürlichen Monopol.[428]

Für den Sender bestehen die in Abb. 5-4 dargestellten Vorteile der Fixkostendegression. Nachdem für ihn die Entscheidung getroffen ist, eines der beiden Programme zu produzieren und auszustrahlen, ist es betriebswirtschaftlich sinnvoll, nicht nur bestimmte Teile der Zuschauerschaft zu bedienen, sondern das gesamte Nachfragepotenzial voll auszuschöpfen. Trotz gleicher Fixkosten fallen in Abhängigkeit von der Reichweite der Programme deshalb unterschiedliche Durchschnittskosten an. Bezogen auf die erreichbare Zuschauerschaft verursacht Programm 1 Durchschnittskosten in Höhe von DK_1 (Punkt F), Programm 2 von DK_2 (Punkt B).

1) **Über- oder Unternachfrage nach werbefinanzierten Programmen**

Die Trennung von Finanzierung und Konsum wirkt sich unmittelbar auf das Nutzungsverhalten der Zuschauer aus. Da Zuschauer aufgrund der Werbefinanzierung nicht mehr mit den volkswirtschaftlichen Kosten ihres Handelns konfrontiert werden, kann sich ein gesellschaftlich nicht vorteilhaftes Konsumniveau einstellen – der erste allokative Effekt einer *Über- oder Unternachfrage nach Fernsehprogrammen*.

Die Möglichkeit einer Übernachfrage nach werbefinanzierten Fernsehprogrammen ist dabei offensichtlich. Durch die Werbefinanzierung ist die Nutzung dieser Programme für Zuschauer mit keinen pagatorischen Kosten verbunden, weshalb alle an

---
[428] Vgl. Kap. 5.1, S. 117.

einem Programm interessierten Konsumenten das Programm nachfragen werden. In Abb. 5-4 konsumieren alle Zuschauer mit einer positiven Zahlungsbereitschaft das Programm (Punkte x_1 bzw. x_2).

Dabei wirkt sich der Effekt einer Übernachfrage nach werbefinanzierten Fernsehprogrammen keineswegs nur auf den Fernsehmarkt aus.[429] Durch den faktisch fehlenden Marktpreis fragen Zuschauer Sendungen nach, sofern aus ihrer Sicht deren Konsum auch nur den geringsten Nutzen verspricht. Demgegenüber ist aus Konsumentensicht die Nutzung nicht werbefinanzierter Medien wie Tageszeitungen, Zeitschriften und Bücher vergleichsweise teuer: Zwar wird von den Anbietern meist nicht der einzelne Nutzungsakt – das Lesen von Zeitung oder Buch – direkt bepreist, das Angebot des Mediums erfolgt aber mindestens zu kostendeckenden Marktpreisen, nicht gratis. Abgesehen von den privaten Kosten des Konsums, die überdies beim Lesen in Form von Zeitkosten höher sein dürften als beim Sehen von Fernsehprogrammen, verzerrt die Werbefinanzierung die Preisrelation zulasten anderer, direkt finanzierter Medien.[430]

Werbefinanzierung zeigt damit eine intra- wie intermediale Wirkung: Einerseits fördert ein im Fernsehmarkt fehlender Marktpreis die Nachfrage – undifferenziert nach Sendungsart oder -zeitpunkt für alle werbefinanzierten Programme. Andererseits beeinflusst das Fehlen direkter Preise über die bestehenden intermedialen Preisrelationen auch das Nutzungsverhalten anderer Medien. Im Vergleich zu direkt finanzierten Medien werden werbefinanzierte Programme günstiger und somit attraktiver.

Paradoxerweise kann es zusätzlich zu dieser exzessiven Nachfrage nach dem Programm zu einer Unternachfrage kommen. Wie im weiteren Verlauf noch deutlicher werden wird, entfallen bei werbefinanzierten Programmen lediglich die Zahlungen für eine Nutzung. Im Vergleich zu direkt finanzierten Angeboten werden bei dem scheinbar kostenlosen Programm pagatorische durch andere Kostenarten – etwa Zeitkosten für das Sehen der Werbeeinblendungen – ersetzt. Durch diesen Wechsel von pagatorischen zu nicht-pagatorischen Kosten entsteht die Möglichkeit, dass die durch die Werbefinanzierung beim einzelnen Zuschauer entstehenden Kosten den fiktiven Marktpreis des Programmes überschreiten. Aufgrund der nicht-pagatorischen Kosten des werbefinanzierten Programmes entscheiden sich Zuschauer gegen den Konsum, obwohl sie ein direkt finanziertes Programm konsumieren würden. Der Programmkonsum unterbleibt, obwohl er für den einzelnen Konsumenten und damit gesellschaftlich wünschenswert wäre.

---

[429] Gleiches gilt ohne Einschränkungen für den Markt werbefinanzierter Radioprogramme, Zeitschriften oder Internetangebote.

[430] Neben dem Marktpreis spielen die individuellen Kosten des Konsums bei der Wahl des jeweiligen Mediums eine entscheidende Rolle. Diese bestehen einerseits in den Kosten des technischen Zugangs (Investition in das Gerät und die Empfangsanlage, Stromkosten beim Betrieb), andererseits in den jeweiligen Zeitkosten des Nutzers. Bei einer Variation der Preisrelation zwischen den Medien bleiben diese Kosten unverändert.

5.3 Institutionenökonomische Analyse indirekter Finanzierungsregime

Die Über- oder Unternachfrage nach werbefinanzierten Programmen wird von vielen Medienökonomen nicht als gesellschaftliche Verschwendung in Form einer Fehlallokation, sondern als Vorteil der Werbefinanzierung gesehen. Zahlreiche Autoren gehen davon aus, dass sich durch Werbefinanzierung die Wohlfahrtsverluste eines direkt finanzierten Fernsehsystems vermeiden lassen, da eine wohlfahrtsschädliche Exklusion von Nutzern mit einer Zahlungsbereitschaft unterhalb des Marktpreises unterbleibe. Nahezu durchgängig wird argumentiert, Werbefinanzierung sei im Sinne ökonomischer Effizienz PARETO-optimal.[431]

Zum einen ist dieser Schluss unhaltbar, da ein werbefinanziertes nur ein gratis angebotenes, aber kein gänzlich kostenfreies Programm darstellt. Statt einer Zahlung für Programminhalte werden dem Konsumenten hier andere Kosten, hauptsächlich Zeitkosten, aufgebürdet, die in einem System der direkten Finanzierung nicht anfallen. Zwar wird bei Werbefinanzierung kein Konsument aufgrund des zu zahlenden Preises vom Programmkonsum ausgeschlossen. Aus dem Fehlen dieser Exklusion darf jedoch nicht geschlossen werden, dass auch faktisch keine Exklusion stattfindet, da die nunmehr entstehenden nicht-pagatorischen Kosten ebenfalls eine Exklusionswirkung entfalten können. Im Regime der Werbefinanzierung wird folglich die Preisexklusion durch eine *Kostenexklusion* ersetzt. Die naheliegende Vermutung, durch Werbefinanzierung werde die maximale Reichweite an potenziellen Zuschauern erreicht, ist daher zu einfach. Werbefinanzierung kann zu einer Unternachfrage nach Fernsehprogrammen führen.

Zum anderen war die ausführliche Analyse der Kollektivgut-Eigenschaften medialer Güter im obigen Abschnitt auch deshalb notwendig, um hierauf aufbauend die Effekte der Werbefinanzierung mithilfe eines wohlfahrtsökonomisch validen Kriteriums bewerten zu können. Wichtigstes Ergebnis der SAMUELSON-MINASIAN-Kontroverse ist, dass allein ein positiver Preis – ein RAMSEY-Preis – bei gleichzeitiger Exklusion von Nichtzahlern gesellschaftlich richtig sein kann. Dieses Ergebnis ist von unmittelbarer Relevanz zur Bewertung der Werbefinanzierung: Da der Konsum der Fernsehzuschauer trotz Nicht-Rivalität Ressourcen verbraucht, verfehlt ein Gratisangebot den Preis, der in korrekter Weise die gesellschaftliche Knappheitsrelation auf dem Fernsehmarkt widerspiegelt. Der Schluss von einem Preis von null auf eine vermeintliche PARETO-Effizienz ist deshalb falsch.

2) Über- oder Unterangebot an werbefinanzierten Programmen

Wohlfahrtsökonomisch führt Werbefinanzierung zu einer Fehlallokation von Ressourcen – auf Seiten der Konsumenten ablesbar als erster Effekt einer Über- oder Unternachfrage nach werbefinanzierten Programmen. Die Fehlallokation durch Werbe-

---

[431] Vgl. u. a. **Spence/Owen** (1977), **Lence** (1978), S. 14, **Friedrichsen/Never** (1999), S. 120, **Heinrich** (1999), S. 282, **Rott** (2003), S. 84.

finanzierung beschränkt sich allerdings nicht auf die Nachfrage nach Programmen, sondern betrifft in gleicher Weise deren Angebot.

Aus wohlfahrtsökonomischer Perspektive ist die Ausstrahlung eines Programmes nur dann vorteilhaft, wenn die Kosten der Programmproduktion von der Summe der Zuschauerzahlungen – als Ausdruck für den aus dem Programmkonsum resultierenden Nutzen – mindestens getragen werden. Übersteigen die Kosten den in Zahlungen ausgedrückten Nutzen, ist eine gesellschaftliche Vorteilhaftigkeit nicht gegeben und volkswirtschaftliche Ressourcen werden durch das Programmangebot verschwendet.

Abhängig davon, ob der Anbieter einen Einheitspreis oder differenzierte Preise erhebt, entspricht in Abb. 5-4 die Summe der Zuschauerzahlungen einer oder mehreren rechteckigen Flächen unter der Kurve der Zahlungsbereitschaften ZB. Bei perfekter Preisdifferenzierung fallen die aggregierten Nutzerzahlungen mit der Zahlungsbereitschaft der Zuschauer zusammen, d.h. im Extremfall vollständig differenzierter Preise könnte der Anbieter mit Programm 1 Zahlungen in Höhe von $0P_1x_1$, mit Programm 2 in Höhe von $0P_2x_2$ erzielen.

Bei privaten Gütern ist jeder Anbieter gezwungen, die Produktion des Guts über direkte Zahlungen der Nachfrager aus dem Verkauf des Guts oder der Dienstleistung zu finanzieren. Das Kriterium der gesellschaftlichen Vorteilhaftigkeit des Angebots wird deshalb zweifellos sichergestellt.[432] Erst aus der Nicht-Äquivalenz von Zahlung und Nutzung erwächst die Gefahr einer volkswirtschaftlich nicht vorteilhaften Produktion bestimmter Gütern und Dienstleistungen.

Diese Gefahr besteht auch bei werbefinanzierten Fernsehprogrammen, da das produzierte und ausgestrahlte Programm zwar von Zuschauern genutzt wird, deren in Zahlungen ausgedrückte Wertschätzung – im Extremfall der perfekten Preisdifferenzierung also die gesamte Zahlungsbereitschaft – jedoch nicht ausreicht, um das Programmangebot gesellschaftlich zu rechtfertigen. Überschreiten die Kosten der Programmproduktion deren Nutzen, tritt der zweite allokative Effekt auf – das *gesellschaftlich unerwünschte Überangebot* an werbefinanzierten Programmen.[433] Zu diesem Überangebot kommt es unabhängig davon, dass erwartungsgemäß wohl mittel- bis langfristig kein werbefinanziertes Programm mit nur einer geringen Publikumsresonanz und Werbewirkung angeboten wird.

Auch der Effekt eines ineffizienten Angebots ist in Abb. 5-4 erkennbar. Die Produktion von Programm 2 ist deswegen nicht vorteilhaft, da selbst die aggregierte Zahlungsbereitschaft ZB_2 der Zuschauer nicht ausreicht, die entstehenden fixen Kosten K_F zu decken. Diese Fixkosten entsprechen Durchschnittskosten pro Zuschauer in Höhe von DK_2 über alle Nachfrager, lassen sich also als Fläche $DK_2 \cdot x_2$ darstellen (grau mar-

---

[432] In der Praxis können hingegen unternehmerische Erwartungsfehler dazu führen, dass die Kosten nicht vollständig von den Erlösen getragen werden und der Anbieter Verluste macht.
[433] Vgl. **Lence** (1978), S. 15, **Blind** (1997), S. 53, **Runkel** (1998), S. 51.

5.3 Institutionenökonomische Analyse indirekter Finanzierungsregime

kiert). Schon grafisch wird deutlich, dass die Programmkosten den Nutzen der Zuschauer übersteigen und die Produktion des Programmes aus gesellschaftlicher Sicht unterbleiben sollte, da sie zu einer Verschwendung von Ressourcen führt. Trotz mangelnder Vorteilhaftigkeit wird das Programm bei einer Finanzierung durch Werbung angeboten, falls der Werbeerlös pro Zuschauer – der Werbepreis – p_W beträgt und somit die durchschnittlichen Kosten pro Zuschauer DK_2 überschreitet.

Liegt hingegen der Werbepreis p_W unter den Durchschnittskosten DK, kann der umgekehrte Fall einer *gesellschaftlich ineffizienten Unterversorgung* an Programmen eintreten. In diesem Fall werden werbefinanzierte Programme deshalb nicht angeboten, da der Werbeerlös die Kosten der Produktion nicht decken kann, selbst wenn diese Kosten durch die Summe der Zuschauerzahlungen – maximal deren aggregierte Zahlungsbereitschaft – mehr als aufgewogen würden. Durch die Werbefinanzierung kommt es im Fernsehmarkt statt zu einer Ressourcenverschwendung zu einem Verlust an gesellschaftlicher Wohlfahrt, da ein vorteilhaftes Programmangebot unterbleibt.

In Abb. 5-4 kann Programm 1 von diesem ineffizienten Nicht-Angebot betroffen sein, wenn der Werbepreis die Durchschnittskosten unterschreitet. Das Programm wird nicht angeboten, obwohl nicht nur die aggregierten Zahlungsbereitschaften $0P_1x_1$ der x_1 Zuschauer, sondern auch die Zahlungen bei einem Einheitspreis wie p_1^* die gesamten Programmkosten $DK_1 \cdot x_1$ übersteigen.

Sowohl die Über- wie die Unterproduktion werbefinanzierter Programme zeichnet sich dadurch aus, dass die Werbeerlöse in Relation zu den Programmkosten gesetzt werden, obwohl wohlfahrtsökonomisch das richtige Kriterium der Vergleich der Kosten mit dem entstehenden gesellschaftlichen Nutzen – der Zahlungen der Zuschauer – wäre. Da Finanzierung und Nutzung des Programmes auseinanderfallen, ist nicht mehr gewährleistet, dass die Programmausstrahlung gesellschaftlich vorteilhaft ist. Demnach ist der Nettonutzen von Programm 2 negativ und die Programmproduktion sollte unterbleiben, während Programm 1 einen positiven Nettonutzen aufweist, da der Nutzen der Zuschauer die entstehenden Kosten der Programmproduktion klar übersteigt.

Damit zeigt sich eine Parallele zwischen den beiden ersten allokativen Effekten der Werbefinanzierung: Beide resultieren aus dem Auseinanderfallen der gesellschaftlich relevanten Kosten- und Nutzengrößen. Beim ersten Effekt führt dies zu einer Über- oder Unternachfrage, beim zweiten zu einem Über- oder Unterangebot.

3) Ineffiziente Programmselektion durch Werbefinanzierung

Der dritte allokative Effekt – eine durch Werbefinanzierung verursachte *gesellschaftlich ineffiziente Programmselektion* – ergibt sich hingegen losgelöst von den Programmkosten allein aus den divergierenden Zahlungsbereitschaften der Zuschauer und Werbetreibenden. Zwar ist das Einschaltverhalten von Zuschauern entscheidend dafür, ob ein Programm bei Werbefinanzierung ausgestrahlt wird. Allerdings ist für den Sender statt der Zahlungsbereitschaft der Zuschauer primär der erzielbare Werbepreis p_W relevant, der als Erlös pro Werbekontakt der Zahlungsbereitschaft der Werbetreibenden auf dem Werbemarkt entspricht. Über die Zahl der erreichten Zuschauer bestimmt dieser Preis die Einnahmen des Senders.[434] Eine falsche Selektion zulasten gesellschaftlich wünschenswerter Programme kann aus der Höhe des Werbepreises resultieren, da der Werbeerlös pro Zuschauer unmittelbar beeinflusst, welche der beiden Programmalternativen der werbefinanzierte Sender ausstrahlt: Unter Werbefinanzierung wird sich der Sender nicht für das Programm mit der höchsten Zahlungsbereitschaft der Zuschauer, sondern für das mit der größten Zuschauerreichweite entscheiden.[435]

Diese „Dominanz des Massenmarktes" lässt sich wieder anhand von Abb. 5-4 veranschaulichen.[436] Obwohl beide Programme nahezu die gleiche Reichweite aufweisen, wird Programm 1 eindeutig von den Zuschauern präferiert. Im direkten Vergleich liegt bei nahezu jedem Nachfrager die Zahlungsbereitschaft für Programm 1 – meist deutlich – über der für Programm 2. Obwohl von knapp weniger Zuschauern gewünscht, ist Programm 1 wohlfahrtsökonomisch Programm 2 klar überlegen.

Bedingt durch die Werbefinanzierung kehrt sich die Vorteilhaftigkeit der Programme um: Bei konstantem Werbeerlös pro Kopf führt die Werbefinanzierung dazu, dass ein Sender die Ausstrahlung des massenattraktiveren Programmes 2 wählt, um die maximale Reichweite x_2 zu erzielen. Hat ein Sender nur die Wahl zwischen zwei Programmen, verhindert bei konstantem Werbepreis die im Vergleich kleinere Zuschauerbasis eines Programmes dessen Ausstrahlung, obwohl diese aus Sicht der Zuschauer – und damit aus gesellschaftlicher Sicht – wünschenswert wäre.

Dabei gilt die Dominanz des Massenmarktes für Programm 1 in Relation zu Programm 2 ebenso wie für Programme, die noch fokussierter als das erste Programm Minderheiten ansprechen, d. h. zwar eine Zahlungsbereitschaft deutlich oberhalb von ZB_1 wecken, aber nur eine Reichweite weit links von x_1 erzielen. Obwohl Zuschauer hier eine hohe Wertschätzung für das Minderheitenprogramm hätten, wird es aufgrund der schmalen Zuschauerbasis nicht ausgestrahlt. Zuschauer können die fehlende Popularität dieses Minderheitenprogrammes ebenso wie die von Programm 1 nicht durch eine höhere Zahlungsbereitschaft kompensieren.[437]

Da bei Werbefinanzierung der Erfolg eines Programmes an einem fixen Pro-Kopf-Erlös gemessen wird, kann der Fernsehsender nur noch die Zahl der erreichten Zu-

---

[434] Auf dem Werbemarkt wird dieser Preis üblicherweise als Tausender-Kontakt-Preis, also als Preis für eintausend Zuschauerkontakte angegeben. Da Werbetreibende für die Ausstrahlung ihres Werbespots oder Sponsoringhinweises zahlen, steht die genaue Reichweite und damit die Höhe des Tausender-Kontakt-Preises erst nach der Sendung fest.
[435] Vgl. **Lence** (1978), S. 16, **Kruse** (2004a), S. 113 f.
[436] Vgl. **Hartwig/Schröder** (1999), S. 286 f., **Schröder** (1997a), S. 44.
[437] Vgl. **Minasian** (1964), S. 75.

5.3   Institutionenökonomische Analyse indirekter Finanzierungsregime   213

schauer variieren. Die Ausstrahlung von Massenprogrammen muss zwangsläufig die Folge sein. Aus Sicht des Senders steigt der erzielte Umsatz mit jedem zusätzlichen Zuschauer um den konstanten Werbepreis p_W, weshalb scheinbar die horizontal verlaufende Nachfragekurve N_1 besteht. Anhand dieser Nachfragekurve wird der Sender das Programm mit der größten Reichweite wählen, was im vorliegenden Beispiel zur Ausstrahlung von Programm 2 statt Programm 1 führt.

Zwei zentrale Aspekte dürfen bei diesem Effekt der ineffizienten Programmselektion nicht übersehen werden. Zum einen wurde bislang danach gefragt, für welches Programm sich ein Sender entscheiden würde, könnte er nur eines der beiden Programme ausstrahlen. Zugrunde lag damit stets die Knappheitssituation einer Wahl zwischen zwei Alternativen. Nur bei dieser Knappheit – real beispielsweise die Begrenztheit von Übertragungsfrequenzen und Programmlizenzen oder die Kosten der Programmproduktion – kommt es zu einer ineffizienten Programmselektion in Reinform, werden also Minderheiten- durch Massenprogramme verdrängt.

Umgekehrt besteht die Möglichkeit, dass mit der Aufhebung eines bislang relevanten Engpasses der Verdrängungs- und damit der Selektionseffekt zurückgeht. Dann ergibt sich aus Sicht des Senders nicht mehr die Notwendigkeit zur Wahl zwischen zwei Alternativen, sondern die Frage, ob jedes Programm aus sich heraus tragfähig ist, also die Kosten der Produktion von den Werbeerlösen mehr als aufgewogen werden. Die relative Dominanz der Zuschauerbasis von Programm 2 gegenüber Programm 1 spielt dann keine Rolle mehr. Ein Nachlassen des Selektionseffekts würde beispielsweise durch eine steigende Zahl von Programmen deutlich, die sich trotz Werbefinanzierung auf enge Zuschauergruppen konzentrieren.

Zum anderen führt der Werbepreis nicht deswegen zu einer wohlfahrtsökonomischen Ineffizienz auf dem Fernsehmarkt, da er – wie manchmal angenommen – als eine Pro-Kopf-Größe den höchst unterschiedlichen Nutzen der Zuschauer mithilfe eines Einheitsmaßes bewertet. Würde nämlich schon ein undifferenzierter Preis zu einer ineffizienten Programmselektion führen, wäre dieser Effekt ebenso auf jedem anderen Markt mit einem Einheitspreis beobachtbar und ließe sich stets durch die Einführung von Preisdifferenzierung beseitigen.

Problematisch auf dem Fernsehmarkt ist vielmehr, dass der Werbepreis und der den Zahlungsbereitschaften der Zuschauer entsprechende Einheitspreis divergieren. Nur in einem Punkt – wenn der Werbeerlös pro Kopf mit der durchschnittlichen Zahlungsbereitschaft der gesamten Zuschauerschaft zusammenfällt – stellt der Werbepreis als Einheitsmaß einen korrekten Indikator für den entstehenden Nutzen dar. Dieser Punkt liegt für Programm 1 bei $p_1^* = p_1/2$, für Programm 2 bei $p_2^* = p_2/2$.[438] Ein Verfehlen dieser Punkte – etwa beim Werbepreis p_W – führt entweder zu einem Unterschätzen – bei

---
[438] Geometrisch entspricht an diesem Punkt z. B. für Programm 1 das Dreieck EGx_1 dem Dreieck $p_1Gp_1^*$, weshalb die gesamte Zahlungsbereitschaft der Zuschauer korrekt erfasst wird.

Programm 1 – oder zu einem Überschätzen – bei Programm 2 – des entstehenden Nutzens. Obwohl in beiden Fällen das resultierende Programmangebot gesellschaftlich inferior ist, ergibt sich durch eine Variation des Werbepreises p_W – als zweitem Faktor des Werbeerlöses – die Möglichkeit, tendenziell den aus dem Pro-Kopf-Preis resultierenden Fehler zu korrigieren. Theoretisch ist es denkbar, den bei Zuschauern entstehenden Nutzen hinreichend genau durch eine Annäherung des Werbepreises an die durchschnittliche Zahlungsbereitschaft zu approximieren.

Werden die Werbepreise wohlfahrtsökonomisch korrekt und für jede Zielgruppe differenziert gesetzt, stellt sich für den Fernsehsender die Wahl zwischen beiden Programmen völlig anders. Bei der Entscheidung zwischen Programm 1 und 2 sind nun nicht mehr die Werbeerlöse $0x_1DP_W$ und $0x_2CP_W$ bei einem einheitlichen Werbepreis relevant, die die Selektion des reichweitenstärkeren Programmes 2 zulasten von Programm 1 verzerrten. Stattdessen führen differenzierte Werbepreise $p_W = p_1^*$ bei Programm 1 bzw. $p_W = p_2^*$ bei Programm 2 zu Werbeerlösen in Höhe $0x_1Ep_1^*$ bzw. $0x_2Ap_2^*$. Schon grafisch wird deutlich, dass trotz der Werbefinanzierung bei differenzierten Werbepreisen das gesellschaftlich vorteilhaftere Programm gesendet und der Tendenz zu Massenprogrammen wirksam begegnet wird. Aufgrund der Variation des Werbepreises dreht sich die aus Sicht des Senders scheinbar bestehende Nachfragekurve N_1 und nimmt mit N_2 eine normale Gestalt an.[439] War unter der ursprünglichen Nachfragekurve N_1 das Angebot des reichweitenstärksten Massenprogrammes für den Sender zugleich umsatzoptimal, fallen bei Nachfragekurve N_2 das einfache Reichweiten- und das Umsatzmaximum auseinander. Gegenüber dem reichweitenstärkeren Programm 2 setzt sich das umsatzträchtigere Programm 1 dann durch, wenn – wie im vorliegenden Fall – die Kosten für beide Programme gleich hoch sind.

In analoger Weise verliert auch der zweite Effekt – das Über- oder Unterangebot werbefinanzierter Programme – an Bedeutung, falls sich die differenzierten Werbepreise den durchschnittlichen Zahlungsbereitschaften der Zuschauer annähern. Zuvor hatte sich deshalb ein ineffizientes Angebot ergeben, da aus Sicht des Senders ein einheitlicher Werbepreis in Höhe von p_W bei Berücksichtigung der Programmkosten Programm 2, nicht jedoch Programm 1 vorteilhaft erscheinen ließ. Aus gesellschaftlicher Perspektive stellte sich die Vorteilhaftigkeit jedoch genau umgekehrt dar.

Fallen hingegen die einzelnen Werbepreise mit den abgeleiteten Zuschauerpreisen p_1^* bzw. p_2^* zusammen, wird die angebotsseitige Verschwendung von Ressourcen vollständig vermieden. Nun werden nur noch Programme gesendet, deren Nutzen aus Zuschauersicht die Programmkosten übersteigt. Im vorliegenden Beispiel wird also die Ausstrahlung von Programm 2 aufgrund von $p_2^* < DK_2$ eingestellt, die von Programm 1 jedoch aufgrund von $p_1^* > DK_1$ aufgenommen.

---

[439] Zum Unterschied normaler und kompensierter Nachfragekurven vgl. FN 528, S. 286.

5.3 Institutionenökonomische Analyse indirekter Finanzierungsregime

Überdies vermeiden nicht nur Werbepreise, die in ihrer absoluten Höhe den durchschnittlichen Zahlungsbereitschaften entsprechen, eine ineffiziente Programmselektion. Maximiert der Sender seinen Werbeerlös, muss ein Minderheitenprogramm die geringere Reichweite durch Erzielung eines höheren Werbepreises ausgleichen, um aus Sendersicht gegenüber einem Massenprogramm attraktiv zu sein. Die Relation der beiden Werbepreise muss also im umgekehrten Verhältnis zu den erzielbaren Reichweiten stehen. Die ineffiziente Programmselektion bleibt deshalb aus, wenn die Werbepreise der beiden alternativen Programme nicht den durchschnittlichen Zahlungsbereitschaften der Zuschauer entsprechen, aber das richtige Preisverhältnis zueinander aufweisen.[440] Die Umsatzrelation zwischen den Programmen ändert sich auch dann nicht, wenn Reichweiten oder erzielbare Werbepreise im gleichen Verhältnis variieren.

Als Zwischenfazit zeigt sich, dass es zur Beurteilung der Effekte der Werbefinanzierung einer differenzierten Betrachtung sowohl der Zahlungsbereitschaften von Nachfragern als auch der relevanten Werbepreise für verschiedene Programme bedarf. Ein ausschließliches Abstellen auf die Zahlungsbereitschaften der Zuschauer reicht dementsprechend nicht aus, da sich mit der Variation des Werbepreises die Möglichkeit ergibt, die beiden letztgenannten Effekte zurückzudrängen oder gänzlich zu vermeiden. Aus theoretischer Sicht muss Werbefinanzierung also nicht zweifelsfrei zu einem Über- oder Unterangebot oder einer ineffizienten Programmselektion führen. Unberührt von einer Variation des Werbepreises bleibt demgegenüber der Nachfrageeffekt der Werbefinanzierung. Unweigerlich führt Werbefinanzierung zu einer Über- oder Unternachfrage nach Fernsehprogrammen.

5.3.1.4 Empirische Effekte der Werbefinanzierung von Fernsehprogrammen

Ob und inwieweit sich Wohlfahrtsverluste der Werbefinanzierung von Fernsehprogrammen auch praktisch durch einen wohlfahrtsoptimalen Werbepreis beeinflussen lassen, bedarf der Analyse des konkreten Einzelmarktes oder sogar des Programmsegments. Die Ausgangsfrage, in welchen Bereichen gesellschaftlich unerwünschte Effekte aus der Divergenz der von Konsumenten und von werbetreibenden Produzenten nachgefragten Programminhalte entstehen, stellt sich nach der theoretischen Auseinandersetzung mit den beiden letztgenannten Effekten differenzierter. Da es immer dann zu dem zweiten Effekt – einem Über- oder Unterangebot an Programmen – und dem dritten Effekt – einer ineffizienten Programmselektion – kommt, wenn faktisch der Werbeerlös pro Kopf und die durchschnittliche Zahlungsbereitschaft der Zuschauer auseinanderfallen, macht die Frage nach der empirischen Divergenz den eigentlichen Kern der Ausgangsfrage aus.

---

[440] Die Äquivalenz dieser Lösung ergibt sich aus $p_1^* \cdot x_1 > p_2^* \cdot x_2 \rightarrow p_1^*/p_2^* > x_2/x_1$.

Zur Beurteilung der gesellschaftlichen Effekte von Werbefinanzierung bedarf es folglich der Diskussion, inwiefern der Werbepreis eine gute Näherungsgröße für die Zahlungsbereitschaft der Zuschauer darstellt. Auf exakte Weise lässt sich diese Diskussion nur anhand der empirischen Einflussfaktoren führen, die die Zahlungsbereitschaften von Zuschauern und von werbetreibenden Produzenten für das ausgestrahlte Programm prägen. Vor einer solchen empirischen Analyse ist es notwendig, die relevanten Faktoren zu charakterisieren und ihre Bedeutung im Zusammenhang darzustellen.

Um die Diskussion überschaubar zu halten, wurde bisher vereinfachend angenommen, dass Zuschauer und Produzenten jeweils eine Zahlungsbereitschaft für das gesamte werbefinanzierte Programm haben. Dieses Vorgehen darf jedoch nicht darüber hinwegtäuschen, dass sich in der Praxis beide Zahlungsbereitschaften auf höchst unterschiedliche Programmbestandteile beziehen. Obwohl Zuschauer wie Produzenten ein Interesse am Gesamtprogramm haben, richtet sich ihr primäres Augenmerk entweder auf das eigentliche Programmangebot oder auf die darin enthaltenen Werbeplätze. Nur als Mittel zum Zweck wird also die jeweils andere Programmkomponente akzeptiert.

a. Werbefinanzierte Programme aus Zuschauersicht

Werbung ist für Zuschauer das Mittel, das das Programmangebot finanziert. Die Zahlungsbereitschaft von Zuschauern orientiert sich in erster Linie an der Wertschätzung für das eigentliche Programm, d. h. den Programminhalten ohne Werbung. Ob Werbebestandteile ebenso Nutzen aufweisen, sei dabei zunächst nachrangig.

1) Zahlungsbereitschaft der Zuschauer für Programminhalte

Da Zuschauer für das konsumierte Programm nicht zahlen müssen, ist ihre Zahlungsbereitschaft eine Größe, die sich nicht von einem realen Marktgeschehen ableiten lässt. Zwar ist es auch auf anderen Märkten gewöhnlich schwierig, Rückschlüsse von gezahlten Preisen auf die Zahlungsbereitschaft der Konsumenten zu ziehen, da die Höhe der entstehenden Konsumentenrente im Einzelfall meist unbekannt bleibt.

Dennoch erfüllen Preise auf diesen Märkten eine wichtige Informationsfunktion, besonders wenn statt des Einheitspreises für ein homogenes Gut differenzierte Preise für heterogene Güter gezahlt werden. Da jeder Konsumakt als Kosten-Nutzen-Vergleich den Preis mit dem erwarteten Nutzen in Relation setzt, lässt jede Entscheidung zum Konsum darauf schließen, dass die Zahlungsbereitschaft größer oder zumindest gleich dem Preis, also der meist entscheidenden Kostenart, sein muss. Konsumenten signalisieren die Intensität ihres Wunsches, das betreffende Gut angeboten zu bekommen und zu konsumieren, über ihre Bereitschaft, sich selbst bei hohen Preisen – z. B. für qualitativ hochwertige oder rare Güter – für den Konsum zu entschließen.

5.3 Institutionenökonomische Analyse indirekter Finanzierungsregime

Diese Möglichkeit geht in dem Maße zurück, wie die Homogenität des Güterangebots zu- bzw. die Preisdifferenzierung abnimmt. Sie entfällt vollständig auf dem Markt für werbefinanzierte Fernsehprogramme, da auf diesem alle Konsumenten einen einheitlichen Preis von null zahlen. Dann hat der Preis nicht nur seine Signalfunktion eingebüßt, er bietet auch keinerlei Anreize für Fernsehsender, Programme entsprechend der Zahlungsbereitschaft von Zuschauern anzubieten.

Das einzige Signal, das der Sender bei diesem Gratisangebot versuchen kann auszuwerten, ist das beobachtbare Konsumverhalten, also ob Zuschauer das Programm einschalten. Die verbliebenen relevanten Kosten des Konsums sind bei einem fehlenden Preis nicht-pagatorischer Art, also im wesentlichen wohl Zeitkosten. Diese Kosten werden durch die Opportunitäten des Fernsehkonsums verursacht, da es kaum möglich ist, bei einem wirklichen Sehen des Programmes anderen Aktivitäten oder einer Beschäftigung nachzugehen.[441] Die Opportunitätskosten hingegen sind personenabhängig und schwanken im Tagesablauf von meist hohen Zeitkosten zur Mittagszeit bis zu niedrigen Kosten am Abend. Selbst wenn nur Freizeitaktivitäten betrachtet werden, hängen die Zeitkosten von den Alternativen zum Fernsehkonsum ab, weshalb der Konsum in der Urlaubszeit, bei schönem Wetter oder im Sommer regelmäßig zurückgeht.[442]

Wird Fernsehen als reines Hintergrundmedium genutzt, entfallen die Zeitkosten zu großen Teilen und werden zur Erklärung des Verhaltens bedeutungslos. Insgesamt dürften die entstehenden Kosten des Konsums kaum geeignet sein, die Zahlungsbereitschaft von Fernsehzuschauern abzuschätzen. Der Gehalt der Information, dass Zuschauer ein Programm konsumieren, ist dementsprechend gering. Aus dem Signal der Nicht-Abwanderung lässt sich nur ableiten, dass ein Programm zu einem konkreten Zeitpunkt nicht gegen die Zuschauerwünsche verstößt. In ALBERT HIRSCHMANs einfachem Schema der Rückkopplungsmechanismen Abwanderung und Widerspruch[443] verfügt ein werbefinanziertes Fernsehsystem lediglich über das Signal der Abwanderung. Zuschauern, denen ein Programm nicht gefällt, schalten schnell und problemlos um oder ganz aus. Die Fernbedienung, die sich als Innovation in den 70er-Jahren durchzusetzen begann, erlaubt damit jederzeit die „Abstimmung mit den Knöpfen" über das gesendete Programm.[444]

---

[441] GARY BECKER untersucht die Wirkungen von Zeitkosten auf Arbeitsangebot und Konsummuster von Individuen innerhalb der Haushaltsproduktion. Vgl. **Becker** (1965).

[442] Zum empirischen Einfluss von Freizeitaktivitäten und Wetter auf den Fernsehkonsum vgl. **Rott/Schmitt** (2000).

[443] Vgl. **Hirschman** (1970/1974).

[444] Die Fernbedienung geht auf eine Erfindung von ROBERT ADLER und EUGENE POLLEY aus dem Jahre 1956 zurück. Mit zunehmender Verbreitung von Fernbedienungen wurde ein schneller, bequemer Wechsel zwischen einzelnen Fernsehprogrammen möglich, was die Abwahl unerwünschter Inhalte erleichterte und den Wettbewerb zwischen Anbietern forcierte. Die zuvor bestehende Bindung an den gerade gewählten Sender wurde so schrittweise aufgelöst.

Im wettbewerblichen Umfeld relativiert sich diese Information zusätzlich: Entscheidet sich ein Zuschauer von zwei vergleichbaren Programmen 1 und 2 zu einem Zeitpunkt für Programm 1, so lässt sich hieraus folgern, dass dieses Programm in seinen Augen vorziehenswürdig sein muss. Ceteris paribus entspricht Programm 1 damit stärker den Präferenzen des Zuschauers als das Alternativangebot. Auch hieraus lassen sich kaum Rückschlüsse auf die Zahlungsbereitschaft der Zuschauer ziehen. Möglich wäre, dass der Zuschauer im Vergleich zu Programm 2 eine höhere Zahlungsbereitschaft für Programm 1 hat und dieses auch in einem marktlichen System und bei einem u. U. höheren Preis konsumiert hätte. Ebenso denkbar ist aber auch, dass der Zuschauer für beide Programme eine nahezu gleiche Zahlungsbereitschaft hat und sich nur bei einem Gratisangebot für Programm 1 entscheidet. Deutlich wird, dass auch bei einem Wettbewerb der Programmangebote kein Schluss von dem Einschaltverhalten der Zuschauer auf die Intensität der Bedürfnisbefriedigung möglich ist. Der Konsum eines Programmes im Vergleich zum Alternativangebot bedeutet lediglich, dass dieses Programm mehr, nicht jedoch in welchem Maße es mehr geschätzt wird. Da nur diese Relation betrachtet wird, ist unklar, ob durch die Programme ein hohes oder niedriges Niveau der Bedürfnisbefriedigung erreicht wird.

2) Einschaltquoten als reiner Mengenindikator

Der geringe Gehalt der Einschaltinformation lässt sich auch durch den Einsatz statistischer Verfahren nicht in einer Weise erhöhen, dass ein Schluss auf den entstehenden Zuschauernutzen möglich würde. Dies gilt besonders für Zuschauer-Marktanteile, bei denen der Anteil des Publikums einer einzelnen Sendung in Relation zur gesamten, zu einem bestimmten Zeitpunkt vorhandenen Zuschauerschaft gesetzt wird. Hier tritt an die Stelle der isolierten lediglich die aggregierte Information, welcher Prozentsatz der zum jeweiligen Zeitpunkt präsenten Zuschauer die Sendung gesehen hat. Zwar lässt sich diese relative Einschaltquote ebenso wie die absolute Reichweite der Sendung als Marktanteil statistisch anreichern, d. h. um Angaben zur Zusammensetzung des Publikums hinsichtlich Alter, Geschlecht, Einkommen, Bildung oder soziale Herkunft ergänzen. Mithilfe dieser erweiterten Einschaltquote ist die Beantwortung der Frage möglich, welche Gruppen ein Programm oder eine Sendung in Relation zur gesamten Seherschaft konsumieren.

Allerdings basieren auch diese relativen wie absoluten Marktanteile auf einem ursprünglich rein dichotomen Merkmal.[445] Selbst bei erweiterten Einschaltquoten wird undifferenziert ermittelt, ob in der Situation der Alles-oder-nichts-Wahl[446] ein Programm gesehen wird oder nicht. Ähnlich der Zahl ungewichteter Wahlstimmen gibt

---
[445] Vgl. **Hartwig/Schröder** (1999), S. 285, **Schröder** (1997a), S. 93.
[446] Vgl. **Minasian** (1964), S. 75.

die Einschaltquote lediglich eine Information über die Mengenproportionen in dieser Entscheidungssituation der Programmwahl. Als reiner Mengenindikator kann die Einschaltquote somit kein Maß für den individuellen oder aggregierten Nutzen liefern.

Als ungewichtete Wahlstimmen werden alle Zuschauer innerhalb der betrachteten Zuschauergruppe gleich gezählt, weshalb auch bei soziodemografisch oder nach Lebensstil aufgelösten Marktanteilen im Dunkeln bleibt, mit welcher Intensität die Bedürfnisse der Zuschauer befriedigt werden. Der bei Werbefinanzierung für Zuschauer einheitliche Preis von null verhindert, dass selbst von differenzierten Zuschauerquoten auf die Zahlungsbereitschaft der betrachteten Zuschauer geschlossen werden kann.

Nur vordergründig beschränkt sich diese Aussage rein auf die Werbefinanzierung. Sie gilt analog für alle Systeme der Erfolgsmessung über Zuschauerquoten. Undifferenziert werden auch hier individuell anfallende Nutzen und Zahlungsbereitschaften zugunsten eines einheitlichen Pro-Kopf-Maßes aufgegeben. Richten beispielsweise Sender mit Gemeinwohlauftrag – wie die öffentlich-rechtlichen Programmanbieter in Deutschland – ihre Programmentscheidungen an Einschaltquoten aus, sind die Wirkungen auf das ausgestrahlte Programmangebot mit den Effekten der Werbefinanzierung vergleichbar. Die *Quotenorientierung* kann so dazu führen, dass ein Über- oder Unterangebot an Programmen besteht oder dass Programme aufgrund ihrer Popularität statt ihrer Wertschätzung ausgestrahlt werden. Die Fokussierung auf Einschaltquoten kann folglich ebenso zu einer ineffizienten Programmselektion führen.

3) Zahlungsbereitschaft der Zuschauer für Werbeinhalte

Die Zahlungsbereitschaft von Zuschauern entsteht primär aus der Nutzung der eigentlichen Programminhalte, nur sekundär aus den Werbebestandteilen. Wird zunächst davon ausgegangen, dass Werbung von Zuschauern nicht gewünscht und nachgefragt wird, erhöht deren Ausstrahlung lediglich die Kosten des Programmkonsums, hauptsächlich die Zeitkosten.[447] Das gratis angebotene Programm ist damit aus Zuschauersicht keineswegs kostenlos, sondern substituiert die pagatorischen Kosten des Marktpreises durch andere Kostenarten.[448]

Können Zuschauer der Werbung nicht ausweichen, vermindern die durch sie verursachten Kosten die Attraktivität des Gesamtprogrammes. Für die isolierten Werbeein-

---

[447] Nach **Kliment/Brunner** stimmen im Schnitt 83 Prozent der Zuschauer der Aussage zu, Werbung sei lästig, man könne ganz auf sie verzichten. Vor allem Unterbrecherwerbung empfinden nach **Ridder/Hofsümmer** durchschnittlich 90 Prozent der Zuschauer als ärgerlich, während 75 Prozent der Zuschauer nichts gegen eine gut gemachte Werbung haben. Aufgrund der Art der Fragestellung sind all diese Zahlen aus ökonomischer Sicht problematisch, da von den Konsequenzen der jeweiligen Antwort abstrahiert wird. Vgl. **Kliment/Brunner** (1998), S. 316, **Ridder/Hofsümmer** (2001), S. 285 ff.

[448] Vgl. **Becker/Murphy** (1993), S. 961.

blendungen hätten Zuschauer dann nicht nur keine Zahlungsbereitschaft, sondern wären im Gegenteil bereit, für die Vermeidung der ihnen entstehenden *zuschauerseitigen Werbekosten* zu zahlen.[449] Jene Programmbestandteile, die außerhalb der Werbung gesendet werden, kompensieren folglich die Zuschauer für das Sehen der Werbung.

Die Zahlungsbereitschaft für das Gesamtprogramm sinkt durch Werbeeinblendungen, weshalb die Kurve der resultierenden Nachfrage nicht nur unterhalb der Nachfrage nach dem eigentlichen Programm verläuft, sondern gegenüber dieser – aufgrund der individuell unterschiedlichen Kosten der Werbeeinblendung – eine neue Gestalt annimmt. Erhöht ein werbefinanzierter Programmanbieter den Werbeanteil seines Programmes, sind direkte Mehreinnahmen zu erwarten, die z. B. zur Steigerung der Qualität des eigentlichen Programmes genutzt werden können. Beide Maßnahmen beeinflussen unmittelbar die Nachfrage des Programms, senken sie durch höhere zuschauerseitige Werbekosten oder steigern sie durch eine höhere Programmattraktivität.

Wird das Programm durch Werbung quasi „verunreinigt"[450], stellt diese für Konsumenten ein vermeidenswertes Ungut dar, das – anders als in HARDINs Sicht – individuell, nicht kollektiv anfällt. Je nachdem, wie störend die meist lauter gesendeten Werbeeinblendungen von Art und Umfang her empfunden werden, schränken Zuschauer den Konsum des Programmes ein oder verzichten im Extremfall ganz darauf.

Ist ein Ausweichen vor den Werbeeinblendungen nicht gänzlich unmöglich, werden rational handelnde Zuschauer versuchen, die Werbung vom Programm zu trennen, um dann ausschließlich Letzteres zu konsumieren. Hierfür gibt es mehrere Wege – beginnend mit dem wenig aufmerksamen Sehen der Werbung über das Umschalten auf andere, zu diesem Zeitpunkt werbefreie Programme bis hin zu alternativen Aktivitäten während der durch Werbung erzwungenen Pause. Neben diesen Verhaltensweisen gibt es technische Lösungen wie Werbeblocker, um Werbung in Fernsehprogrammen auszuweichen. An Bedeutung gewinnen werden in Zukunft digitale Programmrekorder, die bei zeitversetztem Sehen ein Überspringen der Werbung auf Knopfdruck gestatten. Diese Rekorder werden das Einschaltverhalten von Zuschauern ebenso fundamental verändern wie seinerzeit die Verbreitung der Fernbedienung.

Die Existenz all dieser Möglichkeiten, den Werbeinhalten eines Programmes auszuweichen, belegt zwar, dass Zuschauer Werbung als Kostenfaktor und als Mittel zum Zweck des Programmkonsums empfinden. Losgelöst von einer empirischen Zuschauerforschung lässt sich jedoch nicht beantworten, in welchem konkreten Maße diese Kosten als störend empfunden werden und wie häufig ein Vermeidungsverhalten von Zuschauern auftritt. Verschiedene Indizien sprechen aber dafür, dass die meisten Zuschauer nicht aktiv den Werbeunterbrechungen und den durch sie verursachten

---

[449] Vgl. **Becker/Murphy** (1993), S. 941.
[450] Studien zur empirischen Werbevermeidung sprechen vom „Clutter" der Werbung. Vgl. ausführlich **Rossmann** (2000), S. 55.

5.3 Institutionenökonomische Analyse indirekter Finanzierungsregime

Kosten ausweichen. Empirische Studien zum Verhalten von Zuschauern vor und während der Werbepausen belegen, dass nur ein geringer Zuschaueranteil das Programm wechselt oder alternativen Tätigkeiten nachgeht. So bleiben im Schnitt 80 Prozent der Zuschauer auf dem eingeschalteten Kanal.[451] Auch die gegenwärtig geringe Verbreitung von Werbeblockern liefert einen Hinweis auf die augenscheinlich geringen Kosten, die Werbung Zuschauern aufbürdet.

Neben den zahlreichen, meist wohl ungenutzten Möglichkeiten, Werbebestandteilen auszuweichen, sprechen für niedrige zuschauerseitige Werbekosten ebenfalls die Anreize, die für Werbeanbieter aus den Ausweichmöglichkeiten folgen. Zuschauer werden, auch ohne sich aktiv gegen Werbeeinblendungen zu wehren, nur dann Werbung wahrnehmen, wenn diese aus ihrer Sicht attraktiv ist. Selbst wenn Zuschauer primär an dem eigentlichen Programmangebot interessiert sind, würden Werbeeinblendungen, die lediglich auf die Anziehungskraft des Rahmenprogrammes vertrauen, nur ein geringes Interesse bei Zuschauern finden und damit eine vergleichsweise geringe Werbewirkung erzielen. Das bedeutet, dass auch werbetreibende Produzenten einen Anreiz haben, mit attraktiven Werbespots nicht nur ein Umschalten zu verhindern, sondern ein aktives Interesse an den Werbeeinblendungen zu wecken. In besonderem Maße gilt dies, wenn Zuschauer von der Attraktivität des Werbespots auf die des beworbenen Produkts schließen. Dann ist eine ansprechende Werbung nicht nur ein Weg zur Vermeidung von Werbeflucht, sondern – vielleicht sogar vor allem – zur Steigerung der Werbewirkung.

Die zunächst getroffene Annahme, Zuschauer zögen keinen Nutzen aus den Werbekomponenten eines Programmes, wird angesichts dieser Anreize von Werbetreibenden stark relativiert. Wenn Zuschauer nicht nur den Konsum des eigentlichen Programms, sondern auch den der Werbung als nützlich empfinden, ist aus ökonomischer Sicht zu erwarten, dass Anbieter diese Programmkomponente ausbauen, reine Werbesendungen oder ausschließliche Werbeprogramme ausstrahlen. Die Kosten für das die Werbung umgebende Rahmenprogramm können dann von den Programmanbietern vermieden werden. Bei Wettbewerb auf dem Werbemarkt werden diese Kostensenkungen an die werbetreibenden Unternehmen weitergegeben.[452]

Sendungen mit Werbung als eigentlichem Inhalt sind Teil des Trends, Spotwerbung durch Dauerwerbesendungen zu ersetzen und so Zuschauern eine lange, von einem Rahmenprogramm unabhängige Werbezeit zu bieten.[453] Gleichzeitig hat der Start reiner Werbekanäle Programme hervorgebracht, die Werbung losgelöst von den ei-

---

[451] Vgl. **Hofsümmer/Müller** (1999), S. 297.
[452] Vgl. **Becker/Murphy** (1993), S. 961.
[453] Beispiele hierfür sind „REKLAME!" (KABEL 1) oder „WWW – DIE WITZIGSTEN WERBESPOTS DER WELT" (SAT.1).

gentlichen Programmkomponenten ausstrahlen. Die Werbung wird hier zum Programm wie beispielsweise im deutschsprachigen Raum bei QVC oder HSE24.

Bei anderen Spartensendern – etwa reinen Musikprogrammen wie MTV, VIVA und dem inzwischen in Deutschland eingestellten VH1 – ist unklar, ob die außerhalb der eigentlichen Werbespots ausgestrahlten Programmkomponenten nicht selbst eine Form der impliziten Werbung darstellen. Zwar lassen sich Musikvideos als Beitrag zur Rock- und Popkultur verstehen, die Produzenten dieser Videos folgen aber dem in Abb. 5-3 aufgezeigten Weg der Verkaufsförderung auf dem Markt für Güter und Dienstleistungen über den Fernsehmarkt. Dass der eigentliche Werbemarkt dabei übersprungen wird, ist ein nachrangiger Aspekt.

Diese Beispiele verdeutlichen, dass Werbefinanzierung nicht in jedem Fall mit höheren zuschauerseitigen Werbekosten einhergeht, sondern die werbenden Bestandteile den Nutzen des eigentlichen Programmes steigern oder sogar ausmachen können. Statt zu sinken, wird die ursprünglich für das Programm vorhandene Zahlungsbereitschaft durch die Werbefinanzierung vergrößert. Die resultierende Nachfragefunktion verschiebt sich nicht mehr in Richtung sinkender Mengen und Preise, sondern verläuft oberhalb der – möglicherweise auch in ihrer Gestalt veränderten– Ausgangskurve.

b. Werbefinanzierte Programme aus Produzentensicht

Bereits Abb. 5-3 hat verdeutlicht, wie Produzenten versuchen, den Verkauf von Gütern und Dienstleistungen über den Werbe- und Fernsehmarkt positiv zu beeinflussen. Für werbetreibende Produzenten dient das Rahmenprogramm dem Zweck, die Aufmerksamkeit der Zuschauer auf die im Programm enthaltene Werbung zu lenken. Von den Fernsehsendern werden auf dem Werbemarkt Programmplätze für Werbung – eigentlich Sendezeit mit einer bestimmten Publikumsreichweite – angeboten.

Für Werbetreibende ist Werbung eines von mehreren Mitteln der Verkaufsförderung und deshalb – wie schon von Pigou angemerkt – eine Art von Investition in die Marktposition.[454] Die Zahlungsbereitschaft für diese Investition resultiert ebenso aus einem Kosten-Nutzen-Kalkül wie die Entscheidung des Zuschauers, ein Programm zu sehen oder alternativen Aktivitäten nachzugehen. Solange der Nutzen von mehr oder intensiverer Werbung die dabei entstehenden Kosten überkompensiert, bestehen für den Werbetreibenden Anreize, die Werbeausgaben zu steigern. Im theoretischen Optimum gleichen sich Grenzkosten und -nutzen einer weiteren Werbeaktivität.

Der grundlegende Unterschied zwischen den Zahlungsbereitschaften von Zuschauern und Produzenten ist deren Bezugsbasis. Die Zahlungsbereitschaft von Zuschauern entspringt dem Nutzen des eigentlichen Programmes – abzüglich (zuzüglich) der als

---

[454] Vgl. **Pigou** (1920/1952), S. 196.

5.3 Institutionenökonomische Analyse indirekter Finanzierungsregime

Kosten (Nutzen) empfundenen Werbebestandteile. Umgekehrt stellt der Werbepreis die Zahlungsbereitschaft von werbetreibenden Produzenten für die Werbebestandteile eines Programmes dar, das als Mittel zum Zweck in Kauf genommen wird. Letztlich beziehen sich damit die Zahlungsbereitschaften von Zuschauern und Produzenten auf die jeweils andere Komponente des werbefinanzierten Gesamtprogrammes.

1) Werbung im Kanon verkaufsfördernder Maßnahmen

Aus Produzentensicht konkurriert die Ausstrahlung von Werbung mit anderen Formen der Verkaufsförderung, etwa einer Anpassung der Vertriebsstrategie, einer Veränderung der Produktqualität oder einer Variation des Produktpreises. Die Zahlungsbereitschaft eines Produzenten für die Ausstrahlung von Werbung hängt von der Verfügbarkeit dieser Alternativen und deren Wirksamkeit ab. Lässt sich beispielsweise relativ kostengünstig der Verkauf eines Produkts durch die Verbesserung der Produktqualität fördern, wird die Zahlungsbereitschaft des Produzenten für Werbung in Massenmedien vergleichsweise gering ausfallen. Bestehen im umgekehrten Fall diese Mittel nicht bzw. sind sie teuer oder wenig wirksam, lässt ein Kosten-Nutzen-Vergleich eventuell die Ausstrahlung von Werbung sinnvoll erscheinen. Eine Reihe von Faktoren beeinflusst maßgeblich die bei diesem Werbekalkül anzusetzenden Kosten- und Nutzengrößen.

2) Der Werbepreis als Preis auf dem Werbemarkt

Relativ leicht zu konkretisieren sind die (pagatorischen) Kosten der Werbung. Diese fallen mit Ausstrahlung einzelner Werbeschaltungen an und lassen sich am Preis pro Werbespot bzw. Preis pro Zeiteinheit ablesen. Dieser Preis stellt einen Marktpreis dar, der sich auf dem Werbemarkt aus dem Zusammenspiel von Angebot und Nachfrage nach Werbung ergibt. Wie auf gewöhnlichen Güter- und Dienstleistungsmärkten ist zu erwarten, dass der Preis pro Werbespot mit sinkender Nachfrage oder steigendem Angebot fällt, im umgekehrten Fall steigt.

In der Praxis zeigt sich, dass der Preis pro Werbespot sehr variabel ist und von zahlreichen Determinanten beeinflusst wird. Hierzu zählen Jahres- und Urlaubszeit ebenso wie Konjunktur bzw. Wachstum der Volkswirtschaft oder die Tageszeit der Programmausstrahlung. Real stellen das Programmumfeld und die Zusammensetzung der Zuschauerschaft zum Zeitpunkt der Ausstrahlung die wichtigsten Determinanten dar.

3) Der Werbepreis als Wert eines Zuschauerkontakts

Im Vergleich zu den Kosten schwerer zu quantifizieren ist die Werbewirkung als Nutzen des Werbetreibenden aus einer Werbesendung. Im Kern liegt jeder Form von Werbung die Vermutung zugrunde, durch die Werbung die Bekanntheit eines Produkts und damit die Wahrscheinlichkeit des Kaufs zu erhöhen. Neben dem reinen Bekanntmachen der Produkte vermittelt Werbung Informationen über relevante Produkteigenschaften. Werbung wirkt adverser Selektion entgegen und ermöglicht Nachfragern, eine Zahlungsbereitschaft entsprechend der als preiswürdig empfundenen Qualität zu äußern.

Sowohl bei der reinen Bekanntheit als auch bei der konkreten Produktinformation ist aus Sicht des werbenden Produzenten nicht eine generelle, sondern die Information der jeweils spezifischen Zielgruppe von Bedeutung. Zur Minimierung von Streuverlusten bedarf es deshalb der möglichst direkten Ansprache dieser Zielgruppe, also jener Konsumenten, die über die Möglichkeit zum Konsum verfügen und eine hohe Konsumneigung aufweisen.

Bei Rationalverhalten lässt sich der unsichere Nutzen von Werbung allgemein durch den veränderten Erwartungswert des Kaufs ausdrücken, d. h. als Deckungsbeitrag pro Konsument multipliziert mit der durch Werbung vergrößerten Kaufwahrscheinlichkeit. Nach der Höhe des Deckungsbeitrags lassen sich zwei Fälle unterscheiden: Einerseits verfügt Werbung bei einem geringen Deckungsbeitrag dann über einen hohen Nutzen, wenn die Wahrscheinlichkeit – z. B. durch eine hohe Konsumneigung – stark ansteigt. Andererseits führt ein hoher Deckungsbeitrag pro Konsument bei geringer Steigerung der Kaufwahrscheinlichkeit zu einem hohen Nutzen von Werbung. Beide Größen – der Deckungsbeitrag wie die Kaufwahrscheinlichkeit – lassen sich durch Fokussierung auf entsprechende Zielgruppen in einzelnen Medien positiv beeinflussen.

Der Nutzen aus Werbung ist für Produzenten damit unmittelbar von der Zusammensetzung der erreichten Zuschauerschaft abhängig. Entsprechend zielgruppenabhängig wird die Zahlungsbereitschaft der Produzenten für die Ausstrahlung von Werbung ausfallen.[455] Differenziert für unterschiedliche Medien entspricht der auf dem Werbemarkt gezahlte Preis pro Zuschauer damit aus Produzentensicht mindestens dem Wert eines Werbekontakts, in der Praxis meist kalkuliert für eintausend Kontakte.

4) Selektion von Medien und Werbeformen
   zur Adressierung von Zuschauergruppen

Auf Basis des Werbekalküls werden Produzenten über differenzierte Zahlungsbereitschaften für unterschiedliche Medien, Werbeformen, Programminhalte und Zuschauergruppen verfügen. Versuchen Fernsehsender rational ihren Gewinn zu maximieren, werden sie auf die Unterschiede in den Zahlungsbereitschaften mit einem veränderten Programmangebot reagieren.

---

[455] Zur Zielgruppendifferenzierung vgl. **Korff-Sage** (1999).

5.3 Institutionenökonomische Analyse indirekter Finanzierungsregime

Zur stärkeren Adressierung bestimmter Zuschauergruppen werden vom Sender Programme ausgestrahlt, die bei gleichem Deckungsbeitrag pro Kopf eine höhere Werbewirkung bzw. bei gleicher Werbewirkung einen höheren Deckungsbeitrag erwarten lassen. Folglich werden Medien und Programme diskriminiert, die über Zuschauer mit einem geringen Deckungsbeitrag oder einer geringen Werbewirkung verfügen. Unterscheiden sich zwei Programme bei diesen Faktoren nicht, wird das massenattraktivere Programm gewählt.

Gleichzeitig ist die Wahl der Werbeform entscheidend für die erzielte Werbewirkung. Wird zunächst davon abgesehen, dass Zuschauer – wie erläutert – auf dem Fernsehmarkt real auch eine Nachfrage nach Werbung entfalten können, sind werbetreibende Produzenten gezwungen, sich auf die Werbekomponenten eines Programmes zu beschränken. Den dann bestehenden Anreizen der Zuschauer, Werbeinhalte von den eigentlichen Programminhalten zu separieren, steht das Bestreben der Sender und werbetreibenden Anbieter gegenüber, eine solche Trennung entweder unmöglich oder unnötig zu machen. Unterschiedliche Werbeformen erschweren in verschiedenem Maße dieses Ausweichverhalten oder verhindern es gänzlich, indem sie das eigentliche Programm unseparierbar mit der Werbung verbinden. Zuschauer sind dann gezwungen, beide Programmbestandteile simultan zu konsumieren.

Relativ leicht können Zuschauer „Schanierwerbung" – Werbeschaltungen zwischen zwei Sendungen – ausweichen, insbesondere dann, wenn diese durch Blenden und Trailer klar vom Hauptprogramm getrennt und die Dauer des gesamten Werbeblocks lang ist. Gegenüber dem Hauptprogramm wird die Einschaltquote in der Werbepause klar erkennbar zurückgehen. Mit abnehmender Länge des Blocks und zunehmender Nähe zum Hauptprogramm sind die Möglichkeiten zum Umschalten oder zu alternativen Tätigkeiten eingeschränkter.[456] Aus Sicht eines Werbetreibenden ist Unterbrecherwerbung deshalb attraktiver als Schanierwerbung. Analog erzielen Sponsoringhinweise direkt vor oder nach einer Sendung und Werbeuhren als Zeiteinblendung vor Sendungen im Vergleich zu klassischer Spotwerbung einen meist höheren Werbepreis, entfällt doch hier der überblendende Hinweis auf Werbung.

Eine stärkere Verbindung von Programm und Werbung stellen neuere Werbeformen dar, beispielsweise die Teilung des Bildschirms („split screen") oder Werbeeinblendungen in das laufende Programm. Bei diesen Werbeformen kann ein Zuschauer nicht durch Aus- oder Umschalten, sondern nur noch durch technische Hilfsmittel der Werbung ausweichen. Die Werbung bleibt allerdings als solche für den Konsumenten erkennbar und lässt sich somit ignorieren. Dieses Erkennen wird unmöglich, wer-

---

[456] ROSSMANN konnte empirisch nachweisen, dass die Tendenz zur Werbevermeidung bei vielen kurzen Werbeunterbrechungen gegenüber wenigen langen Werbeblöcken ab-, die Kontaktchance zunimmt. Ebenso bestehen Vorteile für die Spots am Rande von Werbeblöcken. Vgl. **Rossmann** (2000), S. 152.

den Programm und Werbung wie im Beispiel von Product Placement, Schleich- oder sublimer Werbung vollständig verschmolzen.[457]

Unnötig wird die Trennung von Programm und Werbung aus Zuschauersicht, wenn letztere selbst einen Nutzen verspricht und somit kein Anreiz zum Ausweichen mehr besteht. Auf verschiedene Weise lässt sich Werbung für Zuschauer attraktiv gestalten, etwa durch informierende Komponenten, die auf Fähigkeiten und Anwendungsgebiete der Produkte hinweisen. Während es in Werbespots schwierig ist, ausführlich Informationen dieser Art zu vermitteln, setzen Dauerwerbesendungen und Teleshopping-Kanäle stärker auf Werbung durch Information.

5) Beeinflussung des Programmes durch Werbefinanzierung

Da Werbetreibende über unterschiedliche Zahlungsbereitschaften für einzelne Werbeformen verfügen, werden Sender hierauf mit einem veränderten Programmangebot reagieren. Sie werden Programme ausstrahlen, die Werbung in effektiven Werbeformen und für attraktive Zuschauergruppen – in Größe und Zusammensetzung – ermöglichen. Das Programm bildet so einen möglichst ansprechenden Werberahmen. Aus dieser Funktion als Werberahmen resultiert der erste Anreiz für Sender, das Programm im Hinblick auf den Werbemarkt zu verändern. Konkret könnte das beispielsweise bedeuten, dass Fußball- zulasten von Tennisübertragungen eingeschränkt oder Börsennachrichten statt Kulturmagazine gesendet werden.

Für den Programmanbieter besteht neben der Gestaltung der Werbeform und der Art des Publikums ein zweiter Anreiz zur Programmveränderung. Der Sender wird vermeiden, die Zahlungsbereitschaft der Werbetreibenden dadurch herabzusetzen, dass das Programm als Werberahmen die intendierte Werbewirkung negativ beeinflusst, aufhebt oder ins Gegenteil verkehrt. Werbefinanzierte Programme werden deshalb tendenziell unkontroverser bei der Auseinandersetzung mit den beworbenen Artikeln, dem Image des Werbetreibenden oder generell der vorherrschenden öffentlichen Meinung sein. Beispielsweise kann die negative Berichterstattung über einen beworbenen Artikel nicht nur dazu führen, dass die Werbung ihre Wirkung verfehlt, sondern dass sich eine negative Reputation weiter verfestigt. In beiden Fällen wird die Nachfrage auf dem Werbemarkt einen Einfluss darauf haben, welche Programme in Art und Umfang auf dem Fernsehmarkt angeboten werden.

Dies gilt auch für den Fall, dass Fernsehsender Programminhalte nicht selbst einkaufen oder produzieren, sondern diese von Werbetreibenden gegen die Überlassung von Werbezeit übernehmen. Zwischen dem Werbetreibenden und dem Sender wird

---

[457] Da zumindest in den letzten beiden Fällen Werbung dann nicht mehr für den Zuschauer vom Programm zu unterscheiden ist, sind diese Formen in Deutschland (wie in zahlreichen anderen Ländern) verboten. Vgl. § 7 Abs. 6 **RStV**.

im Rahmen des „Bartering" Werbung gegen Programminhalte getauscht.[458] Obwohl der Sender Programmveranstalter bleibt, nehmen beim Bartering die Möglichkeiten des Werbetreibenden zu, das gesendete Programm im eigenen Sinne zu beeinflussen.

c. **Divergenz der Zahlungsbereitschaft von Zuschauern und Werbetreibenden als Ursache eines veränderten Programmangebots**

Da von einem rein theoretischen Standpunkt aus betrachtet Werbefinanzierung nicht unausweichlich zu den beiden Effekten einer ineffizienten Programmselektion und einem möglichen Über- oder Unterangebot an werbefinanzierten Programmen führt, war der Frage nachzugehen, ob die Zahlungsbereitschaft von Werbetreibenden ein geeignetes Substitut für die – implizite – Zahlungsbereitschaft der Zuschauer für das Programm darstellt.

Die wichtigsten Einflussfaktoren auf die jeweiligen Zahlungsbereitschaften liefern Indizien zur Beantwortung dieser Frage. Als Fazit dieser Diskussion, die sich im Wesentlichen an der Konstellation der drei Einzelmärkten in Abb. 5-3 orientierte, kann zwar nicht prinzipiell ausgeschlossen werden, dass die Finanzierung von Programmen über Werbung zum wohlfahrtsökonomisch optimalen Programmangebot führt. Das Erreichen eines solchen Programmangebots ist dennoch unwahrscheinlich, da real die genannten Einflussfaktoren dem überwiegend entgegenstehen. So stellt das Zusammenfallen der Zahlungsbereitschaften der an Werbung bzw. an Programminhalten interessierten Akteure zwar einen möglichen, in der Praxis aber wohl eher unwahrscheinlichen Fall dar.

Im Regelfall dürften – etwa bei Programmen für zahlen- oder kaufkraftmäßige Minderheiten ebenso wie für werberesistente Zuschauer – die Zahlungsbereitschaften divergieren. Werbefinanzierte Sender reagieren dann aus Zuschauersicht mit einem verzerrten Programmangebot. Selbst die Veränderung der Zahlungsbereitschaft auf Seiten der Werbetreibenden kann der Dominanz von Massenprogrammen kaum noch entgegenwirken. Neben der partiellen Deckungsgleichheit, die die Interessen von Zuschauern und Werbetreibenden am Programm aufweisen, bestehen bezüglich des Programmangebots und der Programmwahl erhebliche Divergenzen.

5.3.1.5 Fazit: Institutionen- statt Marktversagen bei der Werbefinanzierung als Ansatzpunkt für Politikberatung

Angesichts der aufgezeigten Effekte, die Werbefinanzierung mithilfe eines institutionenlosen mikroökonomischen Arguments – der Vermeidung einer wohlfahrtsschädli-

---

[458] Vgl. **Schmitz** (1990), S. 164.

chen Exklusion von Nutzern mit einer Zahlungsbereitschaft unterhalb des Marktpreises – zu legitimieren, muss skeptisch beurteilt werden, zumal dieses Argument bereits aus mikroökonomischer Sicht zu kurz greift.

Schon die wohlfahrtsökonomisch geprägte Diskussion um die Kollektivgut-Eigenschaften von Medien im vorangegangenen Abschnitt kam zu dem Ergebnis, dass eine Auseinandersetzung mit den Effekten alternativer Finanzierungsregime kaum auf Basis der traditionellen, weitgehend institutionenlosen Theorie des Marktversagens möglich ist, sondern methodisch hierüber hinausgehen muss. Nur vordergründig lässt sich diese Unzulänglichkeit damit begründen, dass Werbefinanzierung keine traditionelle Ursache für ein Marktversagen oder für einen Koordinationsmangel darstellt, um die die jeweilige Theorie bei der Anwendung auf mediale Güter erweitert werden muss.

Wie in der bisherigen Diskussion deutlich geworden, kann Werbefinanzierung zwar zu einem gesellschaftlich inferioren Programmangebot führen. Die genannten drei Effekte – eine Über- oder Unternachfrage, ein Über- oder Unterangebot und eine ineffiziente Programmselektion – werden aber nicht durch singuläre Defizite der beteiligten Einzelmärkte – des Fernseh-, Werbe- oder des Gütermarktes –, sondern durch das Zusammenspiel der beteiligten Akteure auf diesen Märkten verursacht.

Diese *institutionelle Konstellation* lässt sich als gestuftes Prinzipal-Agent-Verhältnis verstehen, in dem die Anreize der Akteure dazu führen, dass sich werbe- von direkt finanzierten Programmen in Preis, Art und Qualität unterscheiden. Werbetreibende zahlen für die Fernsehprogramme, die Zuschauer in einem werbefinanzierten Fernsehsystem konsumieren. Die Notwendigkeit, die eigentliche Werbung und das Rahmenprogramm attraktiv für Zuschauer zu gestalten, bedeutet jedoch nicht, dass werbetreibende Produzenten als Agenten generell im Sinne der Zuschauer-Prinzipale agieren. In den genannten Fällen haben gerade nicht die Interessen der Zuschauer, sondern die der Werbetreibenden Vorrang, wenn es um die Entscheidung geht, welches Programm ausgestrahlt werden soll.

Falls eine ähnliche Konstellation besteht, sind auf anderen Märkten vergleichbare Effekte zu erwarten. Zwar gilt dies in erster Linie für mediale Güter wie werbefinanzierte Hörfunk-, Zeitungs- oder Internetangebote, vermutlich sind hiervon aber auch Güter und Dienstleistungen betroffen, deren Angebot werbe- und nicht direkt finanziert wird. In jedem dieser Fälle stellt Werbefinanzierung weniger ein Markt- als vielmehr ein *Institutionenversagen* dar.

Die Analyse des Fernsehmarktes hat deutlich gemacht, dass eine Diagnose dieses Institutionenversagens erst möglich wird, wenn nicht eine isolierte Betrachtung jenes Marktes erfolgt, dem das Hauptinteresse gilt. Die genannten Effekte zeigen sich nur, sofern die Institutionen, die von Relevanz für ein werbefinanziertes Fernsehangebot sind, im Rahmen einer umfassenderen Theorie berücksichtigt werden.

Die Auseinandersetzung mit den Effekten der Werbefinanzierung hat auch Anhaltspunkte für das zu erwartende Programmangebot in dem Fall geliefert, dass sich Fernsehsender bei ihrer Programmentscheidung lediglich an Quoten statt an der Wertschätzung der Zuschauer orientieren. Die Effekte der Quotenorientierung sind denen der Werbefinanzierung sogar dann vergleichbar, wenn das Programm nicht über Werbeeinnahmen finanziert wird. Legen etwa öffentlich-rechtliche Sender ihren Programmentscheidungen ausschließlich Einschaltquoten zugrunde, besteht wie bei Werbefinanzierung die Möglichkeit eines ineffizienten Programmangebots.

Auch in diesem Fall stellt sich das zentrale Problem als Versagen der Institutionen, nicht des Marktes dar. Der institutionelle Marktmangel, wie er sich in der Werbefinanzierung manifestiert, bildet bei der Quotenorientierung jedoch nur den Hintergrund für ein institutionelles Versagen der Programmanbieter. Deren Programmentscheidungen – teilweise am Nutzen der Zuschauer vorbei – führen zu dem ineffizienten Programmangebot. Im Kern lässt sich das Institutionenversagen dann als ein Organisationsversagen diagnostizieren.

Die zur Diagnose notwendige Betrachtung der relevanten Institutionen gibt Aufschluss über mögliche Ansatzpunkte für eine Therapie des Institutionenversagens. So lässt sich im Fall der Werbefinanzierung an unterschiedlichen Stellen der Marktkonstellation ansetzen, um die Effekte eines gesellschaftlich inferioren Programmangebots auf dem Fernsehmarktes z. B. über die Regulierung des Werbemarktes einzudämmen. Praktische Reformansätze in diese Richtung erfordern eine konkrete Auseinandersetzung mit den Defiziten des deutschen Fernsehmarktes, vor allem aber mit den Möglichkeiten zu dessen Reform. Ausgehend von der erklärenden Herangehensweise einer positiven Medienökonomik wird die gestaltende Funktion einer normativen Medienökonomik deutlich.

5.3.2 Effekte der Steuerfinanzierung von Fernsehprogrammen

Neben der Werbefinanzierung wird in der medienökonomischen Literatur die Finanzierung über Steuern und ähnliche, nicht nutzungsabhängige Zahlungen als zweites Finanzierungsregime genannt, das eine wohlfahrtsschädliche Exklusion von nicht zahlenden Fernsehzuschauern vermeidet. Als Finanzierungsinstrument weist die Steuerfinanzierung die Parallele zur Werbefinanzierung auf, dass auch hier die Nutzer des Guts, dessen Zahler und die Träger der Bereitstellungsentscheidung infolge einer intendierten Nicht-Äquivalenz auseinanderfallen. Gleichzeitig stehen die Werbe- und Steuerfinanzierung in dem antagonistischen Verhältnis einer marktlichen und einer staatlichen Finanzierung.

Da ein einheitlicher Ansatz zur Beschreibung der Effekte der unterschiedlichen Finanzierungsregime auf dem Markt für Fernsehprogramme nicht verfügbar ist, fehlen gegenwärtig die medienökonomischen und politikwissenschaftlichen Grundlagen für eine wissenschaftliche Diskussion der Vor- und Nachteile der Steuerfinanzierung.[459] Die konsequente Anwendung des dargestellten Forschungsprogrammes der Medienökonomik ermöglicht die Nutzung bestehender Instrumente der ökonomischen Theorie der Politik zur Analyse dieser Finanzierungsform. Auf dieser gemeinsamen medienökonomischen Basis lassen sich abschließend die Effekte der beiden indirekten Finanzierungsregime einander gegenüberstellen und bewerten.

Wie zur Analyse der Werbefinanzierung soll im Folgenden die Steuerfinanzierung von Fernsehprogrammen als idealisiertes Referenzmodell betrachtet werden, um anhand dieser einfachen Finanzierungsstruktur mit direktem politischen Einfluss dessen Vor- und Nachteile zu diskutieren. Wiederum gilt es zwischen dem Regime der Steuerfinanzierung und real existierenden Finanzierungsformen zu unterscheiden. Die sich so ergebenden Effekte der Steuerfinanzierung nehmen also noch keinen Bezug etwa zur Gebührenfinanzierung der öffentlich-rechtlichen Anstalten in Deutschland.

5.3.2.1 Konstellation der Märkte zwischen Zuschauern, Sendern und Politik

a. Marktliche Sicht auf den medienpolitischen Prozess der Steuerfinanzierung

Der Rückgriff auf das medienökonomische Forschungsprogramm bei Fragen der Medienpolitik bedeutet einen Paradigmenwechsel gegenüber anderen wissenschaftlichen Ansätzen, die beispielsweise in der Politik- oder Kommunikationswissenschaft Anwendung finden. Statt im Sinne dieser Ansätze die am politischen Prozess Beteiligten als Treuhänder des Gemeinwohls zu betrachten, wird in der ökonomischen Theorie der Politik versucht, das beobachtbare Verhalten individualistisch, rational und nicht-paternalistisch zu erklären. Der Denktradition KNUT WICKSELLS und JAMES BUCHANANS folgend, wird politisches Handeln als Interaktion der Beteiligten begriffen, die sich als marktlicher Austauschprozess – dem Tausch von Leistung und Gegenleistung – beschreiben lässt. Für die Analyse der Steuerfinanzierung bedeutet das: Auch die medienpolitischen Prozesse der Finanzierung von Fernsehprogrammen lassen sich als marktliche Interaktion verstehen und mit dem ökonomischen Instrumentarium analysieren.

Auf den ersten Blick mag der Ansatz kontraintuitiv erscheinen, die Steuerfinanzierung von Fernsehprogrammen als Tauschprozess auf Märkten zu analysieren. Offensichtlich unterscheidet sich dieses Finanzierungsregime gerade dadurch von der Finanzierung über direkte Nutzerzahlungen oder über Werbung, dass die beteiligten Akteure nicht auf – herkömmlich definierten – Märkten agieren. Bereits die marktliche Sicht auf das Regime der Werbefinanzierung hat jedoch deutlich gemacht, dass gegenüber

---

[459] Obwohl BROWN/CAVE zu diesem Urteil schon Anfang der 90er-Jahre gekommen sind, hat es seit dieser Zeit nichts an Gültigkeit eingebüßt. Vgl. **Brown/Cave** (1992), S. 377.

5.3 Institutionenökonomische Analyse indirekter Finanzierungsregime   231

dieser engen Definition von Märkten, auf denen der Kauf von Gütern und Dienstleistungen durch Geld erfolgt, in der modernen Ökonomik auch nicht-monetäre Tauschprozesse als Märkte betrachtet werden. Trotz ihrer augenscheinlichen Marktferne lässt sich auch die Steuerfinanzierung von Fernsehprogrammen als marktliches Verhalten der Akteure darstellen. Die sich hieraus ergebende Parallele zwischen den Marktprozessen der Werbe- und denen der Steuerfinanzierung macht Abb. 5-5 – im Vergleich zu Abb. 5-3 (auf Seite 196) – deutlich.

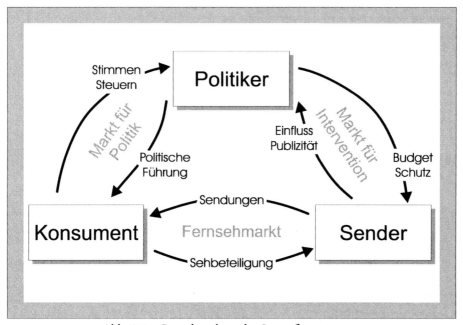

Abb. 5-5: Grundstruktur der Steuerfinanzierung

Die Abbildung veranschaulicht die Konstellation der Märkte, die zwischen Zuschauern als Konsumenten, Fernsehsendern als Produzenten und Politikern als Träger der Programmfinanzierung und als Entscheider des politisch-administrativen Systems bestehen. Analog der Werbefinanzierung steht jeder Akteur über zwei Märkte mit den anderen beiden Akteuren in Beziehung und ist als Marktteilnehmer auf jeweils zwei Märkten aktiv.

Zur Analyse der Steuerfinanzierung ist es unumgänglich, das Verhalten von Zuschauern, Politikern und Sendern in Abhängigkeit der zwischen dem „Markt für Politik", dem „Markt für Intervention" und dem Fernsehmarkt gebildeten Konstellation zu betrachten. War zur Erklärung der Funktionsweise eines werbefinanzierten Fernsehmarktes der Markt für Güter, vor allem aber der Werbemarkt zentral, treten nun der politische Markt und der Interventionsmarkt an diese Stelle. Wie in der vorangegangenen Diskussion setzt die folgende Analyse am politischen Markt an, um sich anschließend auf den Interventionsmarkt zu konzentrieren.

Ausgehend von den beiden Märkten, die in unmittelbarem Kontakt zur Politik stehen, lässt sich die Funktionsweise des Marktes für steuerfinanzierte Fernsehprogramme analysieren. Der Fernsehmarkt verbindet den Sender als Produzenten des Programmes mit dessen Rezipienten. Da das steuerfinanzierte Programm ohne Werbung ausgestrahlt wird, erwächst für den Programmproduzenten kein direkt monetärer oder gleichwertiger Vorteil daraus, dass Zuschauer das Programm konsumieren. Da kein (Preis)Mechanismus zwischen dem Anbieter und den Nachfragern besteht, ist aus ökonomischer Sicht die Frage offen, ob und inwieweit sich das Programm an den Präferenzen der Zuschauer orientiert. Zur Beantwortung dieser Frage ist es notwendig, zugleich das Verhalten des steuerfinanzierten Fernsehsenders als Akteur auf den beiden für ihn relevanten Märkten – dem Markt für Fernsehprogramme und dem für politische Interventionen – zu analysieren. Unabhängig von dem Konsum der steuerfinanzierten Programme beeinflussen Zuschauer als Wähler den politischen Markt und damit das Verhalten von Politikern und Sendern.

Ansätze, den Wettbewerb politischer Parteien um die Wählergunst mit ökonomischen Instrumenten zu erklären, haben eine lange Tradition in der Ökonomik. Bereits Ende der 20er-Jahren erkennt HOTELLING eine Analogie zwischen dem Wettbewerb auf Gütermärkten und dem politischen Wettbewerb der Parteiprogramme.[460] In seiner „anderen" Theorie der Demokratie beschreibt SCHUMPETER das Verhalten von Politikern als „Konkurrenzkampf um die Stimmen des Volkes".[461] Hierauf aufbauend liefert die Neue Politische Ökonomik die theoretische Basis, das aus der Wiederwahlrestriktion zu erwartende Handeln von Politikern im ökonomischen Sinne zu erklären.[462]

Im Kern dieser Theorie steht dabei der „Markt für Politik", auf dem Politiker den Wählern ein Angebot in Form von Wahlprogrammen machen, welches diese mithilfe ihrer Wahlstimmen annehmen oder ablehnen. Da in Demokratien alle Macht vom Volk ausgeht, stehen Politiker unter einer (Wieder)Wahlrestriktion. Aufgrund dieser Prinzipal-Agent-Beziehung zwischen Wählern und Politikern ist die politische Entscheidungskompetenz eine auf Zeit verliehene Macht. Unabhängig von ihrer politischen Orientierung oder Einstellung bezüglich konkreter Sachfragen sind Politiker gezwungen, ihr Handeln an den Interessen der Wähler auszurichten, um die Wahl und nach Ablauf der Wahlperiode die Wiederwahl sicherzustellen.

Entsprechend HOTELLINGs linearem Modell eines Qualitätswettbewerbs, später von DOWNS zum Medianwähler-Modell weiterentwickelt, ähnelt das Verhalten von

---

[460] Vgl. **Hotelling** (1929), S. 54 f.
[461] **Schumpeter** (1942/1950), S. 427 f.
[462] Einen Überblick über die Ansätze der Neuen Politischen Ökonomik gibt Frey (1980).

5.3 Institutionenökonomische Analyse indirekter Finanzierungsregime   233

Politikern dem von Unternehmern, welche über die Gestaltung von (horizontalen) Produktmerkmalen versuchen, einen möglichst hohen Gewinn zu erzielen.[463] Als politische Unternehmer gestalten Politiker ihre Wahlprogramme so, dass die Wahrscheinlichkeit ihrer (Wieder)Wahl über die Zahl der auf sie entfallenden Stimmen maximiert wird. Politiker versuchen also durch die horizontale Positionierung ihrer Wahlprogramme – entlang des politischen Spektrums –, die maximale Stimmenzahl, bei Mehrheitswahlen zumindest den Medianwähler, für sich zu gewinnen. Eine erfolgreiche Wahl eröffnet schließlich die Möglichkeit zur Realisierung des Wahlprogrammes.

Die Umsetzung dieses Wahlprogrammes bedeutet zwar, dass der durch die Wahl ausgedrückte Wille der Wähler erfüllt wird, erfordert aber in der Regel eine Finanzierung über Steuern. Während die eigentliche Stimmabgabe kostenlos ist, werden nicht nur die Wähler des Wahlsiegers, sondern alle Steuerzahler zur Finanzierung des Wahlprogrammes herangezogen. Anders als bei Marktpreisen fallen im Wahlprozess das Votum für ein Wahlprogramm und dessen Finanzierung auseinander. Dies gilt auch für den hier betrachteten Fall, in dem Teile der so legitimierten Steuereinnahmen der Finanzierung eines (oder mehrerer) Fernsehsenders dienen.

b. Steuerfinanzierung von Fernsehprogrammen als marktlicher Austausch

Nicht nur die Analogie des marktlichen zum politischen Wettbewerb begründet den Zwang von Politikern, sich wie politische Unternehmer zu verhalten. So sind moderne Demokratien meist dadurch gekennzeichnet, dass ein direkter, unvermittelter Kontakt zwischen Politikern und möglichen Wählern sehr zeitintensiv und aufwendig, falls überhaupt praktikabel wäre. Statt der direkten Kommunikation ist daher die indirekte Wähleransprache über Massenmedien vorteilhaft, kann doch auf diesem Weg leicht eine große Zahl von Wählern gleichzeitig erreicht werden. Politiker sind als politische Unternehmer folglich darauf angewiesen, für die von ihnen vertretenen Positionen und die Inhalte der Wahlprogramme Werbung zu machen. Beim Versuch, Zuschauer als potenzielle Wähler über Massenmedien zu erreichen, ähneln politische den klassisch gewinnorientierten Unternehmern, die eine Förderung des Absatzes ihrer Produkte und Dienstleistungen anstreben. Auch für Politiker sind Fernsehprogramme ein Medium im ursprünglichen Wortsinn, also zweckdienlich zur Beeinflussung des politischen Marktes über den Fernsehmarkt.

Politikern stehen zwei Möglichkeiten offen, politische Werbung in Massenmedien zu platzieren. Zum einen können sie Werbezeit bei werbefinanzierten Sendern buchen, sind hierbei allerdings gezwungen, die auf dem Werbemarkt üblichen Preise zu zahlen. Zum anderen stehen regierenden Politikern Budgets zur Verfügung, die aus

---
[463] Vgl. **Hotelling** (1929), **Downs** (1957/1968), **Becker** (1958), S. 106.

dem allgemeinen Steueraufkommen stammen und zur medienpolitischen Intervention eingesetzt werden können. Statt durch Einnahmen auf dem Werbemarkt – dem Verkauf von Werbezeit und Zuschauerreichweite – wird ein steuerfinanzierter Sender direkt aus diesen Steuermitteln finanziert. Die Höhe der Finanzmittel ist dabei ein Ergebnis des politischen Entscheidungsprozesses. Während bei der ersten Möglichkeit der Wähleransprache der Weg zum Wähler dem zu einem möglichen Kunden gleicht, wirkt die finanzielle Einflussnahme auf den steuerfinanzierten Fernsehsender unmittelbarer als die Werbefinanzierung.

Auf das Verhalten des Senders hat die Steuerfinanzierung weitreichende Konsequenzen. Der in vielen Fällen gemeinwohlorientierte Sender ist zwar weitgehend von einem unternehmerischen Risiko sowohl auf dem Fernseh- als auch dem Werbemarkt entbunden. Deshalb bedeutet beispielsweise eine geringe Publikumsresonanz der ausgestrahlten Programme oder eine durch den Markteintritt von Konkurrenten veränderte Wettbewerbssituation nicht unmittelbar eine Gefahr für die Existenz.

Allerdings wird das unternehmerische Verlust- und Konkursrisiko durch zwei Formen des politischen Risikos ersetzt. Erstens ist es möglich, dass Mittelkürzungen aufgrund allgemeiner politischer Überlegungen – etwa konjunkturbedingte Steuerausfälle oder politisch gewollte Akzentverschiebungen im Haushalt – verabschiedet werden.

Zweitens besteht für Politiker der Anreiz, den zur Verfügung stehenden finanziellen Einfluss auf den oder die Sender zu nutzen, um diese zur Unterstützung eigener politischer Ziele zu instrumentalisieren. Nur ein Sender, der sich willfährig gegenüber den politischen Interessen zeigt, wird dann mit einem in der Höhe garantierten oder sogar erweiterten Budget belohnt. Berichtet ein Sender dagegen kritisch über die Entscheidungen oder das Verhalten regierender Politiker, sind für ihn Sanktionen in Form von Budgetkürzungen zu befürchten. Folglich ist die Steuerfinanzierung für den Sender nicht kostenlos, sondern wird mit einem politischen Einfluss auf die Programmgestaltung „erkauft". Deutlich wird, warum sich die Politik gegenüber dem Fernsehsender als marktlicher Austausch im Sinne der WICKSELL-BUCHANAN-Tradition verstehen lässt: Die Steuerfinanzierung des Senders stellt eine Form des Schutzes dar, der von politischer Seite angeboten wird und unternehmerische Verlust- oder Konkursrisiken auf null reduziert. Eine zweite, zusätzliche Form des Schutzes können zudem Markteintrittsbarrieren bilden, die erfolgreich ein Auftreten privater Konkurrenten über staatlich verhängte Wettbewerbsverbote unterbinden.

Beide Formen des politischen Schutzes sichern die Position des Senders im Fernsehmarkt, ablesbar an der Höhe der dort entstehenden Rente des Anbieters. Agiert der Sender rational, wird er Mittel aufwenden, um die durch diesen Schutz entstehende *Protektionsrente* zu sichern und auszubauen. Neben dem Bestreben, selbst Einfluss auf den politischen Entscheidungsprozess auszuüben, ist die vom Sender ausgehende

5.3 Institutionenökonomische Analyse indirekter Finanzierungsregime 235

„Nachfrage nach Regulierung"[464] Teil des Versuchs individueller Vorteilsnahme. Die Maßnahmen zur Sicherung der entstehenden Rente, die insgesamt ein „rent seeking" darstellen,[465] können als eine Hauptursache für das Auftreten „unnatürlicher" Monopole gesehen werden.[466]

Gegenüber der klassischen Regulierungstheorie geht die Nachfrage des steuerfinanzierten Senders über die Einflussnahme auf den ordnungspolitischen, überwiegend Konkurrenten betreffenden Rahmen hinaus, führt doch die direkte staatliche Finanzierung zu der wohl wesentlichsten Intervention in den Markt. Die Befriedigung dieser Nachfrage ist für Politiker vorteilhaft, da ihnen der Sender Möglichkeiten zur politischen Einflussnahme als Gegenleistung für die Mittel und den Schutz des Staates einräumen kann. Die Nachfrage nach Intervention, die über die reine Regulierung hinausgeht, trifft somit auf ein politisches Angebot. Die herrschenden institutionellen Anreize auf das Verhalten der Beteiligten lässt einen „Markt für Intervention" entstehen.

Zum Erhalt der Steuerfinanzierung und den weiteren Privilegien der staatlichen Protektion ist ein steuerfinanzierter Sender gezwungen, simultan auf dem Fernsehmarkt und dem „Markt für Intervention" aufzutreten.[467] Für das Verständnis der Effekte der Steuerfinanzierung ist der Interventionsmarkt, der die Politik mit dem steuerfinanzierten Fernsehsender verbindet, damit ebenso entscheidend wie der Werbemarkt für die Werbefinanzierung.[468]

Neben dieser Parallele wird ein zentraler Unterschied zwischen den Märkten für Werbung und für Interventionen deutlich: Während auf dem Werbemarkt Wettbewerb herrscht, also mehrere Sender um zahlreiche Werbetreibende und diese um Sendeplätze konkurrieren, ist der Markt für politische Interventionen als bilaterales Monopol weitgehend vor Marktzutritt geschützt. Diese Marktbarrieren des Interventionsmarktes sind ein ökonomischer Grund für den einleitend vermuteten direkten Einfluss der staatlichen Finanzierung auf den Sender.

Die weitere Diskussion wird deutlich machen, dass das Vorhandensein oder Fehlen von Wettbewerb auf den Finanzierungsmärkten erhebliche Wirkungen auf den Fernsehmarkt hat. So würde sich die Marktlogik unter den einzelnen Finanzierungsregimen fundamental ändern, würde der Werbemarkt in ein bilaterales Monopol übergehen oder ließen sich auf dem Markt für Intervention wettbewerbliche Elemente einführen.

---

[464] **Stigler** (1971).
[465] Vgl. **Tullock** (1967), **Krueger** (1974), **Mueller** (2003), S. 333.
[466] In diesem Sinne stellt auch die Steuerfinanzierung ein „unnatürliches" Monopol dar, da die Formen staatlichen Schutzes (die Finanzierung und mögliche Wettbewerbsverbote) nicht auf „natürliche" Gegebenheiten wie Unteilbarkeiten oder Faktorausstattung zurückzuführen sind. Vgl. Kap. 5.3.2, S. 229.
[467] Vgl. **Schröder** (1997a), S. 76 ff., **Hartwig/Schröder** (1999), S. 277 f.
[468] Daneben wird der Fernsehsender auf einer Vielzahl von Faktor- und Absatzmärkten tätig sein, die hier allerdings von sekundärer Bedeutung sind.

c. Inhärenter Regulierungsbedarf eines unregulierten Marktes für steuerfinanzierte Fernsehprogramme

Wie bei Werbefinanzierung erlaubt die Marktkonstellation eine differenzierte Auseinandersetzung mit jenen Anreizen, die für die beteiligten Akteure bei Steuerfinanzierung herrschen. Die Analyse der Anreizstrukturen gibt Aufschluss darüber, inwieweit die Steuerfinanzierung von Programmen mit einem inhärenten Regulierungsbedarf einhergeht. Analog der Diskussion der Werbefinanzierung soll wiederum das fiktive Szenario herangezogen werden, dass weder eine Regulierung des Marktes für Intervention noch des Fernsehmarktes besteht.

Ohne den Schutz vor politischem Zugriff ist ein steuerfinanzierter Sender gezwungen, zugeteilte Budgets auf dem Interventionsmarkt gegen politischen Einfluss zu tauschen. Zwar verfügt der direkt staatlich finanzierte Sender als Agent, der das Programm produziert und ausstrahlt, über einen Informationsvorsprung, den er aufgrund diskretionärer Handlungsspielräume zur unabhängigen Programmgestaltung nutzen kann. Trotz dieser Freiräume kann der staatliche Prinzipal das Programm jederzeit durch Veränderung des staatlichen Budgets in weiten Teilen maßgeblich beeinflussen und eventuell vorhandene Gemeinwohlziele des Senders seinen Partikularinteressen unterordnen. Obwohl in dieser Situation Politiker den steuerfinanzierten Sender sehr weitreichend kontrollieren und für eigene politische Ziele nutzen können, ist es für sie nicht vorteilhaft, den Programmanbieter ausschließlich und unbedingt für Propagandazwecke einzusetzen. Wie bei Werbefinanzierung müssen auch staatlich finanzierte Programme attraktiv genug bleiben, um von Zuschauern trotz der Ausstrahlung politischer Werbebotschaften – zwangsfrei – konsumiert zu werden.

Besteht Wettbewerb auf dem politischen Markt, sind Politiker gezwungen, selbst bei vollständiger staatlicher Kontrolle des Senders die Attraktivität des steuerfinanzierten Programmes zu erhalten. Schon bei einem Monopol, erst recht bei Wettbewerb auf dem Fernsehmarkt, muss das Programm daher für den Zuschauer einen (Netto)Nutzen aufweisen. Aus gesellschaftlicher Sicht wird das steuerfinanzierte Budget des Senders also nicht gänzlich verschwendet, sondern erfüllt für Nachfrager noch einen (Mindest) Nutzen. Da Politiker als politische Unternehmer berücksichtigen müssen, dass ihre politische Werbung einen Faktor darstellt, der die Attraktivität des steuerfinanzierten Programmes senken kann, werden sie diesen Faktor beispielsweise durch eine höhere Programmattraktivität zu kompensieren versuchen. Dass ausschließlich Werbung ausgestrahlt wird, ist deshalb bei Steuer- ebenso wie bei Werbefinanzierung nur zu erwarten, wenn bereits die werbenden Programmbestandteile vom Zuschauer gewünscht werden. Selbst bei vollständiger staatlicher Kontrolle muss sich ein steuerfinanziertes Fernsehprogramm folglich an den Präferenzen der Zuschauer orientieren.

5.3 Institutionenökonomische Analyse indirekter Finanzierungsregime

Wie bei Werbefinanzierung finden die Präferenzen der Zuschauer bei einem politisch kontrollierten Programmangebot nur als Restriktionen für den eigentlichen Besteller Berücksichtigung. Will dieser mit dem Programm lediglich möglichst große Teile einer wahlberechtigten Bevölkerung erreichen, führt die Maximierung der Programmreichweite bei der Steuerfinanzierung zu den gleichen Effekten wie die Werbefinanzierung. Diese treten zusätzlich zu den im Folgenden analysierten originären Effekten der Steuerfinanzierung auf.

Trotz dieser *unvermeidbaren Zuschauerorientierung* sprechen zwei Argumente aus gesellschaftlicher Sicht dafür, dem Handeln der regierenden Politiker durch Regulierung der Steuerfinanzierung Schranken zu setzen. Diese Gründe ergeben sich wiederum aus der Konstellation des Marktes für Politik, des Marktes für Intervention und des Fernsehmarktes. Zum einen verfügen Politiker über erhebliche Möglichkeiten, den Wettbewerb auf dem Fernsehmarkt im eigenen Sinne zu beeinflussen. Im hier zugrunde liegenden Szenario erlaubt das Instrument der Steuerfinanzierung, beliebig zur Förderung von Sendern und Programmen verwendet zu werden. Programmanbieter können dann dem Leistungswettbewerb ausweichen, indem sie die politische Protektion suchen. Das politische Eingreifen in den Markt wirkt dementsprechend wettbewerbsverzerrend. Hinzu kommen können legislative Maßnahmen, um den Wettbewerb auf dem Fernsehmarkt weiter zu beschränken und selektiv bestimmte Sender zu fördern. Zu diesen Maßnahmen zählen ebenso staatliche Markteintrittsbarrieren wie Finanzierungsbeschränkungen oder die restriktive Vergabe von Übertragungskanälen.

Zum anderen verfolgen Politiker mit der politischen Kontrolle des steuerfinanzierten Senders den Zweck, über den Fernsehmarkt auf den politischen Markt einzuwirken. Die Verfügungsgewalt über ein staatliches Budget wird folglich dazu genutzt, die eigene Wiederwahl zu sichern. Die auf Zeit verliehene Macht dient der Regierung also dazu, als temporärer Monopolist den Wettbewerb auf dem politischen Markt zu beschränken, Konkurrenten auszugrenzen oder Markteintrittsbarrieren zu errichten. Möglich wird dieses Verhalten durch diskretionäre Handlungsspielräume gegenüber dem Wähler, da dieser ein Fehlverhalten von Politikern erstens nur unvollständig oder gar nicht zur Kenntnis nimmt, ist er doch mit den gleichen Informationsasymmetrien gegenüber dem Sender konfrontiert wie Politiker gegenüber dem Sender und besitzt ähnlich geringe Anreize, das Kollektivgut einer Kontrolle zu erbringen.

Zweitens können Wähler das Fehlverhalten von Politikern gegenüber steuerfinanzierten Sendern nur zum Teil sanktionieren, stellt die Medienpolitik doch nur einen Ausschnitt des Parteiprogramms dar, über das bei der Wahl als Ganzes abgestimmt wird. Aufgrund dieser geringen Informations- und Sanktionsmöglichkeiten bedarf die Steuerfinanzierung von Fernsehprogrammen aus Sicht des Wählers der Regulierung, da sie von Politikern in illegitimer Weise genutzt werden kann, um die Funktionsfähigkeit des politischen Wettbewerbs negativ zu beeinflussen.

Beide Aspekte liefern Gründe für den inhärenten Regulierungsbedarf, der aus gesellschaftlicher Sicht von der Steuerfinanzierung ausgeht. Weitgehend unreguliert wird das staatliche Eingreifen in den Fernsehmarkt nicht nur dazu führen, dass der Wettbewerb dort negativ beeinflusst wird. Auch der Wettbewerb auf dem politischen Markt dürfte durch den nachlassenden Leistungswettbewerb auf dem Fernsehmarkt in Mitleidenschaft gezogen werden.

5.3.2.2 Ökonomische Effekte der Steuerfinanzierung auf den Fernsehmarkt

Die Steuerfinanzierung verbindet mit der Werbefinanzierung, dass eine Trennung zwischen der Entscheidung zum Konsum, der Bereitstellung und der Finanzierung des Guts erfolgt. Im Fall der Steuerfinanzierung lassen sich die Effekte aus dieser Trennung mithilfe der Wohlfahrtsökonomik und der Neuen Politischen Ökonomik als Teilgebiet der Neuen Institutionenökonomik analysieren.

a. Distributiver Effekt der Steuerfinanzierung von Fernsehprogrammen

Unmittelbar auf der Hand liegt der distributive Effekt der Steuerfinanzierung, erfolgt doch die Finanzierung der steuerfinanzierten Programme nicht aus Zuschauerzahlungen, sondern aus allgemeinen Steuereinnahmen. Da nicht jeder Steuerzahler gleichzeitig Nutzer des Programmangebots ist und zudem die implizit auf die Programmförderung entfallenden Steuerzahlungen nicht den jeweiligen Kosten des individuellen Programmkonsums entsprechen, herrscht eine Nicht-Äquivalenz in Bezug auf die Nutzergruppe und den Nutzungsakt. Damit bedeutet die Steuerfinanzierung eine staatliche Mittelumverteilung von der Gruppe der Steuerzahler hin zu den Konsumenten der Programme, die hiervon vor allem bei häufigem oder intensivem Konsum profitieren.

Anders als die Werbefinanzierung, die für Konsumenten von Gütern und Dienstleistungen überwiegend eine preissenkende Wirkung entfalten dürfte, führt die Steuerfinanzierung von Programmen für Steuerzahler lediglich zu einer steigenden Steuerlast. Wird vom individuellen Programmkonsum eines Steuerzahlers abstrahiert, ist es bei Wahlen für ihn – im Gegensatz zu den Nachfragern von Gütern – stets rational, gegen die Steuerfinanzierung von Fernsehprogrammen zu votieren.

b. Allokative Effekte der Steuerfinanzierung von Fernsehprogrammen

Neben diesem distributiven Effekt entstehen durch die Steuerfinanzierung theoretisch sechs allokative Effekte – die Übernachfrage nach steuerfinanzierten Programmen, die mangelnde Kosteneffizienz, die politische Einflussnahme auf das Programm, die inef-

5.3 Institutionenökonomische Analyse indirekter Finanzierungsregime

fiziente Programmselektion, das Über- oder Unterangebot an steuerfinanzierten Programmen sowie die Persistenz und das Wachstums des Angebots.

1) Übernachfrage nach steuerfinanzierten Programmen

Im Gegensatz zur Werbefinanzierung, bei der das Fehlen pagatorischer Kosten für Zuschauer mit anderen Kosten, überwiegend Zeitkosten, einhergeht, ist ein steuerfinanziertes Programmangebot fast vollständig kostenfrei.[469] Bereits die Analyse der Kollektivgut-Eigenschaften medialer Güter hat deutlich gemacht, dass bei einem solchen Gratisangebot nicht nur der wohlfahrtsökonomisch korrekte, d. h. positive Marktpreis verfehlt wird, sondern dieser Preis auch sämtliche Informations-, Anreiz- und Lenkungswirkungen eingebüßt hat.

Da statt der Gleichgewichtsmenge eines korrekten Marktpreises nun die Sättigungsmenge auf dem Markt umgesetzt wird, kommt es aus ökonomischer Sicht zu einer *Übernachfrage nach steuerfinanzierten Fernsehprogrammen.* Als erster allokativer Effekt der Steuerfinanzierung ergibt sich damit, dass bei gegebener – horizontaler und vertikaler – Qualität jegliche Nachfrage nach dem Programm befriedigt wird. Im Vergleich mit Abb. 5-4 – der Nachfrage nach werbefinanzierten Fernsehprogrammen – werden also bei Steuerfinanzierung wiederum die Mengen x_1 für Programm 1 und x_2 für Programm 2 realisiert. Nicht nur diese intra-, auch die intermedialen Wirkungen dürften analog bei Steuerfinanzierung zu erwarten sein, wird durch dieses Finanzierungsregime doch auch die Preisrelation zulasten anderer, nicht steuerfinanzierter Medien verzerrt.

2) Mangelnde Kosteneffizienz infolge geringer Kontrollanreize

Das Auftreten von Politikern auf dem politischen Markt und dem Markt für Intervention lässt sich als zweistufiges Prinzipal-Agent-Verhältnis verstehen. In diesem Verhältnis erhalten Politiker vom Wähler die Legitimation, in seinem Namen Entscheidungen zu fällen, also auch die Budgetentscheidung über den steuerfinanzierten Fernsehsender und die Kostenkontrolle der Entscheidung – über den Sender – auszuüben. Als Agenten des Wählers dürften Politiker allerdings nur beschränkt in der Lage und willens sein, diese Kontrolle effizient und im notwendigen Umfang durchzuführen.[470] Ähnlich wie Politiker gegenüber ihren Wählern verfügen steuerfinanzierte Sender gegenüber Politikern über einen Informationsvorsprung und einen Handlungs-

---

[469] Dabei bleiben die implizit auf den Sender entfallenden Steuerzahlungen jedes Zuschauers unberücksichtigt, da diese sich nur in Abhängigkeit von der zugrunde liegenden Bemessungsgrundlage der Steuer beeinflussen lassen. Im strengen Sinne kostenfrei wäre das Programm zudem erst, wenn auch die Geräte- und Stromkosten entfielen.

[470] Vgl. **Niskanan** (1971/1994), S. 270 f.

spielraum, die sie zum eigenen Vorteil nutzen können. Erstens fehlt Politikern als fachfremde, externe Kontrolleure in den meisten Fällen sowohl die spezifisch medienwirtschaftliche Qualifikation als auch der Einblick in die betriebsinternen Vorgänge eines Senders. Zweitens bestehen für Politiker nur geringe Anreize zur Prüfung, stellt doch die Kostenkontrolle des Senders ein Kollektivgut dar, von dem zwar alle Steuerzahler durch eine geringere Steuerlast profitieren, dessen Herstellung für den einzelnen Politiker allerdings mit erheblichen Kosten verbunden ist.[471]

Zu den Kosten der Prüfung auf Wirtschaftlichkeit zählen für den Politiker nicht nur das Einarbeiten in betriebswirtschaftliche Fragen der Medienwirtschaft und der Zeitaufwand für die Kontrolle selbst. Hierzu sind auch die Reaktionen des Senders zu rechnen, der wahrscheinlich den Versuch unternehmen wird, mögliche Sparmaßnahmen durch eine negative Berichterstattung entweder zu vereiteln oder Politiker, die faktisch eine Kostenkontrolle über den Sender ausüben, zu diskreditieren. Obwohl steuerfinanzierte Sender grundsätzlich finanzielle Mittel gegen Intervention tauschen, sind sie dem politischen Einfluss aufgrund des öffentlichkeitswirksamen Angebots nicht gänzlich schutzlos ausgeliefert.

Deshalb ist zu erwarten, dass Politiker ihrer Aufgabe als Prinzipale – zur kostenmäßigen Kontrolle der steuerfinanzierten Sender – nur unvollständig nachkommen werden. Noch geringer fallen die Anreize für einzelne Zuschauer aus, eine effektive Kostenkontrolle des steuerfinanzierten Senders zu übernehmen. Aufgrund der fehlenden Anreize bei Politikern und Zuschauern herrscht eine *rationale Ignoranz* zur Kostenkontrolle gegenüber dem Sender. Aus dieser anreizbedingten Ignoranz resultiert der zweite allokative Effekt der Steuerfinanzierung von Fernsehsendern – die im Vergleich zu privatwirtschaftlichen Unternehmen *geringere Kosteneffizienz*, eine kostenmäßige Ineffizienz, die häufig – nach LEIBENSTEIN – auch „X-Ineffizienz" genannt wird.[472]

Für das Entstehen dieser kostenmäßigen Ineffizienz lässt sich ursächlich der mangelnde Wettbewerbsdruck öffentlich finanzierter gegenüber privaten Unternehmen verantwortlich machen.[473] Da ein steuerfinanzierter Fernsehsender nicht vom Wettbewerb sanktioniert wird, erfolgt die Programmproduktion nicht kostenminimal. Aufgrund der Steuerfinanzierung bestehen senderintern nur geringe Anreize, auf eine kostengünstige Produktion zu achten und Potenziale für Kostensenkungen zu realisieren. Anders als ein privater Unternehmer, der als Eigentümer sowohl die Kompetenz als auch den Anreiz zur Kostenkontrolle hat, wird ein öffentlich finanzierter Fernsehsender über eine weniger straffe Organisation verfügen und „Ballast" ansammeln.[474]

---

[471] Vgl. **Hartwig/Schröder** (1999), S. 278 f., **Schröder** (1997a), S. 68.
[472] **Leibenstein** (1966), S. 392 ff., **Leibenstein** (1973), S. 765, kritisch hierzu **Stigler** (1976).
[473] Zur Darstellung und Messung des Wohlfahrtsverlustes vgl. **Parish/Ng** (1972).
[474] Für diesen „Ballast" hat sich im Englischen der Ausdruck „slack" – Schlaff- oder Laschheit – durchgesetzt. Vgl. **Wyckoff** (1990), S. 35.

Während ein schlecht geführtes privates Unternehmen kurzfristig private Verluste verursacht und mittel- bis langfristig aus dem Wettbewerb ausscheidet, kann das Kontrolldefizit eines steuerfinanzierten Fernsehsenders nur vom politischen Zahler eingedämmt und der Tendenz zur Verschwendung öffentlicher Mittel begegnet werden. Als Sachwalter öffentlicher Mittel treffen Politiker – anders als private Unternehmer – aber nicht unmittelbar die Konsequenzen einer mangelhaften Kontrolle.

Für im Zeitablauf steigende kostenmäßige Ineffizienzen bei öffentlichen Organisationen spricht zudem ein empirischer Zusammenhang, den WILLIAM BAUMOL skizziert. Die Produktion öffentlicher Organisationen habe nach BAUMOL meist einen starken Dienstleistungscharakter, sei also nur vergleichsweise lohnkostenintensiv durchzuführen.[475] Da Produktivitätssteigerungen häufig primär auf technischen Fortschritt wie technologische Verbesserungen des Produktionskapitals zurückgingen, könne die Produktivität in öffentlichen Bereichen nicht im gleichen Maße wie in anderen Produktionssektoren gesteigert werden.[476] Während sich in diesen Sektoren Lohnsteigerungen im Umfang der gesteigerten Produktivität des Faktors Arbeit begründen ließen, seien Gehaltssteigerungen der öffentlichen Angestellten nicht mit vergleichbaren Produktivitätszuwächsen gerechtfertigt. Ein undifferenziertes Übertragen von Produktivitäts- auf Lohnsteigerungen führt demnach zu einem lohninduzierten Kostenwachstum des öffentlichen Angebots. Konsequenz für die ebenfalls personalintensive Produktion eines steuerfinanzierten Fernsehsenders wäre, dass bei unveränderter Programmproduktion die Kosten im Zeitablauf stiegen, da dem Wachstum der Personalkosten keine entsprechenden Produktivitätssteigerungen entgegenstünden.

Mag BAUMOLs Argument steigende Kosten bei öffentlichen Unternehmen schlüssig begründen, Zweifel bestehen, ob es im Medienbereich empirische Gültigkeit besitzt.[477] In den vergangenen Jahren haben gerade technische Innovationen zu beachtlichen Produktivitätssteigerungen bei der Medienproduktion geführt. Hierzu zählt in erster Linie die Digitalisierung der Produktion, die bei einer konstant hohen Qualität erhebliche Kosteneinsparungen von der Aufnahme- über die Misch- und Schnitttechnik bis hin zur Verbreitung des Programmes und zur Archivierung ermöglicht hat. Daneben wurden durch moderne Kommunikationsmittel und deren Vernetzung – z. B. das weite Spektrum der Anwendungen auf Grundlage des Internets – zahlreiche Arbeitsabläufe stark vereinfacht. Empirisch ist damit wenig plausibel, dass der von BAUMOL skizzierte Zusammenhang zwischen Lohnsteigerungen und den Kosten der Produktion zu steigenden Ausgaben für den steuerfinanzierten Sender führen wird.

---

[475] Vgl. **Baumol** (1967), S. 423 ff.
[476] Vgl. **Mueller** (2003), S. 510.
[477] Weitere Gegenbeispiele führen MUELLER und BLANKART an. Vgl. **Mueller** (2003), S. 510, **Blankart** (2003), S. 159.

3) Politische Einflussnahme auf das steuerfinanzierte Programm

Obwohl aus gesellschaftlicher Sicht die unzureichende Kostenkontrolle durch Politiker problematisch ist, kann der resultierende diskretionäre Handlungsspielraum des Senders wünschenswert sein, um ihm eine von parteipolitischen Einflüssen unabhängige Programmautonomie zu gewähren. Wie bereits erläutert, würde eine vollständige Kontrolle des Senders durch Politiker dazu führen, dass das Programmbudget zur inhaltlichen Einflussnahme auf das Programm genutzt wird und in der Folge nur noch Sendungen ausgestrahlt werden, die entweder unkritisch über den jeweiligen Politiker berichten oder für diesen sogar politische Werbung in Form von Propaganda betreiben. Da Medienpolitik nur einen Teil des politischen Wahlprogrammes umfasst, bestehen für Wähler nur unzureichende Möglichkeiten und Anreize, Politiker bei der Wahl dafür zu sanktionieren, dass diese gegen die Präferenzen der Zuschauer verstoßen.[478] Damit ergibt sich die *programmliche Abhängigkeit vom politischen Besteller* als dritter allokativer Effekt der Steuerfinanzierung von Fernsehprogrammen.

Beide letztgenannten Effekte – die mangelnde Kostenkontrolle und die politische Einflussnahme – resultieren aus der mehrstufigen Prinzipal-Agent-Struktur zwischen Steuerzahler, Politiker und Fernsehsender. Die Parallele zwischen diesen Effekten ist offensichtlich: Könnten Politiker kostenlos eine vollständige Kontrolle des Senders durchführen und mögliche Abweichungen ahnden, würden Kosteninneffizienzen vollständig verschwinden. Könnten überdies Wähler das Verhalten von Politikern kostenfrei und vollständig kontrollieren und jedes Fehlverhalten sanktionieren, wäre eine politische Einflussnahme auf das Programm gegen die Interessen der Wähler – und letztlich damit der Zuschauer – ausgeschlossen. Da quantitative, qualitative und kostenmäßige Ineffizienzen des Angebots dann vermieden würden, wäre das steuerfinanzierte Programm in dieser Hinsicht gesellschaftlich optimal.

Faktisch setzt eine solche Optimalität voraus, dass sich die Agenten wie ideale Treuhänder ihrer jeweiligen Prinzipale verhalten. Handeln die Agenten nicht vollständig im Sinne ihrer Prinzipale, können sich die beiden Effekte der politischen Abhängigkeit und der fehlenden Kosteneffizienz gegenseitig beeinflussen. Ausgangspunkt ist dabei die Doppelfunktion des Politikers als unvollständiger Kontrolleur und als Vertreter seiner eigenen Partikularinteressen: Eine strikte Kontrolle des steuerfinanzierten Senders würde zwar die Möglichkeiten von kostenmäßigen Ineffizienzen verringern, gleichzeitig aber das Risiko von qualitativen (horizontalen) Ineffizienzen erhöhen, da der Sender gezwungen wäre, nur noch (regierungs)politisch genehme Inhalte zu verbreiten.

Ebenso ist eine umgekehrte Beeinflussung der beiden Effekte denkbar: Politiker haben nur einen geringen Anreiz, eine strikte Kostenkontrolle bei Sendern durchzufüh-

---

[478] Vgl. **Schulz** (2002), S. 6.

5.3 Institutionenökonomische Analyse indirekter Finanzierungsregime

ren, deren Programm schon ihrer inhaltlichen Kontrolle unterliegt. Müsste der Sender aufgrund von Sparmaßnahmen den Umfang des ausgestrahlten Programmes einschränken, wären hiervon auch die politisch beeinflussten Programmteile betroffen. Selbst wenn die Marktanteile des Senders zugunsten anderer, vielleicht privater Anbietern sinken würden, wäre ein abnehmender Einfluss des Politikers die Folge. Eine strikte Kostenkontrolle würde dem Politiker also selbst schaden. Selbst wenn Zuschauern das Programm aufgrund politischer Einflussnahme nur noch auf einem Mindestniveau nutzt, wäre es – wiederum politisch intendiert – teuer in der Produktion.

4) Ineffiziente Programmselektion aufgrund politischer Nachfrage

Neben den Handlungsanreizen für den politischen Besteller verändert die Steuerfinanzierung grundlegend die Anreize, die für den Sender im Hinblick auf die Art und Qualität sowie Wirtschaftlichkeit des Programmes bestehen. Keineswegs stellt ein steuerfinanzierter Programmanbieter lediglich einen staatlich alimentierten Funktionsträger dar, der die ihm zugewiesenen Aufgaben effizient und auf vom politischen Besteller gewünschte Weise umsetzt. In welcher Weise das Finanzierungsregime einen Einfluss auf die Programmleistung und den Finanzbedarf des Senders hat, lässt sich mithilfe der ökonomischen Bürokratietheorie untersuchen.[479]

Eine veränderte Programmleistung ergibt sich aus dem fehlenden Zwang, den Sendebetrieb mittels des Programmes – also durch direkte Zuschauerzahlungen oder durch eine werbeattraktive Zuschauerreichweite – zu finanzieren. Zwar muss auch ein steuerfinanziertes Fernsehprogramm einen bestimmten Mindestnutzen aus Sicht der Zuschauer erfüllen, um von diesen konsumiert zu werden. Der bei anderen Finanzierungsregimen herrschende Zwang, das Programmangebot unmittelbar an den Präferenzen der Zuschauer oder der Zahlungsbereitschaft von werbetreibenden Unternehmen auszurichten, um Einnahmen zu generieren, entfällt jedoch vollständig.

Im Sinne der einfachen Rückkopplungsmechanismen Abwanderung und Widerspruch stellt die Abwanderung der Zuschauer ein Exit-Signal dar, das aber für den Sender nicht ohne Weiteres mit Folgen verbunden ist. Im Vergleich zur direkten oder zur Werbefinanzierung hat bei Steuerfinanzierung eine fehlende Publikumsresonanz nicht zwangsläufig Konsequenzen für den Programmanbieter, da er durch garantierte staatliche Einnahmen keinen marktlichen Risiken auf dem Fernseh- oder Werbemarkt ausgesetzt ist. Im Gegensatz zu privaten Unternehmen, deren Existenz vom Markterfolg abhängt, geht für den steuerfinanzierten Sender keinerlei direkte Sanktionswirkung vom Fernsehmarkt aus, da – zumindest theoretisch – sowohl Verluste als auch ein Konkurs ausgeschlossen sind.

---

[479] Einen Überblick über die ideengeschichtliche Entwicklung der ökonomischen Bürokratietheorie seit den 40er-Jahren gibt **Moe** (1990).

In ähnlicher Weise ist offen, wie der Sender auf Voice-Signale wie Zuschauerbeschwerden reagiert, d. h. ob diese bestimmte Folgen nach sich ziehen oder schlicht nicht beachtet werden. Unabhängig von Exit oder Voice kann kein Zuschauer den Signalen dadurch Nachdruck verleihen, dass er seine Steuerzahlungen reduziert oder ganz einstellt, wenn ihm das vom Sender ausgestrahlte Programm missfällt.

Keineswegs ausgeschlossen ist hingegen, dass auch ein steuerfinanzierter Sender seine politische Legitimation verliert, falls das Programm mittel- bis langfristig nur auf ein geringes Interesse bei Zuschauern stößt. Zum einen hat ein Anbieter ohne die entsprechende Reichweite für Politiker nur eine geringe oder gar keine Bedeutung als Mittel der (partei)politischen Werbung. Zum anderen würde bei einer geringen Reichweite – im Gegensatz zu dem beschriebenen Mangel an Kosteneffizienz – die kostenmäßige Kontrolle von politischer Seite funktionieren: Anders als eine aktive Kostenkontrolle, deren finanzieller Vorteil pro Steuerzahler verschwindend gering, aber für den Politiker kostenintensiv in der Durchführung wäre, ließe sich die Einstellung des Programmes leicht fordern und zugleich ein vergleichsweise hoher Senkungsbetrag in Aussicht stellen. Da mit dem Programmangebot kaum noch Vorteile für Zuschauer und Wähler verbunden sind, hätten Politiker einen Anreiz, Steuersenkungen als Argument zur Gewinnung von Wählerstimmen zu nutzen. Dem könnte ein Sender ohne Reichweite kaum eine negative Berichterstattung entgegensetzen. Analog wäre ein reines Minderheitenprogramm, das sich durchgängig nur an bestimmte Gruppen der Gesellschaft wendet, dessen Finanzierung aber von allen Steuerzahlern getragen wird, in seiner Legitimation und damit Existenz gefährdet.[480]

Paradoxerweise ist auch der umgekehrte Fall denkbar, in dem ein steuerfinanzierter Anbieter seine Legitimation gerade dadurch infrage stellt, dass das von ihm ausgestrahlte Programm relativ populär ist. Ein solcher Programmerfolg ließe sich auf zweierlei Weise gewährleisten. Einerseits könnte der steuerfinanzierte Sender in einem System des Wettbewerbs mit werbefinanzierten Anbietern deren Programm schlicht duplizieren und so für eine hohe Akzeptanz beim Publikum sorgen. Falls andererseits der steuerfinanzierte Sender die Programmwahlentscheidung rein auf der Grundlage von Einschaltquoten träfe, würde sein Programmangebot dem eines werbefinanzierten Senders gleichen, wie bereits die Auseinandersetzung mit den Effekten der Werbefinanzierung verdeutlicht hat.

Der zusätzliche Programmnutzen dieses reichweitenstarken Massenprogrammes wäre für Zuschauer (mit Ausnahme der fehlenden Werbeunterbrechungen) gering. Wie im Fall der mangelnden Publikumsresonanz könnte ein Politiker dann eine Steuersenkung bei Einstellung des Sendebetriebs in Aussicht stellen, ohne die hohen Kosten einer differenzierten Kontrolle selbst tragen zu müssen. Anders als im Fall der fehlenden

---

[480] Politökonomisch gilt dieses Argument nur dann, wenn sich das Programm nicht an Interessengruppen wendet, die den Ausgang einer Wahl maßgeblich entscheiden können.

Publikumsresonanz wird die Einstellung des populären Programmangebots dann für den Politiker attraktiv, wenn er den Nutzen des Senders für politische Werbezwecke und die Möglichkeiten zur kritischen Berichterstattung als gering einschätzt.

In beiden Fällen – dem Verlust der Legitimation durch mangelnde Publikumsresonanz und durch ein von der werbefinanzierten Konkurrenz nicht unterscheidbares Programmprofil – lassen aus Sicht des Politikers die erwarteten Steuersenkungen und die Kosten einer effizienten Kontrolle vor allem extreme Alternativen wie den Fortbestand oder die Einstellung der Steuerfinanzierung attraktiv erscheinen.

Aus Sicht des Senders hingegen sind die Gefahren des Verlusts der politischen Legitimation Teil der bereits erörterten politischen Risiken, zu denen auch Mittelkürzungen durch konjunkturbedingte Sparmaßnahmen oder eine veränderte politische Schwerpunktsetzung im Haushalt zählen. Während sich allgemeine Mittelkürzungen nur schwer abwenden lassen, können steuerfinanzierte Sender den Gefahren des Legitimationsverlusts wirksam durch ihre Programmpolitik begegnen. Das aus diesen Gefahren drohende Dilemma beim Angebot von reinen Minderheiten- oder Massenprogrammen existiert nur scheinbar: Der Sender kann dem Dilemma entgehen, indem er ein Programm anbietet, das weder ausschließlich Minderheiten bedient noch aus rein werbekompatiblen Sendungen des Massengeschmacks besteht. Eine Kombination aus Minderheiten- und Massenprogramm, die sich allerdings nur lose am gesellschaftlichen Nutzen des Programmes orientiert, minimiert für den Sender das politische Existenzrisiko. Diese *ineffiziente Programmselektion aufgrund politischer Nachfrage* stellt den dritten Effekt der Steuerfinanzierung von Fernsehprogrammen dar.

Innerhalb der Grenzen der politischen Legitimation ist völlig offen, an welchen Kriterien sich die Programmpolitik des steuerfinanzierten Senders konkret ausrichtet, d. h. welche Art oder Qualität von Sendungen im Sinne horizontaler und vertikaler Qualität von ihm angeboten wird. Bezogen auf die Ausrichtung der Programmkomponenten in horizontale Richtung bestehen dabei zwei Extreme. Einerseits könnte der Sender ein gesellschaftlich optimales Programm anbieten, das weitestgehend den Präferenzen der Zuschauer entspricht und so einen hohen gesellschaftlichen Nutzen aufweist. Andererseits wäre ein für den Sender selbst vorteilhaftes Programmes möglich, das aufgrund der Mischung seiner Programmkomponenten gerade noch die politische Legitimation sicherstellt, gleichzeitig aber auf ein weitreichendes Desinteresse der Zuschauer stößt.

Analog der horizontalen gilt für die vertikale Qualität, dass der Sender zwar ein bestimmtes Sendeformat anbietet, aber unklar ist, welche Güte es aufweist. Wiederum kann eine hohe potenzielle mit einer faktisch schlechten Qualität einhergehen. Um zu bestimmen, ob und in welchem Umfang qualitative Ineffizienzen mit der Steuerfinanzierung verbunden sind, bedarf es einer differenzierten Analyse der Produktionsanreize innerhalb des Senders.

5) Über- oder Unterangebot steuerfinanzierter Programme
infolge staatlicher Budgetierung

Während damit aus Sicht der Bürokratietheorie offen ist, von welcher Art und Qualität das bei Steuerfinanzierung angebotene Programm ist, lassen sich aufgrund der zu erwartenden Reaktionen der Senderorganisation Aussagen über den Umfang des Programmangebots und dessen Entwicklung im Zeitablauf treffen. Da Sparen in öffentlichen Organisationen häufig unmöglich ist oder nicht lohnt, ist es für den Sender als Organisation rational, das pro Periode zur Verfügung gestellte Budget durch Variation des Outputs voll auszuschöpfen. Nach dem Bürokratiemodell von NISKANEN ist das resultierende Produktionsniveau gesellschaftlich nicht optimal, sondern zu hoch verglichen mit Programmen, die im Wettbewerb privater Sender angeboten werden.[481] Diese Aussage verdeutlicht Abb. 5-6, in der die Grenzkosten GK_1 privater Sender gegenüber den Grenzkosten GK_2 eines öffentlich finanzierten Senders dargestellt sind.[482]

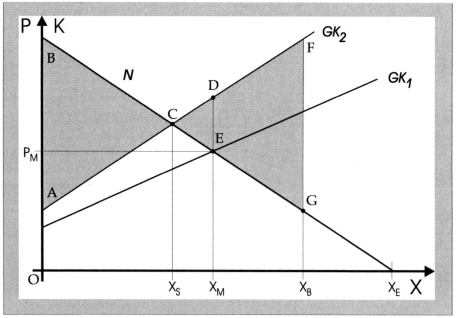

Abb. 5-6: Angebotsverhalten eines steuerfinanzierten Fernsehsenders

---
[481] Vgl. **Niskanen** (1971/1994), S. 46 ff., S. 234 ff.
[482] Die Abbildung ist an NISKANENS Grundmodell angelehnt, berücksichtigt aber die Modifikationen von WINTROBE. Vgl. **Niskanen** (1971/1994), S. 46, **Wintrobe** (1997), S. 434.

5.3 Institutionenökonomische Analyse indirekter Finanzierungsregime

Wie die Nachfrage N nach dem Gut beziehen sich diese Grenzkosten auf die Produktion zusätzlicher Programmminuten oder die Versorgung weiterer Zuschauer. Der steigende Verlauf der Kostenkurven macht deutlich, dass die bisher erörterten Ursachen für ökonomische Nicht-Rivalität – Subadditivitäten im Angebot und Nicht-Rivalitäten im Konsum des Guts – hier zur einfachen Darstellung von nur nachrangiger Bedeutung sind, da diese sich beispielsweise bereits erschöpft oder aufgrund der Distributionsform nie eine Rolle gespielt haben.[483] Wird das Programm im Wettbewerb privatwirtschaftlicher Sender angeboten, entspricht die Grenzkostenkurve GK_1 der Enveloppe der Grenzkostenkurven der einzelnen Anbieter, erkennbar als aggregierte Angebotskurve auf dem Markt. Kein privater Anbieter wird die Gleichgewichtsmenge x_M überschreiten, da ab dieser Menge die Zahlungsbereitschaft der Nachfrager nicht mehr ausreicht, die Grenzkosten weiterer Mengeneinheiten zu decken (Punkt E).

Im Gegensatz hierzu wird ein staatlich finanzierter Sender – nach NISKANEN – seine Produktionsmenge aufgrund des politisch festgelegten Etats so weit ausdehnen, bis entweder jegliche Nachfrage befriedigt oder das Budget erschöpft ist. Diese beiden Fälle lassen sich in Abb. 5-6 erkennen, wird das staatliche Budget in Form fiktiver Zahlungen von Fernsehzuschauern als Fläche unter der Nachfragekurve N abgetragen. Dabei wird die angebotene Menge von den Nachfragern aufgrund des fehlenden Marktpreises stets vollständig konsumiert.

Sofern sich der politische Besteller an diesen aggregierten Zuschauerzahlungen orientiert, wird er dem Sender maximal ein Budget zur Verfügung stellen, das der Fläche $0Bx_E$ entspricht. Mit diesem Budget wird der Sender versuchen, jede auftretende Nachfrage zu befriedigen, solange die Produktion mit einem positiven Nutzen für die Nachfrager verbunden ist und solange die Kosten der Programmproduktion dies erlauben. Wäre der öffentlich finanzierte Sender genauso effizient wie seine privaten Wettbewerber, könnte er ein Programm im Umfang von x_E anbieten und folglich noch den letzten Zuschauer mit dem Programm versorgen.

Aufgrund der unzureichenden politischen Kostenkontrolle wird der Sender allerdings weniger effizient als private Wettbewerber produzieren. Seine Grenzkosten GK_2 verlaufen entsprechend oberhalb der Grenzkosten GK_1 und wachsen stärker als diese. Bedingt durch die Kostenstruktur erschöpft sich das Budget schon, bevor die Sättigungsmenge x_E erreicht ist. Es is an dem Punkt aufgezehrt, an dem Gleichheit mit den Produktionskosten – der Fläche unter der Grenzkostenkurve – herrscht. In Abb. 5-6 tritt diese Situation bei der Menge x_B ein, da hier die Flächen $0BGx_B$ und $0AFx_B$ (aufgrund der Symmetrie der grau hinterlegten Dreiecke) einander entsprechen. Das Greifen der Budgetrestriktion verhindert ein weiteres Wachstum der Programmproduktion über diese Menge hinaus. Durch die Gratisausstrahlung des Fernsehprogrammes ent-

---
[483] Die auf Basis steigender Grenzkostenkurven im Folgenden abgeleiteten Ergebnisse entsprechen weitgehend den Resultaten, falls konstante Grenzkostenverläufe unterstellt werden.

steht auf dem Fernsehmarkt eine Konsumentenrente in Höhe von 0BGx$_B$. Diese Rente deutet aber nur scheinbar auf die Vorteilhaftigkeit des Programmangebots hin, da bei einem Preis von null die gesellschaftlichen Kosten der Produktion unberücksichtigt bleiben. Zum einen kommt es bei der Menge x$_B$ zur beschriebenen Übernachfrage nach dem steuerfinanzierten Programm.

Zum anderen ist bei dieser Menge auch das Angebot nicht gesellschaftlich optimal. Wird von den gesellschaftlichen Kosten einer mangelnden Kosteneffizienz abgesehen, würde der Soziale Überschuss in Form des Dreiecks ABC bei einer Menge x$_S$ maximal. Da bei weiter steigender Produktionsmenge die Kosten der Produktion den gesellschaftlichen Nutzen zunehmend überkompensieren, geht der Soziale Überschuss zurück, bis er beim Erreichen der Menge x$_B$ vollständig aufgezehrt ist. Gesellschaftlich vorteilhaft ist die Programmproduktion des Senders dann nicht mehr, denn die volkswirtschaftlichen Kosten entsprechen bei der Menge x$_B$ dem Nutzen. Unabhängig davon, ob die Budgetrestriktion greift, stellt diese übermäßige Mittelverwendung eine quantitative Ineffizienz dar, die als Verschwendung zusätzlich zu kostenmäßigen Ineffizienzen auftritt. Das Beispiel macht den vierten allokativen Effekt eines *Überangebots steuerfinanzierter Programme* infolge der staatlichen Budgetierung deutlich.

Da der steuerfinanzierte Anbieter die Produktion so weit ausdehnt, wie mit der letzten produzierten Programmeinheit noch ein positiver Nutzen verbunden ist und Etatmittel zur Verfügung stehen, wäre gesellschaftlich die Beschränkung der Produktion auf ein Niveau wünschenswert, bei dem der Grenznutzen einer weiteren Einheit deren Grenzkosten entspricht. Zumindest theoretisch ließe sich das Überangebot des Senders durch ein Budget in gesellschaftlich optimaler Höhe vermeiden. Die Budgetrestriktion des Senders würde dann bei der Menge x$_M$ wirksam und somit ein Marktergebnis (Punkt D) sicherstellen, das dem Angebot in einer Wettbewerbssituation entspräche. Da bei der Menge x$_M$ nur noch kostenmäßige, nicht aber quantitative Ineffizienzen auftreten, ließe sich von politischer Seite zumindest theoretisch über die Höhe des Senderbudgets steuern, ob ein gesellschaftlich wünschenswertes Niveau an Programmen erreicht oder verfehlt wird.

In der Praxis ist es allerdings unwahrscheinlich, dass ein politischer Besteller das Budget des Senders in gesellschaftlich optimaler Höhe festlegen kann und will. Hierzu müsste der Politiker den Verlauf der Grenzkosten des Senders kennen, die aufgrund der eigenen mangelhaften Kostenkontrolle über den Grenzkosten eines privaten Wettbewerbers liegen. Den Kosten des Senders würde der gesellschaftliche Nutzen der Programmproduktion bei verschiedenen Mengen – den fiktiven Zahlungen der Zuschauer – gegenübergestellt. Beide Größen bilden die Basis zur Bestimmung des staatlichen Budgets. Bei einem rein steuerfinanzierten Angebot kann zur Bewertung der Programmleistung des Senders allerdings nicht auf Marktpreise und -mengen zurückgegriffen werden, vielmehr bedarf es anderer Indikatoren für die Zahlungsbereitschaft

5.3 Institutionenökonomische Analyse indirekter Finanzierungsregime

wie empirische Befragungen oder Marktsimulationen.[484] Obwohl diese Indikatoren gegenüber einer marktlichen Bewertung mit Unsicherheiten verbunden sind, dürften sie als Outputgrößen erheblich genauer sein als der in der Praxis oft unternommene Versuch, den Nutzen eines staatlich angebotenen Guts über die zu seiner Herstellung notwendigen Kosten abzuschätzen. Zur Bewertung des Programmes lediglich auf Kosteninformationen abzustellen, läuft auf den – schon grafisch heiklen – Versuch hinaus, die Nachfrage im Markt mithilfe des Angebots zu schätzen. Auf einer solchen Analysegrundlage dürfte das optimale Budget wahrscheinlich verfehlt werden.

Zusätzlich zu dem Fehlen von relevanten Entscheidungsinformationen lassen sich Kosten- im Gegensatz zu Nutzengrößen vom Sender maßgeblich beeinflussen. In diesem Sinne könnte der Sender Kostensteigerungen – die Verlagerung der Grenzkostenkurve nach links oben – nutzen, um einen höheren Etat durchzusetzen, welches den gesellschaftlichen Nutzen der Programmproduktion deutlich überschreitet. Falls die wahren Kosten der Programmproduktion vom Sender geheim gehalten werden können, lässt sich die Höhe des Budgets vom Sender frei bestimmen. Ist zudem der Nutzen unbekannt und dienen Kosten zu dessen Abschätzung, wird einer Budgetfestlegung in gesellschaftlich sinnvoller Höhe vollends der Boden entzogen. Die Anreize der beteiligten Akteure sprechen folglich dagegen, dass im Rahmen des Budgetierungsprozesses ein optimales Budget verabschiedet wird, selbst wenn alle Entscheidungsgrößen bekannt wären. Sind die Kosten oder der Nutzen der Programmproduktion zudem unbekannt, besteht ein solches Anreizproblem in verschärfter Form.

Nicht auszuschließen ist zudem, dass vom Sender gerade die quantitativen Ineffizienzen als Argument *für* den Erhalt der Steuerfinanzierung und *für* eine Budgeterhöhung angeführt wird. Obwohl der Sender gesellschaftlich ein zu umfangreiches Programm produziert, lässt sich scheinbar ein noch höheres Budget dadurch rechtfertigen, dass die letzte unter der Budgetgrenze ausgestrahlte Programmminute einen positiven Nutzen aufweist. Der – falsche – Schluss liegt nahe, dass aufgrund dieses Nutzens für die Zuschauer das staatlich garantierte Budget wünschenswert ist.

Nicht nur eine Folge des Zwangs zur Legitimation der Steuerfinanzierung und der mangelnden Sparanreize von politischer Seite ist, dass ein Sender das ihm zur Verfügung stehende Budget vollständig verbraucht (möglicherweise sogar Schulden aufbaut). Diese Reaktionsweise ergibt sich auch aus der Senderorganisation heraus. So lässt sich das Modell von **NISKANEN** dadurch erweitern, dass die Anreize der einzelnen Mitarbeiter zur Budgetmaximierung innerhalb des hierarchisch strukturierten Senders betrachtet werden. Zur Analyse dieser Anreize wird in der ökonomischen Bürokratietheorie danach gefragt, mit welchen Wirkungen das individuelle Rationalverhalten der beteiligten Akteure für die Organisation verbunden ist.

---

[484] Eine Darstellung und Kritik dieser Verfahren findet sich bei **Hanusch** (1994), S. 76 ff.

Im Sinne dieser ökonomischen Mikrofundierung ist jeder Mitarbeiter innerhalb der Hierarchie nur zu einem geringen Teil für das Erreichen der gemeinwohlorientierten Ziele des Senders verantwortlich. Die eigene Arbeit in den Dienst des Senders zu stellen und dabei eine Selbstkontrolle der Kosten vorzunehmen, wird mit steigender Sendergröße immer stärker zu einem Kollektivgut, dessen Bereitstellung zwar öffentlichen Nutzen, aber private (Opportunitäts)Kosten verursacht.[485]

In diesem Spannungsfeld ist zu erwarten, dass jeder Mitarbeiter neben seinen eigentlichen Aufgaben auch eigene Ziele wie Ansehen, Einfluss, Macht und – vor allem bei staatlich finanzierten Unternehmen – Ruhe, Stabilität und Arbeitsplatzsicherheit anstrebt.[486] Die Bedeutung des Geldeinkommens, dessen Höhe in staatlichen Organisationen regelmäßig nicht vom erreichten Erfolg, sondern von der Position in der Hierarchie abhängt oder sogar nur dem Prinzip Seniorität folgt, tritt angesichts dieser weiteren, nicht-monetären Ziele in den Hintergrund.

Bedeutsamer werden demgegenüber die Möglichkeiten, private Konsumwünsche am Arbeitsplatz zu befriedigen. Hierzu zählen exemplarisch die exklusive Ausstattung des eigenen Büros, ein komfortabler oder gar luxuriöser Dienstwagen oder die Gestaltung von Dienstreisen nach eigenen Wünschen. Da die meisten dieser nicht-monetären Ziele positiv mit dem zur Disposition stehenden Etat verbunden sind, werden rational handelnde Mitarbeiter versuchen, ihre Entscheidungsbefugnis auszudehnen und das (durch vorhandene Handlungsspielräume) diskretionäre Budget zu maximieren.[487] Zusätzlich zur mangelnden Kostenkontrolle der Organisation durch den politischen Besteller wird also jeder einzelne Mitarbeiter dazu beitragen, dass die Straffheit der Organisation sinkt und Ballast aufgebaut wird.[488]

Um den persönlichen Zielen näherzukommen, lässt sich etwa die Definition der eigenen Funktion großzügig auslegen, eine neue Aufgabe als zusätzlich relevant erklären oder die Arbeitsteilung innerhalb der Organisation erhöhen, um in der Hierarchie weiter aufzusteigen. Gleichzeitig bestehen Anreize, eine hohe Fertigungstiefe anzustreben und die Arbeitsteilung mit anderen Organisationen oder mit Märkten niedrig zu

---

[485] Vgl. **Olson** (1968), S. 20 ff.

[486] „It seems not at all unlikely that people in monopolistic positions will very often be people with sharply rising subjective costs; if this is so, they are likely to exploit their advantage much more by not bothering to get very near the position of maximum profit, than by straining themselves to get very close to it. The best of all monopoly profits is a quiet life." **Hicks** (1935), S. 8.

[487] Niskanen übernimmt das Konzept des diskretionären Budgets von Migué/Bélanger, die darauf aufmerksam machen, dass ein schlichtes Wachstum des Budgets nicht mit den angenommenen Zielen der Bürokratieangestellten in Einklang steht. Später sieht Niskanen im diskretionären Budget die eigentliche Zielgröße, mit der das Verhalten innerhalb von Bürokratien erklärt werden kann. Vgl. **Migué/Bélanger** (1974), **Niskanen** (1971/1994), S. 274 f., S. 281 f.

[488] Wyckoff unterscheidet zwischen Budget- und „Slack"-maximierenden Organisationen, deren Verhalten sich unterscheidet, ob das Budget pro Kopf bestimmt wird oder ob es sich hieran als legislativ festgesetztes Budget anlehnt. Vgl. **Wyckoff** (1990), S. 45 f.

halten. Als Indikatoren der Zielerreichung können neben der Höhe der Budgetverantwortung auch die Zahl der unterstellten Mitarbeiter oder die Größe des eigenen Einflussbereichs dienen. Sollten „Bürokraten", die stärker eigene statt gemeinwohlorientierte Ziele verfolgen, sich aufgrund dieser Mechanismen bei Karriereentscheidungen leichter gegenüber ihren Kollegen durchsetzen und an Macht und Einfluss gewinnen, dürften sie bessere Aufstiegsmöglichkeiten besitzen und im Zeitablauf entscheidende Stellen der Hierarchie erreichen. Bei Personalentscheidungen werden Bürokraten wiederum Mitarbeiter einstellen oder befördern, von denen sie die Unterstützung der eigenen Ziele erwarten.

In privaten Unternehmen haben die Unternehmenseigentümer starke Anreize, Fehlentwicklungen dieser Art entgegenzutreten, wirken sich diese doch in der Regel zu ihren Lasten aus. In eigentümergeführten Unternehmen bestehen diese Anreize nicht nur in unmittelbarster Weise, dem Eigentümer kommen zudem entsprechende Kontrollmöglichkeiten zu. In managergeführten Unternehmen gehen die Kontrollmöglichkeiten und -anreize des Eigentümers zurück, da die Trennung von Eigentum und Management zu einem Prinzipal-Agent-Verhältnis führt. Falls kein Eigentümer – im traditionellen Sinne – vorhanden ist, vermindern sich die Anreize und Möglichkeiten zur Kontrolle weiter. Öffentliche Unternehmen sind hierfür ebenso ein Beispiel wie volkseigene Betriebe in Planwirtschaften. Um der volkswirtschaftlichen Verschwendung durch diese Unternehmen Einhalt zu gebieten, bedarf es somit institutioneller Vorkehrungen zur inneren und äußeren Revision.

War bei der Frage nach der politischen Legitimation des Programmes noch offen, welche Kriterien der Sender seiner Programmpolitik zugrunde legt, erlaubt eine Analyse der Mitarbeiteranreize eine Antwort hierauf. Zum einen lässt sich der gesellschaftliche Nutzen des Programmes nur schwer messen und monetär bewerten. Es liegt daher nahe, auf leicht messbare Größen wie Einschaltquoten zurückzugreifen, auch wenn diese die gesellschaftliche Zielgröße nur schlecht oder gar nicht abbilden.

Zum anderen lohnt es sich für einzelne Mitarbeiter kaum, innovativ und vergleichsweise risikofreudig zu sein,[489] besteht doch bei Programminnovationen immer ein Risiko zu Scheitern. Während das Ausbleiben von Innovationen kaum dem jeweiligen Mitarbeiter anzulasten ist, lassen sich Einzelne sehr wohl für das Misslingen einer Innovation verantwortlich machen. Rational handelnde Mitarbeiter werden folglich Programmformate bevorzugen, die die leicht messbare Zielgröße des Senders in hohem Maße erfüllen und gleichzeitig ein niedriges Risiko aufweisen. Durch die Steuerfinanzierung kommt es folglich zu einem *Unterangebot an innovativen Sendungen* mit ungewissem Erfolg, zumal, wenn sich der gesellschaftliche Nutzen nicht unmittelbar messen lässt.

---

[489] Vgl. **Mueller** (2003), S. 370.

Da Sparen nicht nur nicht lohnt, sondern negative Konsequenzen für das Erreichen eigener Ziele hat, ist schon auf Ebene der Angestellten damit zu rechnen, dass ein steuerfinanzierter Sender das ihm zur Verfügung stehende Budget vollständig verbraucht, in der Praxis möglicherweise sogar hierüber hinausgeht und sich verschuldet. Infolge der Budgetierung kommt es zum Effekt eines Überangebots an steuerfinanzierten Programmen, obwohl gleichzeitig – paradoxerweise – ein Unterangebot an gesellschaftlich wünschenswerten Programmen bestehen kann. In letzter Konsequenz wird das Verhalten der Mitarbeiter innerhalb der Senderorganisation dazu führen, dass in jedem Bereich neben kostenmäßigen auch *quantitative Ineffizienzen* auftreten.

6) Autonomie und Wachstum des steuerfinanzierten Programmangebots

Ein weiterer Effekt der Steuerfinanzierung folgt aus der ökonomischen Analyse der Anreize auf das Verhalten der Mitarbeiter und Entscheider im Sender. Unmittelbar nach der Gründung wird sich der Sender zu einer Organisation entwickeln, die als neue Einheit versucht, eigene Ziele mithilfe der zur Verfügung stehenden Mittel zu verwirklichen. Anders als ein reiner Funktionsträger wird der Sender an Autonomie gewinnen und auf dem Interventionsmarkt als eigenständiger Akteur auftreten.

Der öffentlich finanzierte Sender steht dabei dem Politiker mit Budgetkompetenz als – zumindest mittelfristig – alleiniger Anbieter von steuerfinanzierten Fernsehprogrammen gegenüber. Indirekt vertritt der Politiker im Verhandlungsprozess mit dem Sender die Gesamtheit der Zuschauer und wird so quasi zum Besteller für diese Konsumenten.[490] Anders als auf dem Werbemarkt, wo Werbeplätze von zahlreichen Sendern an werbetreibende Unternehmen verkauft werden, herrscht auf dem Markt für Intervention ein bilaterales Monopol,[491] das unterschiedlichste Marktergebnisse und Rentenverteilungen zwischen den beiden Marktteilnehmern erlaubt.

Aus Sicht des Senders sind mit der staatlich garantierten Finanzierung zwar Marktrisiken ausgeschlossen, mit der politischen Nachfrage ergeben sich aber andere Unsicherheiten in Form der dargestellten politischen Chancen und Risiken. Der Beeinflussung und Kontrolle dieser Unsicherheiten muss das Augenmerk des Senders gelten.[492] Eine wesentliche Ursache von Unsicherheiten ist dabei die (Wieder)Wahlrestriktion des Politikers. Zum einen stellen Politiker nur bedingt sichere Vertragspartner dar, da sie u. U. nach der nächsten Wahl nicht mehr in Amt und Würden sind.[493] Die unbedingte Verlässlichkeit der politischen Finanzierungszusage ist also nicht gegeben.

---

[490] Vgl. **Mueller** (2003), S. 363.
[491] Vgl. **Niskanen** (1971/1994), S. 272.
[492] Vgl. **Moe** (1990), S. 144.
[493] Vgl. **Moe** (1990), S. 145.

5.3 Institutionenökonomische Analyse indirekter Finanzierungsregime

Zum anderen erwächst aus der Wahlrestriktion für den Sender die Chance, dass die Durchsetzung langfristiger Reformvorhaben – z.B. die Institutionalisierung einer Kostenkontrolle oder eine grundlegende Reform der Senderorganisation – wenig glaubwürdig ist. Die Wahrscheinlichkeit einer einschneidenden Reform sinkt mit abnehmenden Wahlaussichten, sofern Politiker rein auf ihre Wiederwahl bedacht sind.

Unabhängig von den Unsicherheiten des politischen Marktes sind die Grenzen der politischen Legitimation für den Sender nicht starr und unveränderlich. Da sich Fernsehen als Massenmedium an eine große Zahl von Zuschauern und potenziellen Wählern richtet, ließe sich dem drohenden Verlust der staatlichen Finanzierung durch eine geeignete Berichterstattung entgegenwirken. Aufgrund der erwartbaren Öffentlichkeitsarbeit des Senders dürften selbst Budgetkürzungen schwerer durchzusetzen sein als in anderen, weniger öffentlichkeitswirksamen Bereichen staatlicher Finanzierung. Dieses Werben für den Fortbestand der eigenen Finanzierungsbasis richtet sich direkt an den Wähler/Steuerzahler und nimmt über den politischen Markt Einfluss auf den politischen Entscheider.

Schafft es der Sender, einen hohen Einfluss auf diesen Markt auszuüben, ändert sich mittelfristig die Machtverteilung im bilateralen Monopol, da der Sender an Souveränität gegenüber der Politik gewinnt. Zwar dürfte dann das Ausmaß an programmlicher Abhängigkeit vom politischen Besteller zurückgehen, gleichzeitig sinken aber ebenfalls die – legitimen wie illegitimen – Interventionsmöglichkeiten, die von politischer Seite auf das Budget und weitere Aspekte der Regulierung des steuerfinanzierten Senders bestehen. Durch diese Machtumkehr gelingt es dem Sender folglich, sich einer politischen Kontrolle weitgehend zu entziehen und weitere Autonomie zu erlangen.

Einen weiteren Ansatzpunkt bieten die mangelnden Anreize des Politikers selbst. Da die Kostenkontrolle des Senders ein Kollektivgut darstellt, sind Anreize von Politikern gering, sich selbst über die programmliche Leistung des Senders zu informieren. Durch Bereitstellung von (für die eigenen Ziele geeigneten) Informationen kann der Sender diesem Informationsdefizit entgegenwirken. So lassen sich Auftragsstudien, wissenschaftliche Zeitschriften oder ganze Beratungsinstitute fördern, die die Bedeutung und Unverzichtbarkeit des eigenen Programmangebots für die Gesellschaft wissenschaftlich untermauern. Vor allem die Argumente der Paternalistischen Meritorik bieten sich hierfür – aufgrund weitgehend fehlender Objektivierbarkeit – an, um normativ die Steuerfinanzierung des Senders zu legitimieren.[494]

Zudem hat die Diskussion eines Marktversagens durch adverse Selektion gezeigt, dass sich aus Zuschauersicht die Qualität von Fernsehprogrammen nur schwierig, bei Informationssendungen oft gar nicht beurteilen lässt. Abgesehen von einfachen handwerklichen Standards wie dem Fehlen von Bild- und Tonstörungen stellt beispielsweise

---
[494] Vgl. dazu Kap. 2.2.2.2 e., S. 35.

die Güte einer politischen Informationssendung meist eine Vertrauensguteigenschaft dar. Angesichts des immanenten Informationsdefizits der Zuschauer könnte ein steuerfinanzierter Sender eine Informationsstrategie betreiben, um dem Zuschauer die vermeintliche Überlegenheit des eigenen Angebots zu signalisieren. Diese Strategie ließe sich wiederum durch die Finanzierung wissenschaftlicher Aufsätze und Studien ergänzen. Von einem objektiven Standpunkt aus bleibt allerdings offen, ob der signalisierte Qualitätsvorsprung des Anbieters auch faktisch im Programm besteht.

In der Summe sprechen zahlreiche Gründe dafür, warum der Sender selbst bei deutlichen Verstößen gegen die Gemeinwohlorientierung seines Programmes nur mittel- bis langfristig seine politische Legitimation gefährdet und den Entzug der staatlichen Finanzierung befürchten muss.

Darüber hinaus ist im bilateralen Monopol zu erwarten, dass Budgetverhandlungen zwischen dem politischen Besteller und dem Sender im Zeitablauf eine Eigendynamik entwickeln. Selbst bei notwendigen Budgetanpassungen lassen die mangelnde Kompetenz und fehlenden Anreize auf politischer Seite eine effiziente Kostenkontrolle unwahrscheinlich werden. Hierzu treten in der Praxis noch Sach- und Zeitzwänge wie das Einhalten von Hierarchien oder Fristen im Prozess der Budgetierung. Einfacher als etwa jede Kostenart auf ihre Notwendigkeit zur Leistungserstellung hin zu überprüfen, ist dementsprechend eine globale Budgeterhöhung, die ausgehend vom Vorjahresetat eine prozentuale Steigerung vorsieht. Erfolgt die Anpassung jährlich, zumindest aber in bestimmten Perioden, ist ein kontinuierliches Budgetwachstum die Folge.

Verstärkend wirkt auf diesen „Inkrementalismus" ein mögliches Mitsprache- oder Vorschlagsrecht des steuerfinanzierten Senders im Budgetierungsprozess.[495] Kann der Sender antizipieren, dass der politische Geldgeber die vorgeschlagene Erhöhung kürzen wird, besteht ein Anreiz, eine überhöhte Forderung zur Grundlage der Verhandlungen zu machen, um so das bereits vorher gewünschte Ergebnis sicherzustellen.

Da der Sender als einziger Anbieter in den bilateralen Verhandlungsprozess eintritt, ist es für ihn rational, ein Alles-oder-nichts-Angebot zu machen, um den staatlichen Besteller dazu zu zwingen, nur dieses – umfangreiche – Angebot zu entsprechenden Kosten zu übernehmen.[496] Durch dieses eine Angebot mit einer festgesetzten Relation von Programmleistung und Kosten gelingt es dem Sender, große Teile der im bilateralen Monopol zwischen Anbieter und politischem Nachfrager zur Disposition stehenden Renten zu sichern.

Ein differenziertes Angebot mit unterschiedlichen Niveaus von Programmleistung (und -kosten) würde demgegenüber die Verhandlungsposition des Senders schwächen

---

[495] Obwohl WILDAVSKY – auf den der Begriff wohl zurückgeht – Inkrementalismus als eine fast universelle Praxis ansieht, gibt es vor allem in wohlhabenden Staaten eine starke Tendenz zur schrittweisen Budgetanpassung. Vgl. **Wildavsky** (1964/1974), S. 216 f.
[496] Vgl. **Mueller** (2003), S. 365.

5.3 Institutionenökonomische Analyse indirekter Finanzierungsregime 255

und möglicherweise dazu führen, dass der staatliche Besteller dem Budget-/Programmwachstum wirksam entgegentritt. Gänzlich unmöglich werden Budgetverhandlungen, wenn die Programmleistung des Senders als unbewertbar angesehen wird und stattdessen – wie erläutert – die Kosten als Indikator des entstehenden Nutzens herangezogen werden. Dann ist nicht nur völlig offen, welchen gesellschaftlichen Nutzen die Steuerfinanzierung des Senders hat, sondern jede Kostensteigerung lässt sich implizit mit der höheren Programmleistung rechtfertigen. Dass das steuerfinanzierte Budget in stetiger Weise und schneller als andere Preise (etwa für Konsumgüter) wächst, ist folglich ein Ergebnis der Art des Verhandlungsprozesses – das Vorschlagsrecht des Senders, das unterbreitete Alles-oder-nichts-Angebot und die Bewertung der Programmleistung über Kosten statt über Nutzen.

Das Wachstum des Budgets eröffnet dem Sender die Möglichkeit, den eigenen Programmauftrag weiter auszulegen, als von politischer Seite intendiert und gesellschaftlich wünschenswert. War die ursprüngliche Aufgabe des steuerfinanzierten Senders, etwa die grundlegende Versorgung der Bevölkerung mit Informationen und Bildung sicherzustellen, so wird er den Versuch unternehmen, über eine weite Auslegung dieser „grundlegenden Versorgung" seine politische Legitimation zu erhöhen. Dazu bietet es sich an, neben Information und Bildung auch Unterhaltungsangebote in das Programm aufzunehmen, da sich beispielsweise Informationen dem Publikum häufig durch unterhaltende Komponenten besser vermitteln lassen. Die Akzeptanz der Unterhaltungsangebote beim Zuschauer dürfte dazu führen, dass eine Budgetausweitung notwendig wird. Mit dann verfügbaren Finanzmitteln ließen sich weitere Programmangebote wie z. B. Sportübertragungen oder sogar programmferne Produkte und Dienstleistungen anbieten, die wiederum Budgetanpassungen erforderlich machen.

Folge des engen Zusammenhangs von Programmauftrag und Senderbudget wäre, dass beide sich gegenseitig aufschaukeln und es zu einem autonomen Wachstum des Senders kommt. Anders als das Streben privater Unternehmen nach Wachstum[497] führt bei einem steuerfinanzierten Sender eine zu geringe Präzisierung des Programmauftrags von politischer Seite zu dieser Entwicklung. Bei einem weitgehend unbestimmten oder prozessoffenen Programmauftrag ist damit zu rechnen, dass der Sender Möglichkeiten ergreift, seine Aufgaben (auch außerhalb des Programmes) selbst zu definieren.

Zudem wird ein Zusammenhang zwischen der Größe der Organisation und den Möglichkeiten zur Kostenkontrolle vermutet. Nach MUELLER dürfte das Wachstum der Organisation dazu führen, dass eine effiziente Kostenkontrolle immer schwieriger und aufwendiger wird.[498] Für einen steuerfinanzierten Sender ist demnach plausibel, dass mit nachlassender Kontrollintensität die kostenmäßigen Ineffizienzen zunehmen. Aufgrund der steigenden Größe des Senders wird die hierarchische Struktur zu-, die

---
[497] Vgl. **Marris** (1964).
[498] Vgl. **Mueller** (2003), S. 362.

Straffheit der Organisation jedoch abnehmen. Höhere Organisationskosten bei steigenden kostenmäßigen Ineffizienzen sind zu erwarten.

Das Problem der selbstbestimmten Aufgabenausweitung tritt nicht nur bei einem wechselseitigen Wachstum von Budget, Programmauftrag und Sendergröße auf, sondern auch, wenn der ursprüngliche Programmauftrag des Senders zweifelhaft oder obsolet geworden ist. Falls beispielsweise ein bisher bestehendes Programm keine Zuschauerresonanz mehr erfährt oder in gleicher Qualität von einem privatwirtschaftlichen Unternehmen angeboten wird, müsste die Steuerfinanzierung aus gesellschaftlicher Sicht eingestellt werden, da sich der ursprüngliche Auftrag erübrigt hat.

Aus Eigeninteresse wird der Sender in dieser Situation jedoch den Versuch unternehmen, seinen Programmauftrag entsprechend zu verändern, um weiterhin in den Genuss der öffentlichen Finanzierung zu kommen. Selbst wenn die Steuerfinanzierung anfänglich der Ausführung eines gesellschaftlich begründeten Programmauftrags diente, ist mit dessen Erfüllung (oder obsolet Werden) keineswegs das Ende der Finanzierung verbunden. Als fünfter allokativer Effekte werden die *Persistenz* und das *Wachstum des steuerfinanzierten Programmangebots* deutlich.

Auch aus einer stärker individualistischen Sicht lässt sich dieser Effekt beobachten. Auf Ebene der Mitarbeiter wird das Wachstum des Senders mitgetragen, da hiermit in der Regel individuelle Vorteile einhergehen. Neben Prestigegewinnen durch die zunehmende Unternehmensgröße profitieren Mitarbeiter vor allem von dem Wachstum der Belegschaft, verbessern sich damit doch die eigenen Aufstiegs- und Verdienstmöglichkeiten. Gerade das Management dürfte deshalb nur geringe Anreize zu Kosteneinsparungen haben.[499] Ebenso dürften alle Mitarbeiter an einer Fortentwicklung des Programmauftrags und damit an der Persistenz des Angebots interessiert sein, da das eigene Arbeitsplatzrisiko mit dem gesicherten Fortbestand des Senders sinkt.

5.3.2.3 Fazit: Institutionen- statt Marktversagen bei der Steuerfinanzierung als Ansatzpunkt für Politikberatung

Zusammenfassend erweist sich das Instrumentarium der Neuen Politischen Ökonomik – insbesondere die ökonomische Bürokratietheorie – als ausgesprochen nützlich zur Analyse der Effekte einer Steuerfinanzierung. Im Vergleich verfügt diese Theorie über zwei wesentliche Vorteile: Da die Neue Politische Ökonomik das Forschungsprogramm der Mikroökonomik aufgreift und rational handelnde Akteure aus individualistischer Sicht analysiert, bleibt sie anschlussfähig an traditionelle Forschungsgebiete der Ökonomik wie der Kollektivgut- oder Regulierungstheorie. Im Sinne des ökonomischen Forschungsprogrammes wird das Verhalten von Politikern und Büro-

---
[499] Vgl. **Williamson** (1963), S. 1034 f.

5.3 Institutionenökonomische Analyse indirekter Finanzierungsregime

kraten dadurch erklärt, dass statt individueller Motive die handlungsbeschränkenden Restriktionen – die notwendige Wiederwahl und den verfügbaren Etat – genauer betrachtet werden.[500]

Übertragen auf die Medienökonomik erlaubt die ökonomische Theorie der Bürokratie eine Analyse des interdependenten Verhältnisses zwischen einem politischen Besteller und einem steuerfinanzierten Fernsehsender, also des Marktes für Intervention. Von diesem Markt gehen vielfältige Wirkungen auf den Fernsehmarkt aus. Jeder Versuch, das Angebotsverhalten eines steuerfinanzierten Fernsehsenders auf dem Fernsehmarkt zu analysieren, ohne die Anreize des politischen Bestellers in die Betrachtung einzubeziehen, greift deshalb entscheidend zu kurz.[501]

Im Sinne dieser Anreize lohnen effiziente Kostenkontrollen für einen politischen Besteller kaum, weshalb kostenmäßige Ineffizienzen infolge der staatlichen Finanzierung zu erwarten sind. Wesentlich verkürzt ist allerdings die Sicht, diese Unwirtschaftlichkeiten seien quasi der Preis für ein gesellschaftlich wünschenswertes, weil gemeinwohlorientiertes Programmangebot:[502] Bei einem steuerfinanzierten Programmangebot stellt eine mangelnde Kosteneffizienz nur den offensichtlichsten einer ganzen Reihe von Effekten dar, die vermutlich zu weitaus gravierenderen Ineffizienzen qualitativer und quantitativer Art führen dürften.

Aus Sicht der Neuen Politischen Ökonomik ist zu erwarten, dass es zu einer ineffizienten Programmselektion aufgrund der politischen Nachfrage kommt. Die staatliche Budgetierung führt dazu, dass steuerfinanzierte Programme in zu großem oder zu geringem Umfang angeboten werden. Das resultierende Über- oder Unterangebot wird durch eine politische Einflussnahme auf das Programm geprägt sein. Zudem setzt die Steuerfinanzierung Anreize, ein einmal bestehendes Programmangebot im Zeitablauf auszubauen. Selbst der Wegfall des ursprünglichen Programmauftrags wird nicht zu einem Ende der Steuerfinanzierung führen, da die Organisation des Senders eigendynamisch den Programmauftrag so weiterentwickeln wird, dass sich ihre Tätigkeit nicht erübrigt. Ein steuerfinanziertes Angebot wird deshalb nie obsolet.

Für die Vermutung, dass diese Effekte auf das Angebot und die Kosten eines steuerfinanzierten Senders sich auch in der Praxis beobachten lassen, sprechen empirische Studien, die die Staatstätigkeit in anderen Wirtschaftsbereichen mit dem Instrumentarium der Neuen Politischen Ökonomik untersuchen.[503]

Neben den Angebotseffekten führt die Steuerfinanzierung auch zu Effekten auf die Nachfrage nach Fernsehprogrammen. Ein gratis angebotenes, weil steuerfinan-

---

[500] Vgl. **Niskanen** (1971/1994), S. 270.
[501] Zu einem ähnlichen Fazit kommt NISKANEN für andere Bereiche staatlicher Bürokratie. Vgl. **Niskanen** (1971/1994), S. 270.
[502] Vgl. **Schellhaaß** (1998), S. 49. Analog sieht KOPS den einzigen Vorteil einer marktlichen Bereitstellung in der höheren Wirtschaftlichkeit der Veranstalter, **Kops** (2005), S. 346.
[503] Einen Überblick über empirische Studien zur Bürokratietheorie gibt **Mueller** (2003), S. 373 ff.

ziertes Fernsehprogramm ist aus volkswirtschaftlicher Sicht nicht kostenlos. Da die Zuschauer jedoch nicht mit den korrekten Kosten des Konsums konfrontiert werden, kommt es zu einer Übernachfrage nach steuerfinanzierten Programmen. Anders als bei Werbefinanzierung wird diese Übernachfrage nicht von einer – gleichzeitig auftretenden – Unternachfrage begleitet, da die Steuerfinanzierung keine Auswirkung auf andere Kosten wie die Zeitkosten der Zuschauer beim Fernsehkonsum hat. In beiden Finanzierungsregimen kommt es zu ähnlichen distributiven Effekten, weil letztlich Güter- und Dienstleistungskonsumenten werbefinanzierte Programme ebenso finanzieren wie Steuerzahler steuerfinanzierte Programme.

Angesichts dieser allokativen und distributiven Effekte ist zu bezweifeln, dass sich das Finanzierungsregime der Steuerfinanzierung mit einem einfachen wohlfahrtsökonomischen Argument – dem vermeintlichen Wohlfahrtsschaden durch die Exklusion potenzieller Nutzer – legitimieren lässt. Abgesehen davon, dass aufgrund der erläuterten Inkonsistenzen schon Zweifel an der Gültigkeit des Arguments bestehen, folgt es der Logik des wohlfahrtsökonomischen Modells, in dem auf die Abbildung von Institutionen verzichtet wird. Die genannten Effekte zeigen sich allerdings erst, werden im Rahmen einer umfassenderen Theorie die bestehenden Institutionen ihrer Relevanz entsprechend berücksichtigt.

Keiner der Effekte ist auf das originäre Versagen eines einzelnen Marktes wie des Fernsehmarktes zurückzuführen, vielmehr sind für ihr Entstehen weder singuläre Defizite des Fernseh- noch des Interventionsmarktes verantwortlich zu machen. Wenn die Steuerfinanzierung von Fernsehprogrammen zu vielfältigen Wirkungen auf Kosten, Art und Umfang des steuerfinanzierten Programmangebots führt, lassen sich diese Effekte im Kern auf ein *Institutionenversagen* zurückführen. Aus gesellschaftlicher Sicht versagen die beteiligten Institutionen auf Seiten der Politik und des Senders, da es beiden Seiten gelingt, Informationsvorteile und diskretionäre Handlungsspielräume aus dem zweistufigen Prinzipal-Agent-Verhältnis vom Wähler zum Politiker und von diesem zum Sender zu nutzen, um eigene Ziele zu verfolgen.

An dieser Diagnose muss eine mögliche Therapie des Institutionenversagens ansetzen. Eine Politikberatung sollte also das Ziel verfolgen, den Defiziten der Prinzipal-Agent-Struktur durch einen Abbau von Informationsasymmetrien, das Einschränken von Handlungsspielräumen und die Förderung von Verhalten im Sinne der Zuschauer wirksam zu beggnen. Aufbauend auf der positiven Analyse wird die gestaltende Stoßrichtung einer normativen Medienökonomik deutlich.

Praktische Ansätze in diese Richtung erfordern allerdings eine konkrete Auseinandersetzung mit dem deutschen Fernsehmarkt, sollen etwa die Defizite der Gebührenfinanzierung als einer der Steuerfinanzierung sehr ähnlichen Finanzierungsform näher betrachtet und Vorschläge zur Reform entwickelt werden.

5.3.3 Indirekte Finanzierungsregime im Vergleich

Werden nach getrennter Analyse die Werbe- und die Steuerfinanzierung abschließend miteinander verglichen, zeigen sich Ähnlichkeiten und wesentliche Unterschiede (vgl. Abb. 5-7).

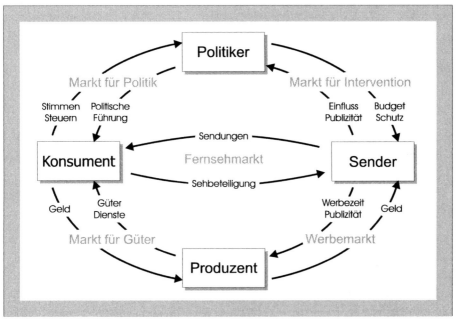

Abb. 5-7: Systematischer Zusammenhang indirekter Finanzierungsregime

5.3.3.1 Zweistufiges Prinzipal-Agent-Verhältnis als Gemeinsamkeit indirekter Finanzierungsregime

Notwendig ähnlich ist die in der Abbildung dargestellte Grundstruktur der beiden Finanzierungsregime: Die Nutzer des Programmes sind nicht mit dessen Zahlern oder Trägern der Bereitstellungsentscheidung identisch. Anders als bei gewöhnlichen, d.h. direkt finanzierten Konsumgütern besteht weder eine Äquivalenz des Nutzungsaktes noch der Nutzergruppe. Bei beiden Finanzierungsregimen wird die unmittelbare, auf Leistung und Gegenleistung beruhende Anbieter-Nachfrager-Beziehung durch ein Dreiecksverhältnis zwischen Zuschauer, Sender und Zahler ersetzt. An die Stelle des Zuschauers treten als Zahler Unternehmen oder Politiker. Damit zeigt sich das Kernproblem der indirekten Finanzierung von Medien: Mit dem Übergang von der direkten zur indirekten Finanzierung verändert sich das ursprüngliche Prinzipal-Agent-Verhältnis zwischen Konsument und Anbieter grundlegend. Es wird erweitert durch das in Abb. 5-7 dargestellte zweistufige Prinzipal-Agent-Verhältnis, das bei Werbe- und bei Steuerfinanzierung die gleiche Struktur aufweist.

Angesichts der zweistufigen Prinzipal-Agent-Struktur ist zu erwarten, dass sowohl die Steuer- als auch die Werbefinanzierung Wirkungen auf den Fernsehmarkt haben, da die Präferenzen des jeweiligen Bestellers – Politiker und Produzenten – von denen der Zuschauer abweichen. Diese Wirkungen lassen sich in Form der dargestellten Effekte auf das Angebot und die Nachfrage indirekt finanzierter Fernsehprogramme nicht nur systematisieren, sondern auch präzisieren. In Abhängigkeit vom jeweiligen Finanzierungsregime erlauben die aufgezeigten Effekte eine differenzierte Antwort auf die einleitend gestellte Frage nach dem Einfluss der Finanzierung auf den Fernsehmarkt.

Ein Ergebnis der institutionenökonomischen Analyse war, dass sich indirekte Finanzierungsregime trotz unterschiedlicher Finanzierungsquellen, Rechts- oder Organisationsformen durchaus in ihrer Wirkung vergleichen lassen. Unterschiede zwischen den Sendern dürfen nicht darüber hinwegtäuschen, dass diese sich an der Erfüllung ihrer gesellschaftlichen Funktion – dem Programmangebot für Zuschauer – messen lassen müssen, in welcher das Ziel jedes, intern oder extern noch so unterschiedlich strukturierten oder finanzierten Fernsehsenders aus ökonomischer Sicht liegt.

Angesichts dieses gesellschaftlichen Ziels ist es sicherlich verfehlt, von einer Unvergleichbarkeit oder sogar einem Vergleichsverbot der Regime auszugehen. Zwar besteht eine Antinomie zwischen der Werbe- und der Steuerfinanzierung in dem Sinne, dass dem marktlichen ein staatliches Angebot gegenübergestellt wird. Für eine ergebnisoffene Gegenüberstellung darf es eine von vornherein vermutete Vorteilhaftigkeit von Sendern aufgrund ihrer Finanzierung ebenso wenig geben wie eine nicht weiter differenzierte Verurteilung steuerfinanzierter Sender als „Fremdkörper" in einem marktwirtschaftlich organisierten Wirtschaftssystem.[504]

5.3.3.2 Allokative und distributive Effekte indirekter Finanzierungsregime – vom Überblick zum medienpolitisch relevanten Prüfschema

Ein solcher Vergleich zeigt zudem, dass indirekte Finanzierungsregime trotz ihrer Gegensätzlichkeit zu vergleichbaren allokativen und distributiven Effekten auf dem Fernsehmarkt führen, da die Struktur der Finanzierung jeweils ähnlich ist. Ausgehend von dem zweistufigen Prinzipal-Agent-Verhältnis gilt es, diese Effekte näher zu betrachten.

Distributiv führt sowohl die Werbe- wie auch die Steuerfinanzierung dazu, dass finanzielle Mittel aus anderen gesellschaftlichen Bereichen in den Fernsehmarkt transferiert werden. Allokativ stellt sich der aus Zuschauersicht bei beiden Finanzierungs-

---

[504] Ausführlicher zur „Fremdkörper"-These vgl. **Gundlach** (1998), S. 116 ff.

regimen bestehende Vorteil eines Gratisangebots aus gesellschaftlicher Sicht als Ineffizienz dar. Werbe- und Steuerfinanzierung fördern den Fernsehkonsum in ineffizienter Weise, da volkswirtschaftlich das gratis angebotene Fernsehprogramm nicht kostenlos ist. Ebenso gleichen die Angebotseffekte – das Über- oder Unterangebot und die ineffiziente Programmselektion – bei Werbe- denen bei Steuerfinanzierung, falls ein steuerfinanzierter Sender mit seinem Programm eine maximale Zuschauerreichweite anstrebt. Die Effekte der Werbefinanzierung können in diesem Fall auch bei Steuerfinanzierung auftreten, während über diese Gemeinsamkeiten hinaus die aufgezeigten Effekte der Steuerfinanzierung spezifisch für dieses Finanzierungsregime sein dürften.

Angesichts der vielfältigen Effekte sowohl bei Werbe- wie bei Steuerfinanzierung ist zu erwarten, dass sich das gratis angebotene Programm grundsätzlich im Hinblick auf Art und Güte – der horizontalen und vertikalen Programmqualität – von einem direkt finanzierten Angebot unterscheidet.

Die praktische Bedeutung der aufgezeigten Effekte für einen realen Fernsehmarkt sollte nicht über- oder unterschätzt werden. Weder darf eine theoretische Plausibilität mit dem praktischen Auftreten der Effekte gleichgesetzt werden, d. h. aus den Ergebnissen der theoretischen Analyse sollte nicht auf ein auch real vorliegendes Institutionenversagen geschlossen werden. Noch dürfen diese Effekte mit einem Verweis auf konkret bestehende Institutionen als rein fiktiv abgetan werden. Beispielsweise lässt sich die Relevanz der Effekte der Steuerfinanzierung nicht mit einem schlichten Verweis auf die mögliche Gemeinwohlbindung des steuerfinanzierten Anbieters beantworten.

Deutlich wird eine wesentliche Konsequenz für eine weitere, konkrete Auseinandersetzung mit den Defiziten des deutschen Fernsehmarktes: Auf Grundlage der bisherigen Analyse ist es nur möglich, eine Aussage über die Vorteilhaftigkeit direkter gegenüber indirekter Finanzierung, nicht jedoch über die Vorziehenswürdigkeit eines der beiden indirekten Finanzierungsregime zu fällen. Durch die zugrunde liegende Prinzipal-Agent-Struktur ist zwar zu vermuten, dass jedes indirekte Regime gegenüber einer direkten Finanzierung mit qualitativen und quantitativen Ineffizienzen einhergeht. Wie gravierend diese Ineffizienzen jedoch in der Praxis – auf dem deutschen Fernsehmarkt – ausfallen, ist abhängig von der Funktionsfähigkeit und Regulierung der vier weiteren Märkte, die das Verhalten von Anbietern und Nachfragern auf dem Fernsehmarkt maßgeblich beeinflussen. Erst das Zusammenspiel dieser Märkte – die in Abb. 5-7 dargestellte institutionelle Konstellation des Fernsehmarktes – entscheidet darüber, wie weit indirekte Finanzierungsregime in ihrer Effizienz hinter eine direkte Programmfinanzierung zurückfallen und welches Regime sich im Vergleich als konkret vorteilhafter erweist. Ausschlaggebend in dieser Gegenüberstellung ist die relative Vorteilhaftigkeit der Regime zueinander. In Relation wird der Nachteil eines Regimes zum Vorteil des jeweils anderen. Das Auftreten politischer Einflussnahme ist z. B. ein Nachteil der Steuerfinanzierung, der von der Werbefinanzierung vermieden werden kann.

Obwohl der entwickelte institutionenökonomische Ansatz tragfähig genug ist, um die Effekte der Werbe- und Steuerfinanzierung differenziert und in ihrer Struktur darzustellen, ist ein konkreter Vergleich der Regime allein damit noch nicht möglich. Weder kann die Art noch die Zahl der Effekte als Indiz für die Überlegenheit des einen oder anderen Finanzierungsregimes herangezogen werden, da ein Paarvergleich ebenso wie ein Auszählen der Effekte deren Schwere unberücksichtigt lässt. Sicherlich falsch ist damit, von einer generellen Überlegenheit eines bestimmten Finanzierungsregimes etwa aufgrund öffentlicher Bereitstellung oder Organisationsform des Senders auszugehen. Trotz größerer Zahl an Effekten kann die Steuerfinanzierung der Werbefinanzierung in der Praxis über- oder unterlegen sein. So hängt die Vorteilhaftigkeit der Steuerfinanzierung entscheidend von der konkreten Ausgestaltung im Einzelfall ab.

Aufgrund der zahlreichen Effekte indirekter Finanzierungsregime dürfte die eingangs angeführte Vermutung von NOLL/PECK/McGOWAN im konkreten Fall kaum plausibel sein:[505] Der Übergang von einer indirekten zur direkten Finanzierung von Fernsehprogrammen führt nicht lediglich dazu, dass Zuschauer für die gleichen, bisher gratis konsumierten Programme zu zahlen hätten. Nur in der Situation, in der ausnahmslos alle Effekte der Werbe- und Steuerfinanzierung vernachlässigt werden können, spielt die Finanzierung der Programme keine Rolle. Obwohl die bisherige Analyse einige Anhaltspunkte dafür geliefert hat, dass indirekte Finanzierungsregime nur teilweise einander und kaum der direkten Finanzierung gleichen und dass sich folglich die Marktlogik durch sie fundamental ändert, lässt sich die faktische Bedeutung der Finanzierung nur empirisch, d. h. ausgehend von den idealisierten Referenzmodellen am konkreten Einzelfall wie dem deutschen Fernsehmarkt, demonstrieren.

Zwar erlauben die genannten Effekte in der Übersicht eine generelle Einschätzung der Regime indirekter Finanzierung, nicht jedoch die Aussage, welches gesellschaftlich wünschenswert ist, falls eine direkte Finanzierung nicht möglich ist. Als Kriterien verstanden, können die einzelnen Effekte allerdings als Schema dienen, um die Vorteilhaftigkeit der einzelnen Finanzierungsregime strukturiert zu prüfen. Ausgehend von dem Prüfschema kann die eigentliche Bewertung der Effekte und deren Schwere erfolgen. Möglicherweise erweist sich bei dieser Prüfung die ineffiziente Programmselektion bei Werbefinanzierung als erheblich gravierender als die mangelnde Kosteneffizienz eines steuerfinanzierten Angebots.

Aus theoretischer Sicht lassen sich die spezifischen Vor- und Nachteile des jeweiligen Finanzierungsregimes nur in Grenzen durch das jeweils andere kompensieren. Das Zulassen privater Anbieter zusätzlich zu einem steuerfinanzierten Fernsehprogramm dürfte deshalb die Nachteile der Steuerfinanzierung nur partiell beseitigen. Zwar ist zu erwarten, dass mit zunehmendem Wettbewerbsdruck die aufgrund der politischen

---

[505] Vgl. **Noll/Peck/McGowan** (1973), S. 135.

5.3 Institutionenökonomische Analyse indirekter Finanzierungsregime

Nachfrage ineffiziente Programmselektion zurückgeht, da in einem attraktiveren Umfeld das steuerfinanzierte Programm weniger von Zuschauern nachgefragt wird und damit in seiner Legitimation gefährdet ist. Dass mehr Wettbewerb den Effekt einer ineffizienten Programmselektion vermindert, gilt nicht nur für die Konkurrenz steuer- und werbefinanzierter Anbieter. Wie erläutert, nimmt auch der bei Werbefinanzierung zu erwartende Programmselektionseffekt ab, wenn sich der Wettbewerb durch den Marktzutritt neuer Sender verschärft.

5.3.3.3 Medienökonomisches Forschungsprogramm als einheitlicher Theorieansatz zur Analyse indirekter Finanzierungsregime

Die bisherige Auseinandersetzung mit den Effekten indirekter Finanzierungsregime hat noch einen weiteren Aspekt deutlich gemacht, der die Methodik der Analyse betrifft. Methodisch lassen sich die Defizite in der Finanzierung medialer Güter als ein Versagen entweder des jeweiligen Marktes oder der ihn umgebenden Institutionen erklären. Beide Erklärungsansätze kommen zu unterschiedlichen Diagnosen des zugrunde liegenden Finanzierungsproblems.

Beginnend mit den kollektivguttheoretischen Überlegungen der 50er- und 60er-Jahre, vor allem aber seit Mitte der 90er-Jahre wurden Anhaltspunkte für gesellschaftliche Ineffizienzen im Fernsehmarkt selbst gesucht. Das Augenmerk galt nahezu ausnahmslos dem in diesem Markt vermuteten Marktversagen.[506] Ausgehend von den vermeintlichen Kollektivgut-Eigenschaften medialer Güter ließ sich zwar die ineffiziente Programmselektion als ein Effekt der Werbefinanzierung diskutieren. Damit in Verbindung stehende Effekte wie eine Über- oder Unternachfrage oder ein Über- oder Unterangebot blieben jedoch ebenso im Hintergrund wie die vergleichbaren Effekte der Steuerfinanzierung.

Zudem ist bei ausschließlicher Betrachtung des Fernsehmarktes – von einigen Autoren überdies nicht finanzierungsunabhängig als Markt gesehen – ein abschließender Vergleich der Effekte für alle Regime der indirekten Finanzierung kaum möglich. Im Gegensatz zu einer solch einzelmarktzentrierten Sichtweise erklärt das hier entwickelte institutionenökonomische Forschungsprogramm Defizite der Werbe- oder Steuerfinanzierung nicht durch ein Versagen des Fernsehmarktes im Sinne der klassischen Theorie des Marktversagens, sondern durch ein Versagen der beteiligten Institutionen.

Zwar öffnen neuere Modelle – wie ANDERSON/COATE – die traditionell enge Sicht auf den Fernsehmarkt,[507] um das Verhalten von Fernsehsendern auf dem Werbe-

---

[506] Vgl. etwa **Heinrich** (1999), **Kops** (1997), aber auch **Schröder** (1997a), **Hartwig/Schröder** (1999), S. 288.
[507] Vgl. **Anderson/Coate** (2005).

und Fernsehmarkt mithilfe eines „zweiseitigen" Marktmodells zu analysieren.[508] Letztlich greifen aber auch diese Ansätze angesichts der Konstellation von drei Märkten, in denen Fernsehsender, Werbetreibende und Zuschauer agieren, zu kurz, da zentrale Faktoren der Finanzierung außen vor bleiben. Wird Werbefinanzierung als zweiseitiger Markt statt als dreiseitige Marktkonstellation modelliert, bleibt erstens die zweistufige Prinzipal-Agent-Struktur, die das Kernproblem dieses Regimes ausmacht, weitgehend im Dunkeln. Zweitens zeigt sich nicht die gemeinsame Struktur der Werbe- und Steuerfinanzierung, die trotz des Wechsels der Finanzierungsquelle besteht.

Der in der medienökonomischen Diskussion traditionelle Fokus auf den Fernsehmarkt erschwert damit nicht nur, die Effekte indirekter Finanzierungssysteme vom theoretischen Standpunkt aus strukturiert zu erfassen. Medienökonomen beklagen überdies seit Jahren, dass auch die wissenschaftliche Auseinandersetzung mit realen, weltweit bestehenden Rundfunksystemen schwierig sei, da es an einem universellen Theorieansatz zur Analyse der vielfältigen Strukturen und Finanzierungsformen mangele.[509] Eine auf die deutsche Konstellation zugeschnittene, spezifische Rundfunkökonomie, von Medienökonomen seit langem gefordert,[510] beschreitet an dieser Stelle jedoch den falschen Weg und steht latent in der Gefahr, Ansätze und Erkenntnisse der Ökonomik zugunsten ausgemachter Besonderheiten des dualen Systems in Deutschland zu vernachlässigen.

Da die institutionelle Konstellation des Fernsehmarktes ausschlaggebend für die Ineffizienzen indirekter Finanzierungsregime ist, gilt es, sowohl den medienökonomischen Theorieansatz als auch die praktische Medienpolitik hieran auszurichten. Zum einen muss die Diagnose an dieser Konstellation ansetzen, um unerwünschte Effekte konkreter Finanzierungsformen auf dem Fernsehmarkt zu erkennen. Zur praktischen Politikberatung bedarf es demnach einer *einheitlichen Theorie*, die unter Rückgriff auf die allgemeine (Institutionen)Ökonomik leistungsfähig genug ist, über die isolierte Betrachtung des Fernsehmarktes hinaus den Einfluss relevanter Finanzierungsinstitutionen herauszuarbeiten und vergleichbar zu machen. Der hier entwickelte Ansatz beschreibt ein medienökonomisches Forschungsprogramm, das ausgehend vom Fernsehmarkt das Hauptaugenmerk auf die finanzierungsrelevanten Institutionen richtet.

Zum anderen muss dieser Diagnose auch die Therapie der Effekte folgen. Nicht nur die Theoriebildung ist um relevante Finanzierungsinstitutionen zu erweitern, sondern auch in der praktischen Medienpolitik gilt es, an der institutionellen Konstellation anzusetzen, um real auftretende Ineffizienzen einzudämmen oder gänzlich zu verhindern. Dieses institutionenökonomische Vorgehen folgt dem klassischen Verständnis

---

[508] Die übliche Bezeichnung „zweiseitiger Markt" ist dabei missverständlich, verfügt jeder Markt mit Angebot und Nachfrage doch über zwei Marktseiten.
[509] Vgl. u. a. **Brown/Cave** (1992), S. 377.
[510] Vgl. **Weinstock** (1991), S. 6.

5.3 Institutionenökonomische Analyse indirekter Finanzierungsregime

von *Ordnungspolitik* als einer wissenschaftlich gestützten Gestaltung des Rahmens von Marktprozessen.

Der hier genutzte institutionenökonomische Ansatz fußt im Kern auf einer wohlfahrtsökonomischen Analyse der optimalen Preisgestaltung für mediale Güter. Aufgrund der mikroökonomischen Herangehensweise kann dieser Ansatz unkompliziert um jene Einflüsse von Prinzipal-Agent-Strukturen erweitert werden, die bei der Werbe- oder Steuerfinanzierung von Fernsehprogrammen eine Rolle spielen.

In diesem einheitlichen theoretischen Ansatz lassen sich die konkreten Wirkungen unterschiedlicher Finanzierungsregime vergleichen, Vor- und Nachteile einander gegenüberstellen und Reformansätze entwickeln. Die Einheitlichkeit des Ansatzes wird durch das medienökonomische Forschungsprogramm als konstante Basis sichergestellt. Ausgehend von den fundamentalen Prinzipien Zuschauersouveränität, Rationalität und Nicht-Paternalistik im harten Theoriekern ergibt sich so der für den Vergleich von Finanzierungsregimen notwendige *geschlossene Theorierahmen*.[511]

Erhebliche Konsequenzen hat dieses Forschungsprogramm für die Art und Weise, wie das Verhalten der jeweiligen Prinzipale und Agenten betrachtet wird. Statt auf egoistische oder altruistische Motive abzustellen, wird angenommen, dass diese Individuen bei rationalem Verhalten ihren Eigennutz unter Restriktionen maximieren. In diesem Sinne werden Angestellte eines steuerfinanzierten Senders oder Politiker mit Regulierungseinfluss oder Budgetverantwortung nicht schlicht als Treuhänder des Gemeinwohls oder wohlwollende Herrscher, sondern als rational handelnde Akteure gesehen, die eigene Ziele angesichts der ihnen gesetzten Grenzen verfolgen. Ebenso werden real bestehende Entitäten wie Unternehmen, politische Parteien oder Senderbürokratien individualistisch, d. h. als Zusammenspiel von Einzelindividuen beschrieben.

Die Nutzung des medienökonomischen Forschungsprogrammes zur Analyse des wirtschaftlichen Verhaltens der an der Werbefinanzierung beteiligten Akteure bietet sich unmittelbar an, da die Interaktion der Beteiligten über real beobachtbare Märkte abläuft. Demgegenüber überwindet die Übertragung des Forschungsprogrammes auf die Steuerfinanzierung den vermeintlichen Gegensatz zwischen werbefinanzierten Programmen, deren Angebot häufig als Resultat egoistischen Gewinnstrebens von Sendern und Werbetreibenden gesehen wird, und steuerfinanzierten Programmen, deren Sender in vermeintlich idealistischer Weise altruistischen Gemeinwohlzielen dienen.

Durch das Forschungsprogramm lassen sich somit zwei zentrale Defizite der Theoriebildung vermeiden: Erstens wird durch die Vermischung konkret bestehender mit idealisierten Finanzierungsformen – also nicht Finanzierungsregimen im hier verwendeten Sinne – ein Vergleich der realen Vor- und Nachteile unmöglich. Verglichen mit einer idealisierten muss jede reale Form suboptimal erscheinen. Dementsprechend hat

---
[511] Vgl. Kap. 2, S. 19.

der Vergleich auf einer einheitlichen Grundlage zu erfolgen, d. h. es müssen entweder Ideal- oder Realtypen einander gegenübergestellt werden.

Neben der fehlenden praktischen Relevanz ist ein Vergleich von Idealtypen zweitens wissenschaftlich wenig fruchtbar: Jedes indirekte Finanzierungsregime führt in dem Fall zu einem gesellschaftlich optimalen Angebot, dass das zugrunde liegende Prinzipal-Agent-Verhältnis in idealer Weise gelöst wurde. Die Optimalität des jeweiligen Angebots ist somit keineswegs für die Steuerfinanzierung spezifisch, sondern gilt ebenso für werbefinanzierte Programme, wenn der von Werbetreibenden gezahlte Preis eine gute Näherung für die Zahlungsbereitschaft der Zuschauer darstellt.

Während sich in diesem idealisierten Sinne die indirekten Finanzierungsregime gleichen, können real – abhängig von der konkreten Ausgestaltung – erhebliche Unterschiede im Angebot auftreten. Die dann beobachtbaren Effekte indirekter Finanzierung führen dazu, dass in der Praxis die Werbe- einer Steuerfinanzierung über- oder unterlegen sein kann. Beispielsweise kann die Steuerfinanzierung eines Senders praktisch bedeuten, dass dieser ohne Unterlass parteipolitische Propaganda ausstrahlt. Um die real zu erwartenden Wirkungen der jeweiligen Finanzierung miteinander zu vergleichen, ist notwendigerweise auf die konkrete Form abzustellen.

Im Sinne des medienökonomischen Forschungsprogrammes dürfte eine Analyse der konkreten Handlungsbedingungen der Beteiligten wissenschaftlich fruchtbarer sein als die der mutmaßlichen Handlungsmotive der beteiligten Akteure. Ineffizienzen durch Steuerfinanzierung stellen sich dann zum einen Teil als Organisationsversagen des steuerfinanzierten Anbieters, zum anderen Teil als politisch induziert dar. Bei Steuerfinanzierung dient das ausgestrahlte Programm den Interessen der beteiligten Politiker, sind diese doch aufgrund der Wiederwahlrestriktion gezwungen, sich als politische Unternehmer zu verhalten und Werbung für ihre Wahlprogramme zu machen. Indem sie Stimmen statt Gewinne maximieren, verhalten sich Politiker wie gewöhnliche Unternehmer. Innerhalb des einheitlichen Theorierahmens wird also das Verhalten von Politikern und Unternehmern, das im Kern des zweistufigen Prinzipal-Agent-Verhältnisses steht, systematisch gleich behandelt.

Ein konsequentes Festhalten an dem Forschungsprogramm sichert überdies die *Kompatibilität* zu anderen ökonomischen Forschungsansätzen. Zur Analyse der Prinzipal-Agent-Struktur bei Steuerfinanzierung kann auf bestehende Modelle der Neuen Politischen Ökonomik zurückgegriffen werden, indem die Interaktion zwischen Politiker und steuerfinanziertem Sender als marktlicher Tausch verstanden wird.

Die deutlich werdende Parallele zwischen dem Markt für Intervention und dem für Werbung beschränkt sich nicht nur auf den Tausch von Leistung und Gegenleistung zur Finanzierung des Senders. So wie sich das Verhalten werbefinanzierter Sender kaum erklären lässt, ohne die Nachfrage nach Werbung auf dem Werbemarkt zu betrachten, muss jedes Modell der Steuerfinanzierung von Fernsehsendern unvollständig

5.3 Institutionenökonomische Analyse indirekter Finanzierungsregime

sein, werden nicht die Anreize des politischen Geldgebers als eigentlichen Besteller des Programmes berücksichtigt. Wesentlich zur Diskussion der Effekte indirekter Finanzierungsregime ist somit die eingehendere Analyse des Marktes, der den Sender mit werbetreibenden Produzenten bzw. politischen Bestellern verbindet, da hier die Gründe für eine mögliche Divergenz zur direkten Finanzierung erkennbar werden.

In der bisherigen Diskussion wurden diese Regime nicht nur deshalb stets als idealisierte Referenzmodelle betrachtet, um die Herleitung der Theorie überschaubar und systematisch zu halten. Da international höchst unterschiedliche Formen der indirekten Finanzierung von Fernsehprogrammen bestehen, sollte die Theorie zudem möglichst allgemeingültig entwickelt werden. Ausgehend von dem zunächst weitgehend *flexiblen und universellen Ansatz* wird es dann möglich, diese Formen in einem geschlossenen theoretischen Rahmen zu betrachten. Nicht nur die europäischen Fernsehmärkte mit ihrem dualen Wettbewerb werbe- und gebührenfinanzierter Anbieter, sondern auch spenden- und clubfinanzierte Systeme lassen sich mithilfe des institutionenökonomischen Ansatzes dahingehend untersuchen, welche Effekte von der jeweiligen Finanzierungsform ausgehen.

Mit dem beschriebenen Ansatz steht folglich eine institutionenökonomische Theorie zur Verfügung, die es erlaubt, die Effekte indirekter Finanzierungsregime auf eine universelle Weise zu analysieren. Nur vordergründig ist dieser Ansatz auf eine statische Sichtweise beschränkt, waren doch schon bei der Steuerfinanzierung Entwicklungen im Zeitablauf – wie die Persistenz des Angebots – relevant.

5.3.3.4 Konkretisierung des institutionenökonomischen Ansatzes zur Analyse des deutschen Fernsehmarktes

Obwohl der vorgestellte Ansatz die institutionelle Konstellation des Fernsehmarktes dadurch untersucht, dass die relevanten Institutionen der Finanzierung in die Analyse einbezogen werden, bedingt die intendierte Universalität der Theorie ein Abstrahieren von real im jeweiligen Fernsehmarkt bestehenden Institutionen. Trotz dieser Idealisierung in den Referenzmodellen hat sich die institutionenökonomische Analyse als tragfähig genug erwiesen, um für die Finanzierung von Fernsehprogrammen über Werbung und Steuern zu Effekten zu kommen, die sich empirisch im Sinne eines Prüfschemas testen lassen. Zur Anwendung der allgemeinen Theorie wird es daher notwendig sein, sie stärker zu konkretisieren und an die Spezifika des jeweiligen Marktes anzupassen.

Für die Wirkungen des deutschen Systems der Gebührenfinanzierung bedeutet dies beispielsweise, die Unterschiede zwischen einer Gebühren- und Steuerlösung herauszuarbeiten, die Rolle des bisher ausgeklammerten politischen Wettbewerbs und der beteiligten Interessengruppen zu beleuchten und real bestehende Kontrollinstanzen zu berücksichtigen. In all diesen Bereichen erleichtert das zugrunde liegende Forschungsprogramm die Integration bestehender ökonomischer Modelle, z. B. bürokratie- oder regulierungstheoretischer Ansätze. Beurteilbar wird somit, welchen – abschwächenden oder verstärkenden – Einfluss praktisch bestehende Institutionen wie Regulierungen oder Aufsichtsbehörden auf die Effekte indirekter Finanzierung haben.

Mögliche Ansatzpunkte für eine Reform der institutionellen Konstellation des Fernsehmarktes ergeben sich unmittelbar aus ihrer Analyse. So lassen sich die nachteiligen Wirkungen der einzelnen Finanzierungsregime durch institutionelle Reformen mildern oder gänzlich vermeiden. Durch Reformansätze, die sich aus bürokratietheoretischen Modellen ergeben, kann beispielsweise verhindert werden, dass steuerfinanzierte Sender die falschen Programme in zu großem Umfang und zu teuer ausstrahlen. Die Schaffung unabhängiger Institutionen zur Kosten- und Qualitätskontrolle bietet hierfür eine Möglichkeit.

Die dargestellte institutionenökonomische Theorie zeigt zudem einen weiteren Weg für eine Reform des deutschen Fernsehmarktes auf: Das auf dem Markt für Intervention bestehende bilaterale Monopol festigt sowohl die politische Einflussnahme auf den steuerfinanzierten Sender als auch dessen fehlende Kosteneffizienz. Wettbewerb auf diesem Markt – etwa durch die Ausschreibung staatlicher Aufträge analog anderen Politikbereichen – bietet die Möglichkeit, diese Effekte einzudämmen. Deutlich wird, dass die positive medienökonomische Analyse unmittelbar Ansatzpunkte eröffnet, die eine wesentliche Rolle im Rahmen der normativen Medienökonomik spielen dürften.

Kapitel 6
Die Wirkungen medialer Güter als Grund von Marktversagen

6.1 Medien und ihre gesellschaftliche Wirkung...273
   6.1.1 Ökonomische Ineffizienzen des Fernsehmarktes versus gesellschaftliche Wirkungen der Fernsehprogramme...273
   6.1.2 Individuelle und gesellschaftliche Wirkungen durch Medienkonsum.........275
      6.1.2.1 Positive gesellschaftliche Wirkungen durch den Konsum von Medien...275
         a. Medien als Lieferant verhaltensrelevanter Informationen..............276
         b. Medien als Vermittler verhaltensformender Werte........................277
      6.1.2.2 Negative gesellschaftliche Wirkungen durch den Konsum von Medien...279
   6.1.3 Fazit: Vagheit, Omnipräsenz und Unvermeidlichkeit von Medienwirkungen in modernen Gesellschaften....................................281
6.2 Medienwirkungen durch die Interdependenz von Märkten..............................282
6.3 Meritorische Medienwirkungen als unmittelbare Begründung eines Markteingriffs...284
   6.3.1 Gemeinschaftsbedürfnisse als Kernaspekt Paternalistischer Meritorik..........284
      6.3.1.1 Analytisches Modell eines meritorisch motivierten Markteingriffs......285
      6.3.1.2 Effekte eines meritorisch motivierten Markteingriffs....................290

        a. Bewertung des meritorischen Markteingriffs aus Sicht der Marktteilnehmer 290
        b. Bewertung des meritorischen Markteingriffs aus paternalistischer Sicht 292
    6.3.1.3 Übertragung der Paternalistischen Meritorik auf den Fernsehmarkt 295
  6.3.2 Fazit: Mangelnde Eignung der Paternalistischen Meritorik zur praktischen Medienpolitik 299
    6.3.2.1 Relevanz der Nachfrage nach einem meritorischen Programmangebot 299
    6.3.2.2 Relevanz der Regime indirekter Finanzierung 301
    6.3.2.3 Persistenz meritorischer Argumente in Medienökonomik und -politik 302
        a. Leichte politische Instrumentalisierung meritorischer Argumente 303
        b. Fehlende Objektivierbarkeit als Grund für die Instrumentalisierung 306
6.4 Medienwirkungen als Ursache für ein Marktversagen 307
  6.4.1 Wohlfahrtsökonomische Analyse externer Effekte durch Pigou 307
    6.4.1.1 Neoklassische Wohlfahrtsökonomik als Überwindung der Paternalistik 308
    6.4.1.2 Soziale Externalitäten als medienökonomisch relevante Wirkungen ... 310
    6.4.1.3 Technische, pekuniäre und psychische Arten von Externalitäten 312
    6.4.1.4 Methodische Gleichheit von Externalitäten in Konsum und Produktion 314
  6.4.2 Pigou-Steuern oder -Subventionen als Antwort des Staats auf das externalitätenbedingte Marktversagen 315
    6.4.2.1 Negative soziale Externalitäten als primäres Gesellschaftsproblem 315
    6.4.2.2 Pigou-Steuern zur Eindämmung negativer Medienwirkungen 316
    6.4.2.3 Bestimmung der gesellschaftlich optimalen Pigou-Steuer 320
  6.4.3 Fazit: Beschränkte Realisierbarkeit der Pigou-Lösung auf dem Fernsehmarkt 321
    6.4.3.1 Ökonomische Medienwirkungsforschung als wissenschaftliche Basis des Staatseingriffs 321
    6.4.3.2 Fehlender Preismechanismus auf dem Fernsehmarkt 325
    6.4.3.3 Mangelnde Legitimation eines umfassenden Staatseingriffs 327
    6.4.3.4 Fernsehsender oder Zuschauer als Verursacher sozialer Externalitäten? 329
    6.4.3.5 Nicht-Kompensation als Voraussetzung für soziale Externalitäten 331
6.5 Medienwirkungen als Problem gesellschaftlicher Institutionen 333
  6.5.1 Coase' Kritik am Ansatz von Pigou 333
    6.5.1.1 Analyse von Medienwirkungen auf Grundlage des Coase-Theorems ... 334

6.5.1.2 Partielle Interessenharmonie zwischen Schädiger und Geschädigtem..337
6.5.1.3 Konkurrierende Ansprüche der Beteiligten als Ursache für
Externalitäten...339
6.5.1.4 Vergleich gesellschaftlicher Arrangements statt Sanktion oder
Förderung des Verursachers...340
6.5.1.5 Gesellschaftliche Relevanz von Medienwirkungen als Externalitäten..344
6.5.2 Paradigmenwechsel einer institutionenökonomischen Sicht auf die
Wirkungen medialer Güter...346
6.5.2.1 Coase' originär ökonomische Analyse externer Effekte.........................347
6.5.2.2 Institutionenökonomische Analyse sozialer Externalitäten statt
ökonomischer Medienwirkungsforschung..348
   a. Anspruchskonkurrenz im sozialen Umfeld als Grund für soziale
Externalitäten..350
   b. Internalisierung sozialer Externalitäten im sozialen Umfeld durch
marktanaloge Interaktionen..353
   c. Sanktionierung und Internalisierung sozialer Externalitäten durch
gesellschaftliche Institutionen wie Normen und Hierarchie.................358
6.5.2.3 Gesellschaftliche Relevanz von sozialen Externalitäten.........................363
   a. Ökonomische Erklärung sozialer Externalitäten......................................363
   b. Sozialisation als Beispiel gesellschaftlich relevanter
Medienwirkungen..365
6.6 Fazit: Theorie externer Effekte als zweifelhafte Legitimationsbasis für
staatliche Marktinterventionen 366

6 Die Wirkung medialer Güter als Grund von Marktversagen: Medien – ein gesellschaftlich (ohn)mächtiger Faktor?

6.1 Medien und ihre gesellschaftliche Wirkung

6.1.1 Ökonomische Ineffizienzen des Fernsehmarktes versus gesellschaftliche Wirkungen der Fernsehprogramme

Bei den bisher behandelten Aspekten der Qualität und Finanzierung von Medien standen Probleme im Vordergrund, die die dezentral ablaufende Koordination über Märkte – hier dem Fernsehmarkt – durch quantitative oder qualitative Ineffizienzen stören oder vollständig unmöglich machen. Die Diskussion der Effekte indirekter Finanzierungssysteme hat zudem deutlich gemacht, dass im Laufe der Zeit eine Reihe von Forschungsansätzen entwickelt worden ist, die sich – beginnend mit kollektivguttheoretischen und einfachen Programmwahlmodellen bis hin zu neueren Überlegungen zur Werbefinanzierung – mit der Finanzierung von Medien beschäftigen.

Da diese Ansätze unmittelbar an den marktlichen Aspekten der Medienproduktion, des Medienangebots und -konsums anknüpfen, überrascht es wenig, dass die Finanzierung medialer Güter auf Basis der vermuteten Kollektivgut-Eigenschaften schon recht früh mit Aufkommen elektronischer Massenmedien Gegenstand (medien)ökonomischer Forschung war. Ebenso wie die Finanzierung ist auch – wie dargestellt – die Qualität von Medien aufgrund ihrer Marktnähe vergleichsweise leicht einer ökonomischen Analyse zugänglich.

Ausgehend von den traditionell ökonomischen Ansätzen erwies sich methodisch als vorteilhaft, auf das Instrumentarium der modernen Institutionenökonomik zurückzugreifen, um auf dieser Basis zu einer geschlossenen Theorie der Qualität und Finanzierung medialer Güter zu kommen. Bei dem hier entwickelten institutionenökonomischen Ansatz stand neben der Einheitlichkeit der verwendeten Methode vor allem dessen Stringenz und universelle Anwendbarkeit im Vordergrund. Zwar machten einzelne Aspekte in dieser Diskussion es notwendig, auch auf die gesellschaftlichen Wirkungen medialer Güter – z.B. die Werbewirkung des Fernsehens – zu verweisen, überwiegend wurden Medienwirkungen bisher jedoch ausgeklammert.

Trotz der fehlenden Marktnähe und einer scheinbar nicht unmittelbaren Anwendbarkeit ökonomischer Standardtheorie haben Medienwirkungen eine wachsende Aufmerksamkeit in der Medienökonomik erfahren. Nach der zunächst ausschließlichen Beschäftigung mit der Finanzierung (und Qualität) von Medieninhalten sind in den letzten Jahren die gesellschaftlichen Wirkungen von Medien in das Zentrum des medienökonomischen Interesses gerückt. Da die wissenschaftliche Auseinandersetzung mit Medienwirkungen gegenüber der jahrzehntelangen Debatte zur Medienfinanzierung relativ jung ist, folgt die bisherige Herangehensweise dieser ideengeschichtlichen Entwicklung. Die Verlagerung des Forschungsschwerpunkts von der grundsätzlichen Funktionsfähigkeit der Medienmärkte hin zur Berücksichtigung der Wirkungen, die von diesen Märkten auf die Gesellschaft ausgehen, wirft eine Reihe von Fragen auf, die nicht nur von wissenschaftlicher, sondern vor allem von erheblicher medienpolitischer Relevanz sind.

Die Bedeutung der Medienökonomik für die Medienpolitik wird unmittelbar aus der im Folgenden analysierten Frage deutlich, ob Medienwirkungen einen zwar bislang wenig beachteten Grund für das Versagen von Medienmärkten darstellen, aufgrund ihrer gesellschaftlichen Bedeutung und Reichweite aber weit über das eigentliche Geschehen in diesen Märkten hinausgehen. Nicht nur die beobachtbare wissenschaftliche Hinwendung, sondern vornehmlich diese gesellschaftliche Dimension macht es notwendig, die Wirkungen medialer Güter als Grund für ein Marktversagen eingehend zu untersuchen. Falls gezeigt werden kann, dass von Medienmärkten entscheidende positive wie negative Einflüsse auf die Funktionsfähigkeit von modernen Gesellschaften ausgehen, ergibt sich hieraus u. U. ein schwerwiegendes Argument gegen eine dezentrale Koordination über Medienmärkte. Als theoretischer Grund für ein Marktversagen würden Medienwirkungen dann über die traditionellen, bereits diskutierten Gründe der Finanzierung und Qualität medialer Güter hinausgehen.

Kurz skizziert, ergibt sich damit die Struktur der folgenden Argumentation in drei wesentlichen Schritten: Einleitend werden einige in der Literatur diskutierte positive und negative Medienwirkungen in gebotener Kürze vorgestellt und als Marktinterdependenzen im ökonomischen Sinne erläutert. Ausgehend von dieser zunächst rein verbalen Charakterisierung sollen einfache politische Maßnahmen diskutiert werden, die mögliche Eingriffe in den Fernsehmarkt mit dem Vorliegen von Medienwirkungen begründen. Anhand eines mikroökonomischen Modells lassen sich die Effekte aufzeigen, zu denen vor allem meritorisch motivierte Markteingriffe führen. Ein Rückgriff auf die Paternalistische Meritorik wird an dieser Stelle notwendig sein, da die bereits diskutierten wissenschaftlichen Kritikpunkte an der Meritorik nicht verhindern konnten, dass meritorische Ansätze in der medienökonomischen Forschung und der praktischen Medienpolitik Verwendung finden. Auf das in diesem Zusammenhang entwickelte Modell wird im Laufe des Kapitels – in gewandelter Form – zurückzukommen sein, um, ausgehend von der beschränkten wissenschaftlichen und praktischen Eignung der Meritorik, stärker ökonomische Theorieansätze zu untersuchen.

Gegenstand der beiden folgenden Abschnitte wird die Theorie externer Effekte nach ARTHUR C. PIGOU und deren Erweiterung durch RONALD H. COASE sein. Aus Sicht dieser Theorie stellen gesellschaftliche Medienwirkungen eine Form sozialer Externalitäten dar, die über den Akt des Medienkonsums zu einem gesellschaftlichen Nutzen oder Schaden führen. Die Konsequenzen dieser Sichtweise lassen sich anhand des bereits eingeführten Modells verdeutlichen, um einerseits die theoriebedingten Möglichkeiten und Grenzen des Ansatzes von PIGOU aufzuzeigen, andererseits einen direkten Vergleich mit der Paternalistischen Meritorik und den anschließend diskutierten Ansatz von COASE zu ermöglichen.

Ein solcher Vergleich macht offensichtlich, dass sowohl die Herangehensweise von PIGOU wie die von COASE aufgrund ihrer traditionell ökonomischen Basis Probleme vermeiden kann, die der Paternalistik inhärent sind. Trotz dieser wissenschaftlichen Basis zeichnen sich die Überlegungen von COASE durch eine radikale Kritik an PIGOUs Behandlung von Externalitäten und der von ihm empfohlenen Lösung aus. Die Methode von COASE, das zugrunde liegende gesellschaftliche Problem ökonomisch zu rekonstruieren, lässt sich erkenntnisreich – wiederum anhand des mikroökonomischen Marktmodells – auf die Analyse von Medienwirkungen übertragen. Als originär ökonomischer Ansatz eröffnet diese Herangehensweise eine erheblich veränderte Sicht auf das Entstehen und die gesellschaftliche Bedeutung von Medienwirkungen. Um zu veranschaulichen, wie stark die so gewonnenen Erkenntnisse von unmittelbarer Relevanz für die Medienpolitik sind, werden abschließend die gesellschaftlichen Wirkungen von Medien am Beispiel der Sozialisation von Gesellschaftsmitgliedern diskutiert.

6.1.2 Individuelle und gesellschaftliche Wirkungen durch Medienkonsum

In den Medienwissenschaften werden unterschiedlichste Arten von gesellschaftlichen Wirkungen durch Medien. All diesen Wirkungen ist gemein, dass zwar der individuelle Konsum medialer Güter die Ausgangsbedingung für das Entstehen medialer Wirkungen darstellt, sich diese aber nicht auf den rein konsumptiven Akt beschränken, sondern auf die Gesellschaft als Ganzes ausstrahlen.

Schon diese Definition macht deutlich, dass bei der Analyse medialer Güter häufig die rein individualistische zugunsten einer gesellschaftlichen Sichtweise aufgegeben wird. Auch in der folgenden Einführung in die Wirkungen medialer Güter soll zunächst die in der Literatur verwendete Terminologie übernommen werden. Beginnend mit den gesellschaftlichen Wirkungen soll diese Einführung einen kursorischen Überblick über die Arten medialer Wirkungen geben, wobei das Augenmerk zunächst den positiven, anschließend den negativen Medienwirkungen gilt. In der weiteren ökonomischen Analyse wird dann gezeigt, wie sich die genannten Wirkungen aus einer individualistischen, stärker wissenschaftlichen Perspektive rekonstruieren lassen.

6.1.2.1 Positive gesellschaftliche Wirkungen durch den Konsum von Medien

In der wissenschaftlichen Auseinandersetzung mit den gesellschaftlichen Funktionen von Medien werden vielfältige Wirkungen genannt, die das soziale Miteinander auf verschiedene Art positiv beeinflussen. Prosoziale Medienwirkungen lassen sich danach unterscheiden, ob sie das Verhalten von Zuschauern durch die Vermittlung von Informationen oder in anderer, stärker aufklärender oder erzieherischer Weise beeinflussen.

a. Medien als Lieferant verhaltensrelevanter Informationen

Durch den Konsum von Medien können Rezipienten Informationsbedürfnisse unterschiedlichster Art befriedigen. Schlaglichtartig fallen hierunter beispielsweise
- Produktinformationen, die Aufschluss über die Qualitätseigenschaften oder Verwendungsmöglichkeiten von Gütern geben,
- Preis- und Börseninformationen, die das Geschehen auf den verschiedenen Märkten und Börsen beschreiben,
- Ländernachrichten, die Informationen über die wirtschaftliche, politische oder soziale Lage von Ländern und Regionen liefern und deshalb für Investitions- und Standortentscheidungen relevant sind und letzten Endes die gesamtwirtschaftliche Entwicklung dieser Gebiete beeinflussen,
- politische Informationen, die für das Verhalten von Wählern von Bedeutung sein können,
- wissenschaftliche Veröffentlichungen, die Forschern empirische Fakten, methodische Ansätze und Analyseergebnisse zugänglich machen,
- kulturelle Informationen und Rezensionen, die etwa für den Besuch von Ausstellungen, Theaterstücken oder Konzerten bedeutsam sind.

Obwohl diese Beispiele nur überblicksartig die Vielfalt an Informationen beleuchten, die Medien vermitteln, führen sie doch zwei wesentliche Aspekte vor Augen. Erstens konsumieren Rezipienten Medien, um Informationen zu erhalten, weil diese für sie eventuell eine *Verhaltensrelevanz* haben können. Da der Zweck des Medienkonsums in diesen Beispielen die Fundierung und Überprüfung des individuellen Verhaltens ist, sind zweitens auch tatsächliche *Verhaltensänderungen* aufgrund des Medienkonsums keineswegs überraschend.

Wie wichtig Informationen schon für das Funktionieren von Märkten sind, verdeutlicht das – im Zusammenhang mit der Qualität von Medien erläuterte – Modell adverser Selektion. Fehlen einer Marktseite relevante Informationen über die Beschaffenheit eines Guts, besteht demnach eine Informationsasymmetrie hin zur Marktgegenseite, erwächst die Gefahr eines Marktversagens durch adverse Selektion. Aufgrund fehlender Informationen setzt sich in dem Markt die schlechtere statt der besseren Qualität durch. Da Fälle adverser Selektion ebenso auf Märkten für Güter und Dienstleistungen wie auf denen für politische Führung oder für Wissen und Ideologien denkbar sind, können Medien in erheblicher Weise dazu beitragen, die Funktionsfähigkeit dieser Märkte zu erhalten oder sogar erst zu ermöglichen. Ohne Schwierigkeiten lassen sich

6.1 Medien und ihre gesellschaftliche Wirkung 277

zahlreiche weitere Beispiele für Märkte finden, auf denen die Funktionsfähigkeit maßgeblich davon abhängt, ob gravierende Informationsasymmetrien bestehen.

Das faktisch zwischen Anbietern und Nachfragern bzw. Politikern und Wählern bestehende Prinzipal-Agent-Verhältnis geht in der Regel mit Informationsasymmetrien einher, womit dem Fernsehmarkt eine wesentliche Bedeutung bei der Vermittlung von Informationen zukommt. Die Unsicherheit und Unkenntnis von Nachfragern oder Wählern führt dazu, dass der Fernsehmarkt – wie in Abb. 5-7 (auf Seite 259) dargestellt – in enger Verbindung mit dem Markt für Güter und Dienstleistungen bzw. dem politischen Markt steht. Das Finanzierungsregime beeinflusst folglich auch diese beiden nicht-medialen Märkte, weshalb Effekte wie die Einflussnahme auf das Programm aufgrund von Werbe- oder Steuerfinanzierung sich nicht allein auf den Fernsehmarkt beschränken. Wegen der Verhaltensrelevanz der vermittelten Informationen kann das Geschehen auf dem Fernsehmarkt erhebliche Auswirkungen auf den Wettbewerb zwischen Gütern und Leistungen und zwischen politischen Programmen haben.

Ausgehend von realen Informationsasymmetrien über die Effekte indirekter Programmfinanzierung kommt Medien nicht nur eine entscheidende Rolle bei der Informationsvermittlung zu. Der Konsum von Medien wird überdies zu Verhaltensänderungen führen, die zwar von der individuellen Ebene ausgehen, sich aber ebenso aus höher aggregierter Perspektive bis hin zur gesamtgesellschaftlichen Ebene beobachten lassen. Durch die Vermittlung von Informationen führen Medien über ein verändertes Individualverhalten folglich zu gesellschaftlichen Wirkungen. Wissenschaftlich dürfte diese informationsvermittelnde Funktion von Medien und die daraus resultierende gesellschaftliche Wirkung weitgehend unstrittig sein.

Ohne Einschränkungen gilt dies auch für eine Medienökonomik, die im Sinne des dargestellten Forschungsprogrammes versucht, Medienwirkungen auf Basis der fundamentalen Prinzipien Zuschauersouveränität, Rationalität und Nicht-Paternalistik zu erklären. Da Medien von rational handelnden Individuen häufig gerade deshalb nachgefragt werden, um handlungsrelevante Informationen zu spezifischen Aspekten des Alltagslebens zu erhalten, wäre vielmehr überraschend, wenn von diesen Informationen keinerlei Wirkungen ausgingen – entgegen der ursprünglichen Intention des Individuums wären die vermittelten Informationen in keinem einzigen Fall relevant für die betrachtete Handlung.

b. Medien als Vermittler verhaltensformender Werte

Wissenschaftlich strittig ist hingegen, ob Medien über diese Informationsvermittlung hinaus in anderer, stärker aufklärerischer oder erzieherischer Weise das individuelle Verhalten beeinflussen. Zentral für diese Frage ist das zugrunde gelegte Verständnis von Aufklärung oder Erziehung. Würde sich der verwendete Erziehungsbegriff rein auf die

Informationsvermittlung beschränken, wäre die erzieherische mit der informierenden Funktion von Medien deckungsgleich. In medienpolitischen Diskussionen zu hörende Schlagworte wie die Formung mündiger Konsumenten oder Bürger würde sich dann auf deren Wohlinformiertheit reduzieren. So definiert ließe sich die Informationsfunktion von Medien leicht mit den beschriebenen informationsökonomischen Ansätzen analysieren. Zudem böte sich das ökonomische Instrumentarium an, um beispielsweise den Auf- und Abbau von spezifischem Humankapital zu untersuchen.[512]

Schwieriger ökonomisch zu fassen sind demgegenüber Vorstellungen von Aufklärung und Erziehung, die deutlich über die Vermittlung von Informationen und Wissen hinausgehen, indem sie auch – oder gerade – die Formung des Menschen in den Mittelpunkt stellen. Mit diesem erzieherischen Bild von Medienkonsum korrespondieren Vorstellungen von Kulturvermittlung und kultureller Prägung.

Einige Medienökonomen verwenden diese erweiterte Sicht auf Erziehung und kommen so zu einem vielfältigen Katalog gesellschaftlicher Medienwirkungen. Beispielsweise mutmaßt GUNDLACH, das Massenmedium Fernsehen trage als Erzieher zum „Wissens- und Wertehaushalt" bei.[513] Angeführt als Medienwirkung wird neben der vielfachen Nennung von Toleranz als Werteakzeptanz auch der Wertewandel.[514] Selbst der Übertragung von sportlichen Großereignissen wie Olympischen Spielen und Fußball-Weltmeisterschaften werden positive gesellschaftliche Wirkungen zugeschrieben.[515] Sport sei ein Beispiel für gesellschaftliches Engagement, Vorbild für Teamgeist, Leistungsbereitschaft und Fairness. Sportsendungen komme demnach eine gesellschaftliche Integrationsfunktion zu, da sie zur Identifikation der Bürger mit den Sportlern, letztlich mit den nationalen Teams beitrügen.

Diesen erzieherischen Medienwirkungen sind zwei Aspekte gemeinsam. Erstens entspringt die jeweilige Medienwirkung nicht rein der wissens-, sondern der wertevermittelnden Funktion von Medien. Diese Funktion wird nicht durch Rückgriff auf das mikroökonomische Forschungsprogramm als Veränderung von (Wissens)Restriktionen, sondern im Sinne der Paternalistischen Meritorik als externe Formung der handlungsleitenden Präferenzen erklärt. Durch den angenommenen Wandel von Präferenzen bricht diese Erklärung mit dem hier zugrunde gelegten Ansatz einer Medienökonomik. Neben erheblichen methodischen Schwierigkeiten dürfte eine präferenzbasierte Erklärung aus den genannten Gründen meist unergiebig bleiben.

Zweitens wird die individualistische zugunsten einer gesellschaftlichen Perspektive aufgegeben. Um zu einem Urteil über die gesellschaftlichen Vor- und Nachteile indivi-

---

[512] Einen bekannten Humankapital-Ansatz hat GARY BECKER geliefert. Vgl. **Becker** (1962/1995), kritisch hierzu **Schröder** (2007), S. 49 ff.
[513] **Gundlach** (1998), S. 149, analog S. 63.
[514] Vgl. u. a. **Messmer** (2002), S. 206.
[515] Vgl. kritisch dazu **Kruse** (2004b), S. 77 f.

6.1 Medien und ihre gesellschaftliche Wirkung   279

duellen Verhaltens zu kommen, wird hieran ein externer, paternalistischer Maßstab angelegt. Diese Sichtweise entspricht wiederum der klassischen Paternalistik und führt zu den bereits im Zusammenhang mit der Meritorik erörterten Defiziten. Ausgehend von der fiktiven Vorstellung einer wohlinformierten Gruppe ist es folglich ein Leichtes, vielfältige Beispiele für Medienwirkungen zu entwickeln, die aus gesellschaftlicher Sicht als positiv gelten können. Sogar JOHN G. HEAD, lange Zeit Befürworter der Paternalistischen Meritorik, sieht diesen Punkt in aller Deutlichkeit: „In many of the examples frequently quoted of the inferior tastes of less educated groups, it is easy to discern the external diseconomies suffered by a sophisticated elite regularly exposed to the sights and sounds of an uncongenial popular culture."[516] Gerade im Medienbereich prallen zwangsläufig divergierende Vorstellungen von Programminhalten aufeinander, die sich weder durch eine meritorische Sichtweise auflösen noch durch präferenzbasierte Erklärungsansätze wissenschaftlich gehaltvoll analysieren lassen.

6.1.2.2 Negative gesellschaftliche Wirkungen durch den Konsum von Medien

Neben den positiven Wirkungen des Medienkonsums werden wissenschaftlich ebenfalls negative Medienwirkungen für die Gesellschaft untersucht. Der Katalog, der im Zusammenhang mit negativen Medienwirkungen diskutiert wird, ist dabei keineswegs weniger vielfältig und lang wie der positiver Medienwirkungen. Vermutet wird, dass negative Medienwirkungen im Wesentlichen dem Konsum von Sendungen entspringen, die Politik, Religion, Sex oder Gewalt zum Inhalt haben. Exemplarisch können diese negativen Wirkungen darin bestehen, dass

- der politische Wettbewerb aufgrund politisch orientierter Agitation und Fehlinformation verzerrt wird, Extremismus und Rassenhass zunehmen.
- (Pseudo)Religionen und Sekten sich mithilfe der medialen Inszenierung von Missionierungssendungen ausbreiten können.
- erotische und pornografische Sendungen zu einer Erotisierung der Gesellschaft beitragen, bei Zuschauern also die sexuelle Reizschwelle senken.[517]
- Unfall- und Katastrophenfilme die Angst vor solchen Unglücken schüren.
- Action- und Gewaltprogramme zu einem Anstieg von Kriminalität und gesellschaftlicher Gewalt führen. Auch die Schwelle für Verbrechen und Gewaltbereitschaft würde dann herabgesetzt.

Auf den ersten Blick mag die Frage nach den Wirkungen medialer Güter innovativ erscheinen, gilt doch die weite Verbreitung – vor allem elektronischer – Massenmedien als ein Wegbereiter der Moderne. Nicht übersehen werden darf jedoch, dass schon in der griechischen Antike über die schädlichen gesellschaftlichen Wirkungen

---
[516] Head (1966), S. 15.
[517] Vgl. Brosius (1996), S. 419.

von Gewaltdarstellungen und (der altgriechischen Bezeichnung folgend) Pornografie in bildlicher, verbaler oder schriftlicher Form gestritten wurde.

Im Vordergrund stand dabei nicht nur die Stärke der gesellschaftlichen Wirkungen, sondern vor allem deren Richtung. In seinem Werk „Politeia" vermutet PLATON (427–347 v. Chr.), von schriftlichen Darstellungen – also den ersten Medien – würde ein schlechter Einfluss auf die Gesellschaft ausgehen, falls diese beispielsweise wie in HOMERs Erzählungen das unsittliche Verhalten der Götter zum Gegenstand hätten. Auf den Leser ginge von diesen Texten eine anregende Wirkung aus, weshalb die Gefahr erwachse, die geschilderten Handlungen würden in die Realität umgesetzt. Würde der individuelle Konsum stimulierend auf den Betrachter wirken, können bestimmte Darstellungen zu *antisozialen Wirkungen* führen.

Demgegenüber sah PLATONs Schüler ARISTOTELES (384–322 v. Chr.) überwiegend die sozial wertvollen Wirkungen bestimmter Darstellungen, vor allem im Theater. Von Gewaltdarstellungen gingen reinigende, sozialhygienisch notwendige Wirkungen aus, die die Gewaltbereitschaft der Zuschauer (und somit der Gesellschaft) nicht erhöhen, sondern senken würden. Als Vertreter *prosozialer Wirkungen* sah ARISTOTELES im (Medien)Konsum eine Reinigung der Seele der Zuschauer, also einen Prozess der Katharsis statt der Stimulanz. Übertragen auf die Wirkungen moderner, elektronischer Medien lässt sich zum einen schließen, dass auch von augenscheinlich wenig sozialen Medieninhalten positive wie negative Wirkungen ausgehen können.

Zum anderen macht die lange Debatte um die Wirkung der Medien deutlich, dass keineswegs nur Fernsehprogramme im Verdacht stehen, mit positiven oder negativen Wirkungen auf die Gesellschaft verbunden zu sein. Neben den Wirkungen klassischer elektronischer Medien wie dem Fernsehen und Radio gilt es, neue elektronische Medien wie Computerspiele – Ego-Shooter, Strategiesimulationen und Adventures – oder das Internet – Rollenspiele und virtuelle Welten – ebenso zu berücksichtigen wie die Wirkungen von gedruckten Medien – Zeitungen, Zeitschriften und Büchern – und die von Musik – klassische Musik bis hin zu Techno und Heavy Metal.

Obwohl mit den Thesen von PLATON und ARISTOTELES zur Stimulanz und Katharsis bereits seit der Antike die Extrempositionen klar abgesteckt sind, wird die Debatte um die Wirkungen medialer Güter seit Jahrhunderten vehement geführt und gilt bis heute nicht als abgeschlossen.[518] Beispielsweise haben sich in den letzten Jahrzehnten mehrere Hundert Studien unterschiedlichster Fachrichtungen mit dem Themenkomplex „Mediale Gewalt und Gesellschaft" beschäftigt. Trotz vielfach konträrer Ergeb-

---

[518] ADAM SMITH betont die positiven Wirkungen von Malerei, Poesie, Musik, Tanz und allen Arten des Dramas auf die Moral der Gesellschaft. Unterhaltung und Ablenkung seien in der Lage, die unsoziale und strenge Moral bestimmter gesellschaftlicher Gruppen wie religiöser Sekten zu korrigieren, da besonders im Drama deren Tricks öffentlich der Lächerlichkeit preisgegeben würden. Vgl. **Smith** (1776/1981b), S. 206 f.

nisse stimmen die meisten Studien im Grundtenor dahingehend überein, dass weder die Stimulanz- noch die Katharsis-Hypothese in Reinform haltbar sind, sondern beide der Relativierung und Erweiterung um zusätzliche Einflussfaktoren bedürfen. Zur ursprünglichen Katharsis-Hypothese traten die Überlegungen, dass Gewaltdarstellungen möglicherweise eine hemmende Wirkung (Inhibition) entfalten könnten. Neben der reinen Stimulanz wurde ebenfalls die Habitualisierung und die Suggestion durch Gewaltsendungen – die Abstumpfung gegenüber Gewalt oder die Nachahmung einer Gewalthandlung – näher analysiert. Der Rechtfertigungsthese zufolge könne mediale Gewalt zur Legitimation eigener realer Gewalt dienen.

Statt einer Sichtung und Bewertung der inzwischen wohl unüberschaubaren Vielzahl an empirischen Ergebnissen soll an dieser Stelle der Versuch unternommen werden, Medienwirkungen im Rahmen des ökonomischen Forschungsprogrammes zu analysieren. Forschungsleitend muss dabei die Frage sein, inwieweit die Existenz von Medienwirkungen von Bedeutung für die institutionelle Ausgestaltung des Fernsehmarktes ist, d. h. für den medienrechtlichen Regulierungsrahmen ebenso wie für die gesellschaftliche Beurteilung des Marktverhaltens von Fernsehzuschauern und -sendern. Während sich verschiedene Studien mit qualitäts- oder finanzierungsbedingten Ineffizienzen auf Medienmärkten auseinandersetzen, existieren nur vereinzelt ökonomische Modelle, die die gesellschaftlichen Wirkungen von Medien näher betrachten.

6.1.3 Fazit: Vagheit, Omnipräsenz und Unvermeidlichkeit von Medienwirkungen in modernen Gesellschaften

Schon dieser kurze Überblick verdeutlicht nicht nur, welche mannigfaltigen und höchst unterschiedlichen Wirkungen im Zusammenhang mit dem Konsum von Medien genannt werden, sondern vor allem drei aus wissenschaftlicher Sicht zentrale Aspekte.

So kann der Katalog der genannten Medienwirkungen weder als vollständig noch als abgeschlossen gelten, lässt er sich doch ohne Schwierigkeiten um weitere gesellschaftliche und individuelle Phänomene erweitern, die in Verbindung mit Medien gebracht werden können. Selbst eine scheinbare Eingrenzung des Begriffs „Medienwirkung" auf Verhaltensänderungen, die in einem wie auch immer gearteten zeitlichen oder logischen Zusammenhang zum Konsum von Medien stehen, führt in letzter Konsequenz dazu, dass eine unüberschaubare Vielfalt menschlicher Verhaltensweisen unter diese Definition fällt. Über das Aufdecken einer Verbindung zum Medienkonsum lässt sich so nahezu jedes beliebige Verhalten als Medienwirkung darstellen.

Hierzu zählen beispielsweise nicht nur die genannten Akte von Gewalt und Verbrechen als negative Medienwirkungen, sondern ebenso das alltägliche Handeln von Anbietern und Nachfragern auf Märkten jeglicher Art. Je weiter der Zusammenhang zwischen Konsum und Wirkung – zeitlich, kausal oder gesellschaftlich – gefasst wird, desto stärker büßt letztlich der Begriff „Medienwirkung" an inhaltlicher Klarheit und wissenschaftlichem Gehalt ein.

Diese begriffliche Vagheit wiegt umso schwerer angesichts der Bedeutung elektronischer Massenmedien für moderne Gesellschaften. Wenn ein Merkmal der Moderne die zunehmende und schließlich ubiquitäre Verbreitung von Massenmedien in Gesellschaften ist, überrascht es wenig, dass auch Medienwirkungen ein omnipräsentes und gleichzeitig unvermeidliches gesellschaftliches Phänomen darstellen.

6.2 Medienwirkungen durch die Interdependenz von Märkten

Ein erster Ansatz, Medienwirkungen aus ökonomischer Sicht zu analysieren, ergibt sich unmittelbar aus der informationsvermittelnden Funktion von Medien. Da Medien Informationen liefern, die Verhaltensrelevanz auf den unterschiedlichsten Güter- und Dienstleistungsmärkten besitzen können, wird das Marktgeschehen dort erheblich durch das Vorhandensein von Medienmärkten und deren Strukturen beeinflusst.

Dieser Zusammenhang wurde implizit bereits in der Auseinandersetzung mit den Effekten indirekter Finanzierungsregime deutlich. Wie in Abb. 5-7 (auf Seite 259) ersichtlich, versuchen Anbieter von Gütern und Dienstleistungen, durch Werbung Einfluss auf das Verhalten der Nachfrager ihrer Produkte zu nehmen. Würde Werbung zu keiner Verhaltensänderung auf Güter- und Dienstleistungsmärkten führen, wäre die Zahlungsbereitschaft von Produzenten für Werbeeinblendungen gleich null. Eine Werbefinanzierung ausgewählter Sendungen oder von ganzen Programmen wäre bei fehlender Medienwirkung nicht realisierbar.

Daneben führt die Verbindung, die zwischen dem Fernsehmarkt und dem Markt für Politik besteht, zu den beschriebenen Ineffizienzen der Steuerfinanzierung. Zum einen versuchen Politiker, über die Finanzierung politischen Einfluss auf den steuerfinanzierten Sender zu nehmen, um auf dem politischen Markt ein geändertes Verhalten von Wählern zu bewirken. Die Gefahr der Programmbeeinflussung bestünde nicht, wenn Fernsehsendungen ohne Wirkung blieben.

Zum anderen entspringen die Ineffizienzen der Steuerfinanzierung von Fernsehprogrammen dem zweistufigen Prinzipal-Agent-Verhältnis zwischen Wählern, Politikern und dem Sender, welches durch erhebliche Informationsasymmetrien gekennzeichnet ist. Trotz der Bedeutung, die politische Informationen für den Ausgang einer Wahl besitzen, sind die Anreize für einzelne Wähler relativ gering, sich zu informieren und an der Wahl teilzunehmen.[519] Jeder Wähler kann davon ausgehen, dass seine Stimme nur mit einer geringen Wahrscheinlichkeit das Wahlergebnis beeinflusst. Gleichzeitig muss er die Folgen einer falschen Wahlentscheidung nur zu einem unbedeutenden Teil tra-

---

[519] Vgl. **Schmitz** (1990), S. 154.

6.2 Medienwirkungen durch die Interdependenz von Märkten

gen. Folgen Wähler dem einfachen Rationalitätskalkül, werden sie sich vor der Wahl in nicht nennenswertem Umfang informieren und kaum an der Stimmabgabe beteiligen. Dass Wähler faktisch informiert zur Wahl gehen, scheint demnach paradox.[520]

Eine unzureichende Kostenkontrolle des Senders resultiert ebenso aus den mangelnden Anreizen von Politikern wie denen von Wählern. Politiker tragen zum Kollektivgut einer effektiven Kontrolle ebenso wenig bei wie Wähler zum Kollektivgut einer fundierten Wahl. In jedem der beiden Fälle führen die Anreize der Beteiligten dazu, dass die grundlegende Informationsasymmetrie nicht überwunden wird. Aufgrund der *rationalen Ignoranz* der Prinzipale verfügt der jeweilige Agent über einen Informationsvorsprung, der einen Spielraum für Handlungen im eigenen Interesse eröffnet.

Im jeweiligen Fall stellt die Kontrolle ein öffentliches Gut dar, das allen Steuerzahlern oder Wählern zugute kommt, aber in einem zu geringen Umfang produziert wird, da das individuelle und das gesellschaftliche Vorteilskalkül auseinanderfallen. Dass es sowohl für Politiker wie für Wähler individuell rational ist, sich nicht an dem Kollektivgut zu beteiligen, schließt jedoch nicht aus, Appelle an das Verhalten anderer Gesellschaftsmitglieder zu richten. Die Forderung nach mehr politischer Information und einer höheren Wahlbeteiligung ist daher ebenso rational wie die nach einer stärkeren Kostenkontrolle steuerfinanzierter Sender.

Am Beispiel der Werbe- und Steuerfinanzierung von Fernsehprogrammen zeigt sich damit, dass die informationsvermittelnde Funktion von Medien eine erhebliche Relevanz für die Funktionsfähigkeit von Märkten haben kann. Besonders offensichtlich ist diese Bedeutung von Medien, wenn Qualitätsdefizite in dem betrachteten Markt bestehen, die sich auf Informationsasymmetrien zwischen Anbietern und Nachfragern zurückführen lassen. Medien können einer asymmetrischen Informationsverteilung entgegenwirken, indem sie der schlechter informierten Marktseite eine Selbstinformation im Sinne eines Screening gestatten oder indem sie der besser informierten Marktseite die Vermittlung bestehender Informationen im Sinne des Signaling ermöglichen. Die Wirkung von Medien kann dann darin bestehen, ein Marktversagen durch adverse Selektion zu verhindern.

Zu dem Aspekt der grundsätzlichen Funktionsfähigkeit eines Marktes tritt die Intensität des Wettbewerbs. Diese wird maßgeblich von jenen Informationen beeinflusst, die Anbietern und Nachfragern zur Verfügung stehen. Wettbewerbstheoretisch kann die Wirkung von Medien darin bestehen, Wettbewerb auf Märkten nicht nur grundsätzlich durch die Überwindung von Informationsasymmetrien zu ermöglichen, sondern durch verhaltensrelevante Marktinformationen zu stärken.

Sowohl das Verhindern eines Marktversagens als auch die Förderung von Wettbewerb zeigt sich erst, wird nicht durch Annahme beispielsweise homogener Güter,

---

[520] Ausführlich zum Wahlparadoxon vgl. **Mueller** (1987), **Mueller** (2003), S. 303 ff.

einheitlicher Preise oder eines punktförmigen Marktes von bestehenden Unsicherheiten und Informationsasymmetrien der Marktteilnehmer abstrahiert. Die Informationen, die durch Medien vermittelt werden, können dann von Relevanz für die Funktionsfähigkeit eines Marktes sein und stellen eine Verbindung zwischen dem Medienmarkt und dem jeweils betrachteten Einzelmarkt her. Aus ökonomischer Perspektive entspringen Medienwirkungen folglich der Interdependenz von Märkten. Diese marktliche Interpretation von Medienwirkungen wird im weiteren Verlauf von entscheidender Bedeutung sein, um das Entstehen von Medienwirkungen im Sinne der ökonomischen Theorie zu erklären.

6.3 Meritorische Medienwirkungen als unmittelbare Begründung eines Markteingriffs

6.3.1 Gemeinschaftsbedürfnisse als Kernaspekt Paternalistischer Meritorik

Im Laufe der bisherigen Diskussion ist es an verschiedenen Stellen notwendig gewesen, auf meritorische Argumente einzugehen. Die Auseinandersetzung mit dem medienökonomischen Forschungsprogramm hat die wissenschaftstheoretische Frage aufgeworfen, inwieweit das individuelle Verhalten von Zuschauern eine geeignete Basis für eine wissenschaftliche Medienökonomik sein kann. Die von der Paternalistischen Meritorik hierauf gegebenen Antworten stellten sich bei genauerer Betrachtung als methodisch zweifelhaft heraus und liefen im Grunde genommen stets auf die Anmaßung hinaus, Zuschauer seien – gemessen an einem externen Maßstab – unwissend. Unabhängig von diesen wissenschaftlichen Defiziten ließ sich der paternalistische Ansatz auf zwei Kernaspekte – die Annahme individueller Unwissenheit und die vermeintliche Unterbewertung der gesellschaftlichen Funktion von Medien – reduzieren.

Bei der Auseinandersetzung mit der Qualität von Medien erwies sich die Annahme individueller Unwissenheit als wenig tragfähiges Argument zur wissenschaftlichen Begründung der Meritorik.[521] Anders als in der Meritorik können Probleme durch Informationsasymmetrien differenzierter und wissenschaftlich weniger strittig mithilfe der Theorie des Marktversagens analysiert werden, auf deren Grundlage sich zudem politische Maßnahmen zur Beseitigung eines solchen Marktversagens erörtern lassen. Angesichts der starken Argumente, die in den letzten Jahrzehnten von zahlreichen Autoren gegen die traditionelle Meritorik vorgebracht wurden und die sich in der Analyse hier ausnahmslos bestätigten, verwundert die ungebrochene Popularität von paternalistischen Argumenten sowohl in der Wissenschaft – wie der Finanzwissenschaft[522]

---

[521] Zu Informationsasymmetrien als einem Grund für ein Marktversagen vgl. Kap. 4, S. 89.

[522] Meritorische Argumente tauchen immer noch in der Standardliteratur zur Finanzwissenschaft auf. Beispielsweise lassen sich in dem Lehrbuch von SCHÖNFELDER/STIGLITZ mehr als ein hal-

6.3 Meritorische Medienwirkungen als unmittelbare Begründung eines Markteingriffs 285

und der Medienökonomik[523] – als auch in der medienpolitischen Praxis. Offensichtlich konnte die breite Kritik den Rückgriff auf meritorische Argumente nicht verhindern. In der praktischen Medienpolitik taucht meritorisches Gedankengut in verschiedensten Facetten auf, häufig ohne expliziten Verweis auf die Meritorik. Hierzu zählen zum einen die in Deutschland wie im Ausland bestehenden Angebotspflichten in Form von Programmstrukturauflagen und die gegenwärtig diskutierte Funktionsorientierung der öffentlich-rechtlichen Anstalten.[524] Zum anderen trägt die Debatte um eine Besteuerung kommerzieller Anbieter, die der Subventionierung gemeinwohlorientierter Programme dient, deutlich meritorische Züge.[525] Trotz bekannter Defizite wird die Verwendung der Meritorik damit gerechtfertigt, dass die gesellschaftliche Bedeutung von Medien von Zuschauern vermeintlich gar nicht oder zu wenig berücksichtigt werde. Die gesellschaftlichen Wirkungen medialer Güter dienen so der Legitimation einer kaum verschleierten paternalistischen Herangehensweise.

Diesem zweiten Kernaspekt der traditionellen Meritorik soll im Folgenden nachgegangen werden. Während in der (Medien)Ökonomik die Auseinandersetzung mit der Paternalistik meist als grundsätzliches Pro-und-Kontra zur Konsumentensouveränität geführt wird, soll das Augenmerk – neben der wissenschaftlichen Validität der angeführten Begründung – den Effekten einer paternalistisch motivierten Intervention in den Fernsehmarkt gelten. Die wesentlichen Instrumente für einen solchen Eingriff, die auch in der Medienpolitik Anwendung finden, stellen Angebotspflichten und die finanzielle Programmförderung dar, weshalb sich die Effekte eines Markteingriffs anhand dieser beiden Instrumente theoretisch wie praktisch relevant analysieren lassen.

6.3.1.1 Analytisches Modell eines meritorisch motivierten Markteingriffs

Die bisherige Auseinandersetzung mit der Meritorik folgte der traditionellen Debatte in ihrer verbalen Form. MUSGRAVE wie die meisten seiner Kritiker verzichtete auf die

---

bes Dutzend Verweise auf meritorische Gesichtspunkte finden, u. a. im Zusammenhang mit Fragen des Wohnungsbaus, der Steuergesetzgebung oder des Bildungssystems. Analog sieht GOTTSCHALK die Meritorik keineswegs als abgeschlossenes Kapitel der Finanzwissenschaft und diskutiert auf meritorischer Basis aktuelle Fragen der Ökosteuer oder des Solidaritätsbeitrags. Vgl. **Schönfelder/Stiglitz** (1989), u. a. S. 367 ff., S. 525 f., S. 237 f., **Gottschalk** (2001), S. 165.

[523] KIEFER verweist in ihrer für Kommunikationswissenschaftler konzipierten Einführung in die Medienökonomik auf den (aus ihrer Sicht) weitgehend unbestrittenen meritorischen Charakter von – vor allem journalistischen und informativen – Medienprodukten. Umstritten sei demgemäß in der Ökonomie nicht die Existenz von meritorischen Bedürfnissen, sondern lediglich deren Definition und Finanzierung. Vgl. **Heinrich** (1999), S. 41 f., S. 602 f., **Kiefer** (2001), S. 138 f., S. 156 f., analog **Gundlach** (1998), S. 61, S. 391, **Wacker** (2007), S. 57 f.

[524] Vgl. **Glotz/Goebel/Mestmäcker** (1998), S. 93, analog **Bullinger** (1999), S. 83 ff., **Levin** (1980), S. 269 f.

[525] Vgl. **Levin** (1980), S. 271 f.

in der Ökonomik übliche analytische Darstellungsform.[526] Leichter verständlich und wissenschaftlich präziser lassen sich hingegen die Wirkungen meritorischer Instrumente anhand eines mikroökonomischen Marktmodells analysieren (Abb. 6-1). Zudem verfügt bereits diese einfache Form der Darstellung über einen weiteren Vorteil. Für MUSGRAVE waren neben allokativen Fragen auch (re)distributive Aspekte von Bedeutung und geradezu untrennbar mit dem Konzept der Meritorik verbunden.[527] Diesen Verteilungswirkungen durch die Meritorisierung des Guts wird daher im Folgenden ebenso nachgegangen wie den rein allokativen Wirkungen.

In Abb. 6-1 ist das Verhalten von Anbietern und Nachfragern bestimmter Fernsehsendungen wiedergeben, die als meritorisch eingeschätzt werden. Der normale, steigende Verlauf der Angebotskurve macht deutlich, dass hier zur einfachen Darstellung die bisher erörterten Ursachen für ökonomische Nicht-Rivalitäten – Subadditivitäten im Angebot und Nicht-Rivalitäten im Konsum – nur von nachrangiger Bedeutung sind, weil diese sich zum Beispiel bereits erschöpft haben oder aufgrund der Distributionsform keine Rolle spielen. Die betrachteten Fernsehsendungen stellen folglich ein normales, privates Gut dar.[528]

---

[526] Ausnahme von dieser Regel sind TIETZEL/MÜLLER, die einer Idee von WEST/MCKEE folgend die Auseinandersetzung mit der Meritorik anhand von Marktdiagrammen führen. Diese Darstellungsform wird hier übernommen. Vgl. **West/McKee (1983)**, S. 1112 f., **Tietzel/Müller (1998)**, **Müller/Tietzel (2002)**.

[527] Der Verteilungsaspekt wird an vielen Stellen in MUSGRAVEs Werk zu einem wesentlichen Merkmal der Meritorik, ist jedoch in seinem Ansatz aus dem Jahre 1959 noch nicht zu finden. Vgl. **Andel (1984)**, S. 640.

[528] Im Gegensatz zu den bisher verwendeten Nachfragefunktionen, die unmittelbar die Zahlungsbereitschaft einzelner Nachfrager für ein nicht-rival konsumiertes Fernsehprogramm abbilden, sind die im Folgenden dargestellten Nachfragekurven „normal" definiert. Sie folgen damit der ALFRED MARSHALL zugeschriebenen Tradition, das Verhalten von Nachfragern als mengenmäßige Reaktionen auf Preisänderungen zu erfassen. Nicht übersehen werden darf, dass aus Konsumentensicht jede Preissenkung nicht lediglich zu einer Mengenänderung beim betrachteten Gut führt. Hinzu kommen ein Substitutionseffekt zugunsten oder zulasten anderer Güter sowie ein Einkommenseffekt. Bei einem Preisrückgang ist dieser Einkommenseffekt stets positiv, bewirkt also eine Besserstellung der Nachfrager. Methodisch lässt sich mit dem Einkommenseffekt auf zwei Arten umgehen. Einerseits kann der Effekt ignoriert werden, indem das Nominaleinkommen konstant gehalten wird. Andererseits wäre eine Kompensation des Effekts möglich, die das Realeinkommen unveränderlich halten würde. Die hier wie im Folgenden dargestellten Nachfragefunktionen vernachlässigen den Einkommenseffekt, da dieser in den gewählten Beispielen gering sein dürfte.
In der ökonomischen Literatur werden – z.B. bei HANUSCH – Nachfragekurven, die das Nominaleinkommen konstant halten, als „normale" oder MARSHALLsche Nachfragekurven bezeichnet – auch wenn selbst MARSHALL in den „Principles of Economics" diesen Weg keineswegs ausnahmslos beschritten hat. An vielen Stellen werden dort kompensierte Nachfragefunktionen verwendet, die seit JOHN HICKS' Kritik an MARSHALLs Konzept „HICKSsche Nachfragekurven" genannt werden. Vgl. **Marshall (1890/1920)**, S. 95, **Friedman (1949)**, S. 463 ff., **Hanusch (1994)**, S. 24 f., S. 38.

6.3 Meritorische Medienwirkungen als unmittelbare Begründung eines Markteingriffs

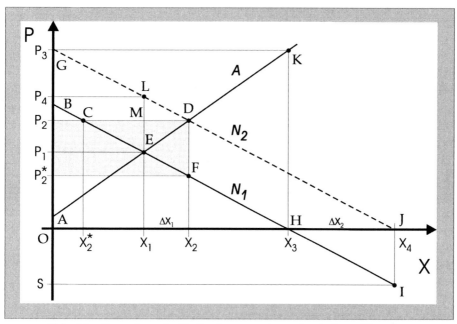

Abb. 6-1: Fernsehmarkt für Sendungen mit meritorischem Charakter

Entsprechend der ursprünglichen Definition von MUSGRAVE tritt die Eigenschaft als meritorisches Gut unabhängig von und zusätzlich zu möglichen Kollektivguteigenschaften auf. Ein privates ebenso wie ein öffentliches Gut kann also meritorisch sein. Im Ausgangszustand vor dem staatlichen Markteingriff stellt sich aufgrund des Verlaufs der Angebotskurve A und Nachfragekurve N_1 ein Marktpreis von p_1 bei einer Menge x_1 ein (Punkt E). Da die betrachteten Fernsehsendungen im vorliegenden Fall als meritorisches Gut gelten sollen, verläuft die Nachfragekurve über das gesamte Spektrum möglicher Mengen unterhalb jener Nachfrage, wie sie sich zeigen würde, wenn Konsumenten das Gut nicht aufgrund falscher Präferenzen gering schätzen und zu wenig hiervon nachfragen würden. Die gestrichelte Nachfragekurve N_2 würde im Gleichgewicht aufgrund der scheinbar höheren Zahlungsbereitschaft der Konsumenten zu einer Ausweitung der konsumierten Menge von x_1 auf x_2 führen. Bei unverändertem Angebot stiegt parallel mit der Menge der Preis von p_1 auf p_2 (Punkt D). Real, d. h. auf Basis der Nachfragekurve N_1, sind Nachfrager jedoch nur bereit, für die Menge x_2 den Preis p_2^* im Gleichgewicht zu zahlen (Punkt F).

Den Überlegungen MUSGRAVEs folgend, legitimiert die Eigenschaft als meritorisches Gut den Bruch mit der Konsumentensouveränität und die Korrektur des Verhaltens. Um das Wollen der Individuen zu beeinflussen, besteht die Möglichkeit, an dem jeweiligen Können anzusetzen. Im vorliegenden Fall ließe sich das Verhalten der

Nachfrager entweder durch den Zwang zum Konsum oder durch eine Beeinflussung des für sie gültigen Marktpreises erreichen.

Die unterschiedliche Wirkungsweise dieser meritorischen Eingriffsmöglichkeiten lässt sich anhand des dargestellten Marktes verdeutlichen: Sowohl die Zwangs- wie die Subventionsmaßnahme sollen die nachgefragte Menge des meritorischen Guts erhöhen. In der Abbildung ergibt sich dieses Mengenwachstum von x_1 auf x_2 (der Abstand Δx_1) aus dem Anlegen der externen Nachfragefunktion N_2. Da unabhängig von der Wahl der Maßnahme die Menge x_2 das Ziel der meritorischen Eingriffe ist, unterscheiden sich die beiden Ansätze nur in der Beeinflussung des relevanten, für die Nachfrager gültigen Preises. Selbst der Konsumzwang, also das Verordnen einer bestimmten Nachfrage, lässt sich dementsprechend als Eingriff in den Preismechanismus verstehen.

Dabei tritt im Fall des Zwangskonsums bzw. der Konsumpflicht das meritorisch begründete Aussetzen der Konsumentensouveränität besonders deutlich zutage. Die eigentliche Nachfragefunktion N_1 wird mithilfe paternalistischer Argumente für inferior erklärt und verliert bei der Gestaltung politischer Maßnahmen ihre Gültigkeit. Als einzig valide Nachfrage gilt nun die Kurve N_2, die zwar mit der beabsichtigten Mengensteigerung, für die Konsumenten aber auch mit einer Preiserhöhung verbunden ist.

Der Zwangscharakter der Maßnahme hat aus ihrer Sicht zwei nachteilige Effekte, da die Nachfragekurve N_1 unverändert die faktisch bestehende Wertschätzung der Nachfrager ausdrückt. Erstens wird die Entscheidungsfreiheit der Konsumenten eingeschränkt, Mengeneinheiten entsprechend vorhandener Präferenzen nachzufragen. Über diese Einschränkung in der Konsumentensouveränität hinaus würden Nachfrager zweitens durch die Preissteigerung von p_1 auf p_2 – als Ausdruck für den gestiegenen gesellschaftlichen Ressourcenverbrauch – finanziell schlechter gestellt.

Beim Preis p_2 liegt die eigentlich nachgefragte Menge nicht bei x_2, sondern bei x_2^* (Punkt C). Die ursprüngliche Konsumentenrente, die Fläche des Dreiecks p_1EB, sinkt durch die Preiserhöhung auf die wesentlich kleinere Fläche p_2CB.[529] Jenseits der Menge x_2^* bis x_2 tritt zu dieser positiven noch eine *negative Konsumentenrente* in Höhe der Fläche des Dreiecks CFD, die Ausdruck dafür ist, dass Nachfrager in diesem Mengenbereich gezwungen werden, einen Preis über der maximalen Zahlungsbereitschaft aufzuwenden.[530] In diesem Sinne ist die Höhe der negativen Konsumentenrente ein Maß für die Stärke des ausgeübten Zwangs. Mithilfe dieses Maßes lässt sich insgesamt die

---

[529] Anders als bei WEST/MCKEE wird hier als Maß für den ausgeübten Zwang die Konsumentenrente, nicht die Differenz zwischen den Grenzraten der Substitution und der Transformation verwendet. Vgl. **West/McKee** (1983), S. 1113.

[530] Es gibt zwei Wege, diese negative Konsumentenrente zu bestimmen. Erstens entspricht die Rente der Fläche, die zwischen Zahlungsbereitschaft und Marktpreis bei jeder Mengeneinheit entsteht, d. h. der Summe aus den Einzelrenten für jede Mengeneinheit. Zweitens gleicht die Rente dem Nettonutzen der Konsumenten, also dem Saldo aus absolut gesamtem Konsumentennutzen (DUPUITs „utilité absolue") abzüglich der Nutzeneinbußen aus den Ausgaben.

6.3 Meritorische Medienwirkungen als unmittelbare Begründung eines Markteingriffs

Schlechterstellung der Nachfrager durch den Pflichtkonsum als Fläche p_2DFEp_1 quantifizieren. Dies sind die gesellschaftlichen Kosten, die die Konsumenten für den meritorisch begründeten Konsumzwang zu tragen haben.

Demgegenüber liegt der Subventionsmaßnahme eine andere Vorgehensweise zugrunde. Zwar führt die finanzielle Förderung mengenmäßig zum gleichen Ergebnis, doch sowohl die Gestaltung des Eingriffs als auch das Marktgeschehen sind hier anders. Wie zuvor wird die Nachfrage entsprechend der Kurve N_2 einer Nachfrage N_1 als höherwertig und überlegen betrachtet. Letztere wird jedoch nicht als inferior schlicht übergangen, sondern dient als Basis zur Korrektur des realen Verhaltens, da hieran die Stärke der anzusetzenden Maßnahme ablesbar ist.

Maßnahmenübergreifend beschreibt die Nachfragekurve N_2 ein Verhalten, das politisch aufgrund meritorischer Überlegungen angestrebt wird. Analog wird deshalb aus dem Schnittpunkt von N_2 mit der Angebotskurve A die Menge x_2 bestimmt (Punkt D). Konsumenten würden diese Menge auch ohne Zwang nachfragen, allerdings wären sie hierzu auf Basis der Nachfragekurve N_1 nur bei einem Preis von p_2^* bereit (Punkt F). Bei diesem Preis kommt jedoch kein Angebot in hinreichendem Ausmaß zustande, weshalb ein Gleichgewicht zwischen Angebot und Nachfrage nicht erreicht wird. Die Subvention des meritorischen Guts setzt an dieser Lücke zwischen der Zahlungsbereitschaft der Nachfrager und der Preisforderung der Anbieter an. Bei der Menge x_2 stellt sich ein Gleichgewicht auf dem Markt ein, wenn das für die Nachfrager entstehende Defizit pro Mengeneinheit in Höhe von p_2 minus p_2^* durch die finanzielle Förderung getragen wird. Fragen Konsumenten das Gut nach, erhalten sie die zweckgebundene Subvention pro Mengeneinheit $p_2 - p_2^*$. Der gesamte Subventionsbedarf ergibt sich damit für diese Stücksubvention über die Gesamtmenge x_2, insgesamt also die (grau hervorgehobene) Fläche des Vierecks $p_2^*FDp_2$.

Im Vergleich zur Situation ohne den Eingriff und im Gegensatz zum Zwangskonsum werden die Konsumenten des Guts nun erheblich bessergestellt. Aus ihrer Sicht erhalten sie das Gut im Umfang von x_2 zu dem günstigen Preis p_2^*. Diese Besserstellung der Nachfrager lässt sich ebenfalls anhand der Konsumentenrente ablesen: Zu der ursprünglichen Rente in Höhe der Fläche des Dreiecks p_1EB kommt die Fläche $p_1Efp_2^*$, womit sich eine gestiegene Rente in Höhe von p_2^*FB ergibt.

Das Maß der Besserstellung hängt nicht davon ab, ob die Konsumenten real in den Besitz der Subventionssumme gelangen. Das bislang angeführte Beispiel einer direkten Förderung würde den Nachfragern den Förderbetrag physisch zugänglich machen, ohne dass sich der Betrag anderweitig verwenden ließe als zum Kauf des Guts. Um die Effekte der finanziellen Förderung des meritorischen Guts in Reinform diskutieren zu können, sind Substitutionsmöglichkeiten damit annahmengemäß ausgeschlossen.[531]

---
[531] Um diese Effekte aus der Veränderung des Realeinkommens explizit auszuklammern, sind alle Nachfragekurven als „normal" und die Ausgaben, die auf das Gut entfallen, als im Budget un-

Da aus Nachfragersicht die Subvention aufgrund der Zweckbindung lediglich zu gesenkten Preisen führt, ist sie mit einer unmittelbaren Preissenkung auf der Angebotsseite vergleichbar. Durch den Wechsel der Marktseite ist somit ein indirektes Vorgehen denkbar, bei dem nicht die Konsumenten für die Nachfrage des Guts, sondern die Produzenten für dessen Angebot eine finanzielle Förderung erhalten. Bei unveränderter Nachfrage würde sich in Abb. 6-1 die Angebotskurve parallel um die Strecke der Preisdifferenz $p_2 - p_2^*$ nach unten verschieben. Die neue Angebotskurve würde die Nachfragefunktion N_1 im Punkt F schneiden, sodass sich ein neues Marktgleichgewicht bei der Menge x_2 und dem Preis p_2^* ergäbe. Die Beeinflussung des Angebots hätte dann den gleichen Effekt wie die Veränderung der Nachfrage: Durch die in ihrer Höhe unverminderte Stücksubvention $(p_2 - p_2^*)$ über die gesamte Menge x_2 würde diese Menge wie gewünscht nachgefragt. Unverändert blieben hierbei die entstehenden Renten.

Letztlich zeigt sich, dass die Anbieter des Guts von der ergriffenen Maßnahme in stets gleicher Weise profitieren, unabhängig davon, ob der Eingriff im Konsumzwang, einer direkten oder einer indirekten finanziellen Förderung des Guts besteht. In allen drei Fällen steigt die Menge von x_1 auf x_2 entlang der Angebotskurve A, was aus Sicht der Anbieter – unabhängig vom Verhalten der Nachfrager – zu einer Preissteigerung auf den Preis p_2 führt (Punkt D). Durch jede der Maßnahmen werden die Anbieter bessergestellt, steigt doch die Produzentenrente, also die Differenz von minimaler Preisforderung und Marktpreis über die umgesetzte Menge, stets von AEp_1 auf ADp_2.

6.3.1.2 Effekte eines meritorisch motivierten Markteingriffs

a. Bewertung des meritorischen Markteingriffs aus Sicht der Marktteilnehmer

Die unterschiedlichen Effekte, zu denen die meritorisch motivierten Markteingriffe Zwang und Subvention für Anbieter und Nachfrager des Guts führen, fasst Tab. 6-1 zusammen. Einander gegenübergestellt sind die Veränderungen der Konsumenten- und Produzentenrente sowie der Soziale Überschuss als Saldo dieser Veränderungen.[532]

Die Übersicht macht zwei wesentliche Wohlfahrtseffekte des meritorischen Markteingriffs deutlich. Einerseits sind die Anbieter des Guts stets Nutznießer der Meritorisierung, profitieren sie doch von der gleichzeitigen Steigerung von Mengen und Preisen, wie sie in jedem Fall Folge der Maßnahmen war. Dieses Ergebnis würde sich ändern, falls die Anbieter zur kostenlosen Abgabe des Guts gezwungen würden, also die

---

tergeordnet definiert. Die Nachfragefunktionen sind damit robust gegen Preissenkungen des Ausgangsguts und verschieben oder drehen sich nicht bei direkter Subvention. Ebenso wenig verlagert sich die Angebotskurve bei indirekter Förderung.

[532] Zu den Möglichkeiten und Grenzen der Analyse von Produzenten- und Konsumentenrenten vgl. Kap. 5.1.1.1 c., S. 122.

6.3 Meritorische Medienwirkungen als unmittelbare Begründung eines Markteingriffs

Kosten der Subvention selbst zu tragen hätten. Auf die Bedeutung einer solchen Angebotspflicht für den Fernsehmarkt wird im weiteren Verlauf einzugehen sein.

	Konsumentenrente	Produzentenrente	Sozialer Überschuss
Zwang	− ($- p_2 DFEp_1$)		− ($-$ EDF)
Subvention	+ ($+ p_1 EFp_2^*$)	+ ($+ p_1 EDp_2$)	− ($-$ EDF) + ($+ p_2 DEFp_2^*$, ohne Subvention)

Tab. 6-1: Wohlfahrtseffekte eines meritorischen Markteingriffs

Andererseits können Nachfrager ebenfalls von dem meritorischen Eingriff profitieren, sofern sie dessen Kosten nicht zu tragen haben. Wenig überraschend gilt dies für die Subventionslösung, da hier nicht nur die zusätzlich angebotenen, sondern alle Mengeneinheiten zu einem günstigeren Preis als vormals angeboten werden. Insgesamt schlechter gestellt werden Konsumenten, falls sie beim Zwangskonsum zur Finanzierung des meritorischen Guts herangezogen werden, da der für sie gestiegene Preis überdies mit dem Zwang einhergeht, eine höhere als die gewünschte Menge zu konsumieren.

Abhängig von der Art der Maßnahme fallen die gesellschaftlichen Wohlfahrtseffekte aus. Da die Anbieter in den hier diskutierten Fällen nicht die Finanzierung des meritorischen Eingriffs zu tragen haben, resultieren Unterschiede im Sozialen Überschuss allein aus der unterschiedlichen Höhe der Konsumentenrente bei Subvention oder Zwangskonsum des Guts.

Augenscheinlich erhöht die Subventionslösung die gesellschaftliche Wohlfahrt, profitieren doch sowohl Anbieter als auch Nachfrager von dem Markteingriff. Nicht übersehen werden darf dabei allerdings der Betrag, der zur Subventionierung des Guts aufgewendet werden muss. Unabhängig von ihrer Herkunft ist die Subventionssumme mit Wohlfahrtseinbußen in anderen gesellschaftlichen Bereichen verbunden, sei es als allokative Verzerrung von Märkten durch die Steuererhebung oder als Opportunitätskosten einer anderen, nun entfallenden Maßnahme. Aus gesellschaftlicher Sicht muss bei der Besserstellung der Marktteilnehmer die Schlechterstellung marktexterner Gesellschaftsmitglieder berücksichtigt werden. Der Subventionsbetrag ist folglich vom Sozialen Überschuss abzuziehen, um ein korrektes Maß für die gesellschaftliche Wohlfahrt zu erhalten. Nach Abzug der Subvention kehrt sich die vermeintliche Vorteilhaftigkeit der finanziellen Förderung des meritorischen Guts ins Gegenteil um. Da die Subventionshöhe die Rentensteigerung der Anbieter und Nachfrager um die Fläche EDF – nach den Monopolstudien von Arnold Harberger auch „Harberger Dreieck" genannt – übersteigt, verschlechtert sich die gesellschaftliche Wohlfahrt.[533] Gleichzeitig beschreibt die Fläche EDF die Kosten der meritorisch motivierten Beeinflussung von Marktpreis und -menge. Demnach würde die Wohlfahrt der Marktteilnehmer in Höhe dieses Dreiecks steigen, wenn der Subventionsbetrag statt durch einen Markteingriff direkt als Geschenk an Anbieter oder Nachfrager ausgezahlt würde.

Demgegenüber stellt der Zwang zum Konsum die Nachfrager unmittelbar schlechter, da sie die Kosten der Meritorisierung selbst zu tragen haben. Auch hier sinkt der Soziale Überschuss in Höhe des Dreiecks EDF, dadurch dass die Verschlechterung der Konsumentenrente nicht durch die Besserstellung der Anbieter überkompensiert wird.[534] Die Fläche EDF kann somit als marktinterner Wohlfahrtsverlust durch den Einsatz der meritorischen Instrumente gesehen werden, da bei beiden Maßnahmen der Soziale Überschuss in diesem Umfang zurückgeht.

b. Bewertung des meritorischen Markteingriffs aus paternalistischer Sicht

Dieses Urteil zu den Wohlfahrtswirkungen beschränkt sich ausschließlich auf die von einer meritorischen Maßnahme betroffenen Nachfrager oder Anbieter, d. h. abgesehen von der angesetzten Subventionssumme ergeben sich die gesellschaftlichen Kosten und Nutzen bislang allein aus der Bewertung der beteiligten Marktteilnehmer. Da in der Paternalistik die Konsumentensouveränität und eine ausschließlich individuelle Sichtweise gerade zugunsten einer stärker gesellschaftlichen Perspektive aufgegeben werden, beschreiben die bisher diskutierten Wohlfahrtseffekte nur unvollständig die durch die meritorische Maßnahme intendierten Effekte, bleiben doch die gesellschaftlichen Nutzenbestandteile – also vermeintliche Gesellschaftsbedürfnisse – außen vor.

Die nahezu ausschließlich in der Literatur als externe Kritik geführte Auseinandersetzung mit der Meritorik ist folglich um eine interne Kritik zu ergänzen, um ein Einschätzung geben zu können, wie vorteilhaft sich meritorische Maßnahmen aus dieser Sicht darstellen. Zu den individuellen Wohlfahrtsveränderungen von Nachfragern und Anbietern tritt somit der Nutzen aus dem Erreichen des meritorischen Ziels, hier

---

[533] Vgl. **Currie/Murphy/Schmitz** (1971), S. 750, S. 771.
[534] In der bisherigen Diskussion wurden die Konsumenten- und Produzentenrente stets als gleichwertige Bestandteile des Sozialen Überschusses behandelt. Da die Renten im Überschuss nicht gewichtet werden, kann – wie im Fall der Zwangsmaßnahme – eine Abnahme der Konsumentenrente durch die Erhöhung der Produzentenrente ganz oder teilweise kompensiert werden.

6.3 Meritorische Medienwirkungen als unmittelbare Begründung eines Markteingriffs

die um Δx_1 gesteigerte Menge des meritorischen Guts. Wäre dieser gesellschaftliche Nutzen geeignet, den für die Marktteilnehmer entstehenden Wohlfahrtsverlust in Höhe von EDF auszugleichen, ließe sich die Maßnahme möglicherweise von einem meritorischen Standpunkt aus legitimieren.

Aus dieser Perspektive mag es eine nachrangige Rolle spielen, wer konkret die Finanzierungslast der Maßnahme trägt. Wurden beim Konsumzwang die Nachfrager selbst zur Finanzierung herangezogen, treten bei der Subventionslösung lediglich andere Gesellschaftsmitglieder an deren Stelle. Da aus gesellschaftlicher Sicht beide Gruppen gleichberechtigt sind, reicht es aus, im Weiteren die Folgen eines allgemeinen meritorischen Markteingriffs zu untersuchen, der zu einem Übergang vom als inferior empfundenen Ausgangspunkt (Punkt E) zum meritorischen Zielpunkt (Punkt D) führt.

Infolge dieses Übergangs ergibt sich eine Mengensteigerung von x_1 auf x_2, die aber zu einer Preissteigerung von p_1 auf p_2 führt. Der höhere Preis ist durch die zusätzlichen Ressourcen – also die gesellschaftlichen Opportunitätskosten – bedingt, die von der meritorischen Maßnahme gebunden werden und für andere Zwecke nicht mehr zur Verfügung stehen. Dabei entsprechen die Auswirkungen des Markteingriffs auf die Angebotsseite den bereits dargestellten Wohlfahrtseffekten. Die Anbieter profitieren von der meritorischen Maßnahme in Höhe der zusätzlichen Produzentenrente $p_1 E D p_2$, unabhängig davon, ob ein rein marktinterner oder weiter gefasster gesellschaftlicher Maßstab angelegt wird. Darüber hinaus lassen sich auch die meritorischen, für die Gesellschaft relevanten Nutzenbestandteile anhand von Abb. 6-1 konkretisieren. Die Nachfragekurve N_2 war Ergebnis der Berücksichtigung aller meritorischen Nutzenbestandteile, d. h. eines Nachfrageverhaltens, wie es aus gesellschaftlicher Sicht sein sollte. Dieses Verhalten würde sich ergeben, falls Nachfrager ohne äußere Veranlassung den Wert aller auftretenden sozialen Nutzenkomponenten schätzen bzw. die zusätzlichen Nutzenbestandteile nicht extern, sondern wie bei normalen Gütern direkt bei den Nachfragern anfallen würden.

Aufgrund ihrer Konstruktion bildet die Kurve N_2 folglich alle individuellen wie gesellschaftlichen Nutzengrößen vollständig und abschließend ab, weshalb sie im Folgenden als *gesellschaftliche Nachfragekurve* bezeichnet werden soll. Außer den in dieser Kurve berücksichtigten Faktoren können keine weiteren Nutzenbestandteile gesellschaftlich relevant sein. Diese Eigenschaft gestattet es, anhand der gesellschaftlichen Nachfragekurve die gesellschaftlichen, nicht nur die marktinternen Effekte der meritorischen Maßnahme zu beurteilen.

Wird der Analyse ausschließlich diese Nachfrage zugrunde gelegt, ergibt sich ein Marktgleichgewicht durch den Schnittpunkt mit Angebotskurve A (Punkt D). Im Ausgangszustand wird dieses Gleichgewicht nicht realisiert, es findet nur ein Marktaustausch bis zur Menge x_1 statt, was einem Markt mit Mengenrationierung entspricht. Jede meritorische Maßnahme hat nun das Ziel, die Menge um Δx_1 auf x_2 zu steigern.

Durch den Eingriff vergrößert sich zwar insgesamt der Soziale Überschuss um die Fläche LDE, der Effekt für die Nachfrager ist jedoch differenzierter. Als *gesellschaftliche Konsumentenrente* ergibt sich die Fläche $GLEp_1$ unter der Kurve N_2. Mit Erreichen des Gleichgewichts verändert sich die Rente und nimmt die Form der Fläche GDp_2 an. Der Vergleich der beiden Flächen lässt drei wesentliche Schlüsse zu.

Erstens ist selbst aus einer gesellschaftlichen Perspektive heraus das meritorische Ziel zweifelhaft. Der Vergleich der beiden Flächen zeigt, dass beim Ergreifen der Maßnahme die gesellschaftliche Konsumentenrente zwar aufgrund der Mengensteigerung um die Fläche LDM steigt, jedoch gleichzeitig preisbedingt um die Fläche p_2MEp_1 abnimmt. Keineswegs eindeutig ist, welche der beiden Flächen im konkreten Fall überwiegt. Schon das Beispiel in Abb. 6-1 zeigt, dass die Verfolgung eines meritorischen Ziels nicht vorteilhaft sein muss, sondern die gesellschaftliche Wohlfahrt verschlechtern kann.[535] Diese Aussage gilt wohlgemerkt, obwohl bereits alle positiven gesellschaftlichen Effekte berücksichtigt wurden.

Der zweite Schluss folgt aus einer genaueren Betrachtung der Fläche p_2MEp_1. Im Status quo kommt es nur zum Tausch von Mengen, die auf Basis von N_2 keine Gleichgewichtsmengen darstellen, weshalb bei der Menge x_1 kein eindeutiger Preis existiert. Vielmehr würde die gleiche Menge zu jedem beliebigen Preis getauscht, der im Spektrum von p_1 bis p_4 liegt. Der konkret realisierte Preis spiegelt die Marktmacht von Anbietern und gesellschaftlicher Nachfrage wider und bestimmt maßgeblich die Rentenverteilung zwischen den Marktseiten. Dass im vorliegenden Fall der Tausch zum Preis p_1 stattfindet, ist auf Basis der Nachfragekurve N_2 nicht zu erklären. Dieser Preis ist aus Sicht der gesellschaftlichen Nachfrage vorteilhaft, nicht jedoch für die Anbieter.

Der Vergleich des Status quo mit der Situation nach erfolgtem Eingriff offenbart den Verbleib der Fläche p_2MEp_1. Aufgrund der partiellen Umverteilung wird sie zu einem Teil der zusätzlichen Produzentenrente p_2DEp_1. Diese Redistribution ist zwar Ergebnis der Beschränkung der Menge auf x_1 bei gleichzeitiger Fixierung des Preises auf p_1, hat aber Konsequenzen für die Beurteilung der meritorischen Maßnahme.

Drittens wirft schon die Konstruktion der gesellschaftlichen Nachfragerkurve N_2 jene Probleme auf, die mit dem Versuch der Objektivierung der Meritorik unvermeidlich sind. Offensichtlich haben die existierenden Nachfrager keine Zahlungsbereitschaft, die über die Kurve N_1 hinausgeht, obwohl durch den Konsum gewisse gesellschaftliche Nutzenbestandteile entstehen. Bei anderen Individuen muss eine solche Zahlungsbereitschaft jedoch vorhanden sein, sonst empfände kein Gesellschaftsmitglied einen meritorischen Zusatznutzen und die Kurven N_1 und N_2 fielen zusammen. Die Frage stellt sich, warum diese Zahlungsbereitschaft nicht als Nachfrage am Markt relevant

---

[535] Generell gilt, dass mit zunehmender Preiselastizität des Angebots die Fläche p_2MEp_1 in Relation zu LDM abnimmt und die Vorteilhaftigkeit der meritorischen Maßnahme verbessert, da die Mengensteigerung Δx_1 im Verhältnis zur Preissteigerung p_1 auf p_2 zunimmt.

wird, sondern die Marktteilnehmer (im Fall der Zwangslösung) oder der Staat (im Fall der Subvention) an die Stelle dieser weiteren Nachfrager treten und deren Zahlungsbereitschaft übernehmen sollen. Diese Frage wird im Zusammenhang mit positiven Externalitäten von zentraler Relevanz sein.

6.3.1.3 Übertragung der Paternalistischen Meritorik auf den Fernsehmarkt

In den bisherigen Überlegungen hat sich der Fernsehmarkt nicht von anderen Märkten unterschieden, auf denen die Angebots- und Nachfragekurve einen normalen Verlauf aufweisen. Somit sind die dargestellten Ergebnisse zwar von allgemeiner Bedeutung, berücksichtigen aber nur unzureichend die Gegebenheiten des Fernsehmarktes.

Ein wesentliches Merkmal dieses Marktes im Vergleich zu anderen Güter- und Dienstleistungsmärkten ist das Vorhandensein indirekter Finanzierungsregime. Die Analyse der Finanzierung medialer Güter hat zahlreiche Anhaltspunkte dafür geliefert, dass eine indirekte Finanzierung zu einer fundamental veränderten Logik des Marktes führt. Die Marktlogik gilt es bei der Anwendung einer paternalistischen Marktintervention auf den Fernsehmarkt zu berücksichtigen.

Im Gegensatz zum Ausgangsszenario eines direkt finanzierten Guts, für das sich in Abb. 6-1 ein Marktgleichgewicht beim Preis p_1 und der Menge x_1 einstellt, ergibt sich bei indirekter Finanzierung eine Nachfrage nach dem angebotenen Fernsehprogramm in Höhe der Menge x_3 bei einem Preis von null (Punkt H).[536] Meritorischen Überlegungen folgend, besitzt nicht die Nachfragekurve N_1, sondern die Kurve N_2 Gültigkeit. Ebenso soll die meritorische Sättigungsmenge weiter rechts auf der Mengenachse liegen, um die vermeintlich gesellschaftlich wünschenswerte Menge x_4, nicht nur die geringe Menge x_3 zu realisieren.

Nach wie vor müssen zwar zur Beurteilung des meritorischen Eingriffs die angebots- und nachfrageseitigen Wirkungen betrachtet werden, diese weisen jedoch aufgrund der indirekten Finanzierung erhebliche Unterschiede auf. Das Erreichen diese Menge x_4 macht – analog dem Ausgangsszenario – ein gleichzeitiges Wachstum von Angebot und Nachfrage erforderlich. Durch die Maßnahme müssen die Programmanbieter zu einem vergrößerten Angebot, die Zuschauer zu einer verstärkten Nachfrage angeregt werden. Da Zuschauer des indirekt finanzierten Fernsehprogrammes keinen Marktpreis entrichten, fallen der Nachfragepreis und der kostenorientierte Angebotspreis nicht nur – wie bisher – um den Betrag der Subvention s auseinander.

Für die Anbieter des Programmes hat der meritorische Eingriff keinen Einfluss auf den Verlauf der real bestehenden Angebotskurve. Die Produktion des Fernseh-

---

[536] Wie in der bisherigen Analyse sollen die privaten Kosten des Konsums im Folgenden außen vor bleiben. Die hier betrachtete Sättigungsmenge liegt unter jener Menge, die realisiert würde, falls das Programm nicht nur gratis, sondern im Sinne fehlender privater Kosten kostenlos wäre.

programmes ist unverändert mit volkswirtschaftlichen Kosten verbunden, die mit zunehmender Ausbringungsmenge ansteigen. Trotz des Preises von null, den Nachfrager des indirekt finanzierten Programmes zahlen, erfolgt die Produktion der letzten Einheit der Sättigungsmenge x_3 zu Kosten von p_3. Insgesamt fallen damit für die Menge x_3 Produktionskosten in Höhe der Fläche OAKH an.[537] Das meritorisch begründete Mengenwachstum führt zu erheblich steigenden Produktionskosten, die für die Menge x_4 deutlich oberhalb des Preises p_3 liegen (und deshalb nicht mehr in Abb. 6-1 dargestellt sind). Deutlich wird, dass die Produktion der Zusatzmenge Δx_2 – selbst ohne Berücksichtigung einer Produzentenrente – vergleichsweise teuer ist.

Aufgrund der indirekten Finanzierung des Programmes ist offen, wie diese Mengensteigerung finanziert werden soll. Wie im Ausgangsszenario lässt sich die meritorische Maßnahme als staatliche Subvention oder als Zwangskonsum ausgestalten. Da Nachfrager bei einem indirekt finanzierten Fernsehprogramm zur Finanzierung der Maßnahme ausscheiden, kann der Staat die Programmanbieter entweder über eine Subvention fördern oder über einen rechtlichen Zwang zum Mehrangebot verpflichten.

Für die Nachfrager ist die Wirkung der meritorischen Maßnahme komplexer, konsumieren sie doch das Programm bereits gratis. Bei fehlenden Marktpreisen bleibt zur finanziellen Förderung von meritorischen Gütern nur ein Weg offen: Da sich der zu zahlende Preis nicht weiter senken lässt, wird Zuschauern der Konsum der Fernsehprogramme über einen direkten Zuschuss attraktiv gemacht. Nur mithilfe dieser Förderung, also der Senkung des zu zahlenden Preises unter die kostenlose Abgabe, ist es zumindest theoretisch möglich, die nachgefragte Menge eines ohnehin schon gratis angebotenen Guts zu erhöhen. Unabhängig von der Ausgestaltung der angebotsseitigen Maßnahme – der Subvention oder Verpflichtung der Anbieter – ist ein negativer Nachfragepreis in dieser Konstellation von Angebot und Nachfrage unvermeidlich.

Zuschauer erhalten eine Zahlung s pro Sendung und fragen die zugehörige Menge x_4 nach (Punkt I). An die Stelle des verminderten Preises tritt demnach die direkte Subvention in voller Höhe. Analog der ursprünglichen, grau unterlegten Subventionssumme ergibt sich der gesamte Subventionsbetrag als Subvention pro Mengeneinheit s über die gesamte Menge x_4, d. h. als Fläche Ox_4Is. Im Vergleich zum Ausgangsszenario fallen bei dieser Lösung unmittelbar zwei Aspekte auf. Zum einen muss die Mengensteigerung bei einem Preis von null höher sein, da nicht mehr die lineare Steigung der Angebotsfunktion das Mengenwachstum dämpft. Die meritorisch gerechtfertigte Mengenzunahme von x_3 auf x_4 (der Abstand Δx_2) ist größer als das Mengenwachstum Δx_1.

Zum anderen entspricht zwar die Subvention pro Mengeneinheit s der Subvention $(p_2 - p_2^*)$ in der Ausgangssituation. Diese Subvention s führt jedoch aufgrund der beträchtlichen Menge, die durch die meritorische Maßnahme angestrebt wird, zu einer

---

[537] Nachrangig ist dabei, ob diese Kosten durch Steuer- oder Gebühreneinnahmen oder durch Werbung gedeckt werden.

6.3 Meritorische Medienwirkungen als unmittelbare Begründung eines Markteingriffs

stark erhöhten Subventionssumme. Jeder meritorische Eingriff in einen Markt, auf dem aufgrund indirekter Finanzierung das Gut bereits gratis angeboten wird, muss also – zusätzlich zu den hohen Produktionskosten – wesentlich teurer sein als bei einem direkt finanzierten Gut.

Weniger offensichtlich ist der grundlegende Bedeutungswandel der Nachfragefunktion, den ein Überschreiten der ursprünglichen Sättigungsmenge haben muss. Jede meritorisch motivierte Preissenkung versucht, Nachfrager für das Gut zu finden, deren Wertschätzung bislang hierfür nicht ausgereicht hat. Dieses Vorgehen kann nur gelingen, solange der Preis für das Gut auch nach der Maßnahme noch positiv ist, also nicht bei einem ohnehin schon kostenlos angebotenen Gut. Beim Gratisangebot werden alle Konsumenten, die das Gut in irgendeiner Weise schätzen, schon versorgt, somit auch jene Nachfrager, die das Gut zu keinem positiven Preis kaufen würden, sondern es nur geschenkt nehmen. Jenseits der Menge x_3 lässt sich die Nachfragefunktion N_1 demnach so lesen, dass Konsumenten auf zusätzliche Mengeneinheiten keinen Wert legen und nicht freiwillig zu einem Mehrkonsum bereit sind.

Auf diesem real bestehenden Nachfrageverhalten muss die meritorische Maßnahme aufsetzen. Da die Nachfrage N_2 erst bei der Menge x_4 gesättigt ist, sollen Zuschauer zur Nachfrage bewogen werden, die dies ausdrücklich nicht wünschen. Anders als im Ausgangsszenario, in dem beide Nachfragekurven oberhalb der Mengenachse verlaufen, konstituiert sich im Mengenbereich x_3 bis x_4 ein Interessengegensatz, dessen Überwindung der eigentliche Zweck der Subvention ist. Wie im Bereich positiver Preise wird die Subvention zum Mittel, das die Wünsche der Nachfrager mit den meritorischen Gesellschaftsinteressen kompatibel machen soll.

Dabei darf der wesentlicher Unterschied nicht übersehen werden, dass im Mengenbereich x_3 bis x_4 die Subventionszahlung der einzige Grund für die Nachfrager ist, zusätzliche Mengeneinheiten zu konsumieren. Von der Menge x_3 an entspricht die Nachfragefunktion N_1 somit nicht mehr einer Zahlungsbereitschaft für die Nutzung, sondern einer Forderung für die Erduldung des Guts. Mit der Verschiebung des Nachfragemotivs weg vom Konsum des Guts hin zur Erzielung von Einnahmen wandelt sich folglich die Bedeutung der Nachfragekurve grundlegend.

Angesichts dieser veränderten Bedeutung wäre es zu kurz gegriffen, in der meritorischen Maßnahme eine reine Ausweitung der nachgefragten Menge zu sehen. Einem zusätzlichen Konsum stünden die eigentlichen, immer noch herrschenden Anreize der Nachfrager gegenüber, zwar in den Genuss der Subvention zu kommen, dabei aber das meritorische Gut gerade nicht konsumieren zu müssen. Sollten etwa Kulturprogramme auf einem indirekt finanzierten Fernsehmarkt mit einer Prämie gefördert werden, würden – neben einer Vielzahl praktischer Probleme – letztlich die Anreize der Zuschauer verhindern, dass sie die von ihnen ungeliebten Sendungen wirklich sehen. Somit läuft die Subventionsmaßnahme unweigerlich darauf hinaus, Zuschauer zum Konsum zu zwingen, da sie anderenfalls den nicht gewünschten Programminhalten ausweichen.

Da bereits die Subvention der Nachfrage indirekt finanzierter Fernsehprogramme in letzter Konsequenz eine Konsumpflicht bedeutet, wäre es zumindest denkbar, – analog zur Verpflichtung des Anbieters – unmittelbar auf den Konsumzwang der gesellschaftlich wünschenswerten Programme zu setzen. Wie in anderen Märkten mit Zwangskonsum müssten Zuschauer dann die meritorischen Programme nachfragen, die trotz Gratisangebot anfallenden, individuellen Nutzeneinbußen hierfür jedoch selbst tragen. Analog dem Fall normaler, positiver Marktpreise lässt sich die Stärke eines solchen Zwangs mithilfe der (negativen) Konsumentenrente bestimmen. Die Konsumentenrente entspricht der aufsummierten Differenz der maximalen Zahlungsbereitschaft, hier der Forderung der Zuschauer, gegenüber dem Marktpreis von null. In Abb. 6-1 ergibt sich die negative Konsumentenrente als Fläche des Dreiecks HJI, die flächenmäßig dem Dreieck CDF – also der ursprünglichen Zwangsmaßnahme – entspricht.

Wie im Ausgangsszenario zeigt sich anhand der Konsumentenrente der entscheidende Unterschied zwischen der Programmförderung und dem Pflichtkonsum.[538] Obwohl der bei jeder Maßnahme notwendige Zwang die Konsumenten benachteiligt, werden Nachfrager – analog zur reinen Fördermaßnahme – durch den Einsatz der Programmsubvention deutlich bessergestellt. Die gezahlte Subventionssumme in Höhe von $s \cdot x_4$ vergrößert die Konsumentenrente um OHIs. Diese Besserstellung vergrößert sich noch einmal um die Fläche des Dreiecks HJI, wenn es Konsumenten gelingt, dem Konsum der meritorischen Programme faktisch auszuweichen. Die Subvention wird dann in voller Höhe zu Konsumentenrente.

Bei der konkreten Umsetzung stößt die Konsumpflicht im Fernsehmarkt hingegen an unüberwindliche Grenzen. Neben der Schwere eines solchen Eingriffs in die persönliche Freiheit wäre auch der Erfolg der Konsumpflicht von einer Vielzahl von Faktoren abhängig, die sich kaum kontrollieren ließen.[539] Unabhängig von dem restriktiven

---

[538] Beispielsweise argumentiert McLure, dass subventionierte Güter wie beispielsweise Geschenke – im Gegensatz zum Zwangskonsum von Gütern – nicht den individuellen Präferenzen widersprächen. Er übersieht dabei, dass das Geschenk auch bei Nicht-Zurückweisung den Präferenzen des Beschenkten unter Umständen nur teilweise gerecht wird. Vgl. **McLure** (1968), S. 480.

[539] Selbst wenn die Rahmenbedingungen entsprechend gesetzt sind (ein Fernsehgerät ist vorhanden, eingeschaltet und auf das richtige Programm eingestellt), ist eine bewusste Rezeption der Sendung keineswegs sichergestellt.
Verhindern ließe sich der Nicht-Konsum von Sendungen wohl allein durch jene technischen Maßnahmen, wie sie Orwell in seinem Roman „1984" bereits vor der weiten Verbreitung des Fernsehens beschrieben hat. Orwell verwendet das Gerät des „Televisors" als Mittel zur Überwachung und zur Beeinflussung der Massen durch Volksertüchtigung und Propaganda. Der Einzelne ist aufgrund des in jeder Wohnung obligatorischen Televisors, einer Kombination aus Fernsehgerät und Kamera, gezwungen, bestimmte Sendungen zu sehen, da jede Abwesenheit oder Unaufmerksamkeit sofort von der zentralen Überwachung festgestellt werden kann.

6.3 Meritorische Medienwirkungen als unmittelbare Begründung eines Markteingriffs 299

und undemokratischen Charakter ist ein Zwangskonsum von Fernsehprogrammen also schlicht nicht zu praktizieren. In der Praxis lassen sich Zuschauer nicht zur Anwesenheit vor dem Fernsehgerät und schon gar nicht zum aufmerksamen Sehen einer Sendung zwingen. Wie bei der Programmsubvention stehen dem Zwangskonsum die Anreize der Zuschauer zur Rezeption der Inhalte entgegen. Während die Subventionsmaßnahme in einem indirekt finanzierten Fernsehsystem letztlich den Zwang zum Konsum der Programme bedeutet, scheitert der Konsumzwang folglich – unabhängig vom Finanzierungsregime – an fehlender Praktikabilität und Legitimierbarkeit.

6.3.2 Fazit: Mangelnde Eignung der Paternalistischen Meritorik zur praktischen Medienpolitik

Bereits der kurze Versuch, eine meritorisch motivierte Maßnahme auf einen Fernsehmarkt mit indirekt finanziertem Programmangebot anzuwenden, macht einige Aspekte deutlich, die Rückschlüsse auf die Eignung der Paternalistischen Meritorik zur praktischen Medienpolitik erlauben.

6.3.2.1 Relevanz der Nachfrage nach einem meritorischen Programmangebot

Die meritorische Maßnahme ist in der bisherigen Argumentation stets damit begründet worden, dass von dem Konsum bestimmter Programminhalte positive Wirkungen ausgingen, die von Zuschauern nur unzureichend gewürdigt würden. Ausschlaggebend für das Entstehen gesellschaftlich positiver wie negativer Wirkungen ist somit das wirkliche, bewusste Sehen, nicht allein die Ausstrahlung des Programmes oder lediglich die Möglichkeit zum Konsum.

Diese Begründung macht bereits die entscheidende Bedeutung der Nachfrage deutlich. Zum einen ist die Erhöhung des Konsums Zweck der meritorischen Maßnahme, die demnach an der Erreichung dieses Ziels zu messen ist. Modelltheoretisch bedarf es zum anderen eines Ansatzes, der explizit die Veränderung des Konsums erfasst, um den Erfolg der meritorischen Maßnahme analysieren zu können. In dieser Hinsicht systematisch zu kurz greifen angebotsorientierte Meritorikansätze[540] oder medienökonomische Modelle,[541] die einen meritorisch begründeten Eingriff in den Fernsehmarkt vornehmlich oder gänzlich aus Anbietersicht betrachten.

Ohne auf eine derart detaillierte Verhaltenskontrolle zu setzen, griffen und greifen totalitäre Staaten regelmäßig auf den Zwangskonsum von Rundfunkprogrammen für Propagandazwecke zurück – parallel zur Zensur als demeritorischen Maßnahme des Zwangs-Nicht-Konsums. Vgl. **Orwell** (1948/1981), S. 10 ff.

[540] Vgl. **Schmidt** (1988), S. 390 f.

[541] Anhand eines mikroökonomischen Modells analysiert SCHELLHAASS zunächst die Wirkungen von Programmstrukturauflagen und Subventionen auf das Programmangebot, um anschließend

Im dargestellten Modell wurde deshalb versucht, durch die systematische Einbeziehung von Angebot und Nachfrage zu einer Aussage darüber zu kommen, wie sich die Maßnahme auf den Konsum der meritorischen Sendung auswirkt. Die gewählte Herangehensweise folgt der mikroökonomischen Tradition, das interdependente Verhalten der beiden Marktseiten als Reaktion auf bestehende Anreize zu untersuchen. Solange das Marktangebot nicht direkt stimulierend auf die Nachfrage wirkt – das Angebot sich seine Nachfrage also nicht unmittelbar schafft –, beschreibt dieses Modell korrekt die Interaktion zwischen den Marktseiten. Statt methodisch einen von Grund auf neuen Modellansatz zu konstruieren, wurde folglich das bestehende Instrumentarium der Mikroökonomik zur Analyse der meritorischen Maßnahme weiterentwickelt.

Obwohl sich dabei der Fernsehmarkt im Vergleich zu einem normalen, im Ausgangsszenario betrachteten Markt als weitaus komplexer erwiesen hat, verdeutlicht die explizite Einbeziehung der Anreize von Anbietern und Nachfragern neben der Relevanz der Nachfrage auch die der Finanzierung. Beide Aspekte werden maßgeblich für die weitere Auseinandersetzung mit der Wirkung von Medien sein.

Die Nachfrage nach Programmen als erster Aspekt ist nicht nur von zentraler Bedeutung für die Theoriebildung. Die explizite Betrachtung des Verhaltens der Zuschauer hat gezeigt, wie entscheidend die Nachfrage für den Erfolg der meritorischen Maßnahme ist. In diesem Sinne können in einem indirekt finanzierten Fernsehmarkt die Anreize der Zuschauer, die von ihnen nicht gewünschten Programme zu sehen, der meritorisch begründeten Nachfragesteigerung entgegenstehen. Somit klammern Ansätze, die bei der Diskussion meritorischer Maßnahmen von dem Verhalten der Zuschauer abstrahieren, nicht nur den eigentlichen Zweck des Eingriffs, sondern auch ein wesentliches Hindernis zu dessen Realisierung aus.

Anders als in normalen, direkt finanzierten Märkten, auf denen sich die Nachfrage nach dem Gut durch Subventionen oder Pflichtkonsum beeinflussen lässt, würde eine vergleichbare Maßnahme in einem indirekt finanzierten Fernsehmarkt stets darauf hinauslaufen, Zuschauer zum Konsum der meritorischen Programme zu zwingen. Der Bruch mit der Konsumentensouveränität – das konstituierende Merkmal der Paternalistischen Meritorik – wird in diesem Zwang besonders offensichtlich. Im Fernsehmarkt wäre ein solcher Zwangskonsum allerdings unabhängig vom Finanzierungsregime kaum praktikabel und müsste aufgrund der Tragweite des Eingriffs in die individuellen Rechte der Betroffenen stringent und objektiv nachvollziehbar begründet werden. Gerade die wissenschaftliche Begründung ist jedoch angesichts der – bereits ausführlich dargestellten – Theoriedefizite der Meritorik zum Scheitern verurteilt.[542]

---

die Vergeblichkeit eines Angebots ohne Zuschauer zu beklagen. Vgl. **Schellhaaß** (1994), S. 247.
[542] Zum Prinzip der Nicht-Paternalistik vgl. Kap. 2.2.2, S. 28.

6.3.2.2 Relevanz der Regime indirekter Finanzierung

Als zweiter Aspekt von Relevanz hat sich das herrschende Finanzierungsregime herausgestellt. Wie gezeigt, ändert sich die bestehende Marktlogik durch eine indirekte Finanzierung von Fernsehprogrammen grundlegend, da die Programme nun gratis angeboten und bis zur Sättigungsmenge nachgefragt werden. Indem die indirekte Finanzierung unmittelbar den bei direkter Finanzierung bestehenden Marktpreis nach unten verzerrt, beeinflusst sie jenen Marktparameter, der als einziger Ansatzpunkt für eine meritorische Maßnahme verblieben ist, nachdem sich der Zwangskonsum als unpraktikabel und nicht legitimierbar herausgestellt hat. Damit wird ein Zusammenhang zwischen der Art der Programmfinanzierung und der meritorischen Maßnahme deutlich. Drei zentrale Punkte gilt es hierbei zu unterscheiden.

Erstens schlägt die Subventionierung eines meritorischen Programmes deswegen fehl, da der herrschende Marktpreis in einem Regime der indirekten Finanzierung bereits null beträgt. Eine weitere Preissenkung kehrt demgemäß die Bedeutung der Nachfragekurve um, weshalb jede Subventions- zu einer Zwangsmaßnahme werden muss. Lediglich bei direkt finanzierten Fernsehprogrammen besteht zumindest theoretisch die Möglichkeit, den Konsum von gesellschaftlich wünschenswerten Programmen durch eine Senkung des Preises zu fördern.

Zweitens hat bereits die ausführliche institutionenökonomische Analyse der Finanzierung von medialen Inhalten gezeigt, dass von unterschiedlichen Regimen indirekter Finanzierung erhebliche Effekte auf das Angebot und die Nachfrager ausgehen können.[543] Dementsprechend bedarf es nicht eines Rückgriffs auf kaum tragfähige meritorische Überlegungen, um beispielsweise eine Übernachfrage, ein Überangebot oder eine ineffiziente Selektion zu begründen. Hierzu reicht eine institutionenökonomische Erweiterung der Theorie des Marktversagens aus, wie sie Gegenstand des vorangegangenen Abschnitts war.

In diesem Sinne ist auch das Argument hinfällig, bei Werbefinanzierung würden Minderheitenprogramme in zu geringem Umfang ausgestrahlt, weshalb eine meritorisch begründete Förderung durch den Staat geboten sei. Das Unterangebot von Minderheitenprogrammen stellt eine volkswirtschaftliche Ineffizienz des Finanzierungsregimes dar. Zur Beseitigung dieser Ineffizienz bietet es sich an, die Finanzierung des Guts zu verändern, also beispielsweise von einer indirekten zur direkten Finanzierung überzugehen.

Drittens lassen sich die Effekte der Finanzierung wiederum als eine Art der Meritorisierung beschreiben. Wie durch einen meritorischen Eingriff fördern die Werbe- oder Steuerfinanzierung die Nachfrage nach dem Programm. Zudem beeinflussen

---
[543] Zu den Effekten indirekter Finanzierung vgl. Kap. 5.3, S. 189.

indirekte Finanzierungsregime die Programmselektion, etwa indem Massen- zulasten von Minderheitenprogrammen gesendet werden. In beiden Fällen sind die Wirkungen indirekter Finanzierungsregime den intendierten Wirkungen eines Eingriffs auf Grundlage der Meritorik vergleichbar. Eine indirekte Programmfinanzierung wirkt also in der Weise meritorisierend, dass sie scheinbar die gesellschaftliche Vorteilhaftigkeit von Programmangeboten verändert.

Diese *scheinbare Meritorisierung* lässt sich anhand von Abb. 6-1 deutlich machen, wird unmittelbar das Szenario der direkten mit der indirekten Programmfinanzierung verglichen. Im Ausgangsszenario bestand ein Marktgleichgewicht bei dem Preis p_1 und der Menge x_1, die meritorisch begründet auf die Menge x_2 erhöht wurde. Bei dem Gratisangebot des indirekt finanzierten Programmes sollte die nachgefragte Menge ausgehend von der Menge x_3 auf die Menge x_4 gesteigert werden. Dabei darf nicht übersehen werden, dass bereits die Menge x_3 deutlich über der im Ausgangsszenario angestrebten Menge x_2 liegt. Unabhängig davon, ob Werbe- oder Steuerfinanzierung betrachtet wird, hat also bereits die indirekte Finanzierung eine meritorisierende Wirkung. Damit stellt sich die Frage, ob die dargestellten Ineffizienzen indirekter Finanzierungsregime durch diese meritorische Wirkung ganz oder teilweise relativiert werden.

Da die meritorisierende Wirkung allerdings Folge des Finanzierungsregimes, nicht einer Betrachtung gesellschaftlicher Programmwirkungen ist, liegt ihr keine Systematik zugrunde, die sich am gesellschaftlichen Nutzen des Programmes orientiert. Die Förderung der Nachfrage erfolgt deshalb weitgehend unabhängig von der gesellschaftlichen Wirkung der gesendeten Inhalte. Beispielsweise bestimmt lediglich die Größe des erreichbaren Publikums den Umfang, in dem Massenprogramme ausgestrahlt werden.

Zudem ist es auf Grundlage der Meritorik kaum möglich, Fälle zu identifizieren, in denen die Ineffizienzen der Programmfinanzierung durch meritorische Wirkungen aufgewogen werden. Die bisherigen Ansätze, die vermeintlich gesellschaftlichen Wirkungen von Sendungen oder Programmen in der Paternalistischen Meritorik zu begründen, reichen wissenschaftlich hierzu bei Weitem nicht aus.

6.3.2.3 Persistenz meritorischer Argumente in Medienökonomik und -politik

Zusammenfassend hat die bisherige Auseinandersetzung mit der Paternalistischen Meritorik zwei wesentliche Ergebnisse geliefert. Zum einen hat sich der Versuch im Rahmen des Forschungsprogrammes der Medienökonomik, die Meritorik nicht nur im Sinne von individuellen Werturteilen, sondern stärker objektiv zu begründen, als problematisch erwiesen, da hier ein externer Maßstab an individuelles Verhalten angelegt wurde, der sich kaum intersubjektiv begründen lässt und der überdies im Medienbereich mit deutlichen Gefahren einhergeht. Bereits die Diagnose, wann zweifelsfrei statt eines gewöhnlichen ein (de)meritorisches Gut vorliegt, hat erhebliche wissenschaftliche Mängel im meritorischen Ansatz offenbart.[544]

Zum anderen wurden die beiden Kernaspekte der Paternalistischen Meritorik – die Annahme individueller Unwissenheit und die vermeintliche Unterbewertung der gesellschaftlichen Funktion von Medien – näher auf ihre wissenschaftliche Eignung hin untersucht. Obwohl bei dieser Diskussion die genannten Diagnosemängel vernachlässigt wurden, erwies sich die Meritorik als wenig geeignet zur praktischen Medienpolitik, da bei bestehenden Informationsasymmetrien mit der Theorie des Marktversagens eine leistungsfähigere Theorie zur Verfügung steht, bei Gemeinschaftsbedürfnissen die Meritorik aufgrund der Bedeutung der Nachfrage und der bestehenden indirekten Finanzierungsregime an ihre Grenzen stößt. Zudem wird sich im weiteren Verlauf des Kapitels zeigen, dass selbst Gemeinschaftsbedürfnisse mithilfe der Theorie externer Effekte wissenschaftlich gehaltvoll – als Teil der Marktversagenstheorie – analysierbar sind.

Angesichts dieser Mängel sowohl in der wissenschaftlichen Begründung wie in der Praktikabilität überrascht das abschließende Urteil von HEAD wenig: „It would be fair to say, however, that the past thirty years of discussion and debate in the public finance literature have contributed relatively little to the clarification or advancement of understanding or acceptance of this enigmatic concept."[545] Erstaunlich ist allein die ungebrochene Popularität, die die Meritorik in der medienpolitischen Praxis genießt. Explizit als „meritorisch" bezeichnete Argumente finden nicht nur Einzug in gesellschaftliche Diskussionsprozesse, sondern werden als Begründung für konkrete Reformansätze herangezogen. Nachdem bisher das Hauptaugenmerk den theoretischen wie praktischen Defiziten der Paternalistischen Meritorik galt, ist die Frage aufschlussreich, wie die Persistenz der Meritorik in der praktischen Medienpolitik erklärbar ist, gilt die Meritorik doch in der traditionellen Ökonomik mittlerweile als weitgehend überholt.[546]

Zur Beantwortung dieser Frage sind zunächst die Anreizwirkungen zu untersuchen, die von der Meritorik auf die Gestaltung der Medienpolitik ausgehen. Anschließend wird näher betrachtet, warum sich gerade die Meritorik als Theorie anbietet, um nicht gesellschaftliche, sondern Partikularinteressen in der Medienpolitik zu fördern.

a. Leichte politische Instrumentalisierung meritorischer Argumente

In der bisherigen Analyse sind die Wirkungen eines meritorischen Eingriffs in den Fernsehmarkt stets anhand eines gesellschaftlichen Maßstabs – als Wohlfahrtsverände-

---

[544] Vgl. Kap. 2.2.2, S. 28.
[545] **Head** (1988), S. 35.
[546] TIETZEL/MÜLLER urteilen „Denn was am Konzept der Meritorik haltbar ist, das ist schon in anderen Theorien enthalten; was an ihm neu ist, das ist auf individualistischer Grundlage nicht zu halten." **Tietzel/Müller** (1998), S. 124.

rungen der von der Maßnahme betroffenen Nachfrager und Anbieter (Tab. 6-1), später als weiter gefasste gesellschaftliche Wirkungen – beurteilt worden. Diese Wohlfahrtswirkungen lassen sich für einen direkt finanzierten Fernsehmarkt knapp zusammenfassen: Die Meritorisierung des Guts verbessert die Wohlfahrt der Marktteilnehmer, sofern diese nicht zur Finanzierung des Guts – durch einen Nachfrage- oder Angebotszwang – herangezogen werden. Sowohl für die Anbieter als auch für die Nachfrager ist es daher vorteilhaft, selbst den meritorischen Eingriff in den Markt voranzutreiben, aber zu verhindern, dass die Finanzierungslast von ihnen getragen werden muss. Können demnach Marktteilnehmer vermuten, dass meritorische Argumente in der praktischen Politikgestaltung geeignet sind, einen Eingriff in den Fernsehmarkt herbeizuführen, lässt sich Tab. 6-1 als eine Handlungsanweisung zur Nutzung meritorischer Argumente lesen. Sofern sie positiv von der Maßnahme betroffen sind, werden Anbieter und Nachfrager versuchen, unabhängig von dem theoretischen Fundament der Meritorik Argumente nach meritorischem Muster zur Unterstützung ihrer jeweiligen Position zu generieren. Solchen Argumenten haben MUSGRAVEs meritorische Überlegungen eine Aura vermeintlicher wissenschaftlicher Legitimität gegeben.[547]

Wird die Meritorik in dieser Weise genutzt, kehrt sich die ursprüngliche Argumentationslogik um. Statt der Gemeinschaftsbedürfnisse, die trotz ihrer gesellschaftlichen Bedeutung eine zu geringe Beachtung durch die Zuschauer erfahren, stehen nun jene Wohlfahrtswirkungen im Zentrum des Interesses, die für die Marktteilnehmer aus der Durchführung der Maßnahme resultieren. Ausgangspunkt der Überlegungen ist damit weniger eine gemeinwohlorientierte Erhöhung der gesellschaftlichen Konsumentenrente (oder des Sozialen Überschusses) als das Erlangen oder Vergrößern gruppenspezifischer Renten. Nicht der Wunsch, die Versorgung mit einem vermeintlich meritorischen Gut, sondern die eigene Position zu verbessern, lässt die Nutzung meritorischer Argumente in der praktischen Medienpolitik attraktiv erscheinen. Zur individuellen Vorteilsnahme beim politischen „rent seeking" ist es sowohl für die Anbieter wie für die Nachfrager des Guts vorteilhaft, auf die Meritorik zurückzugreifen.

Die entsprechenden Zahlungsbereitschaften für einen meritorischen Markteingriff lassen sich als eine Nachfrage nach Regulierung interpretieren. Während für einen privaten Anbieter das rent seeking aufgrund der verbesserten Marktsituation zu einer höheren Produzentenrente führt, bedarf die nicht-marktliche Finanzierung eines steuerfinanzierten Senders stets der Legitimation gegenüber dem politischen Besteller. Bereits die Analyse der Effekte der Steuerfinanzierung von Fernsehprogrammen hat gezeigt, dass meritorische Argumente dazu genutzt werden können, nicht nur die Finanzierung des Senders, sondern auch verschiedene Formen staatlichen Wettbewerbsschutzes zu rechtfertigen.

---

[547] Vgl. **McLure** (1968), S. 478.

6.3 Meritorische Medienwirkungen als unmittelbare Begründung eines Markteingriffs

Vorteilhaft ist es dabei für alle Marktteilnehmer, die meritorisch begründeten Vorteile auch auf längere Frist zu sichern. Weder Anbieter noch Nachfrager werden die meritorischen Argumente im Zeitablauf entkräften, unabhängig davon, ob diese jemals zur Rechtfertigung des meritorischen Angebots ausgereicht haben. Falls Nachfrager also nicht vollständig den gesellschaftlichen Nutzen bestimmter Sendungen erkennen können, haben sie ebenso wie die Anbieter wenig Anreiz, das Problem durch Informationen zu überwinden, statt es zu perpetuieren.

Werden die Wohlfahrtswirkungen eines meritorischen Eingriffs auf die Nachfrager betrachtet, zeigt sich eine weitere Konsequenz. Kernidee der Paternalistische Meritorik ist, dass es Fälle geben kann, in denen die Souveränität von Konsumenten zu einem gesellschaftlich unerwünschten Verhalten führt. Wie kein anderes Merkmal wird die Ablehnung der Konsumentensouveränität als konstituierend für die Paternalistische Meritorik gesehen.[548]

Die dargestellten Wohlfahrtswirkungen machen demgegenüber deutlich, dass ein Markteingriff, der vordergründig einen Verstoß gegen die Konsumentensouveränität ausmacht, Nachfrager faktisch besserstellen und ihre Wohlfahrt fördern kann. Solch einem meritorischen Eingriff werden Nachfrager stets zustimmen, obwohl er anscheinend ihre Souveränität verletzt. Damit ergibt sich das kontraintuitive Ergebnis, dass Nachfrager einen Eingriff in die Konsumentensouveränität nicht nur akzeptieren, sondern sogar anstreben. Neben den Anbietern werden auch sie eine Nachfrage nach Regulierung äußern.

Dieses Ergebnis bleibt nicht ohne Rückwirkung auf den Theorieentwurf der Paternalistischen Meritorik. Einerseits relativiert sich der zentrale Zielkonflikt zwischen der Akzeptanz und der meritorisch begründeten Ablehnung von Konsumentensouveränität. Konsumentensouveränität kann folglich – wie in der individualistischen Meritorik – gerade darin bestehen, dass die individuelle Wahlfreiheit eingeschränkt wird.

Andererseits wird die Ablehnung der Konsumentensouveränität als konstituierendes Merkmal der Meritorik zweifelhaft, kann doch eine meritorische Maßnahme von den Nachfragern gewünscht werden. Zur Beurteilung eines Eingriffs ist es daher notwendig, nicht nur hypothetische, sondern die konkreten Wirkungen auf Konsumenten zu betrachten. Wird die Paternalistische Meritorik dann auf Grundlage faktischer Einschnitte in die Konsumentenwohlfahrt definiert, erweisen sich jene Maßnahmen als nicht mehr meritorisch, die zu einer Besserstellung der Nachfrager führen.

Wie dargestellt, lässt sich der Grad, wie stark die Konsumentensouveränität durch einen Eingriff verletzt wird, an dem Verlust von positiver Konsumentenrente bzw. dem Entstehen einer negativen Rente messen. Dabei haben sich jene Fälle, in denen – wie bei einem indirekt finanzierten Programmangebot – ein Zwang auf die Nachfrager ei-

---

[548] Vgl. u. a. **Gottschalk** (2001), S. 152, **Schmidt** (1988), S. 385.

ner Fernsehsendung ausgeübt wurde, als problematisch herausgestellt, da Zuschauer in der Regel dem nicht gewünschten Medienkonsum ausweichen können. Eingriffe, die im Sinne der Neudefinition von Meritorik mit konkreten Wohlfahrtsverlusten für die Nachfrager einhergehen, dürften also in einem indirekt finanzierten Fernsehmarkt unmittelbar an Grenzen der Praktikabilität stoßen.

b. Fehlende Objektivierbarkeit als Grund für die Instrumentalisierung

Abschließend zeigt sich, dass die Paternalistische Meritorik als Theorieentwurf keine geeignete Basis darstellt, um staatliche Interventionen in den Fernsehmarkt zu begründen. Gerade im Medienbereich gehen von der Meritorik erhebliche Gefahren aus. Einerseits hat bereits MUSGRAVE früh die Möglichkeiten des diktatorischen Missbrauchs erkannt.[549] Andererseits lassen sich – wie dargestellt – meritorische Argumente zur Erzielung individueller Vorteile in Form politischer Renten nutzen. Beide Gefahren verbindet, dass gesellschaftliche Argumente zugunsten von Partialinteressen in den Hintergrund treten.

Aus der grundsätzlichen Struktur der Theorie resultiert, dass sich die Paternalistische Meritorik in dieser Weise nutzen lässt. Die Meritorik stellt dem beobachtbaren Realverhalten unmittelbar ein Referenzverhalten gegenüber, wie es aus einer vermeintlich gesellschaftlichen Sicht herrschen sollte. Analog gilt für das Nutzungsverhalten von Medienkonsumenten, dass sich dieser gesellschaftliche Maßstab für individuelles Verhalten ebenso der Objektivierung wie der Widerlegung entzieht. Weder lässt sich mithilfe der Meritorik der gesellschaftliche Nutzen von Medienwirkungen näher konkretisieren noch erklären, warum Zuschauer meritorische Nutzenbestandteile übersehen.

Während die fehlende Objektivierbarkeit wissenschaftlich ein Defizit darstellt, ermöglicht sie in Verbindung mit der mangelnden Widerlegbarkeit, meritorische Argumente vergleichsweise leicht politisch zu instrumentalisieren. Anders als andere Ansätze, die Medienwirkungen stärker wissenschaftlich analysieren, kann die klassische Meritorik relativ einfach dazu dienen, die Förderung von Partialinteressen mit vermeintlich gesellschaftlichen Gesichtspunkten zu kaschieren.

Diese Anreize zur Instrumentalisierung beschränken sich keineswegs auf die bisher betrachteten Anbieter und Nachfrager, also die unmittelbar Marktbeteiligten. Da Massenmedien wie Fernsehprogramme die Möglichkeit bieten, große Teile einer Gesellschaft zu erreichen, versuchen unterschiedlichste Interessengruppen, das Medium für eigene Ziele zu nutzen.

Im Sinne des meritorischen Ansatzes ließe sich glaubhaft argumentieren, dass viele Güter des täglichen Gebrauchs meritorische Züge aufweisen. Hierfür lassen sich viel-

---

[549] Vgl. **Musgrave/Musgrave/Kullmer** (1973/1994), S. 88.

fältige Beispiele finden, etwa die Förderung des Sports, der Schutz der Umwelt, Aktivitäten der religiösen Erbauung oder Produkte für die gesunde Ernährung. Zahlreichen Interessengruppen, von denen Sport- und Umweltschutzverbände, Kirchen oder Nahrungsmittelhersteller nur ausgewählte Beispiele sind, fällt es deshalb leicht, meritorische Argumente dafür anzuführen, dass aufgrund der gesellschaftlichen Vorteile die jeweiligen Güter und Dienstleistungen von Konsumenten in zu geringem Umfang nachgefragt werden. Wie im Fall von Kulturprogrammen könnte ein staatliches Eingreifen in den Fernsehmarkt damit begründet werden, den Konsum der vermeintlich meritorischen Produkte zu fördern.

Politökonomisch wird damit erklärlich, warum die Meritorik trotz der gezeigten, seit Langem bekannten Schwächen noch eine Rolle in öffentlichen Diskussionen spielt. Die Persistenz der Meritorik entspringt weniger dem Gehalt des Theorieentwurfs als den Anreizen verschiedenster Interessengruppen, auf meritorische Argumente zur Erzielung politischer Renten zurückzugreifen. Als Medium der Massenkommunikation bietet sich gerade das Fernsehen für Versuche einer Instrumentalisierung an.

6.4 Medienwirkungen als Ursache für ein Marktversagen

6.4.1 Wohlfahrtsökonomische Analyse externer Effekte durch Pigou

Als wohl einer der Ersten hat HEAD im Jahre 1966 versucht, die zunächst auf die Finanzwissenschaft beschränkte Meritorik nach MUSGRAVE anschlussfähig an die traditionelle Wohlfahrtsökonomik zu machen. HEAD fragt danach, ob die von MUSGRAVE beschriebenen meritorischen Wirkungen nicht Sonderfälle von „Externalitäten" darstellten, also positiven oder negativen gesellschaftlichen Effekten, wie sie schon zu Beginn des 20. Jahrhunderts ausführlich von ARTHUR C. PIGOU analysiert worden waren.[550] Vor allem dessen Werk „Wealth and Welfare"[551], welches im Jahre 1912 – also 45 Jahre vor MUSGRAVES meritorischen Überlegungen – erschienen ist und stark in der Tradition von ALFRED MARSHALLS Externalitätenbegriff steht,[552] zeigt auf, welche gesellschafts- wie wirtschaftspolitisch relevanten Fragestellungen sich durch die wohlfahrtsökonomische Perspektive ergeben. PIGOUS neoklassische Analyse von Externalitäten wurde zu einem zentralen Kritikpunkt an der Funktionsfähigkeit von Märkten.[553]

---

[550] Vgl. **Head** (1966), S. 13 ff.
[551] Mit der überarbeiteten Neuauflage im Jahre 1920 ändert PIGOU den Titel des Buches in „The Economics of Welfare". Weite Teile der hier angeführten Diskussion finden sich schon in der Erstauflage, vor allem aber der Kern jener Analyse, an dem RONALD COASE später scharfe Kritik übt und der im Zentrum der nachfolgenden Diskussion steht.
[552] Vgl. **Mishan** (1971), S. 1.
[553] Vgl. **Buchanan/Stubblebine** (1962), S. 371.

Wenn in der Medienökonomik zunehmend ein Versagen des Fernsehmarktes über Medienwirkungen begründet wird, lässt sich diese Entwicklung als eine (Wieder)Entdeckung von PIGOUs Ansatz verstehen. Nach einer Phase des Abwendens gewinnt die wohlfahrtsökonomische Externalitätentheorie erneut an Aktualität. Ausgehend von der Einsicht, dass Medien eine Vielzahl von Wirkungen haben, soll im Folgenden der Frage nachgegangen werden, ob die Beschreibung dieser Wirkungen als Externalitäten einen wissenschaftlichen und medienpolitisch relevanten Fortschritt gegenüber der defizitären Behandlung durch die Paternalistischen Meritorik bedeutet.

6.4.1.1 Neoklassische Wohlfahrtsökonomik als Überwindung der Paternalistik

Die Parallele zwischen MUSGRAVE und PIGOU drängt sich angesichts der vermuteten gesellschaftlichen Vorteile meritorischer Güter und der von PIGOU betrachteten Externalitäten auf. Beide Autoren skizzieren die Ausgangsfrage anhand von Beispielen, in denen gesellschaftliche Probleme durch individuelles Verhalten entstehen können.[554]

Nach PIGOU sind zwei Aspekte entscheidend, damit eine positive oder negative Externalität zwischen zwei Personen entstehen kann: Das Verhalten einer Person – sei es durch Produktion oder Konsum – führt dazu, dass eine andere Person, die in keiner vertraglichen Beziehung zum physischen Verursacher steht, einen Nutzen erfährt oder Schaden erleidet, für den sie nicht zahlen muss bzw. entschädigt wird.[555] Da der Verursacher nicht mit den gesellschaftlichen Kosten seines Verhaltens konfrontiert wird, kann es – wie später deutlich werden wird – zu einem Marktversagen kommen. Bereits diese Definition von Externalitäten macht klare Unterschiede zwischen den Theorieansätzen von PIGOU und MUSGRAVE deutlich:[556]

1. Statt wie MUSGRAVE das beobachtbare Verhalten direkt mit einer externen, gesellschaftlichen Verhaltensreferenz zu vergleichen, wählt PIGOU eine andere Analyseebene. Er fragt nicht danach, ob bestimmte Verhaltensweisen gesellschaftlich wünschenswert oder schädlich sind, sondern betrachtet die Folgen eines bestimmten Verhaltens für die Betroffenen. PIGOU versucht somit Aktivitäten in Konsum oder Produktion zu identifizieren, die aus der

---

[554] PIGOU hat seine Überlegungen eher als Skizze ausgeführt, die von nachfolgenden Ökonomen wesentlich konkretisiert und ausgearbeitet wurde. Das Thema Externalitäten wurde in dem relevanten Kapitel ausschließlich verbal behandelt und anhand zahlreicher Beispiele wie Pacht von Ländereien, Frauenarbeit oder Technischen Fortschritt erläutert, die in der Literatur auf verschiedene Weise interpretiert werden. Die Probleme der Darstellung von PIGOUs Ansatz ähneln daher den Schwierigkeiten bei der Auseinandersetzung mit der Meritorik.
[555] Vgl. **Pigou** (1920/1952), S. 192.
[556] In der wohlfahrtsökonomischen Theorie des Marktversagens existieren einige abweichende Definitionen für externe Effekte. Der Rückgriff auf PIGOUs Verständnis von Externalitäten ist deshalb nicht nur ideengeschichtlich, sondern auch im Sinne einer gemeinsamen, unstrittigen Basis angemessen.

Sicht der einzelnen Akteure zu Problemen führen, weil sie in bestimmten Situationen besser- oder schlechter gestellt wären als ohne das Handeln des physikalischen Verursachers. Ausgehend von der individualistischen Basis einer Besser- oder Schlechterstellung der betroffenen Individuen schließt PIGOU auf die gesellschaftliche Dimension des betrachteten Problems, etwa bei den später relevanten Fällen von „Nachbarschaftsexternalitäten".[557]

2. Auffallend ist außerdem, dass PIGOU schon bei der Definition die ökonomische Dimension des Problems ins Spiel bringt. Während MUSGRAVE im Wesentlichen das Vorzeichen des (meist physischen) Effekts zur Einteilung der Güter in unterschiedliche Klassen verwendet und so bei positiven, „verdienstvollen" Effekten zu meritorischen Gütern kommt, berücksichtigt PIGOU, ob die Betroffenen in einem Vertragsverhältnis zueinander stehen und ob eine Kompensationszahlung zwischen den Beteiligten erfolgt. Zu einem relevanten Effekt kommt es daher erst, wenn dieser außerhalb einer Vertragsbeziehung stattfindet, also gerade keine ökonomische Austauschbeziehung mit einer Kompensation(szahlung) vorliegt.

3. Anders als die ausschließliche Betrachtung physischer Wirkungen ermöglicht die um eine ökonomische Dimension erweiterte Perspektive einen produktiveren Umgang mit dem gesellschaftlichen Problem. Wenn die von PIGOU beschriebenen Effekte ohne Kompensation und außerhalb des Marktes ablaufen, stellt sich die Frage, warum keine Kompensation erfolgt bzw. kein Marktverhältnis zwischen den Beteiligten existiert.

Angesichts dieser Unterschiede im wissenschaftlichen Ansatz ist kaum verwunderlich, dass der Meritorik im Vergleich zu PIGOUs Ansatz nur wenig Erfolg beschieden war. Obwohl in der späten Meritorik der Versuch unternommen wurde, den Theorieentwurf durch Einbeziehung von Externalitäten auf eine breitere, vor allem ökonomische Basis zu stellen und so eine wissenschaftlich fundierte und praktisch relevante Weiterentwicklung zu erreichen, waren diese Versuche nur wenig fruchtbar. Selbst HEAD, Mitte der 60er-Jahre noch von der Tragfähigkeit der Meritorik überzeugt, schlägt gut 20 Jahre später die Brücke von MUSGRAVEs Meritorik zu PIGOUs Externalitätentheorie.[558]

Die beiden zentralen Gründe hierfür ergeben sich unmittelbar aus den genannten Unterschieden. Die Auseinandersetzung mit der Frage, wann die Allokation über Märkte aufgrund von Externalitäten versagen kann, hat in der Ökonomik eine lange Tradition und findet sich in Ansätzen schon in den wohlfahrtstheoretischen Überlegungen von JOHN STUART MILL oder HENRY SIDGWICK und im Utilitarismus von JEREMY BENTHAM.[559] ALFRED MARSHALL verwendet den Begriff „external (dis)economies",

---

[557] Vgl. **Pigou** (1920/1952), S. 186.
[558] Vgl. **Head** (1966), **Head** (1988), S. 9.
[559] Vgl. **Ekelund/Hébert** (1997), S. 366.

um in der mikroökonomischen Produktionstheorie real auftretende, unternehmensexterne Vor- oder Nachteile zu beschreiben.[560] PIGOU wird zum Wegbereiter der „Älteren Wohlfahrtsökonomik", indem er diese partialanalytische Idee seines akademischen Lehrers aufgreift und sie auf gesellschaftliche Fragestellungen überträgt.[561]

MARSHALL wie PIGOU gemeinsam ist die individualistische Herangehensweise, die im Gegensatz zur Meritorik unmittelbar an die traditionelle (Mikro)Ökonomik anschlussfähig ist. Aus dieser Mikroperspektive heraus wird nicht gefragt, ob das individuelle Verhalten zu gesellschaftlichen Problemen führen kann, sondern ob es Individuen gibt, die durch das Verhalten begünstigt oder beeinträchtigt werden. Anders als in der Meritorik ist damit die Basis zur Bewertung eindeutig: Allein der Nutzen der beteiligten Individuen, nicht eine irgendwie geartete, fiktive Verhaltensreferenz dient als Maßstab der Bewertung.[562] Diese veränderte Problemsicht hat den Vorteil, scheinbar wissenschaftliche, letztlich aber subjektive Urteile zu vermeiden, indem sie untersucht, wer die von der Externalität Betroffenen sind – eine Frage, der in der späteren Analyse von erheblicher Relevanz sein wird.

Neben der individualistischen Perspektive ist die konsequente Berücksichtigung der ökonomischen Dimension, über die das gesellschaftliche Problem verfügt, der zweite Grund, warum der Ansatz von PIGOU eine breite Akzeptanz erfahren hat. „Unsoziales" Verhalten entspringt folglich nicht allein der gesellschaftlich problematischen Verhaltensweise, sondern vor allem der Nichtberücksichtigung *ökonomischer* Wirkungen. Situationen, in denen diese ökonomischen Wirkungen eine Rolle spielen, lassen sich mithilfe des Instrumentariums der Ökonomik analysieren. Statt fehlerhafter Handlungsmotive wie in der Meritorik kommt den Handlungsbedingungen, etwa herrschenden Preisen und Restriktionen, eine wesentliche Rolle bei der Erklärung zu. Zur Analyse von Externalitäten bedarf es daher nicht der Paternalistischen Meritorik.[563]

6.4.1.2 Soziale Externalitäten als medienökonomisch relevante Wirkungen

Unter den zahlreichen Praxisbeispielen, die PIGOU zur Erläuterung seiner zentralen Definition anführt, findet sich der in wenigen Zeilen knapp skizzierte Fall, der in der Umweltökonomik zu einem Standardbeispiel wurde:[564] Die industrielle Produktion einer Fabrik führt zu einer Rauchemission, wodurch die in der Gegend lebenden Anwohner geschädigt werden. Der Rauch vermindert nicht nur das verfügbare Tageslicht mit entsprechenden Kosten für Kunstlicht und sorgt für Schäden an Gebäuden und

---

[560] Vgl. **Marshall** (1890/1920), S. 221 f., S. 265 f.
[561] Vgl. **Kolb** (1997), S. 139.
[562] Vgl. analog **Schönfelder/Stiglitz** (1989), S. 108 f.
[563] Vgl. **McLure** (1968), S. 479.
[564] Vgl. **Pigou** (1920/1952), S. 184.

6.4 Medienwirkungen als Ursache für ein Marktversagen

landwirtschaftlichen Erzeugnissen, sondern verursacht Reinigungskosten bei Kleidung und Räumen. Auch bleiben Gesundheitsschäden der Anwohner bei PIGOU unerwähnt, dürften diese real ebenfalls eine Rolle spielen. Der Verursacher des Problems ist angesichts der physischen Wirkungsbeziehung eindeutig: Durch sein Verhalten schädigt der Fabrikbetreiber umliegende Anwohner, welche ohne die Fabrik keine Beeinträchtigung ihrer Lebensqualität oder Gefährdung ihrer Gesundheit hinnehmen müssten.

Neben diesen offensichtlich physischen Wirkungen lenkt PIGOU das Augenmerk auf die ökonomische Dimension des Problems. Im vorliegenden Fall werden die Anwohner durch die Rauchentwicklung der Fabrik geschädigt, ohne dass sie hierfür eine Entschädigung vom Betreiber erhalten. Demnach werden die Anwohner gezwungen, selbst jene Kosten zu tragen, die ihnen durch die verschmutzte Luft als Gesundheitskosten und verminderter Lebensqualität entstehen. Analog kann der Betreiber Kosten vermeiden, die durch Maßnahmen der Luftreinhaltung wie etwa Luftfilter entstehen.

Die klare Struktur von PIGOUs Beispiel – zwei Parteien, von denen eine als Schädiger der anderen auftritt und ihr Kosten aufbürdet – erlaubt die Anwendung auf vielfältige Probleme der Umweltökonomik, was in den 70er- und 80er-Jahren zu einer breiten Palette an wissenschaftlichen Veröffentlichungen geführt hat. Das so entstandene und mittlerweile etablierte Analyseinstrumentarium der Umweltökonomik lässt sich leicht auf vergleichbare Fälle in anderen Politikbereichen übertragen. Den Versuch, umweltökonomische Überlegungen auf Fragen der praktischen Medienpolitik anzuwenden, haben einige Autoren in den letzten Jahren unternommen.[565]

Von JAMES HAMILTON ist ein medienökonomisches Modell entwickelt worden, das von einer umweltökonomisch geprägten Analyse von Medienwirkungen ausgeht und medienpolitische Schlussfolgerungen erlauben soll. Für HAMILTON ist die Parallele zwischen Emissionen in der Umwelt und Gewaltprogrammen im Fernsehen sehr eng: Im Kern ist Gewalt im Fernsehen eine Externalität in Form „kultureller Verschmutzung".[566] Die zentrale Idee lehnt sich eng an das Beispiel von PIGOU an: Wenn der Konsum von Gewaltprogrammen im Fernsehen Rezipienten gewaltbereiter macht, richtet sich die möglicherweise hieraus resultierende Gewalt gegen unbeteiligte Dritte. So formuliert wird das Problem von Gewaltsendungen zu einem Anwendungsfall der Theorie externer Effekte, da wie im Fall der Rauchemission eine Aktivität (hier die Programm-, dort die Industrieproduktion) zu einer Schädigung von Dritten (hier die Gewalt, dort der Rauch) führt, die sie erdulden müssen. Die gesellschaftlichen Wirkungen von Medien lassen sich somit als *soziale Externalitäten* verstehen – eine Bezeichnung,

---

[565] Vgl. u. a. **Schröder** (1997a), S. 7 ff., **Heinrich** (1999), S. 34 f., **Knorr/Winkler** (2000), S. 329 f., **Hamilton** (1998), **Schellhaaß** (2000), **Kops** (2005), S. 349, **Seufert** (2005), S. 376 ff.
[566] Hamilton (1998), S. 4.

die nicht nur negative Wirkungen durch Gewalt und Pornografie, sondern auch positive Externalitäten wie etwa die Vermittlung gesellschaftlicher Werte umfasst.[567]

Bereits der einleitende Überblick über die Wirkungen medialer Güter hat deutlich gemacht, dass nicht allgemein gesellschaftliche Wirkungen, sondern insbesondere Medienwirkungen als ein omnipräsentes und unvermeidliches Phänomen moderner Gesellschaften gesehen werden können. Auf den ersten Blick scheint es, als würde der weit gefasste Begriff „Medienwirkung" in der Ökonomik schlicht mit „soziale Externalität" übersetzt. Danach wären auch soziale Externalitäten aus dem Konsum von Medien vielschichtig und würden vor allem ubiquitär auftreten. Der aufgestellte Katalog positiver und negativer Medienwirkungen ließe sich als eine Aufzählung sozialer Externalitäten lesen und könnte leicht um zahlreiche weitere Beispiele ergänzt werden. Überdies wird die Sozialisation von Mitgliedern der Gesellschaft als positive Externalität interpretiert.[568]

Offensichtlich wird in diesen Fällen von der diagnostizierten Verhaltensrelevanz der Medien – unstrittig bei der Vermittlung von Informationen, eventuell sogar von Werten – unmittelbar auf das Vorliegen von Externalitäten geschlossen. Bevor jedoch anhand eines analytischen Modells darauf eingegangen wird, wie sich Medienwirkungen aus Sicht der traditionellen Wohlfahrtsökonomik darstellen, ist es notwendig, den bisher vagen Begriff „soziale Externalität" bezogen auf die hier relevanten Medienwirkungen näher zu charakterisieren.

6.4.1.3 Technische, pekuniäre und psychische Arten von Externalitäten

Schon PIGOU unterscheidet in seinem Werk verschiedene Arten von Externalitäten, woraus sich die heute übliche Einteilung in technische, pekuniäre und psychische Externalitäten entwickelt hat.[569] In die erste Kategorie fallen die bislang genannten Beispiele, in denen die Aktivität einer Person einer anderen *physisch* einen Schaden zufügt oder einen Vorteil verschafft. Die Nutzenfunktionen der Beteiligten sind in diesen Fällen dadurch verbunden, dass z. B. bei negativen Externalitäten die Produktion des Schädigers ein Ungut erzeugt, das der Geschädigte konsumieren muss, ohne sich hiergegen wehren zu können und ohne kompensiert zu werden. Das Kernproblem *technischer Externalitäten* besteht nach PIGOU darin, dass es für die Betroffenen tech-

---

[567] Zur Vermittlung von Werten vgl. **Schröder** (1997a), S. 14.
[568] Vgl. **Schellhaaß** (1994), S. 246, **Schellhaaß** (1998), S. 45.
[569] TEGNER argumentiert, dass der häufig in Lehrbüchern zu findende Ausdruck „technologische Externalität" auf einen Übersetzungsfehler des englischen Begriffs „technological externality" zurückgeht. Demnach wäre es richtiger, im Deutschen von „technischen Externalitäten" zu sprechen. Analog dürfte die Bezeichnung „psychologische Externalität" einer „psychischen Externalität" entsprechen. Vgl. **Tegner** (1996), S. 2.

nisch schwierig ist, eine Kompensationszahlung durchzusetzen.[570] Demnach sind die Anwohner der Fabrik gezwungen, den Rauch der Produktion ohne Entschädigung zu „konsumieren". Analog müssen unbeteiligte Dritte darunter leiden, wenn Zuschauer durch den Konsum von Fernsehsendungen beispielsweise eine erhöhte Gewaltbereitschaft zeigen. Unstrittig ist in der Wohlfahrtsökonomik, dass technische Externalitäten politisch relevant sein können, denn möglicherweise lässt sich durch ein Tätigwerden des Staates die gesellschaftliche Schädigung lindern oder beseitigen.

Als ein weiteres Beispiel für technische Externalitäten wird in der Medienökonomik der Fluss von Zuschauern zwischen einzelnen Sendungen genannt. Da Zuschauer in der Regel nicht unmittelbar nach einer Sendung das Programm wechseln, „erbt" die nachfolgende Sendung einen Teil der vorhandenen Zuschauerschaft. Dieser Zuschauerfluss kann als eine positive Externalität zwischen einander folgenden Sendungen verstanden werden. Falls die beiden Sendungen direkt finanziert und von unterschiedlichen Veranstaltern angeboten werden, erzielt der nachfolgende Anbieter Erlöse, die teilweise auf den Markterfolg der vorangegangenen Sendung zurückgehen. Als erfolgliche Interdependenz erfährt dieser Überleitungseffekt eine Internalisierung, wenn die Sendungen zum Gesamtprogramm eines Senders gehören.

Im Gegensatz zu technischen Externalitäten wird unter einer *pekuniären Externalität* lediglich eine Veränderung von Marktpreisen verstanden. Beispielsweise kann die Aktivität eines Individuums (in Konsum oder Produktion) dazu führen, dass sich die relativen Preise auf Märkten ändern. Unter diesen Preisveränderungen müssen unbeteiligte Dritte leiden oder sie können davon profitieren. In der klassischen Wohlfahrtsökonomik werden pekuniäre Externalitäten für irrelevant gehalten,[571] weshalb sie in der weiteren Diskussion keine Rolle spielen.[572]

Die dritte Art von Externalitäten sind *psychische Externalitäten*, worunter PIGOU eine „psychologische Reaktion" versteht, die eine Aktivität (in Konsum oder Produktion) auf das Nutzen*empfinden* von anderen Individuen hat.[573] Eine Person wird also in psychischer Weise durch die Aktivität eines Anderen benachteiligt oder bessergestellt. PIGOU nennt das Beispiel der Einführung einer neuen Automarke, welche für einen Autoliebhaber den Effekt haben könne, den eigenen Wagen weniger als bisher zu schätzen. Auch im Medienbereich lassen sich Beispiele für psychische Externalitäten finden. FRIEDMAN/FRIEDMAN argumentieren, dass bei einer wirkungsvollen Produktwerbung im Fernsehen nicht ausgeschlossen werden könne, einen bestimmten

---

[570] Vgl. **Pigou** (1920/1952), S. 183.
[571] Vgl. **Scitovsky** (1954), S. 146.
[572] Diese Irrelevanz gilt allerdings nur in der Modellwelt der Wohlfahrtsökonomik, wie TEGNER zeigt. Dementsprechend können pekuniäre Externalitäten in der Realität sehr wohl zu (wirtschaftspolitisch) relevanten Effekten führen. Vgl. **Tegner** (1996), S. 19.
[573] **Pigou** (1920/1952), S. 191.

Lebensstandard und Moralvorstellungen ebenfalls – quasi implizit – zu bewerben.[574] Im Fernsehen werde ein Lebensstandard vorgeführt, der durch ehrliche Arbeit niemals erreicht werden könne. Überdies werde der Eindruck erweckt, dass jedermann ein Recht auf diesen Standard habe, weshalb das praktizierte Vorleben zu einem Anstieg der Kriminalität führe. Folglich sei ein Zusammenhang zwischen dem Medienkonsum und dem Ausmaß an Kriminalität in der Gesellschaft zu sehen.

Obwohl psychische Externalitäten real einen nicht zu leugnenden Effekt – etwa in Form von Neid oder gemeinsamer Freude – haben können, werden sie in der traditionellen Wohlfahrtsökonomik nicht näher betrachtet und sollen wie pekuniäre Externalitäten in der weiteren Diskussion ausgeklammert werden. Für die folgende wohlfahrtsökonomische Analyse von Medienwirkungen sind damit allein technische Externalitäten relevant.

6.4.1.4 Methodische Gleichheit von Externalitäten in Konsum und Produktion

In der bisherigen Darstellung externer Effekte sind stets Aktivitäten eines Individuums betrachtet worden, die entweder im Bereich der Produktion oder des Konsums stattfanden. Diese Einteilung geht wiederum auf PIGOU zurück, der Beispiele für Externalitäten aus beiden Bereichen nennt. Zudem folgt sie der mikroökonomischen Unterscheidung in eine Haushalts- und eine Produktionstheorie. Externalitäten nach dem Ort ihrer Entstehung oder Wirkung einzuteilen, kann nützlich sein, um das zugrunde liegende Problem zu beschreiben und näher einzugrenzen.

Abgesehen von geringen Unterschieden in der formalen Behandlung werden jedoch bereits in der traditionellen Mikroökonomik die Haushalts- und Produktionstheorie weitgehend analog behandelt. Spätestens mit der Einführung von Haushaltsproduktionsfunktionen durch GARY S. BECKER, also der Beschreibung des Verhaltens von Haushalten als eine Art der Produktion, wurde die Trennung von Produktion und Konsum analytisch obsolet.

In diesem Sinne erfordern soziale Externalitäten als Konsumexternalitäten den gleichen theoretischen Ansatz wie Produktionsexternalitäten. Da es nicht darauf ankommt, in welchem Umfeld die Externalität entsteht,[575] wird die Unterscheidung zwischen Konsum und Produktion im Folgenden aufgegeben. Überdies gibt es – wie analytisch noch deutlich werden wird – keinen Grund, Externalitäten der einen oder anderen Marktseite zuzurechnen, also bevorzugt die Angebots- oder die Nachfragekurve um externe Kostenbestandteile zu korrigieren.

Leicht aus dem Weg räumen lassen sich außerdem weitere Quellen für begriffliche Missverständnisse: In der Definition für Externalitäten ist von nützlichem oder

---
[574] Vgl. **Friedman/Friedman** (1985), S. 204.
[575] Vgl. **Buchanan/Stubblebine** (1962), S. 372.

schädlichem Verhalten eines Individuums die Rede gewesen, während das Beispiel des schädigenden Rauchs nicht auf das Verhalten eines einzelnen Individuums, sondern das einer Fabrik zurückgeht. Ohne Einschränkungen in der Gültigkeit lässt sich die Theorie externer Effekte meist auf Organisationen übertragen, in denen eine Gruppe von Individuen handelt.

Um die Funktion von Kompensationen zu verdeutlichen, wurden zudem bislang stets finanzielle Leistungen als Kompensation betrachtet. Praktisch können alle Leistungen als Kompensation angesehen werden, die für den Empfänger mit einem Nutzen verbunden sind. Aus theoretischer Sicht gibt es keinen Grund, zwischen monetären und nicht-monetären Leistungen zu unterscheiden.

6.4.2 Pigou-Steuern oder -Subventionen als Antwort des Staats auf das externalitätenbedingte Marktversagen

6.4.2.1 Negative soziale Externalitäten als primäres Gesellschaftsproblem

Im Vordergrund der folgenden Überlegungen stehen – wie meist in medienökonomischen Modellen[576] – negative Externalitäten, also in der Terminologie der Meritorik demeritorische Güter. Durch die ausschließliche Betrachtung negativer Externalitäten vereinfacht sich die weitere Argumentation, da positive Effekte in der Regel als ein Spiegelbild negativer Externalitäten gesehen werden können, was der begrifflichen Abgrenzung von meritorischen zu demeritorischen Gütern entspricht.

Bereits die Ergebnisse der analytischen Modelldarstellung in Abb. 6-1 lassen sich auf den Fall demeritorischer Güter übertragen, wird die Nachfragefunktion nicht nach oben rechts, sondern nach unten links verlagert. Dann stellt die Kurve N_1 nicht den Ausgangspunkt, sondern das Ziel der Bemühungen dar, während N_2 den Status quo beschreibt. Durch die folgende Konzentration auf negative Externalitäten ergibt sich zudem eine zweckmäßige Ergänzung zu den verschiedenen Ansätzen, die einen wissenschaftlichen Umgang mit den Wirkungen medialer Güter erlauben.

Für das Vorgehen, primär negative statt positive Medienwirkungen zu betrachten, ließe sich zudem ein weiterer, praktischer Grund anführen. In der Auseinandersetzung mit der Meritorik war die Frage offen geblieben, warum die Existenz gesellschaftlicher Nutzenbestandteile postuliert wird, für die bei den betroffenen Gesellschaftsmitgliedern keine Zahlungsbereitschaft wirksam werden kann. Statt der Nutznießer sollen Marktteilnehmer (im Fall des Zwangskonsums) oder der Staat (bei der Subventionslösung) die Finanzierung des Guts tragen. Die gleiche Frage stellt sich, werden die von meritorischen Gütern ausgehenden Wirkungen als positive Externalitäten interpretiert,

---
[576] Beispielsweise **Hamilton** (1998).

da bei positiven Externalitäten eine Zahlungsbereitschaft bei den hiervon betroffenen Individuen vorhanden sein muss. Allerdings haben zum einen die Produzenten dieser Effekte einen starken Anreiz, eine solche Zahlungsbereitschaft abzuschöpfen. Zum anderen fällt es – analog zur Finanzierung von Kollektivgütern – den Anbietern häufig leichter als den Nutznießern, die Bereitstellung des Guts zu organisieren und so das inhärente Trittbrettfahrerproblem zwischen Nutzern zu lösen.[577]

Damit kehren sich bei der Produktion positiver Externalitäten die Anreize ins Gegenteil um: Sofern nicht praktische Probleme der Exkludierbarkeit von Nichtzahlern dem entgegenstehen, werden die Nutznießer von den Produzenten positiver Externalitäten zur Zahlung herangezogen, während diese sich bei negativen Effekten der Zahlung zu entziehen versuchen. Aufgrund dieser veränderten Anreizstruktur stehen negative Externalitäten im Zentrum des Interesses der Umweltökonomik, während positive Effekte in der Regel nur erwähnt werden.

In der Medienökonomik ist das Externalitätenproblem anders gelagert: Probleme der Exkludierbarkeit von Nutzern positiver Externalitäten können hier nicht kategorisch ausgeschlossen werden, weshalb die Finanzierung dieser Externalitäten – wie die Bereitstellung eines Kollektivguts – ein gesellschaftliches Problem darstellen kann. Daher ist die folgende Konzentration auf negative Medienwirkungen rein methodisch bedingt und impliziert nicht, dass diesen Externalitäten gegenüber positiven Effekten empirisch eine herausgehobene gesellschaftliche Bedeutung zukommt.

6.4.2.2 Pigou-Steuern zur Eindämmung negativer Medienwirkungen

PIGOUs Überlegungen zum gesellschaftlichen Umgang mit externen Effekten knüpfen unmittelbar an deren Definition an. In einem Abschnitt, der eine ähnliche Bekanntheit wie das Rauchbeispiel erlangt hat, geht PIGOU darauf ein, wie mit technischen Externalitäten zu verfahren sei. Bei negativen Externalitäten berücksichtigt der Schädiger nur seine privaten Kosten, bürdet den Geschädigten hingegen Kosten in Form sozialer Zusatzkosten auf.[578] Das gesellschaftliche Problem entsteht aus der Divergenz privater und sozialer Kosten. Würden beide Kostenarten zusammenfallen, gäbe es keine unkompensierten Folgen für unbeteiligte Dritte und keine Externalität.

Die Folgerung aus dieser Problemrekonstruktion liegt auf der Hand. Nach PIGOU bedürfe es einer „außergewöhnlichen Beschränkung", um dem Schädiger die Folgen seines Handelns auf Dritte deutlich zu machen. Die offensichtlichste Form dieser Be-

---

[577] Zur wohlfahrtsoptimalen Bereitstellung eines homogenen Fernsehprogramms vgl. Kap. 5.2.1.5 a., S. 158.

[578] Streng genommen argumentiert PIGOU auf Grundlage des privaten und sozialen „Nettoprodukts", die voneinander abweichen können. Die Darstellung anhand von Kosten ist hierzu vollständig kompatibel und schließt an die in der Wohlfahrtsökonomik verwendete Terminologie an. Vgl. **Pigou** (1920/1952), S. 192.

6.4 Medienwirkungen als Ursache für ein Marktversagen 317

schränkung sei die einer Steuer auf die schädigende Aktivität.[579] Durch eine solche „PIGOU-Steuer" wird der Verursacher mit den Zusatzkosten seines Handelns konfrontiert. Berücksichtigt der Schädiger die Steuer in seinen Handlungen, wird er die schädigende Aktivität einschränken, womit auch die negativen Wirkungen auf Dritte zurückgehen.

Auch wenn PIGOU seine Steuerlösung nicht anhand eines Marktmodells erläutert hat, ist eine solche Darstellung zur weiteren Diskussion hilfreich (Abb. 6-2). Zusätzlich zu den bisherigen Überlegungen lässt sich hieran konkretisieren, in welcher Höhe die PIGOU-Steuer gesellschaftlich wünschenswert ist und wie stark steuerbedingte Anreize den Schädiger zur Einschränkung der Aktivität zwingen.

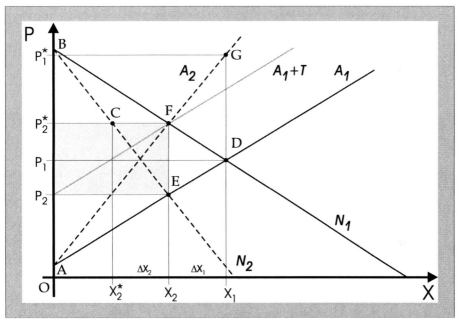

Abb. 6-2: Fernsehmarkt mit PIGOU-Steuerlösung

In Abb. 6-2 ist ein zunächst einfaches Modell eines Fernsehmarktes dargestellt, auf dem die Aktivität eines Schädigers (Basisaktivität in Mengeneinheiten von x) zu einer negativen Externalität, d. h. zu Schäden bei Dritten, führt. Um die Vergleichbarkeit mit der bisherigen Darstellung zu gewährleisten, sind die Marktdiagramme in Abb. 6-1 (auf Seite 287) und 6-2 weitgehend ähnlich konstruiert.

Die normal verlaufende Nachfragefunktion in Abb. 6-2 weist eine erhebliche Ähnlichkeit zur Nachfrage eines demeritorischen Guts in der Paternalistischen Meri-

---

[579] Demgegenüber soll im Falle einer positiven Externalität der Produzent mittels einer Subvention „außerordentlich" ermutigt werden. Vgl. **Pigou** (1920/1952), S. 192.

torik auf, bei der spiegelbildlich zu Abb. 6-1 die gesellschaftlich wünschenswerte Nachfrage nicht ober-, sondern unterhalb der am Markt zu beobachtenden Nachfrage liegt.[580] Im Sinne der Meritorik ließe sich unter der Basisaktivität ein demeritorisches Gut verstehen, von dem eine zu große Menge nachgefragt wird. Beispielsweise wären Gewaltprogramme im Fernsehen ein demeritorisches Gut, dessen Konsum vom gesellschaftlichen Standpunkt aus eingeschränkt werden sollte.

In der Gegenüberstellung wird auch deutlich, worin der Kernunterschied der wohlfahrtsökonomischen zur meritorischen Sichtweise liegt: Die Wohlfahrtsökonomik versucht, ein gesellschaftliches Problem aus Sicht der beteiligten Individuen zu rekonstruieren, während in der Meritorik an deren Verhalten ein externer Maßstab angelegt wird. Somit befindet sich die Wohlfahrtsökonomik zu keinem Zeitpunkt im Konflikt mit der Souveränität der beteiligten Individuen, sondern beabsichtigt vielmehr, deren Souveränität durchzusetzen. Negative Externalitäten kennzeichnen demnach Fälle, in denen die Souveränität der Beteiligten dadurch verletzt wird, dass die Geschädigten einen Nachteil erfahren, für den sie nicht kompensiert werden. Externalitäten bewirken somit eine sachliche Aushöhlung formell unangetasteter Verfügungsrechte.[581]

Diese Interpretation von gesellschaftlichen Medienwirkungen als primär unintendierte Kostenwirkungen liegt der Abb. 6-2 zugrunde. Konkret ist die Kostenwirkung einer Externalität als Abstand der Nachfragekurven N_1 zu N_2 ablesbar – bei der Menge x_2 betragen die Kosten beispielsweise $p_2^* - p_2$. Diese externen Kosten nehmen ausgehend vom Ursprung mit steigender Menge zu. Die Nachfragekurve N_2 ist demnach nicht lediglich gegenüber N_1 parallel verschoben, sondern im Uhrzeigersinn gedreht, weshalb N_2 eine größere negative Steigung aufweist. Analog zu dieser Korrektur der Nachfragekurve lassen sich die externen Kosten als ein zusätzliches, von den Betroffenen nicht gewünschtes Angebot betrachten.[582]

---

[580] Zum Unterschied normaler und kompensierter Nachfragekurven vgl. FN 528, S. 286.
[581] Vgl. **Sälter** (1989), S. 66.
[582] Mehr Konvention als eine Frage der Sachlogik ist, wie externe Kosten analytisch behandelt werden. Durch Drehen der Nachfragekurven werden die Kosten von der real beobachtbaren Nachfrage abgezogen. Traditionell werden in der Umweltökonomik nur positive Effekte durch Verlagerung der Nachfragekurve beschrieben, negative Externalitäten hingegen meist auf der Angebotsfunktion abgetragen. Externe Kosten werden so mit der Angebots-, externe Nutzen mit der Nachfrageseite assoziiert. Interpretieren ließe sich dieses Vorgehen als eine zu geringe Zahlungsbereitschaft auf Nachfrageseite bei positiven Effekten und ein Angebot, das nicht die real entstehenden Kosten der Aktivität widerspiegelt, bei negativen Effekten. Logisch lassen sich jedoch beide Erklärungen gegeneinander austauschen: Externalitäten können als Fälle verstanden werden, in denen Nachfrager die auftretenden externen Kosten nicht in ihrer Zahlungsbereitschaft, Anbieter positive Effekte nicht im Angebotspreis berücksichtigen. Dementsprechend ist analytisch ohne Bedeutung, ob statt der Nachfragekurve die Angebotskurve um den Betrag der externen Kosten verschoben wird. Da dieses Vorgehen in der Theorie des Marktversagens üblich ist, hält sich die weitere Darstellung hieran.

6.4 Medienwirkungen als Ursache für ein Marktversagen

Auf Basis der umfassenden Angebotskurve A_2 und der ursprünglichen Nachfrage N_1 wäre ein gesellschaftliches Optimum (Punkt F) bei dem Preis p_2^* und der Menge x_2 erreicht. Dieses Optimum zeichnet sich dadurch aus, dass Nachfrager die durch ihr Verhalten entstehenden negativen Wirkungen berücksichtigen und deshalb im Vergleich zur Ausgangssituation (Punkt D) die nachgefragte Menge von x_1 auf x_2 senken. Bedingt durch die *Internalisierung* der extern entstehenden Kosten ist der Preis von p_1 auf p_2^* gestiegen, wobei diese Preissteigerung durch den Mengenrückgang geringer ist als die absolute Höhe der externen Kosten in Höhe von $p_2^* - p_2$ bei der Menge x_2.

Das gesellschaftliche Optimum (Punkt F) stellt nicht lediglich aufgrund der nunmehr vermiedenen externen Schäden einen Schritt in Richtung einer gesellschaftlichen Verbesserung aus dem Status quo dar, sondern beschreibt einen Zustand, in dem externe Schäden auf ein optimales Niveau reduziert werden. Eine weitere Verminderung der Basisaktivität würde zwar die entstehenden externen Kosten reduzieren, doch würden diese Kosteneinsparungen durch den entgangenen Nutzen überkompensiert.

Obwohl die Geschädigten das Einstellen der Externalität, die Schädiger hingegen eine ungehinderte Aktivität bevorzugen, ist das dargestellte Optimum ein PARETO-Optimum, da gesellschaftlich bei der Menge x_2 keiner der Beteiligten bessergestellt werden kann, ohne den anderen zu benachteiligen. Die externen Kosten sinken auf die Höhe $p_2^* - p_2$ und entsprechen damit der Zahlungsbereitschaft der bei Menge x_2 verbliebenen Nachfrager. Vorhandene externe Effekte werden folglich nicht auf null reduziert, sondern fallen selbst im Optimum an. Weiterhin bestehende Effekte sind somit PARETO-irrelevant.[583] Da auch im gesellschaftlichen Optimum externe Effekte entstehen, ist es aus theoretischer Sicht unmöglich, aus der empirischen Beobachtung negativer wie positiver Externalitäten zu schließen, ob und inwieweit diese gesellschaftlich vermeidbar wären.

Die von PIGOU vorgeschlagene Steuer- und Subventionslösung erreicht das Optimum durch einen angebotsseitigen Kostenaufschlag bei negativen oder einen Preisabzug bei positiven Externalitäten. In Abb. 6-2 ist die zur Internalisierung negativer Externalitäten notwendige Steuer auf das Angebot dargestellt. Da die Steuer als fester Satz ausgelegt ist, erhöht sich der Preis für jede angebotene Mengeneinheit um den Steueraufschlag T. Als relevante Angebotskurve im Fall der PIGOU-Steuer ergibt sich damit die Kurve $A_1 + T$.

Was auf den ersten Blick als eine Verzerrung von sich dezentral einstellenden Marktpreisen erscheint, ist von staatlicher Seite ein Versuch, durch eine Intervention die Aussagekraft von Preisen und damit deren Lenkungswirkung wieder herzustellen. Ohne Berücksichtigung der externen Effekte werden die gesellschaftlichen Knappheitsrelationen nicht korrekt im Preissystem abgebildet, da bei negativen Externalitäten die

---

[583] Vgl. **Buchanan/Stubblebine** (1962), S. 374.

Basisaktivität in großem Umfang, bei positiven Externalitäten in zu geringem Umfang stattfindet. Es kommt zu einem Versagen des Marktes.

Als außermarktliche Effekte führen Externalitäten zu Ineffizienzen in Form von Über- oder Unterproduktion bzw. Über- oder Unterkonsum.[584] Im Falle von Externalitäten spiegeln erst die um eine PIGOU-Steuer oder -Subvention korrigierten Preise die korrekten Kosten der jeweiligen Aktivität wider. Der Staatseingriff dient damit der Vermeidung von gesellschaftlichen Ineffizienzen und fördert die Wohlfahrt.

Der Wohlfahrtsgewinn der PIGOU-Lösung lässt sich anhand von Abb. 6-2 verdeutlichen. In der Ausgangssituation entsteht ein Sozialer Überschuss in Höhe der Fläche ABD. Hiervon sind marktexterne Externalitäten in Höhe von AGD abzuziehen. Nach Internalisierung der Externalität vermindert sich der marktinterne Überschuss auf ABFE, die Externalitäten sinken auf ein Niveau von AFE. Der Verlust an Sozialem Überschuss EFD wird folglich durch den Rückgang der Externalität EFGD überkompensiert. Gesellschaftlich steigt der Überschuss um FGD auf ABF.

Der distributive Effekt dieses Staatseingriffs lässt sich ebenso anhand von Abb. 6-2 abschätzen. Die Steuer in Höhe von $p_2^* - p_2$ fällt für jede Mengeneinheit der Basisaktivität, d.h. im Optimum bis zur Menge x_2, fix an. Damit entspricht die gesamte Steuersumme der grau unterlegten Fläche, die von den privaten Marktteilnehmern hin zum Staat umverteilt wird. Da die Konsumentenrente um $p_1DFp_2^*$, die Produzentenrente um p_1DEp_2 sinkt, vermindert sich der Soziale Überschuss um diese (grau unterlegte) Fläche zuzüglich des Dreiecks FDE. Die Marktteilnehmer – sowohl Anbieter wie Nachfrager – werden also schlechter gestellt, während die durch die Externalität Geschädigten eine Besserstellung durch den nun gesenkten Effekt erfahren.

6.4.2.3 Bestimmung der gesellschaftlich optimalen Pigou-Steuer

In Abb. 6-2 wird bereits analytisch deutlich, dass von der Höhe der PIGOU-Steuer maßgeblich abhängt, ob das gesellschaftliche Optimum (Punkt F) erreicht oder verfehlt wird. Die optimale Menge x_2 wird bei einer zu hohen Steuer unter-, bei einer zu niedrigen Steuer überschritten. Zwei Aspekte sind in diesem Zusammenhang von Be-

---

[584] Die Steuerlösung nach PIGOU weist nicht nur begrifflich, sondern auch inhaltlich eine Verbindung zur Steuerfinanzierung von Fernsehprogrammen auf, wie SAMUELSONs Aufsätze zur Finanzierung deutlich machen. In beiden Fällen geht es um die Anlastung der gesellschaftlichen Kosten individuellen Verhaltens.
Wie dargestellt, folgert SAMUELSON aus der Nicht-Rivalität von Fernsehprogrammen, dass der wohlfahrtsökonomisch optimale Preis bei null läge und es einer Steuerfinanzierung bedürfe. Bezogen auf gesellschaftliche Medienwirkungen lässt sich mit dem gleichen Argument die Korrektur von Marktpreisen über Steuern begründen. Neben der dargestellten Isomorphie besteht eine weitere Strukturgleichheit zwischen der Theorie externer Effekte und der Kollektivgut-Theorie. Vgl. **Samuelson** (1958), S. 334.

deutung. Zum einen ist bei der konkreten Politikgestaltung wesentlich, die Höhe der PIGOU-Steuer nach den in Geldeinheiten bewerteten externen Schäden im Optimum, nicht denen im Status quo zu bemessen.[585] Die fälschliche Betrachtung der Schäden vor dem Eingriff würde zu einer zu hohen Steuerbelastung führen, da der Schädiger nicht mit einer Steuerhöhe von $p_2^* - p_2$, sondern mit $p_1^* - p_1$ konfrontiert würde. Bei dieser zu hohen PIGOU-Steuer würde statt des Optimums bei der Menge x_2 (Punkt F) eine geringere, gesellschaftlich inferiore Menge erreicht.

Zum anderen darf das lineare Modell in Abb. 6-2 nicht darüber hinwegtäuschen, dass externe Schäden in der Praxis selten dem dargestellten, sondern meist einem ertragsgesetzlichen Verlauf folgen. Wenn mit steigender Basisaktivität externe Schäden stark zunehmen, muss die PIGOU-Steuer diesem Anstieg folgen. Selbst bei vollständiger Kenntnis des Ausmaßes an externen Schäden ist die konkrete Ausgestaltung der PIGOU-Steuer problematisch. Zur Approximation steigender Schäden müsste die PIGOU-Steuer in der Praxis durch einzelne Progressionsklassen mit jeweils spezifischen Steuersätzen definiert werden, wodurch die Zahl möglicher Fehlerquellen steigt und ein Erreichen der PARETO-optimalen Menge erschwert wird. Von einer Progression soll im Folgenden abgesehen werden, um die Diskussion überschaubar zu halten.

6.4.3 Fazit: Beschränkte Realisierbarkeit der Pigou-Lösung auf dem Fernsehmarkt

6.4.3.1 Ökonomische Medienwirkungsforschung als wissenschaftliche Basis des Staatseingriffs

In der praktischen Wirtschaftspolitik ist die konkrete Festlegung der Steuerhöhe je nach Sachgebiet unterschiedlich komplex. Im Beispiel der Rauchemissionen fällt die Feststellung und Monetarisierung der Schäden vergleichsweise leicht – eine überschaubare Anzahl von Betroffenen erleidet einen Rauchschaden, der auf einen Ursache-Wirkungs-Zusammenhang mit geringer Komplexität zurückgeht. Sowohl die Erfassung der physischen Schäden als auch deren monetäre Bewertung sind in dieser Situation nur wenig kompliziert. Andere Fälle in der Umweltökonomik sind dagegen in der Bewertung meist deutlich schwieriger, beispielsweise wenn eine Vielzahl von Betroffenen Langzeit-, Akkumulationsschäden oder Schäden mit völlig unbekannten Wirkungszusammenhängen erleidet.

Unabhängig von der praktischen Komplexität ist die Ökonomik zur Erfassung der Art und Menge der entstehenden Schäden meist auf die Kooperation mit anderen Wissenschaftsdisziplinen – beispielsweise den Naturwissenschaften – angewiesen. Erst

---
[585] Vgl. **Bonus** (1974), S. 159.

wenn ein Mengengerüst der Schäden bereitsteht, kann in einem zweiten Schritt die monetäre Bewertung der Schäden erfolgen, um auf dieser Grundlage die Höhe der PIGOU-Steuer zu bestimmen. Der Ökonomik kommt dabei die scheinbar einfache Aufgabe der Monetarisierung zu.

Übertragen auf das Problem gesellschaftlicher Medienwirkungen würde eine medienökonomisch fundierte Politikberatung ebenfalls in zwei Schritten vorgehen, um zu einer implementierbaren PIGOU-Lösung zu kommen. Zur empirischen Erfassung externer gesellschaftlicher Schäden – z. B. durch Gewaltprogramme – bietet sich an, die quantitativen und qualitativen Ergebnisse anderer Disziplinen zu nutzen. Da die Frage, wie Medien in der Gesellschaft wirken, in der publizistischen Medienwirkungsforschung bereits seit den 30er-Jahren wissenschaftlich untersucht wird, lässt sich im weiteren Vorgehen auf die hier erzielten Forschungsergebnisse zurückgreifen.

Im Zeitablauf ist die Wirkungsforschung zu höchst unterschiedlichen Antworten auf diese Frage gelangt.[586] Ausgehend von der Einschätzung, Medien hätten einen erheblichen, vielleicht sogar allmächtigen Einfluss auf die Gesellschaft, relativierte sich dieses Bild in den 60er-Jahren bis hin zu einer fast vollständigen Ohnmacht der Medien. Im Laufe der wissenschaftlichen Weiterentwicklung zeigte sich, dass das ursprünglich angenommene Stimulus-Response-Modell nur unzureichend das Verhältnis vom Sender zum Empfänger medialer Botschaften erfasst. Dementsprechend lässt sich der psychosoziale Mechanismus, der der Medienrezeption zugrunde liegt, nicht als eine einfache Kausalkette beschreiben, an deren Ende ein überwiegend passiver Zuschauer steht, dessen Verhalten von Medien quasi gesteuert wird.

Frühe Modelle der Wirkungsforschung beschränkten sich auf die Analyse des Senderverhaltens, um so den einseitig gerichteten Fluss von Informationen zu untersuchen, der über verschiedene Schritte zum Empfänger führen kann. Folglich wurde erst spät das Verhältnis von Sender und Empfänger als eine Art der Interaktion begriffen, rückte das Verhalten der Rezipienten stärker in den Fokus der Wirkungsforschung. Dabei zeigte sich, dass die Annahme eines passiven, auf Medienreize schlicht reagierenden Empfängers unzulänglich ist. So ist der Fernsehkonsum von Zuschauern – selbst bei äußerer Teilnahmslosigkeit – ein höchst aktiver Prozess, in dem Rezipienten Informationen aktiv verarbeiten, filtern, neu interpretieren und selektiv speichern.

Spätestens in den 70er-Jahren vollzog die Wirkungsforschung mit dem nutzentheoretisch ausgerichteten „Uses and Gratifications"-Ansatz endgültig den Perspektivwechsel vom passiven Zuschauer zum aktiven Nutzer von Medien. Ausgehend von der Idee, dass Rezipienten durch den Medienkonsum bestimmte Bedürfnisse befriedigen wollen, werden die persönlichen Motive und die kulturellen Rahmenbedingungen des

---

[586] Vgl. **Schenk** (2002), S. 57.

6.4 Medienwirkungen als Ursache für ein Marktversagen

Konsums ebenso wie die hieran geknüpften Erwartungen näher untersucht.[587] Dabei wird der – jeweils höchst unterschiedliche – Prozess des Medienkonsums zum Schlüssel für die Medienwirkung.[588] Einen Schritt weiter gehen dynamisch-transaktionale Modelle, die analysieren, wie die Vorstellungen und Erwartungen der am Kommunikationsprozess Beteiligten den interaktiven Kommunikationsprozess prägen. Kernidee ist somit, dass die Erwartungen der Rezipienten das Angebot des Senders beeinflussen, was wiederum zu einer Veränderung der Erwartungen führt.

Die moderne Medienwirkungsforschung hat sich folglich sowohl von Vorstellungen der Allmacht als auch der Ohnmacht von Medien verabschiedet. Statt einer der beiden am Kommunikationsprozess beteiligten Seiten eine nahezu umfassende Macht zuzuschreiben, wird heute versucht, jener Vielzahl von relevanten Faktoren gerecht zu werden, die den Kommunikationsprozess beeinflussen.[589]

Diese Ergebnisse der publizistischen Medienwirkungsforschung sind ernüchternd, was die Umsetzung einer PIGOU-Lösung im Medienbereich anbelangt. Nicht nur Medien wirken auf eine sehr komplexe Weise auf die Individuen in einer Gesellschaft, sondern werden umgekehrt selbst von ihnen beeinflusst. Oft ist fraglich, in welche Richtung und mit welcher Stärke Wirkungen ablaufen, da sie sich nur in seltenen Ausnahmen durch einen einfachen, gerichteten und linearen Reaktionsverbund auszeichnen. In der Praxis können die Wirkungen von Medien demnach extrem unterschiedlich ausfallen. Sie können kurz- oder langfristig auftreten, linear oder kumulativ wirken und von spezifischen oder unspezifischen Medieninhalten ausgelöst werden.[590] Die mit dem Rückgriff auf die Publizistik verbundene Hoffnung, Medienwirkungen empirisch richtig in Art und Menge erfassen zu können, wird angesichts der Komplexität dieser Wirkzusammenhänge enttäuscht.

Überdies lassen Sozialwissenschaften – wie die Publizistik – methodisch bedingt keine Analyse medialer Externalitäten mit naturwissenschaftlicher Exaktheit zu. Die analytische Basis der medienökonomischen Wirkungsforschung unterscheidet sich daher erheblich von umweltökonomischen Ansätzen. In der Medienwirkungsforschung verhindert meist die Vielzahl, Rückkopplung und Nicht-Separierbarkeit der Einflussfaktoren eindeutige Aussagen bezüglich der Wirkungen von Medien. Gewöhnlich muss bei Feldstudien auf die Beweiskraft und Reproduzierbarkeit von Laborexperimenten verzichtet werden. Zudem unterliegen Zusammenhänge, die als empirisch gesichert gelten, dem gesellschaftlichen Wandel, sodass einmal gewonnene Erkenntnisse im Zeitablauf veralten können.

---

[587] Vor allem die zahlreichen Studien von KATZ et al. trugen zur Weiterentwicklung der „Uses and Gratifications"-Forschung bei. Die Autoren sehen die ersten Ansätze ihrer nutzentheoretischen Herangehensweise bereits in den 40er-Jahren. Vgl. **Katz/Blumler/Gurevitch** (1974), S. 12 ff.
[588] Vgl. **Becker/Kosicki** (1991), S. 232.
[589] Vgl. **Jäckel** (1999), S. 62.
[590] Vgl. **Becker/Kosicki** (1991), S. 224.

All diese wissenschaftlichen Grenzen der Auseinandersetzung mit Medienwirkungen bestehen gleichfalls bei der Analyse von Gewaltprogrammen. Trotz einer enormen Fülle an empirischen Studien ist in der Medienwirkungsforschung bis heute strittig, inwieweit von Gewaltprogrammen generell signifikant negative Effekte ausgehen. Zwar kann es unter bestimmten Konstellationen von sozialem Umfeld, Bildungshintergrund und Motivationsstruktur zu negativen Medienwirkungen kommen. In den meisten Fällen führt Gewalt in den Medien allerdings zu keiner eindeutigen Verhaltenswirkung.[591] Der Versuch, unter Rückgriff auf die publizistische Medienwirkungsforschung vollständig die Wirkungen von Medien nach Qualität und Quantität zu erfassen, dürfte damit an der Komplexität der zugrunde liegenden Wirkzusammenhänge scheitern.[592] Da die Folgen von Medienwirkungen – wie hier die Schäden durch Mediengewalt – sich kaum wissenschaftlich eindeutig feststellen lassen, fehlt schon die zu deren Bewertung notwendige mengenmäßige Basis. Die durch die Ökonomik zu leistende Bewertung ist zudem eine nur vordergründig einfache Aufgabe.

In der Praxis wird die Monetarisierung der Schäden, so sie sich konkretisieren lassen, durch drei Aspekte erheblich erschwert. Erstens bestehen für diese Schäden keine Marktpreise, weshalb auf – in diesem Fall komplexe – alternative Bewertungsverfahren wie Befragungen zurückgegriffen werden muss. Zweitens ist eine Diskontierung der zu unterschiedlichen Zeitpunkten entstehenden Schäden gesellschaftlich notwendig, womit zwangsläufig eine Abwertung zukünftiger Schäden verbunden ist. Fraglich ist, in welcher Höhe ein gesellschaftlich richtiger Diskontfaktor anzusetzen ist. Drittens ist offen, bis zu welchem Zeitpunkt gesellschaftliche Schäden berücksichtigt werden sollen, d. h. welche Länge der gesellschaftliche Planungszeitraum haben soll.

Obwohl diesen Aspekten eine fundamentale Bedeutung bei der Monetarisierung externer Medienwirkungen zukommt, besteht eine hierfür notwendige *ökonomische Medienwirkungsforschung* gegenwärtig noch nicht einmal in Ansätzen. Die konkrete Bewertung externer Schäden stößt daher schnell an wissenschaftliche Grenzen.

Die zur Implementation notwendige Konkretisierung der PIGOU-Steuer ist deshalb wohl praktisch unmöglich. Angesichts der Komplexität, mit der Medien in der Praxis wirken und die die Bewertung dieser Wirkungen bedeutet, ist nicht absehbar, dass aufgrund des zu erwartenden wissenschaftlichen Fortschritts die PIGOU-Lösung in Zukunft leichter zu realisieren sein wird. Selbst ein Verfahren von Versuch und Irrtum, wie in der Umweltökonomik von BAUMOL/OATES[593] vorgeschlagen, wäre in der Me-

---

[591] Vgl. **Gauntlett** (1995), S. 37, und die dort ausgewerteten Ergebnisse von Laborexperimenten, Feldstudien, Korrelations- und Longitudinal-Analysen.
[592] Beispielsweise unternimmt BROSIUS den Versuch, die gesellschaftlichen Wirkungen von „Sex-Filmen" im Fernsehen zu analysieren. Er kommt zum abschließenden Urteil, dass die vorliegenden Daten keine konkreten Rückschlüsse auf die Wirkungen, sondern lediglich allgemein beschreibende Anhaltspunkte zulassen. Vgl. **Brosius** (1996), S. 418 f.
[593] Vgl. **Baumol/Oates** (1971).

6.4 Medienwirkungen als Ursache für ein Marktversagen

dienökonomik ein kaum gangbarer Weg. Ein pragmatisches Vorgehen würde dementsprechend versuchen, auf politischem Wege ein Qualitätsziel für soziale Externalitäten zu verabschieden und über ein schrittweises Herantasten dieses Ziel mithilfe einer Veränderung der Steuerhöhe anzustreben.[594] Durch dieses Vorgehen lassen sich Externalitäten sinnvoll steuern, die sowohl zeitnah und relativ direkt entstehen als auch zu ähnlichen Schäden bei den Betroffenen führen.

Die Medienwirkungsforschung hat jedoch gezeigt, dass Medienwirkungen langfristig auftreten können, in vielen Fällen von Akkumulationsphänomenen begleitet werden und Schwellenwerte besitzen können. Außerdem variiert die Wirkung stark in Abhängigkeit von der Konsumsituation, dem sozialen Umfeld und der persönlichen Disposition des Medienkonsumenten. Ein Konsum der gleichen Sendung kann bei unterschiedlichen Rezipienten folglich zu höchst verschiedenen Wirkungen führen. Werden angesichts dieses komplexen Wirkzusammenhangs Sendungen, die vermutlich zu negativen sozialen Externalitäten führen, mit einer Steuer belegt, entspricht die resultierende Preissteigerung in der Regel nicht den gesellschaftlichen Kosten des Konsums. In verschärfter Weise gilt dieser Schluss für eine progressiv ausgelegte – theoretisch optimale – PIGOU-Steuer, für deren Ausgestaltung nicht nur ein einfacher, fixer Steuersatz, sondern eine Vielzahl von Steuerklassen mit unterschiedlichen Steuersätzen konzipiert werden müsste.

In letzter Konsequenz führt ein Preis-Standard-Ansatz nicht zum Herantasten an die richtige Lösung, sondern mit großer Wahrscheinlichkeit zu einer vollständigen Fehlsteuerung. Wenn das Ziel der Medienpolitik also nicht nur darin besteht, Externalitäten auf eine beliebige, sondern auf eine kontrollierte, wissenschaftlich fundierte Weise zu begrenzen, ist die Lösung von PIGOU in Form von Steuern oder Subventionen auf die gesellschaftlich (un)erwünschte Aktivität hierzu kaum dienlich.

6.4.3.2 Fehlender Preismechanismus auf dem Fernsehmarkt

Anders als in der Meritorik führt PIGOU das Auftreten von Externalitäten nicht allein auf fehlerhafte Mengen, sondern vor allem auf falsche Preise zurück. Bei positiven Externalitäten kann der Verursacher seine Preisforderung nicht durchsetzen, während er für die Produktion negativer Externalitäten keinen Preis zu entrichten hat. Demgegenüber zahlen die Nutznießer positiver Externalitäten aufgrund des Gratiskonsums einen zu geringen Preis, und die durch eine negative Externalität Geschädigten haben die Kosten des Schadens unkompensiert zu tragen.

Ausgehend von dieser Sichtweise, externe Effekte als Problem verzerrter Preise zu sehen, dient die PIGOU-Lösung dem Zweck, Marktpreise durch Subventionen und

---

[594] Vgl. **Baumol/Oates** (1971), S. 47 ff.

Steuern in Richtung der gesellschaftlichen Kosten der jeweiligen Aktivität zu korrigieren. Allein Preise, die den gesellschaftlichen Ressourcenverbrauch in korrekter Weise widerspiegeln, konfrontieren die Marktteilnehmer mit den gesellschaftlichen Folgen ihres individuellen Handelns und geben Informationen über die relative Knappheit der jeweiligen Ressource. PIGOU-Steuern und -Subventionen versuchen also, die Anreiz- und Informationsfunktion von Marktpreisen wieder herzustellen.

Werden Güter und Dienstleistungen direkt von Nachfragern – wie auf gewöhnlichen Märkten – finanziert, lassen sich die herrschenden Preise durch Steuern erhöhen oder durch Subventionen senken. Im Gegensatz dazu führt die indirekte Finanzierung von Gütern zu einer fundamental veränderten Marktlogik. Die Auseinandersetzung mit der indirekten Finanzierung medialer Güter hat gezeigt, dass die Steuer- wie die Werbefinanzierung die Anreize von Anbietern und Nachfragern maßgeblich beeinflusst und zu den dargestellten allokativen Ineffizienzen führt.[595] Aufgrund des Gratisangebots büßen Preise ihre Informations- und Anreizfunktion weitgehend ein.

Da indirekte Finanzierungsregime gerade die direkte Preislenkung außer Kraft setzen, ist auch eine Veränderung der Preisstruktur im Rahmen einer PIGOU-Lösung zum Scheitern verurteilt. PIGOU-Steuern oder -Subventionen lassen sich kaum auf Fernsehmärkten realisieren, wenn diese überwiegend durch Werbung, Steuern oder Gebühren finanziert werden. Für die PIGOU-Lösung ergibt sich folglich das gleiche Ergebnis wie für den meritorischen Eingriff in einen indirekt finanzierten Fernsehmarkt – für den Erfolg des Eingriffs ist das Regime der Finanzierung maßgeblich relevant.

Nur scheinbar lässt sich die fehlende Implementierbarkeit dadurch überwinden, dass die PIGOU-Steuer oder -Subvention nicht am Marktpreis, sondern den Produktionskosten der Fernsehsender ansetzt. Dann würden Sendungen, von denen mutmaßlich positive soziale Externalitäten ausgehen, unmittelbar beim ausstrahlenden Sender gefördert, Programminhalte mit negativen Effekten hingegen dort besteuert und somit zurückgedrängt. Aufgrund der veränderten Produktionskosten würden Sender tendenziell mehr Sendungen mit positiven und weniger mit negativen sozialen Externalitäten anbieten. Über eine Veränderung der Produktionskosten entspräche die Preislösung nach PIGOU jener Mengenlösung, die bereits bei der Auseinandersetzung mit der Paternalistischen Meritorik diskutiert wurde.

Dabei erweist sich auch das zweite Ergebnis eines meritorischen Eingriffs in den Fernsehmarkt als unverändert für die PIGOU-Lösung gültig: Neben der Finanzierung ist die Nachfrage nach den Programmen von entscheidender Relevanz für den Erfolg des Eingriffs. Mit einem veränderten Programmangebot ist folglich keineswegs sichergestellt, dass bestimmte Sendungen zu den intendierten gesellschaftlichen Wirkungen führen, wenn der Konsum der Programminhalte den Anreizen der Zuschauer entge-

---

[595] Zu den Effekten indirekter Finanzierungsregime vgl. Kap. 5.3, S. 189.

gensteht. Wie dargestellt, gilt dies in besonderem Maße für indirekte Finanzierungsregime, in denen Fernsehprogramme den Zuschauern gratis angeboten werden.

6.4.3.3 Mangelnde Legitimation eines umfassenden Staatseingriffs

Schon die Begriffe „Steuer" und „Subvention" legen nahe, welchen Akteur PIGOU in der Rolle sieht, den entsprechenden Markteingriff vorzunehmen. Der Staat soll im jeweiligen Einzelmarkt eine Steuer auf Handlungen mit negativen Externalitäten erheben, Aktivitäten mit positiven Externalitäten hingegen durch eine Subvention fördern.[596] Offen bleibt dabei, die eingenommenen Mittel vom Staat verwendet oder die anfallenden Ausgaben finanziert werden sollen.

Problematisch für die praktische Politikgestaltung ist PIGOUs Ansatz, da er unmittelbar von der Diagnose eines theoretischen Marktversagens auf die Therapie durch einen Staatseingriff schließt. Für PIGOU scheint ein staatlicher Eingriff schon dadurch notwendig, zielführend und legitimierbar, dass das Vorliegen von Externalitäten zu einem Versagen des jeweiligen Marktes führen kann. In der Tradition der klassischen Wohlfahrtsökonomik ist dieser Schluss Ergebnis eines Ansatzes, der aufgrund der intendierten Allgemeingültigkeit und generellen Herangehensweise eine Vielzahl real bestehender Institutionen ausblendet.

Obwohl es PIGOU in erster Linie darum ging, mögliche Defizite einer dezentralen Marktallokation aufzuzeigen und die daraus u.U. erwachsende Notwendigkeit einer staatlichen Intervention darzustellen, hat die von ihm nicht weiter explizierte Rolle des Staates zu einer erheblichen Kritik geführt. Bei PIGOU reißen die Überlegungen an der Stelle ab, wo jede Lösung der aufgezeigten Probleme gerade eines nicht-institutionenlosen Vorgehens bedarf. In seinem Urteil über PIGOUs Ansatz spitzt DEMSETZ diesen Kritikpunkt zu. Demnach scheine PIGOU davon auszugehen, dass der Staat die Defizite des Marktes in idealer und effizienter Weise löse.[597] Der Staat trete folglich als ein perfekter, kostenlos handelnder Agent des Gemeinwohls auf.

In seinem weitgehend institutionenlosen Ansatz blendet PIGOU eine Vielzahl praktisch relevanter Staatsprobleme aus. Per se sind also sämtliche Fälle von Staatsversagen, die aus falschen Informationen und Anreizen der bestehenden Prinzipal-Agent-Strukturen erwachsen, wie etwa falsche staatliche Ziele, Eigeninteressen von Politikern oder Informationsprobleme ausgeschlossen. Überdies entstehen bei der Durchsetzung der PIGOU-Lösung keine Planungs-, Implementierungs- oder Überwachungskosten.

DEMSETZ bemängelt die extreme Naivität PIGOUs, der die implizite Annahme eines allwissenden und allmächtigen, gleichzeitig aber gemeinwohlorientierten Staates

---

[596] Vgl. **Pigou** (1920/1952), S. 192.
[597] Vgl. **Demsetz** (1996), S. 567 ff.

entspringe.[598] Neben den Problemen der Praktikabilität kommt gerade diesem Kritikpunkt eine erhebliche Bedeutung in der Medienpolitik zu. Einerseits ergäbe sich aufgrund der bisher diagnostizierten Ubiquität von externen Effekten ein umfangreiches Betätigungsfeld für staatliche Marktinterventionen, würde die von PIGOU vorgeschlagene Lösung der Bepreisung von Externalitäten konsequent auf Medienmärkten – bei Fernseh- und Radioprogrammen ebenso wie bei Druck- und Musikerzeugnissen und dem Internet – umgesetzt. Der Staat müsste für jedes Medienprodukt prüfen, ob dessen Konsum zu signifikanten Externalitäten führt, um es anschließend entsprechend zu verteuern oder zu subventionieren. Selbst unter Berücksichtigung der Kosten dieser Staatseingriffe ergäben sich mannigfaltige Anwendungsfelder für die PIGOU-Lösung. Die aus Sicht einiger Ökonomen bestehende Ubiquität von Externalitäten[599] würde eine *Omnipräsenz* des Staates (oder staatlich legitimierter Akteure) zur Eindämmung negativer und Förderung positiver Effekte nach sich ziehen.

Andererseits steht der Staat in Form seiner Handlungsbevollmächtigten stets in der Gefahr, den vorhandenen Einfluss auf Medien für eigene Vorteile, also beispielsweise zum Machterhalt zu nutzen. Bereits die Auseinandersetzung mit den Regimen indirekter Programmfinanzierung hat deutlich gemacht, dass dieses Problem der Einflussnahme gravierend sein kann. Beispielsweise zeigte sich der Effekt der politischen Einflussnahme als eine Konsequenz aus der Steuerfinanzierung von Fernsehprogrammen.

Ein System staatlicher Interventionen, wie es durch das Konzept der PIGOU-Lösung begründet wird, würde die Staatsferne des Rundfunks durch die vielfältigen, dann möglichen Staatseingriffe unterminieren. Die Unabhängigkeit der Medien von jenem Staat, zu dessen Kontrolle sie beitragen sollen, wäre stark gefährdet. Einer eventuell verbesserten Allokation durch die Bepreisung von Externalitäten stünden folglich aus ökonomischer Sicht beträchtliche allokative und distributive Effekte durch die Staatseingriffe selbst gegenüber. Damit bleibt zweifelhaft, ob staatliche Eingriffe aus gesellschaftlicher Sicht zu einer Verbesserung führen.

Die in PIGOUS Ansatz im Hintergrund stehende Vorstellung eines aktiven Staates bereitet folglich gerade im Medienbereich erhebliche Schwierigkeiten. Dass PIGOU-Steuern oder -Subventionen als staatliches Instrument zur Lenkung von Medienmärkten genutzt werden können, lässt sich nur scheinbar dadurch lösen, indem dieses Instrument dem unmittelbaren staatlichen Zugriff entzogen wird. Wären andere, unabhängigere Stellen zur Steuersetzung oder Subventionsvergabe berechtigt, bestünde das ursprüngliche Interventionsrisiko auf lediglich veränderte Weise fort. Auch diese durch den Staat legitimierten Akteure wären in der Gefahr, weniger Treuhänder des Gemeinwohls zu sein denn als Sachwalter ihrer eigenen Interessen zu handeln.

---

[598] Vgl. **Demsetz** (1996), S. 571.
[599] Vgl. z. B. **Heinrich** (1999), S. 34 f., analog **Gundlach** (1998), S. 61, **Kops** (2005), S. 349.

6.4.3.4 Fernsehsender oder Zuschauer als Verursacher sozialer Externalitäten?

Unabhängig von der mangelnden Praktikabilität und den politischen Gefahren einer PIGOU-Lösung wurde bisher nicht hinterfragt, ob der Analogieschluss von klassischen, umweltökonomischen Externalitäten auf Medienwirkungen Gültigkeit besitzt. Die gleiche Problemstruktur legt offensichtlich nahe, Fernsehsender mit den Produzenten, Zuschauer hingegen mit den durch die Externalität Geschädigten zu assoziieren.[600]

Im konkreten Fall entsprächen demnach Sender, die Gewaltprogramme ausstrahlen, den Rauchemittenten in dem auf PIGOU zurückgeführten Musterbeispiel.[601] Analog besteht im genannten Modell von HAMILTON für Fernsehsender der Anreiz, Gewaltprogramme in zu großem Umfang auszustrahlen und hierdurch Zuschauer zu schädigen.[602] Als Umweltökonom überträgt HAMILTON bestehende Instrumente auf die Medienökonomik, um die Rolle unterschiedlicher Finanzierungsformen, des politischen Einflusses und der strukturellen Rahmenbedingungen auf das Angebot an Gewaltprogrammen zu untersuchen. Einige Gründe lassen diesen Schluss und die dahinterstehende Parallele zwischen den Theorien problematisch erscheinen:

1. Medienwirkungen setzen stets den Konsum der entsprechenden Programme voraus. Auch bei Gewaltprogrammen ist undenkbar, dass diese eine schädigende Wirkung entfalten, ohne zuvor von Zuschauern gesehen worden zu sein, da wohl nur in Ausnahmefällen der Konsum von Fernsehprogrammen auf eine zwangsweise Exposition zurückgeht. Medienwirkungen kommen folglich nicht über Zuschauer wie Rauchimmissionen, sondern resultieren aus einer Aktivität der Nachfrager, neben der Entscheidung zum Konsum auch der geschilderte aktive Rezeptionsprozess. Aufgrund dieser Relevanz der Nachfrage haben sich meritorisch begründete Markteingriffe – neben der zweifelhaften wissenschaftlichen Basis – als kaum praktikabel erwiesen.
2. Die Wirkungen von Medien können deshalb zu gesellschaftlichen Problemen führen, da der Konsum von Gewaltprogrammen möglicherweise mit einer Verhaltensänderung der Zuschauer verbunden ist, wovon schließlich unbeteiligte Dritte im gesellschaftlichen Umfeld der Rezipienten negativ betroffen sind. Damit gehen soziale Externalitäten nicht von den Anbietern, sondern von den Rezipienten der Programme aus und wirken auf Drit-

---

[600] Die vom ZDF in Auftrag gegebene Studie von HOLZNAGEL zum spezifischen Funktionsauftrag des Senders macht zudem deutlich, dass der wissenschaftliche Forschungs- und der politische Diskussionsstand nur unvollständig korrespondieren. Die theoretisch diskutierte Möglichkeit sozialer Externalitäten wird in der politischen Diskussion zu einer unzweifelhaften Gewissheit, die Gefahr eines Marktversagens zu einem real bestehenden. Vgl. **Holznagel** (1999), S. 116.
[601] Ohne auf PIGOU zu verweisen, übernimmt SEUFERT dessen Lösungsansatz in Form von Subventionen für positive Externalitäten. Vgl. **Seufert** (2005), S. 376 ff., **Kops** (2005), S. 351.
[602] Vgl. **Hamilton** (1996), **Hamilton** (1998), analog **Doyle** (2002), S. 65.

te, unabhängig davon, ob diese selbst Medien konsumieren.[603] Als nichtkompensierte Transaktion führt die Interaktion zwischen den eigentlichen Rezipienten der Programme und Dritten zu einer Besser- oder Schlechterstellung Letzterer. Im weiteren Verlauf werden soziale Externalitäten deshalb als *Folge* des Konsums, nicht als Konsum selbst betrachtet. In der klassischen Unterscheidung zwischen Konsum und Produktion stellen diese Externalitäten eine Konsum-, nicht eine Produktionsexternalität dar.

3. Mit dieser veränderten Problemrekonstruktion lassen sich die gesellschaftlichen Wirkungen von Medien differenzierter beurteilen. Nicht der Konsum, sondern erst der Effekt – die positive oder negative Wirkung – auf Dritte macht den Kern des gesellschaftlichen Problems aus. Im Sinne der Theorie externer Effekte ist damit weder die Ausstrahlung des Programmes noch dessen Konsum, sondern allein die aus dem Medienkonsum resultierende Verhaltensänderung gesellschaftlich erwünscht oder unerwünscht. Als Wirkung auf Dritte stellt sie die eigentliche soziale Externalität dar.

4. Die konkrete Form der Finanzierung eines Programmes kann zwar zu den dargestellten Effekten indirekter Finanzierung führen, die an dieser Stelle relevanten Medienwirkungen dürften aber vom Finanzierungsregime unabhängig sein. Ob das Angebot eines Fernsehsenders durch Werbung, Steuern oder Gebühren oder direkt finanziert wird, beeinflusst die gesellschaftlichen Wirkungen des Programmes nicht und ist somit ohne Bedeutung für das Auftreten sozialer Externalitäten. Als unkompensierte Verhaltensänderung zwischen Rezipient und Dritten ist die soziale Externalität demnach zwar vom Konsum, nicht aber von der Finanzierung abhängig. Das Problem der mangelnden Implementierbarkeit einer PIGOU-Lösung – Folge des auf dem Fernsehmarkt fehlenden Preismechanismus – wird somit bedeutungslos.

5. Der Übergang von der sender- zu einer rezipientenorientierten Sichtweise folgt der eigentlichen Wirkungsbeziehung zwischen dem Sender, dem Rezipienten und weiteren Dritten und steht im Einklang mit der traditionellen Definition von Externalitäten als nicht-marktlichen Wirkungen. Schon die Analyse indirekter Finanzierungsregime hat deutlich gemacht, dass die Interaktion zwischen Zuschauern und Fernsehsendern unabhängig von der Finanzierung als ein Markt für Fernsehprogramme mit Leistung und Gegenleistung gesehen werden kann. Aufgrund der in jedem Fall bestehenden Marktbeziehung zwischen den Programmanbietern und -nachfragern kann keine Externalität im Sinne der klassischen Theorie vorliegen.

---

[603] Vgl. **Schröder** (1997a), S. 8.

In diesem Sinne ist die eingangs vorgenommene Charakterisierung der Wirkungen von Medien zu differenzieren. Medien sind dort als Lieferant vielfältigster Informationen beschrieben worden, welche in den unterschiedlichsten gesellschaftlichen Bereichen – etwa in der Politik, auf Märkten und Börsen oder in Kultur und Wissenschaft – verhaltensrelevant sein können. Kaum überraschend dürfte der Medienkonsum in diesen Bereichen häufig zu Verhaltensänderungen der Rezipienten führen. Im ökonomischen Sinne stellen nicht die auf Medienmärkten angebotenen Informationen eine Externalität dar, sondern die resultierende Verhaltensänderung kann mit einer Externalität auf Dritte verbunden sein.

Diese Gründe machen deutlich, dass sich die Wirkungen, die auf die Programmausstrahlung eines Fernsehsenders zurückgehen, grundlegend von jenen Externalitäten unterscheiden, wie sie Gegenstand umweltökonomischer Forschung sind. Auch im Model von HAMILTON können die betrachteten Folgen des Programmkonsums keine sozialen Externalitäten sein. Zum einen werden durch die Programme nicht dritte Personen, sondern Zuschauer – vor allem Kinder – geschädigt, da diese den langfristigen Schaden ihres Konsumverhaltens nicht richtig antizipieren können.[604] Zum anderen befriedigt das Programmangebot der Fernsehsender die Nachfrage der Zuschauer, stellt also keine Externalität, sondern eine Leistungsbeziehung im Rahmen des bestehenden Marktaustauschs dar. Da Nachfrager an dem Marktprozess ebenso wie Anbieter beteiligt sind, greift der Ansatz zu kurz, einseitig die Programmanbieter zur Verantwortung zu ziehen, falls Programme zu gesellschaftlich unerwünschtem Verhalten führen.

In der folgenden Analyse werden Medienwirkungen demnach nicht als überwiegend individuelle Selbstschädigung, sondern als gesellschaftliches Problem betrachtet, das einer Interdependenz von Märkten entspringt und bei dem Dritte von dem veränderten Verhalten der Medienkonsumenten negativ oder positiv betroffen sind.

6.4.3.5 Nicht-Kompensation als Voraussetzung für soziale Externalitäten

PIGOUS Überlegungen haben deutlich gemacht, dass das Ausbleiben einer Kompensation für einen erlangten Vorteil oder erlittenen Schaden die entscheidende Voraussetzung ist, damit eine Externalität im klassischen Sinne besteht. Obwohl dieser Aspekt zentral in PIGOUS Ansatz ist, wird er in medienpolitischen Diskussionen ausnahmslos außen vor gelassen. In der neueren Medienökonomik wird in der Regel von dem Vor-

---

[604] Vgl. **Hamilton** (1998), Kap. 3, S. 76. Wie dargestellt, lässt sich selbstschädigendes Verhalten mithilfe der individualistischen Meritorik analysieren und durch Informations- und Selbstbindungsmaßnahmen eindämmen, ohne gleichzeitig die individualistische Sichtweise aufzugeben und die Souveränität der Zuschauer zu verletzen. In der Praxis dürfte das primäre Problem wohl im Fehlen elterlicher Aufsicht bestehen, falls Kinder in selbstschädigendem Umfang für sie nicht geeignete Programme konsumieren.

handensein einer Medienwirkung darauf geschlossen, dass es sich um eine Externalität handeln müsse.[605] Medienwirkungen werden also stets mit Externalitäten übersetzt, d. h. beide Begriffe synonym verwendet. Das Gleichsetzen von Medienwirkungen mit Externalitäten bedingt, dass die Beteiligten für diese Wirkungen keine Kompensation erfahren. Inwieweit diese Annahme empirisch richtig ist und somit soziale Externalitäten auch in der Praxis eine Rolle spielen, wird hingegen nicht hinterfragt. Während damit die Frage der Kompensation in der medienökonomischen Forschung weder aufgeworfen noch beantwortet wird, soll sie im Mittelpunkt der weiteren Diskussion sozialer Externalitäten stehen. War in der senderorientierten Sichtweise noch das Verhalten der Nachfrager medialer Güter und das Regime der Finanzierung von Relevanz für das Entstehen von Medienwirkungen, haben sich in der rezipientenorientierten Sichtweise diese beiden Faktoren gegenüber der Kompensation als nachrangig erwiesen.

Die Bedeutung der Kompensation knüpft unmittelbar an den Überlegungen an, primär negative statt positive Externalitäten zu betrachten, da Erstere vermutlich in größerem Umfang zu gesellschaftlichen Problemen führen können. Negative unterscheiden sich dadurch von positiven Externalitäten, dass das Vorhandensein der Externalität grundsätzlich andere Anreize für die Beteiligten setzt. Sowohl bei negativen wie bei positiven Externalitäten werden sich die Beteiligten nicht gegen die Externalität wehren, wenn sie hierdurch bessergestellt werden.

Pigou nennt einige Fälle, in denen die physisch Betroffenen eine Besserstellung erfahren. In der Liste der Beispiele für positive Externalitäten finden sich nicht nur öffentliche Parks, Straßenlaternen vor Privatwohnungen, Maßnahmen der Aufforstung und die wissenschaftliche Grundlagenforschung, sondern ebenso das Standardbeispiel der rauchenden Schlote.[606] Die zugehörige Fußnote verdeutlicht, dass Pigou trotz der genannten gesellschaftlichen Schäden Rauchemissionen nicht – wie häufig angenommen – als Fall negativer Externalitäten, sondern umgekehrt die Vermeidung des Rauchs als Beispiel für positive Externalitäten sieht.[607] Pigou geht es um die Anreize, in technische Maßnahmen zur Rauchvermeidung zu investieren.

Generell hat jeder Produzent einer positiven Externalität einen Anreiz, Maßnahmen zu ergreifen, die eine Kompensation für die erbrachte Leistung sicherstellen und die die außermarktmäßige Beziehung zwischen Verursacher und Nutznießer zu einem marktmäßigen Austauschverhältnis werden lassen. Wie bei der Bereitstellung von Kollektivgütern wird er versuchen, Nichtzahler von der Nutzung der externen Vorteile auszuschließen. Ist eine solche Exklusion kostenlos möglich, da keine Transaktionskosten bei Verhandlungen zwischen den Beteiligten anfallen, werden alle Beziehungen zwischen Produzent und Nutznießer zu Marktbeziehungen, und positive Externalitäten

---

[605] Vgl. u. a. **Heinrich** (1999), S. 34, **Gundlach** (1998), S. 61, **Wacker** (2007), S. 45 f.
[606] Vgl. **Pigou** (1920/1952), S. 184.
[607] Vgl. **Pigou** (1920/1952), S. 184, FN 3.

verschwinden durch die umfassende Internalisierung. Im Rauchbeispiel bedarf es also keiner PIGOU-Subvention, damit der Emittent in Maßnahmen der Rauchvermeidung investiert. Ebenso werden positive Medienwirkungen bei fehlenden Transaktionskosten zu Markttransaktionen und stellen keine sozialen Externalitäten dar.

6.5 Medienwirkungen als Problem gesellschaftlicher Institutionen

6.5.1 Coase' Kritik am Ansatz von Pigou

Mit der Betrachtung der Anreize, die für die Beteiligten von der Externalität ausgehen, ist der erste Schritt zum Verständnis der fundamentalen Kritik getan, die RONALD H. COASE im Jahre 1960 an PIGOUs Ansatz geäußert hat.[608] Anhand einer Reihe von Urteilen, die Richter bei Konflikten zwischen Nachbarn um Externalitäten gefällt haben, kommt COASE zu dem Ergebnis, sowohl PIGOUs Analyse als auch die sich daraus ergebenden politischen Maßnahmen seien falsch.[609]

Mit der Kritik von COASE hat die Theorie externer Effekte eine entscheidende Wendung genommen, die ebenso relevant für die allgemeine Analyse von Marktversagen wie für die medienökonomische Diskussion von Medienwirkungen ist.[610] Dabei stellt der Rückgriff auf COASE' Überlegungen eine Rückkehr zur Medienökonomik dar. Bereits ein Jahr vor Erscheinen des später weit rezipierten Aufsatzes „The Problem of Social Cost" geht COASE in einem Aufsatz der Frage nach, wie die Vergabe von Rundfunklizenzen aus ökonomischer Sicht zu organisieren sei.[611] Anhand dieses medienökonomischen Problems leitet COASE die Kernthesen ab, die er erneut im Folgejahr – erweitert um eine radikale Kritik an PIGOU und der auf ihn zurückgehenden Wohlfahrtsökonomik – veröffentlicht.[612]

---

[608] Vgl. **Coase** (1960).
[609] Vgl. **Coase** (1960), S. 39.
[610] Dabei ist bemerkenswert, dass COASE selbst den Begriff „Externalität" konsequent vermeidet. Vgl. **Leschke/Sauerland** (2000), S. 182, FN 2.
[611] Vgl. **Coase** (1959), S. 26 ff.
[612] In seiner Autobiografie schildert COASE, dass der Aufsatz aus dem Jahre 1960 nicht nur von den Überlegungen seiner Studie „The Federal Communications Commission" inspiriert ist, sondern sogar der Kritik hieran entspringt: Einige Ökonomen an der University of Chicago – unter ihnen GEORGE STIGLER und MILTON FRIEDMAN – hielten die medienökonomischen Überlegungen für fehlerhaft und luden COASE zur Diskussion in das Privathaus von AARON DIRECTOR ein. Da COASE es schaffte, seine Kritiker zu überzeugen, wurde er gebeten, einen Aufsatz für das dortige „Journal of Law and Economics" zu schreiben. Unter dem Titel „The Problem of Social Cost" wurde dieser Aufsatz nicht nur in der Ökonomik, sondern auch in den angrenzenden Gesellschaftswissenschaften bekannt. Vier Jahre später wechselte COASE zur Universität von Chicago, an der er bis zu seiner Emeritierung blieb, und wurde für 18 Jahre Herausgeber jenes Journals, in dem sein berühmtester Aufsatz erschienen ist. Vgl. **Coase** (1991b), S. 3.

Um die Bedeutung von COASE' Überlegungen für die Medienökonomik aufzuzeigen, werden zunächst seine Kernthesen und die sich hieraus unmittelbar ergebenden Schlussfolgerungen anhand eines medienökonomischen Beispiels dargestellt. Die genannten Wirkungsbrüche zwischen dem Konsum und der Wirkung der Sendung sollen dabei außen vor bleiben. Da Fernsehsendungen dann annahmengemäß in einer direkten, starken und zeitnahen Weise wirken, besteht eine enge Verbindung zwischen dem Akt des Konsums und dem Auftreten sozialer Externalitäten, was die originär ökonomische Analyse dieser Wirkbeziehung erheblich erleichtert.

Während im ersten Schritt der Akt des Konsums und die soziale Externalität im Zusammenhang betrachtet werden, rücken im zweiten Schritt die Ursachen für das Entstehen dieser Effekte in den Mittelpunkt der Analyse. Aufbauend auf den Überlegungen von COASE wird gefragt, worin der ökonomische Grund für soziale Externalitäten – deren Entstehen und einer möglichen Internalisierung durch die Beteiligten oder gesellschaftliche Institutionen – liegt.

6.5.1.1 Analyse von Medienwirkungen auf Grundlage des Coase-Theorems

COASE' Überlegungen knüpfen an den bereits diskutierten Anreizen der Beteiligten an: Dass der Produzent positiver Externalitäten versuchen wird, diese zu internalisieren, gilt in umgekehrter Weise für den durch negative Externalitäten Geschädigten. In einer Modellwelt ohne Transaktionskosten wird der physisch Geschädigte einen Anreiz haben, den Produzenten gegen Zahlung einer Kompensation zur Einschränkung der (Basis)Aktivität und damit der Externalität zu veranlassen. COASE kommt zu dem Schluss, in einer Welt ohne Transaktionskosten[613] würden positive wie negative Externalitäten unmittelbar durch Zahlungen ausgeglichen, also internalisiert. Bestehen für marktliche Transaktionen keine Kosten in Form der von COASE angeführten Such-, Vertrags- und Durchsetzungskosten, können Externalitäten nicht entstehen.[614] Eines staatlichen Eingriffs wie der PIGOU-Subvention oder -Steuer bedarf es dann nicht.

Dieses Ergebnis – von GEORGE STIGLER sechs Jahre später als „COASE-Theorem"[615] benannt – gilt erstens unabhängig von der Ausgestaltung der auf beiden Seiten bestehenden Verfügungsrechte. Eine Lesart des COASE-Theorems ist damit die „Invarianz-These": Wenn die physisch Geschädigten ein „Recht auf Ungestörtsein" besitzen, werden die Produzenten ihnen dieses Recht teilweise abkaufen. Verfügen hingegen die

---

[613] Auch der Begriff „Transaktionskosten" findet sich nicht wörtlich in COASE' Aufsatz. Stattdessen verweist COASE auf das reibungslose, kostenlose Funktionieren des Preissystems bzw. auf die Kosten, eine Markttransaktion auszuführen. Vgl. **Coase** (1960), S. 2, S. 15.

[614] Vgl. **Coase** (1960), S. 2 f., S. 15.

[615] **Stigler** (1966/1967), S. 113.

6.5 Medienwirkungen als Problem gesellschaftlicher Institutionen

Produzenten über das „Recht auf Verschmutzung", werden die physisch Geschädigten für die Nutzung dieses Rechts eine Zahlungsbereitschaft äußern.

Zweitens werden die Beteiligten im Rahmen der Verhandlungen unabhängig von den herrschenden Verfügungsrechten – dem Recht auf Ungestörtsein oder auf Verschmutzung – zu demselben Ergebnis kommen. Das entstehende Ergebnis ist PARETO-optimal, also gesellschaftlich nicht verbesserungsfähig. Diese Lesart des COASE-Theorems wird als „Effizienz-These" bezeichnet.[616]

Sowohl die Invarianz- wie die Effizienz-These gelten nur dann, wenn Transaktionskosten den Tauschprozess gar nicht oder nicht signifikant beeinflussen.[617] Als Residuum entspricht der faktische (Netto)Tauschgewinn dann vollständig oder zumindest überwiegend dem potenziellen (Brutto)Tauschgewinn abzüglich der Transaktionskosten. Fehlen Transaktionskosten ganz oder fallen niedriger als der Tauschgewinn aus, lässt sich die Gültigkeit des COASE-Theorems durch eine grafische Darstellung verdeutlichen (Abb. 6-3). Wie bei MUSGRAVE und PIGOU geht diese Darstellungsform über die rein verbalen Erläuterungen von COASE hinaus.

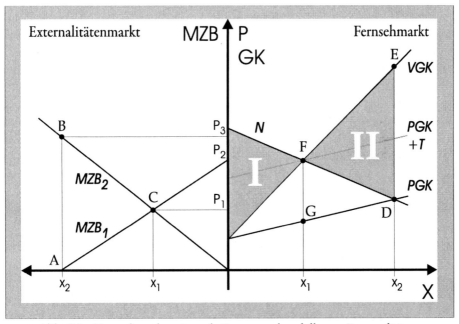

Abb. 6-3: Fernsehmarkt mit nach COASE verhandelbaren Externalitäten

---

[616] Vgl. u. a. **Karl** (2000), S. 75.
[617] Zu Grenzen der Gültigkeit des COASE-Theorems vgl. **Karl** (2000), S. 76.

Die rechte Hälfte von Abb. 6-3 zeigt wiederum eine normal verlaufende Nachfrage N nach der Basisaktivität und deren Angebot in Form der privaten Grenzkosten (PGK).[618] Auf soziale Externalitäten durch Medienwirkungen bezogen lassen sich hier die Nachfrage und das Angebot nach Sendungen auf dem Fernsehmarkt – z. B. Sendeminuten eines Gewaltprogrammes – erkennen.

Über die privaten Grenzkosten hinaus führt die Aktivität zu sozialen Zusatzkosten, die sich als volkswirtschaftliche Grenzkosten (VGK) pro Mengeneinheit der Basisaktivität darstellen lassen.[619] Wie in Abb. 6-2 entspricht der Schnittpunkt von Nachfrage und privaten Grenzkosten (Punkt D) jenem Marktgleichgewicht ohne Berücksichtigung der negativen Externalität. Ebenso markiert der Schnittpunkt der Nachfrage mit den volkswirtschaftlichen Grenzkosten (Punkt F) das unter Berücksichtigung des externen Effekts entstehende gesellschaftliche Optimum.

Die beiden Szenarien, die eine konträre Ausgestaltung der durchsetzbaren Verfügungsrechte beschreiben, unterscheiden sich durch die anfangs auf dem Markt gehandelten Mengen. Verfügt der physische Emittent über das Recht auf Schädigung, wird er zunächst die Menge x_2 im Ausgangsgleichgewicht realisieren (Punkt D). Besitzt der Geschädigte das Recht auf Ungestörtsein, kann er die Unterlassung jeglicher Emission erzwingen, weshalb am Markt keine Mengen umgesetzt werden.

Nach COASE ist es in jedem Szenario sowohl für den Schädiger wie den Geschädigten vorteilhaft, sich auf eine Veränderung der ursprünglichen Emissionsmenge einzulassen. Zur Verdeutlichung des einsetzenden Rechtehandels ist in der linken Hälfte von Abb. 6-3 das Angebot und die Nachfrage nach Emissionsrechten dargestellt. Zwar sind diese Rechte von der Basisaktivität losgelöst, jedoch besteht aufgrund der physikalischen Wirkbeziehung eine enge Verbindung zwischen beiden Märkten. Die Medienwirkung wird somit als Folge der Interdependenz von Märkten rekonstruiert.

Auch auf dem Markt der Emissionsrechte – aufgrund der Verbindung zur Basisaktivität und zur besseren Vergleichbarkeit in der gleichen Mengeneinheit bemessen – ist zwischen den konträren Szenarien zu unterscheiden. Im Szenario des Rechts auf Emission hat der physisch Geschädigte eine Zahlungsbereitschaft für die Vermeidung der Externalität (MZB_2) in Höhe der sozialen Zusatzkosten. Diese Zahlungsbereitschaft entspricht den monetär bewerteten Grenzschäden, die dem Geschädigten durch die Aktivität des Schädigers aufgebürdet werden. Für die letzte Einheit der Emission bei Menge x_2 ist diese Zahlungsbereitschaft gleich dem Preis p_3. Dieser Zahlungsbereitschaft steht auf Seite des Produzenten der Externalität eine Forderung gegenüber, die seinen Grenzvermeidungskosten für Vermeidungstechnologie oder für eine Anpassung der Produktion entspricht. Die Forderung des Produzenten MZB_1 ist bei der Menge x_2

---

[618] Zum Unterschied normaler und kompensierter Nachfragekurven vgl. FN 528, S. 286.
[619] Zum Vergleich mit Abb. 6-2 (auf Seite 317) ist erneut die PIGOU-Steuer dargestellt, diesmal als fester Preisaufschlag auf die privaten Grenzkosten (PGK + T).

verschwindend gering und erhöht sich stetig, bis beim Preis p_1 eine Gleichheit von Forderung und Zahlungsbereitschaft erreicht ist (Punkt C).

Im Szenario des Rechts auf Ungestörtsein hat umgekehrt der Produzent der Externalität im Ausgangspunkt der Menge null eine Zahlungsbereitschaft MZB_1 in Höhe von Preis p_2. Dem steht eine hier noch marginale Forderung MZB_2 gegenüber, die mit zunehmender Menge auf das Niveau von Preis p_1 anwächst, bis wiederum die Zahlungsbereitschaft der Produzenten der Externalität mit der Forderung des durch sie Geschädigten übereinstimmt (Punkt C).

Während sich in beiden Szenarien das gleiche Marktergebnis einstellt, ist offen, welche Zahlungsströme konkret fließen. Zwar geht der jeweilige Rechteinhaber mit einer Forderung in die Verhandlungen, die zumindest erfüllt werden muss. Die faktische Zahlung kann jedoch hierüber hinausgehen und maximal der Zahlungsbereitschaft des Erwerbers entsprechen. Die in der rechten Hälfte von Abb. 6-3 grau unterlegten Flächen stellen dementsprechend die bei den Verhandlungen existierenden Renten dar, über deren Verteilung kein allgemeines Urteil möglich ist. Zusätzlich zu den zwangsläufigen Zahlungen zwischen den Beteiligten wird im Fall des Rechts auf Emission die Fläche II, beim Recht auf Ungestörtsein die Fläche I zwischen dem Produzenten und dem durch die Emission Geschädigten aufgeteilt.

Die Invarianz- und Effizienz-These des COASE-Theorems lassen sich auf den Fall der Medienwirkungen anwenden, werden im Sinne der rezipientenorientierten Sichtweise nicht Fernsehsender, sondern Zuschauer als Verursacher sozialer Externalitäten verstanden. Auch bei sozialen Externalitäten ist entweder der Verursacher zur Entschädigung der Betroffenen gezwungen oder wird selbst für das Unterlassen der Handlung entschädigt, wenn die entsprechenden Verfügungsrechte eindeutig zugewiesen und durchsetzbar sind. Falls die Transaktionskosten gering sind oder ganz fehlen, werden diese Externalitäten durch die stattfindende Kompensation auf gesellschaftlich optimale Weise internalisiert. Die Abwesenheit von Transaktionskosten führt dazu, dass Medienwirkungen nicht zu gesellschaftlich relevanten Externalitäten werden können.

6.5.1.2 Partielle Interessenharmonie zwischen Schädiger und Geschädigtem

Der entstehende Markt für Rechte macht deutlich, wie stark sich die Problemsicht von PIGOU und COASE unterscheiden. Per Definition sieht PIGOU im Kern des externen Effekts die nicht-kompensierte Wirkung einer Handlung auf Dritte. Externe Effekte sind deshalb – im Gegensatz zu Marktbeziehungen – gesellschaftlich nicht legitim, weil die Kosten des Geschädigten vom Schädiger nicht berücksichtigt werden müssen. Zwischen beiden Seiten besteht somit ein grundsätzlich unüberbrückbarer Interessensgegensatz. Da die Wirkrichtung der Externalität eindeutig vom physischen Schädiger zum Geschädigten geht, müssen dem physischen Verursacher die Kosten seines Tuns angelastet werden. Folglich sind bei PIGOU alle Externalitäten internalisierungsbedürftig, in der Praxis höchstens differenziert nach der Schwere der Schädigung.

Mithilfe stringent ökonomischer Überlegungen rekonstruiert COASE demgegenüber das zugrunde liegende gesellschaftliche Problem auf eine überraschend andere Weise. Ausgehend von den Interessen der Beteiligten zur Interaktion stellt sich der jeweilige Status quo als eine Situation heraus, die bei eindeutigen Verfügungsrechten durch eine partielle Interessenharmonie zwischen Verursacher und Geschädigtem gekennzeichnet ist. Für beide ist es – unabhängig vom konkreten Szenario – vorteilhaft, die Situation durch Verlassen des Status quo zu verbessern und einem Handel mit Emissionsrechten zustimmen. Dieser Handel führt dazu, dass die Beteiligten die Kosten des Gegenübers als Opportunitätskosten der eigenen Handlungen berücksichtigen.

Möglich wird der Handel dadurch, dass einer der beiden Nachfrager aufgrund eindeutig zugewiesener Rechte in Besitz der Verfügungsrechte gelangt und so durch einen Wechsel der Marktseite zum Anbieter werden kann. Bei einer unklaren Rechtssituation ist dieser Wechsel ausgeschlossen, da beide Beteiligten als vermeintlich gleichberechtigte Nachfrager auftreten. Mit einsetzendem Handel verringert sich schrittweise die anfangs bestehende Interessenharmonie, um im Gleichgewicht zu einem Interessengegensatz zu werden.[620] Das sich einstellende Gleichgewicht (Punkt F/C) ist durch einen optimalen Ausgleich zwischen den Interessen des Verursachers und des Geschädigten gekennzeichnet. Aufgrund des Handels zwischen beiden wird die Externalität von demjenigen vermieden, der hierfür die geringsten Kosten zu tragen hat.

Da alle Beteiligten bei ihren Handlungen die Folgen ihres Tuns vollständig berücksichtigen, ist das Gleichgewicht gesellschaftlich nicht verbesserungsfähig. Jedes Hinausgehen über den PARETO-optimalen Punkt würde aufgrund der Schlechterstellung einer Seite zu einer gesellschaftlichen Verschlechterung führen. Wie bei der PIGOU-Lösung werden schädigende Wirkungen auf ein volkswirtschaftlich optimales Maß, nicht jedoch auf null reduziert.[621] Die verbleibenden Externalitäten sind dann gesellschaftlich vernachlässigbar, also PARETO-irrelevant.

Ohne Einschränkungen gilt dieses Ergebnis für Externalitäten, die als Folge des Medienkonsums von Zuschauern entstehen und eine Wirkung auf Dritte entfalten. Gesellschaftlich wäre nicht wünschenswert, diese sozialen Externalitäten vollständig zu vermeiden. Selbst bei fehlenden Transaktionskosten sind soziale Externalitäten in bestimmtem Umfang gesellschaftlich sinnvoll.

PIGOU und COASE stimmen darin überein, dass aus gesellschaftlicher Sicht nicht alle, sondern allein die PARETO-relevanten Externalitäten von Bedeutung sind.[622] Nur diese Externalitäten werden im Gleichgewicht (Punkte F/C) auf null reduziert, da in

---

[620] Vgl. **Buchanan/Stubblebine** (1962), S. 381.
[621] Vgl. **Dahlman** (1979), S. 152.
[622] Vgl. **Leschke/Sauerland** (2000), S. 188.

der PIGOU-Lösung der Schädiger für die Verschmutzung zu zahlen hat, in der Verhandlungslösung nach COASE der jeweils Verfügungsberechtigte für sein Recht auf Verschmutzung oder Duldung kompensiert wird.

In der Behandlung PARETO-irrelevanter Externalitäten liegt der wesentliche Unterschied zwischen den Lösungen von PIGOU und COASE. Die PIGOU-Steuer beeinflusst diese auch im gesellschaftlichen Optimum verbliebenen Externalitäten nicht. Trotz der Steuer haben die durch die Externalitäten Geschädigten die Kosten der Aktivität des Schädigers – wenn auch auf niedrigerem Niveau – zu tragen. Da nicht zwingend eine Kompensation erfolgt, besteht für die Geschädigten die Externalität fort.

Die Situation ändert sich grundlegend, falls die Steuer genutzt wird, um die Geschädigten zu kompensieren. Dann entspricht die PIGOU-Steuer der Verhandlungslösung nach COASE im Szenario des Rechts auf Ungestörtsein, wird doch der Handel zwischen den Beteiligten quasi über den Staat als Mittler abgewickelt. In diesem Fall erfolgt eine Kompensation – wie im Szenario des Rechts auf Schädigung – für die erlittene Einschränkung der zuvor besessenen Rechte. Im Unterschied zur PIGOU-Lösung werden in der Verhandlungslösung nach COASE auch die PARETO-irrelevanten Externalitäten von den Beteiligten internalisiert, nachdem PARETO-relevante Externalitäten bereits durch das veränderte Verhalten der Beteiligten vermieden wurden.

6.5.1.3 Konkurrierende Ansprüche der Beteiligten als Ursache für Externalitäten

Für COASE sind Externalitäten mehr als die von PIGOU erkannten Kostenwirkungen, entspringen sie doch jenem Interessengegensatz, der nach den Verhandlungen zwischen den Beteiligten fortbesteht. Im klassischen Rauchbeispiel steht bei den physisch Geschädigten hinter dem Wunsch nach Begrenzung der Immission das Verlangen nach sauberer Luft, während die Emittenten das Medium Luft zur Entsorgung ihrer Rauchgase nutzen wollen. Der Interessengegensatz der Beteiligten resultiert aus der Konkurrenz um ein von beiden Seiten gewünschtes knappes Gut. Diese Nutzungsrivalität entspricht der Konkurrenz von Nachfragern auf Märkten. Zwar sind im physikalischen Sinne die Emittenten des Rauchs Verursacher des Schadens, den die Geschädigten erleiden. Den physischen Verursacher zur Verhaltensänderung zu zwingen, stellt aber nur eine Möglichkeit zur Lösung des gesellschaftlichen Problems dar.

Nach COASE besteht die originär ökonomische Ursache von Externalitäten in einer mindestens zweiseitigen *Anspruchskonkurrenz* der Beteiligten.[623] Aus ökonomischer Sicht sind Schädiger wie Geschädigter wechselseitig „Verursacher" der Nutzungsrivalität, weshalb sich keiner der beiden als eigentliche Quelle der Externalität identifizieren lässt.[624] Angesichts der *Reziprozität* des Problems ist ein undifferenziertes Abstellen

---
[623] Vgl. **Leschke/Sauerland** (2000), S. 187.
[624] Vgl. **Dahlman** (1979), S. 143, S. 159.

auf das Verursachungsprinzip verfehlt, wirft es doch ein nur einseitiges Licht auf die ökonomische Relation zwischen den Beteiligten.[625] Unabhängig von Fragen der Legitimität oder Berechtigung der divergierenden Ansprüche stellt die alleinige Orientierung am Verursachungsprinzip[626] folglich eine schlichte Zuschreibung dar, die die Konkurrenz der Beteiligten um die unterschiedliche Verwendung des knappen Mediums – etwa der Luft – außen vor lässt.

Im Sinne der Reziprozität der Verursachung verliert Pigous Lösung eine der beiden relevanten Handlungsalternativen – die Verhaltensänderung des physisch Geschädigten – aus dem Blick und zerteilt das eigentliche ökonomische Problem angesichts der bilateralen Struktur der Externalität quasi mittig. Offensichtlich ist Pigous Lösungsvorschlag einer Steuer und Subvention auf die Aktivität des physischen Verursachers unzulänglich, fußt sie doch auf einer unzulänglichen Problemdiagnose.[627] Statt die Aktivität des Schädigers zu besteuern oder zu subventionieren, bedarf es nach Coase einer Doppelsteuer für beide Beteiligte, da aufgrund der Reziprozität beide gemeinsam die Externalität verursachen.[628]

Schon in einer Modellwelt ohne Transaktionskosten liegt die Bedeutung der eindeutigen Rechteausstattung auf der Hand, da Verhandlungen allein bei klar definierten Verfügungsrechten zur Internalisierung jener Externalitäten führen, die gesellschaftlich relevant sind. Nur hier gelten die Invarianz- und die Effizienz-These. Noch wichtiger sind eindeutige Verfügungsrechte in der Realität, wenn Transaktionskosten den Spielraum für Verhandlungen begrenzen. Wurde Pigous einseitige Problemrekonstruktion in einer transaktionskostenfreien Modellwelt durch die Invarianz der Verhandlungsergebnisse kompensiert, führen real vorhandene Transaktionskosten zu gesellschaftlich inferioren Ergebnissen bei der Umsetzung einer Pigou-Steuer oder -Subvention.

6.5.1.4 Vergleich gesellschaftlicher Arrangements statt Sanktion oder Förderung des Verursachers

Nicht allein der fehlerhafte Problemaufriss und die Unzulänglichkeit des Lösungsvorschlags, sondern vor allem die hieraus resultierenden fehlerhaften Politikempfeh-

---

[625] Vgl. **Bonus** (1974), S. 160.
[626] Bonus unterscheidet zwischen Verursacher- und Verursachungsprinzip. In beiden Fällen wird der physische Verursacher mit den externen Kosten seiner Aktivität belastet. Beim Verursachungsprinzip erhält der Geschädigte zusätzlich eine Kompensation für die aufgetretenen Schäden. Vgl. **Bonus** (1974), S. 156, FN 1.
[627] Demgegenüber verteidigt Baumol die theoretische Richtigkeit und Optimalität der Pigou-Steuer. Vgl. **Baumol** (1972), S. 309.
[628] Wird die Steuer allerdings nicht zur Kompensation des Geschädigten aufgewandt, könnte die Steuer bei ihm entfallen, da er schon mit den Kosten des Schadens belastet ist. Vgl. **Bonus** (1974), S. 158, **Coase** (1960), S. 41, **Coase** (1988/1990), S. 181.

6.5 Medienwirkungen als Problem gesellschaftlicher Institutionen 341

lungen sind der Grund, warum COASE scharfe Kritik an PIGOU übt. Zwar habe PIGOU versucht, das Problem aus gesellschaftlicher Sicht zu analysieren, aber gerade aus dieser Perspektive seien die Schlussfolgerungen, zu denen er komme, nicht legitim.[629] Zwei Aspekte sind in dieser Kritik wesentlich. Zum einen hält COASE das von PIGOU angelegte Analysekriterium für unzulänglich, zum anderen führe PIGOUs grundlegender Denkansatz nicht zu korrekten Politikempfehlungen.

PIGOUs analytischer Fehlschluss ist darauf zurückzuführen, dass Aktivitäten danach beurteilt werden, welches Vorzeichen ihre Wirkung auf Dritte hat. Fälschlicherweise wird von unkompensierten Kosten auf eine antisoziale Handlung, von unkompensierten Nutzen hingegen auf eine prosoziale Handlung geschlossen. Da lediglich deren Drittwirkung betrachtet wird, bleibt die gesellschaftliche Bewertung der Aktivität selbst außen vor. Das Auseinanderfallen von privaten und sozialen Kosten liefert jedoch nur einen schwachen Anhaltspunkt für ein Urteil, wie wünschenswert eine Aktivität aus gesellschaftlicher Sicht ist. Bezogen auf negative Externalitäten urteilt COASE: „Pigou is, of course, quite right to describe such actions as 'uncharged disservices'. But he is wrong when he describes these actions as 'anti-social'. They may or may not be. It is necessary to weigh the harm against the good that will result. Nothing could be more 'anti-social' than to oppose any action which causes any harm to anyone."[630]

Bei der Beurteilung praktischer Reformvorschläge geht es nicht darum, die privaten den sozialen Kosten gegenüberzustellen, sondern um einen Vergleich des Status quo mit einer alternativen Lösung. In seiner Kritik an PIGOU fordert COASE, diesen Vergleich als umfassende – in heutiger Terminologie – *Kosten-Nutzen-Analyse* durchzuführen, d.h. alle Kosten und Nutzen der jeweiligen Alternative zu bewerten. Demgegenüber richte PIGOUs Analyse das Augenmerk auf die Divergenz privater und sozialer Kosten und lenke ab von weiteren Wirkungen, die der korrigierende Eingriff verursache.[631]

Die offensichtlichste Möglichkeit für einen solchen Eingriff zeigt die physikalische Wirkbeziehung auf: Der physische Verursacher wird zur Einschränkung seiner Aktivität gezwungen. Vor Ergreifen dieser Maßnahme gilt es aus gesellschaftlicher Sicht zu prüfen, ob die vermiedenen sozialen Kosten nicht bereits durch jene Kosten überkompensiert werden, die dem Verursacher durch die Verhaltenseinschränkung entstehen.

Während die physische Wirkbeziehung einen Zusammenhang zwischen der (Basis)Aktivität und der Externalität herstellt, die es auch bei der Bewertung des Eingriffs zu berücksichtigen gilt, führt COASE die Reziprozität der ökonomischen Verursachung anhand des Verhandlungsmodells vor Augen. Bei der Lösung des Externalitätenproblems durch eine Verhaltensänderung besteht diese Reziprozität ebenso. Aus ökonomischer Sicht ist unerheblich, ob der physische Verursacher oder der Geschädigte

---
[629] Vgl. Coase (1960), S. 34.
[630] Coase (1960), S. 35.
[631] Vgl. Coase (1960), S. 43.

zu einem veränderten Verhalten gezwungen wird, da von beiden die Anspruchskonkurrenz ebenso verursacht wird wie aufgelöst werden kann. Gesellschaftlich vorteilhaft ist der Eingriff in jedem Fall nur, wenn die vermiedenen sozialen Kosten höher sind als die Kosten der Verhaltensänderung.

Neben dem fehlerhaften Analysekriterium kritisiert COASE vor allem PIGOUS Denkansatz zur Diskussion politischer Handlungsoptionen. Um zu einer korrekten gesellschaftlichen Beurteilung relevanter Alternativen zu kommen, müssten bei dem Vergleich unterschiedlicher *sozialer Arrangements* sämtliche Opportunitätskosten und -erlöse betrachtet werden.[632] Abhängig vom untersuchten Einzelfall divergieren diese Arrangements stark, weshalb auch die Kosten-Nutzen-Analysen in Art und Höhe der angesetzten Größen höchst unterschiedlich ausfallen. Um zu gesellschaftlichen Verbesserungen zu kommen, dürfen nicht schlicht die Folgen der Externalitäten betrachtet werden, um mithilfe des Staates den Verursacher durch die PIGOU-Steuer zu sanktionieren oder die PIGOU-Subvention zu fördern. Die Existenz negativer oder positiver Externalitäten stellt demnach keinen Freibrief für politische Interventionen aus.

Nach COASE verlangt die Beurteilung politischer Maßnahmen eine umfassende Sichtweise, die bestehende Institutionen – etwa in Form von Rechten – ebenso mit einschließt wie das Vorhandensein von Transaktionskosten. Dass die Wahl der Problemlösung von den handlungsrelevanten Transaktionskosten abhängig ist, veranschaulicht COASE anhand des Verhandlungsmodells.[633] Sofern die Marktbenutzung kostenlos ist, können bei bestehenden Verfügungsrechten keine PARETO-relevanten Externalitäten entstehen, zumal die konkrete Ausgestaltung der Verfügungsrechte nicht die Optimalität dieses Ergebnisses beeinflusst. Sowohl die Indifferenz- wie die Invarianz-These sind Teil des COASE-Theorems.

Allerdings beschränkt sich die Tragweite des Ansatzes von COASE keineswegs auf die Kernthesen des eigentlichen Theorems, auf die sich zahlreiche Kritiker konzentriert haben. Vielmehr argumentiert COASE in zwei Schritten. Ausgehend von dem ersten Schritt einer transaktionskostenfreien Sichtweise wendet er sich einer Situation mit Transaktionskosten zu. Werden die Möglichkeiten zu Verhandlungen zwischen den Beteiligten durch die Kosten der Interaktion begrenzt, wird eine stärker institutionenökonomische Herangehensweise notwendig. Dann ist nach einem sozialen Arrange-

---

[632] „It would clearly be desirable if the only actions performed were those in which what was gained was worth more than what was lost. But in choosing between social arrangements within the context of which individual decisions are made, we have to bear in mind that a change in the existing system which will lead to an improvement in some decisions may well lead to a worsening of others. Furthermore we have to take into account the costs involved in operating the various social arrangements (whether it be the working of a market or of a government department), as well as the costs involved in moving to a new system. In devising and choosing between social arrangements we should have regard for the total effect." **Coase** (1960), S. 44.

[633] Vgl. **Leschke/Sauerland** (2000), S. 187.

6.5 Medienwirkungen als Problem gesellschaftlicher Institutionen 343

ment zu suchen, das das Externalitätenproblem löst, ohne zwangsläufig in anderen Bereichen höhere Kosten zu verursachen. Da in der Regel die Beteiligten über unterschiedliche Kosten bei der Vermeidung der Externalität verfügen, kann ein solches Arrangement beispielsweise darin bestehen, die Seite mit den niedrigsten Vermeidungskosten zur Verhaltensänderung zu zwingen. Neben dieser Suche nach dem günstigsten Kostenvermeider sind zudem Maßnahmen zu prüfen, die die Transaktionskosten in dem Maße senken, dass Verhandlungen zwischen den Beteiligten praktikabel werden.

Dabei bedeutet der Wechsel der Perspektive, den COASE bei der Diskussion von Externalitäten fordert, nicht allein eine umfassende, in der Regel institutionenökonomische Analyse des Status quo und alternativer Arrangements. Wesentlich für COASE' Sichtweise ist vor allem der veränderte Ansatzpunkt für Reformen.

Wie dargestellt, geht die PIGOU-Lösung gedanklich davon aus, dass der staatliche Eingriff effizient erfolgt und nicht selbst Ursache weiterer Verzerrungen ist. Die konkreten Vor- und Nachteile relevanter Politikalternativen werden nicht weiter erörtert. Implizit nimmt PIGOU demnach an, die Probleme staatlicher Willensbildung und -durchsetzung seien nicht bedeutsam, während COASE ein effizientes Staatshandeln im Sinne des Treuhänderaxioms nicht voraussetzt, sondern die in der Praxis bestehenden Anreize der jeweils Beteiligten näher betrachtet. Die Herangehensweisen unterscheidet demnach weniger die Bedeutung, die vordergründig beide Ökonomen den in der Situation maßgeblichen Transaktionskosten beimessen, als die divergierenden Annahmen über die Problemlösungskompetenz des Staates.[634]

Die ausführliche Fassung des COASE-Theorems und deutliche Kritik an PIGOU erschienen erst im Jahr nach dessen Tod.[635] Einige Ökonomen haben daher versucht, die Frage zu beantworten, welche Argumente PIGOU COASE entgegengehalten hätte.[636] Aufgegriffen wird im Wesentlichen den Vorwurf, PIGOU habe sowohl Transaktionskosten als auch relevante gesellschaftliche Institutionen in der Analyse vernachlässigt.

Nach DEMSETZ sei PIGOU die Bedeutung von Transaktionskosten keineswegs entgangen. Vielmehr habe PIGOU bei der Diskussion technischer Externalitäten ausschließlich jene Fälle betrachtet, in denen Transaktionen zwischen den Beteiligten aufgrund prohibitiv hoher Kosten unmöglich seien.[637] PIGOU habe also nicht die Existenz, sondern allein die analytische Relevanz von Transaktionskosten übersehen.[638]

BLAUG argumentiert, dass zwar üblicherweise die Besteuerung oder Subventionierung von Aktivitäten als Kern von PIGOUs Analyse externer Effekte gesehen werde,

---
[634] Vgl. **Demsetz** (1996), S. 565.
[635] Die Kritik von COASE hat sich im Zeitablauf entwickelt und fällt noch im Jahr zuvor weniger harsch aus. Vgl. **Coase** (1959), S. 29, **Coase** (1960), S. 39.
[636] Vgl. u. a. **Aslanbeigui** (1952/2002), S. xxix, **Demsetz** (1996), S. 566.
[637] Vgl. **Aslanbeigui** (1952/2002), S. lvi, **Demsetz** (1996), S. 566 ff., **Leschke/Sauerland** (2000), S. 184.
[638] Vgl. **Demsetz** (1996), S. 566.

wofür auch die Exponiertheit dieser Lösung in PIGOUs Argumentation spreche.[639] Jedoch seien die meisten Praxisprobleme, die PIGOU zur Erläuterung der Divergenz von privatem und sozialem Nutzen anführe, einer Lösung dieser Art gar nicht zugänglich, sondern ließen sich nur durch eine Veränderung der gesellschaftlichen Institutionen lösen. Latent dürfte schon bei PIGOU die Idee einer institutionenökonomischen Herangehensweise vorhanden gewesen sein.

Weitgehend unstrittig ist allerdings, dass PIGOU sich bei der Analyse von Externalitäten primär an der physischen Wirkbeziehung orientiert hat und ihm deshalb die Reziprozität der Verursachung und die marktanaloge Verhandlungslösung entgangen ist, die diese Zweiseitigkeit eröffnet.[640] Für PIGOU entspringen Externalitäten nicht der Interdependenz von Märkten.

6.5.1.5 Gesellschaftliche Relevanz von Medienwirkungen als Externalitäten

Die bisherige Auseinandersetzung mit der Theorie externer Effekte hat unmittelbare Konsequenzen für die Medienökonomik, welche sich leicht am Beispiel der – angenommen starken, direkten und zeitnahen – Wirkungen durch den Konsum von Gewaltprogrammen verdeutlichen lassen.

Auf Basis des Ansatzes von PIGOU verursachen Medienwirkungen ein gesellschaftliches Problem, da die privaten und sozialen Kosten des Medienkonsums gemäß dem Analysekriterium divergieren. Wie dargestellt, wäre eine ökonomische Medienwirkungsforschung zu entwickeln, um das Ausmaß an Divergenz durch die monetäre Bewertung psychosozialer Wirkungen zu quantifizieren und Verursacher der Externalität mittels PIGOU-Steuern mit den ökonomischen Folgen des Konsums zu konfrontieren (oder den Konsum gänzlich zu verbieten). Umfangreiche staatliche Eingriffe in den Fernsehmarkt dürften erforderlich sein, um alle nach PIGOU relevanten Externalitäten zu internalisieren. Diese Eingriffe betreffen sowohl Steuern auf Aktivitäten mit negativen Externalitäten wie Subventionen auf jene mit positiven sozialen Externalitäten.

Im Lichte der Kritik von COASE hat PIGOU das gesellschaftliche Problem nur teilweise erfasst. Für die Auseinandersetzung mit Medienwirkungen ist demnach keineswegs ausschlaggebend, ob durch den Medienkonsum soziale Zusatzkosten entstehen. Von der Schädlichkeit einer Konsumaktivität kann nicht unmittelbar geschlossen werden, dass diese aus gesellschaftlicher Sicht zurückzudrängen ist. Wissenschaftlich zu kurz greifen Forderungen, die die Verteuerung oder das Verbot bestimmter medialer Inhalte mit einem Marktversagen durch soziale Externalitäten begründen, ohne gleichzeitig – wie von COASE gefordert – die negativen gesellschaftlichen Folgen die-

---

[639] Vgl. **Blaug** (1999), S. 582.
[640] Vgl. **Aslanbeigui** (1952/2002), S. lvi.

6.5 Medienwirkungen als Problem gesellschaftlicher Institutionen

ses Markteingriffs zu betrachten. Vielmehr kann eine solche Maßnahme zu einer gesellschaftlichen Schlechterstellung statt der intendierten Verbesserung führen.

Wissenschaftlich und gesellschaftlich sinnvoll ist deshalb nicht die Orientierung am Kriterium der Existenz, sondern der Relevanz der Wirkung. Waren auf Basis des Ansatzes von PIGOU potenziell alle Medienwirkungen als soziale Externalitäten relevant, stellt sich – COASE folgend – die Frage nach dem gesellschaftlichen Umgang mit diesen Externalitäten weitaus differenzierter. Von praktischer Bedeutung ist allein, ob ein soziales Arrangement gefunden werden kann, das die sozialen Kosten vermeidet, ohne an anderer Stelle gesellschaftliche Kosten aufzuwerfen, die den Vorteil überkompensieren. Waren bei PIGOU Externalitäten omnipräsent und bedurften staatlicher Eindämmung, gilt es nach COASE, alle gesellschaftlichen Opportunitätskosten des Eingriffs zu berücksichtigen. Nur ein vollständiges Abwägen der relevanten Größen ergänzt um die Kosten der Intervention gestattet ein aus gesellschaftlicher Sicht valides Urteil über mögliche politische Interventionen.

Für die praktische Medienpolitik lässt sich aus COASE' Überlegungen unmittelbar schließen, dass Reformvorschläge nicht lediglich von der Existenz negativer sozialer Externalitäten ausgehen dürfen, um ein Zurückdrängen des Konsums bestimmter Sendungen mit möglichen gesellschaftlichen Wirkungen zu begründen. Um zu legitimen Handlungsalternativen zu kommen, müssen die möglichen Kosten durch vermeintliche Externalitäten ebenso berücksichtigt werden wie die Kosten durch den eingeschränkten Konsum der Sendungen.

Als Beispiel ließen sich direkt finanzierte Gewaltsendungen in Sinne der PIGOU-Steuer verteuern. Restriktive Senderechte oder ein generelles Verbot von Gewaltprogrammen würden den Konsum schlagartig einschränken und damit das Entstehen sozialer Externalitäten durch den Programmkonsum bereits im Ansatz verhindern. Allerdings stünden die gesellschaftlichen Kosten dieser Einschränkungen wohl in keinem sinnvollen Verhältnis zu deren Nutzen, da in der Medienwirkungsforschung – wie erläutert – nur eine geringe Zahl von Fällen dokumentiert ist, in denen der Konsum von Gewaltprogrammen konkret zu negativen Externalitäten geführt hat. Aufgrund dieser seltenen Fälle den Konsum generell einzuschränken, dürfte gesellschaftlich unverhältnismäßig sein.

In der Medienökonomik ist es – der PIGOU-COASE-Kontroverse folgend – wissenschaftlich geboten, an Medienwirkungen das Kriterium der (PARETO-)*Relevanz* anzulegen.[641] Nur in diesem Sinne relevante Wirkungen eröffnen zumindest theoretisch die Möglichkeit der gesellschaftlichen Besserstellung durch ein alternatives soziales Arrangement, da die Kosten der Maßnahme nicht den Nutzen überwiegen. Um alle rele-

---

[641] Zum Kriterium der (PARETO-)Relevanz von Externalitäten vgl. **Buchanan/Stubblebine** (1962), S. 373.

vanten sozialen Kosten und Nutzen zu berücksichtigen, bedarf es einer differenzierten Kosten-Nutzen-Analyse auf Grundlage der im Status quo bestehenden Institutionen.

Ein Fall gesellschaftlich vorteilhafter Vermeidung von relevanten sozialen Externalitäten durch Medienwirkungen ist in Abb. 6-3 dargestellt. Im Verhandlungsmodell nach COASE entsprechen die Forderungen der Beteiligten den Kosten der Verhaltensänderung im jeweiligen Szenario. Die freiwillige Einigung zwischen beiden Verhandlungsseiten führt zur gesellschaftlichen Besserstellung, da die Zahlungsbereitschaft der entschädigenden Seite über die erhobene Forderung hinausgehen muss.

Die Abb. 6-3 zeigt einerseits die enge Verbindung, die aufgrund der annahmengemäß starken physischen Wirkbeziehung zwischen dem Fernseh- und dem Externalitätenmarkt besteht. Diese Verbindung ist Grund dafür, dass eine praktische Medienpolitik, die isoliert soziale Externalitäten als Begründung für Verhaltensänderungen heranzieht, das gesellschaftliche Problem stark verkürzt. Obwohl der Eingriff auf dem Fernsehmarkt erfolgt, werden die hier entstehenden Kosten nicht berücksichtigt.

Andererseits verdeutlichen COASE' Überlegungen, dass sich der Verhandlungsprozess um Externalitäten als eigenständiger Markt sehen lässt, der eine Interdependenz zu dem Markt der Basisaktivität besitzt. Während diese Interdependenz der Märkte zentral ist, um politische Handlungsempfehlungen zu entwickeln und differenziert zu beurteilen, wird im Folgenden die Marktanalogie entscheidend sein, um das Entstehen von Externalitäten aus den Anreizen der Beteiligten heraus ökonomisch zu erklären.

6.5.2 Paradigmenwechsel einer institutionenökonomischen Sicht auf die Wirkungen medialer Güter

Obwohl in den vergangenen Jahren in der Medienökonomik zunehmend die Theorie externer Effekte zur Analyse von Medienwirkungen aufgegriffen wird, finden die Überlegungen von COASE dort bislang kaum Beachtung. Vermutet wird vielmehr, dass mit der Klassifizierung von Medienwirkungen als Externalitäten im Sinne PIGOUs der scheinbar „sichere[n] Hafen der ökonomischen Theorie" erreicht sei.[642] Neben einer klareren Problemsicht hat die Auseinandersetzung mit PIGOUs Theorie externer Effekte eine Reihe von Punkten aufgezeigt, an denen sein Ansatz wissenschaftlich zu kurz greift. Vor allem die Kritik von COASE hat deutlich gemacht, dass PIGOUs Analyse Mängel aufweist, die nicht nur theoretisch, sondern auch praktisch schwerwiegen. Der vermeintlich sichere Hafen hat sich damit als überraschend schweres Fahrwasser herausgestellt. Dabei beschränkt sich der Gehalt von COASE' Ansatz keineswegs auf die Kritik an PIGOU, sondern markiert einen radikalen, weil originär ökonomischen Perspektivwechsel, der nicht nur eine veränderte Sicht auf das bisher betrachtete Ver-

---

[642] **Schellhaaß** (2000), S. 302.

hältnis von Medienkonsum und sozialen Externalitäten, sondern vor allem auf deren Entstehen ermöglicht.

6.5.2.1 Coase' originär ökonomische Analyse externer Effekte

Die durch PIGOU geprägte Sichtweise, Externalitäten als ein überwiegend technisches Problem aufzufassen, bei dem die privaten und sozialen Kosten einer Aktivität auseinanderfallen, hatte in der Ökonomik bis Mitte der 60er-Jahre Gültigkeit.[643] Mit der zunehmenden Rezeption von COASE' Aufsatz wurde diese Problemsicht von einer originär ökonomischen Sichtweise verdrängt.

Das Entstehen von Externalitäten wird nach COASE nicht als technisches, kausal zurechenbares Problem, sondern – kontraintuitiv – als Defizit von Märkten erklärt. Durch COASE' Ansatz werden jene gesellschaftlichen Probleme einer ökonomischen Analyse zugänglich, die sich vorher kaum mithilfe der Ökonomik untersuchen ließen.[644] Dies gilt in besonderem Maße für gesellschaftliche Medienwirkungen, also den in der Medienökonomik betrachteten sozialen Externalitäten.

Nicht ohne Weiteres erschließt sich aus COASE' Ausführungen, warum sein Ansatz nicht auf die rein wirtschaftlichen Aspekte des Externalitätenproblems begrenzt ist. Stets werden Externalitäten an Beispielen illustriert, in denen auf beiden Seiten Produzenten – Farmer/Rancher und Getreidebauern/Bahnbetreiber – involviert sind: „In this article, the analysis has been confined, as is usual in this part of economics, to comparisons of the value of production, as measured by the market."[645] In diesen Fällen ist eine gesellschaftlich optimale Regelung vergleichsweise einfach zu finden, da sich Externalitäten zwischen Produzenten – anders als soziale Externalitäten – anhand der entstehenden Produktionswerte konkretisieren lassen. Die auf Seite des Schädigers wie des Geschädigten bestehenden Zahlungsbereitschaften können über Märkte quantifiziert und miteinander in Bezug gesetzt werden, um so die bei einer gerichtlichen Auseinandersetzung fällige Richterentscheidung mit objektiven Fakten zu begründen.

Abgesehen von der leichten Objektivierbarkeit reiner Produktionswerte bezieht sich COASE' Ansatz jedoch keineswegs ausschließlich auf Verhandlungen um Externalitäten im Produktionsbereich. Erstens besteht – wie dargestellt – methodisch kein Unterschied zwischen Produktions- und Konsumexternalitäten. Zweitens sieht auch COASE seine Überlegungen nicht auf die Analyse von Produktionsexternalitäten be-

---

[643] Vgl. **Demsetz** (1996), S. 572.
[644] Demgegenüber argumentiert BLAUG, COASE stelle das Theorem in seinem 1960er-Aufsatz so wenig eindeutig dar, weil er die Tragweite seiner Aussagen nicht hätte abschätzen können. Da COASE die zentralen Aussagen des COASE-Theorems bereits in seinem 1959er-Aufsatz zur Allokation von Rundfunkfrequenzen auf konkrete Weise erläutert hat, dürfte dieses Urteil haltlos sein. Vgl. **Blaug** (1999), S. 585.
[645] **Coase** (1960), S. 43.

schränkt, indem er unmittelbar weiter ausführt: „But it is, of course, desirable that the choice between different social arrangements for the solution of economic problems should be carried out in broader terms than this and that the total effect of these arrangements in all spheres of life should be taken into account."[646] Auch soziale Externalitäten lassen sich folglich mit COASE' ökonomischem Ansatz analysieren, werden diese Effekte aus gesellschaftlicher, nicht rein wirtschaftlicher Sicht betrachtet.

6.5.2.2 Institutionenökonomische Analyse sozialer Externalitäten statt ökonomischer Medienwirkungsforschung

Waren bei PIGOU Externalitäten definitionsgemäß außermarktliche Effekte, hat COASE' marktliche Analyse externer Effekte zu einer grundlegend veränderten Sichtweise in der Ökonomik geführt. Dieser Perspektivwechsel tritt zeitgleich mit der nachlassenden Bedeutung des Stimulus-Response-Ansatzes und dem Aufkommen nutzentheoretischer Erklärungsansätze in der publizistischen Medienwirkungsforschung auf. Als in der Publizistik zunehmend klar wurde, dass der Begriff „Wirkung" das zugrunde liegende Phänomen in unzulänglicher, ja oft verzerrender Weise beschreibt, löste COASE' originär (institutionen)ökonomische Herangehensweise die durch PIGOU lange geprägte technische Sicht ab.

Aus höchst unterschiedlichen Gründen hat sich gezeigt, dass sowohl in der Publizistik wie in der Ökonomik die Frage nach den „Wirkungen" medialer Güter falsch gestellt ist. Aus ökonomischer Sicht blendet der Begriff „Medienwirkung" nicht nur eine Vielzahl relevanter Faktoren in der vielfach gebrochenen Wirkungskette aus, sondern rückt einen vergleichsweise nachrangigen Aspekt des gesellschaftlichen Problems in den Fokus – den Akt des Medienkonsums statt des Agierens im sozialen Umfeld. Um die negativen oder positiven gesellschaftlichen Folgen des Medienkonsums zu analysieren und Lösungsansätze für gesellschaftliche Probleme durch Medienwirkungen zu entwickeln, ist diese Herangehensweise nur wenig hilfreich.

Gegenstand der folgenden Diskussion ist deshalb weniger die Interaktion zwischen Kommunikator und Publikum als die zwischen jenen Akteuren, die im ökonomischen Sinne an der Entstehung sozialer Externalität beteiligt sind. Deutlich werden wird, dass diese „Wirkungen" nicht gerichtet, kausal und eindimensional, sondern als vielschichtige Wechselwirkungen zwischen den Beteiligten auftreten.

Der damit einhergehende Wandel des erklärenden Paradigmas eröffnet die Möglichkeit, Medienwirkungen auf eine radikal veränderte, weil (institutionen)ökonomische Weise zu sehen. Im Rahmen des medienökonomischen Forschungsprogramms werden Medienwirkungen dann nicht mehr als quasi-mechanische Folge eines psychoso-

---

[646] **Coase** (1960), S. 43.

6.5 Medienwirkungen als Problem gesellschaftlicher Institutionen

zialen Wirkmechanismus, sondern als Ergebnis des individuellen Rationalverhaltens der beteiligten Akteure erklärt.

Diesen Paradigmenwechsel verdeutlicht Abb. 6-4. Wurden Medienwirkungen im traditionellen Erklärungsansatz primär als Probleme des Fernsehmarktes gesehen (Feld I), rückt nun die Beziehung zwischen dem Zuschauer als Medienkonsumenten und den weiteren, an sozialen Interaktionen beteiligten Akteuren ins Zentrum des Erkenntnisinteresses (Feld II).

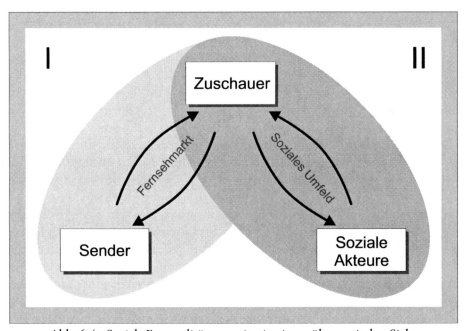

Abb. 6-4: Soziale Externalitäten aus institutionenökonomischer Sicht

Nur vordergründig beschränkt sich der Erklärungsgehalt der ökonomischen Analyse von Medienwirkungen auf einen veränderten Wirkungsbegriff. Vielmehr lässt sich ausgehend von COASE' Überlegungen eine allgemeine institutionenökonomische Theorie sozialer Externalitäten skizzieren. Die sich daraus ergebenden Schlussfolgerungen stellen nicht nur eine konsequente Weiterentwicklung der ökonomischen Analyse von Medienwirkungen dar, sondern werfen ein anderes Licht auf soziale Externalitäten. Mit diesem grundlegenden Paradigmenwechsel ergeben sich drei zentrale Fragen für die Medienökonomik, denen im Folgenden nachgegangen werden soll:
1. Was ist aus ökonomischer Sicht der Grund für soziale Externalitäten?
2. Wie weit werden soziale Externalitäten von den Beteiligten internalisiert?
3. Wie beeinflussen gesellschaftliche Institutionen soziale Externalitäten?

a. Anspruchskonkurrenz im sozialen Umfeld als Grund für soziale Externalitäten

Die Frage nach dem Grund für soziale Externalitäten scheint auf den ersten Blick überflüssig, wurden Medienwirkungen in der bisherigen Diskussion doch stets als Folge des Medienkonsums aufgefasst. Zum einen sind Medienwirkungen dem Konsumakt zeitlich nachgelagert. Zum anderen lassen sich der Medienkonsum und die resultierenden Medienwirkungen als Ursache und Wirkung eines psychosozialen Mechanismus sehen. Obwohl diese zeitliche wie kausale Wirkbeziehung empirisch sehr komplex ist, stellen sich Medienwirkungen aus psychologischer, soziologischer oder kommunikationswissenschaftlicher Sicht als durch den Medienkonsum verursacht dar.

In der Ökonomik entspricht die PIGOU-Tradition dieser Sichtweise. Medienwirkungen werden so als primär unintendierte Folgen des Medienkonsums verstanden, die über einen komplexen, ökonomisch kaum bewertbaren Prozess zunächst auf den Medienrezipienten einwirken, um anschließend auf das soziale Umfeld auszustrahlen. Die Kausalität und damit der Grund für Medienwirkungen liegen hier auf der Hand.

Die Überlegungen von COASE weisen den Weg zu einem grundlegend anderen Verständnis der originär ökonomischen Gründe für Medienwirkungen. Dem Forschungsprogramm der Medienökonomik folgend, resultieren Medienwirkungen aus dem Rationalverhalten der Medienkonsumenten und der betroffenen Dritten. Statt des Konsumakts – Feld I in Abb. 6-4 – rücken soziale Externalitäten – Feld II – in den Fokus der Betrachtung. Als Teil gewünschter oder unerwünschter sozialer Interaktionen können Medienwirkungen dann gesellschaftlich relevant sein – weitgehend unabhängig vom eigentlichen Medienkonsum. Die Diskussion möglicher, durch Medien induzierter „Wirkungen" hat bisher verdeckt, dass diese Interaktion aus ökonomischer Sicht das eigentliche Problem ausmacht. Die Frage nach dem ökonomischen Grund für das Auftreten sozialer Externalitäten stellt sich somit auf veränderte Weise und lässt sich keineswegs mit Verweis auf den zugrunde liegenden Ursache-Wirkungs-Zusammenhang beantworten.

Die Antwort hierauf schließt unmittelbar an den bisherigen Überlegungen an: Als „Streitigkeiten über die Zulässigkeit einiger Handlungen" entspringen soziale Externalitäten der Anspruchskonkurrenz von Beteiligten um die unterschiedliche Nutzung einer (teilweise) gemeinsam genutzten Ressource.[647] Damit wird erneut die Parallele der Theorie externer Effekte zur Kollektivgut-Theorie deutlich.[648]

---

[647] **Leschke/Sauerland** (2000), S. 185.
[648] Aufgrund der starken Isomorphie der Theorien lassen sich die im Zusammenhang mit der Kollektivgut-Theorie diskutierten Fragestellungen stets als Externalitätenprobleme bzw. umgekehrt (re)formulieren. In der Literatur werden deshalb beide Theorien meist als einander gleichberechtigt angesehen. Lediglich FRITSCH/WEIN/EWERS bezeichnen – bis zur zweiten Auflage ihres Lehrbuchs – den Term „öffentliche Güter" als irreführend und verzichten zugunsten der Theorie des Marktversagens vollständig auf die Kollektivgut-Theorie.

6.5 Medienwirkungen als Problem gesellschaftlicher Institutionen

SÄLTER kommt zu dem Schluss: „Externe Effekte sind ein ubiquitärer Bestandteil eines jeden sozioökonomischen Systems. Sie beruhen auf, bzw. sind Ausdruck der relativen Beschränktheit von Ressourcen bei multikausaler Interdependenz individueller Handlungen, die auf eine Überwindung der Knappheit gerichtet sind."[649] Bezogen auf Medienwirkung bildet aus ökonomischer Sicht die Anspruchskonkurrenz, nicht ein möglicher psychosozialer Wirkmechanismus, das gesellschaftliche Kernproblem.

Dieser Perspektivwechsel lässt sich am Beispiel von Gewaltprogrammen im Fernsehen verdeutlichen, die bei Zuschauern – wie angenommen – ein gewaltbereites Verhalten unmittelbar, stark und ohne Zeitverzug fördern. Durch die gestiegene Gewaltbereitschaft der Zuschauer werden andere, weniger gewaltbereite Mitglieder der Gesellschaft in ihrem sozialen Frieden gestört. Zwischen beiden Seiten bestehen divergierende Anspruchshaltungen bezüglich des gesellschaftlichen Miteinanders.

Analog dem Fall der Rauchemission rivalisieren die Beteiligten um das herrschende gesellschaftliche Klima. Dieses Klima ist nicht gleichzeitig vereinbar mit einem hohen und einem niedrigen Maß an Gewaltbereitschaft in der Gesellschaft. Die Anspruchskonkurrenz der Betroffenen bezüglich des sozialen Klimas führt aus ökonomischer Sicht zum Entstehen der sozialen Externalität.[650]

Vermeiden ließe sich die soziale Externalität dadurch, dass die unterschiedlichen Ansprüche aufgegeben werden oder nicht mehr aufeinandertreffen. Obwohl entsprechend der zugrunde liegenden Wirkbeziehung vom Medienkonsumenten verursacht, sind für das Entstehen der Externalität alle Beteiligten gleichermaßen und wechselseitig verantwortlich.[651] In diesem ökonomischen Sinne wird die Unterscheidung in Schädiger und Geschädigten bedeutungslos. Gesellschaftliche Probleme, die auf soziale Externalitäten zurückgehen, stellen sich dann stets als *bilateral* und *reziprok* dar. Deshalb geht es gesellschaftlich nicht lediglich darum, die vom Geschädigten getragenen Kosten dem Verursacher im Sinne der PIGOU-Lösung anzulasten.

Bereits das Beispiel der Rauchemission hat deutlich gemacht, dass mit der Reziprozität der Verursachung noch kein Urteil über die Legitimität oder gesellschaftliche Berechtigung des jeweiligen Anspruchs verbunden ist. Weder ist es aus ökonomischer

---

Die strikte Trennung zwischen den Theorien dient an dieser Stelle dazu, schon begrifflich die Unterscheidung zwischen den Kollektivgut-Aspekten der Finanzierung und den gesellschaftlichen Wirkungen von Medien deutlich zu machen. Vgl. **Buchanan/Stubblebine** (1962), S. 371, **Fritsch/Wein/Ewers** (1993), S. 255 f., **Cornes/Sandler** (1986/1996).

[649] **Sälter** (1989), S. 167.
[650] Der Isomorphie zwischen der Kollektivgut- und der Externalitätentheorie folgend, ließen sich auf Grundlage Ersterer analoge Schlüsse ziehen, wird das soziale Klima als ein lokales öffentliches Gut verstanden. Die marktliche Bereitstellung dieses Kollektivguts entspräche somit der Marktanalogie externer Effekte.
[651] Demgegenüber geht **Messmer** davon aus, dass Externalitäten durch Medien erst internalisiert werden könnten, wenn eine Zuordnung nach dem Verursacherprinzip erfolgt sei. Vgl. **Messmer** (2002), S. 207.

Sicht per se geboten, dem durch eine Rauchemission Geschädigten das Recht auf Nicht-Schädigung zuzugestehen, wie dem durch eine gestiegene Gewaltbereitschaft Benachteiligten das Recht auf sozialen Frieden. Vielmehr sprechen weitere, im Einzelfall zu prüfende Argumente für die Zuweisung von Rechten in der jeweiligen Situation. Ebenso wenig wie eine physikalische Wirkbeziehung kann die Wirkungskette medialer Effekte eine hinreichende Begründung hierfür liefern. Im konkreten Fall mögen andere, weiterreichende gesellschaftliche Gründe dafür sprechen, Rauchemissionen zu untersagen oder sie zu erlauben. Analog gilt für soziale Externalitäten, dass die Reziprozität der Verursachung nicht als Plädoyer für ein friedliches Zusammenleben oder ein Klima der Gewalt gewertet werden kann. Aus ökonomischer Sicht nachrangig ist zunächst, dass zahlreiche, darüber hinausgehende Gesichtspunkte bestehen dürften, sozialen Frieden in einer Gesellschaft zu befürworten.

Die bestehende Anspruchskonkurrenz der Beteiligten und Reziprozität der Verursachung erlauben allgemeine Aussagen darüber, in welchen Fällen schwache oder starke soziale Externalitäten zu erwarten sind. Da die Konkurrenzsituation den ökonomischen Grund sozialer Externalitäten ausmacht, ist das Maß an Nutzungsrivalität entscheidend für deren Stärke. Soziale Externalitäten entstehen durch das Vorhandensein divergierender Ansprüche und nehmen in dem Maße ab, wie diese sich gleichen. Beide Aspekte sind von unmittelbarer Relevanz.

In der Praxis verringert sich das Ausmaß sozialer Externalitäten mit zunehmendem räumlichen, kulturellen oder sprachlichen Abstand der Anspruchsgruppen, da diese nicht mehr um ein gemeinsames soziales Klima konkurrieren. Lebt ein Medienkonsument in völliger räumlicher, kultureller oder sprachlicher Abgeschiedenheit, pflegt also keinen Umgang mit anderen Mitgliedern der Gesellschaft, können aus seinem Konsum keine sozialen Externalitäten resultieren. Damit Externalitäten entstehen können, bedarf es der *Interdependenz der Handlungen*.[652] Auch soziale Externalitäten setzen eine solche Interdependenz voraus.

Überdies bedeutet das Vorhandensein mannigfaltiger Ansprüche nicht zwangsläufig, dass diese divergieren müssen. Falls im genannten Beispiel einer Gewaltsendung eine – wie immer geartete – Einigkeit über das soziale Klima herrscht, sind soziale Externalitäten ausgeschlossen. Mit zunehmender Homogenität der Ansprüche gehen die entstehenden sozialen Externalitäten folglich zurück.

Beispielsweise wäre das Problem negativer sozialer Externalitäten in Gesellschaften nicht relevant, in denen ein allgemein akzeptiertes Klima der Gewalt herrscht.[653]

---

[652] Vgl. **Baumol** (1964), S. 372.
[653] Länderanalysen, die die Wirkungen medialer Gewalt in unterschiedlichen Kulturen untersuchen, ebenso wie historische Studien zur Rolle von Gewaltdarstellungen zu verschiedenen Zeiten liefern Anhaltspunkte für die Richtigkeit dieser Aussage. Beispielsweise wurden öffentlich dargebotene Gladiatorenkämpfe, die heute sicherlich als verabscheuungswürdige Gewaltdarstellungen

6.5 Medienwirkungen als Problem gesellschaftlicher Institutionen   353

Selbst wenn Gewaltprogramme eine – annahmengemäß starke – Wirkung bei Rezipienten zeigen würden, trügen die resultierenden Externalitäten nicht (mehr) zur Verschlechterung des sozialen Klimas bei, da diesbezüglich keine Anspruchskonkurrenz besteht. Deutlich wird, dass das Fehlen oder die Homogenität der Ansprüche das Entstehen sozialer Externalitäten verhindert, obwohl sich die angenommene Wirkbeziehung nicht geändert hat.

Starke soziale Externalitäten sind hingegen dort zu vermuten, wo eine Vielzahl divergierender individueller Ansprüche aufeinandertrifft. Zu einer stark ausgeprägten Anspruchskonkurrenz kommt es gewöhnlich an Orten intensiver Interaktion. Wie in Abb. 6-4 dargestellt, ist daher das *soziale Umfeld* einer Person von zentraler Bedeutung für das Entstehen sozialer Externalitäten. Im Alltag zeigen sich hier – beispielsweise in der Familie, der Verwandt- und Nachbarschaft, am Arbeitsplatz, bei Freizeitaktivitäten im Kreis von Freunden oder im Verein – vielfältige Externalitäten zwischen sozialen Akteuren. Die erste Schlussfolgerung ist demnach, dass Medienwirkungen in Form sozialer Externalitäten in der Regel im sozialen Umfeld des Rezipienten auftreten.

Dieses Ergebnis hat eine erhebliche Bedeutung für die empirische Medienwirkungsforschung. Da Medienwirkungen real über einen sehr vielschichtigen Ursache-Wirkungs-Zusammenhang übertragen werden, boten sich Laborstudien in der publizistischen Wirkungsforschung an, um dieser Komplexität Herr zu werden. Analog naturwissenschaftlichen Laborexperimenten galt es, Medienwirkungen isoliert von weiteren Umfeldvariablen zu messen. Der Versuch, die so erzielten Aussagen außerhalb der Laborsituation zu bestätigen, gelang jedoch nur vereinzelt,[654] was vor dem Hintergrund des hier verfolgten ökonomischen Ansatzes wenig überrascht: Aus ökonomischer Sicht können Medienwirkungen nur im sozialen Umfeld zu Externalitäten werden, und nur hier besteht die Möglichkeit, soziale Externalitäten empirisch nachzuweisen.

b. **Internalisierung sozialer Externalitäten im sozialen Umfeld durch marktanaloge Interaktionen**

Eine zweite Konsequenz für die Analyse sozialer Externalitäten ergibt sich aus dem Ansatz von COASE, das von Externalitäten verursachte gesellschaftliche Problem als Marktanalogie zu rekonstruieren. Das soziale Umfeld ist nicht nur der gesellschaftliche Ort, an dem soziale Externalitäten meist entstehen. Im sozialen Umfeld herrscht überdies ein intensiver Austausch zwischen den Akteuren, der sich aus ökonomischer Sicht – wie in Abb. 6-4 – als Tausch von Leistung und Gegenleistung darstellen lässt. Ausgehend von der Anspruchskonkurrenz der Beteiligten liegt es folglich nahe, auch

---

klassifiziert würden, im römischen Reich als ein kulturell wertvoller Ausdruck zahlreicher Tugenden angesehen. Vgl. **Schenk** (2002), **Toner** (2002), S. 89.
[654] Vgl. u. a. **Schenk** (2002), S. 132 ff.

die Marktanalogie auf die im sozialen Umfeld stattfindenden Tauschprozesse zu übertragen.[655] Mithilfe des ökonomischen Ansatzes ist es dann möglich, die Frage zu beantworten, wie weit soziale Externalitäten von den Beteiligten internalisiert werden.

Auf Grundlage des medienökonomischen Forschungsprogrammes soll der Versuch unternommen werden, das Auftreten von sozialen Externalitäten individualistisch als Folge von Rationalverhalten zu erklären. Das Hauptaugenmerk gilt dabei nicht – wie im traditionellen Paradigma der Medienwirkungsforschung – dem möglichen Übertragungsmechanismus von Medienwirkungen auf die Gesellschaft, sondern den Anreizen der jeweils Beteiligten.

Diese Anreize lassen zum einen erst eine Anspruchskonkurrenz und damit Externalitäten entstehen. Zum anderen werden soziale Externalitäten im sozialen Umfeld des Medienkonsumenten dazu führen, dass die positiv oder negativ Betroffenen den Effekt nicht ohne Reaktion ihrerseits auf sich wirken lassen. Vielmehr werden soziale Akteure auf die Verhaltensänderung des Medienkonsumenten ihrerseits mit einem veränderten Verhalten reagieren. Die Externalität wird folglich in vielen Fällen im sozialen Umfeld des Medienkonsumenten – also der Familie, Nachbarschaft, Verwandtschaft oder im Freundeskreis – belohnt oder sanktioniert.

Als eine Form der Sanktion auf eine negative Externalität kann dabei eine abnehmende Intensität der Beziehung bis hin zu deren Abbruch gesehen werden. Während sich im Fall des Abbruchs das soziale Umfeld verkleinert, ist bei positiven Externalitäten ein Wachstum zu erwarten. Beziehungen innerhalb der Familie und Verwandtschaft bzw. zu Nachbarn werden dann intensiver, Freundschaften entstehen. Das soziale Umfeld wandelt sich folglich als Reaktion auf positive und negative Externalitäten, was gleichzeitig zu einer veränderten Anspruchskonkurrenz der Beteiligten führt.[656]

Durch die Reaktion im sozialen Umfeld kann die Externalität folglich eine Kompensation erfahren. Bei Rationalverhalten wird diese, möglicherweise sogar erwartbare Kompensation für die Handlungen des Medienkonsumenten relevant werden. Die Externalität dürfte damit im sozialen Umfeld ganz oder teilweise internalisiert werden. Bei der Analyse von Medienwirkungen gilt es diesen Weg der Internalisierung sozialer Externalitäten zu berücksichtigen, da er maßgeblich das Auftreten von Externalitäten in der Praxis beeinflusst. Das soziale Umfeld ist somit nicht nur der Ort, an dem soziale Externalitäten entstehen, sondern wo ferner auch Mechanismen zu deren Internalisierung bereitstehen.

Diese doppelte Funktion des sozialen Umfelds ist für die empirische Medienwirkungsforschung von erheblicher Bedeutung. Im Studiendesign bedarf es der Berück-

---

[655] Dabei ist es für die weitere Analyse unerheblich, ob dieser Austauschprozess auf der Basis von Geld abgewickelt wird, d. h. nicht nur ein Tausch, sondern ein Kauf vorliegt.

[656] Die Veränderung des sozialen Umfelds ähnelt dem von BAUMOL diskutierten Hin- und Wegzug von Nachbarn bei Rauchexternalitäten. Vgl. **Baumol** (1972), S. 313.

6.5 Medienwirkungen als Problem gesellschaftlicher Institutionen

sichtigung des sozialen Umfeldes, um einerseits das Entstehen, andererseits die Internalisierung von Externalitäten zu analysieren. Während Laboruntersuchungen nur unzulänglich das soziale Umfeld abbilden können,[657] bestätigen zunehmend empirische Praxisstudien die wesentliche Rolle des sozialen Umfelds und der Subkultur des Medienkonsumenten, ja sogar der Situation des Medienkonsums für das Entstehen von Medienwirkungen.[658]

Angesichts dieser Resultate zweifeln neuere Ansätze der Medienwirkungsforschung an der Tragfähigkeit des dort zugrunde gelegten Forschungsprogrammes. Demnach sei die forschungsleitende Frage, welchen Einfluss Medien auf die Gesellschaft hätten, schlicht falsch gestellt. Relevant sei allein, welche gesellschaftlichen Faktoren den Medienkonsum beeinflussten und wie sich aufgrund dieser Wahlentscheidungen das (Konsum)Verhalten verändere.[659] Die Wendung hin zur Analyse von individuellem Wahlverhalten kann als eine Bestätigung des (medien)ökonomischen Forschungsprogrammes gewertet werden.

Vor allem mit seiner zentralen Aussage – dem Theorem – scheint COASE für soziale Externalitäten Recht zu behalten: Fehlen Transaktionskosten oder fallen sie geringer als die Tauschgewinne aus, werden soziale Externalitäten vollständig internalisiert. Das sich einstellende Ergebnis wird jeweils gleich und gesellschaftlich effizient sein, unabhängig davon, welchem Beteiligten das Verfügungsrecht in der konkreten Situation zukommt. Somit können Medienwirkungen nur dann zu relevanten Externalitäten werden, wenn Transaktionskosten einer Verhandlungslösung entgegenstehen.

Bereits diese Übertragung des COASE-Theorems auf soziale Externalitäten wirft unmittelbar die Frage auf, welche Schlüsse sich aus einem Modell ziehen lassen, das aufgrund fehlender Transaktionskosten zweifellos keine realistische Beschreibung der Interaktionen im sozialen Umfeld sein kann. Zahlreiche Kritiker von COASE' Analyse begründen die Irrelevanz des Theorems mit einem Mangel an Realismus.

Doch das Fehlen von Transaktionskosten macht das COASE-Theorem noch nicht zu einem „Unmöglichkeitstheorem".[660] COASE' selbstbekundete Intention war nicht, die fehlende Bedeutung von Transaktionskosten zu behaupten, sondern – ganz im Gegenteil – deren Relevanz zu zeigen. Explizit widerspricht COASE der Lesart, Transaktionskosten seien in der Praxis irrelevant: Bezogen auf soziale Externalitäten geht es

---

[657] Zur Überinterpretation von Laborbefunden und der Thesen einer Wirkungslosigkeit von Gewaltdarstellungen in Medien vgl. **Schenk** (2002), S. 218 f.
[658] Vgl. **Schenk** (2002), insb. S. 307 ff., und die dort gesichteten Studien.
[659] GAUNTLETT gibt einen Überblick über die Entwicklung der Medienwirkungsforschung. In seiner Analyse der Forschungsmethodik kommt er zu dem Ergebnis, dass die traditionellen Ansätze der Soziologie oder Publizistik meist von einem verfehlten Ursache-Wirkungs-Denken ausgingen. Zumindest das Verhalten der Rezipienten müsse stärker berücksichtigt werden. Vgl. **Gauntlett** (1998), S. 125 f.
[660] **Blaug** (1999), S. 585.

nicht darum, deren vollständige Internalisierung aufgrund fehlender Transaktionskosten zu proklamieren, sondern im Umkehrschluss die Bedeutung dieser Kosten für die Entstehung von Externalitäten hervorzuheben.[661]

Schon in PIGOUs Definition externer Effekte werden Transaktionskosten implizit als Grund für die technische Schwierigkeit angeführt, den Urheber der (technischen) Externalität mit den gesellschaftlichen Kosten seines Handelns zu konfrontieren.[662] Nicht die Berücksichtigung oder Vernachlässigung von Transaktionskosten unterscheidet damit grundsätzlich die Ansätze von PIGOU und COASE, sondern der Stellenwert, der diesen Kosten innerhalb der Theorie beigemessen wird. COASE gelingt deshalb ein entscheidender Perspektivwechsel, da er im Gegensatz zu PIGOU die generelle analytische Bedeutung von Transaktionskosten erkennt.[663]

Der Soziologe JAMES S. COLEMAN geht in seiner Theorie des *Sozialkapitals* auf den zentrale Stellenwert von Transaktionskosten für die Gültigkeit des COASE-Theorems bei sozialen Interaktionen zwischen Individuen ein. Nach COLEMAN sei das COASE-Theorem auf soziale Interaktionen meist nicht anwendbar.[664] Da Verhandlungen nicht praktikabel oder illegal seien, würden sich Märkte hier in vielen Situationen nicht entwickeln. Neben einem engen, auf wirtschaftliche Aspekte beschränkten Marktverständnis und dem Gleichsetzen von Transaktions- mit klassischen Marktbenutzungskosten scheint COLEMAN davon auszugehen, dass eine Verhandlungslösung durch hohe Transaktionskosten verhindert wird.

COLEMANs Annahme mag im Einzelfall richtig sein. Im Allgemeinen dürfte allerdings davon auszugehen sein, dass die Bezeichnung „soziales Umfeld" eine gesellschaftliche Konstellation beschreibt, in der

1. Transaktionskosten für die Einigung und Durchsetzung von Vereinbarungen aufgrund der bestehenden großen räumlichen, kulturellen und sprachlichen Nähe niedrig ausfallen.[665] Die geringen Transaktionskosten versetzen die Beteiligten somit in die Lage, intensiv in Interaktion zu treten.

---

[661] In einem Kommentar zu seinem 1960er-Aufsatz stellt COASE klar, dass die Charakterisierung einer transaktionskostenfreien Welt als „Coase Welt" klar verfehlt sei. Ihm gehe es gerade darum, die Welt der modernen Ökonomik zu charakterisieren, um Ökonomen zum Verlassen dieser Welt zu bewegen. Vgl. **Coase** (1988/1990), S. 174.
[662] Vgl. **Pigou** (1920/1952), S. 183.
[663] Vgl. **Demsetz** (1996), S. 566.
[664] Vgl. **Coleman** (1987), S. 139.
[665] Zu dem konträren Ergebnis, dass real Transaktionskosten prohibitiv hoch ausfielen und dass das COASE-Theorem folglich nicht anwendbar sei, kommen beispielsweise HAMILTON und KOPS für das Problem von Gewaltsendungen im Fernsehen. Schon aufgrund der großen Zahl von Betroffenen seien Verhandlungen zwischen Zuschauern und Fernsehsendern nicht möglich. Wie dargestellt, geht dieser Fehlschluss auf die Annahme zurück, Medienwirkungen würden als soziale Externalitäten zwischen dem Fernsehsender als Schädiger und dem Zuschauer als Geschädigtem entstehen. Vgl. **Hamilton** (1998), S. 296 f., **Kops** (2005), S. 351.

Nach DAHLMAN liegt die gemeinsame Ursache für unterschiedliche Arten von Transaktionskosten, die in den einzelnen Phasen der Transaktion anfallen, in dem Mangel an Information.[666] Selbst als Informationsdefizit dürften Transaktionskosten im sozialen Umfeld vergleichsweise gering sein.
2. auch hohe Transaktionskosten nicht unbedingt dazu führen, dass eine Interaktion unterbleibt. Zwar ermöglichen niedrige Transaktionskosten vergleichsweise leicht eine Interaktion der Beteiligten, allerdings ist für deren Zustandekommen vor allem der zu erwartende (Netto)Tauschgewinn ausschlaggebend. Bei gravierenden Externalitäten ist es deshalb für beide Seiten vorteilhaft, die Übereinkunft trotz hoher Kosten zu realisieren.
3. nur eine geringe Zahl von Personen zeitgleich interagiert. Durch die überschaubare Gruppengröße fällt es leicht, die Person zu identifizieren, von der eine Besser- oder Schlechterstellung ausgeht.
4. der Austausch ständig, zumindest jedoch wiederholt stattfindet und auf eine langfristige Kooperation angelegt ist. Die Wahrscheinlichkeit, dass eine Externalität nicht von dem positiv oder negativ Betroffenen kompensiert wird, sinkt folglich mit der Häufigkeit des erneuten Aufeinandertreffens und der Langfristigkeit der Beziehung.
5. bei wiederholten Transaktionen die Reputation der Beteiligten an Bedeutung gewinnt. Einerseits verschlechtert sich die Reputation, falls die Transaktion zu einer signifikanten Schlechterstellung der Partner geführt hat. Andererseits ermöglicht eine hohe Reputation Transaktionen, die trotz ihres Risikos ohne teure Sicherungsmaßnahmen auskommen.
6. Leistung und Gegenleistung nur zu einem sehr geringen Maße vertraglich oder anderweitig spezifiziert sind. Vielmehr sind Beziehungen im sozialen Umfeld meist durch die entsprechende Relation der Personen – z. B. als Partnerschaft, Verwandtschaft und Freundschaft –, nicht als Verhältnis des expliziten Leistungsaustauschs bestimmt. In offenen, nur relational definierten Vertragsverhältnissen besteht prinzipiell auf beiden Seiten ein großer Spielraum für abgestuft produktives Verhalten. Aufgrund dieses Verhaltensspielraums fällt es den von einer sozialen Externalität Betroffenen leicht, diese durch Belohnung oder Sanktion zu ahnden.

Damit ergibt sich die zweite Schlussfolgerung aus der ökonomischen Analyse von Medienwirkungen: Medienwirkungen in Form sozialer Externalitäten entstehen zwar überwiegend im sozialen Umfeld des Medienkonsumenten, erfahren aber in der Regel auch dort durch soziale Akteure – in der eigenen Familie, in der Verwandtschaft und zwischen Nachbarn und Freunden – eine Internalisierung. Die *dyadische Eingebun-*

---

[666] Vgl. **Dahlman** (1979), S. 148.

denheit der Interaktion führt also in vielen Fällen zur Kompensation der sozialen Externalität durch die unmittelbar Beteiligten.[667] Dieser Funktion des sozialen Umfelds als Ort marktanaloger Tauschprozesse findet in Abb. 6-4 ihre Entsprechung in der Parallele zwischen dem Fernsehmarkt und dem sozialen Umfeld (Feld I und Feld II). Über die Marktfunktion des Umfelds hinaus tragen weitere, wenig hierarchische Gesellschaftsstrukturen – beispielsweise Beziehungsnetzwerke – maßgeblich dazu bei, soziale Externalitäten zu internalisieren, da innerhalb dieser Netze ebenfalls ein komplexer Austausch von Leistung und Gegenleistung stattfindet.

Während sich Externalitäten in der Meritorik oder in Pigous wohlfahrtsökonomischem Ansatz als ubiquitäres Gesellschaftsproblem dargestellt haben, das umfangreiche Aktivitäten des Staates rechtfertigt, relativiert sich dieses Urteil erheblich, werden soziale Externalitäten im medienökonomischen Forschungsprogramm ökonomisch rekonstruiert. Schon aufgrund der Anreize, die im sozialen Umfeld und anderen wenig hierarchischen Gesellschaftsstrukturen bestehen, dürften aus ökonomischer Sicht soziale Externalitäten in der Praxis weitaus seltener als zunächst vermutet auftreten.

c. Sanktionierung und Internalisierung sozialer Externalitäten durch gesellschaftliche Institutionen wie Normen und Hierarchie

Die originär ökonomische Herangehensweise macht zudem deutlich, dass es zu kurz gegriffen ist, nur eine einzelne Handlung – isoliert, kurzfristig und ohne Bezug zu den gesellschaftlichen Institutionen – als Ursache sozialer Externalitäten zu sehen. Zum Verständnis sozialer Externalitäten bedarf es weniger der differenzierten Betrachtung der Wirkungsweise von Medien als einer dezidierten Auseinandersetzung mit den beteiligten gesellschaftlichen Institutionen. Zwar bildet das soziale Umfeld eine hierfür zentrale Institution, doch sind weitere gesellschaftliche Institutionen in ähnlicher Weise maßgeblich an der Sanktionierung oder Internalisierung sozialer Externalitäten beteiligt. Ausgehend vom engen Fokus auf das soziale Umfeld als Ort marktanaloger Interaktionen ist daher die bisher weitgehend institutionenlose Analyse um Aspekte sozialer Institutionen zu erweitern. Diese institutionenökonomische Herangehenswei-

---

[667] Dieses Ergebnis kann ebenso auf die Kollektivgut-Theorie übertragen werden. Die Wahrscheinlichkeit des „Trittbrettfahrens", also des taktischen Rationalverhaltens von Gruppenmitgliedern, wird dort in Abhängigkeit von der Größe der jeweiligen Gruppe gesehen. Mit steigender Gruppengröße wird Trittbrettfahrerverhalten wahrscheinlicher, weshalb Kollektivgüter – wie schon Hume zeigt – ab einer bestimmten Größe nicht mehr bereitgestellt werden.
Aus Sicht der Theorie sozialer Effekte werden negative (soziale) Externalitäten wie Trittbrettfahrerverhalten nicht allein durch die Größe der Gruppe möglich. Ausschlaggebend sind vielmehr die genannten Faktoren, die das soziale Umfeld als eine gesellschaftliche Konstellation beschreiben. Diese Faktoren werden zwar von der Gruppengröße beeinflusst, können durch ihr Fehlen jedoch schon in Kleingruppen zu Trittbrettfahrerverhalten führen.

6.5 Medienwirkungen als Problem gesellschaftlicher Institutionen

se erlaubt die Beantwortung der eingangs aufgeworfenen Frage, wie gesellschaftliche Institutionen das Auftreten sozialer Externalitäten beeinflussen.

Stellvertretend für die Vielzahl gesellschaftlicher Institutionen sollen Normen und Hierarchien im Folgenden näher betrachtet werden. Beide Institutionen zeichnen sich dadurch aus, dass sie trotz unterschiedlicher Wirkungsweise jene Anreize verändern, die bei individuellem Rationalverhalten zu sozialen Externalitäten führen können.

Gesellschaftliche Normen stellen eine individuelle Handlungsbeschränkung dar. Sie weisen starke Gemeinsamkeiten mit sozialen Traditionen, aber auch mit allgemeinen Regeln, (Handels)Bräuchen und Konventionen bis hin zu Gesetzen auf. Wie sich Normen entwickeln und warum sie fortbestehen, lässt sich nach COLEMAN mithilfe der Theorie externer Effekte erklären.

Indem COLEMAN dem COASE-Theorem nur eine geringe Relevanz zur Analyse sozialer Interaktionen beimisst, erfahren soziale Externalitäten nicht bereits von den im sozialen Umfeld unmittelbar Beteiligten eine Internalisierung, sondern werden in vollem Umfang in der Gesellschaft wirksam. COLEMANs Überlegungen lassen sich deshalb zur Analyse sozialer Externalitäten nutzen, da sie das Augenmerk weniger auf die im sozialen Umfeld bestehenden Anreizstrukturen als auf die gesellschaftlichen Institutionen lenken. Betrachtet werden damit jene Fälle, in denen das soziale Umfeld gar nicht oder nur wenig wirksam zur Internalisierung sozialer Externalitäten führt.

Nach COLEMAN beeinflussen bestehende Normen als individuelle Handlungsrestriktionen das Auftreten und das Ausmaß negativer wie positiver sozialer Externalitäten.[668] Zudem würden sich neue Normen als eine Reaktion darauf entwickeln, dass Handlungen in der Praxis mit externen Effekten verbunden seien. Somit könne eine heute noch bestehende soziale Externalität durch eine Norm in Zukunft unterbunden werden. Als eine Form des Sozialkapitals würden Normen ein sozial effizientes Ergebnis ermöglichen.[669]

Um für die Beteiligten Handlungsrelevanz zu besitzen, muss eine Norm sanktionsbewehrt sein, d. h. Regelverstöße müssen so verlässlich und stark geahndet werden, dass rational handelnde Individuen der Norm folgen. Obwohl jene Gesellschaftsmitglieder ein Interesse an der Aufrechterhaltung der Norm haben, die von der Externalität negativ oder positiv betroffen sind, muss nicht jede Sanktion von ihnen ausgehen. Nach COLEMAN können Prozesse der *Sozialisation* bewirken, dass Individuen Normen verinnerlichen, die ihren individuellen Handlungen zwar kurzfristig Grenzen setzen, langfristig aber von Vorteil sind.[670]

In ähnlicher Weise unterscheidet der Wirtschaftshistoriker DOUGLASS C. NORTH zwischen formellen und informellen Regeln. Informelle Regeln können als Erweite-

---
[668] Vgl. **Coleman** (1987), S. 140.
[669] Vgl. **Coleman** (1987), S. 153.
[670] Vgl. **Coleman** (1987), S. 148 f.

rung, Entwicklung oder Modifikation formaler Regeln, als sozial sanktionierte Normen oder als intern durchgesetzte Verhaltensstandards handlungsrelevant sein.[671] Beide Ansätze verbindet, dass Normen erstens als Regelsysteme betrachtet werden, die ein nicht regelkonformes Verhalten als Verstoß ahnden und deshalb Restriktionen für das individuelle Verhalten setzen. Zweitens bedarf die Ahndung des Verstoßes nicht ausschließlich einer externen Sanktion, sondern kann auch intern erfolgen. Analog den externen können interne Normen das Auftreten von negativen Externalitäten verhindern, positive Externalitäten hingegen fördern.

Diese Bedeutung von Normen für das Entstehen von Externalitäten knüpft unmittelbar an den Überlegungen zur Anspruchskonkurrenz im sozialen Umfeld an. Da Sozialisationsprozesse zu einer Verinnerlichung von Normen durch die Mitglieder der Gruppe führen können, geht das Ausmaß an Anspruchskonkurrenz und somit an sozialen Externalitäten innerhalb der Gruppe zurück. Mit der Zahl formeller und informeller Regeln und Normen, die von den Gruppenmitgliedern geteilt werden, steigt die Homogenität der Gruppe, und Konflikte aufgrund von Externalitäten werden vermieden. Überdies trägt zur kulturellen Homogenität der Gruppe bei, dass Beziehungen zum einen der Verwandtschaft der Gruppenmitglieder entspringen, zum anderen Folge der Wahl von Freunden, Nachbarn und Kollegen sind. Verglichen mit der Gesellschaft einer Region, Nation oder der gesamten Welt herrscht im sozialen Umfeld also eine starke Homogenität zwischen den Mitgliedern.

Dieser Aspekt ist von wesentlicher Relevanz für die Analyse negativer oder positiver Medienwirkungen. Als negative soziale Externalitäten werden Medienwirkungen nicht auftreten, wenn die (verinnerlichten) gesellschaftlichen Normen der Medienrezipienten – stellvertretend für Regeln, Traditionen, Bräuche und Gesetze – dem entgegenstehen. Aufgrund der herrschenden Normen werden positive soziale Externalitäten trotz ihres Kollektivgutcharakters bereitgestellt. Sowohl bei negativen wie bei positiven sozialen Externalitäten führt die bestehende externe oder interne Norm durch ein verändertes Rationalverhalten zur Vermeidung von Konflikten.

Zwar ist die Durchsetzung gesellschaftlicher Regeln eine wesentliche Funktion von Normen, doch tritt hierzu ein weiterer Aspekt, der sich wiederum anhand des Verhandlungsmodells von COASE verdeutlichen lässt. In diesem Modell setzt das Erreichen eines gesellschaftlich effizienten Ergebnisses voraus, dass den Beteiligten klare Verfügungsrechte zugewiesen wurden. Unabhängig von der konkreten Ausgestaltung sichern eindeutige Verfügungsrechte einem von beiden Beteiligten zu, die jeweilige Forderung auf Ausübung oder Unterlassung der Externalität durchzusetzen.

Auch gesellschaftliche Normen können dazu dienen, strittige Verfügungsrechte klar zu regeln und einen Handel mit diesen Rechten zu ermöglichen. Normen schaffen

---

[671] Vgl. **North** (1990), S. 40 f.

6.5 Medienwirkungen als Problem gesellschaftlicher Institutionen 361

somit eine Anspruchsgrundlage, die die Durchsetzung individueller Rechte erleichtert. Als *soziale Verfügungsrechte* machen Normen Verhandlungen um die jeweilige Externalität erst möglich, da sie als gesellschaftliche Institution die Transaktionskosten von Verhandlungen senken. Ohne Normen wären Streitigkeiten der Beteiligten um die Legitimität der jeweiligen Forderung oder Kompensation unvermeidlich. Aufgrund hoher Transaktionskosten ließe der resultierende Interessengegensatz keinen Handel zum gegenseitigen Vorteil zu.

In diesem Zusammenhang ist ein weiterer Aspekt von NORTHs wirtschaftsgeschichtlicher Analyse von Bedeutung. NORTH hat sich mit der praktischen Bedeutung von gesellschaftlichen Normen für die Höhe von Transaktionskosten auseinandergesetzt. Demnach stellen Regeln auch in der Praxis wesentliche Bedingungen dar, die über die Veränderung von Transaktionskosten Tauschprozesse erst ermöglichen.[672] Dementsprechend sieht NORTH auch die hohe kulturelle Homogenität der Beteiligten als eine Voraussetzung für lokalen Handel.[673] Obwohl er dieses Ergebnis primär auf Märkte für Güter und Dienstleistungen bezieht, dürfte der Tausch von Rechten in dem auf COASE zurückgehenden Verhandlungsmodell keine Ausnahme hiervon bilden.

Eine ökonomisch fundierte Auseinandersetzung mit Medienwirkungen erlaubt damit nicht nur, das COASE-Theorem produktiv auf die Analyse sozialer Externalitäten zu übertragen, sondern eröffnet auch die Möglichkeit, in diese Analysestruktur weitere soziologische, wirtschaftshistorische oder ökonomische Theorien wie die von COLEMAN und NORTH – oder auch GARY S. BECKER zu integrieren.

In der zur Analyse von sozialen Externalitäten unmittelbar relevanten „Theorie sozialer Wechselwirkungen" untersucht BECKER das Auftreten und Ausmaß von Externalitäten innerhalb von Familien.[674] Später bringt BECKER in einem weiteren Aufsatz die Kernthese dieser Theorie auf den Punkt: „Each beneficiary, no matter how selfish, maximizes the family income of his benefactor and thereby internalizes all effects of his actions on other beneficiaries."[675] Unabhängig von möglichen egoistischen oder altruistischen Motiven werden demnach alle Externalitäten zwischen Familienmitgliedern internalisiert, sofern sich diese rational verhalten und ein wohlwollendes Familienoberhaupt existiert, das den einzelnen Mitgliedern Mittel – etwa aus dem Familieneinkommen – zuweist. BECKER nennt dieses Ergebnis selbst das „rotten kid theorem" und macht damit schon sprachlich deutlich, wie bewusst er an dem nach COASE benannten Theorem anknüpft.[676]

---

[672] Vgl. **North** (1990), S. 28 f.
[673] Vgl. **North** (1990), S. 34.
[674] Vgl. **Becker** (1974/1995).
[675] **Becker** (1981), S. 183.
[676] BERGSTROM sieht entsprechend das Rotten-Kid-Theorem als jüngeres Geschwister des COASE-Theorems. Vgl. **Bergstrom** (1989), S. 1138.

In seiner Theorie konzentriert sich BECKER auf jene Anreize, die von dem in der Familie bestehenden Transfersystem auf das Verhalten der Familienmitglieder ausgeübt werden, schließt dabei aber die überwiegende Mehrheit an realen Trittbrettfahrer- und Prinzipal-Agent-Problemen aus. Demnach berücksichtigt schon das Familienoberhaupt die Wirkungen seiner eigenen Handlungen auf die Familienmitglieder und internalisiert durch die Maximierung des Familieneinkommens die von ihm selbst verursachten externen Effekte.[677] Analog werden Externalitäten zwischen Familienmitgliedern stets in vollem Umfang internalisiert.[678] Bezug nehmend auf COASE sieht BECKER in diesem „Automatismus" der Internalisierung den wesentlichen Unterschied zur Verhandlungslösung.[679] Unabhängig von weiteren restriktiven Annahmen,[680] die der allgemeinen Gültigkeit des Rotten-Kid-Theorems entgegenstehen, überrascht die Internalisierung aller in der Familie entstehenden Externalitäten kaum, kann das Oberhaupt doch jede Externalität erkennen und entsprechend finanziell sanktionieren oder fördern. Inhaltlich dürfte die Nähe des Rotten-Kid-Theorems zur PIGOU-Lösung deshalb deutlich größer sein als zum COASE-Theorem.

Mehr noch dürfte die Internalisierung in nicht-hierarchischen Strukturen meist unnötig sein, sorgen doch hier schon – den genannten Argumenten folgend – niedrige Transaktionskosten für eine Lösung des Externalitätenproblems durch Verhandlungen zwischen den Akteuren. Im sozialen Umfeld bedarf es also nicht des expliziten Rückgriffs auf die internalisierende Funktion eines Familienoberhaupts.

Weiterführend als das Theorem selbst ist deshalb ein anderer Aspekt, auf den BECKER implizit aufmerksam macht. Wesentlich für den Ansatz ist die hierarchische Struktur in der Familie mit dem Familienoberhaupt an der Spitze. Diese Struktur erlaubt, entstehende positive und negative Externalitäten innerhalb der Familie zu internalisieren. Anders als in archaischen Gesellschaften, die durch Familienstrukturen und Stammeszugehörigkeit gekennzeichnet sind, bestehen in modernen Gesellschaften vielfältige hierarchische Strukturen, die in unterschiedlichsten Erscheinungsformen auftreten. Hierzu zählen private und staatliche Organisationen aller Art, beispielsweise private und staatliche Unternehmen, Verbände, Kirchen oder Interessengruppen ebenso wie Behörden, Polizei oder Militär. Innerhalb dieser Hierarchien führen Weisungsbefugnisse oder Transferzahlungen dazu, dass positive Externalitäten verstärkt, negative hingegen sanktioniert werden können.

Neben Normen sind hierarchische Strukturen folglich die zweite gesellschaftliche Institution, die das Auftreten sozialer Externalitäten maßgeblich beeinflusst. Dabei weisen beide Institutionen nicht nur enge Parallelen auf, sondern bedingen sich in vie-

---

[677] Vgl. **Bergstrom** (1989), S. 1139, **Becker** (1974/1995), S. 164.
[678] Vgl. **Becker** (1974/1995), S. 165.
[679] Vgl. **Becker** (1974/1995), S. 164, FN 26.
[680] Vgl. **Bergstrom** (1989), S. 1139.

6.5 Medienwirkungen als Problem gesellschaftlicher Institutionen

len Fällen wechselseitig. Häufig bedarf es einer hierarchischen Struktur, um die Einhaltung einer Norm sicherzustellen, während Normen andererseits eine Hierarchie begründen oder aufrechterhalten.

Diese Verbindung von Normen und Hierarchien macht BECKER in einem Aufsatz deutlich, der der Theorie sozialer Interaktionen einige Jahre vorausgeht. In seinem ökonomischen Ansatz, das Entstehen und die Bekämpfung von Verbrechen zu erklären, definiert BECKER einen verbrecherischen Akt nicht nach der generellen Art der Handlung, sondern nach der Schädigung. Im Sinne sozialer Externalitäten ist damit für ein Verbrechen wesentlich, dass das Opfer eine unkompensierte Schädigung erfährt. Das Auftreten solch negative soziale Externalitäten kann gewöhnlich durch eine Kombination von Gesetzen und Gerichten, die über die Durchsetzung der Gesetze wachen, verhindert oder eingedämmt werden.[681]

Als dritte Schlussfolgerung aus der ökonomischen Analyse sozialer Externalitäten zeigt sich somit die entscheidende Bedeutung von gesellschaftlichen Institutionen wie verhaltensbeschränkenden Normen oder hierarchischen Gesellschaftsstrukturen. Diese Institutionen tragen in der Praxis maßgeblich zur Internalisierung jener sozialen Externalitäten bei, die über das soziale Umfeld hinausgehen. Die von vielen Medienökonomen diagnostizierte Mannigfaltigkeit externer Effekte bis hin zu deren Omnipräsenz erweist sich also im Licht des ökonomischen Ansatzes als wenig plausibel.[682]

6.5.2.3 Gesellschaftliche Relevanz von sozialen Externalitäten

Abschließend zeigt sich, dass es wissenschaftlich ergiebig ist, zur Auseinandersetzung mit den Wirkungen medialer Güter auf einen originär ökonomischen Ansatz zurückzugreifen. Dieser Ansatz erlaubt nicht nur eine differenzierte ökonomische Analyse der Wirkbeziehung zwischen Medienkonsum und Medienwirkung, sondern liefert eine ökonomische Erklärung für das Entstehen von sozialen Externalitäten sowie Ansatzpunkte zu deren Eindämmung oder Förderung.

a. Ökonomische Erklärung sozialer Externalitäten

Ausgehend vom bisherigen Ergebnis, dass der Begriff „Medienwirkung" sowohl aus publizistischer wie aus ökonomischer Sicht kaum eine differenzierte Analyse der negativen oder positiven gesellschaftlichen Wirkungen des Medienkonsums ermöglicht,

---

[681] Von entscheidender Bedeutung ist für BECKER allerdings die Geldstrafe, die der Täter als Kompensationszahlung an das Opfer zu leisten hat. Statt Bestrafung und Abschreckung kommt dem Gericht die Aufgabe zu, diese Summe auf Grundlage des entstandenen Schadens festzulegen, um so für die Internalisierung der entstandenen Externalitäten zu sorgen. Wiederum wird die Nähe zur PIGOU-Steuer deutlich. Vgl. **Becker** (1968/1995), S. 488 f.
[682] Vgl. z. B. **Heinrich** (1999), S. 34 f., analog **Gundlach** (1998), S. 61, **Kops** (2005), S. 349.

eröffnet die Übertragung des medienökonomischen Forschungsprogrammes einen grundlegenden Wandel der Perspektive, wie er in Abb. 6-4 dargestellt ist.

Aus dieser Sicht stellen sich Medienwirkungen nicht mehr lediglich als zwangsläufige Folge eines psychosozialen Prozesses dar, der zwar der ökonomischen Analyse weitgehend verschlossen bleibt, aber zur monetären Bewertung von Externalitäten ausschlaggebend ist. Die Wirkungen medialer Güter lassen sich vielmehr mit dem ökonomischen Instrumentarium als ein Teil gesellschaftlicher Interaktionen erklären. Drei zentrale Ergebnisse sind entscheidend für die weitere Analyse:

1. Soziale Externalitäten entspringen der Anspruchskonkurrenz im sozialen Umfeld und sind damit Ergebnis des Rationalverhaltens der Beteiligten.
2. Wird das soziale Umfeld als Ort marktanaloger Leistung und Gegenleistung gesehen, zeigt sich, dass hier in der Regel niedrige Transaktionskosten, wiederholte Interaktionen und geringe Informationsasymmetrien zu einer Internalisierung von sozialen Externalitäten führen. Aufgrund der Anreize der Akteure dürfte nur ein Teil aller sozialen Externalitäten nicht im sozialen Umfeld internalisiert und somit potenziell gesellschaftlich relevant werden.
3. Das Auftreten dieser nicht unmittelbar internalisierten Externalitäten wird wiederum durch eine Vielzahl gesellschaftlicher Institutionen begrenzt. Für diese Institutionen stellen Normen und Hierarchien zwar wichtige, aber nur ausgewählte Beispiele dar.

Die ökonomische Erklärung sozialer Externalitäten geht damit über die jüngere publizistische Wirkungsforschung hinaus, die zwar stärker das aktive Verhalten des Medienrezipienten in der Konsumsituation in den Mittelpunkt rückt, jedoch kaum auf das hiervon losgelöste, rationale Verhalten abstellt, das im ökonomischen Sinne für das Entstehen von Externalitäten zwischen dem Konsumenten und weiteren sozialen Akteuren verantwortlich ist. Wenn demnach soziale Externalitäten in der Praxis meist entweder durch marktanaloge Interaktionen im sozialen Umfeld oder durch bestehende soziale Normen und Hierarchien internalisiert werden, können gesellschaftlich relevante Externalitäten aus ökonomischer Sicht nur dort entstehen, wo keiner dieser Internalisierungsmechanismen greift. Wie bei anderen Formen technischer Externalitäten resultiert das Entstehen sozialer Externalitäten aus falschen oder fehlenden gesellschaftlichen Institutionen, also einem institutionellen Defizit.[683]

Eine Medienökonomik auf Basis des ökonomischen Forschungsprogrammes erlaubt die Beibehaltung und die Fokussierung auf Medienwirkungen, die zwar ihren Ursprung im Verhalten von Rezipienten haben, sich aber nicht auf deren soziales Umfeld beschränken und auch nicht durch gesellschaftliche Institutionen wie Normen und Hierarchien internalisiert werden. Bezogen auf soziale Externalitäten, die infolge

---

[683] Für Externalitäten im Umweltbereich vgl. **Karl** (2000), S. 89.

6.5 Medienwirkungen als Problem gesellschaftlicher Institutionen

des Medienkonsums auftreten, ist damit ausgeschlossen, dass sämtliche Wirkungen eine *gesellschaftliche* Relevanz in dem Sinne besitzen, Nutzen oder Kosten auf gesellschaftlicher Ebene zu verursachen.[684] Nur für den engen Kreis gesellschaftlich relevanter sozialer Externalitäten ist folglich zu fragen, ob ein soziales Arrangement gefunden werden kann, das negative Wirkungen zurückdrängt, positive jedoch fördert.

b. Sozialisation als Beispiel gesellschaftlich relevanter Medienwirkungen

In jeweils unterschiedlichem Kontext wurde auf die gesellschaftliche Funktion von Sozialisation eingegangen. Ausgangspunkt war die Einschätzung, Sozialisation stelle eine positive Externalität gemäß PIGOUs klassischer Definition dar.[685] Durch die sozialisierenden Wirkungen von Fernsehsendungen würden Zuschauer demnach stärker zu gesellschaftlich nützlichem Verhalten veranlasst. Als positive Externalität müsste das Angebot an sozialisierenden Fernsehsendungen ebenso vergrößert wie die Ausstrahlung von Gewaltsendungen zurückgedrängt werden.

Angesichts der ökonomischen Erklärung für soziale Externalitäten bleibt diese Einschätzung ungenügend. Die sozialisierende Wirkung von Fernsehsendungen tritt unmittelbar im sozialen Umfeld des Rezipienten ein. Der bisherigen Argumentation folgend, bestehen in diesem Umfeld allerdings erhebliche Anreize und Möglichkeiten, soziale Externalitäten zu internalisieren. Zudem dürften Normen und stärker hierarchische Gesellschaftsstrukturen dazu führen, dass Sozialisation auch außerhalb des sozialen Umfelds eine Kompensation erfährt. Damit ist wenig plausibel, dass Sozialisation zwar die vielfältigen Interaktionen des Medienrezipienten betrifft, aber weder in dessen sozialem Umfeld noch auf weit gefasster gesellschaftlicher Ebene kompensiert wird. Die Interpretation, die sozialisierende Wirkung von Fernsehsendungen stelle eine soziale Externalität dar, ist somit aus ökonomischer Sicht kaum aufrechtzuerhalten.

Weniger zweifelhaft ist demgegenüber ein Ansatz, der die Wirkung von Sozialisation auf Grundlage der Sozialkapital-Theorie nach COLEMAN erklärt. In diesem Ansatz wird mit Sozialisation jener Prozess beschrieben, der zur Verinnerlichung informeller Regeln durch die Gesellschaftsmitglieder führt.[686] Als Prozess sozialen Lernens dient Sozialisation also dem Einüben gesellschaftlicher Regeln und Verhaltensstandards.

Während Gesellschaftsmitglieder sich vergleichsweise leicht über formelle Regeln informieren können, da diese meist schriftlich niedergelegt sind, besteht in vielen Fällen Unwissenheit über herrschende informelle Regeln. Verhandlungen im sozialen

---

[684] Das Kriterium der Relevanz setzt vor der dargestellten PARETO-Relevanz an. Es stellt darauf ab, ob überhaupt ein unkompensierter externer Schaden oder Nutzen vorliegt. Vgl. **Buchanan/Stubblebine** (1962), S. 373.
[685] Vgl. **Schellhaaß** (1994), S. 246, **Schellhaaß** (1998), S. 45.
[686] Vgl. **Coleman** (1987), S. 148 f.

Umfeld werden dadurch erschwert, dass informelle soziale Verfügungsrechte ungeklärt sind. Neben dem unmittelbaren Kontakt zu anderen Gesellschaftsmitgliedern, die Kenntnis über bestehende informelle Regeln besitzen, können Medien – vor allem das Fernsehen – eine entscheidende Rolle dabei spielen, diese Unwissenheit abzubauen. Gerade unterhaltende Fernsehsendungen, die realitätsnah das Verhalten von Personen im Alltag beschreiben, vermitteln implizit Informationen über gesellschaftlich relevante Regeln und Normen. Die sozialisierende Wirkung von Fernsehsendungen besteht also weniger in der unmittelbaren Verhaltensbeeinflussung als in der Vermittlung von Informationen über soziale Verfügungsrechte und bestehende Verhaltensrestriktionen. Um diese Wirkung von Medien zu analysieren, bedarf es weniger einer externalitätentheoretischen als einer institutionenökonomischen Sichtweise.

6.6 Fazit: Theorie externer Effekte als zweifelhafte Legitimationsbasis für staatliche Marktinterventionen

Zusammenfassend hat die ausführliche ökonomische Auseinandersetzung mit den Wirkungen medialer Güter ein erheblich differenziertes Bild geliefert, wie Medien aus ökonomischer Sicht wirken und welche gesellschaftlichen Probleme Folge des Medienkonsums sein können. Ausgangspunkt der Diskussion war, dass mit dem Konsum von Medien vielfältige gesellschaftliche Wirkungen in Verbindung gebracht werden. Diese Wirkungen gehen von den verhaltensrelevanten Informationen aus, die Medien in den unterschiedlichsten Bereichen des täglichen Lebens bereitstellen, und reichen bis zur stärker erzieherischen und aufklärerischen Vermittlung verhaltensformender Werte. Wesentlich ist dabei, dass die Wirkungen von den Inhalten des Mediums ausgehen, nicht von dessen Existenz oder einer undifferenzierten Konsumdauer. Weder das reine Bestehen eines Radio- oder Fernsehsenders, noch der Umfang an ausgestrahlten Programmen führt zu gesellschaftlichen Wirkungen, sondern die eigentlichen, von Zuschauern gesehenen Programminhalte.

Unmittelbar auf der Hand scheint zu liegen, in paternalistischer Weise Sendungen mit prosozialen Inhalten zu fördern, jene mit antisozialen Inhalten hingegen zurückzudrängen. Die mikroökonomische Auseinandersetzung mit einem meritorischen Eingriff in den Fernsehmarkt hat hingegen deutlich gemacht, dass die Paternalistische Meritorik weder eine geeignete wissenschaftliche Basis liefern kann noch zu Politikempfehlungen führt, die angesichts der Relevanz der Nachfrage nach den Programmen und dem vorherrschenden indirekten Finanzierungsregime nicht praktikabel sind.

Mit dem Übergang von der Paternalistischen Meritorik zur Theorie externer Effekte nach PIGOU ist ein deutlicher Schritt in Richtung wissenschaftlicher Fundierung getan. Gegenüber der Meritorik, die häufig nur verbale Beschreibungen und kaum verschleierte Werturteile bieten kann, ermöglicht die Theorie externer Effekte idealer-

6.6 Theorie externer Effekte als zweifelhafte Legitimationsbasis für staatliche Interventionen

weise einen von externen Maßstäben freien, also wissenschaftlichen Umgang mit Medienwirkungen. In der Theorie externer Effekte können diese Wirkungen deswegen gesellschaftlich unerwünscht sein, da sie als soziale Externalitäten zu unkompensierten Effekten auf Dritte führen. Die gesellschaftliche Bewertung dieser nicht-marktlichen Effekte ergibt sich aus dem Urteil der jeweils Beteiligten. Die individualistische Sichtweise wird folglich nicht aufgegeben, weshalb ein externer Maßstab, wie gesellschaftlich wünschenswert einzelne Mediengüter sind, nicht mehr notwendig ist. Der durch die ökonomische Herangehensweise mögliche Wechsel der Perspektive verlässt den von paternalistischen Vorläufern eingeschlagenen vorwissenschaftlichen Pfad.

Überdies spricht für die Verwendung der Theorie externer Effekte, dass sie erlaubt, das (medien)ökonomische Forschungsprogramm beizubehalten. Bot die Meritorik noch vielfältige Möglichkeiten, den Anwendungsbereich der Ökonomik durch paternalistische Argumente einzuschränken, lassen sich Medienwirkungen in der Theorie externer Effekte ökonomisch rekonstruieren, später sogar ökonomisch erklären. Nicht der meritorisch begründete Rückzug der Ökonomik aus dem Problem der Medienwirkungen, sondern die Stärkung des theoretischen Ansatzes durch dessen stringente Anwendung hat sich in der Auseinandersetzung um die Wirkungen von Medien als wissenschaftlich produktiv erwiesen. Mit dem Forschungsprogramm der Medienökonomik steht demnach ein einheitlicher Theorieansatz zur Analyse von Medienwirkungen zur Verfügung. An zwei Aspekten lässt sich verdeutlichen, worin der wissenschaftliche Fortschritt dieses Ansatzes besteht.

Einerseits werden begriffliche Unschärfen erkennbar, die gegenwärtig die medienökonomische Diskussion von Medienwirkungen prägen. Meist wird übersehen, dass nicht der Medienkonsum selbst, sondern erst die durch den Konsum verursachte Verhaltensänderung eine Externalität darstellt. Der klassischen Definition folgend, treten Externalitäten nicht zwischen Fernsehanbietern und -nachfragern, sondern zwischen Konsumenten und anderen Gesellschaftsmitgliedern auf. Als soziale Externalitäten sind Medienwirkungen, bezogen auf den Fernsehmarkt, außermarktliche Effekte. In Abb 6-4 gilt es also, Feld II statt Feld I näher zu betrachten.

Andererseits lässt sich auf COASE' Verhandlungsmodell zurückgreifen, um das Entstehen sozialer Externalitäten weitaus differenzierter zu erklären. Zwar setzt der psychosoziale Wirkprozess von Medienwirkungen beim Medienkonsum an und schädigt dritte Personen über ein verändertes Verhalten des Medienkonsumenten. Werden jedoch – im Sinne des medienökonomischen Forschungsprogrammes – die Anreize der jeweils Beteiligten bei Rationalverhalten betrachtet, stellen sich soziale Externalitäten im ökonomischen Sinne als Konkurrenz divergierender Ansprüche heraus, die von den Beteiligten reziprok verursacht wird. Aus stärker institutionenökonomischer Sicht besteht diese Anspruchskonkurrenz im sozialen Umfeld des Medienkonsumenten, welches durch geringe Transaktionskosten, niedrige Informationsasymmetrien und eine hohe Zahl an Interaktionen gekennzeichnet ist. Aufgrund der Anreize der unmittelbar Beteiligten dürfte eine Vielzahl sozialer Externalitäten bereits im sozialen Umfeld internalisiert werden. Bezogen auf das soziale Umfeld lassen sich soziale Externalitäten durch Medienwirkungen – nach COASE – als marktliche Effekte sehen.

Wird die institutionenökonomische Sichtweise über das soziale Umfeld hinaus erweitert, zeigt sich, dass selbst soziale Externalitäten, die nicht bereits im Umfeld internalisiert werden, keineswegs zu gesellschaftlich relevanten Effekten werden müssen. In der Regel dürften vielfältige gesellschaftliche Normen und bestehende Hierarchien dazu führen, dass soziale Externalitäten eine Kompensation erfahren. Auch für Medienwirkungen ist daher zu vermuten, dass gesellschaftlichen Institutionen eine Internalisierung möglicher externer Effekte – auch des Medienkonsums – bewirken.

Diese Theorie für das Entstehen und die gesellschaftliche Internalisierung sozialer Externalitäten hat erhebliche Konsequenzen für die Fragen, ob ein Eingriff in den Fernsehmarkt erfolgen soll und wie er wissenschaftlich zu rechtfertigen ist. Auf Basis des Kriteriums von PIGOU, der Divergenz privater und sozialer Kosten, stellen sich Externalitäten als ein omnipräsentes gesellschaftliches Problem dar, das ein umfangreiches Eingreifen des – idealisierten – Staates legitimiert. Bereits auf dieser Grundlage ist es zwar notwendig, mögliche Markteingriffe empirisch nach Art und Stärke zu konkretisieren und nicht nur – wie in der Meritorik – verbal zu umreißen. Jedoch macht die Kritik von COASE an PIGOU deutlich, dass nicht von dem Vorzeichen einer unkompensierten Wirkung auf Dritte darauf geschlossen werden kann, inwieweit die betreffende Handlung als prosozial zu fördern oder als antisozial zurückzudrängen ist. Ein psychosozial begründeter Verweis auf die negativen Wirkungen des Medienkonsums reicht nicht aus, um die gesellschaftliche (PARETO-)Relevanz der Medienwirkung zu begründen. Zum einen ist aus ökonomischer Sicht nicht die Existenz einer Wirkbeziehung, sondern allein die soziale Externalität entscheidend. Zum anderen wäre der Eingriff nur dann gesellschaftlich vorteilhaft, falls die vermiedenen Externalitäten nicht durch entstehende Opportunitätskosten – etwa von Mediennutzern – überkompensiert werden. Erst ein Vergleich unterschiedlicher sozialer Arrangements liefert Aufschluss darüber, ob eine Regelung gefunden werden kann, die soziale Externalitäten in gesellschaftlich sinnvoller Weise vermeidet. In der praktischen Medienpolitik dürfte zweifelhaft sein, ob die Maßnahme gesellschaftlich effizient ist oder nur eine Schlechterstellung der Zuschauer bedeutet.

Aus zwei Gründen steigen mit den Überlegungen von COASE die Anforderungen an eine legitimierbare Intervention in den Fernsehmarkt erheblich. Erstens lieferte die ökonomische Erklärung für das Entstehen sozialer Externalitäten gravierende Indizien dafür, dass diese Effekte entweder von den Betroffenen im sozialen Umfeld oder durch Institutionen wie gesellschaftliche Normen und Hierarchien internalisiert werden. Um einen staatlichen Eingriff zu rechtfertigen, bedürfen soziale Externalitäten nicht

6.6 Theorie externer Effekte als zweifelhafte Legitimationsbasis für staatliche Interventionen

nur der empirischen Evidenz nach Art und Stärke, um sich von vorwissenschaftlicher Spekulation abzuheben. Vor allem ist zu begründen, warum diese Externalitäten keine Internalisierung durch das soziale Umfeld oder auf weiter gefasster gesellschaftlicher Ebene erfahren.

Zweitens wäre eine staatliche Intervention in den Fernsehmarkt gesellschaftlich nur zu rechtfertigen, wenn der Eingriff nicht nur einen Effekt auf soziale Externalitäten hätte, sondern auch anderen sozialen Arrangements überlegen wäre. Zweifel bestehen sowohl bei der Effektivität als auch der Effizienz der staatlichen Maßnahme. Die ökonomische Erklärung sozialer Externalitäten hat deutlich gemacht, dass diese Effekte aus einem komplexen Zusammenspiel zwischen den Anreizen der Beteiligten, hierarchischen Gesellschaftsstrukturen und Restriktionen wie gesellschaftlichen Normen resultieren. Medienwirkungen als soziale Externalitäten sind weniger ein medien- als ein gesellschaftspolitisches Problem. Wie andere Formen technischer Externalitäten lassen sich auch soziale Externalitäten auf ein institutionelles Defizit zurückführen. Gegenüber institutionellen Reformansätzen scheint ein Eingriff in den Fernsehmarkt nur wenig geeignet, dieses komplexe gesellschaftliche Problem entscheidend zu beeinflussen. Mit zunehmend wissenschaftlicher Erklärung des Phänomens „Medienwirkung" zeigt sich damit die begrenzte Effizienz staatlicher Maßnahmen, sollten sie überhaupt einen Effekt haben.

Teil III

Fazit und Ausblick

Kapitel 7
Medienpolitische Relevanz der ökonomischen Analyse

7.1 Intra- versus interdisziplinäre Analyse des Fernsehmarktes 373
7.2 Versagen des Marktes statt des Wettbewerbs oder der Marktakteure 374
7.3 Versagen der Institutionen statt des Marktes 377
7.4 Institutionenökonomische Medienökonomik als Antwort auf das bestehende Theoriedefizit 380
7.5 Ausblick: Analyse konkreter Probleme des Fernsehmarktes auf Basis des institutionenökonomischen Ansatzes 383

7 Medienpolitische Relevanz der ökonomischen Analyse

7.1 Intra- versus interdisziplinäre Analyse des Fernsehmarktes

Seit Jahrzehnten sind elektronische Massenmedien wie Radio und Fernsehen Gegenstand intensiver öffentlicher Debatte. Mit der Publizistik, der Soziologie oder der Politikwissenschaft beteiligen sich höchst unterschiedliche Wissenschaftsdisziplinen an dieser Diskussion. Auch die Medienökonomik kann auf eine Forschungstradition zurückblicken, die ebenso alt wie das Medium Fernsehen selbst ist. Werden ausschließlich mediale Inhalte wie Fernsehprogramme – nicht etwa die vor- oder nachgelagerten Märkte des Rechtehandels oder der Programmdistribution – betrachtet, zeigt sich, dass trotz der vergleichsweise langen Beschäftigung mit medienökonomischen Fragen das zur Verfügung stehende, originär ökonomische Instrumentarium überschaubar geblieben ist. Obwohl häufig gerade ökonomische Aspekte bei Medieninhalten in der Kritik der Öffentlichkeit stehen, verhindert ein *Theoriedefizit*, dass Medienökonomen zu den erörterten Fragen differenziert Stellung nehmen können. Dieses Theoriedefizit geht zurück auf das Fehlen einer positiven Theorie der Medieninhalte, die über das notwendige Maß an Einheitlichkeit und Geschlossenheit verfügt, um als Fundament für eine auf Gestaltung ausgerichtete, normative Medienökonomik zu dienen.

Um bei der Theoriebildung die Besonderheiten medialer Güter richtig zu erfassen, fordern zahlreiche Medienökonomen eine Öffnung der Ökonomik gegenüber anderen Wissenschaftsdisziplinen. Schon aufgrund des Facettenreichtums von Medien – so das Argument – erfordere medienökonomische Forschung eine interdisziplinäre Herangehensweise. Methodisch führt ein Beschreiten dieses Weges dazu, dass die Medienökonomik eine interdisziplinär geprägte Spielart der Ökonomik wird, in der das in dieser Analyse vorherrschende Erklärungsmodell zurücktritt und Platz für andere, gleichberechtigte wissenschaftliche Ansätze macht. Wird Interdisziplinarität folglich als Öffnung hin zu anderen Wissenschaftsdisziplinen verstanden, ist wissenschaftstheoretisch die logische Konsequenz nicht nur die Ergänzung des ökonomischen Ansatzes, sondern vor allem dessen Relativierung durch die Ansätze anderer Disziplinen. Die Gefahr wächst, dass eine solche interdisziplinär angelegte Medienökonomik schrittweise an Gehalt einbüßt und letztlich für konkrete Politikprobleme nur noch beliebige Erklärungen anbieten kann. Der Erkenntnisgewinn durch die interdisziplinäre Herangehensweise wäre damit gering.

Im Gegensatz zu einer solchen interdisziplinär motivierten Öffnung der Ökonomik schlägt die vorangegangene Analyse des Fernsehmarktes einen grundsätzlich anderen Weg ein. Statt die bisher bestehenden medienökonomischen Überlegungen durch Rückgriff auf andere Wissenschaftsdisziplinen zu erweitern, sollte durchgängig das Erklärungsmodell der Mikroökonomik genutzt werden. Auf Basis der dargestellten methodischen Prinzipien galt es, durch Anwendung des ökonomischen Ansatzes ein *originär medienökonomisches Forschungsprogramm* zu entwickeln, das gleichzeitig über ein hohes Maß an Einheitlichkeit und innerer Stringenz verfügt. Methodisches Ziel war dabei, ein interdisziplinär bedingtes Aufweichen des Ansatzes zu vermeiden.

Die allgemeine Debatte um Fernsehprogramme wurde auf die drei im Zusammenhang mit Programminhalten zentrale Aspekte der Qualität, Finanzierung und Wirkung von Medien zurückgeführt. Einerseits werden diese Aspekte für wesentlich gehalten, um die überwiegende Mehrheit der im Fernsehmarkt diskutierten Probleme zu erfassen und in einem geschlossenen Zusammenhang darstellen zu können. Andererseits verspricht die Verwendung eines ökonomischen Ansatzes, diese Probleme sowohl strukturiert zu analysieren als auch Lösungsmöglichkeiten für sie zu entwickeln.

7.2 Versagen des Marktes statt des Wettbewerbs oder der Marktakteure

Theoretische Basis zur Diskussion der drei Aspekte bildete die mikroökonomische Theorie des Marktversagens, da hier bereits die notwendigen Instrumente für die Analyse von Informationsasymmetrien, Natürlichen Monopolen, Kollektivgütern und externen Effekten zur Verfügung stehen. Diese Theorie geht von der grundsätzlichen Unterscheidung zwischen dem Rahmen eines Marktes und dem konkreten Marktprozess aus. Stärker als in der Wettbewerbstheorie wird der ordnungspolitische Rahmen eines Marktes näher betrachtet, um wirtschaftspolitische Probleme als Ergebnis der Rahmenordnung zu erklären. Konkrete Wettbewerbsprobleme sind dementsprechend von nur nachrangiger Bedeutung. Auch bei der Analyse des Fernsehmarktes galt daher das Augenmerk der für Wettbewerb notwendigen Rahmenordnung, also der Angemessenheit der Spielregeln statt der Fairness der Spielzüge.

Der Rückgriff auf die Theorie des Marktversagens bricht überdies mit einer Tradition – vor allem der deutschsprachigen und britischen Medienökonomik –, Medien als gesellschaftlich wünschenswerte, meritorische Güter zu betrachten. Unabhängig von den grundlegenden Widersprüchen der Paternalistik, die bereits bei der Vorstellung der Prinzipien des medienökonomischen Forschungsprogrammes deutlich wurden, hat vor allem der Versuch der Anwendung bei jedem der drei ausgewählten Aspekte vor Augen geführt, dass die Meritorik kaum geeignet ist, eine objektivierbare, gehaltvolle und politikrelevante Theoriealternative zu liefern. Gegenüber der traditionell meritorikfreien Theorie des Marktversagens hat sich die Meritorik ausnahmslos als unterlegen erwiesen.

Im Sinne eines Marktversagens sollten nicht einzelne Marktakteure wie Programmanbieter oder -konsumenten für die Defizite des Fernsehmarktes verantwortlich gemacht werden. Weder ging es um das gesellschaftlich mangelhafte Programm eines

7.2 Versagen des Marktes statt des Wettbewerbs oder der Marktakteure

werbefinanzierten Anbieters noch darum, dass Zuschauer sich irrational verhalten, keine qualitativ hochwertigen Sendungen oder hauptsächlich kostenlose Programmangebote nachfragen. Da die Meritorik stets auf die Anmaßung hinausläuft, Zuschauer seien – gemessen an einem externen Maßstab – unwissend, unterscheidet sie sich schon im Erklärungsansatz fundamental von der Theorie des Marktversagens. Ein Marktversagen bedeutet demnach nicht, dass bestimmte Akteure im Markt, sondern dass der Markt in seiner Funktion als dezentraler Koordinationsmechanismus versagt. Aufgrund dieses Versagens ist der gesellschaftlich wünschenswerte Austauschprozess zwischen Marktakteuren gestört und vorteilhafte Tauschakte unterbleiben.

Gemäß der allgemeinen Gleichgewichtstheorie, die von einigen Ökonomen – unter ihnen etwa GÉRARD DEBREU (1921–2004) und KENNETH J. ARROW – in den 50er- und 60er-Jahren entwickelt wurde, lässt sich in einer strikt axiomatischen Rekonstruktion der Wohlfahrtsökonomik zeigen, dass ein dezentraler Marktprozess zu einem gesellschaftlich optimalen, also nicht verbesserungsfähigen Ergebnis führt, sofern die Annahmen eines perfekten Marktes erfüllt sind.[687] Zu diesen Annahmen zählen u. a. die vollständige Rationalität und Informiertheit der Marktakteure, beliebige Teilbarkeit der Güter und Produktionsprozesse, vollständige produktive und konsumptive Rivalität sowie die Abwesenheit von Externalitäten.

Da die Optimalität des Marktergebnisses das Erfülltsein dieser Annahmen voraussetzt, liegt der Umkehrschluss nahe, dass immer dann ein Marktversagen vorliegen müsse, falls einzelne oder alle Bedingungen verletzt seien. Diese Interpretation der allgemeinen Gleichgewichtstheorie lässt sich weiter zuspitzen: Scheinbar hängen die gesellschaftlichen Vorteile dezentraler Marktprozesse unmittelbar von den genannten Optimalbedingungen ab. Nur dann würden Märkte die gesellschaftliche Wohlfahrt steigern, wenn die Annahmen perfekter Märkte in der Realität zuträfen.

Als sich Mitte der 90er-Jahre die Theorie des Marktversagens in der Medienökonomik durchzusetzen begann, galt das Augenmerk ökonomisch geschulter Medienwissenschaftler zunehmend der Diagnose von Gründen für ein Marktversagen im Fernsehmarkt. Mit der wachsenden Verbreitung der Theorie des Marktversagens als Analysegrundlage war ein erkennbarer Schritt in Richtung Systematisierung und Objektivierung der wissenschaftlichen Debatte getan. Deutlich erschwert wurde hierdurch die interessengeleitete Inanspruchnahme der Theorie. Gegenüber der Meritorik, die aufgrund des fehlenden objektiven Maßstabs stets in der Gefahr stand, unmittelbar für jedwede Interessenpolitik instrumentalisiert zu werden, setzt die Theorie des Marktversagens höhere Anforderungen an die wissenschaftliche Legitimation staatlichen

---

[687] Für ihre Entwicklung der allgemeinen Gleichgewichtstheorie, zu der DEBREUs Dissertation aus dem Jahre 1953 maßgebliche Beiträge geliefert hat, wurden ARROW im Jahre 1972 und DEBREU im Jahre 1983 mit dem Nobelgedächtnispreis in Ökonomik ausgezeichnet. Vgl. **Arrow/Debreu** (1954), **Debreu** (1959), **Arrow/Hahn** (1971).

Handelns, sei es in Form von Markteingriffen oder von Reformen der bestehenden Marktregulierung. Trotz der angehobenen Schwelle ist jedoch auch die Theorie des Marktversagens nicht davor geschützt, gegen die ursprüngliche Denktradition der Wohlfahrtsökonomik ausgelegt oder gar in absichtsvoller Weise verzerrt dargestellt zu werden. Als Instrument medienpolitischer Einflussnahme lassen sich auch Studien, die einen bestimmten Markt auf das Vorhandensein eines Marktversagens hin untersuchen, auf selektive Weise zitieren, Marktversagensgründe bewusst übertrieben darstellen und wissenschaftliche Einzelmeinungen, obwohl sie auf wenig stichhaltigen Argumenten fußen, ohne weitere Prüfung zu schlagenden Beweisen stilisieren.

Zwar kann letztlich nur der wissenschaftliche (und politische) Wettbewerb der illegitimen Inanspruchnahme einer Theorie wirksam begegnen, bereits der Vergleich mit der Meritorik hat aber deutlich gemacht, wie Aspekte der normativen Medienökonomik unmittelbaren Einfluss auf die positive Analyse gewinnen können. Die Frage der Anfälligkeit einer Theorie für eine interessengeleitete Auslegung und Instrumentalisierung muss somit schon beim Theoriedesign und vor allem bei der wissenschaftstheoretischen Bewertung eine Rolle spielen. Neben der Stichhaltigkeit der vorgebrachten Marktversagensgründe wurde deshalb auch in der bisherigen Analyse stets nach der Praktikabilität der Theorie zur politischen Beratung gefragt.

Unmittelbar an der dargestellten Interpretation der allgemeinen Gleichgewichtstheorie knüpft ein weit verbreitetes Verständnis der Theorie des Marktversagens an, demzufolge sich zahlreiche „Besonderheiten" des Fernsehmarktes identifizieren lassen, die den Bedingungen für ein gesellschaftliches Optimum entgegenstehen. Anders als die Meritorik greift diese Besonderheitenlehre Überlegungen der Theorie des Marktversagens und der allgemeinen Gleichgewichtstheorie auf und kommt zu dem Ergebnis, dass aufgrund medienspezifischer Besonderheiten ein Versagen des Fernsehmarktes nicht nur denkbar, sondern geradezu zwangsläufig sei.

Lange Zeit wurde analog zum Fernsehmarkt in vielen Wirtschaftsbereichen – Gesundheit, Energie, Verkehr oder Telekommunikation – ein Versagen des jeweiligen Marktes mit dem Verletzen der wohlfahrtsökonomischen Optimalitätsannahmen begründet. Bereits der häufige Rückgriff auf die Besonderheitenlehre in den unterschiedlichsten Wirtschaftsbereichen weckt Zweifel, ob die jeweils angeführten Besonderheiten geeignet sind, ein Marktversagen zu begründen. Falls Besonderheiten bestehen, müssen diese weit weniger spezifisch sein als die Bezeichnung suggeriert. Oft genannte Besonderheiten stellen demnach meist gewöhnliche Marktcharakteristika dar, die sich nicht grundsätzlich, sondern lediglich graduell von Markt zu Markt unterscheiden. Verglichen mit gewöhnlichen Güter- und Dienstleistungsmärkten bildet auch der Fernsehmarkt hier keine Ausnahme.

Wichtiger noch, hält überdies die Begründung eines Marktversagens einer genaueren Prüfung nicht stand. Kernaussage der allgemeinen Gleichgewichtstheorie ist die

Herleitung eines gesellschaftlichen Optimums auf Grundlage der genannten Annahmen. Diese theoretischen Annahmen stellen zwar Bedingungen für ein Optimum dar, lassen damit jedoch keinen Rückschluss auf die Funktionsfähigkeit realer Märkte zu. Ein Marktversagen kann nicht dadurch diagnostiziert werden, dass nach der Übereinstimmung bestimmter Marktkriterien mit den Annahmen der Gleichgewichtstheorie gefragt wird. Gemessen an idealisierten Standards kann ein Markt nur versagen, das Problem des Marktversagens wäre ubiquitär.

Auch methodisch wäre die Prüfung auf ein Marktversagen denkbar einfach. Falls im Fernsehmarkt die – von einigen Medienökonomen herausgestellten – Besonderheiten geeignet wären, die Funktionsfähigkeit oder das Versagen eines Marktes zu beurteilen, würde sich die hier unternommene ausführliche Analyse des Fernsehmarktes erübrigen. Schon mit einem knappen Verweis auf bestehende Informationsasymmetrien, Unteilbarkeiten und Externalitäten, letztlich also auf die verletzten Annahmen der Gleichgewichtstheorie, ließe sich ein Marktversagen auf Basis der Besonderheitenlehre vermeintlich schlüssig begründen. Allerdings wäre eine solche Begründung wissenschaftlich kaum stichhaltiger als die Behauptung, ein Marktversagen sei in jedem Fall ausgeschlossen, da ein irgendwie gearteter Marktaustausch selbst unter widrigsten Bedingungen stattfinde.

Gegenüber einem Vergleich des Fernsehmarktes mit idealisierten Optimalitätsbedingungen stand hier eine differenzierte Analyse von möglichen Ineffizienzen des Marktprozesses im Mittelpunkt. Diese Ineffizienzen können entstehen, wenn gesellschaftlich vorteilhafte Tauschakte aufgrund bestimmter Merkmale des Marktes unterbleiben. Die in der Literatur genannten Besonderheiten des Fernsehmarktes dienten hierbei als Ausgangspunkt zur Diskussion, ob diese Merkmale auf volkswirtschaftliche Ineffizienzen hinweisen und so einen staatlichen Eingriff rechtfertigen.

7.3 Versagen der Institutionen statt des Marktes

Nicht nur die Frage nach Ineffizienzen, sondern ebenso die nach der Legitimation eines Markteingriffs stellte sich für die drei Aspekte der Qualität, Finanzierung und Wirkung von Fernsehprogrammen höchst unterschiedlich und ließ sich nur differenziert beantworten. Ohne auf diese Antworten erneut ausführlich einzugehen, soll hier das Augenmerk der verwendeten Methodik gelten.

Zur Analyse von Ineffizienzen, die auf die Qualität der angebotenen Fernsehprogramme zurückgehen, ließ sich ein Modell der Theorie des Marktversagens vergleichsweise direkt auf den Fernsehmarkt übertragen. Als Besonderheit der Medienproduktion wird vielfach genannt, dass eine Informationsasymmetrie zwischen Programmanbietern und Fernsehzuschauern besteht, die im Sinne eines Marktversagens dazu führen kann, dass qualitativ hochwertige von minderwertigen Sendungen verdrängt werden. Allerdings steht einer solchen Negativauslese das Streben der Marktbeteiligten entgegen, das für sie schädliche Marktversagen zu vermeiden. Wie auf den meisten Güter- und Dienstleistungsmärkten bestehen auf dem Fernsehmarkt nicht nur Informationsasymmetrien, sondern auch Anreize für die Marktakteure, entweder vorhandene Informationen bereitzustellen oder eigene Informationsdefizite zu vermindern. Erkennbar sind zudem vielfältige Anbieterstrategien des Reputationsaufbaus, um die Qualität des eigenen Angebots zu signalisieren. Gegenüber den Mechanismen des intra- und intermedialen Wettbewerbs scheint also die Notwendigkeit eines staatlichen Eingriffs gering, zumal die Möglichkeiten hierzu sich auf die Gestaltung der Rahmenordnung beschränken dürften. Zusammengefasst lautet das Fazit zu den Qualitätsdefiziten im Fernsehmarkt, dass die Theorie der Informationsasymmetrien nur eine unzureichende Legitimationsbasis für aktive staatliche Interventionen liefert.

Die Analyse von Ineffizienzen, die auf die Finanzierung von Fernsehprogrammen zurückgehen, konnte ebenfalls an zwei Modellen der Theorie des Marktversagens anknüpfen, da Fernsehprogramme in vielen Fällen Eigenschaften von Natürlichen Monopolen oder Kollektivgütern besitzen. Die vermeintliche Besonderheit, dass einzelne Fernsehsendungen oder ganze Fernsehprogramme nach der Produktion über deutliche Kostendegressionsvorteile verfügen, wird häufig als ein Grund für starke Konzentrationstendenzen im Fernsehmarkt hin zu einem Natürlichen Monopol angeführt. Unerwähnt bleibt dabei regelmäßig, dass nicht bestimmte Kostenstrukturen oder die Alleinstellung im Markt, sondern allein das Vorliegen von Marktmacht geeignet ist, ein wohlfahrtsschädliches Monopol zu begründen.

Dementsprechend sind statt der Kosten der Medienproduktion die Bedingungen des Programmangebots näher zu betrachten. Dabei zeigt sich, dass der Markt für Fernsehprogramme auf vielfältigste Weise bestreitbar ist, da anbieterseitige Marktbarrieren heutzutage niedrig sind und die nachfrageseitige Substitutionskonkurrenz zwischen den Programmen hoch ausfällt. Aus Nachfragersicht konkurrieren nicht nur in Art und Qualität höchst heterogene Programme miteinander, ein Wechsel zwischen Programmanbietern ist zudem leicht möglich. Diese hohe Bestreitbarkeit dürfte das Entstehen von preislichen, qualitativen und quantitativen Ineffizienzen in einem Natürlichen Monopol effektiv verhindern.

Auch die mutmaßliche Besonderheit, Fernsehprogramme wiesen Kollektivguteigenschaften auf, wird als Grund für ein Marktversagen herangezogen. Standardbeispiel hierfür ist ein terrestrisch ausgestrahltes Fernsehprogramm, das zwar von vielen Zuschauern gleichzeitig konsumierbar ist, bei fehlendem Ausschluss von Nichtzahlern aber von keinem privaten Sender angeboten wird. Während letztgenanntes Merkmal einer unzureichenden Exkludierbarkeit historisch wenig glaubwürdig und heute technisch wie wirtschaftlich obsolet ist, wird nach wie vor mit der geringen Rivalität im Konsum die quantitative Ineffizienz eines privaten Angebots begründet. Zur Vermei-

7.3 Versagen der Institutionen statt des Marktes

dung dieser Ineffizienz sei – SAMUELSON folgend – vor allem ein steuerfinanziertes Angebot geeignet.

Bei genauerer Betrachtung erweisen sich die Gründe für ein Marktversagen durch ein Natürliches Monopol oder durch Nicht-Rivalität im Konsum als ähnlich. Produktive Nicht-Rivalitäten durch angebotsseitige Unteilbarkeiten und konsumptive Nicht-Rivalitäten bei Kollektivgütern stellen modelltheoretisch zwei Seiten des gleichen Phänomens – ökonomischer Nicht-Rivalität – dar. Auf theoretischer Ebene besteht eine starke Isomorphie zwischen Natürlichen Monopolen und nicht-rivalen Kollektivgütern.

Wie bei Natürlichen Monopolen sind quantitative Ineffizienzen nicht durch eine geringe konsumptive Rivalität verursacht, sondern eine Folge des annahmengemäß erhobenen Einheitspreises. Für einen privaten Anbieter bestehen starke Anreize, durch Preisdifferenzierung quantitative Ineffizienzen zu vermeiden und damit Programmerlöse zu steigern. Anders als vielfach angeführt, ist eine direkte Finanzierung von Fernsehprogrammen nicht grundsätzlich ineffizient.

Erst dieses Ergebnis erlaubt eine differenzierte Analyse indirekter Finanzierungsregime, da nunmehr die direkte Finanzierung von Programmen als effizienter Vergleichsmaßstab dienen kann. Eine solche Analyse setzt eine Betrachtung der bei Werbe- und Steuerfinanzierung relevanten Finanzierungsinstitutionen voraus. Die weitgehend institutionenlose Theorie des Marktversagens ermöglicht zwar die strukturierte Diskussion von Fällen produktiver und konsumptiver Nicht-Rivalität, stößt bei der Auseinandersetzung mit den Ineffizienzen indirekter Finanzierung jedoch an Grenzen.

Allein eine institutionenökonomische Betrachtung der beiden idealisierten Referenzmodelle zeigt auf, welche Ineffizienzen grundsätzlich durch die Werbe- oder Steuerfinanzierung von Fernsehprogrammen zu erwarten sind. Dabei macht die einheitliche institutionenökonomische Herangehensweise sowohl Gemeinsamkeiten wie Unterschiede zwischen den Finanzierungsregimen deutlich. Inwieweit die vielfältigen distributiven und allokativen Effekte auch in der Praxis von Relevanz sind, geht über die rein theoretische Analyse hinaus. Um auch empirisch konkrete Ineffizienzen durch die Finanzierung von Fernsehprogrammen über Werbung, Gebühren oder Steuern zu analysieren, lässt sich auf die dargestellten Effekte als Prüfschema zurückgreifen. Eine Vielzahl testbarer Hypothesen ergibt sich unmittelbar aus der ökonomischen Analyse indirekter Finanzierungsregime.

Neben der Qualität und Finanzierung wird die gesellschaftliche Wirkung von Medien zunehmend als Besonderheit von Fernsehprogrammen genannt. Argumentiert wird, dass der Konsum von Fernsehprogrammen zu einer Verhaltensänderung der Konsumenten führt, von der auch andere Personen betroffen sind. In der Medienökonomik vergleichsweise modern ist die Sichtweise, diese Medienwirkungen als Externalitäten im Sinne der Theorie des Marktversagens zu begreifen. Wären Medienwirkungen Externalitäten, ließe sich eine staatliche Intervention in den Fernsehmarkt damit rechtfertigen, dass Sendungen mit negativen sozialen Wirkungen in zu großem, mit positiven Wirkungen jedoch in zu geringem Umfang angeboten würden.

Trotz vermeintlich schlüssiger Begründung stützt die Theorie des Marktversagens keineswegs die Diagnose, der Fernsehmarkt würde aufgrund von Medienwirkungen versagen. Anders als vielfach angenommen, stellen Medienwirkungen soziale Externalitäten dar, die nicht vom Fernsehsender, sondern vom Zuschauer ausgehen. Nicht auf dem Fernsehmarkt, sondern allenfalls im sozialen Umfeld des Rezipienten kann es deshalb zu einem „Marktversagen" kommen. Da dieses Umfeld stärker durch Interaktion als durch einseitige Einwirkung geprägt ist, bedarf es eines Perspektivwechsels gegenüber dem klassischen Ursache-Wirkungs-Paradigma.

Diese veränderte Perspektive geht wiederum über die institutionenlose Sicht der Theorie des Marktversagens hinaus. Die Diskussion von Externalitäten im sozialen Umfeld setzt somit eine institutionenökonomische Analyse voraus, die neben den Anreizen der Beteiligten auch bestehende Regelsysteme wie Normen und Gesetze und die Existenz von Hierarchien berücksichtigt. Dabei zeigt sich, dass soziale Externalitäten zwar aus der Anspruchskonkurrenz der Beteiligten im sozialen Umfeld resultieren, in vielen Fällen die Anreize der Beteiligten aber einem Entstehen dieser Externalitäten entgegenwirken. Aufgrund niedriger Transaktionskosten kommt es zu einer Internalisierung sozialer Externalitäten durch marktanaloge Interaktionen. Zudem kann plausibel vermutet werden, dass eine Sanktionierung und Internalisierung von Externalitäten durch die genannten gesellschaftlichen Institutionen erfolgt. Auch für die Medienwirkungsforschung ergibt sich aus der originär ökonomischen Herangehensweise eine Reihe testbarer Hypothesen.

Zusammenfassend liefern auch Medienwirkungen nur einen zweifelhaften Grund für staatliche Eingriffe. Zwar ist es dem Staat möglich, herrschende formelle Normen zu gestalten, jedoch dürfte eine unmittelbare Intervention in den Fernsehmarkt das Entstehen sozialer Externalitäten nur sehr indirekt beeinflussen. Wie bei den Effekten indirekter Finanzierung von Fernsehprogrammen stellt sich auch bei Medienwirkungen die Frage weitaus differenzierter, ob und wie ein staatlicher Eingriff gesellschaftlich legitimiert werden kann. Dies betrifft die gezielte Förderung ebenso wie das – populistisch häufig geforderte – Verbot bestimmter Programminhalte.

7.4 Institutionenökonomische Medienökonomik als Antwort auf das bestehende Theoriedefizit

Angesichts der langen Forschungstradition stellt sich abschließend die Frage, wie das gegenwärtig bestehende, in der Einleitung diagnostizierte Theoriedefizit der Medienökonomik zu erklären ist. Trotz der Verleihung des Nobelgedächtnispreises an Ökonomen wie PAUL A. SAMUELSON, RONALD H. COASE und A. MICHAEL SPENCE, die sich neben ihren Kernforschungsgebieten auch mit medienökonomischen Fragestellungen beschäftigt haben, ist der Stellenwert der Medienökonomik innerhalb der Ökonomik gering geblieben und steht in einem krassen Missverhältnis zur gesellschaftlichen und wirtschaftlichen Bedeutung des Fernsehens als Massenmedium.

Eine Antwort hierauf erlaubt die Nobelpreisrede von RONALD COASE aus dem Jahre 1991, in welcher er sich mit den wesentlichen Erkenntnissen seines wissenschaftlichen Werks auseinandersetzt.[688] In der Rückschau über sein Jahrzehnte beibehaltenes Forschungsprogramm sieht COASE den Ausgangspunkt seiner Überlegungen in einem Defizit der zeitgenössischen Ökonomik. Aufgrund ihres verengten Fokus auf den Preismechanismus habe die Ökonomik einige relevante Gesichtspunkte ökonomischer Systeme vernachlässigt. Für einen entscheidenden Beitrag seiner Forschung hält COASE dementsprechend, die beschränkte Sichtweise der Ökonomik um zentrale institutionelle Aspekte – etwa Organisationen wie Firmen – erweitert und somit die Aufmerksamkeit auf das Zusammenspiel institutioneller Arrangements gerichtet zu haben.

Ausgangspunkt seiner Überlegungen ist dabei stets der Status quo – das Bestehen von Firmen, das Angebot an vermeintlich öffentlichen Gütern wie Leuchttürmen oder gerichtliche Lösungen für externalitätsbedingte Nachbarschaftsstreitigkeiten. Auf das von ihm diagnostizierte Theoriedefizit reagiert COASE folglich mit einer verbesserten Theoriebildung, die um relevante institutionelle Aspekte des Status quo erweitert wurde. Erst eine in dieser Weise angereicherte Theorie erlaubt es, durch Rückgriff auf ökonomische Instrumente jene zahlreichen Probleme konkreter Gesellschaftspolitik zu analysieren, mit denen sich COASE im Laufe der Zeit beschäftigt hat.

Aufgrund dieses methodischen Beitrags gilt COASE als Wegbereiter der Neuen Institutionenökonomik. Umso aufschlussreicher ist, welchen Reformvorschlag er selbst angesichts der Defizite im Medienbereich entwickelt.[689] Zunächst setzt sich COASE mit konkreten Regulierungsproblemen auseinander, die zu einem inferioren Programmangebot führen können. Angesichts der ausgemachten institutionellen Probleme ist das Fazit, zu dem COASE abschließend kommt, überraschend: „The obvious way of dealing with this problem is to introduce some form of pay-television."[690]

Dieser Schluss ist aus zwei Gründen bemerkenswert. Erstens verortet COASE das zentrale Problem des Mediensystems im Fehlen von Marktpreisen. Unabhängig davon, wie richtig diese Diagnose ist, lenkt sie das wissenschaftliche Augenmerk nicht auf die institutionelle Konstellation, in die der Fernsehmarkt eingebettet ist, sondern primär auf den Fernsehmarkt selbst. Methodisch wird die Funktionsfähigkeit des Preismecha-

---
[688] Vgl. **Coase** (1991a).
[689] Vgl. **Coase** (1966).
[690] **Coase** (1966), S. 446.

nismus zum entscheidenden Aspekt in diesem Markt. In der Medienökonomik nimmt selbst COASE damit jene eingeschränkte Sichtweise ein, die er anderen Ökonomen ein Vierteljahrhundert später vorwirft: „Sometimes, indeed, it seems as though economists conceive of their subject as being concerned only with the pricing system and that anything outside this is considered as no part of their business."[691]

Zweitens bezieht COASE seine Kritik zwar auf die zeitgenössische Ökonomik, lässt hierbei die Ökonomik der Medien aber ebenso unerwähnt wie seine eigenen Beiträge hierzu. Auf die Medienökonomik, übertragen erweist sich COASE' Kritik auch heute noch als unverändert gültig, wozu paradoxerweise gerade sein eigenes Urteil zur Funktionsfähigkeit des Preismechanismus beigetragen hat. Kaum verwunderlich, haben sich Medienökonomen über Jahrzehnte hinweg nahezu ausschließlich mit diesem Mechanismus auseinandergesetzt und so die Gründe für Defizite im Fernsehmarkt innerhalb des Marktes selbst gesucht. Dementsprechend galt das Hauptaugenmerk der Nobelpreisträger SAMUELSON und SPENCE in ihren medienökonomischen Überlegungen ausschließlich allokativen Ineffizienzen, die aus wohlfahrtsökonomischer Sicht bei direkter oder indirekter Finanzierung von Programmen entstehen. Auch die Medienökonomik ist damit keineswegs über COASE' Vorwurf erhaben, letztlich eine Form des „elegant but sterile theorizing" zu betreiben.[692] Da die Analyse zu früh abbricht, lässt sich mit COASE schließen, dass der enge Fokus auf den Preismechanismus zu einem ähnlichen Theoriedefizit wie in der allgemeinen Mikroökonomik geführt hat.

Abgesehen von den bereits dargestellten Unzulänglichkeiten, die die Ansätze von SAMUELSON und SPENCE zur Analyse indirekter Finanzierung aufweisen, blieben wichtige praktische Fragen, die von der Regulierung konkreter Fernsehmärkte aufgeworfen werden, vollständig aus der Betrachtung ausgeklammert. Zu diesen Fragen zählen nicht nur zentrale Aspekte der Finanzierung, sondern ebenso der Qualität und Wirkung medialer Güter. Der über lange Jahre weitgehend institutionenlos geführten Beschäftigung mit Fragen, die beispielsweise von SAMUELSON und SPENCE untersucht wurden, stand einer Auseinandersetzung mit jenen Fragen im Wege, die aufgrund ihres Bezugs zur praktischen Medienpolitik über eine stärkere Relevanz verfügen.

Deutlich wird, warum das Theoriedefizit der Medienökonomik verhindert hat, dass Medienökonomen zu den in der Medienpolitik erörterten Fragen differenziert Stellung nehmen können, obwohl häufig gerade ökonomische Aspekte in der öffentlichen Diskussion stehen. Für die Medienökonomik lässt sich COASE' Kritik als Forderung verstehen, die Diskussion irrelevanter, rein akademischer Fragen zugunsten relevanter Fragen aufzugeben, also die *wissenschaftliche Agenda* neu zu ordnen – sowohl für eine primär an Erklärung interessierte positive Medienökonomik wie für eine auf Gestaltung ausgerichtete normative Medienökonomik.

---

[691] Coase (1991a), S. 1.
[692] Coase (1991a), S. 1.

Einen Weg zur Überwindung des Theoriedefizits, das der Auseinandersetzung mit den in der Praxis bedeutsamen Fragen im Wege stand, skizziert COASE in seinem institutionenorientierten Ansatz. Zentraler Ansatzpunkt ist, über den Preismechanismus hinaus jene Institutionen zu berücksichtigen, die in der konkret betrachteten Situation Relevanz besitzen. Das dargestellte medienökonomische Forschungsprogramm schlägt diesen Weg ein, indem es sich am Status quo und bestehenden Institutionen orientiert. Sowohl die Analyse der Finanzierung als auch der Wirkung von Fernsehprogrammen geht vom engen Fokus der Theorie des Marktversagens aus, um angesichts der Grenzen dieser Theorie die Betrachtung für weitere, institutionelle Einflussfaktoren zu öffnen.[693] Nicht das Verhalten bestimmter Marktakteure, sondern der Einfluss – für die Finanzierung von Fernsehprogrammen oder das Auftreten sozialer Externalitäten – relevanter Institutionen ist jeweils ausschlaggebend für ein Entstehen gesellschaftlicher Ineffizienzen beim Medium Fernsehen. Weder das Versagen der Nachfrager oder Anbieter, des Wettbewerbs oder Marktes, sondern ein *Versagen der Institutionen* wird somit zum zentralen Erklärungsfaktor.

Um ein solches Institutionenversagen bei Medienmärkten zu analysieren, bedarf es weniger einer spezifischen Medienökonomik oder gar einer eigenen Rundfunkökonomik, die ein Herausbilden originär medienökonomischer Modelle und Theorien verlangt. Vielmehr hat die bisherige Diskussion gezeigt, dass sich die genannten drei Aspekte der Qualität, Finanzierung und Wirkung von medialen Gütern bereits durch Rückgriff auf Instrumente der (Neuen) Institutionenökonomik sehr umfassend untersuchen lassen. Nicht die spezifischen Methoden und Ansätze, sondern allein die konsequente Anwendung des ökonomischen Ansatzes auf Probleme medialer Güter zeichnet die Medienökonomik in diesem Sinne aus.

7.5 Ausblick: Analyse konkreter Probleme des Fernsehmarktes auf Basis des institutionenökonomischen Ansatzes

Neben dem falsch gewählten Fokus lässt sich die Kritik von COASE an der ökonomischen Zunft auf eine zweite, methodisch produktive Weise lesen, wird sie als Aufforderung verstanden, stärker jene Institutionen in der Analyse zu berücksichtigen, die das Marktgeschehen in relevanter Weise beeinflussen. Ziel dieser veränderten Methodik ist – gerade bei COASE – nicht nur eine schlüssigere, gehaltvollere Theoriebildung, sondern eine aufgrund der veränderten wissenschaftlichen Agenda verbesserte politische Beratung. Obwohl im Vordergrund der bisherigen Überlegungen die Überwin-

---

[693] Obwohl bereits **Schröder** (1997a) und **Hartwig/Schröder** (1999) die Defizite des deutschen Fernsehmarktes institutionenökonomisch analysieren, gilt auch dort das Augenmerk in erster Linie der Funktionsfähigkeit des Preismechanismus, erst nachrangig den institutionellen Strukturen des Marktes.

dung des gegenwärtig in der Medienökonomik bestehenden Theoriedefizits gestanden hat, wurde bereits an einigen Stellen die unmittelbar normative Relevanz der positiven Analyse deutlich. Ausgehend von der Übertragung der mikroökonomischen Theorie auf die drei Aspekte der Qualität, Finanzierung und Wirkung von Medien galt es zu fragen, inwieweit hierdurch eine Legitimationsgrundlage für Eingriffe des Staats in den Fernsehmarkt geschaffen wurde.

Bereits diese Frage verdeutlichte die Grenzen der jeweiligen Überlegungen für die praktische Beratung in der Medienpolitik. Diese Grenzen waren Folge der institutionenlosen Herangehensweise der Theorie des Marktversagens. Wird die enge mikroökonomische Perspektive dieser Theorie – im Sinne COASE' – um bestehende Institutionen erweitert, ergibt sich eine erheblich differenzierte Sichtweise nicht nur der möglichen Gründe für ein Marktversagen, sondern vor allem der Möglichkeiten, diesem Versagen entgegenzuwirken.

Aus institutionenökonomischer Sicht relativieren sich zum einen jene Argumente stark, die meist für ein Versagen des Fernsehmarktes angeführt werden. In diesem Sinne kann ein Marktversagen nur dadurch valide begründet werden, dass nicht abstrakt ein fiktiver, von vermeintlichen Besonderheiten geprägter Markt diskutiert wird, sondern allein durch die Auseinandersetzung mit dem konkreten Geschehen auf diesem Markt in seinem institutionellen Gefüge. Dieses Gefüge wird stark durch die Interaktion verschiedener Akteure – Anbieter, Nachfrager und Dritter – sowie durch die bestehende Rahmenordnung – gesellschaftliche Normen ebenso wie herrschende Gesetze – beeinflusst. Jeder Versuch, ein Marktversagen ohne Rückgriff auf die bestehenden Institutionen nachzuweisen, muss deshalb argumentativ zu kurz greifen.

Über diese Unzulänglichkeit hinaus wird zum anderen vielfach übersehen, dass aus institutionenökonomischer Sicht selbst ein valide begründetes Marktversagen noch keinen Staatseingriff rechtfertigt. Die Legitimation eines Eingriffs setzt weniger Argumente voraus, die Marktallokation sei mit Defiziten verbunden, als den Nachweis, dass sich diese Allokation durch eine Intervention verbessern lässt. Da – gerade im Medienbereich – dem Versagen des Marktes durchaus ein erhebliches Versagen des Staats gegenüberstehen kann, lässt sich der Staatseingriff nur durch einen Vergleich begründen, in dem die relevanten Alternativen eines Marktes mit bzw. ohne Intervention einander gegenübergestellt werden.

Klar erkennbar wird die Argumentationslogik der Theorie des Marktversagens: Einerseits kann ein Staatseingriff auf Grundlage dieser Theorie nur erfolgen, wenn konkrete Anhaltspunkte für ein Marktversagen vorliegen. Andererseits sind selbst stichhaltige Gründe für ein Marktversagen nur notwendige, aber nie hinreichende Argumente für einen Markteingriff.

Nur ein Vergleich der relevanten Alternativen im Sinne der (Neuen) Institutionenökonomik kann Aufschluss darüber geben, ob die Intervention gesellschaftlich vorteil-

7.5 Ausblick: Analyse konkreter Probleme des Fernsehmarktes

haft ist. Als argumentativ unzulänglich muss folglich jeder Versuch beurteilt werden, reale Markteingriffe oder -regulierungen wie die Existenz der öffentlich-rechtlichen Anstalten oder die duale Rundfunkordnung in Deutschland rein mit einem Verweis auf ein theoretisch denkbares Marktversagen zu rechtfertigen. Selbst wenn ein Marktversagen vorläge, was sich mit der Theorie des Marktversagens nicht begründen lässt, bedarf es zur Legitimation eines öffentlich-rechtlichen Angebots des empirischen Nachweises, dass die Intervention zu besseren Marktergebnissen gegenüber anderen, real vorhandenen Alternativen führt.

Vor allem im Zusammenhang mit der Finanzierung medialer Güter erlaubt der entworfene institutionenökonomische Ansatz, zahlreiche praktische Fragen des Fernsehmarktes differenziert zu analysieren. Hierzu sind die beiden idealisierten Referenzmodelle der Werbe- und Steuerfinanzierung für den jeweils betrachteten Markt zu konkretisieren, um beispielsweise die in Deutschland bestehende Werbe- und Gebührenfinanzierung auf mögliche Ineffizienzen zu untersuchen. Die dargestellten Effekte indirekter Finanzierungsregime können hierbei als analyseleitendes Prüfschema dienen, auf dessen Grundlage sich Reformoptionen ableiten lassen. Die hier vornehmlich positive Medienökonomik wird dann zu einer stärker normativen Medienökonomik, um über die Gestaltung des institutionellen Rahmens das Marktgeschehen auf dem Fernsehmarkt zu beeinflussen.

Verglichen mit anderen medienökonomischen Ansätzen folgt diese institutionenökonomische Herangehensweise weitaus stärker dem von COASE gewiesenen Weg, die Analyse am vorgefundenen Status quo zu orientieren, um real bestehende Institutionen nicht aus dem Auge zu verlieren. Bezogen auf den Fernsehmarkt mag die direkte Finanzierung von Programmen ökonomisch zweifelsfrei effizient sein, das Marktgeschehen auf den Fernsehmärkten im Hinblick auf die Existenz und Fortentwicklung indirekter Finanzierungssysteme jedoch nur unzureichend abbilden.

Das Ziel einer zu entwickelnden normativen Medienökonomik ist damit klar: Statt ausschließlich die Einführung direkt finanzierter Programme zu fordern, gilt es, angesichts der weltweiten Persistenz indirekter Finanzierungsregime, die Effizienz werbe-, steuer- oder gebührenfinanzierter Programme zu fördern. Für diese Weiterentwicklung von Marktprozessen bis hin zu deren Design ist wesentlicher Ansatzpunkt das diagnostizierte Institutionenversagen, das sich bei der Werbefinanzierung als institutioneller Marktmangel, bei der Steuerfinanzierung als Organisationsversagen manifestiert.

Zusammenfassend ist die Notwendigkeit deutlich geworden, in der Medienökonomik andere als die bisher diskutierten Fragen zu stellen, um Antworten auf praktisch relevante Politikprobleme geben zu können. Die hinsichtlich der wissenschaftlichen Agenda veränderte positive Analyse dient somit letztlich der normativen Gestaltung der Medienordnung. Diese normative Stoßrichtung muss das vornehmliche Ziel einer meritorikfreien Medienökonomik institutionenökonomischer Prägung sein.

Danksagung

„Wir müssen uns Sisyphos als einen
glücklichen Menschen vorstellen."
ALBERT CAMUS*

Die Idee zu diesem Projekt, das sich im Laufe der Zeit zu einem einheitlichen medienökonomischen Ansatz entwickeln sollte, geht auf Prof. Dr. Hans-Jürgen Ewers und die durch ihn im deutschsprachigen Raum vertretene Theorie des Marktversagens zurück. Im Gespräch regte Prof. Ewers an, die Überlegungen des Buches „Die Ökonomie des Fernsehens", welche wiederum vom damaligen Manuskript zu „Marktversagen und Wirtschaftspolitik" inspiriert sind, als Promotion weiterzuentwickeln. Prof. Ewers gilt nicht nur mein Dank für diese Idee, die sich letztlich als fruchtbar erwiesen hat. Vor allem seine Zuversicht in den Gehalt dieses Ansatzes und seine motivierenden Worte trugen wesentlich zum Erfolg bei. Unvergessen bleiben wird seine menschliche Größe.

Drei gemeinsame Publikationen zu den Defiziten der deutschen Medienpolitik zeugen von den anregenden und produktiven Diskussionen, die mich mit Prof. Dr. Karl-Hans Hartwig am Institut für Verkehrswissenschaft der Universität Münster verbinden. Auch ihm gilt mein Dank, waren diese Arbeiten doch wichtige Schritte auf dem Weg, die ursprünglichen Überlegungen gerade durch Rückgriff auf die traditionelle Mikroökonomik weiterzuentwickeln.

Zunehmend erwies sich dabei die Institutionenökonomik als ein Forschungsprogramm, das leistungsfähig genug ist, um die zunächst isolierten Theorien zur indirekten Finanzierung durch Steuern, Gebühren oder Werbung auf eine einheitliche, geschlossene Basis zu stellen. Aufgrund der inhaltlichen Ausrichtung bot damit der von Prof. Dr. Martin Leschke neu gegründete Lehrstuhl für Institutionenökonomik an der Universität Bayreuth ideale Voraussetzungen zur Fertigstellung des Promotionsvorhabens. Prof. Leschke gilt daher nicht nur mein Dank für seine Aufgeschlossenheit gegenüber medienökonomischen Fragestellungen. Vor allem die Freiräume, die Prof. Leschke mir für meine Forschung eingeräumt hat, erlaubten mir neben der Beschäftigung mit der Medienökonomik eine intensive wissenschaftstheoretische Auseinandersetzung mit den Forschungsprogrammen u. a. von Milton Friedman, Friedrich v. Hayek und Thomas Schelling. Von meinen Veröffentlichungen zu diesen Klassikern des ökonomischen Denkens und zu den methodischen Grundlagen der Ökonomik sind die wissenschaftstheoretischen Ausführungen zur Medienökonomik, die schließlich das zweite Kapitel bildeten, stark beeinflusst.

Zu danken habe ich auch Prof. Dr. Dr. h. c. Peter Oberender für sein reges Interesse an meinem Forschungsvorhaben und für seine spontane Bereitschaft, als Zweitgutachter zur Verfügung zu stehen.

* **Camus** (1942/1982), S. 101.

Erheblichen Einfluss auf die Arbeit haben zahlreiche Diskussionen mit Kollegen und Freunden gehabt. Von großer Hilfe war die Unterstützung, die ich von meinen Kollegen am Institut für Verkehrswissenschaft in Münster und vor allem am Lehrstuhl für Institutionenökonomik in Bayreuth erfahren habe. Ihnen danke ich für das produktive Miteinander, das sich nie allein auf die berufliche Zusammenarbeit beschränkt hat.

Mit großem persönlichem Interesse haben Claudia Schott und Dr. Carsten Rolle lange Jahre den Fortgang der Arbeit konstruktiv begleitet. Ihnen danke ich für ihre wohlwollende Unterstützung und für die stete Bereitschaft, Fragen der Medienökonomik zu diskutieren.

Meine Familie gab mir die nötige Rückendeckung, die Arbeit trotz der sich im Zeitablauf entwickelnden Komplexität in einer Weise zu vollenden, die weder zeitliche noch finanzielle Zugeständnisse machen muss. In liebevoller Erwartung haben mich meine Eltern und meine Freundin Kirsten Kolligs gedrängt, meinen Forschungsansatz unbeirrt zu verfolgen und so ein Bild der positiven Medienökonomik im Zusammenhang zu zeichnen.

Vor allem Kirsten hat erheblichen Anteil am Gelingen meines Forschungsvorhabens. Ihr danke ich von ganzem Herzen, hat sie das Fortschreiten der Arbeit doch nicht nur mit intensivem Interesse und einer zuversichtlichen Geduld verfolgt, sondern war auch in vielen Fällen festgefahrener Gedankengänge eine verlässliche Quelle der Inspiration. Ohne ihre aufmerksamen Korrekturen und zahlreichen Anmerkungen hätte dieses Buch sicherlich eine gänzlich andere Gestalt angenommen.

Bayreuth im Juli 2008 Guido Schröder

Über den Autor

Guido Schröder, geboren 1969, war nach dem Abschluss als Diplom-Kaufmann an der Westfälischen Wilhelms-Universität Münster als wissenschaftlicher Mitarbeiter am dortigen Institut für Verkehrswissenschaft tätig. Seit 2002 ist er am neu gegründeten Lehrstuhl für Institutionenökonomik der Universität Bayreuth beschäftigt und wurde 2007 in Volkswirtschaftslehre promoviert. Neben zahlreichen Publikationen zur Medienökonomik gilt sein Forschungsinteresse der allgemeinen Institutionenökonomik, der Wissenschaftstheorie der Ökonomik und der Umweltökonomik in den Bereichen der Nachhaltigkeit und des Klimaschutzes.

Literaturverzeichnis

Akerlof, George A. (1970): The Market for "Lemons" – Quality Uncertainty and the Market Mechanism, in: Quarterly Journal of Economics, Vol. 84, No. 2, S. 488–500.
Albert, Hans (1998): Marktsoziologie und Entscheidungslogik – Zur Kritik der reinen Ökonomik, Tübingen.
Andel, Norbert (1984): Zum Konzept der meritorischen Güter, in: Finanzarchiv, N.F., Bd. 42, Heft 3, S. 630–648.
Anderson, Simon P./Stephen Coate (2005): Market Provision of Public Goods – The Case of Broadcasting, NBER Working Paper, No. 7513, Cambridge (Mass.), (graue Literatur).
Arneson, Richard J. (1987): Demokratie und Freiheit in Mills Staatstheorie, in: Gregory Claeys (Hrsg.), Der soziale Liberalismus John Stuart Mills, Baden-Baden, S. 77–105.
Arrow, Kenneth J. (1959): Economic Welfare and the Allocation of Resources for Invention, Rand Paper, No. P-1856-RC, Santa Monica.
Arrow, Kenneth J./Frank H. Hahn (1971): General Competitive Analysis, San Francisco/Amsterdam.
Arrow, Kenneth J./Gérard Debreu (1954): Existence of an Equilibrium for a Competitive Economy, in: Econometrica, Vol. 22, No. 3, S. 265–290.
Aslanbeigui, Nahid (1952/2002): Introduction to the Transaction Edition, in: Arthur Cecil Pigou (Hrsg.), The Economics of Welfare, New Brunswick (New Jersey), S. xxix–lxvi.
Bauder, Marc (2002): Der deutsche Free-TV-Markt – Chancen für neue Anbieter?, Arbeitspapiere des Instituts für Rundfunkökonomie an der Universität zu Köln, Heft 153, Köln, (graue Literatur).
Baumol, William J. (1964): External Economies and Second-Order Optimality Conditions, in: American Economic Review, Vol. 54, Issue 4, S. 358–372.
Baumol, William J. (1967): Macroeconomics of Unbalanced Growth – The Anatomy of Urban Crisis, in: American Economic Review, Vol. 57, Issue 3, S. 415–426.
Baumol, William J. (1972): On Taxation and the Control of Externalities, in: American Economic Review, Vol. 62, S. 307–322.
Baumol, William J./David F. Bradford (1970): Optimal Departures from Marginal Cost Pricing, in: American Economic Review, Vol. 60, S. 265–283.
Baumol, William J./Janusz A. Ordover (1977): On the Optimality of Public-Goods Pricing with Exclusion Devices, in: Kyklos, Vol. 30, Fasc. 1, S. 5–21.
Baumol, William J./John C. Panzar/Robert D. Willig (1988): Contestable Markets and the Theory of Industry Structure, San Diego (u. a.).
Baumol, William J./Wallace E. Oates (1971): The Use of Standards and Prices for Protection of the Environment, in: Swedish Journal of Economics, Vol. 73, S. 42–54.
Becker, Gary S. (1958): Competition and Democracy, in: Journal of Law and Economics, Vol. 1, Oct., S. 105–109.
Becker, Gary S. (1962/1995): Investment in Human Capital – A Theoretical Analysis, in: Ramón Febrero/Pedro S. Schwartz (Hrsg.), The Essence of Becker, Stanford (Calif.), S. 36–90.
Becker, Gary S. (1965): A Theory of the Allocation of Time, in: The Economic Journal, Vol. 75, S. 493–517.
Becker, Gary S. (1968/1995): Crime and Punishment – An Economic Approach, in: The Essence of Becker, Stanford (Calif.), S. 463–517.
Becker, Gary S. (1974/1995): A Theory of Social Interactions, in: Ramón Febrero/Pedro S. Schwartz (Hrsg.), The Essence of Becker, Stanford (Calif.), S. 150–183.
Becker, Gary S. (1976/1993): Der ökonomische Ansatz zur Erklärung menschlichen Verhaltens, Die Einheit der Gesellschaftswissenschaften, Bd. 32, Tübingen.
Becker, Gary S. (1981): A Treatise on the Family, Cambridge (Mass.)/London.

Becker, Gary S. (1997): There's Nothing Natural About 'Natural' Monopolies, in: Business Week, No. 3547, vom 6. Oktober 1997, S. 26.
Becker, Gary S./Kevin M. Murphy (1993): A Simple Theory of Advertising as a Good or Bad, in: The Quarterly Journal of Economics, Nov., S. 941–964.
Becker, Lee B./Gerald M. Kosicki (1991): Zum Verständnis der Sender-Empfänger-Transaktion – Einige historische und aktuelle Anmerkungen zur amerikanischen Wirkungsforschung und der Versuch einer transaktionalen Analyse, in: Werner Früh (Hrsg.), Medienwirkungen – Das dynamisch-transaktionale Modell, Opladen, S. 215–235.
Berg, Hartmut/Armin Rott (2000): Eintritts- und Mobilitätsbarrieren im deutschen Fernsehmarkt: Das Beispiel tm3, in: Hamburger Jahrbuch für Wirtschafts- und Gesellschaftspolitik, 45. Jg., S. 317–334.
Berg, Sanford V./John Tschirhart (1995): A market test for natural monopoly in local exchange, in: Journal of Regulatory Economics, Vol. 8, S. 103–124.
Berglas, Eitan (1976): On the Theory of Clubs, in: American Economic Review, Vol. 66, No. 2, S. 116–121.
Berglas, Eitan/Elhanan Helpman/David Pines (1982): The Economic Theory of Clubs – Some Clarifications, in: Economics Letters, Vol. 10, S. 343–348.
Bergstrom, Theodore C. (1989): A Fresh Look at the Rotten Kid Theorem – and Other Household Mysteries, in: Journal of Political Economy, Vol. 97, Issue 5, S. 1138–1159.
Biervert, Bernd/Martin Held; Hrsg. (1991): Das Menschenbild der ökonomischen Theorie – Zur Natur des Menschen, Frankfurt/New York.
Binder, Steffen (1996): Die Idee der Konsumentensouveränität in der Wettbewerbstheorie – Teleokratische vs. nomokratische Auffassung, Hohenheimer Volkswirtschaftliche Schriften, Bd. 22, Frankfurt (Main) (u. a.).
Blankart, Charles B. (2003): Öffentliche Finanzen in der Demokratie – Eine Einführung in die Finanzwissenschaft, München.
Blaug, Mark (1997): The Methodology of Economics, Or How Economists Explain, Cambridge.
Blaug, Mark (1999): Economic Theory in Retrospect, Cambridge.
Blind, Sofia (1997): Das Vielfaltsproblem aus Sicht der Fernsehökonomie, in: Helmut Kohl (Hrsg.), Vielfalt im Rundfunk, Interdisziplinäre und internationale Annäherungen, Konstanz, S. 43–62.
Boland, Lawrence A. (1981): On the Futility of Criticizing the Neoclassical Maximization Hypothesis, in: American Economic Review, Vol. 71, S. 1031–1036.
Bonus, Holger (1974): Sinn und Unsinn des Verursachungsprinzips – Zu einigen Bemerkungen von Richard Zwintz, in: Zeitschrift für die gesamte Staatswissenschaft, Bd. 130, S. 156–163.
Boulding, Kenneth E. (1969): Economics as a Moral Science, in: American Economic Review, Vol. 59, Part I, S. 1–12.
Boylan, Thomas A./Paschal F. O'Gorman (1998): The Duhem-Quine Thesis in Economics – A Reinterpretation, Online: www.bu.edu/wcp/Papers/EconBoyl.htm.
Brennan, Geoffrey H./Loren E. Lomasky (1983): Institutional Aspects of "Merit Goods" Analysis, in: Finanzarchiv, N.F., Bd. 41, Heft 2, S. 183–206.
Brennan, Timothy J. (1983): Economic Efficiency and Broadcast Content Regulation, in: Federal Communications Law Journal, No. 35, S. 117–138.
Brosius, Hans-Bernd (1996): Angebot und Nachfrage von Sex-Filmen im privaten und öffentlich-rechtlichen Fernsehen, in: Walter Hömberg/Heinz Pürer (Hrsg.), Medientransformation, Zehn Jahre dualer Rundfunk, Konstanz, S. 403–422.
Brown, Allan/Martin Cave (1992): The Economics of Television Regulation – A Survey with Application to Australia, in: The Economic Record, Vol. 68, No. 202, S. 377–394.
Buchanan, James M. (1965): An Economic Theory of Clubs, in: Economica, Vol. 32, S. 1–14.
Buchanan, James M. (1967): Public Goods in Theory and Practice – A Note on the Minasian-Samuelson Discussion, in: The Journal of Law and Economics, Vol. 10, S. 193–197.

Buchanan, James M. (1987): Constitutional Economics, in: John Eatwell et al. (Hrsg.), The New Palgrave, A Dictionary in Economics, London (u. a.), S. 585–588.
Buchanan, James M. (1991): The Economics and the Ethics of Constitutional Order, Ann Arbor.
Buchanan, James M./Wm. Craig Stubblebine (1962): Externality, in: Economica, Vol. 29, November, S. 371–384.
Bullinger, Martin (1999): Die Aufgaben des öffentlich-rechtlichen Rundfunks – Wege zu einem Funktionsauftrag, Studie im Auftrag der Bertelsmann-Stiftung, Güteroh.
Bundesverfassungsgericht (BVerfG) (1961): Erstes Fernsehurteil des Bundesverfassungsgerichts vom 28. Februar 1961, in: Bundesverfassungsgericht (Hrsg.), Entscheidungen des Bundesverfassungsgerichts, Bd. 12, Tübingen, S. 205–223.
Campbell, Donald E. (2006): Incentives – Motivation and the Economics of Information, Cambridge.
Camus, Albert (1942/1982): Der Mythos vom Sisyphos – Ein Versuch über das Absurde, Reinbek (Hamburg).
Chamberlin, Edward Hastings (1933/1969): The Theory of Monopolistic Competition – A Re-orientation of the Theory of Value, Cambridge (Mass.).
Chung, Doo-Nam (2001): Legitimationsgrundlagen und Zukunftschancen des öffentlich-rechtlichen Fernsehens in Deutschland – Technologische und ökonomische Aspekte und ein Leistungsvergleich im westeuropäischen Kontext, Frankfurt (Main) (u. a.).
Coase, Ronald H. (1946/1990): The Marginal Cost Controversy, in: Ronald H. Coase (Hrsg.), The Firm, the Market, and the Law, Chicago/London, S. 75–93.
Coase, Ronald H. (1947): The Origin of the Monopoly of Broadcasting in Great Britain, in: Economica, Vol. 14, No. 55, S. 189–210.
Coase, Ronald H. (1948): Wire Broadcasting in Great Britain, in: Economica, Vol. 15, No. 59, S. 194–220.
Coase, Ronald H. (1950): British Broadcasting – A Study in Monopoly, London/New York/Toronto.
Coase, Ronald H. (1959): The Federal Communications Commission, in: Journal of Law and Economics, Vol. 2, S. 1–40.
Coase, Ronald H. (1960): The Problem of Social Cost, in: Journal of Law and Economics, Vol. III, October, S. 1–44.
Coase, Ronald H. (1966): The Economics of Broadcasting and Government Policy, in: American Economic Review, Vol. 56, Issue 2, S. 440–475.
Coase, Ronald H. (1974): The Lighthouse in Economics, in: Journal of Law and Economics, Vol. 17, No. 2, S. 357–376.
Coase, Ronald H. (1979): Payola in Radio and Television Broadcasting, in: Journal of Law and Economics, Vol. 22, No. 2, S. 269–328.
Coase, Ronald H. (1988/1990): Notes on the Problem of Social Cost, in: The Firm, the Market, and the Law, Chicago/London, S. 157–185.
Coase, Ronald H. (1991a): The Institutional Structure of Production – Prize Lecture to the Memory of Alfred Nobel, Online: http://nobelprize.org/nobel_prizes/economics/laureates/1991/coase-lecture.html.
Coase, Ronald H. (1991b): Autobiography, Online: http://nobelprize.org/nobel_prizes/economics/laureates/1991/coase-autobio.html.
Coleman, James S. (1987): Norms as Social Capital, in: Gerard Radnitzky/Peter Bernholz (Hrsg.), Economic Imperialism, The Economic Approach Applied Outside the Field of Economics, New York, S. 133–155.
Cornes, Richard/Todd Sandler (1986/1996): The Theory of Externalities, Public Goods, and Club Goods, Cambridge.

Currie, John M./John A. Murphy/Andrew Schmitz (1971): The Concept of Economic Surplus and its Use in Economic Analysis, in: The Economic Journal, Vol. 81, S. 741–799.

Czygan, Marco (2003): Wettbewerb im Hörfunk in Deutschland – Eine industrieökonomische Analyse, Mike Friedrichsen/Martin Gläser (Hrsg.), Schriften zur Medienwirtschaft und zum Medienmanagement, Bd. 2, Baden-Baden.

Dahlman, Carl J. (1979): The Problem of Externality, in: Journal of Law and Economics, Vol. 22, No. 1, S. 141–162.

Darby, Michael R./Edi Karni (1973): Free Competition and the Optimal Amount of Fraud, in: Journal of Law and Economics, Vol. 16, S. 67–88.

Dawkins, Richard (1976/1998): Das egoistische Gen, Reinbek (Hamburg).

Debreu, Gérard (1959): The Theory of Value – An Axiomatic Analysis of Economic Equilibrium, New York/London.

Demsetz, Harold (1970): The Private Production of Public Goods, in: Journal of Law and Economics, Vol. 13, S. 293–306.

Demsetz, Harold (1973): Joint Supply and Price Discrimination, in: Journal of Law and Economics, Vol. 16, S. 389–405.

Demsetz, Harold (1996): The Core Disagreement Between Pigou, the Profession, and Coase in the Analyses of the Externality Question, in: European Journal of Political Economy, Vol. 12, S. 565–579.

Detering, Dietmar (2001): Ökonomie der Medieninhalte – Allokative Effizienz und soziale Chancengleichheit in den Neuen Medien, Münster/London.

Downs, Anthony (1957/1968): Ökonomische Theorie der Demokratie, Die Einheit der Gesellschaftswissenschaften, Bd. 8, Tübingen.

Doyle, Gilliam (2002): Understanding Media Economics, London (u. a.).

Duhem, Pierre (1906/1998): Ziel und Struktur der physikalischen Theorien, Hamburg.

Dupuit, Jules (1844/1952): On the Measurement of the Utility of Public Works, in: International Economic Papers, No. 2, London, S. 83–110.

Dupuit, Jules (1849/1962): On Tolls and Transport Charges, in: International Economic Papers, No. 11, London, S. 7–31.

Ekelund, Robert B. Jr. (1968): Jules Dupuit and the Early Theory of Marginal Cost Pricing, in: Journal of Political Economy, Vol. 76, S. 462–471.

Ekelund, Robert B. Jr./David S. Saurman (1988): Advertising and the Market Process – A Modern Economic View, San Francisco.

Ekelund, Robert B. Jr./Robert F. Hébert (1997): A History of Economic Theory and Method, New York (u. a.).

Elster, Jon (1977): Ulysses and the Sirens – A Theory of Imperfect Rationality, in: Social Science Information, Vol. 16, No. 5, S. 469–526.

Enderle, Gregor (2000): Die Vermarktung von Fernsehübertragungsrechten im professionellen Ligasport – Sportökonomische und wettbewerbsstrategische Aspekte, Berlin.

Engels, Wolfram/et al.; Hrsg. (1989): Mehr Markt in Hörfunk und Fernsehen, Kronberger Kreis (Hrsg.), Reihe des Frankfurter Instituts für Wirtschaftspolitische Forschung, Bd. 19, Bad Homburg (v. d. H.).

Erlei, Mathias (1992): Meritorische Güter – Die theoretische Konzeption und ihre Anwendung auf Rauschgifte als demeritorische Güter, Ökonomische Theorie der Institutionen, Bd. 2, Münster/London.

Erlei, Mathias/Martin Leschke/Dirk Sauerland (2007): Neue Institutionenökonomik, Stuttgart.

Eucken, Walter (1952/1975): Grundsätze der Wirtschaftspolitik, Tübingen.

Eucken, Walter/Franz Böhm (1948): Die Aufgabe des Jahrbuchs – Vorwort, in: Ordo – Jahrbuch für die Ordnung von Wirtschaft und Gesellschaft, Bd. 1, S. VII–XI.

Europäische Kommission (2006): Fernsehen ohne Grenzen – Richtlinie des Europäischen Parlaments und des Rates zur Änderung der Richtlinie 89/552/EWG des Rates, Brüssel.
Frankfurt, Harry G. (1971/1988): Freedom of the Will and the Concept of a Person, in: Harry G. Frankfurt (Hrsg.), The Importance of What We Care About, S. 11–25.
Frey, Bruno S. (1980): Stichwort: Ökonomische Theorie der Politik, in: Willi Albers (Hrsg.), Handwörterbuch der Wirtschaftswissenschaften, Bd. 5, Stuttgart/Tübingen, S. 659–667.
Friedman, Milton (1949): The Marshallian Demand Curve, in: The Journal of Political Economy, Vol. 57, No. 6, S. 463–495.
Friedman, Milton (1953): The Methodology of Positive Economics, in: Milton Friedman (Hrsg.), Essays in Positive Economics, Chicago/London, S. 3–43.
Friedman, Milton (1970): The Social Responsibility of Business is to Increase its Profits, in: New York Times Magazine, Sept. 13, S. 32–33.
Friedman, Milton/Rose Friedman (1985): Die Tyrannei des Status Quo, München.
Friedrichsen, Mike/Henning Never (1999): Fernsehen als öffentliches Gut – Zur institutionellen Ausgestaltung der elektronischen Medien in einer offenen Gesellschaft, in: Patrick Donges/Otfried Jarren (Hrsg.), Globalisierung der Medien? Medienpolitik in der Informationsgesellschaft, S. 107–131.
Fritsch, Michael/Thomas Wein/Hans-Jürgen Ewers (1993): Marktversagen und Wirtschaftspolitik – Mikroökonomische Grundlagen staatlichen Handelns, München.
Fritsch, Michael/Thomas Wein/Hans-Jürgen Ewers (1993/2005): Marktversagen und Wirtschaftspolitik – Mikroökonomische Grundlagen staatlichen Handelns, München.
Gauntlett, David (1995): Moving Experiences – Understanding Television's Influences and Effects, London.
Gauntlett, David (1998): Ten Things Wrong with Medial 'Effects' Model, in: Roger Dickinson et al. (Hrsg.), Approaches to Audiences, London, S. 120–130.
Glotz, Peter/Jo Groebel/Ernst-Joachim Mestmäcker (1998): Zur Wirklichkeit der Grundversorgung – Über den Funktionsauftrag öffentlich-rechtlicher Rundfunkanstalten, in: Ingrid Hamm (Hrsg.), Fernsehen auf dem Prüfstand, Gütersloh, S. 89–102.
Gottschalk, Ingrid (2001): Meritorische Güter und Konsumentensouveränität – Aktualität einer konfliktreichen Beziehung, in: Jahrbuch für Wirtschaftswissenschaften, Nr. 52, S. 152–170.
Grossekettler, Heinz (1985): Options- und Grenzkostenpreise für Kollektivgüter unterschiedlicher Art und Ordnung – Ein Beitrag zu den Bereitstellungs- und Finanzierungsregeln für öffentliche Leistungen, in: Norbert Andel/Fritz Neumark (Hrsg.), Finanzarchiv, N.F., Bd. 43, S. 211–252.
Grossekettler, Heinz (1991): Die Versorgung mit Kollektivgütern als ordnungspolitisches Problem, in: Ordo – Jahrbuch für die Ordnung von Wirtschaft und Gesellschaft, Bd. 42, S. 69–89.
Gundlach, Hardy (1998): Die öffentlich-rechtlichen Rundfunkunternehmen zwischen öffentlichem Auftrag und marktwirtschaftlichem Wettbewerb, Berlin.
Hamilton, James T. (1996): Private Interests in "Public Interest" Programming – An Economics Assessment of Broadcaster Incentives, in: Duke Law Journal, Volume 45, No. 6, S. 1177–1192.
Hamilton, James T. (1998): Channeling Violence – The Economic Market for Violent Television Programming, Princeton (New Jersey) (u.a.).
Hanusch, Horst (1994): Kosten-Nutzen-Analyse, München.
Hardin, Garrett (1968): The Tragedy of the Commons, in: Science, Vol. 162, December, S. 1243–1248.
Harsanyi, John C. (1955): Cardinal Welfare, Individualistic Ethics, and Interpersonal Comparisons of Utility, in: Journal of Political Economy, Vol. 63, S. 309–321.
Harsanyi, John C. (1977/1980): Advances in Understanding Rational Behavior, in: John C. Harsanyi (Hrsg.), Essays on Ethics, Social Behavior, and Scientific Explanation, Dordrecht/London/Boston, S. 89–117.

Hartwig, Karl-Hans (1977): Kritisch-rationale Methodologie und ökonomische Forschungspraxis – Zum Gesetzesbegriff in der Nationalökonomie, Frankfurt (Main) (u. a.).

Hartwig, Karl-Hans/Guido Schröder (1999): Das deutsche Mediensystem zwischen Markt- und Politikversagen – Wege zu einer rationalen Medienpolitik, in: Hamburger Jahrbuch für Wirtschafts- und Gesellschaftspolitik, Nr. 44, S. 275–293.

Hartwig, Karl-Hans/Ingo Pies (1995): Rationale Drogenpolitik in der Demokratie – Wirtschaftswissenschaftliche und wirtschaftsethische Perspektiven einer Heroinvergabe, Tübingen.

Haucap, Justus (1998): Werbung und Marktorganisation – Die ökonomische Theorie der Werbung betrachtet aus der Perspektive der Neuen Institutionenökonomik, Lohmar.

Häufle, Heinrich (1978): Aufklärung und Ökonomie – Zur Position der Physiokraten im siècle des Lumières, München.

Hayek, Friedrich A. von (1936/1952): Wirtschaftstheorie und Wissen, in: Individualismus und wirtschaftliche Ordnung, Zürich, S. 49–77.

Hayek, Friedrich A. von (1952/1979): The Counter-Revolution of Science – Studies on the Abuse of Reason, Indianapolis.

Hayek, Friedrich A. von (1981): Recht, Gesetzgebung und Freiheit, Band 3, Die Verfassung einer Gesellschaft freier Menschen, Landsberg.

Hazlett, Thomas W. (1990): The Rationality of U.S. Regulation of the Broadcast Spectrum, in: Journal of Law and Economics, Vol. 33, S. 133–175.

Head, John G. (1966): On Merit Goods, in: Finanzarchiv, N. F., Bd. 25, Heft 1, S. 1–29.

Head, John G. (1988): On Merit Wants – Reflections on the Evolution, Normative Status and Policy Relevance of a Controversial Public Finance Concept, in: Finanzarchiv, N. F., Bd. 46, Heft 1, S. 1–37.

Heinrich, Jürgen (1999): Medienökonomie – Band 2: Hörfunk und Fernsehen, Opladen.

Held, Martin (1991): „Die Ökonomik hat kein Menschenbild" – Institutionen, Normen, Menschbild, in: Bernd Biervert/Martin Held (Hrsg.), Das Menschenbild der ökonomischen Theorie, Zur Natur des Menschen, Frankfurt/New York, S. 10–41.

Hicks, John R. (1935): Annual Survey of Economic Theory – The Theory of Monopoly, in: Econometrica, Vol. 3, S. 1–20.

Hirschman, Albert O. (1970/1974): Abwanderung und Widerspruch, Schriften zur Kooperationsforschung, Bd. 8, Tübingen.

Hobbes, Thomas (1651): Leviathan – or the Matter, Forme, & Power of a Common-wealth Ecclesiasticall and Civill., London.

Hofstadter, Douglas R. (1979/1985): Gödel, Escher, Bach – ein endlos geflochtenes Band, Berlin.

Hofsümmer, Karl-Heinz/Dieter K. Müller (1999): Zapping bei Werbung: Ein überschätztes Phänomen – Eine Bestandsaufnahme des Zuschauerverhaltens vor und während der Fernsehwerbung, in: Media Perspektiven, Nr. 6, S. 296–300.

Holcombe, Randall G. (1997): A Theory of the Theory of Public Goods, in: Review of Austrian Economics, Vol. 10, No. 1, S. 1–22.

Holznagel, Bernd (1999): Der spezifische Funktionsauftrag des Zweiten Deutschen Fernsehens (ZDF) – Bedeutung, Anforderungen und Unverzichtbarkeit unter Berücksichtigung der Digitalisierung, der europäischen Einigung und der Globalisierung der Informationsgesellschaft, ZDF Schriftenreihe, Heft 55, Mainz.

Homann, Karl/Andreas Suchanek (2005): Ökonomik – Eine Einführung, Tübingen.

Homann, Karl/Ingo Pies (2000): Wirtschaftsethik und Ordnungspolitik – Die Rolle wissenschaftlicher Aufklärung, in: Helmut Leipold/Ingo Pies (Hrsg.), Ordnungstheorie und Ordnungspolitik, Schriften zu Ordnungsfragen der Wirtschaft, Bd. 64, Stuttgart, S. 329–346.

Hotelling, Harold (1929): Stability in Competition, in: The Economic Journal, Vol. 39, S. 41–57.

Hotelling, Harold (1938): The General Welfare in Relation to Problems of Taxation and of Railway and Utility Rates, in: Econometrica, Vol. 6, S. 242–269.

Hotelling, Harold (1939): The Relation of Prices to Marginal Costs in an Optimum System, in: Econometrica, Vol. 7, No. 2, S. 151–155.
Hume, David (1739/1896): A Treatise of Human Nature, Oxford.
Hutt, William H. (1940): The Concept of Consumers' Sovereignty, in: The Economic Journal, March, S. 66–77.
Hutt, William H. (1943): Plan for Reconstruction – A Project for Victory in War and Peace, London.
Jäckel, Michael (1999): Medienwirkungen, Opladen.
Jensen, Michael C./William H. Meckling (1976): Theory of the Firm – Managerial Behavior, Agency Costs and Ownership Structure, in: Journal of Financial Economics, Vol. 3, S. 305–360.
Kahneman, Daniel/Amos Tversky (1979): Prospect Theory – An Analysis of Decision under Risk, in: Econometrica, Vol. 47, No. 2, S. 263–291.
Kant, Immanuel (1793/1968): Über den Gemeinspruch: Das mag in der Theorie richtig sein, taugt aber nicht für die Praxis, Frankfurt.
Karl, Helmut (2000): Der Einfluß von Ronald Coase auf die Umweltökonomik, in: Ronald Coase' Transaktionskosten-Ansatz, Tübingen, S. 73–95.
Katz, Elihu/Jay G. Blumler/Michael Gurevitch (1974): Uses of Mass Communication by the Individual, in: W. Phillips Davison/Frederick T. C. Yu (Hrsg.), Mass Communication Research, Major Issues and Future Directions, New York/London, S. 11–35.
Kerber, Walter S. J. (1991): Homo Oeconomicus – Zur Rechtfertigung eines umstrittenen Begriffs, in: Bernd Biervert/Martin Held (Hrsg.), Das Menschenbild der ökonomischen Theorie, Zur Natur des Menschen, Frankfurt/New York, S. 56–75.
Kiefer, Marie Luise (2001): Medienökonomik – Einführung in eine ökonomische Theorie der Medien, Arno Mohr (Hrsg.), Lehr- und Handbücher der Kommunikationswissenschaft, München (u. a.).
Kiefer, Marie Luise (2002): Kirch-Insolvenz: Ende einer ökonomischen Vision? – Zu den medienökonomischen Ursachen und den medienpolitischen Konsequenzen, in: Media Perspektiven, Nr. 10, S. 491–500.
Kirchgässner, Gebhard (1991): Homo Oeconomicus – Das ökonomische Modell individuellen Verhaltens und seine Anwendung in den Wirtschafts- und Sozialwissenschaften, Tübingen.
Klein, Benjamin/Robert G. Crawford/Armen A. Alchian (1978): Vertical Integration, Appropriable Rents, and the Competitive Contracting Process, in: Journal of Law and Economics, Vol. 21, S. 297–326.
Kleinsteuber, Hans J. (1973): Fernsehen und Geschäft – Kommerzielles Fernsehen in den USA und Großbritannien, Lehren für die Bundesrepublik, Hamburg.
Kliment, Tibor/Wolfram Brunner (1998): Wer sieht was wo? – Programmangebot, Nutzung und Image von deutschen Fernsehsendern, in: Ingrid Hamm (Hrsg.), Fernsehen auf dem Prüfstand, Gütersloh, S. 51–85.
Knorr, Andreas/Katja Winkler (2000): Die ‚duale' Rundfunkordnung in der Kritik, in: Ordo – Jahrbuch für die Ordnung von Wirtschaft und Gesellschaft, Bd. 51, S. 317–354.
Koford, Kenneth (1984): Was "Free" TV a Price Control that Increased Consumers' Welfare?, in: Quarterly Review of Economics and Business, Vol. 24, No. 1, S. 67–77.
Kolb, Gerhard (1997): Geschichte der Volkswirtschaftslehre – Dogmenhistorische Positionen des ökonomischen Denkens, München.
Kops, Manfred (1997): Rechtfertigen Nachfragemängel eine Regulierung der Ausrichtung und Vielfalt von Rundfunkprogrammen?, in: Helmut Kohl (Hrsg.), Vielfalt im Rundfunk, Konstanz, S. 151–183.
Kops, Manfred (2005): Soll der öffentlich-rechtliche Rundfunk die Nachfrage seiner Zuhörer und Zuschauer korrigieren?, in: Christa-Maria Ridder et al. (Hrsg.), Bausteine einer Theorie des öffentlich-rechtlichen Rundfunks, Wiesbaden, S. 341–366.

Korff-Sage, Kirsten (1999): Medienkonkurrenz auf dem Werbemarkt – Zielgruppendifferenzierung in der Angebotsstrategie der Werbeträger Presse, Rundfunk und Fernsehen, Berlin.
Krattenmaker, Thomas G./Lucas A. Powe (1994): Regulating Broadcast Programming, Cambridge (Mass.).
Krueger, Anne O. (1974): The Political Economy of the Rent-Seeking Society, in: American Economic Review, Vol. 64, S. 291–303.
Kruse, Jörn (1995): Zugang zum Frequenzspektrum, in: Ernst-Joachim Mestmäcker (Hrsg.), Kommunikation ohne Monopol II, Baden-Baden, S. 449–471.
Kruse, Jörn (1996): Publizistische Vielfalt und Medienkonzentration zwischen Marktkräften und politischen Entscheidungen, in: Klaus D. Altmeppen (Hrsg.), Ökonomie der Medien und des Mediensystems, S. 25–52.
Kruse, Jörn (2004a): Publizistische Vielfalt und Effizienz durch den Markt oder durch staatliche Regulierung?, in: Mike Friedrichsen/Wolfgang Seufert (Hrsg.), Effiziente Medienregulierung, Marktdefizite oder Regulierungsdefizite?, Baden-Baden, S. 111–138.
Kruse, Jörn (2004b): Pay-TV versus Free-TV. Ein Regulierungsproblem? – Eine ökonomische Analyse der Schutzlisten für besonders bedeutsame Veranstaltungen, in: Mike Friedrichsen (Hrsg.), Kommerz – Kommunikation – Konsum. Zur Zukunft des Fernsehens, Baden-Baden, S. 69–87.
Laffont, Jean-Jacques (1998): Frisch, Hotelling, and the Marginal-Cost Pricing Controversy, in: Steinar Strøm (Hrsg.), Econometrics and Economic Theory in the 20th Century, Cambridge (u. a.), S. 319–342.
Lakatos, Imre (1974): Falsifikation und die Methodologie wissenschaftlicher Forschungsprogramme, in: Imre Lakatos/Alan Musgrave (Hrsg.), Kritik und Erkenntnisfortschritt, Braunschweig, S. 89–189.
Land, Ailsa H./Alison G. Doig (1960): An Automatic Method of Solving Discrete Programming Problems, in: Econometrica, Vol. 28, No. 3, S. 497–520.
Lees, Francis A./Charles Y. Yang (1966): The Redistributional Effect of Television Advertising, in: The Economic Journal, Vol. 76, S. 328–336.
Leibenstein, Harvey (1966): Allocative Efficiency vs. X-Efficiency, in: American Economic Review, Vol. 56, Issue 3, S. 392–415.
Leibenstein, Harvey (1973): Competition and X-Efficiency – Reply, in: Journal of Political Economy, Vol. 81, No. 3, S. 765–777.
Lence, Robert (1978): Theories of Television Program Selection – A Discussion of the Spence-Owen-Model, Studies in Industry Economics, No. 94, Stanford.
Leschke, Martin/Dirk Sauerland (2000): „Zwischen" Pigou und Buchanan? – Der Beitrag von Ronald Coase zu einer institutionenökonomischen Theorie der Wirtschaftspolitik, in: Ingo Pies/Martin Leschke (Hrsg.), Ronald Coase' Transaktionskosten-Ansatz, Tübingen, S. 181–209.
Levin, Harvey J. (1968): The Radio Spectrum Resource, in: Journal of Law and Economics, Vol. 11, S. 433–501.
Levin, Harvey J. (1980): Fact and Fancy in Television Regulation – An Economic Study of Policy Alternatives, New York.
Lobigs, Frank (2004): Niveauvolle Unterhaltung im öffentlich-rechtlichen Fernsehen – Notwendige Voraussetzung eines Arguments der Meritorik, in: Mike Friedrichsen/Udo Göttlich (Hrsg.), Diversifikation in der Unterhaltungsproduktion, Köln, S. 48–63.
Ludwig, Johannes (1998): Zur Ökonomie der Medien: Zwischen Marktversagen und Querfinanzierung – Von J. W. Goethe bis zum Nachrichtenmagazin „Der Spiegel", Studien zur Kommunikationswissenschaft, Bd. 33, Opladen.
Luski, Israel/David Wettstein (1994): The Provision of Public Goods via Advertising – Existence of Equilibria and Welfare Analysis, in: Journal of Public Economics, No. 54, S. 309–321.
Mandeville, Bernard (1705/1924): The Grumbling Hive: or, Knaves Turn'd Honest, Oxford.

Margolis, Howard (1982): Selfishness, Altruism, and Rationality – A Theory of Social Choice, Cambridge (u. a.).
Marris, Robin (1964): The Economic Theory of "Managerial" Capitalism, London.
Marshall, Alfred (1890/1920): Principles of Economics, London.
McKean, Roland N./Jora R. Minasian (1966): On Achieving Pareto Optimality – Regardless of Cost!, in: Western Economic Journal, Vol. 5, S. 14–23.
McKenzie, Richard/Gordon Tullock (1978): Modern Political Economy – An Introduction to Economics, New York (u. a.).
McLure, Charles E. Jr. (1968): Merit Wants – A Normatively Empty Box, in: Finanzarchiv, N. F., Bd. 27, Heft 3, S. 474–483.
Meckling, William H. (1976): Values and the Choice of the Model of the Individual in the Social Sciences, in: Schweizerische Zeitschrift für Volkswirtschaft und Statistik, Nr. 112, S. 545–559.
Menger, Carl (1871): Grundsätze der Volkswirthschaftslehre, Wien.
Messmer, Siegbert (2002): Digitales Fernsehen in Deutschland – Eine industrieökonomische Analyse des wirtschaftspolitischen Handlungsbedarfs, Frankfurt (Main) (u. a.).
Migué, Jean-Luc/Gerard Bélanger (1974): Towards a General Theory of Managerial Discretion, in: Public Choice, Vol. 17, S. 27–43.
Milgrom, Paul/John Roberts (1986): Price and Advertising Signals of Product Quality, in: Journal of Political Economy, Vol. 94, No. 4, S. 796–821.
Mill, John Stuart (1848/1965): Principles of Political Economy – with Some of Their Applications to Social Pholosophy, John M. Robson (Hrsg.), The Collected Works of John Stuart Mill, Vol. 3, Toronto/London.
Mill, John Stuart (1861/1963): Considerations on Representative Government, John M. Robson (Hrsg.), The Collected Works of John Stuart Mill, Vol.19, Toronto/London.
Minasian, Jora R. (1964): Television Pricing and the Theory of Public Goods, in: Journal of Law and Economics, No. 7, S. 71–80.
Minasian, Jora R. (1967): Public Goods in Theory and Practice Revisited, in: The Journal of Law and Economics, Vol. 10, S. 205–207.
Minasian, Jora R. (1975): Property Rights in Radiation – An Alternative Approach to Radio Frequency Allocation, in: The Journal of Law and Economics, Vol. 18, S. 221–272.
Mishan, Edward J. (1971): The Postwar Literature on Externalities – An Interpretative Essay, in: Journal of Economic Literature, Vol. 9, No. 1, March, S. 1–28.
Moe, Terry M. (1990): The Politics of Structural Choice – Toward a Theory of Public Bureaucracy, in: Oliver E. Williamson (Hrsg.), Organization Theory, From Chester Barnard to the Present and Beyond, Oxford/New York, S. 116–153.
Mueller, Dennis C. (1987): Voting Paradox, in: Democracy and Public Choice, Essays in Honor of Gordon Tullock, Oxford/New York, S. 77–99.
Mueller, Dennis C. (2003): Public Choice III, Cambridge.
Müller, Christian/Manfred Tietzel (2002): Merit Goods from a Constitutional Perspective, in: Geoffrey H. Brennan/Hartmut Kliemt (Hrsg.), Method and Morals in Constitutional Economics, Berlin (u. a.), S. 375–400.
Müller, Monica (1998): Markt- und Politikversagen im Fernsehsektor, Europäische Hochschulschriften, Bd. 2223, Frankfurt (Main) (u. a.).
Müller, Werner (1979): Die Ökonomik des Fernsehens – Eine wettbewerbspolitische Analyse unter besonderer Berücksichtigung unterschiedlicher Organisationsformen, Göttingen.
Murty, Katta G. (1995): Operations Research – Deterministic Optimization Models, New Jersey.
Musgrave, Richard A. (1959): The Theory of Public Finance – A Study in Public Economy, New York/Toronto/London.
Musgrave, Richard A. (1987): Stichwort: Merit Goods, in: John Eatwell et al. (Hrsg.), The New Palgrave, A Dictionary in Economics, London (u. a.), S. 452–453.

Musgrave, Richard A./Peggy B. Musgrave/Lore Kullmer (1973/1994): Die öffentlichen Finanzen in Theorie und Praxis, Tübingen.
Myerson, Roger B. (1999): Nash Equilibrium and the History of Economic Theory, in: Journal of Economic Literature, Vol. 36, S. 1067–1082.
Nelson, Phillip (1970): Information and Consumer Behavior, in: Journal of Political Economy, Vol. 78, S. 311–329.
Nelson, Phillip (1975): The Economic Consequences of Advertising, in: The Journal of Business, Vol. 48, No. 2, S. 213–241.
Never, Henning (2002): Meinungsfreiheit, Wettbewerb und Marktversagen im Rundfunk – Eine ökonomische Kritik der verfassungsrechtlich geforderten positiven Rundfunkordnung unter besonderer Berücksichtigung der Rolle des öffentlich-rechtlichen Rundfunks, Mike Friedrichsen/Martin Gläser (Hrsg.), Schriften zur Medienwirtschaft und zum Medienmanagement, Bd. 1, Baden-Baden.
Ng, Yew-Kwang (1973): The Economic Theory of Clubs – Pareto-Optimality Conditions, in: Economica, Vol. 40, S. 291–298.
Niskanen, William A. (1971/1994): Bureaucracy and Public Economics, Aldershot.
Noam, Eli M. (1988): Der Einfluß von Marktstruktur und Eintrittsschranken auf die Vielfalt der Fernsehprogramme, in: Offene Rundfunkordnung, Prinzipien für den Wettbewerb im grenzüberschreitenden Rundfunk, Gütersloh, S. 199–221.
Noam, Eli M. (1991): A Model for the Analysis of Broadcast Structures, in: Eli M. Noam (Hrsg.), Television in Europe, New York/Oxford, S. 45–57.
Noll, Roger G./Merton J. Peck/John J. McGowan (1973): Economic Aspects of Television Regulation, Washington.
North, Douglass C. (1990): Institutions, Institutional Change and Economic Performance, Cambridge (UK).
o.V. (1998): „Operation Rückenwind" – Ende einer Heldenlegende, in: Der Spiegel, Nr. 25, S. 136–138.
Olson, Mancur L. (1968): Die Logik des kollektiven Handelns – Kollektivgüter und die Theorie der Gruppen, Die Einheit der Gesellschaftswissenschaften, Bd. 10, Tübingen.
Orwell, George (1948/1981): 1984, Gütersloh.
Ospel, Stefan (1988): Ökonomische Aspekte elektronischer Massenmedien, Armin Walpen/Franz A. Zölch (Hrsg.), Beiträge zur Kommunikations- und Medienpolitik, Bd. 10, Aarau.
Owen, Bruce M. (1977): Regulating Diversity – The Case of Radio Formats, in: Journal of Broadcasting, No. 21:3, S. 305–319.
Owen, Bruce M./Jack H. Beebe/Willard G. Manning (1974): Television economics, Lexington (Mass.).
Owen, Bruce M./Steven S. Wildman (1992): Video Economics, Cambridge (Mass.)/London.
Parish, Ross/Yew-Kwang Ng (1972): Monopoly, X-Efficiency and the Measurement of Welfare Loss, in: Economica, Vol. 39, S. 301–308.
Pethig, Rüdiger (1998): Die doppelte Adressierung im werbefinanzierten Fernsehen – Ökonomische Bemerkungen zu Gerd Hallenbergers Beitrag, in: Rüdiger Pethig/Sofia Blind (Hrsg.), Fernsehfinanzierung, Opladen, S. 96–104.
Pies, Ingo (1993): Normative Institutionenökonomik – Zur Rationalisierung des politischen Liberalismus, Tübingen.
Pies, Ingo (2001): Transaktion versus Interaktion, Spezifität versus Brisanz und die raison d'être korporativer Akteure – Zur konzeptionellen Neuausrichtung der Organisationsökonomik, in: Ingo Pies/Martin Leschke (Hrsg.), Oliver Williamsons Organisationsökonomik, Tübingen, S. 95–119.
Pigou, Arthur Cecil (1920/1952): The Economics of Welfare, London.
Popper, Karl R. (1934/2002): Die Logik der Forschung, Tübingen.

Popper, Karl R. (1954/1999): Die öffentliche Meinung im Lichte der Grundsätze des Liberalismus, in: Karl R. Popper (Hrsg.), Auf der Suche nach einer besseren Welt, München/Zürich, S. 165–177.
Popper, Karl R. (1957/1974): Das Elend des Historizismus, Die Einheit der Gesellschaftswissenschaften, Bd. 3, Tübingen.
Popper, Karl R. (1963/1994): Models, Instruments, and the Truth – The Status of the Rationality Principle in the Social Sciences, in: Karl R. Popper (Hrsg.), The Myth of the Framework, In Defence of Science and Rationality, London/New York, S. 154–185.
Popper, Karl R. (1969/1995): Das Rationalitätsprinzip, in: Karl R. Popper (Hrsg.), Karl Popper Lesebuch, Tübingen, S. 350–359.
Posner, Richard A. (1972/1978): Recht und Ökonomie – Eine Einführung, in: Heinz-Dieter Assmann/Christian Kirchner (Hrsg.), Ökonomische Analyse des Rechts, Kronberg (Taunus), S. 93–112.
Posner, Richard A. (1974): Theories of Economic Regulation, in: The Bell Journal of Economics and Management Science, Vol. 5, No. 2, S. 335–358.
Pressman, Steven (1999): Fifty Major Economists – A Reference Guide, London/New York.
Quine, Willard van Orman (1953/1980): From a Logical Point of View – Nine Logico-Philosophical Essays, Cambridge.
Radojković, Miroljub (2004): Massenmedien in Serbien und Montenegro, in: Uwe Hasebrink/Wolfgang Schulz (Hrsg.), Internationales Handbuch Medien 2004/2005, Baden-Baden, S. 606–619.
Ramsey, Frank P. (1927): A Contribution to the Theory of Taxation, in: The Economic Journal, Vol. 37, Issue 145, S. 47–61.
Richter, Rudolf/Eirik G. Furubotn (2003): Neue Institutionenökonomik – Eine Einführung und kritische Würdigung, Tübingen.
Ridder, Christa-Maria/Karl-Heinz Hofsümmer (2001): Werbung in Deutschland – auch 2001 akzeptiert und anerkannt, in: Media Perspektiven, Nr. 6, S. 282–289.
Robbins, Lionel C. (1932/1945): An Essay on the Nature and Significance of Economic Science, London.
Rodi, Hansjörg (1996): Effizienz im Schienenverkehr – Eine mikroökonomische Analyse unter besonderer Berücksichtigung der institutionellen Ausgestaltung des Trassenmarktes, Beiträge aus dem Institut für Verkehrswissenschaft an der Universität Münster, Heft 140, Göttingen.
Röper, Horst (2005): Viel Fleiß, kein Preis – Für die meisten Verlage hat sich der lange Kampf um den Privatfunk nicht gelohnt, in: Christa-Maria Ridder et al. (Hrsg.), Bausteine einer Theorie des öffentlich-rechtlichen Rundfunks, Wiesbaden, S. 397–405.
Rossmann, Raphael (2000): Werbeflucht per Knopfdruck – Ausmaß und Ursachen der Vermeidung von Fernsehwerbung, Angewandte Medienforschung, Bd. 15, München.
Rothenberg, Jerome (1962): Consumer Sovereignty and the Economics of TV Programming, in: Studies in Public Communication, Vol. 4, S. 45–54.
Rothschild, Emma (2001): Economic Sentiments – Adam Smith, Condorcet, and the Enlightenment, Cambridge (Mass.)/London.
Rott, Armin (2003): Werbefinanzierung und Wettbewerb auf dem deutschen Fernsehmarkt, Berlin.
Rott, Armin/Stefan Schmitt (2000): Wochend und Sonnenschein ... – Die Zuschauernachfrage auf dem deutschen Fernsehmarkt, Wetter, Monat und Wochentag wichtiger als das Programm, Dortmunder Diskussionsbeiträge zur Wirtschaftspolitik, Nr. 105, Dortmund, (graue Literatur).
Runkel, Marco (1998): Allokationswirkungen alternativer Finanzierungsformen auf dem Fernsehmarkt, in: Rüdiger Pethig/Sofia Blind (Hrsg.), Fernsehfinanzierung, Opladen, S. 43–73.
Sälter, Peter Michael (1989): Externe Effekte: „Marktversagen" oder Systemmerkmal?, Heidelberg.
Samuelson, Paul A. (1954): The Pure Theory of Public Expenditure, in: Review of Economics and Statistics, No. 36, S. 387–389.
Samuelson, Paul A. (1958): Aspects of Public Expenditure Theories, in: Review of Economics and Statistics, Vol. 40, S. 332–338.

Samuelson, Paul A. (1964): Public Goods and Subscription TV – Correction of the Record, in: Journal of Law and Economics, Vol. 7, Oct., S. 81–84.
Samuelson, Paul A. (1967): Pitfalls in the Analysis of Public Goods, in: The Journal of Law and Economics, Vol. 10, S. 199–204.
Samuelson, Paul A. (1969): Contrast Between Welfare Conditions for Joint Supply and for Public Goods, in: Review of Economics and Statistics, Vol. 51, S. 26–30.
Schellhaaß, Horst-Manfred (1994): Instrumente zur Sicherung der Meinungsvielfalt im Fernsehen, in: Hamburger Jahrbuch für Wirtschafts- und Gesellschaftspolitik, Berlin, S. 233–253.
Schellhaaß, Horst-Manfred (1998): Ist die Rundfunkgebühr eine unzulässige Beihilfe? – Eine ökonomische Analyse, in: Klaus Stern/Hanns Prütting (Hrsg.), Rechtliche u. ökonomische Fragen der Finanzierung d. öfr. Rundfunks im Lichte d. europäischen Rechts, München, S. 41–54.
Schellhaaß, Horst-Manfred (2000): Die deutsche Rundfunkordnung im Wandel, in: Ordo – Jahrbuch für die Ordnung von Wirtschaft und Gesellschaft, Bd. 51, S. 301–316.
Schelling, Thomas C. (1980): The Intimate Contest for Self-Command, in: The Public Interest, S. 94–118.
Schenk, Michael (2002): Medienwirkungsforschung, Tübingen.
Schenk, Michael/Joachim Donnerstag; Hrsg. (1989): Medienökonomie – Einführung in die Ökonomie der Informations- und Mediensysteme, München.
Schmidt, Ingo (2005): Wettbewerbspolitik und Kartellrecht – Eine interdisziplinäre Einführung, Stuttgart.
Schmidt, Kurt (1988): Mehr zur Meritorik – Kritisches und Alternatives zu der Lehre von den öffentlichen Gütern, in: Zeitschrift für Wirtschafts- und Sozialwissenschaften, Bd. 108, S. 383–403.
Schmitz, Alfred (1990): Rundfunkfinanzierung – Bestandsaufnahme der Rundfunkfinanzierung in der Bundesrepublik und ökonomische Analyse der Interdependenzen von Finanzierungsformen und medienpolitischen Zielen, Volkswirtschaftliche Schriftenreihe, Bd. 6, Köln.
Schönfelder, Bruno/Joseph E. Stiglitz (1989): Finanzwissenschaft, München (u. a.).
Schröder, Guido (1997a): Die Ökonomie des Fernsehens – Eine mikroökonomische Analyse, Telekommunikation und Multimedia, Bd. 2, Münster/London.
Schröder, Guido (1997b): Kryptographie – Schlüssel zur Informationsgesellschaft?, Verschlüsselungstechnik zwischen Wettbewerb und Marktversagen, Münster, (graue Literatur).
Schröder, Guido (1999): Telekommunikation auf alternativen Wegen – Vom natürlichen Ortsnetzmonopol zum funktionsfähigen Wettbewerb?, in: Karl-Hans Hartwig (Hrsg.), Neuere Ansätze zu einer effizienten Infrastrukturpolitik, Göttingen, S. 257–298.
Schröder, Guido (2004): Zwischen Instrumentalismus und kritischem Rationalismus? – Milton Friedmans Methodologie als Basis einer Ökonomik der Wissenschaftstheorie, in: Ingo Pies/Martin Leschke (Hrsg.), Milton Friedmans ökonomischer Liberalismus, Konzepte der Gesellschaftstheorie, Band 10, Tübingen, S. 169–201.
Schröder, Guido (2007): De Gustibus Disputandum Est? – Thomas Schellings transdisziplinärer und meritorikfreier Ansatz zur Analyse konkreter Gesellschaftsprobleme, in: Ingo Pies/Martin Leschke (Hrsg.), Thomas Schellings ökonomischer Liberalismus, Band 13, Tübingen, S. 39–61.
Schröder, Guido (2008): Der Flug eines modernen Ikarus – Jon Elsters Theorie irrationalen Verhaltens aus wissenschaftstheoretischer Sicht, in: Ingo Pies/Martin Leschke (Hrsg.), Jon Elsters Theorie rationaler Bindungen, Tübingen, S. 223–234.
Schulz, Wolfgang; Hrsg. (2002): Staatsferne der Aufsichtsgremien öffentlich-rechtlicher Rundfunkanstalten – Materialien zur Diskussion um eine Reform, Arbeitspapiere des Hans-Bredow-Instituts, Nr. 12, Hamburg.
Schumpeter, Joseph A. (1908/1970): Das Wesen und der Hauptinhalt der theoretischen Nationalökonomie, Berlin.
Schumpeter, Joseph A. (1942/1950): Kapitalismus, Sozialismus und Demokratie, Tübingen.

Scitovsky, Tibor (1954): Two Concepts of External Economies, in: Journal of Political Economy, April, S. 143–151.
Sen, Amartya (1972/1983): Choice, Orderings and Morality, in: Amartya Sen (Hrsg.), Choice, Welfare and Measurement, Oxford, S. 74–83.
Sen, Amartya (1977/1983): Rational Fools – A Critique of the Behavioural Foundations of Economic Theory, in: Amartya Sen (Hrsg.), Choice, Welfare and Measurement, S. 84–106.
Seufert, Wolfgang (2005): Öffentlich-rechtliche Rundfunkanstalten als Non-Profit-Unternehmen, in: Christa-Maria Ridder et al. (Hrsg.), Bausteine einer Theorie des öffentlich-rechtlichen Rundfunks, Wiesbaden, S. 367–379.
Simon, Herbert A. (1978): Rationality as Process and as Product of Thought, in: American Economic Review, Papers and Proceedings, Vol. 68, S. 1–16.
Simon, Herbert A. (1992): Methodological Foundations of Economics, in: J. Lee Auspitz (Hrsg.), Praxiologies and the Philosophy of Economics, Vol. 1, New Brunswick (US)/ London (UK), S. 25–42.
Simon, Herbert A. (1993): Homo Rationalis – Die Vernunft im menschlichen Leben, Frankfurt/New York.
Smith, Adam (1776/1981a): An Inquiry into the Nature and Causes of the Wealth of Nations, Andrew S. Skinner/Roy H. Campbell (Hrsg.), The Glasgow Edition of the Works and Correspondence of Adam Smith, Vol. I, Indianapolis.
Smith, Adam (1776/1981b): An Inquiry into the Nature and Causes of the Wealth of Nations, Andrew S. Skinner/Roy H. Campbell (Hrsg.), The Glasgow Edition of the Works and Correspondence of Adam Smith, Vol. II, Indianapolis.
Soberg, Morten (2002): The Duhem-Quine Thesis and Experimental Economics – A Reinterpretation, Discussion Papers No. 329, Statistics Norway, Research Department, Oslo, (graue Literatur).
Sohmen, Egon (1976/1992): Allokationstheorie und Wirtschaftspolitik, Tübingen.
Söllner, Fritz (2001): Die Geschichte des ökonomischen Denkens, Berlin (u.a.).
Spence, A. Michael (1973): Job Market Signaling, in: Quarterly Journal of Economics, Vol. 87, No. 3, S. 355–374.
Spence, A. Michael/Bruce M. Owen (1977): Television Programming, Monopolistic Competition, and Welfare, in: Quarterly Journal of Economics, Vol. 103, S. 103–126.
Steiner, Peter O. (1952): Program Patterns and Preferences and the Workability of Competition in Radio Broadcasting, in: Quarterly Journal of Economics, Vol. 66, S. 194–223.
Stigler, George J. (1961): The Economics of Information, in: Journal of Political Economy, Vol. 69, No. 3, S. 213–225.
Stigler, George J. (1966/1967): The Theory of Price, New York/London.
Stigler, George J. (1971): The Theory of Economic Regulation, in: The Bell Journal of Economics and Management Science, Vol. 5, No. 1, S. 3–21.
Stigler, George J. (1976): The Xistence of X-Efficiency, in: American Economic Review, Vol. 66, S. 213–216.
Stigler, George J./Gary S. Becker (1977/1996): De Gustibus Non Est Disputandum, in: Ingo Pies (Hrsg.), Familie, Gesellschaft und Politik – eine ökonomische Perspektive, Tübingen, S. 50–76.
Suchanek, Andreas (1994): Ökonomischer Ansatz und theoretische Integration, Tübingen.
Suchanek, Andreas (1999): Kritischer Rationalismus und die Methode der Sozialwissenschaften, in: Ingo Pies/Martin Leschke (Hrsg.), Karl Poppers kritischer Rationalismus, Konzepte des Gesellschaftstheorie, Bd. 5, Tübingen, S. 85–104.
Suchanek, Andreas (2004): Gewinnmaximierung als soziale Verantwortung von Unternehmen? – Milton Friedman und die Unternehmensethik, in: Ingo Pies/Martin Leschke (Hrsg.), Milton Friedmans ökonomischer Liberalismus, Tübingen, S. 105–124.
Tegner, Henning (1996): Zur (Ir)Relevanz pekuniärer externer Effekte, Volkswirtschaftliche Diskussionsbeiträge der Westfälischen Wilhelms-Universität, Nr. 237, Münster, (graue Literatur).

Tietzel, Manfred/Christian Müller (1998): Noch mehr zur Meritorik, in: Zeitschrift für Wirtschafts- und Sozialwissenschaften, Bd. 118, S. 87–127.
Toner, Jerry (2002): Rethinking Roman History, Cambridge.
Tullock, Gordon (1967): The Welfare Costs of Tariffs, Monopolies and Theft, in: Western Economic Journal, No. 5, S. 224–232.
Tversky, Amos/Daniel Kahneman (1991): Loss Aversion in Riskless Choice – A Reference-Dependent Model, in: Quarterly Journal of Economics, Vol. 106, No. 4, S. 1039–1061.
Ulfkotte, Udo (2001): So lügen Journalisten – Der Kampf um Quoten und Auflagen, München.
Vesting, Thomas (1997): Prozedurales Rundfunkrecht – Grundlagen - Elemente - Perspektiven, Materialien zur interdisziplinären Medienforschung, Bd. 29, Baden-Baden (u. a.).
Wacker, Katharina (2007): Wettbewerb und Regulierung auf dem deutschen Fernsehmarkt – Deregulierungsbedarf und Umsetzungsbedingung, Schriften zu Ordnungsfragen der Wirtschaft, Bd. 87, Stuttgart.
Weber, Max (1921/1968): Gesammelte Aufsätze zur Wissenschaftslehre, Tübingen.
Weinstock, Alexander (1991): Effizienzorientierte Unternehmungsführung öffentlich-rechtlicher Rundfunkanstalten – Ein betriebswirtschaftliches Gestaltungskonzept als Beitrag zu einer spezifischen Rundfunkökonomie, Köln.
Wenders, John T. (1992): Unnatural Monopoly in Telecommunications, in: Telecommunications Policy, Vol. 16, S. 13–15.
Wentzel, Dirk (2002): Medien im Systemvergleich – Eine ordnungsökonomische Analyse des deutschen und amerikanischen Fernsehmarktes, Schriften zu Ordnungsfragen der Wirtschaft, Bd. 69, Stuttgart.
West, Edwin G./Michael McKee (1983): De Gustibus Est Disputandum – The Phenomenon of "Merit Wants" Revisited, in: The American Economic Review, Vol. 73, No. 5, S. 1110–1121.
Wiechers, Ralph (1992): Markt und Macht im Rundfunk – Zur Stellung der öffentlich-rechtlichen Rundfunkanstalten im dualen Rundfunksystem der Bundesrepublik Deutschland, Frankfurt (Main) (u. a.).
Wildavsky, Aaron (1964/1974): The Politics of the Budgetary Process, Boston/Toronto.
Wildman, Steven S./Bruce M. Owen (1985): Program Competition, Diversity, and Multichannel Bundling in the New Video Industry, in: Eli M. Noam (Hrsg.), Video Media Competition: Regulation, Economics, and Technology, New York, S. 244–273.
Williamson, Oliver E. (1963): Managerial Discretion and Business Behavior, in: American Economic Review, Vol. 53, Issue 5, S. 1032–1057.
Williamson, Oliver E. (1985/1987): The Economic Institutions of Capitalism – Firms, Markets, Relational Contracting, New York (u. a.).
Williamson, Oliver E. (1989/1996): Transaction Cost Economics, in: The Mechanisms of Governance, New York/Oxford, S. 54–87.
Wintrobe, Ronald (1997): Modern Bureaucratic Theory, in: Dennis C. Mueller (Hrsg.), Perspectives on Public Choice, Cambridge, S. 429–454.
Wolf, Dieter (2000): Zentrale Vermarktung oder Einzelvermarktung von Mannschaftssport im Fernsehen? – Die Sicht des deutschen und europäischen Kartellrechts, in: Horst-Manfred Schellhaaß (Hrsg.), Sport und Medien – Rundfunkfreiheit, Wettbewerb und wirtschaftliche Verwertungsinteressen, Berlin, S. 87–94.
Wright, Donald J. (1994): Television Advertising Regulation and Program Quality, in: The Economic Record, Vol. 70, No. 211, S. 361–367.
Wyckoff, Paul Gary (1990): The Simple Analytics of Slack-Maximizing Bureaucracy, in: Public Choice, Vol. 67, S. 35–47.

Sachregister

A

Abstimmung mit den Knöpfen 217
Abwanderung 217, 243
adverse Selektion 36, *91*, 165, 185, 193, 204, 224, 253, 276, 283
Altruismus 57, *60*
Anmaßung von Unwissenheit *36*, 107, 284, 375

B

bounded rationality 53, 55
branch and bound 53, 55
Brisanz 129

D

dyadische Eingebundenheit 357

E

effektive Angebotskurve 123, 131, 181
effektive Nachfragekurve 146, 159
Egoismus 19, *56*, 60
Eigennutz 19, 50, 56, *58*, 60, 265
Exklusion
    durch Kosten der Werbung 209
    durch technische Maßnahmen 153

G

Gefangenendilemma.
    Siehe Soziales Dilemma

H

Homo Oeconomicus 50–51, *61*, 66, 68

I

Institutionenversagen 228, 258, *261*, 383, 385
Instrumentalisierung 143, 145, 306, 376

K

Konsumentenrente
    negative 288
    positive *124*, 163, 175
Konsumentensouveränität *21*, 26, 32, 125, 148, 198, 285, 300

M

Marktbarrieren 127, 234
Märkte als Entmachtungsinstrument 85
Marktversagen 84, 89, 117, 274
Meritorik
    individualistische 39
    paternalistische 29, 107, 284
Monopolistische Konkurrenz 133

N

Nachfrage
    gesellschaftliche 293
    kompensierte 286
    nach einem Kollektivgut 161, 171
    nach einem privaten Gut 122, 132, 171
    nach Regulierung *144*, 235, 304

Natürliches Monopol 118
  als Marktkonstellation 121
Nutzungsgrad 152, 168

O

Öffentlichkeitsgrad 105
Ökonomik
  und Anreize 49, 75
  und Knappheit 49
ontologische Bindung 65, 72
ontologische Reduktion 23

P

Protektionsrente.
  Siehe Nachfrage: nach Regulierung

Q

Quasi-Rente *128*, 177
Quotenorientierung *219*, 244

R

Ramsey-Preise 127, *179*
Rationale Ignoranz 53, 62, 240, 283
Rationalität *46*
  beschränkte 55, 62, 68, 70
  erweiterte 56
  prozedurale 53
Reziprozität 339, 352
Rivalität
  konsumptive *150*, 176
  ökonomische 168
  produktive. *Siehe* Subadditivität
ruinöse Konkurrenz 131

S

Screening 52, *99*, 100, 205, 283
Signaling *100*, 106, 204, 283
Soziales Dilemma 74, 159
Spezifität. *Siehe* Quasi-Rente
Stimulus-Response-Modell 322, 348
Subadditivität 117, 135

U

Ursache-Wirkung-Modell.
  Siehe Stimulus-Response-Modell

V

Verfügungsrechte
  soziale 361
  und Externalitäten 334

W

Werbepreis 211
Wettbewerbsversagen 84
Widerspruch. *Siehe* Abwanderung

X

X-Ineffizienz 125, 240

Z

Zuschauersouveränität 19, *22*, 46, 72,
  83, 107, 265, 277